中南大学精品教材专项资助成果

纯粹法理学

基础与前沿

胡平仁　著

中南大学出版社
www.csupress.com.cn

图书在版编目（CIP）数据

纯粹法理学：基础与前沿／胡平仁著. --长沙：
中南大学出版社，2024.10.
　　ISBN 978-7-5487-5958-4
　Ⅰ. D90
中国国家版本馆 CIP 数据核字第 2024RP8302 号

纯粹法理学：基础与前沿
CHUNCUI FALIXUE：JICHU YU QIANYAN

胡平仁　著

□出 版 人	林绵优
□责任编辑	沈常阳
□责任印制	李月腾
□出版发行	中南大学出版社
	社址：长沙市麓山南路　　　　邮编：410083
	发行科电话：0731-88876770　　传真：0731-88710482
□印　　装	广东虎彩云印刷有限公司

□开　　本	710 mm×1000 mm 1/16　□印张 26.5　□字数 532 千字	
□版　　次	2024 年 10 月第 1 版　□印次 2024 年 10 月第 1 次印刷	
□书　　号	ISBN 978-7-5487-5958-4	
□定　　价	68.00 元	

图书出现印装问题，请与经销商调换

目录 / Contents

导论^①

法理学与法哲学的关系，犹如法学研究中的基础设施，一方面很重要，事关基础与长远；另一方面又梳理艰难，且远离功利，可谓费力不讨好。因而人们往往不愿致力于此，而是简单地将两者混为一谈。或有相关研讨，也基本是浅尝辄止。这使得法理学和法哲学都长期处于自我迷失的状态，严重扭曲与阻碍了法学理论乃至整个法学的发展。多年前，笔者曾发表一文，主张回归纯粹意义上的法理学与法哲学。^② 只是该文重点在纯粹法哲学的含义、研究对象、范围与精神品格，对纯粹法理学着墨不多。经多年时断时续的思考，本导论拟弥补这一缺失，在厘清法理学与法哲学概念的基础上，重新审视法理学在法学理论乃至整个法学体系中的基础性与核心性地位，讨论法理学的基本问题和范围，从而凸显迷失已久的"法理"，为当下国内重兴的法理学讨论添砖加瓦。

第一节　学界对法理学与法哲学关系的基本认识

在国外，自 20 世纪 70 年代起就存在法理学与法哲学分合之辨；^③ 90 年代以来，国内学术界也一直在探讨这两者的关系，但认识很不一致，概括起来大致有等同论、并列论、从属论和交叉论。

一、等同论

等同论从广义上来理解法理学和法哲学，把它们视为等同的概念，指称法的

---

① 本导论曾以《纯粹法理学：概念之争、学科地位与基本问题》为题，发表于《学术论坛》2019 年第 2 期，在此有所增删与调整。

② 胡平仁. 从法哲学的范围与品格看部门法哲学研究[J]. 法制与社会发展，2010(3).

③ 郑永流. 法哲学是什么？[J]. 法哲学与法社会学论丛（一），北京：中国政法大学出版社，1998：1-52.

基本理论或一般原理。持这类观点的学者通常认为，拥有理性主义和哲学思辨传统的大陆法系学者习惯于使用"法哲学"，英美法系的学者受经验主义和实用主义哲学的影响，习惯于使用"法理学"这一相对感性的概念。但这一观点并不可靠。如美国学者博登海默的《法理学》，其副标题就是"法律哲学与法律方法"。美国学者辛哈则把"法理学"等同于"法哲学"："jurisprudence 有两个含义。在欧洲民法传统中，它指某一特定法院判决的集合。在英格兰、美国和其他普通法国家的普通法传统中，它指法哲学（legal philosophy）。"①更为重要的是，在非常严谨的德国学界，法理学或法律科学与法哲学往往是相对而言、判然有别的。如考夫曼和哈斯默尔主编的《当代法哲学和法律理论导论》（郑永流译，法律出版社），霍恩著《法律科学与法哲学导论》（萝莉译，法律出版社）；而魏德士《法理学》（丁晓春和吴越译，法律出版社）的德文书名是"*Rechtstheorie*"，书中所论，就基本上没有涉及多少法哲学的内容，与拉德布鲁赫、考夫曼以及齐佩利乌斯等人的著作《法哲学》（*Rechtsphilosophie*）明显不同。

在国内学者中，葛洪义教授的等同论观点比较有代表性："法理学是一个运用哲学方法研究法律基本问题的学术门类，与法律哲学或法哲学含义相同，都是探讨法律的一般性问题的学科。与其他法学门类相比较，法理学的对象超越了实在法规范，甚至更多地以相关法律思想和学说为研究的直接对象，从中获得思考现实法律问题的精神养料，目的是建构和探索法律的理论问题。因此，法理学的意义主要在于开启心智、启蒙思想，提高法律职业者的理论思维能力。"②郭道晖、刘诚、祝爱珍等人也主张等同论。③ 从《二十世纪西方法哲学思潮研究》和《西方法哲学史纲》（2008 年第 4 版）中关于法哲学的解释和有关章节来看，张文显教授和张乃根教授也持等同论。近年来，张文显教授开始意识到"法理"对于法理学和整个法学的重要性，④也曾组织一个团队开展对法理基本问题的研究，但目前还看不到他在法理学与法哲学关系问题上的新变化。

二、并列论

并列论从狭义上来理解法理学和法哲学，把二者视为并列的概念或学科，认为法理学是法学中的基础理论，法哲学是法学中的根本理论或尖端理论。

在欧美法学界，德国的拉德布鲁赫和考夫曼都是从很狭窄的意义上来理解法

---

① 辛哈. 法理学：法律哲学[M]. 北京：法律出版社，2004（英文影印版）：1.

② 葛洪义. 法理学的定义与意义[J]. 法律科学，2001（3）.

③ 郭道晖. 法理学精义[M]. 长沙：湖南人民出版社，2005. 郭道晖. 法理学的定位与使命[J]. 上海师范大学学报（哲学社会科学版），2007（6）. 刘诚，祝爱珍. "法理学与部门法哲学理论研讨会"综述[J]. 法学，2007（11）.

④ 张文显. 法理：法理学的中心主题和法学的共同关注[J]. 清华法学，2017（4）.

哲学的,但他们并不认为法哲学是法理学的一部分。在魏德士看来,在法理学与法哲学之间人为地划定界限、彼此井水不犯河水是没有意义的,但二者的区别也是客观存在的:法理学是法哲学研究的前提,法哲学是对法理学的升华与超越。其《法理学》著作基本没有涉及法哲学的本体论与价值论问题。① 当代英国法哲学家雷蒙德·瓦克斯(Raymond Wacks)总体上是持等同论的,但他认为"法理学"与"法哲学"严格地讲是有区别的:法理学是对法律本身进行最抽象的理论分析,法哲学是从哲学学科的观点着手对与法律有关的问题(特别是法律价值问题)进行研究。②

国内长期致力于法哲学研究的文振邦教授认为,法哲学是从哲学的角度和用哲学的方法来研究法律理论和实践问题的一门学科,它以法学世界观和方法论为研究对象;它既是应用哲学的一个门类,又是理论法学的一个分科,是介于哲学与法学之间并兼具二者属性的一门综合性、交叉性和边缘性学科。因此,同一般性(或专门)法的理论有所不同,自有其独立存在的意义和价值;应对法哲学进行正名,廓清其概念、对象和性质,为泛化了的法哲学正本清源、还原归位。③ 不过其主编的《法哲学研究》(中国人民大学出版社 2011 年版),涉及本体论、规律论、范畴论、功能论、价值论、实践论、认识论和方法论,这又显然范围过宽,难以把法哲学与法理学完全区别开来。

严存生教授认为,法理学研究主要是为了指导一个国家的法治建设,使立法、执法、司法工作有一个统一的和明确的指导思想,以保持其高度地协调一致和有效地落实在人们的行动中;法哲学研究则要探索所有法的本质、发展规律和发展趋势,显然二者属于不同的理论层面。④ 谢晖教授认定"法哲学与法理学是两码事",认为法理学(他后来称之为"法律哲学")是"以规范分析方法,研究法律内部的一般问题——包括法律规范,以及根据法律规范的法律运行等的学问。这和借助哲学的思辨方法,以研究法律之社会、文化、思想根据,或者研究法律外部之一般问题的学问——法哲学形成鲜明的对照"。⑤

姚建宗教授也反对把法理学与法哲学混为一谈:法律科学以相对客观的立场,运用逻辑和实证的方法,来观察、认识、分析和理解法律现象,以总结、归纳、概括出法律这种客观的社会现象所具有的普遍性和共同性的规律,并形成一套有关法律现象的确定的知识与知识体系。其中,具体法律科学(即部门法学)所

---

① 魏德士. 法理学[M]. 丁晓春,吴越,译. 北京:法律出版社,2005:8,13.
② 瓦克斯. 法哲学:价值与事实[M]. 殷源源,译. 上海:译林出版社,2016.
③ 文正邦. 法哲学的对象和性质论辩[J]. 现代法学,1996(2).
④ 严存生. 法理学、法哲学关系辨析[J]. 法律科学,2000(5).
⑤ 谢晖. 法的思辨与实证[M]. 北京:法律出版社,2001:1. 谢晖. 法律哲学:司法方法的体系[M]. 北京:法律出版社,2017:2.

关注、研究、阐释和解释的对象是日常生活当中仅凭经验常识就可以把握到的各种具体的法律现象以及它们之间的各种联系；而法理学作为一般法律科学，是直接以具体法律科学最终所形成的科学结论或者具体的法律知识为对象的，所以，对具体的法律知识的理论阐释就成为一般法律科学（即法理学）的研究任务。至于法律哲学的研究对象，则是法律思想或者说法学（而不是法律）的知识。法律哲学通过反思、怀疑与批判，对法律思想进行改造与创造，对法律思想模型进行塑造，最终所实现的新的法律思想是一种崭新的、有关法律制度及其存在以及为什么存在和应当怎样存在的一种理想的思想及其操作逻辑。①

三、从属论

从属论则认为法哲学与法理学是从属关系，即法哲学是广义上的法理学的重要组成部分之一，是法理学中理论抽象度最高的部分。如罗斯科·庞德在辨析了Jurisprudence 在主要英语国家的几种用法之后指出，他所说的"法理学"（Jurisprudence）意指法律科学，即一种有关法律制度、法规律令和法律秩序（亦即对社会所作的法律规制）的业经严格规整和组织的知识。② 庞德所说的"法律科学"实际上是指法律理论，法哲学只是其中的一个组成部分。从《法理学：法律哲学与法律方法》（*Jurisprudence：The Philosophy and Method of the Law*）的书名和内容来看，美国法学家博登海默似乎也认为法哲学从属于法理学。我国孙国华和朱景文教授等人，也认为"法理学包括法哲学、法社会学和实证法的理论"，"法理学的一个重要组成部分或研究方向，就是法哲学"。③

就对法哲学的理解而言，从属论和并列论非常接近。

四、交叉论

交叉论认为，法理学和法哲学是部分有别、部分重合、相互交叉的关系。如倪正茂教授指出：从根本上说，法理学和法哲学的合流是暂时的、局部的历史现象，其基础是有共同的研究对象；而分流是相对的、必然的、漫长的历史过程，其原因是二者研究的角度不同，并各有其特有的研究方面。因而法理学和法哲学之间有所交叉、有所重叠，是在所难免的。④

其实交叉论是就法理学和法哲学的研究内容而言的，交叉的前提是各自独立和彼此并列，因而交叉论实质上是并列论。

---

① 姚建宗. 法理学[M]. 北京：科学出版社，2010：3-5, 12.
② 庞德. 法理学：第1卷[M]. 邓正来，译. 北京：中国政法大学出版社，2004：10-19.
③ 孙国华，朱景文. 法理学[M]. 北京：中国人民大学出版社，1999(第1版)：9-10; 2010(第3版)：9.
④ 倪正茂. 法哲学、法理学：合流与分流[J]. 上海社会科学院学术季刊，1994(3)；倪正茂. 法哲学经纬[M]. 上海：上海社会科学院出版社，1996：690-697.

第二节　回归纯粹的法理学与法哲学

笔者赞同并列论，主张应当区分"法哲学"与"法理学"，即从严格或纯粹意义上来理解法哲学和法理学，而用法学理论来指称广义上的法理学或法哲学。

一、区分法理学与法哲学的根据与理由

适当区分"法理学"与"法哲学"的主要根据、理由和目的是：

首先，"适当区分"的根据，在于它们两者之间存在着一系列重要的区别：(1)词源含义的不同。"法哲学"的核心词素 philosophy（哲学），源于古希腊的"philosophia"，含义是"爱智慧"，即"对智慧的真诚热爱、忘我追求和批判性反省"；而"法理学"，英文为 jurisprudence，它是由拉丁文 jurisprudentia 转化而来，原意是指"法律的知识"或"法律的技术"。(2)学术传统的不同。"法哲学"承接的是自古希腊以来一脉相传的西方哲学，特别是近代欧陆理性主义的哲学传统，主要从外部视角以哲学的方式解答法律的问题；而"法理学"承接的是英美经验主义和以近代科学为背景的实证主义哲学传统，更侧重从内部视角来讨论实在法的问题。(3)研究主体的不同。法哲学研究的主体既有哲学家，又有法学家，早期更是以哲学家为主；而法理学的主体阵营基本上以法学家为主。(4)研究对象和使命的不同。法理学主要是以"实然法"、实在法为研究对象，主要是回答"法律是什么""法律怎么样"的问题；而法哲学在"实然法"基础上，更多是追问"法之所以然"或"法何以如此"，即追问法的本体、实体、本原和本质等深层次问题；并以"应然法"、理想法为鹄的，探究与回答"法律应当是什么""法律应当怎么样"的问题。(5)研究层面和方法的不同。"法哲学"更趋向于法的哲理——抽象层面的研究，其研究进路侧重传统哲学的思辨性、价值性和批判性；而"法理学"更趋向于法的法理——实证层面的研究，其研究倚重法益分析(权利、权力、义务和责任分析)、语言分析和逻辑论证，更注重于分析性、阐释性和实证性。(6)学科归属的不同。法哲学是介于法学和哲学之间的边缘性学科，它既可以是哲学领域内的一个部门哲学，又是法学领域最高层面的理论法学；而法理学却只能属于法学中的理论法学，很难将其同时归入哲学。(7)在法学领域的地位不同。法理学是法学的基础理论，并在整个法学知识体系中处于核心地位；法哲学则是法学的尖端理论，它基于法理又超越法理，是对法理学的深度反思，也是对现实法律制度的根底探究与价值引领。

其次，"适当区分"有以下诸多有利之处：(1)有利于理论法学学科结构的完善和细化。(2)有利于法理学和法哲学各自合理定位与良性互动共同发展。

（3）有利于大学本科阶段法学理论专业教学的合理展开及学生法学理论的循序渐进。（4）有利于同国际法学理论界的学术交流与对话。①

最后，最重要的是为了确立法学的主体意识及内在特性和法哲学的精神品格，找回法学研究中长期迷失的法理与哲理。可以说，法理迷失和哲理不明，是我国法学理论上不着天下不着地、定位不准、品位不高、指导力不强的主要原因，也是我国法学研究妄自尊大而又自我迷失的根本所在。关于"法理"一词在我国的使用情形和主要含义，陈景良和张文显两位教授都曾做过较为系统的梳理，②但有些方面说得还不是很确切、很透彻。在当代语境下理解法理和法理学，不妨从邻近词语入手。如"物理"的基本含义是指事物的原理或内在规律（innate laws of things），包括事物的构造、特性、功能和运行规律等。"生理"是指机体的生命活动和体内各器官的功能。"心理"指人的大脑反映客观现实的内在活动方式及其理路，如感觉、知觉、思维、情感、意志等。同样的，"法理"指的是"法的原理或逻辑（法的内在理路）"，其英文表达是 legal principle（theory）；theory（principle）of law；juridical logic。这意味着像物理学、生理学和心理学等学科一样，严格意义上的"法理学"旨在以一种内部视角来展开对实在法的研究，是研究法律原理或法律的内在理路的学问或学科，是"法的理论"（theory of law），而不是基于外部视角的"关于法的理论"（theory about law）。即使面对各种外在的社会现象、社会需求或社会刺激，法理学（包括部门法理学和公法、私法、社会法等部类法理学）也往往要像心理学一样将其"悬隔"（存而不论）或进行"内化"处理，始终从内往外看世界，这实际上也就是法律思维和法治世界观。关于这一点，下文再做适度展开。而"哲理"（philosopher's tune, philosophic theory）是能启人深思、焕发人的思想和精神新生的原理，又指关于对象（宇宙、人生或其他特定对象）根本的原理。法哲学则是运用法律或法学以外的哲学视角与哲学方法，侧重于法的本体层面和价值领域的"哲理"概括和探究，即法和法治方面能启人深思、焕发人的思想和精神新生的原理，又指有关对象（法）的基本精神或价值目标。

二、纯粹法理学在法学理论家族中不可或缺的地位

法学理论是对法律现象和法律问题的理论思考的结晶。在古代，由于社会生活相对简单，法律现象较为单纯，以法律现象及其规律为研究对象的法学也就比较单一。近代以来，随着社会生活的日益复杂、法律规范的大量涌现和学科划分的专门化，法学理论不仅逐渐从法学其他学科中独立出来，而且还发生了裂变，

---

① 舒国滢. 走出概念的泥淖——"法理学"与"法哲学"之辨[J]. 学术界，2001（1）；孙育玮. 当代中国法哲学的哲理探索[D]. 哈尔滨：黑龙江大学，2004：142-144.

② 陈景良. 宋代"法官"、"司法"和"法理"考略——兼论宋代司法传统及其历史转型[J]. 法商研究，2006（1）；张文显. 法理：法理学的中心主题和法学的共同关注[J]. 清华法学，2017（4）.

出现了众多的学理分支，形成了法学理论的体系。

鉴于学界已有法律(学)理论、法理学和法哲学三个广为接受的概念，更重要的是，为了理顺这几个概念之间的关系，从而揭示或凸显法理学和法哲学的内在特性与精神品格，笔者强烈主张从严格的或纯粹的意义上来理解与使用法理学和法哲学这两个概念，而把所有与法有关的理论研究统称为法律理论或法学理论。也就是说，纯粹法理学仅指"法的理论"(theory of law)(包括部门法理学)或"法的一般理论"(general theory of law)(不包括部门法理学)，是源自法律和法学自身的理论，是有关实在法的知识和原理。如法律的含义和特征，法律的核心内容(权利、权力、义务和责任)，法律的形式结构(法律要素、法律渊源、法律分类、法律体系等)，法律的运行过程(法律创制、法律执行、法律接受、法律关系、法律救济、法律解释等)，法治原理(法律效力、法律遵守、法律监督等)，以及部门法学中的种种基本原理。这种纯粹法理学是法学的核心内容，也是法学区别于其他学科并影响其他学科的看家本领。而纯粹法哲学则是"关于法的一般理论"(general theory about law)的一部分，是从哲学角度或运用哲学的观点、方法，反思或审视法学理论、法律制度和法律实践中的深层次问题，也就是有关法的根本理论与价值追问，即法学的本体论和价值论。它所关心的不是法律的知识，而是法律的思想，是对法理学问题的进一步抽象与深化，对法律制度和法学原理的精神气质、价值诉求和意义根基的深层次追问和超越性批判，以确立法律制度和法学原理的正当性根基，拓展其发展空间，或就此达成共识。①

法理学与法哲学及法学理论其他相关分支的关系可简示如图0-1所示。

从图0-1中，我们不难发现，除了法理学，其他分支都是法学与非法学学科交叉的产物和研究领域，实际上是法理学(含部门法理学)与其他学科互动的结果。这也意味着，如果从广义上来理解法理学，即法理学等同于法学理论(在示意图中，就是将"法理学"外移至左边"法学理论"的位置)，那么，法理学(法学理论)就没有真正属于法律自身的理论，从而也就不可能有法学与其他学科的交叉研究，而这两种状况都是不符合实际的。"本来意义上的法理学就是纯粹以(法律)规范或法律本身为对象的学科，而不与以其他内容为

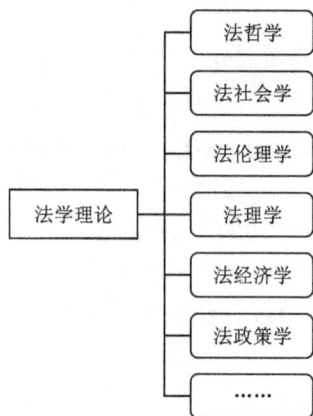

图0-1 法理学与法哲学及法学理论其他相关分支的关系

---

① 胡平仁. 从法哲学的范围与品格看部门法哲学研究[J]. 法制与社会发展, 2010(3).

对象的学科，特别是不与交叉性学科相混淆。"①来自法律和法学自身的理论（即纯粹法理学）是客观存在的，但它只是法学理论众多分支中的一支。同样的，如果将法哲学与法理学等同看待，则不外乎三种结果：一是用法理学取代法哲学，法哲学因此而消亡或名存实亡。二是用法哲学取代法理学，这同样会使法学理论乃至整个法学丧失真正属于法律自身的理论，从而也不可能有法学，甚至不可能有法哲学本身（最多只有哲学）。三是相对较好的状态，即以法理学或法哲学之名展开对法的理论探究，但因对象不明、范围不清，导致法理学和法哲学成为杂烩，学科精神品格丧失，研究迷失在原始丛林中。这正是目前法学理论界的状态，也是笔者主张从狭义（纯粹意义）上理解法理学的另一重要理由。

总之，回归纯粹的法理学，就是明确法理学的基本问题，回归法理学研究的内在视角和独特分析方法，确立法学世界观，彰显法律思维和法治思维；而回归纯粹的法哲学，则是重新确认与清理法哲学的领地，使过于泛化的法哲学重新归位，回归哲学和法哲学的反思与批判态度。

第三节　走向纯粹法理学的几个观念性障碍

尽管上文关于法理学与法哲学之辨已经比较充分，但走向纯粹法理学依然还有几个观念性障碍需要清除。

一、"法理学"英文名称之误

众所周知，"法理学"英文名称是 jurisprudence。问题是 Jurisprudence 本身有多重含义，就独立学科意义而言，它既可以汉译为"法理学"，也可以汉译为"法学"或"法律科学"。这似乎意味着，在所有法学分支学科中，只有法理学才能够代表法学，因为它具有"一般性"（横跨各法学分支学科）而不是局限于一隅。但由此也产生了翻译的误区，很多译者几乎凡见 Jurisprudence，便通通汉译为"法理学"，结果导致对法理学的误解。如很多对法理学做广义理解的学者，就经常以博登海默的《法理学：法律哲学与法律方法》这一书名为据，论证法理学包含了法哲学。但如果将该书名翻译为"法学：法律哲学与法律方法"，则既兼顾了英语语境，又在汉语中不会导致误解。由此亦可见，翻译不易，稍有不慎，往往误人。也正因为 Jurisprudence 的多义性，20 世纪初，英国分析法学家萨尔蒙德区分了"Jurisprudence as the Science of Law"（作为法律科学的法学）、"Jurisprudence as the Science of Civil Law"（作为民事法律科学的法学）和"Theoretical Jurisprudence"

---

① 文正邦. 法哲学研究[M].北京：中国人民大学出版社，2011：11.

(理论法学)等。①

与此同时，如何看待奥斯丁"法理学"的别称"法律哲学"，也是一个问题。尽管更早的英国功利学派哲学家兼法学家杰里米·边沁(1748—1832年)就曾使用过"法理学"(Jurisprudence)这一理论法学学科名称，但学界通常还是把19世纪的分析法学派代表约翰·奥斯丁(1790—1859年)视为法理学学科的创始人。他生前出版了《一般法理学或实在法哲学系列讲座纲要》(*An Outline of a Course of Lectures on General Jurisprudence or the Philosophy of Positive Law*, 1831)、《法理学的范围》(*The Province of Jurisprudence Determined*, 1832)；去世后由后人编辑出版系列讲座《法理学讲演录》(*Lectures on Jurisprudence or the Philosophy of Positive Law*, 1863)。由此可见，奥斯丁的"法理学"还有一个"实在法哲学"的别称。这也成为很多"法理学"与"法哲学"等同论者的一个重要理由或依据。而反对论者则认为，"实在法哲学"(philosophy of positive law)不研究自然法、伦理法，属于"法律哲学"，而有别于"法哲学"。如前述谢晖教授就喜欢将严格意义上的"法理学"称作"法律哲学"。那么该如何来看待奥斯丁"法理学"的别称"法律哲学"或"实在法哲学"这一事实呢？

其实，近代以来的许许多多学科，包括自然科学学科和社会科学学科，是先后从哲学的母体中分娩出来的。因而，许多学科在其诞生(独立)之初，会长出一个"哲学"的胎记或尾巴。这一方面是由于当时新兴学科在研究方法和研究对象等方面多少还带有哲学的印迹，另一方面也是为了标示该新兴学科血统的"高贵"，以便提高其正当性，更好地获得人们的认可与肯定。如17世纪伟大的物理学家艾萨克·牛顿，便将其提出"三大运动定律"的物理学代表作命名为《自然哲学的数学原理》(1687年)，书名中的"自然哲学"其实就是后来的"物理学"。法国博物学家、最先提出生物进化学说的拉马克(1744—1829年)，把他1809年出版、提出用进废退与获得性遗传两个法则的进化理论著作命名为《动物哲学》(*Philosophie Zoologique*)。英国化学家汉弗里·戴维(1778—1829年)于1812年把自己的化学原理著作定名为《化学哲学》。19世纪实证主义哲学家、"社会学之父"奥古斯特·孔德，也把其首创的"社会学"称作"社会实证哲学"或"社会物理学"。随着这些学科的发展，如今学界早已不会再将巍然耸立的"物理学""动物学""生物学""化学""社会学"称作"自然哲学""动物哲学""化学哲学""社会哲学"或"社会物理学"了。事实上，这些学科从研究方法到研究对象和研究范围，很大程度上已经走向了哲学(尤其是传统的思辨哲学)的反面。因此，走过了将近两百年的法理学，也已经完全没有必要再依附于"法哲学"或"法律哲学"的门下来显示自己血统的高贵，除非法理学依然自恋地抚摸着自己的胎记而拒绝成长。

---

① SALMOND. Jurisprudence or the theory of the law[M]. London: Stevens and Haynes, 1902: 1-7.

如一向以严谨著称的德国学者，便把"法理学"称作"rechtstheorie"，而把"法哲学"称作"rechtsphilosophie"。

二、法理学是否需要哲学基础

哲学是理论化、系统化的世界观和方法论，是关于自然界、社会和人类思维及其发展的最一般规律的学问。① 由于哲学的独特属性和地位，所有的学科都不能不受哲学的影响，法理学也不例外。不过，尽管哲学有本体论、认识论、价值论和方法论的划分，但体现在法学理论领域，则不可一概而论、简单照搬。事实上，法理学从其创始人奥斯丁起就主要受的是英国以培根（16—17 世纪）、休谟（18 世纪）为代表的经验主义传统和 19 世纪法国哲学家孔德以来的"实证哲学"的影响。实证哲学注重认识论和方法论，强调观察、实验，要求知识具有确定性和实证性，法理学也是如此。而法哲学原本就是"思辨哲学"的产物，思辨哲学以实体（存在、本体）和知识（理性、思维、认识）及其关系作为自己的反思对象，其核心是本体论以及 20 世纪初在传统本体论和认识论基础上建立的价值论。这也正是许多法哲学家把法哲学等同于价值论的一个重要原因（20 世纪以来传统本体论日渐衰落）。

认识论（epistemology）又称"知识学"（theory of knowledge），是关于人类认识的来源和发展过程、人的认识能力及限度，以及认识与实践之关系的学说。"它研究知识的性质和范围及其前提和基础，以及对知识所要求的一般可靠性。"② 人们认识世界的直接目的是获得真理，因而认识论的基本原则是真理性原则，即人类必须按照世界的本来面目去认识和改造世界（包括人自身），追求和服从真理。它体现的是客体尺度，即对象的本性和规律。

认识论聚焦于法学领域，便是法认识论。人首先要学习法律、了解法律，尔后才能掌握法律、运用法律。法认识论从三个方面确立了对作为认识对象的法律和法治的思维框架：第一，认识主体是具有把握认识对象的理性能力的理性存在者，不仅能够认识法律，而且可以摆脱感性欲望的盲目性，在法律理性的指引下，自主选择自己的正确行为，独立判断行为的意义。这一点决定了法的自治性。第二，法律作为人类理性的产品，一经产生，就外在并独立于认识主体，是不以人的意志为转移的具有内在规律性的客观实在。人是规律的认识者而不是创造者，人也可以把握法律的理性结构和运行规律，但不能随心所欲地创制和实施法律。这一点决定了法的确定性。第三，作为认识对象的法律，不仅存在着一种能够被认识主体掌握的内在结构和内在联系，而且它本身也是为某种客观规律或者更为

---

① 夏征农，陈至立. 辞海（第六版彩图本）[Z]. 上海：上海辞书出版社，2009：2903.
② 海姆伦.西方认识论简史[M].崔建军，等译.北京：中国人民大学出版社，1987：1.

本质的东西所决定的。这一点决定了法的客观性。① 这些对于法治来说都是至关重要的。

　　总之，法认识论主要是以法律人的眼光，对法的主体与客体、主观与客观、意志与规律、内容与形式、感性与理性、理论与实践等基本问题，作深入的学理分析。法认识论的基本任务就是构筑系统的法律知识和法学思想，建立法律科学。因此法认识论主要属于纯粹法理学的范畴，而不是纯粹法哲学的范畴。

　　由此引发一个疑问：既然法理学也深受哲学的影响，那法理学岂不就是法哲学，或法律哲学吗？对于这个看似"有力"的诘问，回答其实很简单：物理学、生理学、社会学等学科也与哲学认识论、方法论密不可分，为何它们已不再被视为"自然哲学""生理哲学"或"社会哲学"（当代虽有"社会哲学"分支，但它与"社会学"相去甚远）呢？更何况，17—18 世纪近代哲学的认识论转向，恰恰是近代科学（主要是自然科学）从兴盛到成熟的产物。也就是说，哲学认识论尽管古已有之，但真正成为哲学的一个重要组成部分，很大程度上要归功于近代自然科学。而法理学作为独立学科的产生，名义上是受哲学（实证哲学）影响的结果，而归根结底是受近代自然科学影响的结果。20 世纪初奥地利法学家凯尔森力倡"纯粹法学"，很大程度上就是要清除掉奥斯丁法理学中还多少残留着的"法哲学"的"胎记"或"乳臭"，使法理学乃至整个法学真正走上自立、自足、自强的发展之路，进而为法治提供坚实的法理基础。

三、"存在纯粹的法理学吗?"

　　法学界一个具有相当普遍性的疑问是："存在纯粹的法理学吗?"这类学者基本上是从三个层面来质疑的：其一是经验层面，认为法理学的研究对象是现实生活中具有综合性、价值性并运动、变化的法律现象，且许多有血有肉的现象片段和大部分的"生活世界"是无法用法律语言加以穷尽的。而"纯粹的自然法学与纯粹的实证法学（分析实证主义法学）都忽视了法的社会层面的问题，忽视了法学作为一门经验科学的性质。"其二是把"纯粹法（理）学"的"纯粹性"误解为意指"形而上的思辨和逻辑自洽"，认为法理学并非纯粹的科学（纯粹理性），也并非纯粹的形而上学，更不可能是纯粹的技艺，而基本上属于实践理性的范畴，是混合理论与实践的一门科学，必须透过法律之应用来实现它的社会目的，以满足人类在社会上的各种需求。② 其三是法哲学层面，如博登海默指出："法律实证主义大体上和实证主义理论一样都反对形而上学的思辨方式和寻求终极原理的做法，反对

---

　　① 葛洪义. 法学研究中的认识论问题[J]. 法学研究，2001(2).

　　② 张薇薇. 存在纯粹的法理学吗? ——关于法理学方法论的一种社会实证的观点[J]. 中外法学，2000：2.

法理学家试图辨识和阐释超越现行法律制度之经验现实的法律观的任何企图。法律实证主义试图将价值考虑排除在法理学科学研究的范围之外，并把法理学的任务限定在分析和剖析实在法律制度的范围之内。"①

上述来自经验层面的质疑看似有理，其实是经不起反驳的。社会的确是一个整体，社会现象具有综合性、价值性和运动变化性，这是否就意味着任何一种对社会或社会现象的研究都要全面把握或展示这些方面或特性呢？如果是这样的话，有关社会"生活世界"的研究只要一门学科就可以了，包括法学在内的其他社会科学全都应该取消，因为它们都只研究社会的某一个方面或某一种特性。当年孔德创立社会学，就是想用它来取代其他社会科学，但孔德的野心有如老虎吞天，社会学的发展也就只能背离孔德的初衷（不过基于社会整体结构来研究特定社会现象这一点被继承了下来）。经验世界的任一现象都是一个复杂的整体，但这并没有阻止自然科学的研究进入质子和中子甚至更精细的微观层面。法律现象尽管往往是多重社会因素、心理因素甚至自然因素交互作用的产物，但这并不意味着每一种法学研究都要采取综合的方法。纯粹法理学与法哲学、法社会学等分支的界限虽然不是泾渭分明的，但其核心领域和基本研究方法还是有迹可循的。何况学术研究的深入和细化，就是要不断地变"不可能"为"可能"。没有学科的主体意识，就不会有各学科的领域划分及方法分野；没有研究对象的精细化，就不可能有研究的深入；没有各执一端的精细分析，也不可能有高质量的综合。纯粹法理学的明智之处，就在于它知道自己能做什么，不能做什么，它不想（也不能）垄断真理，也不想自己一花独放，它旨在强调各学科适当合理分工，协同并进。比如把法律与其他社会现象之间的关系、法律的实际运行及其效果等交给法社会学去研究，把法的本源、本质等本体论问题，以及法律价值论问题交给法哲学去思考，把法的成本和效益问题交给法经济学去权衡，把面对特定条件或形势下的权变性法律对策问题交给法政策学去处理，而把对具体法律条文之含义、义理和具体适用，交给法教义学去承担，如此等等。纯粹法理学只想独辟蹊径，从法律和法学的内在视角出发，在法教义学的基础上，对某一法律部门或法律部类，乃至古今中外的法律制度，做一个整体性的研究，探寻其内在的基本特性、构成原理、功能机制、效力机制、运行规程和演进规律，进而提炼出法学与众不同的思维方式和法治世界观。它深知，这只是对人类法律现象众多研究或解释中的一种，却是人类社会不应忽视、其他学科无法替代的一种！需要指出的是，纯粹法理学尽管不大研究法律价值问题，但并不拒绝应有的或基本的价值判断。

上述把"纯粹法（理）学"的"纯粹"性误解为"形而上的思辨和逻辑自洽"，更是不值一驳。因为"纯粹法（理）学"强调"逻辑自洽"是真，如果没有逻辑自洽，

---

① 博登海默. 法理学——法律哲学与法律方法[M].邓正来，译. 北京：中国政法大学出版社，2016：121.

任何一种观点、理论或学科都无法成立；"形而上的思辨"是假，因为纯粹法（理）学在自身研究领域中所极力排斥的研究方法，正是"形而上的思辨"，那是法哲学的基本研究方法。

至于博登海默对法律实证主义的批判，基本上是恰当和到位的。因为那是基于法哲学的立场进行的，的确是实证主义法学和纯粹法学（二者有共同点，但不完全相同）的缺陷或弱点，也正好是法哲学的生长点。科学研究生态群落的状况往往是：一个学科的终点，就是另一学科的起点或生长点。任何真正有生命力的学科，就像现实中的人一样，都是有能力缺陷的；只有上帝才是完美的、万能的，可惜上帝并不存在。需要指出的是，纯粹法理学和法律实证主义并不反对寻求终极原理的做法，而只是强调在法律或法律科学内部寻求终极原理。如凯尔森的"基本规范"、哈特的"承认规则"等。

不过，笔者所倡导的纯粹法理学，与凯尔森纯粹法学并不完全相同。凯尔森纯粹法学的"纯粹性"，不仅表现在它反对法学研究中掺入任何价值标准和意识形态因素，而且体现在它将法律规范与法律事实截然分开。这种纯粹从法律规范的角度分析实证法的理论，也被称为"规范法学"（normative jurisprudence）。① 在重视实在法律规范研究、强调从法律或法学自身的内部视角来看待和研究法律现象方面，纯粹法理学与纯粹法学并无二致。纯粹法学也并不反对社会学法学（乃至法律社会学）的研究方法，只是认为纯粹法学研究法律的效力，社会学法学探讨法律的效果，二者侧重点不同。纯粹法学与社会学法学可以并存，但不能相互替代。"社会学法学以规范法学为先决条件，是规范法学的补充。"②纯粹法理学这方面的立场也是相同的。但纯粹法理学虽然不致力于法律价值的研究，却并不像纯粹法学那样反对法学研究中掺入任何价值标准和意识形态因素。

纯粹法理学的纯粹性主要表现为研究视角的内在性、研究对象的明确性与单纯性（反对把其他学科的研究对象纳入自己的阵营）、研究方法的科学性和研究结论的可检验性。对于那些超出自己兴趣范围或研究领域的问题，纯粹法理学主张将其"悬搁"（存而不论）。与此同时，面对各种相关的外在社会现象、社会需求或社会刺激，纯粹法理学（包括部门法理学和公法、私法、社会法等部类法理学）强调要像心理学等学科一样对其进行"内化"处理，始终从内往外看世界，这实际上也就是法律思维和法治世界观。比如在法律与道德的关系问题上，纯粹法理学主张以立法环节为过滤网，在将那些社会生活中基本而重要的价值追求和道德规范转化为法律原则（如宪法中的法律面前人人平等原则，民法中的诚实信用原则、

---

① 张乃根. 西方法哲学史纲[M]. 4版. 北京：中国政法大学出版社，2008：259.

② KELSON. The pure theory of law and analytical jurisprudence[J]. Harvard Law Review, 1941, 11: 270.

公序良俗原则，程序法中的公开、公平、公正原则等）或法律制度（如民法中的不当得利制度和无因管理制度等）之后，道德规范已经成为法律的一种内在道德或内在价值，法律实施过程中将始终把既有的法律规范奉为圭臬，而不再以一种外在的视角去考量法律与道德关系，甚至拒绝将道德作为评判法律的准则。否则，刑法中的"罪刑法定原则"、法律的自治性与"法律至上"的法治精义等都将荡然无存。这正是千百年来"恶法亦法"的合理内核，也是近百年来法律实证主义的历史贡献！

　　纯粹法理学的这种纯粹性，最重要的是研究视角的内在性。也就是说，只要坚守了研究视角的内在性，即使是面对其他学科的研究对象，纯粹法理学必要时也可以有所作为。如在"法（律）本质"这样主要属于法哲学本体论的问题上，纯粹法理学也可以不像传统形而上学那样纯思辨性地、静止地探究法律的本质，而是从法律自身的历史运动与现实展开过程中去把握和界定法律本质，认为法律本质是法律在其历史演进过程中逐步积淀并在面向未来的实践过程中不断"生成"（becoming）的稳定性因素和根本属性，是法律区别于非法的最核心的标志。它尽管有其生成性与流变性，但客观而稳定地存在着，并不是神或人任意赋予的，也不是固有的。① 也正是基于研究视角的内在性要求，纯粹法理学的研究对象及范围并不是漫无边际的。如对法律效力根源的追究，它便止步于法律体系的边界之内；而对于"法律实效"问题，因涉及种种社会因素，便交给法律社会学去研究。此所谓"有所得必有所失"，"有坚守才能成就自我"。

第四节　纯粹法理学的基本问题和范围

　　由于从严格意义上来理解法理学的学者很少，因而对法理学基本问题的思考就更为罕见。德国法理学者魏德士认为法理学的主要问题有 9 个：（1）什么是"法"？（2）法起什么作用？（3）我们在哪里能找到法？（4）法（理）学（jurisprudenz）是一门科学吗？（5）什么是"法信条（rechtsdogmatik，通译为'法教义学'）"，它有什么作用？（6）语言对法与法学家有什么意义？（7）法在多大意义上体现公平？（8）法为什么"有效"？（9）法是怎样适用和发展的？② 魏德士的这一看法，基本上属于纯粹法理学的范围，不过"公平"等法价值问题则属于法哲学。国内葛洪义教授认为，当今法理学基本问题主要包括三个：法律是什么？法律应该是什么？如何认识法律？前两个问题是法律的本体论问题，后一个问题则

① 胡平仁.法理学：原理·图解·案例·司考[M].北京：中国民主法制出版社，2014：19.
② 魏德士.法理学[M].丁晓春，吴越，译.北京：法律出版社，2005：15.

是法律的认识论问题。① 很显然,葛洪义教授是就广义上的"法理学"(包括法哲学)而言的,并不是指纯粹法理学的基本问题。

纯粹法理学的基本问题其实主要是两个:一是科学的法律观与法律史观,二是法律思维与法治世界观。这两个基本问题的具体化,便是纯粹法理学的主要内容和大致范围。

一、确立科学的法律观与法律史观

"法律是什么"及其历时性延展是法学的入门性与核心性问题。它不仅是法学研究者学术素质和法学家们建构其理论体系的基础与核心,也是法律工作者和普通民众法治观念的有机组成部分。而纯粹法理学通过基于内部视角的一系列研究,有助于人们全面、深入地理解法律现象,树立科学的法律观和法律史观。

(一) 法律科学的态度及标准

18世纪末19世纪初,德国刑法学鼻祖保罗·冯·费尔巴哈(1775—1833年),②曾强调科学体系论对于法学的普遍意义:"通过经验积累以及加工的内容不是科学本身;它们必须以科学形态表现出来。"他认为这种符合科学要求的表现必须满足三个条件:"第一个条件是法律概念的正确性、明确性、准确性及直白性;第二个条件是法规的内部关联;第三个条件是法学理论体系的体系关联。"③英国19世纪奥斯丁的分析法学、20世纪奥地利凯尔森的纯粹法学和英国哈特的新分析法学等法理学流派,都试图以科学的法律观为基础,创立一种纯粹法理学。他们都以实在法为对象,排斥自然法观念,悬搁法的本质论和价值论。"一门科学必须就其对象实际上是什么来加以叙述,而不是从某些特定的价值判断的观点来规定它应该如何或不应该如何。""纯粹法理论通过把先验的正义从它的特定领域中排除出去,而坚持明确区别经验的法和先验的正义。……从法的假设中,从对实际法律思想的逻辑分析所确立的基本规范中去寻求法律的基础,即它的效力的理由。"④美国学者唐纳德·布莱克的纯粹法社会学虽然不属于严格意义上的法理学,但同样以科学的态度对待法律和其他法律现象。布莱克追随自然科学的榜样,试图用几何学的话语和方法构建一种能够预测和解释法律行为并能广泛适用的研究范式。在《纯粹社会学的认识论》一文中,布莱克归纳了关于法律

① 葛洪义. 法理学基本问题的形成与演变[J]. 法制与社会发展, 2004: 2.
② 德国哲学家、法学家保罗·约翰内斯·安塞尔姆·冯·费尔巴哈(Paul Johannes Anselm von Feuerbach, 1775—1833),系著名哲学家路德维希·费尔巴哈之父,主要法学著作有1798/1799年出版的《对实证主义刑法的原理以及基本概念的修正》及1801年出版的《刑法教科书》。
③ 希尔根多夫. 德国刑法学:从传统到现代[M]. 江溯, 黄笑岩, 等译. 北京: 北京大学出版社, 2015: 187.
④ 凯尔森. 法与国家的一般理论[M]. 沈宗灵, 译. 北京: 商务印书馆, 2013: 20, 21.

科学的几项基本准则：(1)能否被检测(检验和预测)，即一方面能通过理论进行逻辑暗示，另一方面，"一种理论可以被检验，它必须能够用量化的语言来表述，使它的预测能通过测量或计算来进行"。(2)是否普遍，即一种理论能够适用的范围越广，普遍性程度越高，这种理论就越好。(3)是否简洁，即"科学的终极目的是简化现实——从最初如果不是完全不能理解的，也是很复杂的现实中，去发现根本的模式……科学喜欢简洁，厌恶复杂"。(4)是否真实，"最好的理论应当是正确的"，即是与现实相符合的，可得到经验性事实的支持。(5)是否新颖，一种科学的理论应当新颖、富有创造性。① 这些准则同样可适用于以建立法律科学为旨趣的纯粹法理学。

(二)确立科学的法律观

这方面主要是从共时角度展开对法律本身及其内在机制的研究。其核心内容有：

(1)法律的含义、基本特征、核心内容和结构形式。这方面的研究聚焦于作为社会现象的法律本身，旨在形成有关法律实体的基本印象和观念(直接意义上的科学法律观)，为进一步学习、了解和探讨法律问题，奠定一个坚实的基础。其中法律的核心内容应当是权利、权力、义务和责任；② 法律的结构形式包括法律要素、法律规范、法律制度、法律渊源、法律分类和法律体系等。

(2)法律的作用对象、方式(功能机制)、条件及限度。法律是一种行为规范，法治是一种根据法律治理国家与社会的事业。但法律具体作用于什么？是如何发挥作用的？法律对其调整对象发挥作用需要具备哪些条件？法律是万能的吗？如果不是，其局限性或限度何在？为什么？在这些问题中，法律的作用方式或功能机制的研究相对薄弱。为此，笔者曾提出，根据法律的本质特性及运行实践，法律的社会管理功能主要表现为三种：社会导向功能与激励、抑制机制；社会调节功能与吸纳、析离机制；社会整合功能与定分、止争机制。③

(3)法律的自治性与效力来源。这是对法律及其体系的深层次研究，内容包括法律的自足性与环境制约性、法律的效力范围和等级规则(解决法律效力冲突的规则)、法律的效力根源等。这方面的研究旨在回答不同层面法律相互间的关系、人们为什么必须遵守法律、如何遵守法律等问题，并为强调法律至上的法治提供内在的学理支撑。因为，如果法律不是自足和自治的，法律的效力根源不在于法律体系内部，而在于某种外部权威，则法律就不可能是至上的，法治理论与

---

① BLACK. The epistemology of pure sociology[J]. Law & Social Inquiry, 1995, 20: 831-841.

② 胡平仁. 法理学基础问题研究[M]. 长沙: 中南大学出版社, 2001: 41-81; 胡平仁. 法理学: 原理·图解·案例·司考[M]. 北京: 中国民主法制出版社, 2014: 31-54.

③ 胡平仁. 法律的社会管理功能及其实现机制[J]. 湖湘论坛, 2011(6).

实践也就难以证成。分析法学、纯粹法学和新分析法学等规范法学派的良苦用心与学术贡献正在于此。

(4)法律主体、法律行为、法律程序和法律关系。学界对"法律主体"这样一个极为重要的法律现象却很少研究，即使在西方国家也很少见。就笔者手头的资料来看，约翰·奇普曼·格雷20世纪初出版的《法律的性质与渊源》(1909年第1版，1921年第2版)，曾有专章论法律主体(legal person)；①科斯塔斯·杜兹纳的《人权的终结》则更为深入地讨论了法律主体(legal subject)。② 我国几乎所有的法理学教材中，都只是在法律关系部分论及法律关系主体的理论问题，其他章节虽然也会涉及立法主体、执法主体和司法主体等概念，却很少有对法律主体开展总体性或一般性研究，③相关专著更是没有。这不能不说是一个重大遗憾。

与法律主体紧密相关的"法律行为"，是法学的一个重要范畴，也是法律调整的对象，从数量上来看，学界的研究很多，但深度却明显不足。"法律行为"是具有法律意义或需要法律调整的行为。这可从三个层面来理解：一是先于法律的社会行为，这类行为原本属于事实行为，一旦法学介入研究或法律介入调整，即成为法律行为，并有合法、违法等之分。二是与法律有关的行为，或实在法上的行为。这类行为最为复杂，包括合法行为、违法行为、法律规避行为(避法行为)和基于道义或公益而抵抗法律的行为(抗法行为)。④ 三是根据法律做出的行为，这通常就是合法行为。学界不少人曾将法律行为误解为仅指合法行为。总之，法律行为是纯粹法理学的重要组成部分，亟须深化。

法律程序作为人们实施法律行为所必须遵循的法定方式和步骤，是法律的生命形式，也是法治建设的内在要求。尽管我国法学界对法律程序的关注是20世纪90年代中后期以来的事，但现已得到普遍重视和较为广泛的研究，今后主要是进一步深化的问题。

法律关系虽然离不开法律创制，但主要还是法律实施过程中基于法律规范建立的、以法律主体间特定的权利义务或权力义务为内容的特殊社会关系。其特殊性集中表现为法律关系的产生和实现过程，是国家意志和法律关系主体意志相互作用的过程。法理学特别是部门法理学对此研究很多。

(5)法律的运行过程、环节和机制。这方面的内容包括法律创设机制、执行机制、接受机制、救济机制、监督机制等。法学界对其中的"接受机制""救济机

① 格雷. 法律的性质与渊源[M]. 马驰，译. 北京：商务印书馆，2022：32-65.

② DOUZIUAS C. The end of human rights[M]. Portland：Hart Publishing Ltd. ，2000：183-261.

③ 国内为数极少的总体性法律主体研究成果，可参阅：龙卫球. 法律主体概念的基础性分析——兼论法律的主体预定理论(上、下)[J]. 学术界，2000(3)(4)；胡玉鸿. 法律主体概念及其特性[J]. 法学研究，2008(3).

④ 胡平仁. 法理学基础问题研究[M]. 长沙：中南大学出版社，2001：205-209.

制"的关注严重不足。所谓"接受机制"是指法律接受方面的研究。而法律接受指的是社会公众(立法者、执法者和司法者在特定情境下也属于社会公众)对待法律的实际态度和行为，即对法律规范予以接纳、认同、内化、服从或漠视、违背、规避和抗拒等行为反应。这是笔者在 20 多年前提出的一个理论命题，[①]也得到了学界一定的响应，可惜至今尚未引起普遍重视和应有的研究。事实上，法律接受是从"书本上的法"走向"行动中的法"的关键环节，也是连接国家法与民间法的唯一桥梁。法律科学(学理)、法律制度和法律接受(法律实践)三者之间无法消除也无须消除的间距，正是法律艺术，特别是诉讼艺术的生长空间。也正因为如此，法律接受范畴很可能为理论法学和部门法学开拓出一片广阔的创新与发展空间，并为立法和法律实务提供种种有益的启示与借鉴。可喜的是，近年来对立法特别是司法裁判的可接受性研究得到了初步的展开，从而对法律接受理论作出了积极的策应。

相对于"法律接受"的被忽略，"法律救济"的命运稍好，这是一个使用频率很高的词，也是法律实施的一个特殊环节，但人们很少正面论及它，以至于该领域一些最基本的问题还没有达成应有的共识。[②] 这必然会影响现实法治实践，因而也是一片不应荒芜的纯粹法理学耕耘的田地。

(三) 确立科学的法律史观

确立科学的法律史观，即纯粹法理学将法律放在时空交错的历史坐标中予以考察和分析：一方面回溯法律在历时性维度中产生、发展、演变的内在规律，以及应对外部刺激或挑战的方式；另一方面则放眼法律在不同空间格局中的生成、运行和扩张，进而深入理解、科学擘画当代法律时空棋局。其核心论题有三：

(1)法律起源。法律产生于何时？为什么会产生？法律是如何产生的？法律与图腾、禁忌的关系；从原始习惯法到国家法的演变；等等。

(2)法律发展。法律发展的内在动力和内在机制；法律的国家化、国际化与全球化；法律继承的条件和方式；法律移植的排异与调适；法律发展的宏观规律；等等。

(3)法律传统。从理论上分析法律传统是如何在历史长河中积淀而成的，它对现实法律制度和法治实践有着怎样的影响，是如何发挥作用的，等等。其中，"法律传统就是关于法律的性质、法律在社会和政治共同体中的地位、法律制度的专门组织与运作，以及关于法律实际或应被如何制定、适用、研究、完善、教授

① 胡平仁. 法律接受初探[J]. 行政与法, 2001(2)；胡平仁. 中国传统诉讼艺术[M]. 北京：北京大学出版社, 2017：12-14.

② 胡平仁. 法理学[M]. 长沙：中南大学出版社, 2016：184-197.

的一整套植根深远并为历史条件所制约的观念。"①换言之，法律传统是由历史积淀而成并扎根于现实需求且至今仍具活力的、人们有关法律的深层次观念、思维方式和行为模式。② 可以说，法学界对法律起源和法律发展的研究是比较丰富的，而对法律传统的理论研究却依然十分有限，基本还停留在概念之争和极为肤浅的功能描述上，亟须凝聚力量，获得理论上的实质性突破。

二、树立法律思维与法治世界观

法治世界观以往通常被称作法律世界观或法学世界观，二者虽然略有区别，但都是建立在法律思维基础之上的。"所谓法律思维(legal mind)，是一种以'法律'为坐标和工具、按照法律观念和逻辑来理性地观察问题、分析问题和解决问题的思维习惯和思维能力。"③它力图通过缜密的逻辑思维、辩证思维甚至形象思维，运用证据学和法律解释学的原理及技术，把规范与事实、特殊与普遍、过去与未来有机地统一起来，从而形成具有法律效力的共识或者决定。而"法治世界观"实质上也就是"法治思维"，是各国在长期追求法治的过程中逐渐形成的一种以法治理念为核心、以法律思维为基础、更具包容性和价值性的高级思维形态。"所谓法治思维，就是指一种以'法治'为精神指向，以正义、自由和民主为精神内核，从而对社会现象进行分析、判断、评价、推理的法律思维。"④作为一种治国理政的思维方式，法治思维或法治世界观虽然强调法律必须接受人权保障和公平正义等价值的指引，社会治理必须综合运用多种社会规范与社会力量，但这些举措都不能损害法律的普遍性和至上性地位，都必须统摄在法律的框架内。

"正如数学家只能从丰富多彩的现实中看到空间和数字的关系，法学人士也只能注意到多姿多彩生活形式的非常有限的大致轮廓。"⑤拉德布鲁赫此处所说的"法学人士"包括了法律工作者的"法律人"(rechtsmensch)。与拉德布鲁赫相似而价值取向上颇有微词的表述是："法学世界观的独特之处在于，它无视研究法的各种角度而只通过法律概念和规范来观察现实，并且从不考虑这些规范和标准是由社会生活条件所决定的。"在持广义法理学观念的学者那里，法律世界观或法学世界观是带有一定贬义的。如拉扎列夫等人认为，"不能从法和国家的本身去理解它们，而只能在法与国家理论研究对象领域之外去理解，如在经济、政治和社会意识领域"。这是一种与法学世界观完全不同的科学世界观，即国家法律现实

---

① MERRYMAN J H, The civil law tradition: An introduction to the legal systems of Western Europe and Latin America. [M]. 2nd ed. Stanford: Stanford University Press, 1985: 2.

② 胡平仁. 法理学[M]. 长沙：中南大学出版社，2016：280.

③ 胡平仁. 法律人的思维方式[J]. 怀化学院学报，2007(3)：38-41.

④ 胡平仁. 法理学[M]. 长沙：湖南人民出版社，2008：285-286.

⑤ 拉德布鲁赫. 法哲学[M]. 王朴，译. 北京：法律出版社，2013：116.

的世界观。"科学的世界观将理论法学家从狭窄的抽象范畴空间推向现实生活，并迫使他们在解决实际问题时，占据某种社会立场，维护个人的、团体的和整个国家的利益。"①

纯粹法理学是形成法律思维方式和法治世界观、提高法学思维能力的基础与先导。法理学之所以要走向"纯粹"，很大程度上就是为了摒弃杂乱的知识与学理，明确本学科所特有的观察问题、思考问题和解决问题的方式，从而使法律人（jurist／lawyer）通过法律、法治和法学的基本概念、原理及方法形成对社会问题的独特判断、评价与处置方式。这正是法律职业和法律人的社会价值之所在。

（一）法律对现实的格式化和类型化

法律是对其所规范的具体现象或事物加以抽象、概括的结果。法律对现实世界的调整其实就是法律通过为现实世界建模（提供行为模式、进行分类调整与事实重构），进而对现实予以格式化和类型化来实现的。在立法环节，立法者对法律所欲规范的众多客体抽象出若干要素，经过总结、提炼与加工，形成法律概念，围绕一个法律概念展开或将多个法律概念以某种形式勾连起来，建立法律原则与法律规则，进而以系统的法律框架来规范和统领现实世界，以不同法律主体的权利、权力、义务和责任来表述现实世界纷繁复杂的人际关系（特别是利益关系），以"可为""应为""勿为"等行为模式来引领与规制人们形形色色、千变万化的社会行为。而在法律实施环节，则以权利、权力、义务和责任这一法益分析模式，来校正、归结与落实特定法律关系中特定主体的特定权利、权力、义务和责任。

进而言之，法律所要调整的社会生活或社会关系，犹如一张硕大的网，纷繁复杂、纵横交错，而任何一部法律，无论它篇幅有多长，都不可能涵盖所有，因而往往需要以不同的法律来调整社会生活的不同领域。而且，即使是某一部法律，对所要调整的对象也往往要分门别类地予以规范。如合同法就需要对各种不同类型的合同分别进行规范。社会分工越细密，法律研究越深入，这种分类调整就越常见，也越繁复。

（二）法律的普遍性、至上性与良法善治

法治即法的统治（rule of law），是一种相对"神治""人治"或"德治"（"礼治"）等而言的、尊崇法律的公共事务和个人社会生活治理方式或状态；其核心是法律的普遍性、至上性和良法善治（详见本书第十二章第一节中的"法治的含义与核心"）。

（三）规则之治与程序优先

法律思维与法治世界观都强调规则和程序的至关重要性，推崇按法律规则办

---

① 拉扎列夫. 法与国家的一般理论[M]. 王哲，等译. 北京：法律出版社，1999：11，13.

事，以事先制定的规则来防范私情和私欲的恣意与泛滥。面对生活世界背离法律规则的独特个案，它们强调除非有充分的、公开的强有力理由，否则不得逃避既有法律的规则之治。

与此同时，程序作为事先确立的法定方式和步骤，是确保法律权利、权力的行使和法律义务的履行既充分及时又不越位乱(滥)用的有效手段，也是排解纷争、认定和归结法律责任的制度安排。当实体结果不明或权利(力)义务纷争不已时，解决这些问题的相关法律程序处于优先的地位。

(四)法律的责任机制与证据制度

法律相对于其他社会规范的优越性之一，就在于它不仅公开而明确地以法律意义上的正向利益(权利或权力)为诱导机制，并以相应的对价或反向利益(义务)为约束机制，且通过一整套法律责任机制来强化与确保义务约束机制的有效性。一旦权利或权力受损而寻求法律救济时，按照"谁主张谁举证"的制度安排，相关主体必须为自己的诉求或主张提供相应充分而有效的证据，否则将承担举证不能的后果，相关诉求或主张将不被裁判主体认可。这种明确而强烈的证据观念和证据制度，是确保法律责任公开、公平、公正地落实到位的重要措施之一，因而也是法律责任机制的一个重要组成部分。

(五)法律解释、法律推理和法律论证

法律解释、法律推理和法律论证通常合称为法律方法，其实主要是法律适用方法，即法官、检察官和律师等法律职业者在适用法律处理具体法律事务或案件的过程中，用以发现、选择和论证法律及法律结论的方法。这是法律(立法)对现实格式化和类型化之后，对法律适用于生活世界的必然要求(从具体到抽象再到具体)。它们是法律思维的外在表现，也是法律职业人(特别是法律裁判者)必须具备的职业技能和看家本领。相关研究已经成为近20年来的一个热点，取得了较为丰硕的成果。

总而言之，纯粹法理学有着清醒的自我意识、清晰的问题意识和完整的过程意识。它的领地是以实在法为圆心，以科学的法律观和法律史观以及法律思维与法治世界观为基轴，适度向四周辐射。它既不妄自尊大，也不妄自菲薄；它高举法律科学的旗帜，又与形而上的法哲学相激相荡；它强调法学研究领域的划疆自治、协同发展，强调各学科优势互补、成果共享；它的野心是让法治不仅高高矗立于人类社会，而且巍然耸立在人们的心间！

✦ **思维弹射**

后魏李惠，为雍州刺史。人有负盐负薪者，同释重担，息于树阴。二人将行，争一羊皮，各言藉背之物。惠遣争者出，顾州纲纪(州府的主簿，也泛指一般的随从人员)曰："以此羊皮拷知主乎?"群下以为戏言，咸无应者。惠令人置羊皮席上，以杖击之，见少盐屑，曰："得其实矣。"使争者视之，负薪者乃服而就罪。凡所察究，多如此类，由是吏民莫敢欺犯。——载《魏书》卷八十三上《列传外戚·李惠传》及《北史》卷八十《李惠传》

"李惠拷皮"这一案例，对你学习法学和法理学有何启发?

第一章
法的含义、特性和功能

🔊 法海潜航

《史记·平准书》载有"腹诽罪"的由来："初，(颜)异为济南亭长，以廉直稍迁至九卿(大司农)。上(汉武帝)与(御史大夫)张汤既造白鹿皮币，问异。异曰：'今王侯朝贺以苍璧，直数千，而其皮荐反四十万，本末不相称。'天子不悦。张汤又与异有隙，及有人告异以它议，事下张汤治异。异与客语，客语初令下有不便者，异不应，微反唇。汤奏当异九卿见令不便，不入言而腹诽，论死。自是之后，有腹诽之法，而公卿大夫多谄谀取容矣。"

应该如何看待"腹诽罪"这一历史现象？本章隐含着部分依据和答案。

法和法律都是日常生活和学术活动中常用的概念，但正因为常用，人们也就赋予了它们种种不尽相同甚至迥然有别的含义和特性。这就必然会影响到人际交流与沟通，因此有必要对它们作一番梳理，以澄清混乱，尽可能求得共识。

第一节　法、法律的词义

一、中国古代"法"的原始意义

中国古代"法"字写作"灋"，这已为出土的钟鼎文和秦墓竹简所证实。说到"法"字的本义，人们常引用东汉许慎《说文解字》的说法，即："灋，刑也，平之如水，从水；廌，所以触不直者去之，从去。"又说，"今省作法"。这种解释一直为众多学者所援引，但也有一些学者对"法"字作出了不同的解释。

古"灋"字由三部分组成：

其一，氵，即水。它有两重含义。一是功能性含义，即"水判"，指把罪者放

23

逐到河那边，或置于水上，随流漂去，代表惩罚。远古人群的生活范围常以山谷河流为界限。当时，个人不可能离开他的氏族而"离群索居"。因此，放逐是严酷的惩罚之一。人们把严重违背公共生活准则的"罪犯"驱逐到"河那边"或随河流放，无异于宣告死刑。这样，久而久之，就使河流带有了刑罚的威严，进而被赋予一种文化的意义，成了当时公共生活准则的化身。二是象征性含义，即平之如水、不偏不颇、公平正直。一说"水"的象形古汉字写作"𣲾"，其线条所指涉的波纹以及波纹的方向都表明，水是自上而下地流动，它意味着古人强调法是自上向下颁布的命令。"法者，上之所以一民保下也"（《管子·任法》）；"法者，编著之图籍，设之于官府，而布之于百姓者也"（《韩非子·难三》）。

其二，廌，即獬豸，据传是个貌似牛、羊、鹿、熊的独角兽。其实，它是古老部落的图腾。而"蚩尤""咎繇""皋陶"不过是"廌"的读音和文字表达符号。《尚书·吕刑》记载，蚩尤是"法"的缔造者，他"惟始作乱，延及于平民"，"作五虐之刑曰法"。黄帝战胜了蚩尤，很快将他们"同化"，并吸收了蚩尤创造的"法"。正如《龙鱼河图》所载："蚩尤殁后，天下复扰乱不宁。黄帝遂画蚩尤形象，以威天下。天下咸谓蚩尤不死，八方万邦，皆为殄状。"（《史记·五帝本纪》）蚩尤部族臣服于黄帝并在新的部落联盟机构中世世代代主管司法。于是才有了

图1-1 獬豸（xiè zhì）

"皋陶治狱，其罪疑者，令羊触之"，"斯盖天生一角圣兽，助狱为验，故皋陶敬羊，起坐事之"的传说（《论衡·是应》）。可见，"廌"是黄帝建立部落联盟之后世代主管司法的部族的图腾。在古"法"字中，"廌"是社会权威机构的象征。

其三，去。许慎视之为动词，取"弃去"之义。但他在《说文解字》中又指出："去，人相违也。""去"字的古文作𠫓，由𠂢（矢）、𢎚（弓）两部分组成。弓、矢是原始人重要的生产工具和武器，人们常在弓、矢上刻族徽或其他记号。"去"字的本义表示弓与矢相离，两者的记号不相合。该字与"夷"的本义正相反。"夷"的古字写作𢎶，表示弓与矢正好是一套。原始人常常因为猎获物的归属问题发生纠纷，解决的办法是看猎获物身上中的矢与人们手中的弓之间记号是否一致。《易经·明夷》："明夷，夷于左股，用拯马壮，吉"（一匹马的左股被射伤，在伤口处发现箭头，据此查到箭的主人并责令医治马伤，这是对的）；"明夷于南狩，得其大首，不可疾贞"（射伤了一头野兽，尾随追到南方村落，因为野兽身上有箭头，当地人不敢拒绝归还）。正因为弓、矢是最可靠的证据，所以诉讼双方都要出示

证据，即"明夷"。《周礼·秋官·司寇》载："以两造禁民讼，入束矢于朝，然后听之。"《国语·齐语》："生成以束矢。"韦注："两人诉，一人入矢，一人不入则曲。"此处"入矢"的意思，有人认为是证明自己像矢一样正直，有人认为是交"诉讼费"，也有人说它是从古老习俗"明夷"（即出示证据）演变而来的。①

综上所述，"法"字的古体表明，在古代先民看来，"法"是社会权威机构通过查明证据来判明是非曲直并对理曲者施以惩罚的特殊社会活动，同时也是通过这一社会活动来体现人们必须遵守的公共生活准则。

二、中国古代"律"之语源

"律"在中国古代有多重含义。其中主要的有：（1）指用竹管（或金属管）制成的定音仪器。相传黄帝时伶伦截竹为管，以管之长短分别声音的高低清浊，乐器的音调皆以此为准。后来以竹制成的器具，古人均称为"律"。如笔曰不律；理发篦也称律。（2）转指乐律、音律。（3）法纪，令，规则。因古人称竹造之器具为律，刑书古时书写于竹简之上，故曰"律"，因而"律"含有成文法的意思。如古称三尺法为三尺律或律三尺。（4）遵循，取法。如《礼记·中庸》："仲尼祖述尧舜，宪章文武，上律天时，下袭水土。"（5）约束。如"自律"。（6）衡量、比照。《韩非子·难四》："五伯兼并，而以桓（人名）律人，则是皆无贞廉也。"

"律"字的上述含义，基本上都是从第一种含义中派生、转化而来的，其中后四种含义均与法律之"律"有关。问题是，本义是"竹器"的律，如何衍生出了"音律""法律"之义呢？对此，我们需要展开合理的想象来填补其间的空白。笔者的理解是：截竹为管的伶伦及后人，所吹出的气流，通过长短不一的竹管和大小不同的孔隙之约束与释放，便构成了高低清浊不同、抑扬顿挫的音调与旋律。就此而言，古人由"律"引申出"约束"的抽象含义，尽管颇具由此及彼的想象力，却不够全面、准确。"律"既有"约束"，又有"释放"，音律如此，法律亦然。这也就为法律（特别是现代法律）的义务约束与权利（权力）行使及保障埋下了伏笔。当然，随着书写工具竹笔和竹简的流行，法律之"律"也具有了"成文法"的含义。

有学者认为，中国古代文献中，刑、法、律可以互训。"从时间顺序上看，我们今天称之为古代法的，在三代是刑，在春秋战国是法，秦汉以后则主要是

---

① 易学界主流对《易经》"明夷"卦有截然不同的理解："明"指日光，"夷"指伤损；"明夷"就是"日光隐入地下"。该解释与"明夷"卦"离下坤上"的卦象一致。但从"夷"的字形看来，易学界象数派和义理派对"夷"的解释应该是后起引申之意，而非本义；近代以来的易学古史派的观点可能更接近"夷"与"明夷"原意，故此处采用武树臣教授的观点。参见：武树臣. 寻找最初的"法"——对古"法"字形成过程的法文化考察[J]. 学习与探索，1997(1)；武树臣. 中国法律思想史[M]. 北京：法律出版社，2004：53. 对这几种观点的详细讨论，请参见：胡平仁. 对中国古代诉讼法的理论省思[J]. 求索，2006(12).

律。"①这仅是现象，未必符合史实。如《管子·七臣七主》："夫法者，所以兴功惧暴也。律者，所以定分止争也。令者，所以令人知事也。法律政令者，吏民规矩绳墨也。"日本学者堀毅根据管子的这一论述以及1975年底在湖北省云梦县睡虎地发掘出土的一千余支秦墓竹简中的有关记载，认为"法、律、令"的本质差异在于："法是国家的大纲，律是法的成文化，令是就律所规定以外的事项由官府颁布的'告示'。据此，就能明白'商鞅变法''萧何定律'这些历史事件。"②其实，元代的苏天爵（1293—1352年）也曾指出："法者，天下之公，所以辅乎治也；律者，历代之典，所以行乎法也。古自昔国家为治者，必立一代之法，立法者必制一定之律。"③在苏天爵看来，"律"指的是成文法，是"行乎法"，即以"法"为内容的。这显然是一种"法"和"律"的二元化观念。

"法"与"律"复合，作为"法律"独立合成词，最早出自《庄子·徐无鬼》："法律之士广治。"《管子·七臣七主》也谈到了"法律"："法律政令者，吏民规矩绳墨也。"春秋战国时期的诸子百家中大多用到"法律"一词。另睡虎地出土的一千余支秦墓竹简，内容大部分是秦朝的法律及文书，其中有《法律答问》一类。

需要指出的是，除了个别情况，上述的刑、法、律和法律，基本上都是在国家法的意义上来讲的。事实上，人们除了国法，还常谈到家法、宗法、族法、行业法、习惯法，等等。也就是说，在古人心目中，除了国家法，还有民间法。范忠信教授则认为，中国古代法律实际上是一种二元体制：一种是国家制定法，古称"刑""法""律"或"刑法"；另一种是社会生成法（由国家默认、容许者），古称"礼法"或"德法"。它们之上的共同指导原则是"天理""道"或者"德"。"明堂，天法也；礼度，德法也。"北周学者卢辩注曰："明堂，天神所在也。"清代王聘珍谓："德法者，躬行心德，垂为法象也。"④作为社会生活中自然生长出来的习惯法，"礼法"是道德和刑法之间的缓冲地带，是"御民之衔"和社会公德的保护神。"无德法而专以刑法御民，民心走，国必亡。"⑤可惜，从商鞅变法、独任刑法，中经汉晋"引礼入法""以礼注律"，到唐代的"礼法合一"，中国法演变成了一元法体制，使得国家制定法与道德之间缺乏过渡、缓冲机制，造成了法律的僵硬、无力及冷酷，造成了法律与大众心理、社会风习之间的脱离或隔阂，也造成了道德的无力感和被蔑视，加速了道德的衰落。⑥

① 梁治平. 法律的文化解释[M]. 北京：生活·读书·新知三联书店，1994：284.
② 堀毅. 秦汉法制史论考[M]. 萧红燕，等译. 北京：法律出版社，1988：6.
③ 苏天爵. 乞续编通制[M]//苏天爵. 滋溪文稿. 陈高华，孟繁庆，点校. 北京：中华书局，2012：434.
④ 戴德，王聘珍（解诂），王文锦（点校）. 大戴礼记解诂·盛德[M]. 北京：中华书局，2015：144.
⑤ 戴德，王聘珍（解诂），王文锦（点校）. 大戴礼记解诂·盛德[M]. 北京：中华书局，2015：146.
⑥ 范忠信. 中国法律传统的基本精神[M]. 济南：山东人民出版社，2001：250-264.

三、西方及当代中国"法"和"法律"的区别

在西方语汇中，"法"和"法律"有着明显区别。如拉丁文中表示"法"的词是"jus"，含有抽象意义上的法、权利和公平等意味；而表示"法律"的词是"Lex"，含有规范、规则之义。原是指罗马王政时期国王制定的法律和共和国时期各立法机构通过的法律，即制定法。法语、德语、意大利语和西班牙语等西方语言中，表示"法"的词分别是 droit、recht、diritto、derecho，均兼有"权利""公平""正义"等颇具道德意味的抽象含义；而表示作为具体规则的"法律"的词分别是 loi、gesetz、legge、ley，它们均词义明确、具体，专业性强，甚至在希腊语中也有这样的区别。故而，西方学者常常把"法"和"法律"二元化。"法"指永恒的、普遍有效的法理念、正义原则和道德公理，即自然法；而"法律"是由国家机关制定与颁布的具体行为规则，即制定法。法律是法的真实或虚假的表现形式。当代俄罗斯法学界的主流看法也基本如此。如："法就是在该社会中得到承认并以官方保护为保证的，调整自由意志在彼此相互关系之中的斗争和协调的平等和正义的准则的总和。""法是建立在照顾社会各阶层利益及这些利益的协商和妥协基础上的规范调整体系。""法律为法的表现形式之一。法律是依特别程序制定的并拥有最高法律效力的规范性法律文件，在调整社会和国家生活重大问题方面，体现国家意志。""不符合法的思想、法的本质和个人价值与优先地位的法律(及国家的其他规范性文件)可依规定程序被认定为无效，因而这时法律也就不成为法。"①当然，中世纪后期以来，随着民族国家的崛起和日益强大，也有不少西方学者把"法"等同于国家法，霍布斯就是这方面的早期代表："没有共同权力的地方就没有法律，而没有法律的地方就无所谓不公正。"因为"在正义与不义等名称出现以前，就必须先有某种强制的权力存在，以使人们所受惩罚比破坏信约所能期望的利益更大的恐惧来强制人们对等地履行其信约，并强制人们以对等的方式来维持通过相互约定、作为放弃普遍权利之补偿而获得的所有权。这种共同权力在国家成立以前是不存在的。"②而在当代持法律多元论的法社会学家那里，"法律"常用来指称国家制定法，而用"法"来表示国家法、亚国家法、超国家法等等的集合。③

近代以来，随着中西方两种法律文化传统的交汇，中国法学理论和立法实践中也出现了"法"和"法律"并用的情况。不过，20 世纪 80 年代以来，"法"和"法律"之间的关系日渐复杂。概括说来，主要有以下几种情形：

其一，"法"和"法律"不加区分，混合使用。大部分学者和一般人都是如此。

① 拉扎列夫. 法与国家的一般理论[M]. 王哲，等译. 北京：法律出版社，1999：106，116，32，117.

② 霍布斯. 利维坦[M]. 黎思复，黎廷弼，译. 北京：商务印书馆，2017：96，109.

③ 布律尔. 法律社会学[M]. 许钧，译. 上海：上海人民出版社，1987：25—27.

其二，认为汉语中"法律"一词有广狭两层含义：广义的法律指法的整体，如在我国包括宪法、法律、行政法规、军事法规、地方性法规、军事规章、部门规章和地方规章；而狭义的法律则专指拥有立法权的国家机关依照立法程序制定的规范性法律文件。为了区别起见，有些学者有时把广义的法律称作"法"，而称狭义的法律为"法律"。

其三，认为法是社会主体在经济关系运行过程中产生出来的权利要求；而法律则是一种国家意志，是首先体现统治阶级意志要求的实在法律规范和秩序体系，以国家权力为后盾，具有普遍性、规范性和国家强制性、国家意志性等特征。

其四，还有一些受西方法律文化影响较大、持法律多元主义观点的法社会学学者，用"法律"指称国家制定法，而用"法"来表示社会生活中的自然秩序（习惯法或民间法）、国家制定法等。

笔者认为，将法和法律混为一谈，既导致了法学理论的混乱和贫弱，又极大地局限了法理学的研究视野；在法律实践中，一方面不利于对自然生成的社会秩序的关注与尊重，另一方面也不利于对国家制定法的认识、评价与完善。因此，最好是将"法"视为类（属）概念，即用"法"这一概念来指称自然法、民间法（包括习惯法、成文法、宗教法）、国家法（包括成文法、判例法和习惯法）、超国家法（如独立国家联合体法、国际法、区域法）、世界法（或称全球法）等的集合；而将"法律"视为种概念，特指与自然法相对的实在法，尤其是成文法。

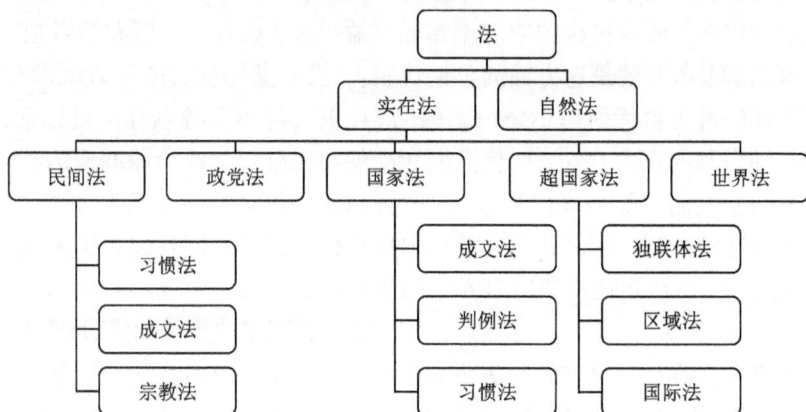

图 1-2　法的分类

需要指出的是，上述多元主义法观念，既是对法的存在的一种事实性描述，也旨在弥补国家法一元化观念的不足，而无意否定或撼动近代以来国家法的核心与权威地位。

第二节　法的基本特性

法的基本特性是判别法与非法的基本标志。不过，法的基本特性到底有哪些？法理学界对此看法并不一致。有的将其概括为：（1）法是调节人的行为或社会关系的规范；（2）法是出自国家的社会规范；（3）法是规定权利和义务的社会规范；（4）法是由国家保证实施的社会规范。① 也有的将法的特征分为一般特征和本质特征，本质特征也就是法的本质，而将法的一般特征概括为：（1）调整行为关系的规范；（2）由国家专门机关制定、认可和解释；（3）以权利义务双向规定及其利导性为调整机制；（4）通过国家强制力保证实施。② 拉兹则认为："法律的三个基本的和重要的特点是，法律是规范的、制度化的、强制性的。"③

拉兹的观点扼要而稍显简单；国内上述两种最具代表性而又较为接近的观点，乍看似乎颇有道理，其实颇成问题。法是出自国家的、通过国家强制力保证实施的等特点都是只限于国家法而言的；而且那种认为习惯无所谓权利和义务、道德和宗教只强调义务、唯有法或法律才同时规定权利和义务的流行观点也是经不起推敲同时不符合历史事实的。因为依习惯行事也有权利和义务，否则持上述观点的论者又何言"习惯权利和义务"呢？道德规范也肯定权利，否则何来的"应有权利和义务"呢？宗教规范也肯定权利，否则如何理解宗教徒可以参加本教的宗教活动，而异教徒或非信教者却不能参加有关的宗教活动？

鉴于法并不限于国家法，笔者认为，法的基本特性主要体现为法的规范性、价值性、强制性、程序性和可诉性这五个方面。

一、法是调整社会行为的规范

"规范"是"规"和"范"的合称，原本是指两种具有标准意义的器具。《诗经·小雅·沔水序》："规者，正圆之器也。"《淮南子·时则训》："规者，所以圆万物也，又以法正人曰规。""矩"，古代画方形的工具，即曲尺。《汉书·律历志上》："矩者，所以矩方器械，令不失其形也。"《孟子·离娄上》："不以规矩，不能成方圆。""范"通"笵"，中空的模具，俗称模子或框子。《礼记·礼运》："范金合土。"（用模子浇铸金属和泥）"规矩""规范"后引申为指引和约束思想及行为的准则、法度。拉扎列夫等人认为，所有"规范"都具有如下特点：（1）它们表现为特定时

---

① 沈宗灵. 法理学[M]. 北京：高等教育出版社，1994：31-34.

② 孙笑侠. 法理学[M]. 北京：中国政法大学出版社，1996：2-7；张文显. 法理学（第3版）[M]. 北京：法律出版社，2007：107-110.

③ 拉兹. 法律体系的概念[M]. 吴玉章，译. 北京：商务印书馆，2018：3.

间和环境下，行为典型的和正常的特定样式、标准；（2）它们确定应为和可为的行为界限，成为选择社会认可的行为的坐标，同时也是监督这些行为的手段；（3）形成于人们的日常活动过程中，与行为人不可分离；（4）追求一个一致的目标——保证社会关系中的秩序性和组织性。① 而凯尔森也认为，作为一种"规范"，法具有三大属性或功能：一是命令（command）或规定（prescription）的属性，在语气上常使用祈使句；二是授权（authorization）的属性，即根据规范，某人授予他人发布命令之权力（power）或能力（capacity）；三是许可（permission）的属性，即人们依某规范可被允许为原本被禁止的某种行为。② 不过，凯尔森所说的"规范"，并不是指某种行为准则，而是泛指"某事应当是或应当发生，尤其是某人应当以特定方式来行为（包括作为和不作为）"的情形。③

图1-3　伏羲女娲手执矩规图
（据汉代石刻绘制的唐代绢画）

法作为一种社会规范，其"规范"或"调整"的对象是什么？人们对此通常有两种回答：一曰社会关系，即法调整社会利益资源在各社会主体间的分配；二曰社会行为。应该说这两种观点都是对的，它们是在不同的层面上所作的回答。不过，更准确地说，法是通过调整人们的社会行为这一中介来实现对社会关系的调整的。

具体说来，法是调整社会行为的规范这一命题，至少包含四层意思：

其一，法直接调整人的行为，而不过问行为主体的身份或地位。马克思说过："对于法律来说，除了我的行为以外，我是根本不存在的，我根本不是法律的对象。"④凯尔森也指出："如果我们对不同民族和不同时代称为'法'的对象进行比较，就会发现，它们全部被展示为人类行为秩序。"⑤这就是说，法律一般不以主体为调整对象，它直接调整人的行为，即对事不对人。即使某些针对特定主体

① 拉扎列夫. 法与国家的一般理论［M］. 王哲，王成英，刘远生，等译. 北京：法律出版社，1999：107-108.

② 凯尔森. 何谓纯粹法理论？［J］. 张书友，译. 郑永流. 法哲学与法社会学论丛，2006（1）. 北京：北京大学出版社，2006：68-69.

③ 凯尔森. 纯粹法学［M］. 2版. 耶施泰特，雷磊，译. 北京：法律出版社，2021：153.

④ 马克思. 评普鲁士最近的书报检查令［M］//马克思恩格斯全集：第1卷. 北京：人民出版社，1995：121.

⑤ 凯尔森. 纯粹法学［M］. 2版. 耶施泰特，雷磊，译. 北京：法律出版社，2021：040-041.

制定的法(《如消费者权益保护法》),其具体调整的也是相关主体的相关行为。

其二,法(特别是现代法律)只调整人的行为,而不直接调整人的思想。"任何人不因思想受处罚"是古老的罗马格言,其基本含义是,思想是自由的,单纯内心的意思不能成为刑罚的处罚对象。普芬道夫(1632—1694 年)曾强调,"人类审判只涉及人的外在行为,不涉及隐而未露、没有外在影响的内心观念"①。孟德斯鸠(1689—1755 年)也认为"法律的责任只是惩罚外部的行动";单纯的语言或文字一般不受刑法的处罚。"言语要和行为结合起来才能具有该行为的性质。……言语只有在准备犯罪行为、伴随犯罪行为或追从犯罪行为时,才构成犯罪。"因为"讽刺的文字能够使一般人的怨愤转为嬉娱,使不满的人得到安慰,减

图1-4　西方司法女神朱蒂提亚的造像

少人们对官职的嫉妒,增加人们对痛苦的忍耐,使他们对所受的痛苦,一笑置之。"②其实不仅刑法不能直接处罚单纯的思想,其他法律也不能直接调整人的思想。"凡是不以当事人的行为本身而以他的思想作为主要标准的法律,无非是对非法行为的实际认可。"③"思想只有为将来行为的标志时,才在法律上具有重要意义。"④也就是说,法只是为了可能之外在行为才关注某个内在思想;而道德将外在行为只作为内在思想的表达。是否直接调整人的内在思想(动机、良知、信念和信仰等),这是法与道德、宗教的一个重大区别。道德规范通过思想(或良知)和舆论来调整与控制社会关系,宗教教规则通过信仰来完成社会调整。

其三,法只调整人的社会行为,而不过问纯粹个人的行为。即使是社会行为,法律也不是都一一过问,而是只调整那些较为重要且具有普遍意义的社会行为,而把某些社会行为交给道德去处理。这既有助于减轻法的负累,又可以增加人们行为的自由度和社会实验的范围。

其四,法对社会行为的一般性调整。法是根据现实生活中与人的行为相关的

---

① 普芬道夫. 人和公民的自然法义务[M]. 鞠成伟,译. 北京:商务印书馆, 2010:53.

② 孟德斯鸠. 论法的精神:上册[M]. 张雁深,译. 北京:商务印书馆, 1995:197-198, 199-200.

③ 马克思.评普鲁士最近的书报检查令[M]//马克思恩格斯全集:第 1 卷. 北京:人民出版社, 1995:120.

④ 拉德布鲁赫. 法哲学[M]. 王朴,译. 北京:法律出版社, 2013:043;拉德布鲁赫.法哲学入门[M].雷磊,译. 北京:商务印书馆, 2019:45.

众多相似或同类的现象和事件的共性或规律性而抽象概括出来的一般性行为规范。法的这种"一般性"包含两层意思：一是指法的普遍性调整（全域约束力），即对普遍情形或同类主体的同类行为起作用，而不是对特定的行为和事件做出的个别约束或指引。古罗马法学家杰尔苏和乌尔比安都曾指出："法不为了那些仅在某种情况下偶然发生的情形而制定。""法不是为个别人而制定的，而是针对所有人。"①近代的霍尔巴赫也强调："法律应该对所有的人都一视同仁，有同样的约束力。它是社会意志的表示，旨在保障公共福利，控制人的私欲，并且用来协助消除人们可能因体力、才能和财富不平等而引起的困难。法律如果不能对每个人有效，那末，上述那些目的就一个也无法达到。"②二是指法可以反复适用。这是由法是调整同类行为或事件的规范所决定的。法的一般性体现了所有社会"规范"的共性，它不仅使法具有公平性和效率性，也使法律（即规范性法律文件）与非规范性法律文件（如委任令、逮捕证、判决书等）区别开来。更重要的是，法的一般性意味着不允许以待决问题的特殊性来排斥既定规范的普遍性，更不能以"下不为例"的方式来思考和解决具体的法律问题。只有在同时满足以下两个条件时，才可以用特殊性来排斥普遍性：一是不排斥普遍性就会使具体问题的处理结果与法律的基本理想发生令人难以容忍的冲突；二是特殊性同时被提升为普遍性，使今后的类似问题得到类似处理。③

二、法是一种权威性价值准则

一般而言，价值是指人在实践—认识活动中建立的、以主体需要或偏好为尺度的一种主客体关系，是客体的存在、性质及运动契合主体本性、目的和需要的状态或程度。④

英国当代社会学家安东尼·吉登斯认为："规范是反映和体现某一文化的价值的行为规则。"⑤德国法哲学家拉德布鲁赫更早就指出："法的原初形式是价值规范（Wertnorm），借此一种特定的状态或特定的行为就被标识为反社会的或者为社会所希望的。"⑥而把法视为一种价值准则的观点，至少在 20 世纪 20 年代的美国就出现了。"持这种说法的那些人认为：要对任何道德的原则、任何事物的标准或对互相冲突的或重叠的人类需求进行评价的尺度加以证明，是不可能的。因

---

① 优士丁尼. 学说汇纂：第 1 卷[M]. 罗智敏，译. 北京：中国政法大学出版社，2008：67，69.

② 霍尔巴赫. 自然政治论[M]. 陈太先，眭茂，译. 北京：商务印书馆，1994：129.

③ 郑成良. 现代法理学[M]. 长春：吉林大学出版社，1999：10-11.

④ 孙伟平. 事实与价值——休谟问题及其解决尝试（修订本）[M]. 北京：中国社会科学出版社，2016：141.

⑤ 吉登斯. 社会学[M].4 版.赵旭东，等译. 北京：北京大学出版社，2003：30.

⑥ 拉德布鲁赫. 法哲学入门（1948 年）[M]. 雷磊，译. 北京：商务印书馆，2019：70.

而那些掌握政治组织社会强力的人们,为了表达一个在社会上或经济上占统治地位的阶级的自我利益,便任意地规定或建立各种价值准则,并强使其他人服从它们。"①这一观点可谓有得有失。其"得"在于"法是一种价值准则"这一命题,揭示了法的一种非常重要的特性,有助于人们深化对法的认识。其"失"在于把法这种价值准则简单地理解为是在社会上或经济上占统治地位的阶级为了自我利益而任意地规定或建立起来的,忽视了即使是统治阶级也要受到各种社会力量和客观规律的制约。法作为一种价值准则,其实是各派社会力量对比状况的表征,是各种社会力量反复互动或博弈的结果,也是客观规律(自然规律、社会规律和思维规律)一定程度的规则化。

人们常说,法是社会关系的调整器。而社会关系的核心内容是利益,即能满足人们需要的客观事物或其属性。作为利益整合的工具,法负载着根植于一定利益格局的价值偏好与选择,并将其外化为一定的权利、权力、义务和责任模式,进而实现利益冲突的偏向性化解及利益结构的协调平衡。即使是法律体系中那些技术性规范,如度量衡规范,很大程度上也是一种价值准则。

法的价值准则属性是社会主体分化和利益需求多元化的必然结果。在社会生产力水平发展到一定程度后,铁器等生产工具的出现使个体劳动成为可能,个人意识也随之出现。不同个体往往有不同的喜好与憎恶,对于社会生活中的事务常常有着不同的感觉和认知。当然,基于共同的人性,在社会互动过程中,个人意义上的喜好与憎恶往往会同类相聚,凝结或整合为群体性的价值观念和价值追求。原先单纯的、一体性的社会,由于利益追求和思想观念的歧异而分化出若干个既相互联系又相互区别甚至对立的不同的社会派别或社会力量。古人云:天下熙熙,皆为利来;天下攘攘,均为利往。逐利乃人之本性,正是人们的为利而来,才凝聚了各种社会力量(即不同的社会群体、集团、阶层与阶级、种族与民族、国家与国家集团等);也正是人们的为利而往,才导致社会力量的不断分化与重新聚合。社会主体的这种不断分化与重组,必然导致社会价值的不断变异与多元。价值的变异与多元能够丰富社会的多样性,促使社会发展和更加富有生气,但也必然带来相互之间的矛盾和冲突。如果任由多元的价值观念和价值追求自行其是,其结果要么难以组建成社会,要么价值冲突会频频发生,社会成员或群体之间产生大量无谓的消耗,甚至导致社会解体。为了减少或避免此类状况的发生,人们在大量的社会实践中逐渐造就了法这样一种社会规范和价值准则。

尽管法在人类历史上负载着多重目的,但其中一个很重要的目的,就是以社会组织、国家或国际社会的名义,认同和推行一定的价值,使其作为一定社会或一定时期的共同价值、主流价值或权威价值,告诉人们不能做什么、能做什么、

---

① 庞德. 通过法律的社会控制[M]. 沈宗灵, 译. 北京:商务印书馆, 2016: 30.

应该怎么做，以便安排特定的社会关系，规范人们的社会行为，把各种社会力量整合起来，或是把不同社会力量之间的矛盾冲突控制在一定范围或程度。"（法）为了下列目的而规定各种价值准则：为了确定哪些利益应予承认，为了确定保障各种被承认的利益的范围，以及为了判断在任何特定场合下怎样权衡对有效法律行为的各种实际限制。"①

至于法作为价值准则的权威性，则首先根源于社会力量对比状况中的强势社会力量，其次根源于法所反映的社会生产方式和生活方式的合规律性程度。

作为价值准则的法虽然是整个社会意志或公意的产物，但其中起关键性作用的是源于社会分化的社会力量对比中的强势社会力量。马克思就曾指出："社会上占统治地位的那部分人的利益，总是要把现状作为法律加以神圣化，并且要把现状的由习惯和传统造成的各种限制，用法律固定下来。"②美国法学家 L. M. 弗雷德曼也认为："任何形式的法律社会理论都含有一个基本原则即活的法律，从任何时刻的断面图上来观察，都显示出真正对法律制度施加压力的社会势力的印记。每个新的法律行为起源于并反映努力产生、阻碍或改变该行为的社会势力。当力量对比推向改变，改变就发生了。当它不推向改变时，制度保持原状。"③可以说，任何时候，法律的内容（即权利、权力、义务和责任的分配）都反映了占优势地位的社会力量或利益集团的利益，议会或立法会之类不过是各派社会力量的角斗场，或是就利益分配问题进行讨价还价的谈判桌。只不过，在社会大变革时期，社会力量的分化与重组要频繁得多、明显得多，围绕法律创制和实施的斗争也就激烈得多；而在常规或稳定时期（社会稳定本身就是各派社会力量大体均衡的表征），围绕法律创制和实施的斗争也就缓和得多、平静得多。无论是强势社会力量主导下的法，还是各派社会力量大体均衡时的法，作为体现或凝聚社会主体利益需求的价值准则，它都具有部分主体或社会力量难以撼动的权威性。

恩格斯在谈及法律的起源时曾说："在社会发展某个很早的阶段，产生了这样一种需要：把每天重复着的产品生产、分配和交换用一个共同规则约束起来，借以使个人服从生产和交换的共同条件。这个规则首先表现为习惯，不久便成了法律。随着法律的产生，就必然产生出以维护法律为职责的机关——公共权力，即国家。"④马克思也有类似看法：如果一种生产方式持续一个时期，"那么，它就会作为习惯和传统固定下来，最后被作为明文的法律加以神圣化"。这样，生产方式就"取得了有规则和有秩序的形式"，"这种规则和秩序，正好是一种生产方

---

① 庞德. 通过法律的社会控制[M]. 沈宗灵, 译. 北京：商务印书馆, 2016：41.
② 马克思. 资本论：第3卷[M]//马克思恩格斯文集：第7卷. 北京：人民出版社, 2018：896.
③ 弗里德曼. 法律制度[M]. 李琼英, 林欣, 译. 北京：中国政法大学出版社, 1994：173.
④ 恩格斯. 论住宅问题：第三篇[M]//马克思恩格斯文集：第3卷. 北京：人民出版社, 2018：322.

式的社会固定的形式"。① 其实,在更为广泛的意义上,可以说法是社会生产方式和生活方式的规则化。这不仅体现在民事和商事等领域,而且也体现在政治生活、文化生活及其他领域。德语中的"gesetze"和英语中的"law",就既指法律,也有规律的含义。由于生产方式和生活方式都是特定时空条件下客观规律(自然规律、社会规律和思维规律)及社会一致性的产物或体现,因而由此产生的作为价值准则的法,也因其合规律性及社会一致性(社会共识),而具有普遍的权威性。可以说,法的合规律性程度越高,其价值准则的权威性也就越高。

正如战国中期庄子在与惠子论辩时所云:"天下非有公是也,而各是其所是,天下皆尧也,可乎?"②任何一个社会个体,任何一个社会群体,任何一个社会阶层,对具体问题的看法可以有异,但在一些基本的问题上必须有明确的底线和准则;社会生活丰富多彩,每个人可以选择自己的生活方式,但对大是大非必须有正确的态度或形成相对一致的共识。这就是作为权威性价值准则的法的基本要求和目的所在!用当代社会学家彼得·布劳的话说:"共同价值是大型集体间接关系的媒介,它们使社会秩序合法化。"③

深刻认识到法是一种权威性价值准则固然重要,但更重要的是,法学界、立法者乃至整个社会将怎样的价值准则确立为法(尤其是宪法)的基础性和根本性价值准则。因为这直接关系到法是否能真正成为人民福祉的保护神。见证了纳粹德国法律恣意的拉德布鲁赫,先后在《法哲学》和《法律的不公正和超越法律的公正》等论著中,一再强调法律的三大价值理念:正义(包括平等、人权)、合目的性(个人利益与公共利益)和法的安定性,这三种价值彼此间尽管有时存在冲突,但它们共同奠定了法律意识或法律本性;而"所有那些把人当作劣等人来对待,并否认其人权的法律都缺少法律特性";"纳粹法律从根本上缺乏法律本性,它不仅是不正当法,而且压根儿就不是法"。④ 希尔根多夫教授也认为,人权和人类尊严乃是当代法律的基础与核心价值;《德国基本法》立法者甚至将人类尊严和人权保障置于德国宪法秩序的最高位置,完全类似的规定也出现在《欧洲基本权利宪章》中。⑤ 在我国,2012年10月中共十八大报告首次将社会主义核心价值观概括为24个字,其中"富强、民主、文明、和谐"是国家层面的价值目标,"自由、平等、公正、法治"是社会层面的价值取向,"爱国、敬业、诚信、友善"是公民个人层面的价值准则。2018年3月修正的我国《宪法》第24条第2款规定"国家

---

① 马克思. 资本论:第3卷[M]//马克思恩格斯文集:第7卷. 北京:人民出版社,2018:897.
② 王先谦(集解). 庄子·杂篇·徐无鬼[M]. 方勇,校点. 上海:上海古籍出版社,2015:291.
③ 布劳. 社会生活中的交换与权力[M]. 李国武,译. 北京:商务印书馆,2018:29.
④ 拉德布鲁赫. 法哲学[M]. 王朴,译. 北京:法律出版社,2013:081-085,258-259.
⑤ 希尔根多夫. 德国刑法学:从传统到现代[M]. 江溯,黄笑岩,等译. 北京:北京大学出版社,2017:87.

倡导社会主义核心价值观"。2018年5月初，中共中央印发《社会主义核心价值观融入法治建设立法修法规划》，这意味着社会主义核心价值观将全面融入我国法律体系。

三、法具有制度化的强制性

强制性指用某种强劲的力量或行动对付阻力或惯性，迫使别人服从自己的意志。法的强制性是与法的价值性直接相关的一个特性。一般说来，任何社会规范都有程度不同的强制性，人人都要服从，不能随意改变；但法的强制性是高度组织化、制度化的。

关于法是否具有强制性或强制力这一问题，学界是有争议的。耶林（R. V. Jhering，1818—1892年）和凯尔森（Hans Kelsen，1881—1973年）等人认为，是否具有强制力是区分法与道德的标准，即法具有强制力，而道德不具有强制力。耶林甚至宣称：没有强制力的法律规则是"一把不燃烧的火，一缕不发亮的光"。[①] 施塔姆勒（Stammler，1856—1938年）和拉德布鲁赫（G. Radbruch，1878—1949年）则认为法与道德都具有强制力，只不过法具有外部的强制力，而道德拥有内部的强制力。马林诺夫斯基甚至认为，法的要件是互惠、制度化的程度（严密性）、公开性和抱负，法的实现并不依靠强制性或制裁力。[②] 塞尔兹尼克从20世纪中后期针锋相对的富勒和哈特的理论中发现了一个最大公约数：二者都认为政府的威慑性命令不是法的概念的核心。由此引申的结论是：强制不是法的内在组成部分，而只是法的外在支持条件之一；因而不应该把强制作为识别法律现象的基本标准。他认为，法的概念的核心是"权威"，包括哈特所谓的"第二级规则"——权威性决定的规则和富勒所说的"合法性"——法的道德成就及减少规范制定与适用过程中的恣意的合理性条件。但塞尔兹尼克及其合作者又认为，强制存在于他们所说的三种类型的法（压制型法、自治型法和回应型法）中；而且一种法律是否属压制型的，取决于能否不受制度约束地动用强制力，而与统治者的暴戾或仁慈并无决定性关联。[③] 可见法的强制性或强制力与法还是如影随形的。

事实上，法的强制力是客观存在的，但它与道德强制力的区别，不是外部与内部之别，因为道德也有外在的强制力，如舆论的谴责和群体的批评；而在于法的强制力是一种制度化的强制力。"制度化"在此有两层含义：一是反复实施，而非一次性实施；二是有专门的实施机构或组织。如家族、村社对违背族规村约者的各种惩戒，其他相关社会组织对违法者的批评、声讨、处罚，国家层面的警察、

---

① JHERING. The English philosophers from Bacon to Mill[M]. The Modern Library，New York，1939：241.

② 马林诺夫斯基. 原始社会的犯罪与习俗[M]. 原江，译. 昆明：云南人民出版社，2002：42-43.

③ 诺内特，塞尔兹尼克. 转变中的法律与社会[M]. 张志铭，译. 北京：中国政法大学出版社，1994：16-19；季卫东"代译序"："社会变革的法律模式".

法庭、监狱等。当然，法的这种高度组织化、制度化的强制力，有一个发展演变的过程。首先，在原始习惯法产生的初期（有学者认为是血缘家族之后的母系氏族公社时期①），主要靠社会舆论、氏族首领的威望和氏族权力机构的惩戒等社会强制力来保障习惯法的实施。其次，在氏族社会末期，法庭和诉讼已经成为保证原始习惯法实施的手段。再次，随着国家的产生，习惯法逐渐向成文法过渡，国家强制力（coercive force of state，指国家通过军队、警察、监狱、法庭等组织形态所体现出来的，强行管理、调整、约束或制裁与其目的或利益相冲突之行为的国家暴力）也逐渐成为保障法律施行的主要工具。此外，"阶级对抗社会的法能够代表全体居民的利益越少，法律形式依赖于国家强制力就越多"。②

　　法的实施之所以要以强制力为后盾，乃是因为法作为社会利益关系的调整器，必然会触犯一定社会主体的某些既得的或预期的社会利益，从而必然会受到这些人的抵触甚至反对。如果没有一定的强制力为后盾，法在许多方面会变得毫无意义，违反法的行为得不到惩罚，法所体现的意志也就得不到贯彻和保障。

　　需注意的是：第一，法律的国家强制力具有潜在性和间接性。它在人们自觉守法时并不显示，只有当人们违反法律时才会降临行为人身上。第二，法律的国家强制力不等于简单的暴力，它是以法定的强制措施和制裁措施为依据并由专门机关依照缜密的法定程序执行的。第三，除了国家强制力这种物质强制力，法律还应具有道义征服力，即基于平等和公正的精神力量，否则国家强制力就会适得其反。历史上陈胜、吴广起兵反抗暴秦就是一个例证："会天大雨，道不通，度已失期。失期，法皆斩。陈胜、吴广乃谋曰：'今亡亦死，举大计亦死，等死，死国可乎？'"③第四，正如庞德所强调的，强制力的后面为人们所理解、得到人们承认的和被划定界限的各种利益，④以及其他人性、经济、文化因素也是法律实施的保证力量。"归根结底，并非赤裸裸的武力，而是说服力才能确保在最大程度上对法律的遵守。当然，显而易见的是，在暴政下，由于有随手可用的武力威胁，说服可能更会打动人心"。⑤

　　由于法律由国家创制并以国家强制力保证其在整个国家主权范围内实施，法律因此而具有统一性、普遍性和权威性。

四、法具有严格的程序性

　　程序是指人们为完成某项任务或达到某个目的而预先设定好的行为的方式和

---

①　谢石松. 再论马克思主义关于法的起源观[J]. 法学评论，1998(6).

②　雅维茨. 法的一般理论[M]. 朱景文，译. 沈阳：辽宁人民出版社，1986：28.

③　司马迁. 史记·陈涉世家[M]. 北京：中华书局，1999：1567.

④　庞德. 通过法律的社会控制[M]. 沈宗灵，译. 北京：商务印书馆，2016：56-58.

⑤　阿蒂亚. 法律与现代社会[M]. 范悦，等译. 北京：辽宁教育出版社，牛津大学出版社，1998：88.

步骤。法律程序则是指人们实施法律行为所必须遵循的法定步骤和方式。从总体上来说，法律程序既从正面向人们展示了实现实体权利、权力或义务的方式和步骤，又从反面规定了一旦权利或权力受到侵害后获得救济的途径。古代早期的法律尽管十分野蛮、愚昧，但它仍然需要程序。如立法要通过宣誓、盟诅等仪式，审判和行刑要履行到神祇面前盟誓的程序。近代以来，法律的程序性更加受到重视。例如，根据有关法律、法规的规定，签订合同必须经历要约和承诺两个步骤，而且非即时清结的合同必须采用书面形式；口头遗嘱、录音遗嘱、代书遗嘱应当有两个以上无利害关系的人在场证明；买卖房屋必须经房管部门过户登记；涉外民事法律行为必须公证；等等。更为重要的是，在现代社会，程序被认为是克服专制、维护公正、保障行为与手段选择的合理性、防止权力和权利滥用的重要手段。可以说，程序是法律的生命形式，是实现实体权利、权力、义务的合法方式或必要条件，更是现代法治的基石。法律的制定和实施要是没有程序，就不成其为真正的法律！法的程序性是法与其他社会规范的又一大区别。

五、法具有切实的可诉性

"法的可诉性"（justiciability of law）这一概念最早是由德国法学家坎特罗维奇提出来的，它指的是法（尤其是法律，即成文法）作为一种规范人们外部行为的规则，可以被任何人在法定的机构中通过争议解决程序（特别是诉讼程序）加以运用以维护自身权利的可能性。[①] 应该说这是法与生俱来的一个基本特性，也是法区别于非法的一个重要方面。在现代社会，即使是像宪法这样的政治纲领性法律文件，也在朝着可诉性或司法化方向发展。

法的可诉性意味着：首先，在立法时就应注意不仅要在法律规范中制定明确的行为模式和相应的法律后果（奖励或惩罚），而且要制定产生纠纷后的解决途径和规定诉讼主体。其次，法的可诉性要求建立解决纠纷的机构、解决纠纷的程序和有效的执行机构。否则纠纷当事人或告状无门，或无程序可寻，立法上规定的权利也如同虚设。因此，今后法治建设的各个方面和各个环节，都应充分重视法的可诉性。

综上所述，可以给法下一个初步的定义：法是一种价值性、强制性、程序性和可诉性社会行为规范。

---

① 王晨光. 法律的可诉性：现代法治国家中的法律特征之一[J]. 法学，1998(4).

第三节 法的功能与局限

功能(function)是基于一事物结构属性而与其他事物发生的关系。"'功能'概念是指属于总体活动一部分的某种活动对总体活动所做的贡献。"①结构决定功能，但结构是从系统内部描述系统的整体性质，而功能是从系统外部描述系统的整体性质。法律的功能就是法律基于其内部结构所蕴含的、对人们的社会行为和社会关系(社会生活)可能发生的积极作用或影响。

一、法的规范功能

法律的规范功能是指法律对人们的社会行为可能产生的积极影响及其方式。

(一)指引功能

法的指引功能是指法律通过其所提供的行为模式，引导人们在法律所允许的范围内从事社会活动的潜在作用。法律的指引有两种情况：一是确定性指引，即通过规定法律义务，要求人们做出或者抑制一定行为。二是不确定性指引，即通过授予法律权利，给人们创造一种选择的机会和自由。由于法是一种一般性行为规范，法律的指引也是一种一般性指引，而不是个别性指引。

(二)评价功能

评价是指对已发生的事情或已实施的行为的性质、意义等做出判断和得出结论。法律作为一种权威性行为准则，决定了它是最能为大家所接受的衡量是非、好坏的尺度，并能充分地发挥其评价功能。

(三)预测功能

预测功能即人们根据法可以预先估计他人将怎样行为以及这些行为与自己的关系，也可以预测自己的某种行为对他人的影响和所要承担的法律上的后果，从而对自己的行为做出合理的安排。法律的这种预测功能，根源于两个因素：一是法律规范的具体性和明确性；二是法律制度的稳定性。即使是自称为实用主义者的大法官和法理学家波斯纳，也很重视法律制度的这种稳定性："法律关心的还不仅是获得正确的结果，它还关心稳定性，为了稳定，法律会频频牺牲实质正义。"②

(四)教育功能

教育功能是指法对一般人的观念和行为所可能产生的积极影响。一方面，国

---

① 威尔逊. 功能分析介绍[J]. 国外社会科学, 1986(10).
② 波斯纳. 法理学问题[M]. 苏力, 译. 北京: 中国政法大学出版社, 2002: 65.

家把对人们行为的基本要求以固定的行为模式(规则、原则等)表现出来，使之内化于人们的心中，并借助于人们的行为进一步广泛传播；另一方面，通过法律规范的实施而对人们的行为发生影响。例如，法律对违法犯罪行为的制裁，可以教育违法犯罪者本人和一般人；而法律通过对合法行为的保护与鼓励，可以对一般人的行为起到示范和促进作用。

除了上述四个功能，有的法理学教材中还列举了强制功能等。其实，强制不是法的功能，而是法发挥各种功能的机制或方式。

二、法的社会功能

法的社会功能也可以称作法律的社会职能，是指法律对社会关系和社会生活可能发生的影响。它主要表现在保障社会整合和推进社会变迁两大方面。

(一)保障社会整合

所谓社会整合(social integration)，是指一个社会凝聚、协调和控制各组成部分，消除社会中的离散因素，避免分裂性冲突，使社会成员人际关系和群体关系和谐团结的能力或状态。社会整合有四种类型：(1)价值整合，即在社会互动基础上价值观念、价值目标和价值标准等方面的协调与共识；(2)规范整合，即价值标准与人的行为之间的一致性；(3)信息整合，即信息网络渗透于社会系统，形成群体意识；(4)功能整合，即社会分工系统中相互依赖、相互作用。

诺贝尔经济学奖获得者哈耶克认为，法律不是为了实现某一已知目的而创制出来的，而是因为它能够使那些依据它而行事的人们更有效地追求各自的目的而逐渐发展起来的。"在所有服务于多种目的(multi-purpose)的工具当中，法律很可能是继语言之后又一个有助益于人类实现种类繁多的目的的工具。"[①]这意味着，法律天生具有一种社会整合功能。通过法律的社会整合简称法律整合。"法律整合属规范整合的范畴，通过法律的社会整合，是现代社会最为重要的规范整合形式。法律整合有三个特点：(1)法律整合是强制整合，即通过国家权力的中介，把占统治地位的意识形态、价值观念以及社会习惯等制度化。在阶级社会，没有法律的强制整合，绝不可能建立起人们安居乐业的社会秩序。(2)现代的法律整合是有机整合。与那种扼杀个人自由、消灭异己势力的机械整合不同，有机整合不排除差异，通过普遍的法律规范的运用和行为的自主选择，涵化异质因素，实现社会的低限度整合(低压整合)，创造出个人生活与社会统一、个人发展与社会进步有机结合的规范环境。(3)法律整合的范围涉及社会的经济、政治、文化等各个领域，不仅要建立最低限度的道德秩序，而且要建立经济秩序、政治

---

① 哈耶克.法律、立法与自由[M].2版.邓正来,等译.北京：中国大百科全书出版社,2022：241.

秩序和意识形态秩序。因此，通过法律的社会整合有助于社会系统各个要素的相互顺应，形成一个有机的社会整体。"①

法律制度的社会整合功能具体表现如下：

(1)维护社会秩序与和平。法的首要目的和功能，就在于禁止专横、制止暴力、维护和平与秩序。法律通过配置权力、权利、义务和责任，设置一定的法律程序，确认和巩固政治社会关系中特定的权力结构，为国家权力、社会权力(权利)和公民权利的运行提供规则、划定界限；并通过各种关于财产权利的法律制度，确认经济关系中带有特定倾向性的利益结构，确立分配和交换的规则，以确保经济利益和资源在一定秩序范围内社会流动。

(2)确立占主导地位的意识形态和社会价值准则。一个社会只要存在着个人意识和群体意识，就必然会有多元的价值观念和多元的价值追求。法的重要功能之一，就是以社会组织或国家的名义，认同和推行一定的意识形态和价值准则，使其作为一定社会或一定时期的主流意识形态或权威价值，告诉人们不能做什么、能做什么、应该怎么做，以便安排特定的社会关系，规范人们的社会行为，在突出主旋律的同时，协调与整合多元的价值观念和价值追求。

(3)控制、化解社会纠纷和争端。纠纷和争端是一定社会中的不同主体基于一定的利益或价值，公开地提出相互对立的主张。纠纷和争端具有一定的危险性，小则发生争吵，大则引发暴力冲突和群体性流血事件，最终可能导致共同体的解体甚至危及人类的生存与发展。法的基本功能之一就是将人类社会的纠纷和争端控制在一定的程度内，并在特定的秩序框架下和平地化解，增强社会的和谐度与凝聚力。

(二)推进社会变迁

从宏观上来说，社会变迁(social change)是一种整体性、结构性的社会变革；而从微观上来看，"现代社会科学认为每一社会都是其成员间的重复性互动所界定的。一个社会的变迁即为那些重复性互动的变迁。这样社会变迁就能定义为重复性行为方式的变迁。"②换言之，社会变迁在微观上就是为权威规范所限定和支持、表达了社会成员预期的社会行为模式的变迁。

法律对社会变迁显然具有阻碍或推进的功能。法国学者达维德指出：20世纪的标志"是一种以法为手段来组织和改革社会的新趋势。法已不再被看作单纯的解决纠纷的手段，而逐渐被公民们甚至法学家们视为可用于创造新型社会的工

---

① 张文显. 法哲学范畴研究(修订版)[M]. 北京：中国政法大学出版社，2001：162.
② 塞得曼 A，罗塞德曼 R.B. 法律秩序与社会改革[M]. 时宜人，译. 北京：中国政法大学出版社，1992：20.

具"。① 其实，法律引发和推进社会变迁的功能自古就有，我国历史上的商鞅变法就是一个例子。究其根源，乃是因为法律虽然不能创造利益，但它通过给社会成员分配利益（即分配权利、权力、义务和责任），以利导机制指引人们做出相应的法律行为，建立预期的法律关系，使社会关系朝着预定的方向发展，社会关系和社会结构因此得以更新。② 这实际上是法律对社会演进的一种催生促长与扳道引领功能。

法律对社会变迁的影响，在宏观上表现为对既有社会结构的一种整体性调整（内部重置）和价值性引领（方向扳道），如历史上的各种"变法"和现实中的"改革开放"与"社会转型"；而在微观上往往是对预期日常社会行为和社会关系的催生、型构与促长，即法律通过设置相应的规范和制度，改变个人的行为模式，进而改变群体以及群体与个人、群体与群体之间的行为准则，型构新的社会关系，形成新的社会环境，刷新社会生活节奏，最后变革整个社会的基本准则，影响社会变迁的方向、速率和性质。法律对社会变迁的影响，从微观到宏观的作用路径为：法律改变个人的行为方式和行为模式→改变人际的行为准则→型构新的社会关系和社会环境→刷新社会生活节奏→影响社会变迁的方向、速率和性质。

表 1-1 法律的功能

分类标准		法律的调整对象：社会行为和社会关系
功能类别	规范功能	规范功能是指法律对人们的社会行为所产生的影响及其方式
		（1）指引（确定性指引和不确定性指引）
		（2）评价（衡量是非、好坏的尺度）
		（3）预测（基于法律规范的具体性和明确性及法律制度的稳定性）
		（4）教育（正面示范与反面警示）
	社会功能	社会功能是指法律对社会关系和社会生活的影响
		（1）保障社会整合：维护社会秩序与和平；确立占主导地位的意识形态和社会价值准则；控制、化解社会纠纷和争端
		（2）推进社会变迁：法律对社会进程的催生促长与扳道引领功能。即宏观上表现为对既有社会结构的一种整体性调整（内部重置）和价值性引领（方向扳道）；微观上对预期日常社会行为和社会关系的催生、型构与促长
类别关系		规范功能是社会功能的手段和途径，社会功能是规范功能的目的

---

① 达维德. 当代主要法律体系[M]. 漆竹生，译. 上海：上海译文出版社，1984：378.
② 胡平仁. 法律的社会管理功能及其实现机制[J]. 湖湘论坛，2011（6）.

三、法的局限性

在法律发展的历史和现实中，思想家们对于法律功能的认识曾出现过两种极端的观点，即"法律万能主义"和"法律虚无主义"。"法律万能主义"观点认为，法律能够规范人类社会的所有生活，只要有全面的法律规定，再加上严格执行，法治就得以实现。"法律虚无主义"则认为法律毫无用处，甚至否定法治而崇尚人治。这种观点认为，客观社会的合理性不能通过规则表现出来，法与社会的合理性是脱节的，即使没有法，社会也能够正常地运转。这两种极端的观点显然都带有一定的片面性。事实上，法以其特有的规范功能和社会功能对社会生活发挥着极其重要的作用；同时，无论在任何社会，法都会存在一定的局限性。

(一)法的局限性之具体表现

归纳起来，法的局限性主要体现在以下几个方面。

(1)法律调整范围的有限性。在社会生活中，除了法律这种社会规范，还有其他的社会规范如政策、纪律、规章、道德、习惯、乡规民约等，以及经济、政治、行政、思想教育等手段，它们都可以对社会生活进行调整。尽管在当代社会，就建立和维护整个社会秩序来说，法律是一种非常重要的方法，但就某些社会生活和社会关系而言，比如人们的思想、认识、信仰或一般的私人生活问题，以及朋友之间的友谊关系、恋人之间的爱情关系、亲戚之间的亲情关系等，并不宜使用法律的手段来进行调整。而且法律往往是一种成本较高的调整方法。

(2)法律涵盖和应对复杂多变之社会生活的局限性。法律作为一种行为规范，只能规定一般的适用条件、行为模式和法律后果，是抽象的、普遍的、稳定的，不能频繁地变动。但是法律要调整的社会生活和社会关系却是具体的、形形色色的、不断变化的，因此，在任何社会，无论规定得多么详细的法律，都不可能天衣无缝、预先包含全部的社会生活。如 18 世纪末，在腓特烈大帝的主持下，普鲁士通过了一部多达 17000 余条的《普鲁士民法典》，试图对各种特殊而细微的事实情况开列出具体、实际的解决办法，[①]甚至"连夫妇性生活的一切关系都作为法的权利义务来加以规定"。[②] 但就是这样一部极为详细的法典，也未能给一切法律行为和法律案件设定明确的答案。法律涵盖和应对复杂多变之社会生活的这种局限性，就给解决具体的法律问题带来诸多困难。

(3)法律实施的条件性。徒法不足以自行。在任何情况下，法律要充分地发挥功能都必须依赖于一定的社会条件，包括主体条件、物质条件、法律文化氛围等。如果缺乏具有良好法律素质和职业道德的法律专业人员，没有相对完备的侦

---

① 梅利曼. 大陆法系[M]. 2 版. 顾培东, 禄正平, 译. 北京：法律出版社, 2007：39.

② 川岛武宜. 现代化与法[M]. 申政武, 渠涛, 李旺, 等译. 北京：中国政法大学出版社, 1994：15.

查、检察、审判组织以及警务装备、法庭、监狱等物质条件，社会主体没有树立有法可依、有法必依、执法必严、违法必究的法治意识，没有适当的权利（权力）义务观念以及程序意识，再好的法律也不可能发挥其预期的功能。

(二)法存在局限性的原因

归纳起来，法的局限性主要是由以下几方面的原因引起的：

(1)人的认识能力和价值取向的局限性。尽管总体而言，人类认识世界的能力是无限的，但在特定历史时期，人的认识能力又是极其有限的，法律只能是对人们本来就具有局限性的社会生活经验并不完美的表达。加上任何时代的立法者都是特定社会特定利益关系格局中的成员，因而都难以完全避免立法时的价值倾向性；或者很难避免立法指导思想和规范设计上的价值偏差。这些都会给法律带来这样那样的缺陷或局限。

(2)特定社会历史条件的限制和特定时代的要求。特定的法律都是特定时代和特定社会的政治、经济、文化等因素的高度概括与综合体现，因而，在任何时代和任何社会，法律的发展水平都要受制于特定的政治、经济、文化等因素，而不可能超越该时代所能提供的社会条件。

(3)法律与事实之间的对应难题。特定的法律都是对某些社会事实的一种回应或引导，虽然法律的概括性和抽象性使法律具有较强的涵盖性，但依然难以充分体现社会事实的具体性、丰富性和可能性。在法律实施过程中，法律适用者面对的永远是"已经过去的事实"，认识和确定事实的过程实际上是将"过去的事实"还原为"现在的事实"的过程。由于时间的流逝、场景的转换和人的理性的局限，这种还原不可能是一个完全等值的过程，而只能是一个不断接近的过程。这些都意味着法律对社会关系的调整与保障作用不可能得到充分地发挥。

总之，法的局限性是客观存在的事实，也是我们法理学研究的重要课题。因此，我们既要肯定法律的功能，提高对依法治国重要性的认识，并让法律在社会生活中起到预期的效果；又要看到法律的局限性，并努力寻找克服法律局限性的方法及途径，以便充分地发挥法律应有的功能，更好地实现法治。

✦ **思维弹射**

1.古罗马有当时最不坏的政体——共和；最不坏的制度——法治；最可贵的精神——宽容。有此三条，便足以巍然屹立，但为什么会灭亡呢？易中天的解读是，罗马文明缺少核心价值观（参见：易中天.两汉两罗马[M].杭州：浙江文艺出版社，2016：146.）。你如何看待这一观点？

2. 西汉董仲舒《春秋繁露·精华》:"《春秋》之听狱也,必本其事而原其志。"《春秋繁露·玉杯》:"《春秋》之论事,莫重乎志。"桓宽《盐铁论·刑德》:"《春秋》之治狱,论心定罪。志善而违于法者免,志恶而合于法者诛。"

　　请运用法理学知识和原理,结合历史知识,对上述材料做一综合而简要的评论。

第二章
法律的核心内容

🔊 **法海潜航**

2012年7月29日，被告人王某使用伪造的户口本、身份证，冒充房主即王父的身份，在北京市石景山区链家房地产经纪有限公司古城公园店，以出售该区古城路28号楼一处房屋为由，与被害人徐某签订房屋买卖合同，约定购房款为100万元，并当场收取徐某定金1万元。同年8月12日，王某又收取徐某支付的购房首付款29万元，并约定余款在过户后给付。后双方在办理房产过户手续时，王某的虚假身份被石景山区住建委工作人员发现，余款未取得。2013年4月23日，王某被公安机关查获。次日，王某的亲属将赃款退还被害人徐某，被害人徐某对王某表示谅解。北京市石景山区人民检察院以合同诈骗罪且犯罪数额巨大向石景山区人民法院提起公诉。

请问：本案涉及法律的哪些核心内容？

长期以来，法学界一直认为法律的核心内容就是权利和义务，20世纪90年代末以来虽然有个别学者开始把权力上升为法律的核心内容之一，但这依然是不够的，还必须加上责任。权利、权力、义务和责任四者共同构成法律的核心内容，同时也是整个法学的核心范畴。[①] 不过，考虑到法律责任问题还涉及法律关系与违法行为等内容，本书将它放到后面章节论述。另外，不少法理学教材和论著仅在"法律关系内容"中来谈论权利和义务。[②] 这不仅大大降低了权利、义务等在法律实践和法学理论中的地位，而且割裂了它们与法律创制(立法)的关系，否定或

---

① 胡平仁. 法理学基础问题研究[M]. 长沙：中南大学出版社，2001：41-95.
② 孙国华，朱景文. 法理学[M]. 北京：中国人民大学出版社，2010：321-324；马长山. 法理学导论[M]. 北京：北京大学出版社，2014：77-80；法理学编写组. 法理学[M]. 北京：人民出版社，高等教育出版社，2017：117-124.

抹杀了给社会成员分配权利、权力、义务和责任这一法律创制的实质。本章在全书中具有一种承上启下的作用。

第一节 从人权到法权

权利存在于众多领域，有以习惯为依据的权利，以道德为依据的权利，以教规为依据的权利，有以法律为依据的权利（即法律权利），等等。这种一般意义上的权利，就是"受到正当规则承认与保护的利益"；[①]或者说是受到正当规则承认与保护的资格和待遇。而法律权利大多来自习惯性权利和人权。因此，探讨法律权利，需要先考察人权。

一、人权及其历史发展

(一)人权的含义

"人权是所有的人因为他们是人就平等地享有的权利。"[②]换言之，人权就是"人的权利"，即人依据其自然属性和社会本质所固有的或应该享有的基本需求和待遇。人如果失去这些基本权利，就会失去做人的资格，人就不成其为人了。由此可见人权之重要。

"人权的焦点是人的生命和尊严(life and dignity of human beings)。如果一个人遭受酷刑、被迫受奴役，或者被迫过贫穷的生活，即没有最低标准的食物、衣物或者住房，其尊严就受到了侵犯。其他经济、社会和文化权利，比如获得最低限度的教育、医疗和社会保障，同尊重隐私、家庭生活或者个人自由一样，也对有尊严的生活具有根本性的重要意义。"[③]

在现代权利体系中，人权是一种具有特殊地位的权利：(1)人权是应然性和普遍性权利，即人权的存在依据是人的自然属性和社会属性；任何人自出生之日起就应当具有与他人平等的法律人格，他们的生存资格、人格尊严和基本自由都应当被社会、国家和法律一视同仁地尊重。(2)人权是基础性和综合性权利，即人权不仅是每个人不可或缺、不可取代、不可转让的权利，而且它不是"一项"权利，而是由众多权利构成的开放性权利体系。(3)人权是本源性权利，即人权是人取得与享有各种具体法律权利的基础，同时也构成公共权力正当化的来源和基

---

① SALMOND. Jurisprudence or the theory of the law[M]. London: Stevens and Haynes, 1902: 219.

② 米尔恩. 人的权利与人的多样性——人权哲学[M]. 夏勇，等译. 北京：中国大百科全书出版社，1995: 2.

③ 诺瓦克. 国际人权制度导论[M]. 柳华文，译. 北京：北京大学出版社，2010: 1.

础。人权不是任何国家、政党、个人或法律所赋予的。用戴雪的话说，"个人的权利与其为宪法运行的结果，毋宁称为宪法成立的根据"；不是宪法赋予个人权利，而是个人权利产生宪法。①

(二)人权理论的历史流变

人权思想和制度是在近代资产阶级革命的过程中才形成的，发端于 17 世纪的英国资产阶级革命是资产阶级的第一次人权运动。此后，人权理论经历了自然权利（"天赋人权"）说、法律权利说、社会权利说和集体人权说这四种理论形态的演变。

自然权利源于古希腊哲学中的自然法理论，其拉丁文为 jus natural，我国近代通常汉译为"天赋人权"。但真正意义上的"天赋人权说"是荷兰资产阶级思想家首先提出来的。如古典自然法学派创始人格劳秀斯（1583—1645 年）在《战争与和平法》（1625 年）一书中专章论述了"人的普遍权利"，并第一次使用了"人权"一词。斯宾诺莎（1632—1677 年）则在《神学政治论》中进一步明确提出了"天赋人权"论，认为这种天赋之权就是人的自然权利。不过，天赋人权理论的系统化应首先归功于英国的洛克（1632—1704 年），其次是法国的卢梭

图 2-1　格劳秀斯（1583—1645）

（1712—1778 年）和美国的潘恩（1737—1809 年）。"天赋人权"说以自然法学说和人性论为理论基础；强调人生而自由、平等，人应享有的基本权利不可转让和放弃，也不能被剥夺。以天赋人权反对天赋王权，这是它的历史进步意义；但它片面强调人的自然属性，否认人的社会属性，是不恰当的。

"法律权利说"以康德（1724—1804 年）、边沁（1748—1832 年）和詹姆斯·密尔（1773—1836 年）等人为代表，实证主义和功利主义是其理论基础。它强调人权不是生而有之，而是法律所赋予的。如康德认为国家是许多人依据法律组织起来的联合体，个人的一切权利都应该从属于人民联合意志的立法权中产生。②边沁批评天赋人权理论"自然状况"的虚构性和自然法的神秘性："权利是法律之子，自然权利是无父之子。"③权利都是实在法的果实；自然权利学说部分是胡言乱语，部分是危险的无政府主义。④从现实的层面来看，权利来自权力或法律的

---

① 戴雪. 英宪义[M]. 雷宾南, 译. 北京：中国法制出版社, 2001：20, 245.
② 康德. 法的形而上学原理[M]. 沈叔平, 译. 北京：商务印书馆, 2017：138-139.
③ WALDRON J. Theories of rights[M]. Oxford：Oxford University Press, 1984：4.
④ 哈特. 法理学与哲学论文集[M]. 支振锋, 叶子豪, 译. 北京：商务印书馆, 2021：228, 222.

观点似乎更容易得到证实；但它无法回答：制定法律的权力又是怎么来的？而且"法律权利说"只强调人权的利益性，而完全否定人权的伦理性，不承认人权本身的目的性与根本价值，也是片面的、不正确的。

"社会权利说"又称"福利权利说"。它从人是"政治动物""社会动物"的观点出发，认为人权产生与存在的根据，是人们彼此之间错综复杂的社会关系与利益矛盾。人权来源于社会，并随社会的发展变化而发展变化，人权具有历史性。社会权利说主张，经济社会权利也是基本人权。这使人权发展成为不仅是一种"消极权利"，即个人因国家的不作为而得到人身人格与政治方面的权益；而且是一种"积极权利"，即个人因国家的作为而得到经济文化社会方面的权益。社会权利说产生于 20 世纪初，是资本主义社会生产力高度发展与社会矛盾进一步激化的产物，也深受社会主义运动与马克思主义思想的重大影响。美国当代著名人权律师艾伦·德肖维茨 2004 年提出的"培养的权利"可视为"社会权利说"的最新版本。德肖维茨明确反对古典自然法和法律实证主义两种权利取向，认为权利既不是来自法律之外，如自然、造物主、人类本能或其他客观现实；也不是源于法律之内，即不是实在法本身授予的；权利是人类从过去经历的非正义恶行中得到教训，逐渐建立和积累起来的，旨在避免重蹈覆辙。他把这个过程称作"培养"（nurture），并试图用"培养的权利"（nurtural rights）取代"自然的权利"（natural rights）。"权利……是防止恶行之物，……由于人类及人类组成的政府总是不断在其他人身上施加新的恶行，因此我们必须持续建构新的权利。"[1]

随着第二次世界大战后第三世界的普遍崛起，世界人权理论发展到新的历史时期：由个体人权走向个体人权与集体人权并重，人的全面发展与人的解放以及社会的可持续发展成为新的人权理论的核心。广大第三世界国家提出并论证了发展权是一项不可剥夺的人权，坚持民族自决权，宣布环境权，提出和平与安全权，等等。在社会阶层和族群间的差距日益明显、各主权国家日渐一体化的当代社会，集体人权说自有其现实针对性和历史进步意义。

19 世纪末，人权思想开始传入我国。曾留学英国而后居香港任律师的何启和胡礼垣于 1887—1889 年撰写的《新政真诠》一书，是近代中国阐述民主与人权的开山之作，对晚清的政治改良和法律变革产生过重大影响。"权者乃天之所为，非人之所立也。天既赋人以性命，则必界以顾此性命之权；天既备人以百物，则必与以保其身家之权。"[2]其后，深受日本思想界影响的黄遵宪、郑观应、康有为、梁启超，以及公费留学英国的严复和自费留学美国耶鲁的容闳等人，都积极鼓吹译介西人"天赋人权"论，人权思想在 20 世纪初成为时代新潮。1903 年，柳亚子

---

① 德肖维茨. 你的权利从哪里来？[M]. 黄煜文，译. 北京：北京大学出版社，2014：005，073，119.

② 何启，胡礼垣. 新政真诠——何启 胡礼垣集[M]. 郑大华，点校. 沈阳：辽宁人民出版社，1994：397.

便因"读卢梭《民约论》，倡天赋人权之说，雅慕其人，更名曰人权，字亚卢"。[①] 陈独秀、李大钊等人倡导的五四新文化运动，不仅给国人以民主、科学、人权的思想启蒙，更是催生了以"人民立宪"来保障人权实践的"省宪运动"。20 世纪 20 年代末 30 年代初，胡适、梁实秋和罗隆基等人更是在全国掀起了一场声势浩大的"人权运动"，提出了关于人权、法治、宪政、训政、民主政治、自由和思想言论自由的理论以及关于经济、教育、人口、财政等方面的改革设想，并于1930 年由新月书店出版了《人权论集》的小册子。1932 年 12 月，宋庆龄与蔡元培、杨杏佛等人发起组织了旨在"唤起民众努力于民权之保障"的"中国民权保障同盟"，并发动、领导了以特定人权救助为特征的人权实践活动——"民权保障运动"（持续半年左右）。30 年代中期，以法律职业团体（全国律师协会及各地律师公会）为主体发起了"冤狱赔偿运动"，旨在消除冤狱和使蒙冤人获得国家赔偿。[②] 基于其现实，当时的中国人权理论更重视生存权层面的人权。

新中国成立后，为人权事业作了许多实际工作，但直到国际上两大阵营的解体，我国才不再认为人权是西方资产阶级的意识形态，开始转变对待人权的态度。1991 年 10 月，国务院新闻办公室发布我国第一部人权白皮书《中国的人权状况》，明确提出"生存权是中国人民长期争取的首要人权"。我国 1997 年签署、并于 2001 年批准了《经济、社会及文化权利国际公约》，1998 年我国又签署了《公民权利和政治权利国际公约》。2002 年底党的十六大报告中提出要尊重和保障人权，2004 年 3 月第十届全国人民代表大会第二次会议通过的第 4 次《中华人民共和国宪法修正案》第 24 条，把"国家尊重和保障人权"写入宪法第 33 条第 3 款，这是历史性突破。不过，与西方人权观念不同，中国等发展中国家更重视与民生紧密相连的经济、社会权利。这是由国家发展和人民生活水平总体较低的状况决定的。

（三）人权内容的历史发展

从 18 世纪伟大的启蒙思想中的"普遍的人"，到资本主义社会数百年间实然法上少数"特殊的人"，再到 20 世纪下半叶各国进步力量推动下回归为"普遍的人"，甚至进而也指自然人的群体，即国内的集体与国际的民族集体，人权主体在世界范围内经历了一个深刻变化的历史过程。这是就人权中的"人"而言的。英语表达的变化，则是从"rights of man"到"humam rights"。

人权中的"权"，根据曾任联合国教科文组织法律顾问的捷克人权专家卡雷尔·瓦萨克（Karel Vasak）1979 年提出的"三代人权说"，大致经历了三个变化阶段：第一代人权主要是以"自由权"为核心的民事权利和政治权利（civil and

---

① 柳亚子. 柳亚子文集·自传·年谱·日记[M]. 上海：上海人民出版社，1986：8.
② 徐显明. 人权法原理[M]. 北京：中国政法大学出版社，2008：37-56.

political rights），包括与人身自由、财产自由和思想自由"三大自由"相关的一系列具体权利，如生命权、不受非法逮捕的权利、获得公平审判的权利、无罪推定、选举权与被选举权、言论自由、结社自由、宗教信仰自由、契约自由、私有财产不受侵犯的权利等。这些正是18世纪欧洲启蒙运动和美国《独立宣言》所主张的人权。由于这些权利的实现以国家不作为（不侵害）为基本条件，因而也被称为"消极权利"或"消极自由"。第二代人权主要是始于20世纪初并以"生存权"①和"平等权"为核心的经济、社会和文化权利，包括劳动权、获得职业培训的权利、在安全和卫生条件下工作的权利、获得平等报酬的权利、得到合理休息和闲暇的权利、享受社会保障的权利、享受教育及参加文化活动的权利、组织和参加工会的权利等，其实质是人的生存权和发展权，也是公民对国家的请求权和期待权，其实现必须借助于国家的积极作为，因而也被称为"积极自由"或"积极权利"。第三代人权主要指20世纪下半叶由发展中国家提出的以"发展权"为核心的一系列集体人权，②包括由全面禁止武力使用和武力威胁而出现的和平权，由殖民地独立运动而出现的民族（人民、国家）自决权与发展权，由公害事件而确立起来的环境权等。国际社会已普遍认同国家和民族的这些权利，但对于它们是否属于人权，人们的意见并不一致。

总体而言，在历史发展中形成的这三代人权，已积淀而成当今人权的三种维度。③ 随着数字化技术的迅速发展与普及，有学者提出"数字权"是第四代人权的观点。④

二、人权的法律保护

人权原本是一种道德权利，但仅靠道德规范很难得到充分的保障与实现，因而需要借助法律制度予以系统确认与保障，这就构成了人权制度。

---

① 生存权概念是奥地利法学家安东·门格尔在1886年出版的《全部劳动权史论》中首次提出来的。他认为：社会财富的分配应确立使所有人都能获得与其生存条件相适应的基本份额的一般客观标准，社会成员拥有据此向国家提出为维持自己的生存而必须获得的物质和劳动要求的权利，即生存权。生存权的宪法保障首先出现在1919年德国《魏玛宪法》第151条中："经济生活秩序必须与社会正义原则及维持人类生存目的相适应。"参见大须贺明. 生存权论[M]. 林浩，译. 北京：法律出版社，2001：3.

② 塞内加尔法学家卡巴·穆巴依（Keba M' Baye）1972年在法国斯特拉斯堡国际人权研究院演讲时首次明确提出发展权概念："发展，是所有人的权利，每个人都有生存的权利，并且，每个人都有生活得更好的权利，这项权利就是发展权，发展权是一项人权。"很快，个人意义上的发展权被发展中国家拓展为一项集体人权。参见徐显明. 法理学教程[M]. 北京：中国政法大学出版社，1994：377.

③ 诺瓦克. 国际人权制度导论[M]. 柳华文，译. 北京：北京大学出版社，2010：23-30.

④ CHANGROK SOH, DANIEL CONNOLLY, SEUNGHYUN NAM. Time for a fourth generation of human rights? March 1, 2018, http：//www. Unrisd. org/TechAndHumanRights-Soh-et-al；里斯. 第四代人权：数字生活世界中的认知权利[J]. 吴兰，贺妍，译. 荆楚法学，2023(4)；马长山. 智慧社会背景下的"第四代人权"及其保障[J]. 中国法学，2019(5)；蔡立东. 为什么"数字人权"是第四代人权[J]. 数字法治，2023(3).

自近代逐渐建立人权制度以来，人权的法律保障方式大致有如下六种：

第一是人权宣告制度，即人权宣言。1776 年美国《独立宣言》是资产阶级第一次以政治纲领形式肯定了自己提出的人权主张，马克思称之为"第一个人权宣言"。1789 年法国通过的《人权与公民权宣言》在世界上第一次以法律的形式提出了"人权"的口号。而 1948 年问世的联合国《世界人权宣言》，则是国际社会共同描绘的全球性人权愿景，并成为主权国家人权保障立法的基本而重要的参照。人权宣言的直接作用是为国家权力设定运行界限；当宣告某项权利是人权时，同时也就宣告了该领域内国家权力禁止介入，除非是为了保障人权。

第二是权力制衡的机制。当国家权力集中由一个机关行使时，其力量之大是人权无法抵御的；而当权力分别由不同机关行使且权力间形成相互制约的机制，则一个机关对人权的侵害会同时受到其他机关的否定。权力间的制约机制起初就是为保障人权而设的。

第三是人权的行政保障机制。在人权制度的早期阶段，行政权能抑制自己、保证自己扮好"夜警"角色就能最大限度地保障人权。但在人权由个体人权扩展到集体人权和社会权之后，人权要求国家由消极主体变为积极主体，即要求国家为人权实现提供条件。特别是经济权、环境权、教育权、生存权等相继入宪，国家开始负有排除该类人权实现障碍和向其提供条件的义务。

第四是人权的司法救济机制。司法权的社会功能即是恢复正义与秩序。当人权遇到侵害需要救助和补偿时，司法权是完成这一使命的当然权力。司法的价值，首要的是对人权的守护，传统的人权保障的最重要方式就是司法保护。

第五是人权主体对侵害的抵抗制度。这一制度是人权主体的自我保障方式。世界各国刑法中普遍采用的正当防卫制度就是基于人权保障的原理而设定的。此外，在法治社会里，人权主体对侵害的抵抗已由过去的以暴制暴式的对恶政的抵抗逐渐转变为依宪执政秩序下的和平抵抗。这种方式也是人权保障制度中不可缺少的。

第六是人权的国际保护。这是二战结束后人权保障的新机制。人权制度在1945 年以后，除了主体制度变化，标准、内容及保障方式也发生了很大变化。在人权标准上，根据《联合国宪章》中有关人权的条款而制定的《世界人权宣言》(1948 年 12 月)、《公民权利和政治权利国际公约》(1966 年 12 月)、《经济、社会及文化权利国际公约》(1966 年 12 月)以及 1993 年 6 月世界人权大会通过的《维也纳宣言和行动纲领》四部规范性法律文件构成的世界人权宪章已成为世界各国共用的标准。联合国已制定 80 余部人权法律文件，我国政府已加入 17 部。在内容上，20 世纪 60 年代以来产生了大量人权新概念及确立了诸如自决权、发展权、和平权、资源权等新人权种类。在保障方式上，由过去的单一国内法保护转为国内法、国际法双重保护。国际社会除联合国经社理事会、人权委员会外，地区间也有专门的人权法院或政府的与非政府的人权保护组织，人权保护的国际对话与合作已取代了旧时的指责与对抗，这一保障方式使人权受到世界更广泛的关注。

国际人权条约内容大部分涉及历来被国家视为其内部事务的"国家与其国民之间的关系"，主权国家之所以接受国际人权规范的约束，其主要原因在于：现代政府理念的转变和国民权利意识的增强（内部动因）；国家融入国际社会程度的加深（规范压力）；以及政治权力的诱导、经济利益的驱使和国家社会化的推动（外部诱因）。①

三、法律权利的含义

人权的法律保护，实际上也就是将道德意义上的人权转化为法律上的权利。尽管法律权利并非都来自人权，但自然人最基本最重要的法律权利，却都源于人权。而在一些学者看来，"权利概念是现代性哲学、法律和道德世界观的基础和顶点"。② 可见"权利"概念和权利理论在法学及相关学科中具有至关重要的地位。

（一）对法律权利的传统解说

在西方语言中，"权利"一词可以追溯到古罗马拉丁语"jus"或"ius"，但它原来只代表正当、公平或正义的行为或状况，并非我们现在所说的权利。麦金太尔曾指出："在中世纪临近结束之前的任何古代或中世纪语言中，都没有可以准确地用我们的'权利（a right）'一词来翻译的表达式。这就是说，大约在公元1400年前，古典的或中古的希伯来语、拉丁语或阿拉伯语，更不用说古英语了，都缺乏任何恰当的方式来表达这一概念。在日语中，甚至到了19世纪中期仍是这种情况。……这个事实并不意味着根本不存在任何自然的或人的权利；它只意味着没有人知道它们的存在。"③也就是说，近代以前的人们虽然享有权利，但并没有关于"权利"的概念或观念。

中世纪神学家托马斯·阿奎那（1225—1274年）首次解析性地把jus理解为正当要求，并从自然法理念的角度把人的某些正当要求称之为"天然权利"。1625年，胡果·格劳秀斯开始撰写《战争与和平法》（*De Jure Belli ac Pacis*）一书。他解释书名中的"Jus（Jure）"一词除了"正当的事情"（that which is just）之义，也指一种使得人们能够拥有或做正当的事情的道德品性或道德资格（a moral quality of the person enabling him to have or to do something justly）。④ 从此，拉丁文jus一

---

① 胡平仁，陈思. 主权国家接受国际人权标准的原因探析[J]. 公共治理研究，2024(1).

② DOUZIUAS C. The end of human rights[M]. Portland：Hart Publishing Ltd.，2000：241.

③ 麦金太尔. 追寻美德：道德理论研究[M]. 宋继杰，译. 上海：译林出版社，2015：88.

④ GROTIUS H. The rights of war and peace（Book 1）[M]. Indianapolis：Liberty Fund，Inc.，2005：138.

词在原有的"正当"或"正义"基础上，才真正具有了"权利"的内涵。不过，也由此导致"权利"概念的混乱，如德语"Recht"至少含有"正当""权利"和"法"三种含义；英语"right"则被美国社会学法学家庞德梳理出六种含义：利益、法律利益、公法上的能力（国家权力）、私法上的能力、自由、正义。① "19 世纪所有的法学论著都因为'权利'这个含义超载且含混不清的术语而变得晦涩难懂、矛盾重重且漏洞百出。"② "权利"含义的这种混乱状况，事实上基本延续到了当下。

在古汉语中，"权利"的本义是"权势及财货"或"权衡利害"。如《荀子·君道》："接之于声色、权利、忿怒、患险，而观其能无离守也。"《史记·魏其武安侯列传》所附灌夫传："家累数千金，食客日数十百人，陂池田园，宗族宾客为权利，横于颍川。"汉语中近现代意义的"权利"，始见于来华美国传教士、京师同文馆总教习丁韪良（W. A. P. Marin）翻译出版的《万国公法》（1864 年）和《公法便览》（1878 年）。在《公法便览》"凡例"中，他将"权利"解释为"有司所操之权"（公共权力）与"凡人理所应得之分"（私人权利）。③ 随后，日本学者津田真道（Tsuda）和西周（Nishi Amane）采纳了丁韪良的"权利"一词。

法学界对权利的解释不下数十种，其中最流行的有六种：

（1）"资格说"。格劳秀斯在其《战争与和平法》一书中就认为，"Jus（Jure）"一词除了指"正当的事情"外，也指一种使得人们能够拥有或做正当的事情的道德品性或资格。此后，不少学者认为，权利就是去行动的资格、占有的资格或享受的资格。说你对某事享有权利，就是说你被赋予某种资格，例如选举、领取养老金、享受隐秘的家庭生活等。没有资格，也就无所谓权利。

（2）"能力说"。即把权利理解为法律确认或赋予特定主体可以做什么或不做什么的能力。"为了促进被认可的个人利益和服务于社会决定的政策目标，权利就是由法律认可的一种能力。权利认可了个人的需要，并赋予了人们进行选择的能力。"④前述庞德所说英语"right"的六种含义中，有两种就是如此，即公法上的能力，指通过政治组织社会的强力来强制另一个或所有其他人从事或不从事某一行为的能力；私法上的能力，指一种设立、改变或剥夺各种狭义法律权利从而设立或改变各种义务的能力。"能力说"虽然比较接近"资格说"，但它过于宽泛，且有把"权利"混同于"权力"之嫌。

（3）"意志说"。权利就是个人意志所能自由活动或任意支配的范围，权利的本质在于意志（意思）。这是 19 世纪流行的通说，其代表人物是萨维尼、普赫塔等。

（4）"利益说"。权利乃法律所界定、承认和保障的利益。18 世纪英国著名政

---

① 庞德. 通过法律的社会控制[M].沈宗灵，译. 北京：商务印书馆，2016：52-54.

② 庞德. 法律史解释[M].邓正来，译. 北京：商务印书馆，2017：214.

③ 李贵连. 话说"权利"[J]. 北大法律评论，1998，1：115-129.

④ 杜兹纳. 人权的终结[M].郭春发，译. 南京：江苏人民出版社，2002：247.

治家和保守主义政治理论家埃德蒙·柏克（Edmund Burke，1729—1797 年）便认为：权利是法律规范的利益。稍后的英国政治学家、作家葛德文（1756—1836 年）指出："权利是个人对他的应得利益的要求，这种利益是从别人尽了他们的各项义务的过程中产生的。"①耶林则进而认为："权利自身不外是一个法律上受保护的利益。"②棚濑孝雄也认为，权利就是"根据客观的规范来确定其范围和内容的利益"。③ 反对者认为用"利益"解释权利过于宽泛，有些权利并非利益，有些利益也不是权利，甚至犯了将权利的目的论与权利的形式论混为一谈的常识性错误。因此，英国分析法学家萨尔蒙德和美国的格雷都强调：法律权利（legal right）是受到法律正义规则所认可与保护的利益；法律保护的利益并不都是权利。如法律保护兽类的利益，但兽类并不因此而拥有法律权利。④

（5）"自由说"。"权利就是自由"⑤，权利概念只表示一个人的"自由行为与别人的行为的自由的关系"，即"你的意志的自由行使……能够和所有其他人的自由并存"；"在一个权利问题中不需问人"，即可以自主决定。⑥ 换句话说，权利乃是受法律保护和限定的自由。如"我有处分属于我的财产的权利"，意即我可以自由处分我的财产，其他人非依法不得干涉（20 世纪以来，法律对所有权已有所限制，即所有权从绝对走向相对）。反对者认为，自由只是权利的一种，即自由权；而且权利不但包括个体行为的自由，还包括个人对他人作为或不作为的要求。

（6）"可能性说"。权利乃法律规定的有权人作出一定行为的可能性。该说的合理之处在于揭示了法律权利并非现实的利益，从而区分了法律权利与实有权利之间的差异，更有利于人们为权利而斗争。其缺陷在于没能解释权利的目的或实质。

（二）法律权利的基本内涵

"横看成岭侧成峰，远近高低各不同。"对权利的上述几种解释都多少包含着对权利的某些正确认识，但又是肤浅的和片面的。我国法学界的主流看法是："法律权利是规定或隐含在法律规范中、实现于法律关系中的，主体以相对自由的作为或不作为的方式获得利益的一种手段。"⑦鉴于该定义把"权利"视为"一种手段"不太恰当，且与前面的"方式"相重叠，加上引入"法律关系"概念对初学者

---

① 葛德文. 政治正义论（第 1 卷）[M]. 何慕李，译. 北京：商务印书馆，1982：12.
② 耶林. 为权利而斗争[M]. 郑永流，译. 北京：商务印书馆，2018：26.
③ 棚濑孝雄. 纠纷的解决和审判制度[M]. 王亚新，译. 北京：中国政法大学出版社，1994：207.
④ SALMOND C, Jurisprudence or the theory of the law[M]. London: Stevens and Haynes, 1902: 220, 231；格雷. 法律的性质[M]. 马驰，译. 北京：商务印书馆，2022：26.
⑤ 霍布斯. 利维坦[M]. 黎思复，黎廷弼，译. 北京：商务印书馆，2017：225.
⑥ 康德. 法的形而上学原理[M]. 沈叔平，译. 北京：商务印书馆，2017：40-43.
⑦ 张文显. 法哲学范畴研究（修订版）[M]. 北京：中国政法大学出版社，2001：309；张文显. 法理学[M]. 5 版. 北京：高等教育出版社，2019：130-131.

来说多有困惑，笔者曾将其调整如下："法律权利乃是法律所确认和保障的、主体以相对自由的作为或不作为的方式可以获得的某种利益。"①对此，可以从如下几个方面来理解。

其一，权利的前提是自主。在某些情况下，权利与自主不一定有必然联系，比如智能残缺者、丧失自理能力的人、婴幼儿特别是胎儿，就很难说是有个体自主能力的，但他们都享有法律上的一定权利。不过，就一般情形而言，权利问题归根结底是个体自主地位的问题。法律对权利的确认表明社会认可了个体在法律上是个独立的存在。这意味着：首先，人类整体上摆脱了对外界自然物的依附；其次，个体摆脱了对家族、单位、国家、民族、国家集团等抽象整体的依附；再次，个人摆脱了对他人的依附。

其二，权利的基础是资格。"资格"是指从事某种活动应具备的条件、身份等。资格是权利的基础，具备一定的条件或身份才能享有特定的权利。如只有具备公民的身份、年满 18 周岁且未被依法剥夺政治权利的人，才能拥有我国《宪法》和《全国人民代表大会及地方各级人民代表大会选举法》中的选举权和被选举权；只有达到我国《民法典》规定的结婚年龄、身份和健康状况（男 22 周岁以上、女 20 周岁以上，非直系血亲和三代以内的旁系血亲，未患有影响婚姻生活的疾病）等，才能享有结婚的权利。

其三，权利的本质是利益和自由。尽管古汉语中的权利（权衡利害）与今天的"权利"不可混为一谈，但两者的确有相通之处，它们都蕴含了利益和自由。一方面，法律设定权利，通常是为了借助公共权力保护和实现某种利益；当事人行使权利通常也是为了获取某种利益。比如，法律确认公民财产所有权，是为了保护公民的财产利益；公民行使所有权，也总是为了获得生产和消费上的利益。当然，法律权利只是"可以获得"的某种利益，即"权利本身并不是利益，而是保证利益得以实现的手段"。②另一方面，权利还意味着权利人依自身意志进行选择的自由，不受外来的干预或胁迫。比如，说某人享有选举权，就意味着该人有选举与不选举的自由以及选谁的自由。不过，作为法律权利的自由，只是自由的一部分；现实生活中个人生活的自由，如衣着发式、起居、家庭文化生活等，法律对此未作规定。此外，法律意义上的利益和自由，有时并不一致：如所有权人抛弃自己的所有物，债权人抛弃自己的债权，都是行使自由权，但并未带来利益；法律也常常为了某些特殊利益而限制权利人的选择自由，如权利人不能放弃人身自由权，即使出于自愿订立的终身奴役合同，在法律上也被认定为无效，原因在于终身奴役有悖于当事人利益。

---

① 胡平仁. 法理学基础问题研究[M]. 长沙：中南大学出版社，2001：43.

② 格雷. 法律的性质与渊源[M]. 马驰，译. 北京：商务印书馆，2022：25.

其四，权利的功能在于赋予人更大的主动性和创造性，满足人合理的物质需求和精神需求，保障人的尊严。人与动物都是生命体，都需要借助于必要的物质和能量来维持生命的存续。但二者的根本区别在于，人同时生活在自然世界和文化世界：人不仅有物质和能量需求，还有精神和情感需求；人不仅要活着，而且要体面地、有尊严地活着；人不仅要简单地消费，而且要自由、主动地创造，要通过创造把自己的精神力量外在化、对象化。而法律权利的利益和自由本质，能普遍地满足人的这些需求。当然，具有这种功能的权利是否值得确认与追求，在不同的时代则有不同的观点。

(三) 人权与法权的关系

18 世纪后期以来，随着"法律权利说"与"天赋人权说"（自然权利说）的思想交锋，人权与法权（法律权利）的关系也成了一个重要的理论与实践话题。事实上，人权与法权既相互区别又相互联系。

其一，人权是法权的前提和基础。人权是人依据其自然属性和社会本质所固有的或应该享有的基本权利，是人之为人的必然需求。因此，离开了人权这一前提和基础，所有的法律权利都无从谈起。

其二，法权是人权的体现和保障。人权只有以法权的形式存在才有其现实意义，基本人权必须法律化，即通过法定权限和程序，把人权的基本内容用法律形式加以明确规定，并用法律手段加以保护。法权是人权的主要存在形态，宪法是人权的保障书。

其三，法权对人权既保障又限制。早在 1789 年法国的《人权宣言》第 4 条中就规定："个人的自由权利的行使，只以保证社会上其他成员能享有同样权利为限。此等限制，仅得由法律规定之。"1976 年 1 月生效的《经济、社会及文化权利国际公约》第 8 条规定："罢工权利，但以其行使符合国家法律为限。"包括英、法等国在内的世界上许多国家，对作为法权的人权之行使做出了一定的限制。

四、法律权利的结构

法律权利的结构可从不同的角度或层面予以观察或分析。

法律权利的内在结构是指单独的一项权利由哪些要素或权能构成。"要素"就是构成某个事物的基本而重要的成分。"权能"则是"某种权利所包含的权利人可以享有的（具体）内容。如所有权的权能即包括：占有权、使用权、收益权、处分权等。"[1]萨尔蒙德认为，一项法律权利包括五个要素：(1) 权利主体；(2) 权利对象（即义务主体）；(3) 权利内容；(4) 权利客体；(5) 资格。[2] 这些实际上是权

---

[1]　李伟民. 法学辞源[Z]. 哈尔滨：黑龙江人民出版社，2002：1119.

[2]　SALMOND. Jurisprudence or the theory of the law[M]. London：Stevens and Haynes，1902：224-225.

利关系的构成要素。就权利本身而言，任何一项权利，都由三个内容或权能构成：(1)自主行为权，即权利主体可以依法自主做出一定行为；(2)要求他人权，即权利主体可以依法要求他人履行与权利相关的义务；(3)保护请求权，即当权利受到侵犯时，权利主体可以请求国家机关或社会组织予以保护。法律权利的这三个要素或权能相互联系，不可分割。任何一项法律权利必须同时具备这三项权能，才是真正有效的、切实可行的。而其核心则是权利主体可以依法自主做出或不做一定行为。因为要求他人履行一定义务和请求国家机关保护，都是为了实现这一点。

法律权利的外在结构则是指权利主体拥有哪些类型的权利。这大体表现在人身权利、政治权利、经济权利、社会权利、文化权利和法律救济权利这六个方面。

人身权利是自然人依法享有的，与其人格或者身份不可分离亦不可转让的权利。人身权至少包括：(1)生存权，即自然人获得温饱的权利和生命不被任意剥夺的权利。生存权是一切权利的源泉，也是享有与实现其他权利的基础和前提。(2)健康权，即自然人防止疾病和伤害的权利。(3)人格权，现代法律有关人格尊严不受侵犯、名誉权、肖像权、隐私权等规定，都是人格权的具体落实。(4)自由权，包括不受非法拘禁和逮捕以及迁徙自由等身体自由权和言论自由、宗教信仰自由、通信自由等思想自由权。学界通常把言论自由等思想自由权视为政治权利，这其实是不恰当的。它们本质上是人之为人的表现，应属于人身权利；将其归属于政治权利，就大大地缩小了它们的范围。(5)平等权，现代法律一般都规定人只基于人的事实而不管其姓名、性别、年龄、社会地位、文化程度、民族等外在因素，平等地享有权利并受到平等保护，这是平等权的具体表现。(6)婚姻家庭权，即性与人种的延续以及人伦亲情方面的权利。

政治权利是指公民个人依托或监督国家公共权力而在政治活动中行使的权利，又称民主权利。民主权利既是人民行使国家主权、参与民主政治的主要方式，也是人民监督公共权力的重要手段。民主权利有四类：一是知情式民主权利，包括主动了解政治信息的权利和被告知政治信息的权利两个方面；二是参与式民主权利，如选举权、被选举权、建议权和表决权；三是压力式民主权利，如评议政事的权利和罢工、集会、游行、示威权利，其作用是向政府施加压力；四是监督式民主权利，如控告、检举、揭发、罢免权，这是为了对公务人员实施监督。

经济权利是指自然人等法律主体在经济活动或市场交换中所享有的权利，包括：(1)独立的财产权，这是启动市场经济的必要前提。(2)自主的劳动权。生产要素包括物的要素(物质资源)和活的要素(劳动资源)。独立的财产权是物的要素的权利化，自主的劳动权则是活的要素的权利化。它使劳动者从人身依附和从属关系中解放出来，劳动潜能得到充分发挥，从而创造社会财富，增进整个社会的知识、文化、科学技术和经营管理水平。(3)自愿的交易权。交易是权利人根据收益预期和互利原则选择成本最低、效益最大的权利转让过程，其法律形式就是"契约"。市场效率正是通过彼此互利的自愿交易来实现的。

　　社会权利是指自然人基于社会公平和互助共济而以群体性社会成员的身份所享有的权利。它是弥补市场机制缺陷、保障市场持续有效运行的一个重要方面，同时也是人身权利和经济权利的合理延伸，其诉求对象是国家和社会。现代人的社会权利包括四类：一是社会救助权，即人一旦遇上天灾人祸或缺少生产资金、技术而陷入困境的时候，得到来自国家和社会的救助，从而享受到当地最低生活并通过生产自救逐渐摆脱困境的权利。这是社会权利中最低层次的权利，也可归并到生存权。二是社会保险权，即人在遭遇疾病、丧失劳动能力或失去劳动机会等情况下，按照事先确定的原则和方式，从国家和社会有关机构中获取基本医疗保障或基本生活保障的权利。这是社会权利中最重要的权利。它通常包括医疗保险权、养老保险权和失业保险权，等等。三是社会福利权，福利是基于社会公平原则而进行的国民收入再分配的一种形式，社会福利权就是以低价或免费的方式享受国家或社会所提供的某些生活消费或服务的权利。这是社会权利中的高层次权利。四是环境权，即享受清新的空气、洁净与安宁的生活起居环境以及良好的生态平衡的权利。这是社会权利中最高层次的权利。

　　文化权利是指自然人所享有的参与各种智力开发和娱乐活动的精神性权利。文化权利主要有四类：一是教育或受教育权，这是人们传授或习得知识和技能，提高自身素质、获得发展动力的权利。二是休闲娱乐权，这是人们学习、工作之余放松身心、享受精神生活的权利。三是审美权，这是人们欣赏美的事物、陶冶性情、提升生活品位的权利。四是创造权，即从事文艺创作、科技发明和学术研究的权利。这是人实现自我价值、贡献社会的权利。由于文化权利属于发展权，因而其实现程度视特定社会的发展程度而定，并且是衡量社会发展程度的标准。

　　法律救济权利是指上述实体权利一旦遇到障碍或不法侵害而请求法律救济的权利。它包括行政复议权利、非诉讼性申诉控告权利、仲裁权利、调解权利、诉讼权利以及法律援助权利，等等。

第二节　法律权力

　　人类"爱好权力，犹如好色，是一种强烈的动机"。① 不管英国哲学家罗素这个观点是否正确，毫无疑问的是，权力是一个普遍的社会现象，也是一个重要的法律和法学现象。霍布斯甚至断言："没有共同权力的地方就没有法律，而没有法律

---

① 罗素. 权力论[M]. 吴友三，译. 北京：商务印书馆，2014：216.

的地方就无所谓不公正。"①国内外法学界的相关研究众多，但对权力概念本身进行细致辨析的却很少，人们常常把法律权力简单地等同于社会学和政治学等学科中的权力，更未能恰当区分权力与权利，揭示和论证权力概念在法学中的独立地位。

一、相关学科的权力概念

古罗马马库斯·尤尼乌斯的著作《权力论》(*De Potestibus*)可能是世界上最早论述权力问题的专著，可惜早已失传。② 西方学界源远流长、纷繁杂乱的权力观，大体上可以归纳为如下四类。

一是能力说。即把权力理解为一个人做某事的能力。如博尔丁就把"power"界定为个体获得自己所欲之物的能力(包括攀岩、奔跑、欣赏自然等与他人没有直接关系的技能 skill)和家庭、社团、各种组织、教会、公司、政党、民族国家等群体达成各自共同目标的能力。③ 从词源学角度说，英文 power 来自法语 pouvir，后者又源自拉丁文 potestas，意指"能力""支配权，管辖权"，其词根 potére 是"能够"的意思，可见权力"能力说"颇为古老。但它很容易泛化；只有在"指对一定事物或一定行为的控制力或支配力"这个意义上，才大致相当于汉语中的"权力"。当代政治学者奥罗姆的界定便颇为恰当："权力一般是指一个人，或者更通常地说，是指一个群体和机构操纵以及形塑民众的观念和行为的能力。"④

二是影响力说。即认为权力是一个人影响他人态度和行为的能力。这一观点与能力说相关，但相对明确一些。美国政治学者托尼(R. H. Tawney)提出："权力可以定义为个人或群体使其他人或群体的行为按照他所预期的方式改变的能力。"⑤罗素 1938 年在其《权力论》一书中，也"把权力解释为若干预期(影响)结果的产生"。⑥ 拉斯韦尔更是于 20 世纪 30 年代把"影响力"(influence)概念引入政治学中，并把政治研究界定为对"影响力和具有影响力的人"的研究。⑦ 1945 年，他与其合作者认为："影响力是指个体或群体的价值地位和价值潜力。"不过，"政治意义上的权力不能理解为一般地产生预期影响的能力"，"正是制裁的威胁，使得权力和一般的影响力区分开来"。⑧ 丹尼斯·朗在其《权力论》(1994 年第 3

---

① 霍布斯. 利维坦[M]. 黎思复，黎廷弼，译. 北京：商务印书馆，2017：96.

② 西塞罗. 国家篇 法律篇[M]. 沈叔平，苏力，译. 北京：商务印书馆，2016：250，脚注.

③ 博尔丁. 权力的三张面孔[M]. 张岩，译. 北京：经济科学出版社，2012：6，25.

④ 奥罗姆. 政治社会学[M]. 4 版. 张青华，等译. 上海：上海人民出版社，2008：2.

⑤ TAWNEY R, H. Equality. Harcourt, Brace[M]//拉斯韦尔，卡普兰. 权力与社会：一项政治研究的框架. 王菲易，译. 上海：上海人民出版社，2012：83.

⑥ 罗素. 权力论[M]. 吴友三，译. 北京：商务印书馆，2014：26.

⑦ LASSWELL H, D. Politics: Who gets what, when, how[M]. McGraw-Hill, 1936.

⑧ 拉斯韦尔，卡普兰. 权力与社会：一项政治研究的框架[M]. 王菲易，译. 上海：上海人民出版社，2012：65，83，84.

版)引言中也明确强调：如果把"权力"等同于"影响(力)"，那根本就不需要特定的权力概念了。他认为"权力就是有意和有效的影响"，武力、说服、操纵和权威是四种权力形式。[①] 罗伯特·达尔等人认为，影响力有七种主要形式，权力只是其一：诱导和权力；暴力和强制；说服和操纵；权威。其中前三组(六种)分别是一枚硬币的两面，而暴力和强制实际上是两种紧密关联的权力形式。"权力是一种基于'剥夺'威胁的影响力，即为了避免被剥夺，B 不得不确保做 A 要求他做的事情"。[②] 拉斯韦尔和达尔等人把"制裁的威胁"作为权力与一般影响力的分水岭，显然更为准确。

三是强制意志说。马克斯·韦伯认为，"权力"是指处于社会关系中一个人即使在被别人反对的情况下仍然具有的以其意志左右他人行为的能力；或者说，"权力"就是不顾他人反对而把自身意志强加于他人行为的可能性。[③] 结构功能主义社会学家帕森斯也认为，"权力指一个人或群体反复地把自己的意志强加于他人的能力"。[④] 即"即使目标被某种人为抵抗或反对所阻挠，众人或集体也肯定能有效地'做某事'的能力"。在帕森斯看来，"权力是一种由集体组织中的单位确保禁止性义务履行的一般化能力"，是借助"情境性制裁"，实现大多数人认同的集体目标的工具，也是用来增进整个社会或社会制度目标的集体资源。[⑤] 彼德·布劳基本上认同韦伯和帕森斯的观点，认为权力是"通过威慑，个人或群体不顾他人反抗，将其意志强加给他人的能力"。他进而指出了权力概念所包含的三种更为深刻的意义：(1)权力的概念用来指一个人或群体反复地将其意志强加于他人的能力，而不是指影响他人的一项决定的单个情况。(2)用来对反抗进行威胁的惩罚使得权力成为一种强制性力量。(3)权力本质上是不对称的，并依靠一个人从其他人那里截留报酬并对他们实施惩罚的净能力。布劳还针对影响力说做了辨析与驳难："并不是所有类型的影响都反映了把某人的意志强加于另一个人的权力。通过给一个人以报酬来诱使他提供一项服务就不涉及对他行使权力，除非持续的报酬迫使他不仅提供服务，而且还要服从指示。此外，如果其他人听从某个人的建议，那么他就是在没有将其意志强加给他们的情况下影响他们。"[⑥]帕森斯和布劳对权力的研究不仅具有集大成的意义，而且分析细致、深入、精当，使一直过于泛化而模糊的权力概念变得清晰且明确起来。不过，正如帕森斯使用

---

① 朗. 权力论[M]. 陆震纶，郑明哲，译. 北京：中国社会科学出版社，2001：3，5.

② 达尔，斯泰恩布里克纳. 现代政治分析[M].6版. 吴勇，译. 北京：中国人民大学出版社，2012：51.

③ 韦伯. 经济与社会：第1卷[M]. 阎克文，译. 上海：上海人民出版社，2010：147；韦伯. 经济与社会：第2卷上册[M]. 阎克文，译. 上海：上海人民出版社，2010：1080.

④ 帕森斯. 现代社会的结构与过程[M]. 梁向阳，译. 北京：光明日报出版社，1988：148.

⑤ PARSONS T, On the concept of political power[J]. Proceedings of the American Philosophical Society, 1963, 107(3)：232, 237.

⑥ 布劳. 社会生活中的交换与权力[M]. 李国武，译. 北京：商务印书馆，2018：22, 191, 204.

"一般化"（generalization）与"合法化"（legitimation）概念来界定权力那样，持强制意志说的学者都强调制裁、威慑的合法性（legitimacy），而将直接的肉体强迫（如强盗的刀枪威胁）和赤裸裸的暴力排除在"权力"之外。

四是不平等关系说。即认为权力表征人与人之间支配与被支配、命令与服从的不平等关系。如古罗马法中的"potestas"指支配权；霍布斯和洛克也把主权、权力视为一种支配性力量。① 迪韦尔热认为：权力是一种规范性概念，指的是基于集体标准和价值体系的确认，一个人有权要求其他人在一种社会关系中服从他的指示。② 博尔丁更为明确地指出：在大型群体中，一个人很难同其他的每个人良好地交流，更难让所有人协同行动。对一个规模可观的社团来说，平等的代价是无休止地讨论和谈判。因此，当群体规模扩大时，会倾向于转变成一个以等级形式实施权力的组织，成员在其中各得其所，由领导阶层指挥。③ 博尔丁进而把权力分为三种类型：威胁性权力（threat power）、经济权力（economic power）和整合性权力（integrative power），类似大棒、胡萝卜和拥抱。丹尼斯·朗认为，"权力关系的非对称在于掌权者对权力对象的行为实施较大的控制，而不是相反"。④ 彼得·布劳也强调权力本质上是不对称的，"相等力量的相互依赖和相互影响标志着缺乏权力"。权力这种不平等关系有两个方面：一是"高地位的成员向低地位的成员提供工具性帮助，以换取他们的尊敬和服从"；二是"没有低地位者的服从和支持，高地位者就不能获得权力和领导位置"。⑤ 这些观点都揭示了权力与权利的本质区别：权力是行使者与受动者之间的一种不平等关系，即命令与服从的关系。

上述观点显然是从权力内涵这一逻辑维度而言的。其中能力说是基础，但范围大而无当；影响力说相对缩小了权力范围，但还是过于宽泛；不平等关系说与强制意志说都抓住了权力的本质，只是各自表述的侧重点明显不同。当能力说和影响力说偏重权力的"支配性"时，则已近似"强制意志说"或"不平等关系说"了。

从时间维度来看，上述四类观点迄今仍同时存在，不过相对后起的强制意志说和不平等关系说，正获得越来越多人的认同，已成为社会学和政治学的主流观点。

二、权力的法学意蕴

法学界经常谈论权力和权力制约，却很少对权力概念本身作细致的辨析和历

① 霍布斯. 利维坦[M]. 黎思复，黎廷弼，译. 北京：商务印书馆，2017：133-142；洛克. 政府论（上篇）[M]. 叶启芳，瞿菊农，译. 北京：商务印书馆，2016：80-86.
② 迪韦尔热. 政治社会学[M]. 杨祖功，王大东，译. 北京：华夏出版社，1987：113-114.
③ 博尔丁. 权力的三张面孔[M]. 张岩，译. 北京：经济科学出版社，2012：31.
④ 朗. 权力论[M]. 陆震纶，郑明哲，译. 北京：中国社会科学出版社，2001：10.
⑤ 布劳. 社会生活中的交换与权力[M]. 李国武，译. 北京：商务印书馆，2018：207-208，222-223.

史的梳理，未能准确把握权力的内涵及其总体走向。如当代实证主义法学家拉兹就认同影响力说："权力是指影响力，影响人们行为及命运的能力。"①法社会学学者罗杰·科特威尔则敏锐地接受了强制意志说，认为权力"可被看成一种不顾阻力而贯彻自己意志的可能性，或者说是一种对别人行为产生意向性影响的能力"。②

与此同时，法律权力毕竟有别于其他权力。比如，社会学基于其整体性思维和对社会事实的客观研究，其权力观最为广泛；只要存在不平等的地方，就有社会学意义上的权力。而政治学关注的主要是政治权力，其范围显然颇为有限。法学意义上的权力现象，则介于社会学和政治学之间：法学着重研究的是社群和组织中的权力，包括国家权力、亚国家权力（即社会组织的社会权力）和超国家权力（国际性和全球性组织的权力）；基于法律面前人人平等的原则，法律和法学不认可事实上可能存在的个人权力，也不限于政治学所关注的政治权力。更重要的是，社会学和政治学通常以 legimacy 来阐释"权力"的正当性（合道义性），使得"权力"概念明显独立于"权利"；而法学从古罗马开始，就一直重视"权力"作为支配性力量的正当性和有效性，并把它置于代表"正当"（ius，right）的"权利"之下，至今未能成为一个独立的范畴（受政治学影响较深的宪法学和行政法学相对好一些）。因此，法学对权力现象和权力概念的探讨，既要充分借鉴与吸收社会学和政治学等学科的相关研究成果，又要有法学意识，要充分考虑到法律权力的独特性，特别是权力与权利的差别，进而凸显权力在法律和法学中的恰当地位。

遗憾的是，人们长期以来总是把权力混同或归属于权利。如在洛克看来，"政治权力就是为了规定和保护财产而制定法律的权利，判处死刑和一切较轻处分的权利，以及使用共同体的力量来执行法律和保卫国家不受外来侵害的权利"。③ 对权力与权利有着较为清晰区分的边沁，也曾认为"权力是一种权利"。④《牛津法律词典》对所收"power of appointment""power of arrest""power of sale""power of search"等词条，均以"right"为核心词予以解说。⑤ 我国法学界也普遍认为，"法律上所谓权利（legal right）者，乃一种权力，赋予个人或团体以满足其自身利益，如遇妨害或否认之者，得凭借社会公力以排除或拘束之。"⑥权利"指

① 拉兹. 法律的权威——关于法律与道德论文集［M］. 朱峰，译. 北京：法律出版社，2021：8.

② COTTERRELL L. The sociology of law: An introduction. Second edition［M］. Oxford: Oxford University Press, 1992: 112-113.

③ 洛克. 政府论（下篇）［M］. 叶启芳，瞿菊农，译. 北京：商务印书馆，2020：114.

④ 边沁. 政府片论［M］. 沈叔平，等译. 北京：商务印书馆，2015：228-229，注释 8.

⑤ ELIZABETH A. MARTIN Edited, Oxford Dictionary of Law-5th Edition［M］. Oxford: Oxford University Press, 2003, pp. 372-373.

⑥ 龚钺. 比较法学概要（1947 年）［M］. 杨东霞，校勘. 北京：北京大学出版社，2008：114.

公民依法享有的权力和利益"。① "权利与权力是相互渗透的，权利中有权力，广义的权利即包括权力在内，权力也是一种权利。"②

中西方法学长期以来将权力混同或归属于权利，至少有如下几个原因。③

其一，"right"形同实异的一词多义现象，导致人们误把"权力"归属于"权利"。无论是拉丁语 ius，还是由其衍生的英语 right，德语 Recht，法语 droit，意大利语 Diritto，都有正确、正当、公正、法律、权利等含义。19 世纪的奥斯丁也曾指出："'权利'（right）这一术语，当其作为一个形容词来使用的时候，是指'正当的'意思，相当于形容词'公正的'（just）……作为实体意义上的名词的'权利'（这两处"权利"都应用原文 right，引者），其意思是指'正当'，是实体意义上的名词'正义'的同义词。"④早期自然法学中的"自然权利"，其实只是披上"正当"（right）外衣的自然状态下人人平等拥有的"蛮力"（potestas, pouvir, power）。正是由于"权利"（right）具有正当性含义，而"power"又具有多义性，因而古今西方学者大多将作为"权力"的"power"归属于"权利"的门下，以突出"权力"这种支配性力量的正当性。当然，在一些严谨的学者那里，"权利"（right）偏重与生俱来的"利益"的"正当性"（ius, right），"权力"（power）主要指"支配性力量"的"正当性"（在汉语中，"权利"重在"利益"；"权力"则落脚于"支配性力量"，且含义比较单纯）。西方法学（特别是自然法学）把"权力"归属于"权利"的这一做法，显然与社会学和政治学以 legimacy 来论证"权力"合法性之路径颇为不同。其结果就是：法学中的"权力"概念，不像在社会学和政治学中那样是一个独立概念和基本范畴。

其二，长期囿于宽泛的"能力说"，使人们误把"权力"当"权利"。在宽泛的意义上，权力和权利都是一种法律意义上的能力。不过，"权利"更偏重主体"主观"上的能力（capacity）和资格，"权力"侧重主体"客观"上的能力（can）和行为效果。如萨尔蒙德就将"权力"定义为"当对别人不利时我也能够（can）有效地做某事"。⑤遗憾的是，法学对权力现象的研究历史悠久，但总体上既没有高度重视古罗马法中"权力是支配性力量"这一足以区别"权力"和"权利"的洞见，也未充分认识"权力"内涵从过于宽泛的"能力说""影响力说"到更为精确的"强制意志说""不平等关系说"这一历史流变的深刻意义，再加上人们一直没有充分注意私法关系既有平等关系（如企业主与雇员的合同关系），又有不平等关系（如企业主对雇

① 罗竹风. 汉语大词典（缩印本）上卷[Z]. 北京：汉语大词典出版社，1997：2722.

② 郭道晖. 试论权利与权力的对立统一[J]. 法学研究，1990（1）：1-9.

③ 胡平仁. 权力概念的法学巡礼[J]. 法律科学，2024（4）：18-35；权力概念的法学定位——兼论全球化时代的法益分析范式[J]. 湘潭大学学报（哲学社会科学版），2024（3）：56-66.

④ 奥斯丁. 法理学的范围[M]. 刘星，译. 北京：北京大学出版社，2013：336.

⑤ SALMOND. Jurisprudence or the Theory of the Law[M]. London：Stevens and Haynes，1902，pp. 234, 238.

员的管理关系）；这不仅导致私法中的"权利"和"权力"剪不断理还乱，也令公、私法学中的"权力"概念形同实异，难以通约，"权力"概念因此至今没能在法学中获得独立的基本范畴地位。

其三，人们只看到"权力"和"权利"的共同性，而没有充分认识到二者的根本差异。毫无疑问，权力和权利存在着许多共同点。比如二者都具有正当性，都只能存在于一定的社会群体、组织或更大的社会单位中，其功能都在于协调成员的行为，维护社群的生活秩序，促进社群的和谐与发展。遗憾的是，国内外法学界更多着眼于权力与权利的共性与统一，而无视其根本性差异；就连20世纪90年代以来试图在法律权力研究上所有突破与创新的学者，也莫不如此。如率先试图改变法学界"权利""权力"不分，进而确立"权力"概念在法学中的独立地位的童之伟教授，也认为权利与权力在根本上是同质的，都是法律承认和保护的利益，只是分别代表个人利益和公共利益，它们"最终统一于归属已定之全部财产"。①

事实上，法律权力与权利有着多方面的本质差异，②其中最重要的有三点：（1）权力以不平等为内核。权利是以个人的名义自主作为或不作为、不受他人非法侵害其财产或人身的资格和能力；权利关系的内核或精神实质是平等。而权力是基于资源和职位优势的一种支配性或强制性力量；即权力关系以不平等为内核，权力主体不管相对方是否同意，都可以和能够单方面确认与改变一定的法律关系，影响、控制或支配对方的思想、行为、财产和人身。因而，只要存在不平等的地方，就一定会存在权力，尽管它可能是不被法律所认可的。在康德看来，权利表示一个人的"自由行为与别人行为的自由的关系"，即"你的意志的自由行使……能够和所有其他人的自由并存"；它是以"义务"和"责任"为表现形式的"相互强制"（即平等性的相互制约）。而"权力"则是"占有另一个人的自由意志，即通过我的意志，去规定另一个人自由意志作出某种行为的力量"；即"权力"是一方对另一方的命令、支配或"强制"，而不是"相互强制"，因而是不平等的。③ 可以说，权力的不平等性，正是权力之力和权力威严的根源所在。古往今来，行贿受贿的实质，就在于行贿者以赠送财货、美色等为"垫脚石"，抬高了自己的地位，使得权力关系双方的不平等性消失甚至"逆转"（即原本处于被支配地位的行贿方反过来可以要挟或支配掌权者），从而导致权力腐败与异化，即公器私用。（2）权力的构成要素有别于权利。一项完整的法律权利由三个要素或三项权能构成：自主行为权；要求他人权；保护请求权。一项完整的法律权力也包括

① 童之伟.法权与宪政[M].济南：山东人民出版社，2001：151，196.
② 胡平仁.法理学基础问题研究[M].长沙：中南大学出版社，2001：33-34.
③ 康德.法的形而上学原理[M].沈叔平，译.北京：商务印书馆，2020：41-46，92.

三个不可或缺的要素：自主行为权，即权力主体可依法自主做出一定行为，决定某些事项；支配他人权，即权力主体可依法有效地命令或指使他人做或不做某些事项；单向惩罚权，即权力主体对不履行或不完全履行法律义务的当事人，可依法单方面强制其履行义务，甚至强行施加额外义务。萨尔蒙德和霍菲尔德等众多权力论者，只注意到"自主行为权"这一"权力"和"权利"的共同权能，却忽视了二者迥然有别的另外两个权能，从而误把"权力"归属或混同于"权利"。（3）权力以资源为基础和对象。权力表征的是一种非对称、不平等的人际关系。"权力不平等来源于资源不平均。"①权力关系的一方为什么能够影响或支配另一方？有些解释只是强调权力主体超过对方的能力或能量。的确，权力主体的人格、意志、智力和魅力等主观因素对获取权力和行使权力具有一定的影响，但更为重要和根本的因素，乃是能够为权力主体所控制和支配、同时又是权力相对人所必需的资源（特别是公众资源）。没有这一点，权力相对人就会缺席，即设法逃避权力主体的影响与支配，权力关系也就不会存在。权力的运行机制，就是权力凭借其控制的这一部分资源去控制和支配另一部分资源，类似于曹操"挟天子以令诸侯"。此乃权力借力生力、借鸡生蛋的奥秘。

其四，权利和权力的派生关系，让人们误以为权利包含权力。到底是"权利产生权力"还是"权力产生权利"，学术史上存在"自然权利论""法律权利论"和"社会权利论"三派针锋相对的观点（详见前文人权学说部分）。其中，社会权利论认识到了个人权利源于社会分工与合作，既派生公共权力，又防范公共权力（消极权利），同时也依赖公共权力（积极权利）。应该说，在权利与权力的渊源关系问题上，社会权利说是颇为准确而全面的。客观地讲，个人权利乃是一切公共权力的母体与基础。其理由在于：第一，社会、国家和超国家组织都是后起的，是一定区域内若干个人的集合，社会、国家和超国家组织所控制的资源归根结底是人民群众创造的，或原本就是属于人民的，离开了人们的社会存在、社会活动和社会关系，离开了人们的认同、信赖及所创造的其他资源，就不可能有社会、国家和超国家组织，因而一切公共权力都属于人民。"人民"既是一个整体性概念，又是一个集合性概念：即公共权力属于作为整体的"人民"，而不是具体的某个人；但权力享有或权力服务要落实到每一个人身上，而不能停留在抽象的整体层面。第二，公共权力不是凭空产生的，而是由人们以明示（如公开选举等）或默认等方式转让的一部分自身权利凝聚而成的。第三，"武装夺取政权"指的并非国家权力的产生，而是国家权力的转移。何况凭借武力强行获取的公共权力，也必须以一定的方式和途径获得大众的认同，否则就不可能成为真正的权力。用拉德

① 朗.权力论[M].陆震纶，郑明哲，译.北京：中国社会科学出版社，2001：14.

布鲁赫的话说，"所有权力都是以服从者的同意的或者不同意的承认为基础的。"①这实际上是权力的合法化问题。正是"权利产生权力"的理论和史实，让人们误以为权利包含权力。其实，正如父母生育儿女并不意味着父母包含儿女，权利派生权力也不等于权利包含权力。权力一经产生，就以其强大的力量独立面对权利和其他现象。

其五，权利和权力的可转换性，让人们误以为权力就是权利。学界通说认为，在社会分工与合作过程中，人们需要秩序、安全、公平与效率，便通过明示（如公开选举等）与默认等方式转让一部分自身权利，才凝聚成了社会权力和国家权力等公共权力，产生了执行公共权力的国家机关等公共机构。这里有一个长期被忽视的关键问题：权利到底是如何转化为权力的？一堆木柴再加上一堆木柴，仍然是一堆木柴；无数的权利加起来还是无数的 right，不会变成 power。权利转化为权力，至少需要两个条件：一是特定主体对相关资源（比如木柴本身或转让木柴所欲换取的其他效用）的需要，这是前提条件；二是权利要积聚到一定的程度，以至相关主体之间产生物理学所说的"位差"，即因资源配置悬殊而产生地位等级差别（也就是不平等），这是关键条件。易言之，权利也是一种资源，并且具有一定的能量；权利资源的积聚其实也就是能量的积聚。这种能量达到一定程度，与相关的另一方构成一定程度的等差或位差，就变成对相对弱小的另一方造成压力的"势能"，即权力。这正是权力之"力"的根源，也是人们把"权力"称为"权势"的原因。正如水能转化为电能需要流量和落差，"权利"转换为"权力"，不仅要有量的积聚，更要有资源和地位等级的差别；没有这个等差或位差，"权利"就是"权利"，不可能转化为公共"权力"。私法中的许多权利，特别是所有权，在面对弱势地位的相关主体时，也往往会因不平等而转化为私人"权力"。如土地所有权人可以单方面决定他人是否有在其土地上行走的权利。在古罗马法和格劳秀斯、霍布斯等人的学说中，"权力"作为支配性力量，粗看似乎归属于"权利"之下，其实是从两个不同角度或层面而言的：对下位者的"权力"相对于上位者或同级平等者而言便成了"权利"。其中的关键，就在于是否存在不平等的"位差"（人与人之间地位悬殊）。当某人（或机构）的权利积聚足够多，面对其他单一或弱小的"权利"时便成了强势的力量，即"权力"（或称"强力"）。相反地，当制度性或事实性的不平等弱化乃至消失后，"权力"就会质变为彼此平等的"权利"。如古代的"夫权"是丈夫支配妻子的权力，随着近代以来"夫妻平等"理念和制度的确立，"夫权"便逐渐转变为平等性的亲属权利。同样，国家"主权"原本指对国内臣民至高无上的权力，而在现当代国际关系中，却是国家间彼此平等的"权利"；只有当一个或少数几个国家实力超强，国与国之间呈现出事实上的不平等

---

① 拉德布鲁赫. 法哲学[M]. 王朴, 译. 北京: 法律出版社, 2013: 91.

时，"主权"才会成为国际性"权力"或"强权"，通称"Super-power"（超级大国）。不过，权利和权力的这种可转换性，是以权利和权力的区别为前提，并以不平等的"位差"之存在或消失为条件的；从而不能因此而把权力归属于权利。

总之，法学和法律意义上的权力（简称"法律权力"），乃是特定主体基于自身及公众资源，单方面确立和改变法律规范或法律关系，控制与支配他人思想、行为、财产乃至人身的能力。① 与权利不同，权力本质上是一种掌控对象和局势的优位能力，通常表现为由弱到强的三个层次：影响力、支配力和强制力。其中，单方面影响与控制他人思想的能力，主要是意识形态领域的文化权力。权力与权利虽然有着密切的联系，同时也有根本的区别，理应彼此独立为法学研究的核心范畴。

在日常的学术交往中，有些学者认为，权力虽然是法律和法学关注的对象，但并不意味着一定要确立其独立的地位。这其实是一种刻舟求剑的想法。随着社会生活、科技和教育的发展，法律思维日益精细和法律观念不断分化，是权力需要独立于权利、成为法学中的独立概念及核心范畴的重要原因之一。塞耶教授在其《证据法初论》中也写道："法律愈发展，法律术语就愈需明确其含义；区别增加了，新的情境和难题出现了，而原有的那套概念、区别和术语就须认真修正。"② 这个道理并不深奥，古今法律和法学的发展早已证明了这一点，这里不再赘述。

更重要的是，"要把权力关在制度的笼子里"这一举国上下普遍的政治诉求和政治共识，也要求我们把"权力"从"权利"中分离出来；否则，很容易任性和自我膨胀的权力，便很可能在法治实践中浑水摸鱼。与此同时，把权力从权利中独立出来，也是法律和法学真正确立"权利本位"的前提。"权利本位论"也只有在"权利、权力、义务和责任"四位一体模式中，才能展示其深刻的精髓和重要的意义。

三、现代社会的权力结构

现代社会的权力结构与权力的表现形态直接相关。有学者认为，现代社会权力结构发生了新变化，主要表现在政党已经成为独立于国家的，区别于立法、司法、行政权的一种政治权力实体；而现代企业制度的建立，形成了社会权力结构的经济实体，也不再是国家权力机构的附属物。政治权力和经济权力不是国家权力而是社会权力。现代国家的权力分为法律权力和行政权力。在我国，法律权力是立法权、审判权、检察权的统一，代表国家意志；行政权力是国家的行政管理权，是执行国家意志。③ 这一观点敏锐地抓住了现代社会权力形态与权力结构的

① 胡平仁. 法理学基础问题研究[M]. 长沙：中南大学出版社，2001：54.
② 转引自霍菲尔德. 司法推理中应用的基本法律概念(修订译本)[M]. 张书友，译. 北京：商务印书馆，2022：53.
③ 宋惠昌. 现代社会权力结构新探[J]. 政治与法律，1999(1).

某些新变化，遗憾的是误把行政权力置于法律权力之外，有悖于现代法治精神，也不符合行政权力法治化的实际状况。

权力结构可以从微观和宏观两个层面来分析。在微观层面，任何一项权力的内容均由三个要素构成：(1)自主行为权；(2)支配他人权；(3)单向惩罚权。在宏观层面，权力结构则是指权力的表现形态及其相互之间的关系。现代社会的权力结构主要由三大部分组成：社会权力、国家权力和超国家权力。

"社会权力即社会主体以其所拥有的社会资源对社会与国家的影响力、支配力。"①作为各种社会群体和社会组织所拥有与行使的权力，社会权力的形态多种多样，其中最重要的是企业的经济权力和政党的政治权力。

随着自由放任学说的刺激和现代企业制度的建立，企业作为社会的经济实体，在社会权力结构中不再是国家权力的附属物。正如美国法学家施瓦茨所云："巨型公司已经成为确立生活方式准则和公民生活模式的社团，它引导、形成、指挥、决定我们社会的发展前景，它成为市场权力的中心，它只有唯一的竞争者，便是公司所在地国家，大公司实际上享有私人政府的地位，与政府分享主权。"②在莱利斯·里普森看来，"自由放任的结果与它起初的假设相悖。……商业自身的扩展开始带来权力——所有意义上的权力：财富的汇集、对人民的控制、社会影响力的分配，当然首要的还是对国家的管理。……(甚至)经济权力替代了政治权力。……国家被商业吞并。"③这些实力强大的企业资本，不仅与政府分享主权，而且正越来越频繁地影响着他国主权及国际法。如1990年美国一家私人商业协会(美国药物生产商)利用自身力量不但拒绝接受反而积极影响了一个外国主权政府(智利)的立法。而1994年世界贸易组织(WTO)的《与贸易有关的知识产权协议》(TRIPs)，居然是代表制药业、娱乐业和软件工业的12名有影响力的跨国公司的首席执行官组成的知识产权委员会游说的结果。他们充分运用跨国公司的私人影响力，利用体制和制度的作用，将私权上升为国际公法，成功通过国际法来保护和影响他们的市场。④

与此同时，政党也已经成为独立于国家的，区别于立法、司法、行政的一种新的政治权力实体。据有关方面统计，当今世界上220多个国家中，政党在国家政治生活中居于领导地位的有200余个，占国家总数的91%。因而政党具有"隐

---

①　郭道晖.论权力的多元化与社会化[J].法学研究,2001(1);郭道晖.法理学精义[M].长沙:湖南人民出版社,2005:159.

②　施瓦茨.美国法律史[M].王军,等译.北京:中国政法大学出版社,1990:224-225.

③　里普森.政治学的重大问题——政治学导论(第10版)[M].刘晓,等译.北京:华夏出版社,2001:162-163.

④　塞尔.私权、公法——知识产权的全球化[M].董刚,周超,译.北京:中国人民大学出版社,2008:1-2.

形政府"的称号，政党权力日益显赫。不过，从本质上来说，政党的政治权力不是国家权力而是社会权力。

弗朗西斯·培根（Francis Bacon，1561—1626 年）有一句众所周知的名言："Knowledge is power."可译为"知识就是力量"，或"知识就是权力"。因为知识不仅是"撬动"地球（自然）的力量，更是影响乃至控制与支配他人和社会的力量。当代的福柯和鲍曼等人认为，"权力需要知识，知识赋予权力以合法性和有效性（两者中有着必然联系）。拥有知识就是拥有权力。"现代性社会的显著特征就是"牧羊人式的权力"（pastoral power）和"改造思想的权力"（proselytizing power）的出现。二者均源于个体（个人或个人形成的集团）处理自身日常事务时的无能为力感。"这种（牧羊人式）权力的统治是'为了'被统治者的'福利'，关注被统治者的利益，目的在于对被统治者的日常生活事务进行适当的、全面的指导。"而牧羊人式权力的产生，根源于被统治者缺乏运用知识于实践的能力，而且还依赖于圣贤、教师或专家集团激发或强化普通人因无知所产生的不确定之感或被剥夺感的能力。① 不过，这种意义上的文化权力即使真的存在，也应归属于国家权力。

"说来奇怪，在最野蛮的社会里，靠所谓学问来取得的权力反而最大，并且随着文明的发展而不断减小。"②其实总体而言，知识界基于知识（学问、智慧等）而对人类社会的影响力、支配力，是随着知识总量的增长而上升的。随着科学技术和教育的普遍发展与壮大，特别是信息社会的到来，知识阶层的"文化权力"更是日渐浮出水面，其凭借知识（包括智慧）对人们思想观念和行为的影响力与支配力日益广泛而深入。只不过，知识是一种特殊的资源，尽管当它服务于一个目标时不会耗竭或受损，但随着传播范围的几何性扩大，知识资源的稀缺性会不断减少，因而个体的知识性权力或权威会相应降低。尤其是教育的普及和多源性或多中心知识传播的弥散化，导致知识分子个体的文化权力几乎变成了"文化权利"。这种泛化了的社会性文化权力以及一般社团的权力，也就不足以与政党的政治权力和企业的经济权力相抗衡，这在广大发展中国家尤为明显。其实，"科学技术是第一生产力。"政党的政治权力、企业的经济权力和综合性的国家权力，实际上都是靠各种知识或文化权力在背后支撑。

现代社会的权力结构中最引人注目的，当然是国家权力。它无疑是一种综合性的权力，但就其根本性质而言，主要是一种政治权力，是围绕国家政权而展开的。它伴随着人类阶级社会的产生而普遍存在并对人们生产和生活有着重要的影响。国家权力的具体表现形态有立法权、行政权、司法权、军事权、监察权等。

---

① 鲍曼. 立法者与阐释者——论现代性、后现代性与知识分子[M]. 洪涛，译. 上海：上海人民出版，2000：64，24；福柯. 规训与惩罚[M]. 刘北城、杨远樱，译. 北京：生活·读书·新知三联书店，2012.

② 罗素. 权力论[M]. 吴友三，译. 北京：商务印书馆，2014：32，34.

作为现代权力结构的第三大组成部分，超国家权力是指超越于主权国家之外和之上的国际组织、国家集团等国际社会主体行使的权力。第二次世界大战之后，主权国家之间的联系日益紧密，国际事务日益增多，直接催生了联合国等众多国际组织。特别是20世纪90年代以来，世界进入互联网和经济全球化的新时代。为了建立全球的政治经济新秩序，防止与克服信息化和全球化带来的种种消极后果，国际社会急需制定和遵循更多共同的游戏规则；于是，众多超国家的政府组织和非政府组织相继成立，并日益积极地介入国际社会的共同事务。这些超国家组织凝聚了相当数量的国际社会公众资源，从而形成了种种日趋强大的超国家权力，形成了公共权力的国际化倾向。联合国、独联体、欧盟和世界贸易组织等超国家组织实际上行使日益多样的超国家权力。超国家权力的崛起是20世纪的一大重要现象，它结束了国家权力不受约束的国家至上时代，国家权力从此在许多方面要受到超国家权力的约束。与此同时，超国家权力的出现和日益强大，对于国际法治社会与人类命运共同体的形成具有极为重要而深远的意义。超国家权力现在已经发展出立法权、行政权、司法权，以及初步的军事权。联合国宪章、各种国际人权公约、欧盟宪法等其实是世界性或区域性的宪法；联合国安理会以及世界卫生组织、世界贸易组织等通过的许多决议和决定也是重要的国际行政法规；各种形式的国际法院正在行使日益重要的司法职能。如依据《国际刑事法院规约》第12条的规定，国际刑事法院对4种严重侵犯人权的罪行行使强制性、普遍性的管辖权。而由主要成员国派遣组成的联合国维和部队及其维和行动，乃是联合国军事权的体现。

需要指出的是，现代法治社会，人与人之间在法律上是平等的，互相之间不存在支配关系，因而也就不存在法律上的个人权力。通常所说的个人权力，要么是指因事实上依然存在的不平等而产生的一个人对他人的支配力或影响力，它并不受法律保护；要么是指个人因处在社会组织、国家机关或国际机构中的管理职位上而依法享有的一部分公共权力，即职权，它代表的是社会利益、国家利益或国际利益。因此，法律权力主要是指公共权力，即社会权力（包括政党的政治权力、企业的经济权力和知识阶层的文化权力等）、国家权力（包括立法权、行政权、监察权、司法权和军事权等）和超国家权力；有时也包括小型私营企业中的私人权力，不过更多时候仅指国家权力。这意味着，除了内涵的差异，法律和法学所关注的权力，其范围比社会学意义上的权力要小，而比政治学中的权力即政治权力要广泛得多。

四、国家权力的类型

国家权力的类型是国家权力分工的产物。所谓国家权力分工，是指按照一定的标准和原则，对不同的国家机关所享有的职权范围及权力限度进行法律上的界定，以防止权力集中于少数人或个别机关手中，保证国家机关各司其职又相互配合的政治法律制度。

权力分工的目的在于：（1）有限政府。即政府的权力不是绝对的、无限的，它必须有范围的限制，有外在的约束。（2）守法政府。政府具有与公民一样的法律人格，必须与公民一样守法，绝不能超越法律。（3）责任政府。即政府作为法律上的人格，必须对自己的行为负责，必须为自己的违法行为承担相应的法律责任。

国家权力的划分，从纵向角度，有中央权力与地方权力之分；从横向角度，则有立法权、行政权、司法权、军事权和监察权之分。限于篇幅，这里只简要论及立法权、行政权和司法权。

（一）立法权

人们一般从三种意义上来理解立法权这一概念。一是将立法权作为立法机关（议会或其他代议机构）行使的制定、认可、修改或废止法律的权力。二是将立法权理解为立法主体（包括立法、行政、司法机关）依法行使的制定、认可、修改或废止规范性法律文件的权力。三是将立法权作为与行政权、司法权并立的一种独立的国家权力，其内容不限于制定国家法律，还包括对国家普遍性事务的规范、管理权。这里所说的是在第三种意义上的立法权，即国家立法机关所享有的各种权力的总和。

就其性质而言，国家立法权是高于其他权力的最高权力，是产生其他权力的基础和母体。实行三权分立的西方国家，设计了一种立法、行政、司法三权互相分立、互相制约的体制，其中任何一种权力都不致超越其他权力之上。但是，行政机关、司法机关都必须依法产生，并依照法律规定的标准、程序，在法定范围内行使权力。也就是说，立法权为行政权、司法权设定了基本的活动框架，因而立法权事实上高于行政权、司法权。这是其一。其二，从人民与国家的关系来看，国家的主权来源于人民的委托，因而只有由人民选举产生的代议机关才能代表国家的最高权力。

立法权的中心内容是创制国家法律，包括立法创议权、通过法案权、法律修正权等。此外还包括财政权、人事任免权、监督权以及按惯例由立法机关行使的其他权力。在我国，人民代表大会及其常委会行使立法权、决定权、监督权、任免权等项权力，完整地体现了作为国家权力机关的地位。

（二）行政权

行政权是执行国家法律和其他法令，依法组织与管理国家行政事务和重要社会事务的权力分支。而具体行政机构和工作人员根据其职位、任务而依法被分配到的一部分行政权，称作行政职权，是行政权在社会生活中的具体化。

我国学界一般认为，行政权的特征主要是执行性、主动性、强制性和优益性。所谓执行性，是指行政权从根本上来说，是执行国家法律和权力机关意志的权力，行政权的行使必须对权力机关负责，受权力机关监督。所谓主动性，是指行政主体在组织管理社会生活的过程中，一般都采取积极主动的行动去行使权力、履行职责，而不需要行政相对人的意思表示，否则就是失职。所谓强制性，是指行政权力以国家强制力或暴力的威慑为后盾，可以强制性地推行政令，行政相对人必须接受，拒不接受者将会受到相应的制裁。当然，行政权力行使的强制性并不排除某些具体的非强制性的行政方式，例如行政指导、行政合同等。即便如此，强制力也是作为一种后盾力量而经常性地起作用的。而优益性国家为确保行政主体有效地行使职权，履行职责，而以法律、法规等形式赋予行政主体享有一定的职务上和物质上的特权。职务上的特权叫行政优先权，指行政权与其他社会组织及公民个人的权利在同一领域或范围相遇时，行政权具有优先行使与实现的能力。物质上的特权叫行政受益权，指行政机关为行使职权所拥有的享有各种资财上和物质上的便利条件的资格。行政优先权和受益权简称优益权，是行政权力有效行使的保障条件。

行政权的内容广泛而丰富，择其要者有：(1)行政立法权；(2)行政决策权；(3)行政组织权；(4)行政决定权；(5)行政命令权；(6)行政执行权；(7)行政监督检查权；(8)行政处罚权；(9)行政强制权；(10)行政司法权。

(三) 司法权

司法权是以国家名义依法对特定法律现象或具体案件进行调查、审理、裁判以执行法律的权力。狭义的司法权仅指审判权，即法院对诉讼案件的审理、裁判的权力；广义的司法权则包括法院的审判权，公安机关和国家安全机关的刑事侦查权，监察机关的执法监督权，检察机关的检察权、侦查监督权和审判监督权等。

司法权与行政权是两种不同性质的权力。早在100多年前，托克维尔就将司法权视为"判断权"，①而行政权则是一种管理权。管理属于行动范畴，贵在神速和有效，因而行政权的价值取向具有效率优先性；判断属于思维范畴，贵在公正和准确，因而司法权的价值取向具有公平优先性。② 古今中外，司法权虽不一定都是独立的权力，但都被视为判断权。中国历来官方或民间对法官有推事、判官之称谓，这也说明人们早就认识到司法具有判断性的特质。英语中称法官为judge，此词作名词解，又指评判人，即有判断功过能力的人；作动词解，直接指审判、评判、裁判、判断、断定。戈尔丁认为，作为司法的判断由三个要素构成：(1)它以社会上既存的纠纷为对象；(2)由第三者即法官出面来解决纠纷；(3)判

---

① 托克维尔. 论美国的民主：上卷[M]. 董果良，译. 北京：商务印书馆，1997：110.
② 孙笑侠. 司法权的本质是判断权——司法权与行政权的十大区别[J]. 法学，1998(8)：35-37.

断的尺度是法律。①

司法权具有如下特征：

(1)专属性。司法权只能由司法机关及其司法人员以国家名义依法行使，任何其他国家机关、社会组织和个人都不能行使这项权力。即使是司法机关内部，也只能是那些享有司法权的工作人员——司法人员（在我国就是法官和检察官）才能行使法律适用权。司法权的专属性是相对于行政权的可转授性而言的。

(2)独立性。司法权是判断权，作为判断者的法官要做出公正的判断，就需要保持中立。因此，司法独立是司法公正的前提。它有着多方面的含义：一是指司法机关的权能独立，即法院和检察院依法独立行使国家审判权或检察权，任何其他国家机关、社会组织和个人无权干涉；上级法院只能在下级法院做出判决后，按照上诉或抗诉的法定程序变更其判决。二是指司法人员的身份独立，即检察官特别是法官的职位、任期、薪酬应有适当的保障，其职务变动或惩戒应由专门的司法机构进行，或有专职司法人员、法律专家参与，以免受行政等方面的干涉。三是指司法人员的精神独立，即法官等在执行职务时，除受法律及个人良知的拘束外，不受任何方面的影响和干预，其中包括不受以新闻舆论、示威游行甚至暴乱为表达方式的社会压力的影响。现代各国一般都规定了司法权独立行使的运作体制，并就法官的权能保障和职业保障制度作了规定。

(3)被动性。司法权作为一种裁判案件的权力，只有在它被公诉人或案件当事人一方请求（即提起诉讼）时，它才启动。司法权不能自主运行去追捕逃犯，惩罚罪犯，处理民事纠纷和行政纠纷，而且在审理和裁判的范围方面，也必须局限在诉讼请求的范围内。此所谓"不告不理"。这是为了确保司法裁判的中立与公正，避免因主动介入而可能带来的先入为主与偏袒嫌疑。

(4)程序性。司法权的行使从个案的角度来看，涉及公民的切身权益甚至身家性命；而从总体上说，也关系到国家和社会的利益，因而必须遵循法律规定的程序，体现程序的固定性、顺序性和时限性等特点；保证司法权行使的严肃性。

值得注意的是，当代国家权力在日益强大并逐渐分化为立法权、行政权、司法权、军事权和监察权等类型的同时，也呈现出一种社会化的倾向。这主要表现为：一是立法权的社会参与。二是行政权向社会的部分转移。即通过参与（指公民、社会组织或行政相对人直接参与行政立法、行政决策和其他行政行为的决定与执行过程）、委托（政府依法将某些权力委托给具备相应条件的非政府组织行使）、授权（行政主体依法将某些行政权力直接授予符合法定条件的社会组织，该组织以自己的名义独立行使有关行政权力，并独立承担责任）、还权（把那些本属于社会主体而长期被政府"吞噬"的权力归还给市民社会）等方式向社会转移一部

---

① 戈尔丁. 法律哲学[M]. 齐海滨，译. 北京：生活·读书·新知三联书店，1987：227-246.

分权力。三是司法权的社会化。即社会主体也享有一定的司法权。如仲裁权、调解权以及在一定程度上有所扩大的其他私力救济权等。

第三节　法律义务①

法律义务一直是法学的核心范畴，却又是法学研究中的薄弱环节。长期以来，人们习惯于将法律义务视为法律权利的伴生物，无形中取消了"法律义务"的独立范畴地位，人们对法律义务的认识也就极为狭隘和肤浅，甚至存在着许多似是而非的观念。本节拟就法律义务的含义、表现形态以及为何要履行法律义务等问题，做出一些解答，以期深化对法律义务的探讨。

一、义务概念的语义分析

"义务"概念最早出现于东方国家。早在公元前 20 世纪，两河流域的伊新国写在泥板上的《国王李必特·伊丝达法典》第 17 条规定："倘自由民责成其他自由民以其所不知之事，且无报酬，则其他自由民可以不履行义务，而此自由民应自行担负其所责成他人之事的义务。"此后，两河流域国家先后出现的法典中，都频繁使用"义务"一词。其中公元前 18 世纪的《汉谟拉比法典》已对"义务"和"债务"作出区分，并用不同的词来表示。如该法典第 38 条规定："黑都、巴衣鲁或纳贡人不得以其与所负义务有关的田园房屋遗赠其妻女，亦不得以之抵偿债务。"②

在西方，古希腊人德谟克利特率先将"义务"概念纳入伦理学的视野，使之从此成为伦理学的核心范畴之一。而古罗马人则主要在法律意义上使用"义务"（debitum 或 obligatio）一词，也影响至今。在现代英语中，duty、liability、obligation、responsibility 这四个单词，均有"义务、责任"的意思。duty 指按照道德或法律理应做的行为，即自愿的义务，强调自觉性。obligation 指道义或法律上对他人的义务，强调强制性。responsibility 指义务、责任或职责（即道义或职务上对他人应尽的本分），强调对他人的责任。③ 也就是说，源于道德领域的 duty 具有对人对己应尽责任的含义（特别是基于"承诺"），伦理学意味较重；而 obligation 和 responsibility 都是针对他人的。如父母抚养孩子或儿女赡养父母的 duty，父母对孩子成长的 responsibility，负债人的 obligation。其中，"obligation"来源于拉丁语

---

① 本节原以《法律义务新论》为题，发表于《法制与社会发展》2004 年第 5 期。此处文字和材料有所增改，但基本观点未变。

② 法学教材编辑部《外国法制史》编写组.外国法制史资料选编：上册[M].北京：北京大学出版社，1982：13，21.

③ 容新芳.英语同义词辨析大辞典[M].北京：商务印书馆，2018：453.

"obligatio"，原意主要指"债"或"债务"，更强调外部强制而非内在良知或道义感。① 因此，obligation 常用来指不履行或不完全履行义务所导致的不良法律后果（即作为第二性义务的法律责任）。至于 liability，也指义务、债务、（赔偿）责任、不利条件，尤指一个人因为某种规范或当事人间的约定生发的使当事人应履行的某种作为或不作为的义务。② 如英国分析法学家萨尔蒙德和霍菲尔德便使用 duty、liability 来分别对应相关的 right（狭义）和 power。在萨尔蒙德看来，"义务是应当的行为（A duty is an obligatory act. ）"，"一种义务之所以是法律义务，只是因为它是法律认可的，而无需法律上的强制或制裁。"③

"义务"一词出现于中国古代典籍，可能始见于汉代徐干的《中论·贵验》："言朋友之义务，在真切以升于善道也。"但这主要是在道德意义上使用的，而且在此前后，也大多使用"义"字来表达今天的"义务"之义，直到清末思想家梁启超在《新民说》中专辟"论义务思想"一节，提倡"天赋义务论"，才首次从理论上明确地论述"义务"范畴，并随着清末法律改革，"义务"一词才作为道德和法律用语在汉语中流行起来。

"义务"现已成为世界各国日常重要词语，其含义却言人人殊。有国内学者经过分析、抽象后，将其概括为"义务＝应当＋行为"，并认为西方学者倾向于从"应当"的角度来理解"义务"，而中国学者倾向于从"应当的行为"的角度来理解"义务"。

"义务"就是"应当的行为"。"义务中的'应当'的含义必然包含着'社会性'的愿望和要求。"这大体上是正确的，但这种社会性的愿望和要求实际上也是一种价值评判，即义务中的"正当"的含义既有"社会性"，也有"价值性"；而且"义务"的英语常见表达"duty"，不仅表示其他社会成员的愿望和要求，而且强调主体本身的道义感（如"有难同当""欠债还钱"）和使命感（如"兼济天下""舍我其谁"）。张恒山教授在阐释义务"行为"时认为："义务使人们（与义务人同在的社会其他成员）在观念上认为义务人所应当或必须做的行为，而不是实际体现为义务人的活动状态的行为。……可以说，义务是人们观念中的理想的、应当的行为模式。"④在这里，张恒山教授正确地认同了米尔恩所揭示的义务的"观念性"，但同时也存在三个问题：一是忽视或排斥了义务人自身的观念性，从而无法涵盖和解释行为主体自我确认的义务这一社会现象。二是将义务界定为人们应当或必须做的行为，忽视了其不作为的层面，并不符合义务的实际情形。三是将义务理解

---

① 格雷. 法律的性质与渊源[M]. 马驰，译. 北京：商务印书馆，2022：22.

② 宋雷. 英汉法律用语大辞典（第2版）[M]. 北京：法律出版社，2019：1205.

③ SALMOND. Jurisprudence or the theory of the law[M]. London：Stevens and Haynes，1902：218，219.

④ 张恒山. 义务先定论[M]. 济南：山东人民出版社，1999：48-51，56，59.

为一种行为模式，这实际上犯了论者自身所批评的将"义务"等同于"义务性规则"或"规范性义务"的错误。道德、教规、政策、法律等社会规范中的义务，都是一种行为模式；而这些社会规范实施过程中特定当事人所承担及履行的义务，如合同当事人约定的义务、行政裁决或司法裁判确定的义务等，则是一种具体行为，而不是行为模式。可见不宜将义务理解为一种行为模式。

为了避免重复及混乱，对作为义务的"应当的行为"最好不要拆开来理解。具体说来，作为义务的"应当的行为"首先指的是一种价值行为，即它包含着相关主体（自我和他人，但主要还是作为"他人"的群体和社会）的价值评判。即按照"应当的行为"去行为（包括作为和不作为）就是正确的、正当的、正义的，否则就是不正确、不正当、不正义的。"应当的行为"其次又是一种规范行为，它要受到内在准则（良知、信仰和理性）和外在规范（道德、习俗、法律、教规、政策等）的约束与规范。用康德的话说，"义务就是由敬重法则而来的行动的必然性"。① "应当的行为"还指一种期待行为，即一定的个体、群体和社会期待与要求特定的行为主体作出或不作出特定的行为。"应当的行为"还是一种观念上的行为，即它是相关主体在观念上认为特定行为主体所必须做或不该做的行为，而不是一种既成事实状态的行为。这意味着行为主体可能在实际上做出或不做出与相关主体的评价、期待和要求相一致的行为，还可能做出与相关主体的评价、期待和要求相反的行为。这就为责任制度的引入提供了可能和必要性。此外，作为义务的"应当的行为"还是一种责任行为，即被期待的主体如果没做出被期待的价值行为，就要受到相关期待主体的责备、谴责甚至惩罚（包括自我良心的不安）。"你应当好好读一读这本书"这句话则只是一种建议，而不是义务，因为其中不含有责任的成分，即使你不读这本书，也不会受到建议者的处罚或谴责。

综上所述，义务就是人们观念中凝聚了一定的价值评判并预设了一定责任、相关主体必须作或不能作的行为。

一般来说，有多少种行为规范就有多少种义务。比如有政策就有政策义务，有章程（党章、公司章程等）就有章程义务，有纪律就有纪律义务。不过，在多种多样的义务形态中，最基本也最重要的是道德义务、宗教义务和法律义务。

二、法律义务辨误

法律义务（legal duty，legal liability）尽管一直是法学的核心范畴，但并没有获得独立的地位，人们总是将它与权利捆绑在一起，而且存在着许多似是而非的观念。

---

① 康德. 道德形而上学奠基[M]. 杨云飞，译. 北京：人民出版社，2020：22.

其一，将法律义务界定为当事人或法律关系主体所承担的法律上的负担或不利。① 当我们着眼于法与利益的关系的时候，这样说当然是正确的；但如果我们把视野放得更开阔一些，就会发现上述定义很成问题，至少在逻辑上是不周延的。事实上，某些不作为的义务(如不干涉他人自由)，就说不上是负担或不利。英国学者米尔恩也曾表达过类似的意思："'义务'在道德和法律中都是一个关键性概念。它的中心思想是，因为做某事是正确的而必须去做它。……做这事可能对他并不有利，但如果他负有义务去做的话，就一定要去做。义务和利益有时冲突，有时和谐，但它们在逻辑上总是有区别的。"② 康德早就认为，"义务是……能够使任何人都受到一种责任的约束"的行为。③ 如果说权利和权力两个概念强调的是主体自主行为的能力与资格，那么，义务概念强调的则是主体行为的受拘束(源于自我理性、良知和外在舆论、规范的拘束)。也就是说，法律义务指的是法律对相关主体必须作出一定行为或不得作出一定行为的约束。

其二，认为权利和义务是相互对应、相互依存的。如在萨尔蒙德看来，"没有对应的义务(duty)就没有权利(right)，没有对应的权利也就没有义务，就像没有妻子就没有丈夫，没有孩子就没有父亲一样。"④霍菲尔德也把狭义"权利"等同于"请求权"(claim)，它对应着义务(duty)，也就是他人"必须履行的行为"。⑤ 我国法学界更是普遍认为，义务与权利相互依存(或结构上相关、数量上等值、功能上互补、价值上主次)。⑥ 导致这一状况的根本原因，在于把权力混同或归属于权利。直到19世纪中叶分析法学派代表奥斯丁那里才出现了一丝转机。在《法理学讲义》中，奥斯丁认为，所有权利都是相对义务而言的，但并非所有义务都相对权利而言。如不酗酒、不自杀等"自我关怀(self-regarding)的义务，服兵役、关闭通向铁路的牛棚大门以防火车与牛相撞等旨在增进共同体或人类利益的义务，以及信奉神的禁欲等不针对任何人的义务，都不是相对权利而言的。⑦ 奥斯丁的这一"发现"虽然不是无懈可击的(如自我关怀义务实际上是针对自我的生命权而言的)，却也昭示了法律义务的独立地位，其失只在于奥斯丁同样忽视了义务的其他维度。遗憾的是，进入21世纪以来，国内外主流观点依然无视权利与权力的重

① 格雷. 法律的性质与渊源[M]. 马驰，译. 北京：商务印书馆，2022：30.

② 米尔恩. 人的权利与人的多样性——人权哲学[M]. 夏勇，张志铭，译. 北京：中国大百科全书出版社，1995：34-35.

③ 康德. 法的形而上学原理[M]. 沈叔平，译. 北京：商务印书馆，2017：29.

④ SALMOND. Jurisprudence or the theory of the law[M]. London：Stevens and Haynes，1902：223.

⑤ HOHFELD W N. Fundamental legal conceptions as applied in judicial reasoning[M]. New Haven：Yale University Press，1964：38，60，69-72，77-78.

⑥ 张文显. 法理学[M]. 3版. 北京：法律出版社，2008：167；张文显. 法理学[M]. 5版. 北京：高等教育出版社，2019：134；马长山. 法理学导论[M]. 北京：北京大学出版社，2014：79.

⑦ AUSTIN J. Lectures of jurisprudence[M]. London：Scholarly Press，Inc，1977.

大区别，而将两者混为一谈，从而陷入了"权利—义务"的线性思维的泥淖中；部分学者虽然认识到了权力、权利不分的弊端，并在其论著中极力凸显"权力"的独立地位，却在论及"义务"时，依然将其与权利捆绑在一起，认为义务与权利相互依存。①

其实，把权力从权利中分解出来，不只是概念的增加，也不仅仅是权力范畴的升级，而是法学思维的重大变革。这体现在义务问题上，就是要从"权利—义务"的线性思维模式中挣脱出来，进入由"权利—权力—义务—责任"构成的三菱形立体性思维空间(图 2-2)。

在这个几何空间里，义务与权利依然具有相关性，但并不是相互依存的。因为"相互依存"意味着"义务"离开了"权利"就不复存在，"权利"离开了"义务"也不复存在。而事实上，义务不仅与权利相关联，也与"权力"相对应。换言之，"义务"的对应物不

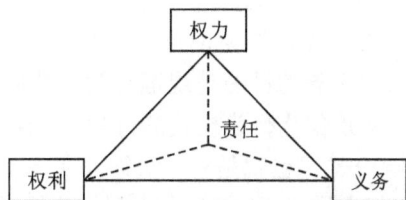

图 2-2　法律分析的三菱形立体性思维空间

只是"权利"，还有"权力"。"权利—义务"关系只是上述几何空间中的一维，而非全部。对义务的认识还必须考虑"权力—义务"和"义务—责任"这一维度(即一般来说义务的缺损与落空是法律责任发生的根由，而法律责任的设置则是义务履行的保障)。

其三，认为义务都是针对他人的。尽管有些学者提出了"主张权利是对自己的义务"的观点，但这只是一个比喻，是对"认真看待权利"的一个注脚，其出发点是权利，而非义务。其实，真正意义上的义务(duty)也并非都是针对他人的，许多情况下也是针对自己的。在 17 世纪德国自然法学家普芬道夫看来，自爱、自保(含自卫)和自制(自我节制，其实还应加上"自尊")是每个人的对己义务。② 18 世纪德国思想家康德也明确提出"对待自己的法律义务"的概念；③19 世纪中叶，奥斯丁也提出了前述的"自我关怀的义务"。可惜这些都未能引起人们的重视，更不用说作更为深入的探讨了。

张恒山教授在讨论了各类法律义务定义(尺度说或规范说、责任说、约束说或法律上之力说、手段说、利益或不利说、意思说)之后提出："法律义务是为了维护和实现社会共同利益、国家利益、集体利益或他人的非损他性利益，由社会普遍公认的'应当的'、并因此为国家所要求的、法律主体在一定的条件下所必须

① 周永坤. 法理学——全球视野[M]. 北京：法律出版社；2000：234-254；郭道晖. 法理学精义[M]. 长沙：湖南人民出版社，2005：141；沈宗灵. 法理学[M].3 版. 北京：北京大学出版社，2009：66.

② 普芬道夫. 人和公民的自然法义务[M]. 鞠成伟，译. 北京：商务印书馆，2010：94-104.

③ 康德. 法的形而上学原理[M]. 沈叔平，译. 北京：商务印书馆，2017：11.

作或不能作的某种行为。"①该定义可称为"应当行为说"，其合理性在于揭示了法律义务的目的性、价值性、国家性，并将落脚点放在"应当的"行为上，从而揭示了法律义务与"应当的行为"之间的内在联系。但"应当行为说"与论者的"应当的行为模式"义务观不一致，且依然存在不够准确、简明等弊端，如社会共同利益、国家利益和集体利益也都有"损他性"倾向，也须同等限制；而法律义务是否为社会普遍公认也是一个问题，专制的法律就很难说得上如此。

后来有论者在吸收"应当行为说"合理性的基础上，提出了"应当行为模式说"："法律义务是指主体应当采取的行为模式，是引起偏离模式行为者的法律责任的理由。"并认为法律义务有三大构成要素："法律义务首先意味着'应当'，即法律义务首先是作为期待中的行为模式而存在，是'应当'的规范行为模式；其次，法律义务的目的是规范行为，是从期待中的行为模式到现实中的行为转化；最后，对于偏离行为模式的行为，法律义务将以引起法律责任的可能性这一方式予以响应。"②也就是说，法律义务＝应当＋行为模式＋引起法律责任的可能性。"应当行为模式说"充分考虑到了法律责任，最大失误则在于将法律义务定位于法律规范层面的行为模式，从而忽视了法律实施过程中的各种具体义务（如约定义务和裁判义务等）。此外，以上两种观点都忽略了历史更悠久也更重要的禁止性义务。

凯尔森曾旗帜鲜明地指出："法律义务不是或不直接是应当去做的行为。""被要求的行为并不等同于应当的行为；应当的是制裁。"他立足于"法是一种强制秩序"的基本立场，认为"只有当某个法律规范将某种强制行为作为制裁联结于相对立之行为时，某个行为才能被视为客观上为法律所要求的，进而被视为某项法律义务（Rechtspflicht）的内容"。他还从"被要求"和"被禁止"两个层面来阐释法律义务，颇为全面地揭示了法律义务的内涵。③ 不过，凯尔森从制裁角度反向界定和论说法律义务，有倒果为因之嫌；而且"应当的行为"既不等于义务，也不等于制裁；如我们通常所说的"你真应当好好读一读这本书"，便只是一个建议。

基于上述认识及法律义务的价值指向，可作如下界定：法律义务是为保障权利和权力的有效运行或实现而由法律设定或当事人约定，并通过预设一定的法律责任来保障的、相关主体必须作或不能作的行为。④

---

① 张恒山. 义务先定论[M]. 济南：山东人民出版社，1999：70.

② 钱大军. 法律义务论纲[M]. 北京：科学出版社，2008：41-71.

③ 凯尔森. 纯粹法学说[M]. 2版. 雷磊，译. 北京：法律出版社，2021：154，033，043，149，034.

④ 胡平仁. 法律义务新论——兼评张恒山教授《义务先定论》中的义务观[J]. 法制与社会发展，2004(6)：130-136.

三、法律义务的表现形态

康德尽管不是最早正面论述法律义务的学者，却是系统而深入地探讨法律义务的第一人。他曾从不同的角度对法律义务作过多种分类，其中两种分类尤其值得注意。一是根据义务与法则的客观关系将义务分为法律义务和伦理义务，二者各自又都包括对待自己的义务和对待他人的义务。二是吸取古罗马著名法学家乌尔比安关于义务的理论，把义务划分为内在的义务、外在的义务和联合的义务三类：(1)"正直地生活"，即每个人都是目的，而不只是他人的手段，我们要活得像一个人。这类"善待自己"的法律义务为"内在义务"，源于"人性的权利"。它是依普遍法则行动的伦理义务(即对待自己的伦理义务)，也可以转化为依外在的立法而行动的法律义务(即对待自己的法律义务)。(2)"不侵犯任何人"，即把他人像自己一样对待，这类"善待他人"的义务为"外在义务"，源于"人类的权利"。它既是道德(伦理)义务，又是与一定的权利相联系的法律义务。"为了遵守这项义务，必要时停止与别人的一切联系和避免一切社交。"(3)"把个人的东西归给他自己"，即与他人组建一个社会，确保每个人的东西(包括人身和财产)不受侵犯。这类法律义务为"联合的义务"，如果类比前两类义务，此乃源于"社会的权利"。这显然是建立在法律权利基础上的法律义务。①

后来奥斯丁将法律义务划分为相对义务和绝对义务。其中相对义务都是相对于特定的权利(主要是民事权利)而言的，而绝对义务是通过刑事方式迫使人们履行的。

凯尔森则从内容角度，将法律义务划分为"给付义务"和"容忍义务"。前者指"个人直接相对于他人有义务实施之行为"，包括实物给付和劳务给付；后者是指"个人相对于他人有义务实施之不作为"，"即不阻碍或不以其他方式损害他人的特定行为"。② 不过，凯尔森似乎忽略了程序法上的义务，如举证义务和证明义务。

根据前文对法律义务的界定以及法律生活实际，亦即从其与权利和权力的关系来看，法律义务(特别是当代社会的法律义务)有四种表现形态。这就是：(1)权利对权利的义务；(2)权利对权力的义务；(3)权力对权利的义务；(4)权力对权力的义务。

所谓权利对权利的义务，指的是义务本身是权利的一个要素。它具体包括如下情形：一是对应义务，也就是建立在直接的互惠基础上的义务。即一方的权利和义务与另一方的义务和权利相互对应，彼此相互依赖。这种对应义务的典型

① 康德. 法的形而上学原理[M]. 沈叔平，译. 北京：商务印书馆，2017：35，48-49，10-11.
② 凯尔森. 纯粹法学说[M]. 2版. 耶施泰特，雷磊，译. 北京：法律出版社，2021：163.

表现形式就是市场交换。买卖双方都是平等的权利主体，买方的权利是要求卖方交付货物，卖方的权利是要求买方支付价金。买卖双方为了实现自身的权利要求，就必须相互设定和履行义务：买方向卖方支付商定的价金，卖方向买方交付特定的货物。二是对世义务(duties to all the world)，即权利的行使不得侵犯他人的权利和社会公益。这也就是米尔恩所说的："至少有一项义务与各项权利都有关，这就是要求每个人都不得作任何侵权之事的义务。"①17世纪德国自然法学家普芬道夫则认为，对世义务有三项：不伤害他人；将所有的人视为人，认可并尊重他人作为人的平等尊严；每个人都应尽其所能以期有利于他人。② 三是对己义务，在普芬道夫看来，自爱、自保(含自卫)和自制(自我节制)是每个人的对己义务，③其实还应加上一个"自尊"。对己义务意味着权利的行使必须不至于严重影响权利主体自身的身心健康，不至于使自身丧失重大利益。如法律规定不准吸毒、不得卖淫，小车司机开车时须系安全带，骑摩托车须戴头盔，等等。这类义务隐含的依据是：一个人自愿的行为有时并不是自由、自利的行为，因为该行为人可能没有意识到自己行为的不可逆转的危害结果。这实际上也是为了防止权利的滥用。此外，耶林针对权利怠用而提出的"为权利而斗争是权利人对自身的义务"④也可归为此类。上述对世义务和对己义务都属于内含义务，即权利本身所含有的义务。与对应义务不同，它们构成权利的外部界限。

权利对权力的义务，是一种申请、服从或协助义务。即权利主体以明示或默认方式让渡一部分权利而汇集成公共权力之后，权利主体因此承担服从公共权力的合理支配或协助公共权力有效运行的义务，或是必须事先向相关权力主体申请，以换取通过公共权力才能有效获得的某些权利、资格或资源，豁免某种义务。后者如我国《公司法》第6、7条的第1款分别规定："设立公司，应当依法向公司登记机关申请设立登记。""依法设立的公司，由公司登记机关发给公司营业执照。"这也说明权利对权力的申请、服从或协助不是被动的、盲目的，权力对权利的支配也不是无条件、无限制的。如果没有相应的回报，权利主体有权收回所让渡的权利。这其实也就是权力对权利的义务之基础。

权力对权利的义务，其实是一种职责义务。即由权利派生出来的公共权力，从其问世之日起，就肩负着保障权利、壮大公益的责任。任何公共权力的行使，都不能与权力设定的这一初衷相背离。公共权力正是通过履行对权利的义务，来赢得权利的信任与支持，从而获得自身存在与发展的物质条件与精神力量。

权力对权力的义务也有两种情况。一是内含义务，即权力必须行使，而且必

① 米尔恩. 人权哲学[M]. 王先恒，等译. 北京：东方出版社，1991：190.
② 普芬道夫. 人和公民的自然法义务[M]. 鞠成伟，译. 北京：商务印书馆，2010：105，110，113.
③ 普芬道夫. 人和公民的自然法义务[M]. 鞠成伟，译. 北京：商务印书馆，2010：94-104.
④ 耶林. 为权利而斗争[M]. 刘权，译. 北京：法律出版社，2019：014-031.

须依法行使。这是权力本身所含有的义务,通常称为职责,与职权相对应。所谓职权,就是权力主体及其公职人员因处在某种特定的职位上而分享的一部分公共权力。这种权力是为保障权利和壮大公益服务的,它必须行使,不得放弃。二是派生义务,即基于权力的内部分工而派生出来的同层级权力相互间的配合与制衡义务(低层级权力主体对高层级权力的义务实际上是权利对权力的义务,即服从义务)。如我国《宪法》第140条规定:"人民法院、人民检察院和公安机关办理刑事案件,应当分工负责,互相配合,互相制约,以保证准确有效地执行法律。"权力的内含义务是为了防止权力的怠用,而权力的派生义务则是为了防止权力的乱用与滥用。

四、为何要履行法律义务

在现实生活中,人们为什么要履行法律义务?这是法律义务理论必须回答的问题。对此可以从法律义务产生的根源及义务与权利、权力的关系两个层面来理解。

众所周知,人是群居的动物。之所以如此,是基于如下事实:其一,人类个体的生命是脆弱的,力量是渺小的,难以单独抗衡强大、复杂的自然界。其二,人的器官的多样性,决定了人的欲望和需求的多样性与无限性。而个人满足欲求的能力和手段却是有限的。无限的欲求与有限的能力、手段之间的矛盾,也迫使人们必须相互合作与分工,才能在一定程度上摆脱困境。而合作与分工就意味着交换,意味着约定与承诺。遵守约定与承诺的义务便由此产生。而个体通过在小规模的互惠性交往与交换中积累的经验也可以认识到,只有遵守约定和承诺才会有自我保存及交往的扩大,才会真正的自利利人。于是,自觉履行约定与承担义务的动力也便产生。这是从积极层面分析所得出的结论。

从消极层面来看,义务根源于社会成员因社会资源有限所导致的需要的互损性或冲突性:一是不同主体之间多种需要的冲突;二是同一主体自身多种需要的冲突。即当有限的资源不可能对两种或两种以上需要同时给予充分满足时,为了避免在争夺资源的冲突中同归于尽,社会成员们理性地选择具有最高价值的共同性需要作为利用有限资源条件给予先行满足的目标,在此基础上将剩余资源条件作为满足它种需要的手段。这样,社会成员们为满足具有共同性的最高价值的需要的行为(包括作为和不作为)就成为义务。[①]

随着人口的增多,交往的扩大,社会分工也越来越细,社会合作变得越来越复杂,加上劳动产品相对剩余的出现等原因,专门从事社会管理的阶层也就因实际需要而逐渐产生。于是,专门负责资源配置与秩序保障的公共权力和公共机构

---

① 北岳. 法律义务的合理性依据[J]. 法学研究, 1996(5).

也就在人们的约定与承诺(包括默认)中逐渐形成。人们的生产与生活因公共权力的介入而一方面变得越来越有效率，另一方面也变得越来越微妙与复杂。人们在享受着社会分工与合作带来的多方面的实惠的同时，也承担着越来越多的义务，公共权力也逐渐地异化。不过，人们在各种力量的较量与磨合过程中，也逐渐学会了以和平与武力的种种手段，来校正公共权力的指针，平衡权利、权力和义务之间的杠杆。于是，原本作为社会合作与分工之产物的义务，越来越具体化为上述四种义务形态。它们分别与权利和权力相关联，但都是社会成员基于社会合作与分工的需要所作的理性约定与承诺，都是为了自我权利与公共权力的实现。公共权力的实现不仅意味着公共利益的实现，也意味着公众个人和权力行使者自我权利的实现。后者如薪金的给付、权力欲的满足、尊重与体面的实现等。

事实还不止于此。人们之所以履行法律义务，还是以预设的法律责任制度以及双重的期望和信任关系为依托的。其一，法律义务的初衷是社会成员基于社会合作与分工的需要所作的理性约定与承诺，都是为了自我权利与公共权力的实现，但趋利避害的本性及搭便车和守株待兔式的侥幸心理往往会驱使一部分行为主体想方设法逃避法律义务，而法律责任的设置则在很大程度上可以预防或减少这些现象的发生。其二，主体履行法律义务，是期望和相信国家政权能够保证他们的权利的实现，或保护他们的权利不受侵犯。其三，主体之间义务的产生和履行，是主体彼此之间期望对方在法律的范围内能让自己权利得到应有的实现；同时，他们也相信对方能依法履行对自己的义务。①

综上所述，人们之所以需要履行义务，主要基于三个原因：(1)权利平等。所有权利都是平等的，为了使每一个社会成员平等地享有权利，因而权利的行使须以不妨碍、不侵犯他人的权利为限，否则权利就会背离它的本性，演变成一种少数人享有的特权，或者会导致人人都无法实现权利。(2)社会分工与合作以及由此而生的相互期望和信任。人是渺小而脆弱的动物，社会分工与合作是每个人的内在需要。只有通过社会分工与合作，个体才能获得多方面的最大限度的利益满足；也只有通过社会合作，个体才能渡过不期而遇的灾祸与难关。因此，保障权利、关爱他人、服从管理、增进公益的义务(duty)，从表面上来看是一种外在的强制，实际上都是个体的内在需求。换句话说，促使个人与他人彼此约定和履行法律义务，并赋予共同体以权力，社会合作与分工得以进行，社会共同体也因此获得合法性和超越个人的力量的根本原因，都在于个人对社会合作与分工的预期利益和相互信任！从这个意义上来说，义务既是一种意志行为，其道德性基于自觉、自愿基础上的"自律"；又是一种交易行为，其道德性基于公平交易中的"互惠"。(3)责任制约。作为法律义务的延伸，法律责任以其不利后果及背后的

---

① 张江河. 对权利与义务问题的新思考[J]. 法律科学, 2002(6).

公共权力威慑，成为义务履行的有效保障。上述三个原因，如果用一句话来概括，那就是：人们之所以履行义务，归根结底是为了自我权利的实现。

第四节　法律本位问题

一、"法律本位"论战中的几种观点

"本位"一词，大致有三重含义：其一是原意，指货币制度的基础或货币价值的计算标准，如金本位、银本位；其二是指自己所在的单位或群体，如"本位主义"；其三是指某种理论观点或做法的出发点、核心与归宿，如两宋以来的"官本位"（实质是权力本位），以及近代以来的"法律本位""教学工作要以学生为本位"等。

法律本位问题指的是法律以什么为出发点、核心与归宿，也就是权利、权力、义务和责任（而非学界通说所谓权利和义务）何者应在法律中居于主导地位的问题。

早在20世纪20年代，我国法学界就曾对"法律本位问题"进行过较长时期的讨论。如张相乾撰文指出，18世纪以来，尽管各国因风俗人情不同而立法上各有不同的系统归属，但立法的基本原理莫不以个人本位为出发点。20世纪初，个人本位立法已千疮百孔，公有财产及社会本位之立法倾向成为法学界的一大曙光。[1] 随后，马显德发表了《社会法学派与法律之社会化》（载1923年11月山西的《政法月刊》），百友发表了《法律社会化与社会化法律》（载1928年10月的《法律评论》）等文。当时日本学者穗积重远的有关论述也被译介到我国："在个人不自觉时代，法律为义务本位。至个人自觉时代，法律为权利本位。故非进于社会自觉时代，法律不能为社会本位也，今则第三期已肇其端。"[2] 欧阳谿也基本认同这一观点，认为与以义务为本位的个人不自觉时代不同，"个人自觉时代，法律之观念，以权利为本位"。[3] 20世纪80年代后期至90年代前期，又开展了一场关于"法律本位"的大论战。这场论战中主要有如下三种观点。

（一）义务本位说

"义务本位说"主张，法律是或应当是以义务为本位或重心的。其理由是：第

---

① 张相乾. 法学历史进化的考察[J]. 政法月刊（山西），1923(6).

② 穗积重远. 法理学大纲(1928)[M]. 李鹤鸣，译. 北京：中国政法大学出版社，2005（勘校重排本）：129.

③ 欧阳谿. 法学通论[M]. 上海：上海会文堂新记书局，1933：242.

一，义务先定，权利后生。历史上，禁忌、义务的出现和发展，是人类社会有序化的标志；人类社会的有序化是靠社会个体成员承担义务而实现的。无论是古巴比伦王国时期的《汉谟拉比法典》还是早期的罗马法都是以义务规范为主要内容的；即使在现当代，以禁止或强制从事某种行为为表现形式的义务规范也占法律规范的大多数。第二，单方面的权利宣告不足以保护社会意图保护的个体利益和行为自由，因而必须附加相适应的义务。第三，之所以需要用某种强制力来保证法律实施，主要不在于人们不会自觉行使权利，而是义务往往会被人们拒绝。第四，义务规范在法律上含有的信息价值比权利规范大，法律上任何权利规范都可换成义务规范，而义务规范则不一定都能改换成权利规范。第五，人的行为多种多样，法律不可能正面地一一列举其可能的行为并加以授权，而只能在承认人们可以自由选择行为的前提下，指明人们的必为或禁为的义务。① 该说关于"义务先定，权利后生"的观点，仅限于早期法律的字面规定；而没有意识到，法律规定义务实质是为了事实上存在的权力或权利的实现。另外，义务规范的信息价值比权利规范大，是因为义务不仅是针对权利的，也是针对权力的；但"义务本位说"并未承认"权力"的独立地位。

(二)权利义务一致说

"权利义务一致说"是在批评"权利本位说"中发展起来的一派观点。该观点主张法律是或应当是权利和义务的一致，任何一方都不能超越对方而占主导地位。其理由是：第一，有权利必有相应的义务，有义务必有相应的权利。第二，义务是实现权利的条件，权利是履行义务的前提。第三，权利的行使促进义务履行的自觉性，义务的履行促使权利的实现。② "权利义务一致说"的根本缺陷，在于其理论视野中只有权利和义务，而无视"权力"(以及"责任")的客观、独立的存在。

(三)权利本位说

"权利本位说"主张法律是或应当是以权利为本位或重心的。所谓权利本位指的是这样一些法律特征：第一，社会成员皆为法律上平等的权利主体，没有人因为性别、种族、肤色、语言、信仰等特殊情况而被剥夺权利主体的资格，在基本权利的分配上被歧视，或在基本义务的分配上被任意加重。第二，在权利和义务的关系上，权利是目的，义务是手段，法律设定义务的目的在于保障权利的实现。第三，在法律没有明确禁止或强制的情况下，可以做出权利推定，即推定为公民

---

① 张恒山. 法的重心何在？——评"权利本位"说[J]. 政治与法律, 1989(1)；张恒山. 论法以义务为重心[J]. 中国法学, 1990(5)；张恒山. 义务先定论[M]. 济南：山东人民出版社, 1999.

② 封日贤. "权利本位说"质疑[J]. 中国法学, 1990(6)；郭宇昭. 析"权利本位说"[J]. 中国法学, 1991(3).

有权利(自由)去作为或不作为。第四,法律限制权利的目的在于保证对其他主体的权利给以同样的承认、尊重和保护,以创造一个尽可能使所有主体的权利都得以实现的自由、公平而且安全的法律秩序。①

法律为什么是或应该是以权利为本位的?其一,哲学依据:(1)辩证唯物论关于任何事物都是矛盾的两个方面的统一(主要与非主要、支配与被支配)的理论;(2)历史唯物论关于精神现象和法律制度根源于物质生活条件的观点。其二,伦理依据:承担和履行义务必须以享有权利为前提和条件,否则就是不公正、不合理的,也是不可实现的。其三,主权依据:先有人民后有国家,国家由一定数量的人口和一定空间的地域组成,作为国家权力的基础和载体的公共资源,也是人民创造的,或者本来就属于人民;国家和国家权力的产生也是为了保障和增进人民的各项权利。其四,经济依据:(1)权利本位的精神和制度源于商品交换的本质和规律;(2)权利本位也是经济生活中利益机制的必然结果;(3)社会生产的根本动力和最终目的是满足广大群众日益增长的物质需要和精神需要,即社会主体的权利实现。②

权利本位说现已为法学界所广泛认同。

二、对"权利本位说"的重新定位

笔者也赞同权利本位说,但立论的背景和理由大有不同。以权利为本位,这不仅是针对义务来说的,也是针对权力来讲的。根据人民主权原则,一切国家权力都属于人民,权力的本源在于个人权利和社会资源;根据授权与委托代行国家权力的各类国家机关及其工作人员,其根本职责就是保障权利主体的各项权利(尤其是基本人权),增进个人权益和社会公益。传统的权利义务本位说视野过于狭隘,加上权利和义务的相关关系,因而无论权利本位还是义务本位,都属于"箩里选瓜"之类,并没有根本的区别。更为重要的是,作为现代法治灵魂的"权利本位论",如果不是建立在严格区分权力和权利的基础上,而是像长期以来认为的那样权利包含权力(即把权力视为权利中的一种),便不仅没有任何意义,而且容易让公权力行使者浑水摸鱼,将"权利本位"偷换为"权力本位"!也就是说,在权力归属或混同于权利的前提下来谈"权利本位",客观上为由来已久的"权力本位"(即"官本位")开了绿灯。因此,笔者坚决主张将权利与权力严格区别开来。"权利本位"既是针对"义务本位"的,更是针对"权力本位"的。

权利本位论不仅仅是一个涉及权利、权力和义务关系的学说,更是一个有关

---

① 张文显."权利本位"之语义和意义分析[J].中国法学,1990(4);张文显.从义务本位到权利本位是法的发展规律[J].社会科学战线,1990(3);郑成良.权利本位论——兼与封日贤同志商榷[J].中国法学,1991(1);张文显.法理学[M].北京:法律出版社,1997:123.

② 张文显.法哲学范畴研究(修订本)[M].北京:中国政法大学出版社,2001:356-366.

法律的本体论和价值论的理论体系，是法律研究的新方法、新思维和新视野，同时也是呼唤和推动中国法治现代化的精神动力。

✦ 思维弹射

　　1.前些年国内有学者提出"乞讨权"，你认为这种所谓的"新兴权利"能够成立吗？为什么？

　　2.请结合本章原理，谈谈你对下列案件的看法。

　　1894年，法兰西第三共和国时期，35岁的陆军上尉、犹太人德雷福斯受诬向德国人出卖情报，被军事法庭判终身监禁。一年后，与此案有关的间谍被擒，证实德雷福斯清白。然而，受自大心理和排犹意识的怂恿，军方无意纠错，理由是：国家尊严和军队荣誉高于一切，国家不能向一个"个人"低头。这得到了民族主义情绪的响应。结果，间谍获释，而德雷福斯"为了国家利益"继续当替罪羊。

　　法国著名作家左拉对此行径怒不可遏，发表《告青年书》《告法国书》等文，披露军方的弥天大谎，痛斥司法机器滥用权力，称之为"最黑暗的国家犯罪"，称法兰西的共和荣誉与人权精神正经历噩梦。尤其《我控诉》一文，如重磅炸弹令朝野震动，所有法国报刊都卷入了争论，左拉更被裹至旋涡中心：一面是良知人士的声援；一面是军方、民族主义者的谩骂，甚至有暗杀恐吓。

　　左拉没退缩，坚信这绝非德雷福斯的一己遭遇，而是法兰西公民的安全受到了国家权力的伤害；拯救一个普通人的命运就是拯救法兰西的未来，就是维护整个社会的道德荣誉和正义精神；他这样做，完全是履践一个公民对祖国和同胞的义务。

　　同年7月，军方以"诬陷罪"起诉左拉。左拉最终被判罪名成立，流亡海外。

　　后来在舆论压力下，1906年7月，即左拉去世后第4年，法国最高法院重新宣判：德雷福斯无罪。军方败诉，法院和政府承认了自己的过失。

第三章
法律的形式结构

🔊 法海潜航

    20 世纪末，我国《婚姻法》正酝酿做出重大修改以适应变化了的社会状况。有一天，中国妇联主持该法修改调研与起草的某负责人对某立法学专家说："为了避免某些西方国家攻击我国的独生子女政策侵犯人权问题，我们在起草《婚姻法》修正案时，改动了一个字！"立法学专家顿时兴趣大发："噢？改动一个字就能有效防止西方的人权攻击？若真如此，你们将功不可没啊！快说说看，你们是如何改动的？"该负责人颇为自豪地说："我们只是将《婚姻法》中'一对夫妇只生一个孩子'的原则性规定，修改为'一对夫妇得生一个孩子'"！立法学专家听后略一沉吟，便不无幽默地说："你们改动一个字，的确是解决了一个大问题！不过，却可能引发一些更大的问题！""怎么会呢？"该负责人充满疑惑地问道。立法专家回答说："首先，我们都知道，'一对夫妇只生一个孩子'规定的由来，是针对我国当时人口基数太大、几乎人满为患的国情；你们现在却规定'一对夫妇得（必须）生一个孩子'，这不是与独生子女政策背道而驰吗？"见该负责人若有所思地沉吟着，立法专家继续道："其次，用法理学知识和立法术语来讲，'一对夫妇只生一个孩子'这一表述，从不可多生的角度讲是一种强制性规范；但从可以不生的角度来看，它又是一个'任意性规范'，即育龄夫妇享有'生（孩子）'与'不生（孩子）'的自由。现在倒好，你们将它改为'一对夫妇得生一个孩子'，变成了一个纯粹的强制性规范，不管人家愿不愿意生，都'得'（必须）生，这不是把育龄夫妇原本还有的一点生育权剥夺殆尽了吗？西方国家岂不因此将更加严厉地攻击我们侵犯人权？"该负责人终于恍然大悟地说："你说得对！专家就是专家！"

    其实，本案例（或"事例"）涉及的并不是多么专深的知识或理论，而仅仅是法学专业大一学生就应具备的两个细小的法理学常识（本章的一个很小的组成部分）。只不过由于其"细小"，很多人并不太在意。这个事例告诉我们：细小的知识也可以解决现实生活和工作中的大问题，学习切不可掉以轻心！

法律不仅在基本内容方面表现为权利、权力、义务和责任，而且在外在形式方面呈现出法律要素、法律渊源、法律分类和体系结构等不同层面（图3-1）。法律要素探讨的是单部法律由哪些最基本、最主要的元素构成，可称之为法律的微观结构；而法律渊源、法律分类和法律体系属于法律的宏观结构，它们旨在解答一国现行有效的全部法律是怎样组成的，各类法律之间是一种怎样的关系，可从哪些方面进行观察与分析。

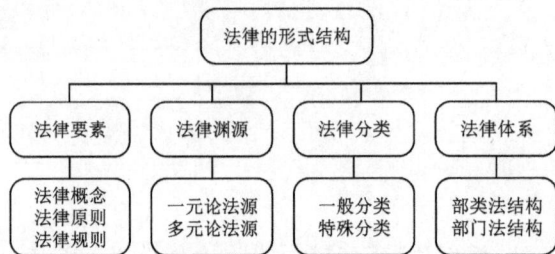

图 3-1　法律的形式结构

第一节　法律要素

法律要素是指构成单部法律不可缺少的一些基本元素或最小单位，是法律的细胞。

19世纪以来，西方学者对法律要素的代表性分析，有分析法学派代表奥斯丁（John Austin，1790—1859年）的"命令模式"：认为法律就是主权者发出的以义务为内容、以制裁为后盾的各种各样的命令的总和；[①]社会学法学派奠基人罗斯科·庞德（Roscoe Pound，1870—1964年）的"律令—技术—理想模式"论：将法律归结为律令、技术、理想三种要素；新分析法学派代表哈特（H. L. A. Hart，1907—1992年）的"规则模式"论：认为法律规则由设定义务的主要规则和授予权利或权力的次要规则组成；新自然法学派代表罗纳德·德沃金（Ronald Myles Dworkin，1931—2013年）的"规则—原则—政策模式"论：认为任何复杂的立法法案除了考虑规则，还需要考虑原则和政策这两个因素，而在司法中更多依靠规则和原则而不是政策。

当代中国法理学界一般将法律要素概括为法律概念、法律原则和法律规则三个。

---

　　① 尽管法国学者博丹（Jean Bodin，1530—1596年）和英国法学家霍布斯（Thomas Hobbes，1588—1679年）就曾把法律归结为"命令"，但在法学史上，最先对法律进行要素分析并概括出较系统的法的模式理论的法学家，还是19世纪的英国分析法学派代表约翰·奥斯丁。

一、法律概念

概念是忽略同种(或同类)事物的差异性、反映同种(或同类)事物本质属性,以便将该种(类)事物与其他种(类)事物区别开来的观念和语词。法律概念既具有一般概念的这些共同性,也有其独特性。

(一)法律概念的含义和特征

法律概念是人们对各种具有法律意义的现象和事实进行综合、概括之后,抽象出它们的共同特征而形成的权威性语词。如法律、时效、作为、不作为、法人、公司、有限责任、犯罪、刑罚等都属于典型的法律概念。美国学者艾萨克曾指出:"一个完备概念必须具备两个条件:(1)必须具有经验内涵,即必须直接或间接地与观察世界有关。(2)应该具有系统性内涵。如果想要立即使用这个概念的话,人们必须能够把它同其他概念联系起来,形成通则。"①作为现实规范性的法律概念,更是如此。

法律概念大量来自日常生活,有的来自法律实践活动(立法、司法活动),有的源自法学家的创设。不过,法律概念与日常生活用语中的概念往往是有差别的。例如"死亡"作为日常生活概念指生命活动终止,而作为法律概念的"死亡"各国法律均有明确规定的含义。传统法学以心跳、呼吸停止作为死亡的标准,1968年第一例人工心脏移植成功后,美国哈佛大学成立了第一个确定脑死亡标准的委员会;瑞士还颁布了《脑死亡法》,确定"死亡"的法律含义。

具体而言,法律概念通常具有如下特征和要求:

(1)法律性。与一般概念不同,法律概念通过国家立法机关制定或认可,极为严肃与庄重,并且具有特定的含义,不能与一般概念混同。如刑法中的"假释",民法中的"标的""自然人",行政法中的"听证"等等。

(2)实践性。法律概念不是纯理论概念,必须在法制实践中通过综合分析和总结而成,并能回到实践中去指导法制实践。

(3)准确精炼。法律概念的表述既要准确又要精练,既不要一词害义,也不宜前后重复,或文字过多。川岛武宜就曾指出:"立法中使用的概念的界限是否明确,是衡量立法技术水平高低的一个最重要的依据(当然,政府为了滥用而故意使用模糊的概念除外)。"②我国2009年12月颁布的《侵权责任法》第6条第1款规定:"行为人因过错侵害他人民事权益的,应当承担侵权责任。"杨立新教授认为,该规定未明确侵权责任的构成要件"损害",是个缺陷;因而2020年5月颁布的《民法典》第1165条第1款修改为:"行为人因过错侵害他人民事权益造成损害

① 艾萨克.政治学的视野与方法[M].张继武,段小先,译.南京:南京大学出版社,1988:130.
② 川岛武宜.现代化与法[M].王志安,等译.北京:中国政法大学出版社,1994:261.

的，应当承担侵权责任。"①其实，上述《侵权责任法》的规定是包含了"损害"要件的，因为"侵害"兼有"侵犯和损害"之意。而《民法典》的相关规定虽然更为明确，但也存在同义反复的弊端；如果将"侵害"改为"侵犯"，会更准确、恰当："行为人因过错侵犯他人民事权益造成损害的，应当承担侵权责任。"

(4)可操作性。法律概念必须具体明确，直接可以适用。如我国刑法中的"故意"与"过失"这两个概念，便可以作为衡量故意犯罪和过失犯罪的法律依据。

需要特别指出的是，作为法律要素的法律概念，不仅以语词的方式出现在法律条文中，而且常常以概念的解释性条款的形式出现在法律中。如我国《刑法》第22条第1款："为了犯罪，准备工具，制造条件的，是犯罪预备。"该款就属于法律要素中的法律概念，而不是法律规则或法律原则。

(二)法律概念的分类

依不同标准可以对法律概念作不同分类。

德沃金根据功能把法律概念分为三种：判准型概念(criterial concept)、自然型概念、诠释型概念(interpretive concept)。② 其中，判准型概念又称标准型概念，意味着人们对特定概念之含义或正确适用有着相对明确的共识，如儿童、单身汉；自然型概念则指称具有特定物理结构或生物属性的对象，如黄金、老虎；诠释型概念是指需要对其进行反思、争议、诠释的特定语词及所指称的现象，如自由、民主、权利、正义、法律等。

普珀(Ingeborg Puppe)则把法律概念区分为描述性概念、评价性概念与论断式概念。③ 描述性概念是指一种经由纯粹的感官知觉就能够正确运用的概念，如刑法中的"货币""信用卡""醉酒驾驶"等；而评价性概念则是包含了价值观念和价值判断的概念，如"公序良俗""诚实信用""猥亵"等；论断式概念是人们基于某个事实的确认来认定另一个事实的概念，如"视为""间接故意"等。

如果依概念涉及的内容来分，法律概念有涉人概念、涉事概念、涉物概念。涉人概念是关于人(自然人和团体人)的概念，例如"公民""人""法人""法定代理人""法官"等等。涉事概念是关于法律事件和法律行为的概念，例如，"故意""过失""责任""贪污""受贿""代理"等。涉物概念是有关物品及其质量、数量和时间、空间等的概念，如"标的""金额""国家财产""有体物""证券""时效"等。

按涵盖面大小，可以将法律概念划分为一般法律概念和部门法律概念。一般法律概念是适用于整个法领域的基础性法律概念，通常可称为法律范畴。如权利、义务、责任、原则、规则等。部门法律概念是指仅适用于某一法律领域、涵盖面较窄

① 杨立新.侵权责任法(第四版)[M].北京：法律出版社,2021：12-16.
② 德沃金.身披法袍的正义[M].周林刚,翟志勇,译.北京：北京大学出版社,2010：223.
③ 普珀.法学思维小学堂[M].蔡圣伟,译.北京：北京大学出版社,2011：9-21.

的法律概念。如犯罪、刑罚、合同、债务、行政相对人、行政处罚、开庭、质证等等。

(三) 法律概念的重要性

18世纪末19世纪初，德国刑法学鼻祖保罗·冯·费尔巴哈曾强调："一种科学所包含的概念是该科学的基础，概念之于科学就如同骨骼之于身体一样，骨骼赋予身体坚固性以及体态。通过概念将认知客体，即科学传授知识所要借助的对象，定位绑定，从而对其思考理解。"①兼具学理性和实践性的法律概念，其重要性更是不言而喻。

第一，法律概念是法律的基础性要素，在立法中极为重要。正如博登海默所言："由一个法律制度所确定的概念，主要是用来形构法律规则和法律原则的。"②立法者对法律所欲规范的众多客体抽象出若干要素，经过总结、提炼与加工，形成法律概念，进而围绕一个法律概念展开或将多个法律概念以某种形式勾连起来，建立法律原则与法律规则。如我国《刑法》第5条："刑罚的轻重，应当与犯罪分子所犯罪行和承担的刑事责任相适应。"该条文规定的是我国刑法的基本原则之一"罪责刑相适应原则"，它实际上是由"刑罚""犯罪分子""罪行""刑事责任"4个概念勾连起来的。另外，一个概念的外延改变也常常会改变法律规则或原则本身。如"公务员"概念的外延的改变将会影响到大量有关公务员的权利义务的法律规则与原则。

第二，法律概念通常表述精确、明白无误，因而执法、司法人员掌握法律概念，有利于加深对法律基本精神和内容的理解，正确地适用法律规则和法律原则处理案件。例如，在审理合伙纠纷案件时，自然必须弄清"合伙"的概念和我国法律对合伙的有关规定。而把我国《刑法》第13条中"犯罪"的概念弄懂了，对理解刑法的基本精神便有巨大帮助，因为刑法就是关于定罪量刑的法律。

第三，法律概念与法学范畴有一定联系，尤其是部门法中的一些基本概念（如民法中的人格权、身份权、物权、债权、代理等），往往就是该部门法学中的基本范畴。因此，理解与研究法律概念，对学习法学理论知识和培养、提升法律实务能力很有帮助。

总之，法律上的概念，尤其是那些基本概念，是构成法律文件的"骨骼"。只有借助法律概念，立法者才能制定立法文件，司法者才能对事物进行法律分析，作出司法判断；也只有借助法律概念，民众才能认识法律，法律研究者才能研究、改进法律。

---

① 希尔根多夫. 德国刑法学：从传统到现代[M]. 江溯，黄笑岩，等译. 北京：北京大学出版社，2017：187.
② 博登海默. 法理学：法律哲学与法律方法[M]. 邓正来，译. 北京：中国政法大学出版社，2016：509.

二、法律原则

(一)法律原则的含义和特征

"原则"(principle)一词源于拉丁语 principium，意指事物的开始、起源、基础。法律原则(principles of law)一般是指法律中居于本源、基础及指导地位的原理和准则。它可以是非常抽象的，如法律面前人人平等原则、无罪推定原则、程序正义原则；也可以是很具体的，如任何人不能作自己案件的审判者。

法律原则具有如下特征：

(1)高度的概括性。法律原则是从一定的社会关系中抽象和演化出来的，它可以是来源于社会生活中的公理，也可以是立法者通过拟制而创造的政策。它体现了法律的精神，并作为指导思想影响着人们的行为。一条法律规则只能调整一种类型的行为，而一条法律原则却调整某一个或数个行为领域，甚至涉及全部社会关系的协调和指引。

(2)特殊的不可违反性。法律原则不预先设定任何具体事实状态与特定法律效果之间的逻辑联系，没有规定具体的事件或行为将导致何种具体权利(权力)、义务或责任的产生、变更与消灭，但它凝聚了社会的重要价值甚至根本价值，因而具有特殊的不可违反性。而这往往是通过若干相关的法律规则和法律制度来实现的。如宪法规定了法律统一原则，随之则建立了相应的立法监督制度。

(3)较长时期的稳定性。法律原则是一定时期社会生活和社会利益关系的集中反映，并与法律的本质紧密相连，再加上其高度的抽象性，因而比法律规则等要明显稳定得多。

(二)法律原则的分类

按不同的标准可以对法律原则作出不同的分类。如美国法学家迈克尔·D.贝勒斯按照原则所在法律部门，将法律原则分为程序法原则、财产法原则、契约法原则、侵权法原则、刑法原则这五类。不过，对法学研究和法律适用有较大价值的分类主要有以下三种。

(1)按原则产生的基础不同，可将法律原则分为政策性原则和公理性原则。政策性原则是国家为实现特定时期某一方面的目的或目标而作出的政治决策或战略措施。因其常常出现在法律条文中而将它视为法律原则之一种。例如我国《宪法》第25条："国家推行计划生育，使人口的增长同经济和社会发展计划相适应。"政策性原则通常具有鲜明的时代特色和民族特色。

公理性原则是从社会关系性质中产生并得到广泛认同的被奉为法律公理的法律原则，这是严格意义上的法律原则。例如选举法的普遍、直接、秘密、平等原则，现代刑法中的罪刑法定原则，刑事诉讼中的无罪推定原则，民法中的诚实信用原则，行政法中的合法性原则，国际法中的和平共处五项原则等等。由于公理性原则来自事物本身的性质，所以公理性原则较政策性原则有更大的普适性。

(2)按照覆盖面的不同可分为基本法律原则和具体法律原则。基本法律原则是指体现法的根本价值的法律原则，它是整个法律活动的指导思想和出发点，构成法律体系的神经中枢。例如现代法律中的法律面前人人平等原则、基本人权不可侵犯原则等均为现代法律的基本原则。具体法律原则是基本法律原则的具体化，构成某一法律领域的法律规则的基础或出发点。最具体的法律原则与法律规则难以区分。

(3)根据内容的不同可分为实体性原则和程序性原则。实体性原则指规定实体法律问题的原则，其功能是调整实体上的权利义务关系。例如罪刑法定原则、诚实信用原则、和平共处五项原则等。程序性法律原则是规定程序性法问题的原则。程序性法律原则的功能是调整程序上的权利义务关系，例如回避原则、司法独立原则、谁主张谁举证原则、排除非法证据原则，等等。

(三)法律原则的功能

法律原则的功能主要表现在四个方面：

(1)法律原则是维护法律体系统一的重要保障。任何一个国家的法律体系都包含众多的法律规则和法律概念，这些要素分别由各级、各类不同的国家机构出于不同的目的而创制，它们涉及的事实状态也是纷繁复杂的，这就容易导致法律体系内部的相互冲突与混乱。立法者在创制法律时，如果能严格地从法律的基本原则特别是宪法性原则出发，设定各法律部门应遵循的具体原则，再根据这些原则创制法律概念和法律规则，明确主体的权利、权力、义务和责任，那么，各项法律原则就会如同一条条纽带，把众多的法律规则和法律概念联系在一起，构成一个完整、统一的法律体系。

(2)法律原则能指导人们正确地适用法律和遵守法律。法律原则反映了法律的目的或目标，是正确理解法律的指南。执法者和司法者在进行法律解释、法律推理和法律论证时，必须以法律原则为权威性出发点，这样才能保证所作的解释和推理符合法律目的。在行使自由裁量权时，更要接受法律原则的指导，在法律允许的范围内做出符合法律目的的选择，以免滥用自由裁量权。对于一般的社会主体而言，正确把握法律原则，才能理解法律的精神实质，进而提高依法办事的自觉性。

(3)法律原则能够在一定程度上弥补法律的漏洞。社会生活是复杂的、变动不居的，这使得任何国家的法律都会存在一定程度的不周延性；加上立法不健全，法律漏洞就在所难免。对于法无明文规定的案件，执法者和司法者只能根据法律原则处理。而对守法者来说，当法律缺乏对某一事项的具体规定时，应该把法律原则当作自己的行为准则。

(4)法律原则在一定条件下可以作为疑难案件的断案依据。在一定条件下，法律原则可以作为断案依据。如美国著名的里格斯诉帕尔默案（RIGGS v. PALMER）：1882年，美国纽约市的帕尔默得知他的祖父在遗嘱中给他留下了一大笔遗产后，又担心祖父因为再婚而更改遗嘱，于是帕尔默用毒药杀害了自己的祖父。根据当时的法律规定，帕尔默可以获得遗产，虽然他会因为故意杀人而付出刑事上的代价。但这与法律的目的和一般社会伦理不符，1889年纽约上诉法院最终以"任何人不得从其不当行为中获利"这一法律原则剥夺了帕尔默的继承权。不过，为了将法律原则的不确定性减小到一定程度之内，法律原则的适用一般有严格的条件限制：①穷尽法律规则，方得适用法律原则（即先适用法律规则，后适用法律原则）；②除非为了实现个案正义，否则不得舍弃法律规则而直接适用法律原则；③没有更强理由，不得径行适用法律原则。

三、法律规则

（一）法律规则与法律规范

法律规则是法律中明确、具体地规定法律权利、权力和义务并设定相应的法律后果的行为准则。法律规则是构成法律的最主要的成分。

法律规则与法律规范到底是否属同一概念？法学界对此是有争议的。凯尔森（Hans Kelsen）认为立法者创制的是规范（norm），法律科学表述的却是规则（rule），前者是规定性的，后者是描述性的；规范就是有效力的法律规则，"只有借助于规范的概念与相关联的'应当'的概念，我们才能理解法律规则的意义"。[①] 英国法学家沃克（David M. Walker）认为法律规则与法律规范都是规范人的行为的，但规则比规范具体，规范比规则抽象。我国法学界常常把规则与规范混为一谈：人们一方面在论及法律的本质和特征时把法或法律理解为一种与道德、宗教、习俗等并列的、调整人们行为的社会规范（简称为法律规范）；另一方面，又把法律规范看作是法律的要素之一，并在此意义上把它与道德规范、宗教戒律、习俗礼仪等社会规范相提并论或相互比较。[②] 有学者在法律要素部分使用的是"法律规则"概念，而在论及"法律规范"的内容时又是法律规则。[③] 当然，也有学者从更广泛的意义来理解"法律规范"的特质："法律规范是一种表达'应当'要求的特殊陈述（它区别于其他规范性陈述），这种'应当'是一种主观意志，只不过暂存于法律规范的文本之中；法律规范是以社会秩序的应然标准为基础的'应

① 凯尔森. 法和国家的一般理论[M]. 沈宗灵，译. 北京：中国大百科全书出版社，1996：48-53，74.
② 孙笑侠. 法理学[M]. 北京：中国政法大学出版社，1996；陈金钊. 法理学——本体与方法[M]. 北京：法律出版社，1996；孙国华，朱景文. 法理学[M].3版. 北京：中国人民大学出版社，2010：248-250.
③ 葛洪义. 法理学[M]. 北京：中国政法大学出版社，2008：66，230-233.

当'观念,它受到社会成员普遍的接受和承认,这种普遍承认也需要以一种制度化的形式得到确认,现成的制度就是法官裁判制度;法律规范是一种由系统化的学理知识体系、动态性的立法规则体系、整体性的司法原则体系共同构成的法律制度和法律系统……法律规范是法律规范性的载体。""法律规范存在于对它的理解和阐述之中,而不会直接体现在规范文本之中。"①

为了理顺法理学诸概念之间的逻辑关系,笔者建议,在强调法律作为一种社会规范对人们社会行为有调整与规制作用时,把"法律规范"作为"法律"(严格说是"法律规则+法律原则")的同义语;而在法律要素这一层面,则采用"法律规则"一词。事实上,李达1947年撰写的讲义《法理学大纲》也是这样来使用这两个概念的:"规范是多数规则的总称。法律的规范,即是规定个人的作为和不作为的许多规则。"②不过,准确地说,法律规范是若干法律规则和法律原则的总称。

相对法律原则,法律规则所覆盖的事实范围相对有限;其规定更为明确、具体,确定性程度更高;其可操作性也更强,只要一个具体案件符合规则设定的事实状态,执法人员可直接适用该规则,一般公民也能较容易地依据规则选择自己的行为方式。

(二)法律规则的种类

以法律规则适用的领域为标准,可将法律规则分为刑法规则、民法规则、行政法规则、诉讼法规则等等;按法律规则的内容不同,可分为实体性规则和程序性规则。不过,对法学理论与实务意义较大的分类主要是以下四种:

(1)根据设定的行为模式,法律规则分为权利性规则、义务性规则和权义复合规则。

权利性规则是指示人们可自行作为、不作为或要求别人作为、不作为的规则。它为人们的自主行为和良性互动提供行为模式,为社会的良性运作和发展提供动力与规则保障。权利性规则通常采用"可以""有权利""有……自由"等用语。例如"中华人民共和国公民对于任何国家机关和国家工作人员,有提出批评和建议的权利"就是一个权利性规则。在现代法律中,权利性规则居首要地位。

义务性规则是直接要求人们作为或不作为的规则;其功能表现为对义务主体的约束,为人际互助、维持社会安全提供保障。义务性规则虽然对他人和社会有利,对义务人却是不利的,因而通常具有强行性。违反义务性规则的主体常常要付出代价,即受到法律处罚或被责令补偿等等。义务性规则常采用"应当""应该""必须"或者"不得""禁止""严禁"等术语,或者在描述行为模式后加上不利的法律后果。

---

① 李旭东. 法律规范理论之重述——司法阐释的角度[M]. 济南:山东人民出版社,2007:17,190.
② 李达. 法理学大纲[M]. 北京:法律出版社,1984:127.

权义复合规则指兼具授予权力(利)、设定义务两种性质的法律规则；即一方面被指示的对象有权按照法律规则的规定作出一定行为，另一方面作出这些行为又是他们不可推卸的义务。有关国家机关组织和活动的规则许多属于此类。如我国《监察法》第十八条第一款规定："监察机关行使监督、调查职权，有权依法向有关单位和个人了解情况，收集、调取证据。"该规定从直接的字面来看，属于权力性规则，它直接对应随后所说的相关主体的义务："有关单位和个人应当如实提供"；但若从字面隐含的意义来看，则该规定意味着监察机关必须或应当"了解情况，收集、调取证据"，而且要"依法"如此作为，这就又具有义务性规则的属性。

(2)根据内容的确定性程度，法律规则分为确定性规则、委托性规则和准用性规则。

确定性规则，是指规则的内容明确、肯定和具体，而且可以直接适用的规则。如我国《全国人民代表大会和地方各级人民代表大会选举法》第5条："每一选民在一次选举中只有一个投票权。"

委托性规则，是指只规定某种概括性指示，事实状态、权利、权力、义务、后果等部分内容或全部内容并未明确、具体，而委托相应国家机关通过相应途径或程序加以确定的法律规则。这是许多位阶较高的法律、法规中常见的一种法律规则。如我国《税收征收管理法》第93条规定"国务院根据本法制定实施细则"，此即为委托性规则。

准用性规则，是指规则本身没有明确规定人们具体的行为模式，而是明确规定可以或应当依照、援用、参照其他相应规则予以适用的法律规则。如《刑法》第267条第2款规定："携带凶器抢夺的，依照本法第263条的规定定罪处罚。"

(3)根据功能的不同，法律规则可分为调整性规则和构成性规则。

调整性规则是通过确立界限对已有行为进行调整和控制、使之符合特定行为模式的规则。其基本特征是先有行为后有规则，即法律规则的产生是立足于已然的行为，是为了规范已有的行为。法律中的大多数规则属于调整性规则。

构成性规则是组织、引导人们按规则所设定的行为模式去行为的规则。其基本特征是先有规则后有行为，即行为由规则构成。如设定某一机构的规则属构成性规则，因为这一机构的活动有赖于设立机构的组织性规则本身。审判规则也属构成性规则。

(4)按调整方式，法律规则分为强制性规则和指导性规则。

强制性规则又称强行性规则，指行为主体必须作为或不作为的规则。绝大多数义务规则属于强制性规则。如《证券法》(2019年12月第2次修订)第78条第2款规定："信息披露义务人披露的信息，应当真实、准确、完整，简明清晰，通俗易懂，不得有虚假记载、误导性陈述或者重大遗漏。"

指导性规则又称任意性规则，是指对行为人只具有指导意义而不具强制性的规则，它允许行为人在法定范围内自主选择某种行为模式，或依法自行商定其权利和义务的具体内容。如我国《民法典》第 1090 条规定："离婚时，如果一方生活困难，有负担能力的另一方应当给予适当帮助。具体办法由双方协议；协议不成的，由人民法院判决。"

（三）法律规则的逻辑结构

法律规则有着较为严密的逻辑结构。我国 20 世纪 50 年代起汲取苏联法学理论中关于法律规则（当时称"法律规范"）结构的观念而形成的传统理论认为，任何法律规范（规则）都包括假定、处理和制裁三个组成部分。俄罗斯和我国仍有学者坚持这一观点。[①] 其中，"假定"又称"条件"，指法律规则中规定的适用该规则必须具备的条件和情况；"处理"又称"要求"，指法律规则中具体规定的权利和义务部分，即行为规则本身；"制裁"是指法律规则中所规定的违反该法律规则所应承受的处罚部分，是国家强制力在法律规则中的体现。20 世纪 90 年代以来，国内法学界普遍认为，每一完整的法律规则都是由条件假定、行为模式和法律后果三部分组成的。

所谓条件假定，是指法律规则中所规定的适用该规则必须具备的条件和情况（包括适用主体、时间、地点、手段、原因、结果或状态）的部分。如我国《刑法》第 341 条第 2 款规定："违反狩猎法规，在禁猎区、禁猎期或者使用禁用的工具、方法进行狩猎，破坏野生动物资源，情节严重的，处三年以下有期徒刑、拘役、管制或者罚金。"该法律规则便设定了如下适用条件：一是主体——违反狩猎法规、严重破坏野生动物资源的人；二是地域——禁猎区；三是时间——禁猎期；四是手段——使用禁用的工具、方法；五是造成的结果——破坏野生动物资源，情节严重。

所谓行为模式，是指法律规则中所规定的人们行为的式样或标准，即行为规则本身。它是法律规则的中心内容。可分为授权式行为模式（可为）、命令式行为模式（应为）和禁止式行为模式（勿为）三种。

所谓法律后果，是指法律规则中规定的当人们作出符合或不符合一定模式的行为时所引起的法律上的肯定性或否定性结果。肯定性法律后果是指法律规则肯定某种行为的合法性和有效性，并加以保护、赞许甚至奖励。如我国《森林法》第十三条规定："对在造林绿化、森林保护、森林经营管理以及林业科学研究等方面成绩显著的组织或者个人，按照国家有关规定给予表彰、奖励。"否定性法律后果是指法律规则否认某种行为的合法性和有效性，并给予相应的法律制裁。制裁情形如下：一是撤销，如法院可依法撤销行政机关违反法定程序的具体行政行为。

---

① 拉扎列夫. 法与国家的一般理论[M]. 王哲，等译. 北京：法律出版社，1999：139；马尔琴科. 国家与法的理论[M]. 2 版. 徐晓晴，译. 北京：中国政法大学出版社，2010：417-418；孙国华，朱景文. 法理学[M]. 3 版. 北京：中国人民大学出版社，2010：248.

二是变更，如二审法院依法改判一审法院的错误判决。三是确认行为无效，如人民法院或者仲裁机构可以确认因欺诈、胁迫等情形签订的合同无效。四是拒绝提供法律服务，如对不合法的许可证申请，行政机关可以拒绝发给。五是追究法律责任，包括追究行政责任、民事责任、刑事责任乃至违宪责任。

(四)法律规则与法律条文的关系

法律条文是法律规则的载体，法律规则是法律条文的内容。具体有如下情形：

其一，法律规则并不都由法律条文来表述，也并非所有的法律条文都规定法律规则。因为一方面，判例法、习惯法也可以表述法律规则，但它们没有法律条文形式；另一方面，法律条文除了可以表述法律规则，还可以表述法律概念、法律原则、法律技术内容(如专门法律术语的界定、公布机关和时间、法律生效日期等)。

其二，一个法律条文就是一条完整的法律规则。由于我国的立法体例通常采用法律责任(行为后果)单列的方式，因而这种情况在我国法律中极为少见。

其三，一个法律条文包含几条法律规则。如《刑法》第 39 条："被判处管制的犯罪分子，在执行期间，应当遵守下列规定：(一)遵守法律、行政法规，服从监督；(二)未经执行机关批准，不得行使言论、出版、集会、结社、游行、示威自由的权利；(三)按照执行机关规定报告自己的活动情况；(四)遵守执行机关关于会客的规定；(五)离开所居住的市、县或者迁居，应当报经执行机关批准。""对于被判处管制的犯罪分子，在劳动中应当同工同酬。"

其四，一条法律规则由两条或多条法律条文表述。如《刑事诉讼法》(2018 年 10 月第三次修正)第 66 条："人民法院、人民检察院和公安机关对有下列情形之一的犯罪嫌疑人、被告人，可以取保候审：……"第 68 条："人民法院、人民检察院和公安机关决定对犯罪嫌疑人、被告人取保候审，应当责令犯罪嫌疑人、被告人提出保证人或者交纳保证金。"第 79 条："人民法院、人民检察院和公安机关对犯罪嫌疑人、被告人取保候审最长不得超过十二个月，监视居住最长不得超过六个月。"这三个条文的相关内容综合起来才是关于取保候审的较为完整的法律规则(但仍未规定相关法律责任)。

第二节　法律渊源

一、法律渊源的含义和形态

法律渊源(拉丁文为 fonts juris，英语为 sources of law)，也称"法源"。历史上曾有"法的历史渊源"①"法的实质渊源"②"法的形式渊源""法的效力渊源"③等含义。这些理解的根本差异，在于将"渊源"理解为"来源""根据"还是"表现形式"。无论是英文 source、拉丁文 font，还是汉语"渊源"，其本义都是指河水或泉水的源头，但"法律渊源"现在一般是指法律的各种表现形式，即由不同国家机关创制的、具有不同法律效力或法律地位的各类规范性法律文件。当然也有学者基于司法立场认为，"法律渊源是多元规范的集合，法官从中发现裁决案件的裁判规范"，④即司法裁判规范的来源。其实这两种界定的根本区别，不在于立法立场还是司法立场，关键在于是国家法一元论还是法律多元论。后者常称"法的渊源"，指由社会、国家或超国家组织制定或确认的，具有法的效力、法律强制力及法律权威性的法的各种具体表现形式。

（一）基于法律多元主义，法律渊源有习惯法、判例法、制定法、协议法和法理等

（1）习惯法。习惯是个人或群体在长期的生产和生活中自发形成或重复练习而来，可被人们自觉遵循的生活方式或行为模式。通常有个人习惯（habit）和社会习惯（custom）。作为规范的习惯法，是指社会习惯。国家主义法律观认为，只有经过国家立法机关或司法机关认可的社会习惯才具有法的效力，才是习惯法。而在法律多元主义看来，"根深蒂固的习惯就像法律一样被遵守，这就是被称为由习惯所组成的法。""完全由长期的习惯所认可并得到常年遵守的那个法，作为公民的默示公约，也应该不亚于成文法一样被遵守。"⑤"习惯法（customary law）这一术语被用来意指那些已成为具有法律性质的规则或安排的习惯，尽管它们尚未得到立法机关或司法机关的正式颁布。"⑥"习惯法是维持和调整某一社会组织或群体及成员之间关系的习惯约束力量的总和，是由该组织或群体的成员出于维护生产和生活需要而约定俗成，适用一定区域的带有强制性的行为规范。习惯法的强制可以由国家实施，但更多的是由一定的组织或群体公认的社会权力来实施，后者或因国家认可或未明确表示不认可而合法，或因社会授权而合法。"⑦因此，更

---

① 如11世纪的普通法和14—15世纪的衡平法可以理解为现代英国法的历史渊源；而英格兰国王和贵族之间的冲突则是英国《大宪章》的历史渊源等。
② 法的实质渊源是指法律现象产生、存在和发展的深层原因或根据。如18世纪古典自然法理论认为法渊源于人类理性；19世纪历史法学派代表萨维尼认为，法律渊源为一般法的产生根据，实在法产生于在所有具体成员中都共同存在和作用的民族精神或共同意识；马克思主义则认为法渊源于社会物质生活条件。
③ 法的效力渊源，即法的拘束力的来源。如19世纪英国分析法学家约翰·奥斯丁在其《法理学讲义》（1863年）中认为法律的效力来源于主权者的命令；历史法学派则认为法律的权威来自民族的法信念。
④ 彭中礼. 法律渊源论[M]. 北京：方志出版社，2014：69.
⑤ 优士丁尼. 学说汇纂：第1卷[M]. 罗智敏，译. 北京：中国政法大学出版社，2008：79，81.
⑥ 博登海默. 法理学：法律哲学与法律方法[M]. 邓正来，译. 北京：中国政法大学出版社，2016：401.
⑦ 俞荣根. 习惯法与羌族习惯法[J]. 中外法学，1999（5）.

准确地说，习惯法是以人们的社会行为或社会关系为调整对象，由社会或国家认可而具有权威性和普遍约束力，并由公共权力保证实施的社会习俗和惯例。①

（2）判例法。判例是拥有司法权的机关和人员对案件做出的具有示范性的判决。判例法（case law）则是指有权的司法机关和司法人员所作示范性判决中蕴含的、对处理日后类似案件具有法律上的指导性与约束力的规则，又称先例规则。"先例规则是由依该案抽象构成的案件事实和与之相应的法律价值判断组成的。"②英国学者赞德认为，先例（precedents）是律师和法官从中提取法律规则的原材料；在英国等实行判例法制度的国家，判断一个先例是否对待决案件具有约束力，一般要考虑三个因素：（1）审理法院与先例法院之间的等级关系；（2）先决判例对法律规则的总结是否构成判决理由；（3）先例与待决案件在事实问题上是否相关。③ 美国学者穆尔也指出：只有"纵向的先例"（即上级法院先前的判决意见）才会被美国低级法院作为有理由去解释的文本来对待；而"横向的先例"（同级法院的先前判决意见）则不会被视为文本。也就是说，即使是上级法院先前的判决本身，也不具有被解释和遵循的意义；只有"后来的法官对他们的判决进行了归纳，从他们的判决意见中概括出了一些普通法规则"，这些规则才会成为判例法。④ 我国不是判例法国家，判例不是法律的渊源，但最高人民检察院自2010年12月起至2024年6月，先后公布了51批共208个指导性案例；最高人民法院也从2011年12月起至2024年6月，先后公布了40批共229个指导性案例（其中9号、20号不再参照），两院以后还会不定期推出。最高人民法院2010年11月印发的《关于案例指导工作的规定》第7条规定："最高人民法院发布的指导性案例，各级人民法院审判类似案件时应当参照。"《最高人民检察院关于案例指导工作的规定》（2010年7月发布，2019年3月第2次修订）第15条也规定："各级人民检察院应当参照指导性案例办理类似案件，可以引述相关指导性案例进行释法说理，但不得代替法律或者司法解释作为案件处理决定的直接依据。"本来"参照"是只有指导性而没有约束力的；但"应当参照"则又具有一定的约束力。这意味着最高人民法院和最高人民检察院的指导性案例在我国属于准判例法。

（3）制定法。即由不同的享有立法权或经授权的国家机关根据法定职权和程序制定的各种规范性法律文件。它既不同于由国家和社会认可的习惯法，又不同于由司法机关针对个别案件做出的而后取得普遍约束力的判例法。它是针对某一

---

① 胡平仁. 法律社会学[M]. 长沙：湖南人民出版社，2006：82.

② 川岛武宜. 现代化与法[M]. 申政武，渠涛，李旺，等译. 北京：中国政法大学出版社，1994：263.

③ ZANDER M. The law-making process[M]. 6th ed. Cambridge：Cambridge University Press，2004：265-305.

④ 穆尔. 解释的解释[M]//马默. 法律与解释：法哲学论文集. 张卓明，徐宗立，等译. 北京：法律出版社，2006：34-36.

类情况制定的、一开始就具有法律效力的行为规范。

（4）协议法。这是指通过双方或多方协商产生的，对参与达成协议的各方都有约束力的法。这种法与制定法有相似之处。所不同的是，它是平等主体之间协商制定的法。如民事关系中双方或多方签订的合同；国际关系中的双边或多边协议。

（5）法理。我国权威性辞书对"法理"的解释是：形成某一国家法律或其中某一部门法律的基本精神与学理；①法律的理论根据，法则，法律和情理。② 法理（尤其是法学家对法的各种学理性说明、解释和理论阐发）能否成为具有法律效力的法律渊源，取决于各个时代和各个国家的法律规定与法律传统。"在罗马，法律只有很少一部分是由国家机关制定的规范。另一部分则没有写出来，也就是人们的法律信念，即习惯法。由于制定法和习惯法都只能有限调整个别情形，因此，对于不能归属于二者的情形，法学家就可以进行某些法律发现。""罗马法学家的创造力超越了法律适用，还涵盖了法律续造。"如为了弥补早期基于农业小国关系而创设的《十二表法》的不足，适应商业和金融及其他方方面面的变化，古代共和时期为长官和承审员服务的罗马法学家创设了"荣誉法"（主要是裁判官法）。此外，"某些法学家解答也被认为具有法律拘束力"。③ 盖尤斯也曾指出："法学家的解答是那些被允许对法加以整理的人的意见和见解。如果所有这些法学家的意见都一致，他们的这种意见就具有法律效力。如果相互分歧，审判员可以遵循他所赞同的意见。"④公元426年，罗马帝国狄奥多西二世颁布引证法，明令伯比尼安、盖尤斯、乌尔比安、保鲁斯、莫丁五大法学家的著作具有法律效力。我国汉代董仲舒"春秋决狱"甚至援引《论语》《春秋》等儒家典籍中的观点作为裁判疑难案件的准据。现代各国一般不承认法理是具有直接法律效力的法律渊源，但属于一种非正式的法律渊源。比如在法国，拿破仑法典的庞大注释书，在司法实践中起着极为重要的作用。在德国，民法典制定后，一些著名法学家的论著，经常在法庭上被当作有力的典据加以引用。在20世纪，庞德的法学著作对美国有些法官影响非常大，以至于出现了由所谓"法官造法"向"学者造法"转移的趋势。

（二）从国家法角度来看，法律渊源有正式渊源与非正式渊源

法律的正式渊源是国家立法确定的具有法律效力的资料与决定，如制定法、判例法和司法解释。

① 王启富，陶髦. 法律辞海[M].长春：吉林人民出版社，1998：1096；辞海：第6版彩图本[M].上海：上海辞书出版社，2009：0556.
② 罗竹风. 汉语大词典（普及本）[M].上海：上海辞书出版社，2012：1035；现代汉语词典：第7版[M]. 北京：商务印书馆，2016：354.
③ 卡泽尔，克努特尔. 罗马私法[M].田士永，译. 北京：法律出版社，2018：42-49.
④ 盖尤斯. 盖尤斯法学阶梯[M]. 黄风，译. 北京：中国政法大学出版社，2008：3.

法律的非正式渊源是未经国家法律确认或赋予法律效力，但对法律实践有实际影响的资料与决定。如公共政策、普遍性道德准则、社会习俗或习惯法、行业规范、法理等。

美国法学家约翰·格雷从普通法法系的角度认为，法律渊源有：（1）立法机关颁布的法令；（2）司法先例；（3）专家意见；（4）习惯；（5）道德原则（包括公共政策）。① 博登海默的观点与格雷接近，认为法律渊源是可以成为各种法律判决合理基础的资料与思考。其中正式法律渊源是指那些可以从官方法律文件的明确条文形式中得到的渊源，如宪法、法规、行政命令、条例、司法先例等；非正式法律渊源指那些具有法律意义的、尚未在正式法律文件中得到权威性阐述与体现的资料和考虑，如正义的标准、推理和思考事物本质的原则、个别衡平法、公共政策、道德信念等。②

二、当代中国大陆的法律渊源

当代中国大陆的法律渊源采用的是以各种制定法为主的正式的法律渊源。它们主要表现为如下各种不同的层次和范畴。

（一）宪法

宪法是国家的根本大法，是当代中国最重要的法律渊源，由最高国家权力机关——全国人民代表大会制定、通过和修改。宪法规定了当代中国最根本的政治、经济和社会制度，规定了国家的根本任务，公民的基本权利和基本义务，国家机关的组织结构和活动原则等国家和社会生活中最基本、最重要的问题。按照我国宪法的规定，宪法具有最高的法律效力，其他各种法律、法规的制定，均须以宪法为依据，服从宪法，凡与宪法相抵触、相冲突的法律、法规以及活动和行为，均不具有法律效力。

（二）法律

法律（狭义）是由全国人民代表大会及其常务委员会制定颁布的规范性法律文件，是仅次于宪法的主要的法律渊源。根据宪法的规定，法律分为基本法律和基本法律以外的法律。基本法律由全国人民代表大会制定和修改，内容涉及国家和社会生活某一方面的最基本的问题，如刑法、民法、诉讼法以及有关国家机构等的法律。基本法律以外的法律，由全国人民代表大会常务委员会制定和修改；它们通常规定和调整较为广泛而具体的社会关系，如商标法、文物保护法、治安管理处罚法等，以及带有规范性内容和性质的决定、命令。在全国人民代表大会

---

① 格雷. 法律的性质与渊源[M]. 马驰, 译. 北京：商务印书馆, 2022：145-288.
② 博登海默. 法理学：法律哲学与法律方法[M]. 邓正来, 译. 北京：中国政法大学出版社, 2016：430.

闭会期间，全国人大常委会也有权对全国人大制定的基本法律在不同该法律基本原则相抵触的条件下进行部分补充与修改。

(三) 行政法规

行政法规是指国家最高行政机关(即国务院)根据宪法和法律制定的一种规范性法律文件，其法律地位与法律效力仅次于宪法和法律。行政法规所调整的社会关系和规定的事项广泛而具体。国务院 2001 年 11 月发布、2017 年 12 月修订的《行政法规制定程序条例》第 5 条规定："行政法规的名称一般称'条例'，也可以称'规定'、'办法'等。国务院根据全国人民代表大会及其常务委员会的授权决定制定的行政法规，称'暂行条例'或者'暂行规定'。""国务院各部门和地方人民政府制定的规章不得称'条例'。"也就是说，行政法规的表现形式是(暂行)条例、(暂行)规定和办法。"条例"通常是对某一方面的行政工作比较全面、系统的规定；"规定"是对某一方面的行政工作做部分的规定；"办法"是对某一项行政工作做比较具体的规定。

(四) 地方性法规

地方性法规是由特定地方国家权力机关依法创制并在本行政区范围内有效、在法律渊源中具有基础作用的规范性法律文件的总称。根据 2023 年 3 月新修订的我国《立法法》第 80、81 条，各省、自治区、直辖市以及设区的市、自治州的人民代表大会及其常务委员会，根据本地的具体情况和实际需要，在不同宪法、法律、行政法规相抵触的前提下，可以对城乡建设与管理、生态文明建设、历史文化保护、基层治理等方面的事项制定和颁布地方性法规。地方性法规的作用主要是：使宪法、法律、行政法规和国家大政方针得以有效实施；解决中央法律、法规不能独立解决或暂时不宜由中央解决的问题；自主地解决应由地方性法规解决的各种问题。全国人大常委会有权撤销同宪法、法律、行政法规相抵触的地方性法规。

(五) 自治法规

自治法规是民族自治地方的权力机关所制定的特殊的地方规范性法律文件(自治条例和单行条例)的总称。自治条例是民族自治地方根据自治权制定的综合性法律文件；单行条例则是根据自治权制定的调整某一方面事项的规范性法律文件。我国有 55 个少数民族，人口一亿多，占全国人口总数的 8.89%，分布在全国各地，55 个民族自治地方占国土面积的 64%，我国 2.1 万公里陆地边境线有 1.9 万公里在少数民族聚居区。① 我国《宪法》第 4 条第 3 款规定："各少数民族聚

---

① 国家民族事务委员会.中国共产党关于民族问题的基本观点和政策[M].北京：民族出版社，2002：16.

居的地方实行区域自治，设立自治机关，行使自治权。各民族自治地方都是中华人民共和国不可分离的部分。"《立法法》第 85 条第 1 款规定："民族自治地方的人民代表大会有权依照当地民族的政治、经济和文化的特点，制定自治条例和单行条例。自治区的自治条例和单行条例，报全国人民代表大会常务委员会批准后生效。自治州、自治县的自治条例和单行条例，报省、自治区、直辖市的人民代表大会常务委员会批准后生效。"自治条例和单行条例与地方性法规在立法依据、程序、层次和构成方面，以及与全国人大及其常委会和国务院关系方面，均有区别。自治条例和单行条例可作为民族自治地方的司法依据。

（六）军事法规和军事规章

我国 1982 年宪法未规定军事法规和军事规章的制定权，但规定了中央军事委员会领导全国武装力量，中央军事委员会主席对全国人民代表大会及其常务委员会负责。1993 年 4 月中央军事委员会发布《中国人民解放军立法程序暂行条例》，军事法规和军事规章从此成为我国的法律渊源之一。2023 年 3 月修订后的《立法法》第 117 条规定：中央军事委员会根据宪法和法律，制定军事法规。中国人民解放军各战区、军兵种和中国人民武装警察部队，可以根据法律和中央军事委员会的军事法规、决定、命令，在其权限范围内，制定军事规章。鉴于军事法规和军事规章一般不对全社会公布，因而《立法法》是在第六章"附则"中规定的。按照《宪法》和《立法法》推论，军事法规的法律地位和效力低于宪法和法律，军事规章的法律地位和效力低于宪法、法律、行政法规和军事法规。

（七）行政规章

行政规章是有关行政机关依法制定的事关行政管理的规范性法律文件的总称，包括部门规章和地方政府规章。部门规章是国务院所属各部、各委员会根据法律和国务院行政法规、决定、命令，在本部门的权限内所发布的各种规范性法律文件，其地位低于宪法、法律、行政法规，不得与它们相抵触。国务院 2001 年11 月发布、2017 年 12 月修订的《规章制定程序条例》第 7 条规定："规章的名称一般称'规定'、'办法'，但不得称'条例'。"根据《立法法》第 93 条，地方政府规章是省、自治区、直辖市和设区的市、自治州的人民政府，根据法律、行政法规和本省、自治区、直辖市的地方性法规制定的规范性法律文件。地方政府规章除不得与宪法、法律、行政法规相抵触外，还不得与上级和同级地方性法规相抵触。

（八）国际条约和国际惯例

国际条约指两个或两个以上国家或国际组织间缔结的确定其相互关系中权利和义务的各种法律性文件，包括宪章、公约、盟约、规约、专约、条约、协定、议定书、换文、公报、联合宣言、最后决议书等。国际条约本属国际法范畴，但对缔结或加入条约的国家的国家机关、公职人员、社会组织和公民也有法的约束力，也是该国的一种法律渊源，与国内法具有同等约束力。

国际惯例是在长期的国际交往中逐渐形成并为众多国家普遍承认与遵循的不成文的行为规则。我国的有关国内法对国际条约和国际惯例的法律效力作了规定。如我国《海商法》第 268 条规定："中华人民共和国缔结或者参加的国际条约同本法有不同规定的，适用国际条约的规定；但是，中华人民共和国声明保留的条款除外。""中华人民共和国法律和中华人民共和国缔结或者参加的国际条约没有规定的，可以适用国际惯例。"

(九) 其他法律渊源

除上述法律形式外，在中国还有这样几种成文的法律渊源：一是"一国两制"条件下特别行政区的规范性法律文件；二是有关机关授权别的机关制定的规范性法律文件，如根据 2019 年 10 月 26 日第十三届全国人民代表大会常务委员会第十四次会议通过的《全国人民代表大会常务委员会关于国家监察委员会制定监察法规的决定》，国家监察委员会此后制定的监察法规便属于此类；三是最高人民法院、最高人民检察院颁布的司法解释，最高人民法院、最高人民检察院、公安部等分别发布或共同发布的指导性案例。此外，公共政策、社会习惯、地方风俗、法理等，也是我国的非正式法律渊源。

第三节　法律分类

法律分类是指根据一定的标准，对特定范围内的法律渊源进行适当划分与归类。

法律分类的目的：一是为了更全面、准确地理解法律的概念和性质，理清法律发展的历史线索和不同形态；二是通过分类探索法律发展和运行中一些带有规律性的问题；三是便于了解和掌握不同法律的特性、效力、功能，进而便于法律适用，比如一般法与特别法的分类直接决定法官适用何种法律作出判决。

一、法律的一般分类

法律的一般分类即世界上多数国家采用的法律划分方法。

(一) 成文法和不成文法

成文法和不成文法是按照法律创制方式和表达形式而对法律进行的分类。成文法是指由国家机关等主体制定和公布，并以书面文字形式出现的系统化的法律规范。"不成文法是习惯确立的法律，因为古老的习惯经人们加以沿用的同意而获得效力，就等于法律。"①更准确地说，不成文法是由社会群体或国家机关等主体认可其法律效力而不具有系统性的法律规范，一般指习惯法和判例法。法学界常把成文法与制定法混为一谈；其实制定法是相对于判例法而言的，外延较为狭小，而内涵则比"成文法"概念要单纯一些。成文法不仅是"成文"（即形诸语言文字）的，而且是"系统"的，即某一领域的法律规范往往以一部系统化的法典为主，因而制定法不一定就是成文法。如英国虽然是宪法的发源地，却没有一部统一的、完整的、法典形式的宪法文件，其宪法由宪法法案、宪法性习惯和宪法性判例三大部分组成，是所谓的"不成文宪法"。其中宪法法案基本上属于制定法，由各个时期通过的具有宪法性质的各种法规组成，如 1672 年的《权利请愿书》、1679 年的《人身保护法》、1688 年的《权利法案》以及 1911 年和 1949 年的《议会法》等。

（二）实体法和程序法

实体法和程序法是以法律规定内容的不同为标准对法律的分类，始于英国功利主义哲学家、法学家杰里米·边沁（Jeremy Bentham，1748—1832 年）1789 年出版的《道德和立法原理导论》一书。实体法是分配社会资源的法，即主要为人们规定与确认具有实质意义的、具体的权利义务或职权职责，或为人们判定是非和解决纠纷提供切实、具体标准的法律，如民法、行政法、刑法等。程序法是关于社会资源分配方法与保障方式的法，即主要规定实现实质性权利义务或职权职责、解决矛盾纠纷的途径和方式的法，如行政程序法、仲裁法、诉讼法。

图 3-2　边沁（1748—1832）

实体法与程序法的关系主要表现在：（1）实体法和程序法的划分是就其主要内容而言，实体法中也可能涉及一些程序规定，程序法中也可能有一些涉及权利、义务、职权、职责等内容的规定。（2）实体法制约程序法，如程序的繁简程度是由实体权利义务的复杂程度决定的。（3）程序法服务于实体法，目的在于保证实体权利和义务得以实现或职权和职责得以履行。（4）程序法具有相对独立性。如程序法的正当性与合理性有其自身的评价标准，可以不受实体法内容的约束，实体法内容的优劣并不必然决定程序法内容的优劣；程序法的规定在不少方面能保持相对稳定性和历史延续性，当代许多法律程序早在几百年甚至几千年前就已经存在。

---

① 查士丁尼. 法学总论[M]. 张启泰，译. 北京：商务印书馆，2016：12.

(三) 一般法和特别法

一般法和特别法是按照法律适用范围的不同对法律所作的分类。一般法是指适用于一般主体、一般事项、一般时间、一般空间，具有普遍约束力的法；特别法是指针对特定人、特定事或特定地区、特定时间内适用的法。

一般法和特别法是相对而言的。如以针对人来讲，民法典是适用于一般人的法，而未成年人保护法则是适用于特定人——未成年人的法律；以针对事来讲，民法典适用于一般民事法律行为和事件，而反家庭暴力法则针对家庭暴力这一特殊的民事法律行为和事件；以针对地区来讲，宪法、组织法、选举法等是适用于全国的法，而特别行政区基本法和法律，只适用于特别行政区；以针对时间而言，一般法如宪法、刑法、民法等在它们的修改和废止以前一直有效，而有些特别法如戒严令等仅在特定的戒严时期内有效。

(四) 国内法和国际法

国内法和国际法是根据国家主权而作的分类。国内法是指在一主权国家内，由特定国家机关创制的并在本国主权范围内适用的法律；国际法则是由参与国际关系的国家通过协议制定或认可的，并适用于国家之间的法律，其形式一般是国际条约和国际协议等。国内法的法律关系主体一般是个人或组织，国家仅在特定法律关系中(如作为国家财产所有人)成为主体；而国际法的法律关系主体主要是国家，少数情况下才是个人和组织。

二、法律的特殊分类

法律的特殊分类是仅适用于某一类或某一些国家的法律分类方法。

(一) 公法和私法

公法和私法主要是大陆法系国家对法律所作的一种分类。早在古代罗马时期就存在公法与私法的划分。"公法是涉及罗马[公共]事务状态的法，私法是关于个人利益的法……公法由神圣法、有关宗教祭司和执法官制度组成。私法由三部分组成，即自然法规则、万民法规则和市民法规则。"①现代法学一般认为，凡涉及公共权力、公共利益和上下管理关系、强制关系的法，即为公法；而凡属个人利益、个人权利、私人关系的法即为私法。大陆法系国家把法律划分为公法与私法，以及兼有公法和私法性质的社会法，这主要是考虑到这几种法律所调整的社会关系以及调整方式和理念的不同。20世纪50年代以后，公法、私法的分类也逐渐为一些英美法系国家所采纳。如1956年《公法》杂志出版，公法概念开始进

---

① 优士丁尼. 学说汇纂：第1卷[M]. 罗智敏，译. 北京：中国政法大学出版社，2008：7.

入英国公众的视野。而美国学者艾伦·法恩思沃斯等人合写的《美国法律体系》(2010 年第 4 版)①和 20 世纪 80 年代以来新西兰的一些教科书，也是如此。

(二)普通法和衡平法

普通法和衡平法是普通法法系国家的一种法律分类方法。这里说的普通法，专指 11 世纪侵入英国的诺曼底征服者在建立集权的中央政府和审判制度的过程中，由王室法院的法官逐渐发展起来的适用于全英格兰的一种法律形式。"英国普通法是一系列无系统的法规、司法判例和习惯的混合体，它们被看作是法律的主要渊源。"②20 世纪末期美国联邦第七上诉法院首席法官(院长)波斯纳甚至认为，"普通法就是法官制定的规则的巨大集合"。③ 而衡平法是指 14 世纪后英国法官根据公平正义原则，对个案的具体情况进行合理裁断，对日显粗陋和程式化、日益僵化的普通法进行修正与补充而出现的一种判例法。④ 衡平(法)最初只是为了实现个案正义，"从 19 世纪初开始，衡平裁判才贯彻了先例的意义"，成为普通法之外另一类型的判例法。⑤ 源于英国的英美法系主要是由传统的普通法及起调和作用的衡平法构成的。

(三)联邦法和联邦成员法

联邦法和联邦成员法是实行联邦制国家独有的一种法律分类方法。联邦法是指由联邦中央制定的法律，而联邦成员法是指由联邦成员制定的法律。由于各联邦制国家的内部结构、法律关系各不相同，因此，有关联邦法和联邦成员法的法律地位、适用范围、效力等均由各联邦制国家宪法和法律规定，没有一种划一的模式。

第四节　法律体系

美国政治学家罗伯特·A.达尔等人认为，"任何以某种方式相互发生作用的一组要素都可以被当成一个体系(system)"；任何体系都有这么一些要点：(1)一个"体系"是观察家或分析家探索事物的一个框架，或是看待某些现实(比如政治)的一个棱镜或视角。(2)体系的概念是以要素、部分或构件为前提的。(3)体系的各部分发生着相互作用，且这些作用以有规律和可辨别的方式影响着各个部

① 法恩思沃斯，谢波德. 美国法律体系[M].4 版.李明倩，译. 上海：上海人民出版社，2018：83，104-150.

② 梅利曼. 大陆法系[M].2 版.顾培东，禄正平，译. 北京：法律出版社，2007：25.

③ 波斯纳. 法理学问题[M]. 苏力，译. 北京：中国政法大学出版社，2002：60.

④ 梅利曼. 大陆法系[M].2 版.顾培东，禄正平，译. 北京：法律出版社，2007：50.

⑤ 拉德布鲁赫. 法哲学入门[M]. 雷磊，译. 北京：商务印书馆，2019：59.

分。(4)体系有界限。(5)体系在时间上具有相对的经久性或持续性。(6)一个体系可以是另一个体系的一个要素或次体系(subsystem),如法律体系就是社会规范体系的一个要素或次系统。①

拉兹则认为,一种完整的法律体系理论应该回答如下四个问题:(1)存在(标准)问题。一种法律体系存在的标准是什么?如何识别体系与体系之间的差异?(2)特征(及与之相关的成员资格)问题。决定一种法律归属于某一体系的标准又是什么?哪些法律构成一种体系?(3)结构问题。所有或某类法律体系是否具有共同的结构?属于同一个法律体系的那些法律是不是具有某些反复出现的关系模式?(4)内容问题。有没有一些内容对于所有的法律体系都是不可缺少的?有没有一些重要的内容可以区分重要的法律类型?② 拉兹的第一、二个问题实际上都是标准问题。

一、法律体系的含义和特征

(一)法律体系的含义

英文中,与"法律体系"相关的表达有 system of law 和 legal system,二者的区别在于:system of law 一般指"法律体系",即由一国(或一国内的特别行政区)现行法律构成的有机整体。而 legal system 一词,大多数场合指"法系",即具有一定共性、属于同一历史传统的若干个国家和地区的法律制度的统一体。如法国著名比较法学家 R. 达维德(Rene David,1906 年)所著的《当代主要法律体系》,威格摩尔(John H. Wigmore,1863—1943 年)所著的《世界法律体系概论》,都是在"法系"意义上使用 legal system(汉译为"法律体系"不当)这一概念的。法学界对法律体系的理解尽管多种多样,但较有代表性、影响较大的主要是以下几种。

一是认为法律体系是指由一国现行法律规范构成的有机整体。如俄罗斯法学家拉扎列夫就认为,法的内容是法律规范,所以法律体系相应地理解为以特定形式结构转化并且彼此相互联系的法律规范。③ 我国的李步云教授也将法律体系界定为以现行法律为基础、同时要求适当考虑正在制定或需要制定的法律规范的有机的统一整体。④ 徐显明教授等人也认为:"法律体系是由不同的法律规范类型和非规范的法律共同组成的。"⑤从法律的内在结构来考虑,这些观点无疑是有道

---

① 达尔,斯泰恩恩布里克纳. 现代政治分析[M]. 6 版. 吴勇,译. 北京:中国人民大学出版社,2012:36-37.

② 拉兹. 法律体系的概念[M]. 吴玉章,译. 北京:商务印书馆,2018:1-2.

③ 拉扎列夫. 法与国家的一般理论[M]. 王哲,等译. 北京:法律出版社,1999:156.

④ 李步云. 社会主义法律体系的若干问题[J]. 西北政法学院学报,1985(3);李步云. 法理学[M]. 北京:经济科学出版社,2000:266.

⑤ 徐显明. 法理学原理[M]. 北京:中国政法大学出版社,2009:118.

理的；但从学习和查找法律的角度来讲，法律规范只是构成法律制度的基本细胞，往往散布在不同的法律中，以它为法律体系的构成单位，事实上很难一一识别和归纳。

二是认为法律体系是以部门法为基本单位构成的有机整体(源于苏联)。如："法律体系通常是指由一个国家的全部现行法律规范分类组合为不同的法律部门而形成的有机联系的统一整体。"①"法律体系，是指一个国家按照一定的原则和标准划分的同类法律所组成的全部法律部门所构成的一个有机联系的整体，即部门法体系。"②很多法理学教科书对法律体系的定义均与此大同小异。③

三是认为法律体系是由一国现行的全部法律按照一定的结构和层次组织起来的统一整体，其内部可分为部类法结构(包括公法、私法、社会法)和部门法结构(包括民法、商法、刑法、诉讼法等部门法)等。④

四是认为法律体系是一个区域内(一个国家或地区)的全部法律在其存在和运行的过程中呈现出来的各种系统的总和，是该区域内能系统存在的和运行的法律整体。它具体由渊源体系、法制体系、效力体系、部门法体系四个子体系构成。⑤

笔者认为，法律体系(system of law)是由一国现行的全部法律按照一定的方式和层次组织起来的统一整体。

(二)法律体系的特征

在认识法律体系时，应注意法律体系的如下特征：

(1)一国性。即法律体系是由一个主权国家(或一国内的特别行政区)的法律构成，而不是由几个国家或区域联盟的法律构成的，这使法律体系区别于法系。

(2)现行性。法律体系既不包括一国历史上已经失效的法律，也不包括一国将要制定的或尚未生效的法律，而只包括现行的国内法和被本国承认的国际法。

(3)内在统一性。即法律体系的各个法律部门及各法律规范之间应尽可能相互协调，而不能彼此矛盾，也不是法律规范的杂乱堆积。当然，法律体系通常具有一定的弹性，可以接受一些极为不同甚至近乎矛盾的规定而不彻底解体。⑥ 霍

---

① 中国大百科全书·法学[M]. 北京：中国大百科全书出版社，1984.

② 沈宗灵. 法理学[M]. 3 版. 北京：北京大学出版社，2009：277-278.

③ 公丕祥. 法理学[M]. 2 版. 上海：复旦大学出版社，2008：255；舒国滢. 法理学(第二版)[M]. 北京：中国人民大学出版社，2008：79；孙国华，朱景文. 法理学(第三版)[M]. 北京：中国人民大学出版社，2010：259；张文显. 法理学[M]. 5 版. 北京：高等教育出版社，2019：100.

④ 孙笑侠. 法理学[M]. 北京：中国政法大学出版社，1996：47；胡平仁. 法理学基础问题研究[M]. 长沙：中南大学出版社，2001：109-114.

⑤ 姚建宗. 法理学[M]. 北京：科学出版社，2010：80-83.

⑥ 布律尔. 法律社会学[M]. 许钧，译. 上海：上海人民出版社，1987：45-48.

姆斯甚至认为："法律一直在接近协调性，但从未达到协调性。一方面，法律一直在适用从社会生活中吸收的新原理；而另一方面，法律保留了历史遗留的旧原理……法律要完全做到逻辑自洽，须得停止生长。"①霍姆斯的这一观点，旨在强调两点：一是现实的法律体系与理想的体系统一存在一定的距离；二是现实法律体系一定程度上的不协调不统一，是法律体系生长、进步的内生动力。而后者离不开法律体系应该保持内在统一性的价值指引。

(4)结构层次性。法律体系的结构是指把作为法律体系内容的各种法律规范等统一起来的形式或框架。按照传统的观念，法律体系的结构仅指部门法的划分。其实法律体系的结构可分为四个层次：部类法结构、部门法结构、法律制度和法律规范。其中，法律规范是指在一定范围内紧密联系的法律原则与法律规则的结合体；而法律制度则是若干紧密关联的法律规范(法律原则与法律规则)的总称，如合同制度、证据制度等。② 如果说法律概念、法律规则和法律原则是构成单部法律的基本要素，因而是法律的微观结构的话，那么，法律制度代表的是法律的中观结构。它既可能包含在单部法律之中，也可能横跨几部法律，即一个法律制度很可能由几部法律中的若干相关法律概念、法律规则和法律原则所构成。而法律体系的部类法结构(私法、公法和社会法)和部门法结构，则体现的是法律的宏观结构，对此我们将在下文中介绍。

(5)动态稳定性。法律体系是发展变化的，因为法律作为调整社会关系和社会行为的一般性规范，势必要与其赖以生存与发展的社会环境(包括国际环境)发生物质、能量和信息的交换，否则法律就不可能对社会生活发生任何作用和影响；同时，法律体系既要统一组织现有的全部法律规范，又要为法律的进一步发展留有余地并预设框架，保持容纳新法律规范的能力，进而刺激、指引立法活动(新法的产生、旧法的失效)。但法律体系作为一个整体又具有相对稳定性。一般来讲，法律体系所赖以建立的经济基础或国家性质没有发生根本变化，那么，法律体系的性质也会大体稳定不变。只有当社会关系的发展变化所引起的法律规范的发展变化达到一定的量或程度时，法律体系才会发生结构性变化，如出现或合并某些法律部门。

1978 年，我国生效的法律只有 8 部；截止到 2024 年 8 月 30 日，根据全国人大官网公布的数据，我国现行有效法律 303 部，地方性法规 9231 部。另根据中央人民政府官网"国家规章库"和司法部官网"国家行政法规库"，我国现行有效行

---

① 霍姆斯. 普通法[M]. 郭亮，译. 北京：法律出版社，2021：30.
② 法律制度(legal institution)在广义上指具有法律约束力的一系列成文法规、社会习惯、组织设施、行为规程等，常与政治制度、经济制度和文化制度等并称(其实并称既不合乎逻辑，也不符合实际，因为政治、经济、文化等领域的制度常常要以法律为基础，法治社会尤其如此)；而狭义上的法律制度则是法律结构的一个层次，是若干紧密关联的法律规范的总称。

政法规 599 部；行政规章 10699 部，其中，部门规章 2575 部，地方政府规章 8124 部。目前，涵盖社会关系各个方面的法律部门基本齐全，各法律部门中基本的、主要的法律已经制定，相应的行政法规和地方性法规比较完备，法律体系内部总体做到科学和谐统一，中国特色社会主义法律体系已基本形成。

二、法律体系的部类法结构

法律体系的部类法结构，又称法律体系的基本结构，是为了准确把握不同法律的性质和价值取向，根据调整对象、调整方式和价值基点，而对法律体系所做的较大的分类，即法律体系由哪几大部类法（如私法、公法、社会法）构成以及它们之间的关系。

孙笑侠教授称基本结构为"法律体系的中观层次"，并将私法、公法和社会法称为"法律体系的结构要素"。①这种提法欠妥，因为在私法、公法和社会法之上，再无更大的法律体系分类；而"结构要素"一般是指构成特定事物或对象的最小的、最基本的单位。法律和法律体系的结构要素应该是法律概念、法律原则和法律规则等。因此，笔者将"私法、公法和社会法"的划分及其相互关系称作法律体系的"部类法"结构，以相对于由民商法、行政法、刑法、诉讼法等构成的传统"部门法"结构。②

(一) 私法

《牛津现代英汉双解大辞典》对"私法"（private law）的英文解释是：a branch of law concerned with the relation between individuals.③意即有关个人之间关系的一个法律分支。更具体地说，私法是调整私人之间的人格关系、身份关系、财产关系和商事关系的一个法律部类，主要包括民法、商法和知识产权法等。

私法最初是相对于公法而言的。古代的法律因其简单，大都实行诸法合体，谈不上基本结构。古罗马共和国初期（公元前 5 世纪中叶）颁布的《十二铜表法》也具有诸法合体的性质，被称为古罗马"一切公私律令的根源"。据考证，最早作出公、私法划分的是三世纪罗马法学家乌尔比安。优士丁尼皇帝下令编写《法学阶梯》（公元 533 年编成）以后，从理论上把公、私法的划分确立下来了。"公法是有关罗马宪法的法律，私法是关系到个人利益的法律。"④也就是说，"在罗马法里，公法是一种有关政府体制、公职人员的职能和调整个人与国家之间关系的特殊部门，而私法则是与调整个人之间的关系、保障个人利益以及裁判人与人之间

---

① 孙笑侠. 法的现象与观念[M]. 济南：山东人民出版社，2001：90-99.
② 胡平仁. 法理学基础问题研究[M]. 长沙：中南大学出版社，2001：109-114.
③ 牛津现代英汉双解大辞典[Z]. 12 版. 北京：外语教学与研究出版社，2013：2041.
④ 优士丁尼. 法学阶梯[M]. 徐国栋，译. 北京：商务印书馆，2021：33.

的纠纷有关的法律"。①

古罗马法不仅确定了私法和公法各自的调整范围，还奠定了私法的基本精神，这就是私法自治和私域独立。"私法自治"的意思是：第一，私法规范是授权性规范。即法律并不规定私法关系的具体内容和方式，而是赋予当事人以自由决定权；当事人行使这种自由权所产生的权利和义务，法律予以承认并加以保护。用古罗马谚语讲，"协议就是法律"。第二，私法规范是选择性规范。即便国家对私法关系规定了相关准则，也不具有强制性，当事人可以选择适用它们，也可以不选择适用它们。第三，私法规范是补充性规范。国家调节私法关系的准则，只有在当事人之间没有协议或协议无效或者当事人没有做出选择的情况下，才予以补充适用。"私域独立"的意思是：第一，私域独立于公域，公法、私法分别而治，互不干涉。第二，私法优位于公法。因为私域是整个社会的基础，私法则是整个法制的基础。

在市场经济社会，私法与市场机制（即市场的内部关系）具有同一性，很大程度上是市场机制的制度形式。正如市场在资源配置中起基础性作用一样，私法在市场经济法律体系中也处于基础性地位。没有体现意思自治原则的私法，就没有市场经济法律体系。因此，我国要建立社会主义市场经济体制，就要全面地建立与健全市场经济主体制度、产权制度和交易规则等私法制度。

(二) 公法

"公法"(public law) 是"调整个人和国家之间关系的法"(the law of relations between individuals and the state.)②。易言之，公法是由一系列调整国家组织及其活动的法律部门组成的法律部类，主要包括宪法、行政法、刑法和诉讼法。

在奠定私法的基本精神的同时，古罗马法也确立了一系列公法特有的法律原则，如"公法不得被私人简约所变通"，"私人协议不变通公法"③等。因为公法规范被认为是命令性或强制性规范，在任何条件下都不允许违反。

在现代社会，公法的主要任务是：确保国家组织的合法地位及其高效运转；通过民主政治的形式建立权力制约机制，并以宪法的形式确立和巩固下来；保障市场秩序，保持社会稳定与发展。

(三) 社会法

社会法(social law)作为一个法域，是指由一系列规定社会一般利益、调整社会

---

① 庞德. 通过法律的社会控制 法律的任务[M]. 沈宗灵，董世忠，译. 北京：商务印书馆，1984：104.

② 牛津现代英汉双解大辞典[Z]. 12 版. 北京：外语教学与研究出版社，牛津：牛津大学出版社，2013：2074.

③ 彭梵得. 罗马法教科书(修订版)[M]. 黄风，译. 北京：中国政法大学出版社，2005：8.

共济互助关系、保障社会可持续发展的法律部门组成的一个法律部类。它主要包括经济法、环境与资源法、科教文化法、人口与卫生保健法、劳动与社会保障法等。

由公法和私法构成的法律体系的基本结构，在第二次世界大战前后遇到了四个方面的挑战，从而导致社会法这一新的法律部类的出现。

其一，在政治经济领域，国家力量与社会力量都获得了空前的发展与壮大。一方面，民间经济组织日益强大，涌现出了一大批企业集团和跨国公司。这种经济力量的过度集中既使得市民社会在总体上拥有了更多与政治国家相抗衡的实力，又使得市场的内部平等遭到破坏，自律规则难以完全维持市场的平衡秩序，从而给国家权力的全面介入提供了机遇。另一方面，随着社会经济总量的增长、市场的网络化以及交易的多层次性，政治国家所拥有的资源功能和信息功能日益显赫和重要，国家在履行其政治统治职能的同时，其重心逐渐向经济管理和社会服务职能位移。正是在国家力量与社会力量的共生、斗争、妥协与合作中，公法与私法之间相互渗透而衍生出社会法这一新的法律部类。

其二，在社会基础方面，随着市场经济向广度和深度方面的发展，资本主义国家普遍建立起了防范和化解市场风险、纠正市场机制弊端的社会保障制度和环境保护制度，并从19世纪末就开始了一定程度上的国有化和一定范围内的私有财产权社会化的进程。在社会主义国家，社会主义公有制、解放和发展生产力的本质要求、共同富裕的理想或原则，都是由公法和私法构成的法律体系基本结构所不能完全容纳的。20世纪80年代以来，随着改革开放和社会主义市场经济体制的逐步确立，我国以公有制为主导、个体经济和私营经济等多种所有制经济共同发展的经济格局初步形成，以股份制为主要表现形式的产权社会化趋势日渐明朗。所有这些新情况，也都使得公法与私法的界线在一些领域变得模糊，形成了既非公法又非私法和公、私法渗透的新领域，即社会法领域。

其三，在法律观念方面，呈现出由个人权利本位向社会权利本位转变的趋势。古罗马和近代资本主义国家都奉行自然法理论，强调在国家与个人的关系中个人处于优先地位，国家的一切活动都是为个人服务的，划分私法与公法的根本目的，在于建立一个能有效保护个人权利的法律体系。经过百余年的资本主义实践以后，人们认识到这种法律体系并没有像预期的那样促进每一个人的自由、幸福和安全；实际上只是保护强者的法律体系。随着市场垄断的形成，古典商品经济转变为现代市场经济，简单的个人本位不仅不利于个人权利的实现，而且不利于经济和社会的发展。于是，主张限制个人权利滥用和为弱者提供社会保障的社会本位法律观得以形成和发展。这种法律观成为立法上突破原有公、私法格局的理论基础。[1]

---

[1] 孙笑侠. 法理学[M]. 北京：中国政法大学出版社，1996：53-54.

其四，在法律发展方面，出现了公法的私法化和私法的公法化倾向。所谓"公法的私法化"，是指传统的私法调整方式被部分地或间接地引入了公法领域，私法关系向公法领域延伸。所谓"私法的公法化"，是指国家权力对社会和经济生活的直接干预突破了传统的私法界限，公法关系向私法领域延伸。这种私法与公法的相互渗透，不仅造成了私法与公法的复合领域，而且开拓出一方既非公法又非私法的新领域，即社会法领域。

由于与市场经济具有内在的密切联系，目前，社会法已经具有相当规模并呈继续扩张趋势，其重要性不亚于公法或私法。

"社会法(Soziales Recht)使人们清楚地认识到个人的社会差异性和他们的社会强势与弱势地位，并由此首先通过法律照顾弱势群体，使对社会弱势群体的救济和对社会超强群体的限制等成为可能，……并且通过有组织的社会救济，特别是国家救济，取代自我救济……"①在市场经济条件下，社会法的功能主要有五个：一是建立合理的市场经济所必需的基本条件或基本制度，如统一的货币制度和度量衡制度，城乡布局与经济社会宏观发展规划，交通与通信基础设施建设，货币政策与金融监管制度等。二是确立与优化经济社会可持续发展的制度，如自然资源与生态环境保护制度，产业布局、产业扶持与产业退出制度等。三是维护稳定的市场秩序，如物价合理干预、反不正当竞争和反垄断制度。四是开发与促进社会生产力，如科技、教育、文化和医疗卫生等公共事业建设。五是进行必要的社会协调和社会保障，实现社会实质正义，如消费者权益保护、劳动保护、失业救济与养老保险等。

私法、公法和社会法三大部类法之间，既有分工(区别)，又有协作(联系)。这具体表现在如下三个方面。②

(1)在调整对象上具有完整性。私法调整的对象是平等主体之间的财产关系和人身关系，它凸显的是平等性。公法调整的对象主要是国家与个人(包括法人和其他社会组织)不平等主体之间的权力关系，它体现的是隶属性。社会法调整的对象是社会经济生活中的市场主体与社会之间的互助协作关系，主要功效在于限制市场不公平竞争，限制市场引起的公害，使风险分散、转移，让公众来承担风险以减少损失，体现社会互助协作精神，它凸显的是协作性。

(2)在调整方式上具有共济性。私法主要是市场机制的内部规则，其调整方式以个人自行调节为主，强调的是合意，即当事人意思自治。公法是调整国家组织及其活动的规则，目的在于保证国家有效率地生产公共产品(如治安、立法、执法、司法、制定政策等)，促进政府的高效和廉洁，其调整方式以国家的强行干预

---

① 拉德布鲁赫. 法哲学[M]. 王朴，译. 北京：法律出版社，2013：144.
② 胡平仁. 法理学基础问题研究[M]. 长沙：中南大学出版社，2001：112-113.

为主，强调的是命令与服从。社会法与市场经济的竞争性所带来的社会公害、风险因素相关，旨在宏观调控，补救市场的"效益最大化"准则的弊端，保障社会公共利益，扶助劳动者和消费者等社会弱者，其调整方式是政策性平衡，强调的是自律与他律、自助与他助。

（3）在价值基点和价值取向上具有互补性。私法的价值基点是个人利益和个人本位，它强调的是主体资格、地位等形式上的平等，追求和促进的是个体的、微观的效益，即立足个别，兼顾一般；其价值取向是平等、自由、自治。公法的价值基点是国家利益和国家本位，强调控权和社会秩序，即一方面保证权力的正常运转，另一方面也防止权力的乱用与滥用；其价值取向是秩序、安全、公正和效率。社会法的价值基点是社会整体利益和社会本位，追求的是利益结构的优化、资源的理性分配和社会效益的整体最大化，强调在现代市场经济中少数人为社会整体利益必须做出一定的牺牲，即立足一般，兼顾个别；其价值取向是公平、互助、共济。三者总体上彼此侧重、相互补充。

三、法律体系的部门法结构

（一）部门法的含义及划分

部门法，又称法律部门，是根据特定的调整方法和原则来调整一定性质和范围的社会关系的相关法律规范的总称。它是部类法之下构成法律体系的次属单位。

部门法的划分标准通常是：

（1）法律规范所调整的社会关系。法律是调整社会关系的准则，法律部门就是以法律所调整的社会关系的内容为依据来划分一部法律属于何种部门的。社会关系的内容决定着法律规范的性质。社会关系可分为政治关系、经济关系、文化关系、宗教关系、家庭关系等等，调整这些不同社会关系领域的法律便形成不同的法律部门。近年来一些学者根据某些法律的调整对象往往是跨部门的，从而在部门法之外提出了"领域法"概念。其实领域法就是部门法，如传统的民法、刑法、国际私法等，都是涉及多个社会关系的。

（2）法律规范的调整方法。由于一个法律部门（如刑法法律部门）可以调整不同种类的社会关系，同一社会关系也需由不同的法律部门来调整，因此，划分法律部门还需借助法律规范的调整方法。如将以刑罚制裁方法为特征的法律规范划为刑法部门，将以民事责任为调整方式的法律规范划为民法法律部门，等等。

此外，国内有些法学论著还提出以法规的数量为依据及方便归类等标准。

部门法的划分除遵循一定的标准外，还要遵循一定的原则：

（1）整体性原则。即以整个法律体系为划分对象，划分结果必须囊括一国现行法律的全部内容，使法律体系中的所有同类法律都归属于某一法律部门。

（2）均衡原则。即划分法律部门时应当考虑各法律部门之间法律规范的规模或数量保持大体上的均衡，不能使某些法律部门的内容特别多，而某些法律部门的内容则特别少。当然，这种均衡只是相对的，主要还要取决于各法律部门的实际需要和调整幅度。

（3）以现行法律为主，兼顾即将制定的法律。法律体系中的法律部门划分是以现行法律为主的，但法律是发展的，法律体系的内容也在不断发生变化。为了保持法律体系的相对稳定，就不能不适当兼顾即将制定的法律。

（二）当代中国大陆法律体系的部门法结构

按照中国实行的"依法治国，建设社会主义法治国家"的战略目标和任务，根据第九届全国人大常委会对中国特色社会主义法律体系的目标设计，2010年底初步形成的中国特色社会主义法律体系包括如下7个主要的法律部门。

（1）宪法法律部门。宪法法律部门由宪法及宪法相关法组成。特别重视自生自发秩序、主张严格区分"法律"（law，大致相当于"习惯法"）和"立法"（legislation，即制定法）的哈耶克认为，对于宪法性法律，"更为确当的做法是把它们视作一种旨在确使自生自发的法律得到遵守的上层架构（superstructure），而不是像论者们通常所做的那样，把它们视作其他法律的（效力）渊源"。①

宪法是我国的根本大法，是国家活动的总章程。它规定我国各种根本制度、原则、方针、政策，公民的基本权利和义务，各主要国家机关的地位、职权和职责等。现行的宪法部门有7个层面：一是宪法，包括1982年通过、已做五次修正的《中华人民共和国宪法》，以及关于宪法的解释。二是国家机构组织法和程序法，如全国人民代表大会组织法、国务院组织法、地方各级人民代表大会和地方各级人民政府组织法、监察法、人民法院组织法、人民检察院组织法，各级人民代表大会代表法、监督法和议事规则。三是立法法。四是民族区域自治法。五是特别行政区基本法。六是有关公民基本权利义务和基层民主方面的法律，如各级人民代表大会选举法及相关选举办法、村民委员会组织法、城市居民委员会组织法、集会游行示威法、戒严法、国家赔偿法等。七是涉及国家领域、国家主权、国家象征、国籍等方面的法律，如国防法、领海与毗连区、专属经济区和大陆架法、国籍法、国旗法、国徽法、特别行政区驻军法、海关官衔条例等。

（2）民商法法律部门。民商法是规范社会民事和商事活动的基础性法律。我国采民商合一的立法模式。

民法是指调整作为平等主体的公民之间、法人之间、公民与法人之间的财产

---

① 哈耶克. 法律、立法与自由[M]. 2版. 邓正来，等译. 北京：中国大百科全书出版社，2022：273.

关系和人身关系的法律规范的总和。其内容主要包括民法总则、物权法、债权法、人身权法、婚姻家庭法、继承法、侵权责任法等。我国现阶段民法主要由2020年5月制定的《民法典》和一些单行的民事法律(如《产品质量法》《消费者权益保护法》《涉外民事关系法律适用法》等)组成。

商法是调整自然人、法人之间的商事关系和商事行为的法律规范的总称。商法与民法的关系十分密切，民法的许多概念、规则、原则和原理均可适用于商法。我国现阶段的商法主要有《海商法》《公司法》《商业银行法》《票据法》《保险法》《证券法》《信托法》《企业破产法》等法律、法规。

知识产权法是调整知识产权法律关系、保护创造性智力成果和工商业标志的法律规范的总称，是民商法中另一个新兴的重要领域。作为创造性智力成果的完成人或工商业标志的所有人依法享有的权利的总称，知识产权属于民事权利，但又有别于一般的民事权利。有学者认为，法国自1992年开始制定的《知识产权法典》，很可能成为21世纪知识产权法与民法分立之始。因为"国际上将民法法典化的国家不少，但以民法典包容知识产权的国家则很少；已有的各国民法典在不断修订时增加新内容者不少，但增加规范知识产权内容者则较少"。① 我国知识产权法有《著作权法》《专利法》《商标法》等。

(3)行政法法律部门。行政法是调整行政管理活动中国家机关之间、国家机关同企业事业单位和社会团体以及公民之间发生的行政关系的法律规范的总称。由于行政法调整的对象极为广泛，因而很难形成系统单一的行政法典。各国行政法都是由很多单行的法律、法规构成的。大体上可分为一般行政法和特别行政法两个部分。

一般行政法包括行政法总则、行政主体法、行政程序法，其内容非常广泛。我国现有的《公务员法》《行政处罚法》《行政复议法》《政府采购法》《行政许可法》《行政强制法》等法律、法规，都属于一般行政法。

特别行政法则指各专门行政职能部门管理活动适用的法律、法规，如民政管理、公安管理、医疗卫生管理、科教文化管理、城市建设管理、环境保护管理、市场监督管理、司法行政管理、海关管理、边防管理、军事行政管理等多方面的规范性法律文件。就数量来讲，特别行政法远远多于一般行政法；但从法律效力来说，特别行政法都要接受一般行政法的约束。卫生法和文化法正逐渐从偏重管理的特别行政法中独立出来。

(4)经济法法律部门。经济法是国家通过宏观调控和市场管理调整市场关系的法律规范的总和。经济法结合了行政法和民商法的原理、原则和规则，涉及的范围很广，包括：A. 宏观经济管理法(如中央银行法、财政预算法、计划法、税

---

① 郑成思. 对二十一世纪知识产权研究的展望[J]. 中国法学，1999(6).

法、价格法、中小企业促进法等)；B. 市场管理法(如反不正当竞争法、反垄断法、反倾销与反补贴法、招标投标法、产品质量法、消费者权益保护法等)；C. 涉外经济法(如对外贸易法、外商投资法等)；D. 经济监督法(包括技术监督方面的计量法、质量监督法和财务监督方面的会计法、注册会计师法、审计法等)；E. 环境保护与合理利用法(包括森林法、草原法、渔业法、矿产资源法、土地管理法、水法、水土保持法、野生动物保护法以及环境保护法、海洋环境保护法、水污染防治法、大气污染防治法、固体废物污染环境防治法、环境噪声污染防治法等)。环境法正呈独立之势。

(5)社会法法律部门。法律部门意义上的社会法是狭义的，指调整劳动关系、社会保险、社会救助和社会福利关系的法律规范的总和，大致相当于劳动法和社会保障法。它包括劳动用工、工资福利、职业安全卫生、社会保险、社会救济、特殊保障以及劳动争议处理等方面的法律。我国已制定的社会法有：就业促进法、劳动法、劳动合同法、安全生产法、矿山安全法、残疾人保障法、未成年人保护法、预防未成年人犯罪法、妇女权益保障法、老年人权益保障法、法律援助法、工会法、红十字会法、公益事业捐赠法、社会保险法、慈善法、基本医疗卫生与健康促进法等。即将制定或出台的有社会福利法、社会救济法、优抚安置法等。

(6)刑法法律部门。刑法是规定有关犯罪和刑罚的法律规范的总称。在人们的日常生活中，它是人们最受关注的法律之一。我国现阶段有关犯罪和刑罚的基本规定集中在《中华人民共和国刑法》这一法典中。此外还有一些单行决定、司法解释以及包含在其他有关法律中的刑事法律规范，也是刑法部门的组成部分。

(7)诉讼与非诉讼程序法法律部门。诉讼与非诉讼程序法是调整因法律纠纷引起的诉讼活动和非诉讼活动的法律规范的总和。它包括民事诉讼、行政诉讼、刑事诉讼、仲裁、调解等方面的法律，其目的在于保证实体法的公正实施与实现，并对被损害的实体权利予以恢复或补救。我国目前的诉讼与非诉讼程序法主要有刑事诉讼法、民事诉讼法、行政诉讼法、海事诉讼特别程序法、引渡法、仲裁法等。

根据 2024 年 8 月 30 日全国人大官网正式公布的我国现行有效法律目录，在现行有效的 303 件(实为 302 件)法律中，宪法及宪法相关法 53 件，民法商法 25 件，行政法 97 件(实为 96 件)，经济法 85 件，社会法 28 件，刑法 4 件，诉讼与非诉讼程序法 11 件。

其实，以上 7 大法律部门并未涵盖我国全部重要的社会关系领域，也不符合部分法律的性质。笔者主张，市场化和全球化背景下的法律体系布局，除了将社会法法律部门更名为国际通行的社会保障法法律部门(将其中原有的就业与劳动保障法移出来)，还应该再增设科教文化法、人力资源法和卫生法三大法律部门。其中科教文化法(可简称"文化法")法律部门包括科技法、教育法、广播影视法、新闻出版法、文学艺术法和旅游休闲法等内容；人力资源法法律部门包括人口与计划生育法、就业与劳动保障法(含职业培训法)等内容；而卫生法由体育保健法、医事法和公共卫生法等组成。

✦ 思维弹射

1. 某民法典第一条规定："民事活动，法律有规定的，依照法律；法律没有规定的，依照习惯；没有习惯的，依照法理。"请从法的渊源角度分析该条规定的含义及效力根据。

2. 昔韩昭侯醉而寝。典冠者见君之寒也，故加衣于君之上。觉寝而悦。问左右曰："谁加衣者?"左右对曰："典冠。"君因兼罪典衣与典冠。其罪典衣，以为失其事也；其罪典冠，以为越其职也。非不恶寒也，以为侵官之害甚于寒。——《韩非子·二柄》

在上述案例中，韩昭侯醉酒酣睡，负责君主衣着的"典衣者"涉嫌失职，归罪于他显然名正言顺；但负责君主冠冕的"典冠者"怕君主着凉，好心"加衣于君"，居然也因此蒙罪，这是否体现了韩昭侯的专制任性？其理由是否站得住脚？你对此作何理解？

第四章　法律主体①

🔊 法海潜航

　　旺格努伊河是新西兰北岛的主要河流，不仅对生态环境至关重要，也寄托着毛利部落的信仰。经过毛利人长期的奋争，2017 年新西兰国会通过的旺格努伊河理赔法案认为，该河及其周边区域有物质性和精神性两种特征，被视为有生命的生态系统，赋予其法人资格，分别由毛利部落和新西兰政府任命的 2 名人员出任该河的法人代表。②

　　你如何看待新西兰国会的上述立法和法院判决？

　　"如果不了解作为法律对象的人，就不可很好地了解法律。"③古罗马法学的这一观点最多只说对了一半，因为人不仅是法律的对象（调整客体），而且是法律的主体；"说个人是法主体是说个人不仅是客体，不仅是他人的手段，而且是以自己为目的的。"④那么，我们到底该如何理解"法律主体"？把死者、动物、人工智能产品等视为法律主体是否恰当？这些显然不只是重要的法学理论问题，也是重要的法律实践问题。在此问题上，我们不仅要反对既有的法律（关系）主体理论和当下人工智能法学不顾哲学主体概念的基本要求，过分强调法学的自主性和法律的自治性，完全从法律和法学角度任性设定法律主体的内涵和外延；又要反对环境法学界不顾法律规范性要求，简单套用"主体间性"等某些前沿性哲学理论的倾向。也就是说，法律主体概念应兼具主体性和法律性。

---

　　①　本章曾以《法律主体新论》为题，发表于《甘肃社会科学》2023 年第 6 期。这里简化了部分理论性较强的内容。

　　②　ARGYROU A, HUMMELS H. Legal personality and economic livelihood of the Whanganui River: a call for community entrepreneurship[J]. Water International, 2019, 44(6-7): 752-768.

　　③　查士丁尼. 法学总论[M]. 张企泰, 译. 北京: 商务印书馆, 2016: 12.

　　④　川岛武宜. 现代化与法[M]. 申政武, 渠涛, 李旺, 等译. 北京: 中国政法大学出版社, 1994: 19.

第一节　法律主体的内涵及形态辨析

法律主体概念是建立在主体的一般理论基础之上的。哲学中的主体、主体性和主体间性理论，成为法律主体理论探索必不可少的参照坐标。然而普遍的问题是，要么游离于一般主体理论，不顾"主体"的基本特性和内在要求，把法律主体混同于法律上的人或法律关系主体；要么将"主体间性"理论简单套用到注重可操作性的法律制度中。事实上，它们既紧密相连，又彼此有别。

一、主体、主体性和主体间性

英语等西方语言中的"主体"（subject）一词的拉丁文 subjectum，译自希腊文 hypokeimenon，都指基础性的东西，永久性实体、根本原则或根基，某事物暗含的本质。直到近代哲学认识论的崛起，它才成为哲学人文社会科学的一个基本范畴。用黑格尔的话说，"主体就是人"，"人（间）（Mensch）最高贵的事就是成为人（Person）"。[①] 在现代汉语中，"主体"日常也指事物的主要部分，如"这项目的主体工程已经完成"。作为专业术语，"主体"特指具有自我意识、认识能力和实践能力的人。与其对应的是"客体"（object），即主体认识活动和实践活动的对象，也就是进入人的认识和实践范围的客观事物（包括作为反思与调控对象的自我）。

主体概念的人格化，要归功于笛卡儿和康德。在笛卡儿（1596—1650 年）笔下，"主体"开始从一般意义上的"实体"演变为指"人"，即具有"灵魂"或"心灵"的"自我"。"笛卡儿首先认为，现象世界应该由主体的自我认知推断而得。思维不仅建立了主体的确定性和中心，而且也将世界变成了一个客体，作为（主体）表征、认知和介入的目标而伫立在主体面前。"[②]深受牛顿（科学）和卢梭（民主）影响的康德，进而把主体或自我理解为具有综合统一感性材料、构建经验对象能力的人，认为作为"理性存在者"的人具有"知性—认知能力""理性—欲求能力""情感—判断力"三个维度的存在方式，并因此赋予"主体"相对于"对象"的优先性。首先，人类以其内心固有的时间、空间观念和质、量、样式及因果性等 12 个范畴作为形成对象或对象知识的必要的先天构件，经过综合与分析去说明现象，同时为自然（现象界）立法——人看到如此这般的世界，是因为看世界的人通过空间、时间、因果性等先天形式或范畴在内心对世界做了这样的规定。其次，"纯粹（实践）理性"是"主体"的自我展开方式，理性的自律即"自由"，也就是作为存在者

---

①　黑格尔. 法哲学原理[M]. 范扬，张企泰，译. 北京：商务印书馆，2016：51，52.

②　DOUZIUAS C. The end of human rights[M]. Portland：Hart Publishing Ltd.，2000：203-204，216，189.

的人凭借实践理性为自我立法(确立道德准则并以此自律)。最后,理性的目的作为"人的尊严",对人的认识能力具有规范和引领作用。人因此在成为超越自然的存在尺度之余,也成为与其他存在者相异的"至高存在者"。这样的人以其自由意志、理性和责任担当,而成为"自治的主体"(the autonomous subject)。① "康德的自治性使现代人成为双重意义的法律主体:他是立法者,确立法律的主体;以及服从于他要参与立法的法的法律主体。"②至此,"主体"完成了其"成人礼"。

"主体"首先意味着独立自主的个人。如果说客体的基本属性是客观性、对象性和从属性,那么,主体的基本特性就是"主体性"(subjectivity),即人在认识与实践过程中表现出来的自主、自律、自由、有目的地活动与创造的地位和特性。

人又是社会的人。他所面对的不仅仅是自然世界,还有"实践活动的生活世界",即除了主体"自我",还有"他人"或"另一个自我"。事实上,黑格尔就已初步认识到了这一点:"人格一般包含着权利能力……所以法的命令是:'成为一个人,并尊敬他人为人。'"③在胡塞尔看来,"我是在那可变化而又和谐一致的形形色色的经验中把其他人经验为真正存在着的人。……(一方面)他们是连同其身体,作为心理—物理的对象在世界中存在的。另一方面,我同时又把他们经验为这个世界的主体。他们同样在经验着我所经验的这同一个世界,而且同时还经验着我,甚至在我经验这个世界和在世界中的其他人时也如此。"④唯其如此,每个人在把自己视为主体的同时,也要把他人视为主体,否则自我的主体地位就会在他人的场域中消解。在海德格尔的沉思中,"此在"(Dasein)是"在世界之中存在"(In-der-Welt-Sein),即人和物都是寓于世界之中存在的存在者(Das Seiende)。无论是"我的此在"还是"其他此在",都是"共同在此"的,因此,"世界"不仅仅是"我的世界",而是"我"必须与"其他此在"分有的"共同世界"。⑤ 人就像离不开自己的肉身一样,也同样离不开自己生存的环境,人与世界很大程度上是一体的。这种情形称作"主体间性"(intersubjectivity,德语 intersubjektivitaet,又译为"主体际性""交互主体性")。易言之,主体性是指个体性,倾向于把"自我"看作原子式的个体;主体间性则是指群体性,即"自我"是与"他我"彼此纠缠、相依共在、交互体验的交互主体。"所谓主体间性所言说的无非是主体与主体之间的关系"。⑥

---

① 康德. 康德三大批判合集[M]. 邓晓芒, 译. 北京:人民出版社, 2020:25-117;218-220, 227-229.

② DOUZIUAS C. The end of human rights[M]. Portland:Hart Publishing Ltd. , 2000:193.

③ 黑格尔. 法哲学原理[M]. 范扬, 张企泰, 译. 北京:商务印书馆, 2016:53.

④ 胡塞尔. 笛卡儿沉思与巴黎讲演 [M]. 张宪, 译. 北京:人民出版社, 2008:128.

⑤ 海德格尔. 存在与时间(修订译本)[M]. 陈嘉映, 王庆节, 译. 北京:生活·读书·新知三联书店, 2014:137.

⑥ 段德智. 主体生成论——对"主体死亡论"之超越[M]. 北京:人民出版社, 2009:12.

主体、主体性和主体间性是三个紧密关联的概念。如果说主体性是主体内涵的直接表达，那么，20世纪初以来的"主体间性"概念则是主体内涵的创新性拓展。主体性和主体间性共同构成主体合理定位的二维坐标。

二、法律主体有别于法律中的人

法律主体概念是建立在主体的一般理论基础之上的。"法律主体和法律客体……是所有可以想到的法律都必须具备的概念。"①罗马法中有三个关于人的概念：homo（其复数为homines）是指生物学意义上的人，包括自由人（liberi）、奴隶（servi）和解除奴隶身份的解放自由人（libertinis），这种生物学意义上的人一般不能作为权利义务主体；persona原指戏剧中的面具，后来引申为演员在剧中扮演的角色，古罗马法以其表示生物学意义上的人在社会制度中扮演的各种社会角色或身份；caput则表示法律上的人格。② 值得注意的是，罗马法中的人格具有较强的身份特征，涉及自由人身份、市民身份、家庭身份，只有同时拥有自由人和市民身份的家长才具有最充足的人格。③ 此外，person或persona等西语词后来逐渐拥有了法律上的"人格"的含义。在14世纪中叶至17世纪中叶的文艺复兴和欧洲宗教改革等人文主义思潮以及早期资本主义经济的影响下，人们开始从教会和家庭的权威中逐渐解放出来，摆脱各种身份关系的束缚而成为独立自主的个体。随后的科学革命凸显了人的理性，而"天赋人权"的近代自然法思想使得法律和法学中的人格进一步平等化和权利化。"每个人都享有天赋的平等，这是他不受别人约束的权利，但同时，这种权利并不大于人们可以彼此约束的权利。……根据这种（天生平等）品质，通过权利的概念，他应该是他自己的主人。"④可以说，"成为自己的主人"正是"主体"和"法律主体"的基本内涵或内在要求。

然而，国外文献中，"法律主体"（legal subject, law's subject）一词主要见于法哲学文献。如《人权的终结》使用legal subject和law's subject；⑤拉德布鲁赫《法哲学》中的rechtssubjekt与juristische person被王朴分别译为"法律主体"和"法学意义上的人"；哈贝马斯的《在事实与规范之间》使用的legal person与legal subject，童世骏分别译为"法权人"和"法律主体"，则是颇为准确的译法。在偏重法理学或规范法学的文献中，一般是用"法律人""法律中的人"（legal person, law's

---

① 拉德布鲁赫. 法哲学[M]. 王朴，译. 北京：法律出版社，2013：39.
② 周枏. 罗马法原论（上册）[M]. 北京：商务印书馆，1994：97. 优士丁尼. 法学阶梯（第3版）[M]. 徐国栋，译. 北京：商务印书馆，2021：53.
③ 黄风. 罗马私法导论[M]. 北京：中国政法大学出版社，2003：80.
④ 康德. 法的形而上学原理[M]. 沈叔平，译. 北京：商务印书馆，2017：50.
⑤ DOUZIUAS C. The end of human rights[M]. Portland：Hart Publishing Ltd.，2000：183-261.

person）①等词语来表达。如约翰·格雷的《法律的性质与渊源》和凯尔森的《法与国家的一般理论》用的是 legal person；Ngaire Naffine 在《生命的法律意义》中只个别地方使用 legal subject，大多数场合是使用 legal person。② 这是值得深究的一个现象，但众多汉译者对二者的差异并未足够重视，而是简单地译为"法律主体"。这与规范法学者同时又认为"法律中的人"（legal person）就是"法律义务和法律权利的主体"有关。

　　"法律中的人"（legal person）这一概念最值得称道的有两点：一是它充分体现了康德所说"人是目的，而不仅仅是手段"的重要理念；二是它自觉地张扬了法学和法律的自主意识，强调"法律中的人"是主权者的一种法律构造，不同于一般意义上的人。不过，"法律中的人"更多是指作为法律调整对象的芸芸众生，而不包括至少未明确包括立法者、执法者、司法者和法律监督者等法律创设主体和法律实施主体。用拉德布鲁赫 1927 年《法律上的人》中的说法，前者（众生）是法律制度的客体，后者（特别是立法者）才是法律制度的主体。③ 拉德布鲁赫把芸芸众生视为"法律客体"，凯尔森把权利人视为义务客体，均抹杀了法律接受者的主体地位，但也一定程度上表明"法律中的人"不同于"法律主体"。前者更多是指外在的人格，即更侧重于角色或身份，凡有法律人格者，便是法律中的人；而"法律主体"一词凸显了人的内在精神品格，即人在法律中的自主、自觉与自制的独立能力和地位，只有那些不仅能依法行使权利或权力，而且能独立履行义务、独立承担行为后果（责任）的人，才能是法律主体。如基于对人的尊重，胎儿、婴幼儿、智障者等，都具有现代法律意义上的人格，但并不是或不能成为法律主体。这正是法律监护制度的现实基础与理论支柱。某些"法律中的人"甚至可能成为他人支配的对象（客体），如古罗马法中受"自权人"支配的"他权人"（家子、人妻、奴隶等）。

三、法律主体不等于法律关系主体

　　进入 21 世纪以来，"法律主体"概念才在国内法学文献中日渐多见，但基本局限于民法学，④它并没有在法学中获得独立的地位，人们长期以来错误地把法律主体混同于法律关系主体。如《大辞海·法学卷》把"（法律）主体"和"权利主

---

　　① 为了避免"法律上的人"被误解为"超越法律之上的人"，并鉴于"jurist／lawyer"也常被汉译为"法律人"（法学学者和法律工作者），笔者建议将 legal person，law's person 译为"法律中的人"。

　　② NAFFINE N. Law's meaning of life：Philosophy, religion, Darwin and the legal person[M]. Portland：Hart Pubulishing Ltd. , 2009：19, 69.

　　③ 拉德布鲁赫. 法律智慧警句集（附录一）[M]. 舒国滢，译. 北京：中国法制出版社，2020：174.

　　④ 标志性文献是：龙卫球. 法律主体概念的基础性分析——兼论法律的主体预定理论（上、下）[J]. 学术界，2000(03)，(04).

体"都解释为"法律关系主体"。① 我国当下的法理学权威教材也认为："法律关系主体，简称为法律主体，是指在法律关系中享有权利和履行义务的人。"②在近几年关于人工智能法律主体资格的讨论中，学者们依然把法律主体等同于法律关系主体。只有极个别的学者意识到二者的区别：法律主体存在的依据是国家的立法政策，而法律关系主体存在的依据则是国家的现行法律；法律主体至多只是个"潜在的行动者"，而不一定会参与具体的法律关系；法律关系主体只是法律主体的一种类型。③

笔者认为，法律主体不能等同于法律关系主体。第一，法律关系是主体间的关系，没有主体的先在，便无法律关系的产生。法律主体之间形成法律关系时，才会具体化为各种形态的法律关系主体。用美国学者杜兹纳的话说："主体的出现先于法律，主体要服从法律规范，并要在法律的限度内活动。"④第二，把法律主体混同于法律关系主体，无法解释立法主体、执法主体和司法主体是否属于法律主体。尽管执法主体和司法主体(包括负责仲裁和调解的准司法主体)在某些情况下可视为公法法律关系主体，但很多时候并不是作为法律关系主体出现的；而立法主体是法律规范的创设者，法律规范是法律关系产生的前提，因而立法主体不宜也不可能成为法律关系主体。第三，普通的社会主体，也经常是各种法律事实和法律关系的创设主体(前者如自然人创设企业、生育或收养孩子，后者如缔结合同、订立遗嘱)。法律主体依法独立做出这些法律行为时，并不是法律关系主体，正如"缔结婚姻(法律关系)的主体"不能简单等同于"婚姻法律关系的主体"一样(如父母之命媒妁之言)；相反，法律关系是这些主体相关法律行为的产物。第四，法律主体作为法律关系的潜在参与者，其法律关系主体身份只是法律主体的一个面相而已，是法律主体的下位概念。第五，区分法律主体和法律关系主体，对当下人工智能法律地位问题的讨论也有着极为重要的意义。无论是否认同人工智能产品在法律上的主体地位，该问题都只能在法律关系层面予以讨论。因为人工智能归根结底是为人类服务的，它最多只能是法律关系主体，而不能成为更高层面的法律主体。如果让人工智能作为权力主体为人类立法，或为人类创设法律关系，人就会成为客体，沦为奴仆。

四、法律主体的含义及表现形态

"法律主体是指活跃在法律之中，享有权利、负有义务和承担责任的人。此

---

① 曹建明，何勤华. 大辞海·法学卷(修订版)[M]. 上海：上海辞书出版社，2015：9.
② 张文显. 法理学[M]. 5版. 北京：高等教育出版社，北京大学出版社，2019：154.
③ 胡玉鸿. 法律主体概念及其特性[J]. 法学研究，2008(3).
④ DOUZIUAS C. The end of human rights[M]. Portland：Hart Publishing Ltd.，2000：183.

处所说的'人'主要是指自然人。在特定情况下，可以将法人等'人合组织'类推为法律主体。"①胡玉鸿教授对法律主体的这一界定，大体上是准确的，尤其是将法律主体限定在"人"的范围，并明确强调"承担责任"。但该界定也有几点值得商榷：首先，"活跃在法律之中"这一表述，似乎与作者在该文中否定"意志性"作为法律主体的必备要素的观点相冲突。其次，依然没有承认立法主体、执法主体和司法主体等"权力主体"的独立地位。再次，将自然人之外的法律主体局限在"人合组织"，显然过于狭隘。众所周知，人合组织是以组织成员的资格和信誉构成的组织，合伙企业和律师事务所就是典型的人合组织。而股份有限公司和有限责任公司是典型的"资合组织"；此外，基金会等法人也是"资合组织"。这些资合组织，与人合组织只有组织方式不同，并无法律人格方面的差异。将现代社会这些重要且大量的资合组织法人排除在法律主体之外，显然于学理不通，与事理不符，于法律实践不利。

综上所述，"法律主体"应当是指法学和法律根据现实中人(humans)的共性或类似性而构建的，能以自己的名义独立自主地做出法律行为，享有特定的法律权利或权力，履行相关的法律义务，并承担相应的法律责任的自然人及其集合体。

法律主体的外延很大程度上要取决于法律主体的内涵。如狄骥认为，法律主体就是"在事实上作为客观法律规则实施对象的实体"；只有"个别的、精神健康而自知其行为的人"，才是唯一的和永久的法律主体。"因为只有个人才执掌着一种了解自己目的的自觉意志。因此只有自觉和能支配自己行为的个人才是法律的主体"。狄骥将法律主体与健全的理性和意志结合起来，认为无理性、无意志者即非法律主体。其法律主体概念排除了两类人：一是自然人以外的法人或组织；二是失去自觉意识的人、儿童和疯子。② 狄骥的观点总体上抓住了法律主体的实质，他把未成年人、智障者、精神病患者等"法律中的人"不视为法律主体，也是恰当的；但否认作为自然人集合体的法人或组织的法律主体地位，则使得法律主体的表现形态过于褊狭。而格雷认为，享有权利却无义务者，或是承担义务却无权利者，仍为主体。他曾专章论述的"法律主体"(legal person)便包括：(1)正常生物人；(2)非正常生物人；(3)超自然人；(4)动物；(5)无生命物；(6)法人。③ 当代的拉伦茨也说，《德国民法典》认为每一个人(mensch)都生而为"人"(person)。"这一概念的内涵是：人依其本质属性，有能力在给定的各种可能性的范围内，自主地和负责地决定他的存在和关系、为自己设定目标并对自己的行为加以限制。这一思想既渊源于基督教，也渊源于哲学。"但他又认为，"法律上的

① 胡玉鸿. 法律主体概念及其特性[J]. 法学研究，2008(3).
② 狄骥. 宪法论(第1卷)[M]. 钱克新，译. 北京：商务印书馆，1959：323-328.
③ 格雷. 法律的性质与渊源[M]. 马驰，译. 北京：商务印书馆，2022：32-65.

人"就是"形式上的人的概念"，具有"权利能力"即可行为；而权利能力只要法律认可就行。① 准此，则任何事物都可以成为"法律中的人"。格雷和拉伦茨的观点显然过于宽泛，好在《德国民法典》中的人只包括自然人和法人。

法律主体在不同的角度或层面有不同的表现形态。从主体人格形态来讲，法律主体有自然人主体、法人主体和准法人主体(如个体工商户、合伙企业)。从法律运行过程来看，法律主体通常表现为法律制定主体(立法主体)、法律执行主体(执法主体)、法律接受主体(法律受众)、法律救济主体和法律监督主体。从法律关系角度来看，法律主体有法律关系创设主体(缔约者和立遗嘱者，以及客观上引发刑事法律关系的犯罪嫌疑人)、法律关系承受主体(即通常所说的"法律关系主体"，包括当事人及其代理人)、法律关系见证主体(公证主体、民间见证人或曰"中人")、法律关系救济主体(调解主体、仲裁主体、司法主体)等。从法律调整对象来看，有法律行为主体和法律关系主体(有些法律行为主体，如立法主体和立遗嘱者，并不属于法律关系主体)；二者还可以分别更具体地划分为权利主体、权力主体、义务主体和责任主体。国内外学界只将法律主体具体化为权利主体和义务主体，显然是不恰当的。且不说"权力主体"事实上不同于"权利主体"，理应独立出来，就像"权力"应从"权利"中独立出来一样；②责任主体也应从行为主体中独立出来。

第二节　法律主体的成立条件

法律主体的成立条件，又称法律主体资格。法学界既有的相关理论，主要是法律关系主体资格学说，包括"一条件说"(权利能力)、"二条件说"(权利能力和行为能力)和"三条件说"(权利能力、行为能力和责任能力)。这些学说由于论证过于简略，不仅理论上难以自圆其说，而且很难为法律实务提供坚实的理论依据，亟须修正与完善。

一、法律主体：法律性和主体性兼备

法律主体作为一种规范性主体，很多方面的确不同于哲学意义的主体，它是基于社会发展态势和价值选择的结果。如拉德布鲁赫认为，法律主体"是一个被法律视为自我目的的'人'"，"如果人类团体被赋予法学人格，那么，它也只会被

---

① 拉伦茨. 德国民法通论(上册)[M]. 王晓晔，等译. 北京：法律出版社，2003：45-46，56-57.

② 胡平仁. 法理学基础问题研究[M]. 长沙：中南大学出版社，2001：53-55；胡平仁. 法理学[M]. 北京：中国民主法制出版社，2013：41-43.

视为目的主体，被假设为目的主体，是一般的人"；①"具有普遍性的法律规则只能根据人的普遍类型来制定——而且对不同时代而言，多样态的不同的人类特性表现为典型的、本质性的，是法律规范化的重要出发点。"②凯尔森也指出，man 和 human being 是生物学和生理意义的人，而 person（包括自然人 physical/natural person 和法人 juristic person）则是法律和法学意义的人；③法律中的人（Rechtsperson）作为法律主体（Rechtssubjekt），是权利和法律义务的承载者，是法律规范的人格化的统一体；法秩序赋予人们或某些人以法律人格，不外乎是对人们施加义务、赋予权利。④ 我国也有学者认为，法律主体根源于法律的抽象建构——法律对现实存在的人赋予其法律人格，使其能够参与实际的法律活动，并享有权利、履行义务和承担责任。法律主体存在四个特性：（1）法律的创造物。法律主体是法律在制定时为调控社会所必需的拟制。（2）规范的人格化。行为是法律所直接调整的对象，而法律上所见的行为，不外乎是权利、义务、责任方面的实际体现，且必须依附于主体而存在，这种主体是法律规范的人格化了的统一体。（3）能动的行为者。法律主体具有"自为性"，即主体的独立性、能动性、目的性和创造性。（4）联结法律与现实的桥梁。法律规定必须借助于主体的行为，才能落实到现实中。⑤ 以上这些观点都是比较准确、到位的。

　　然而，仅仅以现有或潜在的相关法律规范为前提来论说"法律（关系）主体"的含义和成立条件，很容易使得法律（关系）主体理论有"法律"，无"主体"，使法律（立法者）或法学（学者）误以为只要能够"方便地"解决某些现实问题，任何实体都可以成为"法律主体"，从而导致法律主体的泛化、法学理论和法律体系的混乱。而前述哲学中的主体性和主体间性理论，准确而深刻地揭示了人作为主体的内在条件，理应吸收到法律主体理论中来（事实上，行政主体和行政相对人概念便已然如此），并转化为法律主体的核心要件。法律和法学从来就不是或不应该是一个纯规范自治的封闭体系，而应在相对自治与自治的基础上，对其他学科及社会保持足够的开放与互动，因为法律和法学都要作用于自我之外的社会现实，并与社会主体和社会生活的发展保持同步、协调互动。

　　很多规范法学者喜欢使用"legal person"而不是"legal subject"来表示法律主体，很大程度上就是想摆脱法律和法学对哲学的依赖，从而确保法律体系、法治和法学的自治性。他们认为，法律主体只是法律体系的一个装置，使一个主体在法律系统中得以行为，用来阐明享有权利与承担义务的过程；这种法律上的构

---

① 拉德布鲁赫. 法哲学[M]. 王朴，译. 北京：法律出版社，2013：150，151.
② 拉德布鲁赫. 法律智慧警句集[M]. 舒国滢，译. 北京：中国法制出版社，2020：165.
③ 凯尔森. 法与国家的一般理论[M]. 沈宗灵，译. 北京：商务印书馆，2016：152-155.
④ 凯尔森. 纯粹法学说[M]. 2 版. 雷磊，译. 北京：法律出版社，2021：217-219.
⑤ 胡玉鸿. 法律主体概念及其特性[J]. 法学研究，2008（3）.

建，是以法律目的为导向，而不是因为某种本质上的限制。甚至有些激进的法律主义者主张无物无人不可成为法律主体。"在这一观点看来，谁（who）甚至什么（what）都可以被视为一个承当权利和义务的合适的主体，并没有任何逻辑的或正式的界限。"①尽管一些温和论者也强调"person"的人格性、主体性含义，但"legal person"毕竟无法直接体现"法律中的人"的主体性，即主体在认识与实践过程中表现出来的自主、能动、自由、有目的地活动的地位和特性。法律是也仅仅是人类对自我的一种立法，法律主体资格的创设，无论是学理上还是规范层面上，都既要考虑法律的目的及处理问题上的便利，更应充分顾及相关实体的特性及情境，法律是否真的能对其发挥应有的功能。如果无视哲学上"主体"的含义及条件，过分强调法律和法学独立自主地构建或创设"法律主体"（如把动物和人工智能产品视为法律主体），不仅无法与相关学科沟通与对话，也不会带来法律实践中的便捷，反而会因"法律主体"内涵的不明和外延的泛滥，而瓦解法律的权利、权力、义务和责任体系及法学自洽的学理体系。

总之，法律主体理论既要彰显法学的独立性和自主性，又要充分考虑"主体"的哲学意蕴，同时也要立足于法律制度的自洽性及可操作性，避免简单地套用既有的或新潮的相关哲学学说，真正将"主体性"和"主体间性"的合理因素整合进"法律性"，以法律性"化合"而不是"替代"主体性和主体间性，进而对传统学说中法律主体的成立条件（即权利能力、行为能力和责任能力）作出深入论证与适当限制，这样才能恰当地确立法律主体资格，适应当代社会发展的需求。

二、权利能力：法律主体的必要条件

"权利能力概念是由近代学说从罗马法渊源发展而来，当然它在罗马人自己那里尚未形成。"②传统法律主体理论都把"权利能力"解释为法律关系主体的能力，即"法律权利的享有者和法律义务的承担者的能力"，并认为："一个人的'权利能力'，并不以他的年龄和精神发展状态为条件，也并不取决于他能否亲自行使其权利、识别和履行其义务、依'私法自治'而行为。""每个人都具有权利能力，因为他在本质上是一个伦理意义上的人。"③我国法学界基本直接认同并采纳这一观点。其实该观点潜藏许多模棱两可的理论与实践问题，甚至有令法律（立法）走向任性擅断的危险。

其一，权利能力的内涵问题。学界通说认为，权利能力是享有权利和承担义务的能力，并且是由法律规定的，与"人"的实际能力无关，即权利能力所要解决

---

① NAFFINE N. Law's meaning of life: Philosophy, religion, Darwin and the legal person[M]. Portland: Hart Publishing Ltd. , 2009: 7.

② 卡泽尔，克努特尔. 罗马私法[M]. 田士永，译. 北京：法律出版社，2018: 158.

③ 拉伦茨. 德国民法通论（上册）[M]. 王晓晔，等译. 北京：法律出版社，2003: 56, 119-120.

的是法律中的人"有没有"资格享有法律权利并承担义务的问题，而不是字面上的"能不能"（行为）的问题。我国《民法典》第13条也规定："自然人从出生时起到死亡时止，具有民事权利能力，依法享有民事权利，承担民事义务。"其实，权利能力旨在强调权利，是"法律中的人"享有权利的资格，并不一定牵连义务。如胎儿、儿童、智障者、精神病患者等，在绝大多数情形中只享有权利，而不履行义务（在遗产继承方面可能负有间接纳税义务）。正因为如此，格雷也认为，享有权利却无义务者，或是承担义务却无权利者，仍为法律主体（legal person，应译为"法律中的人"）。① 权利能力既然与"人"的实际能力无关，说明它对法律主体来说只是一个初步的外在条件，即拥有权利能力的实体还只能说是"法律中的人"，还不足以成为"法律主体"。

其二，权利能力的价值问题。"权利能力"尽管适用于所有自然人、法人及准法人组织，但其首要的价值指向是保障自然人的生存权、健康权和人格尊严权。这是"权利能力"主要侧重权利、很少牵连义务的主要原因，也是近代以来的各国法律（主要是民法）单独规定自然人的权利能力并普遍强调"自然人的权利能力一律平等"的根由！我国《民法典》第16条还规定："涉及遗产继承、接受赠与等胎儿利益保护的，胎儿视为具有民事权利能力。但是，胎儿娩出时为死体的，其民事权利能力自始不存在。"这一规定，除了标明胎儿还不是人（这与第13条关于自然人的规定一致），主要是着眼于权利（益）的享有：第13条的规定是为了保障胎儿娩出为人之后的生存权和发展权，若胎儿娩出时为死体，则该规定失去其前提和意义，故而第16条才强调"其民事权利能力自始不存在"。由于胎儿、未成年人和智障者等可以"享有"（享受和拥有）权利、"承担"义务，但不能"主张"和"行使"权利，也不能实际"履行"义务，因此引起法律的监护和代理制度。

其三，权利能力的载体问题。既然权利能力源于法律的设定，那法律是不是可以"任性"或漫无边际地延伸到任何"实体"？这些问题在萨维尼和拉伦茨那里，都是很明确的：权利能力只限于伦理意义上的人。如萨维尼认为，法律主体的概念必须与人的概念相契合，因为所有权利都是基于伦理的人而存在，每个人都是权利能力者，而法人作为法律主体并非源于法人的本质，仅是一种法律拟制的结果。② 前引拉伦茨的观点表明，拉伦茨认同萨维尼关于法律主体仅限于伦理人及其集合体的观点。不过，自然人的权利能力与法人还是有所不同的：首先，"自然人的民事权利能力一律平等"（我国《民法典》第14条），法人的权利能力则受法人的设立目的和章程的限制而各有不同、大小不等。其次，自然人的权利能力先

① 格雷. 法律的性质与渊源[M]. 马驰，译. 北京：中国政法大学出版社，2012：32.

② 星野英一. 私法中的人——以民法财产法为中心[C]//梁慧星. 民法总则论文选粹. 王闯，译. 北京：中国法制出版社，2004：287.

于且独立于其行为能力和责任能力，而法人的权利能力、行为能力和责任能力在法人存续期间是同时兼备的。当然，更重要的问题是，权利能力是否可以像从自然人延伸至法人等组织那样，延伸或类推到其他实体？笔者认为，把权利能力等从自然人延伸至法人，尽管是为了适应现代经济生活的需要、便于法律对有关经济实体的管理，但至关重要的一点是：法人等组织的背后，还是伦理意义上的人，法人的利益、愿望和行为，其实质还是人的利益、愿望和行为。人们往往忽略了这一点，从而把法律人格和权利能力推延至人之外的实体（如动物、石头、河流、生态环境整体和人工智能产品等），进而把法律中的人等同于法律主体，无限扩大法律（关系）主体的范围。这显然是大而无当、失去准衡的表现。

其四，权利能力的前提问题。这是防止权利能力的设定沦于"任性"或漫无边际的关键。从学理和立法实践的深层可以发现，基于生命意识的自我意识（self-consciousness）、自我体验和自我控制乃"法律中的人"的本质规定，也是法律主体成立的前提条件。所谓生命意识，就是生物机体对生、老、病、死及由此衍生的饥、渴、喜、怒、哀、乐、爱、恶、忧、惧的感知与反省。由生命意识发展而来的自我意识，则是高等级生物（特别是人）对个体自我和同类的明确认知。如前所述，笛卡儿认为，现象世界主体和客体的二分，便是根源于人的自我认知。黑格尔和马克思则进一步阐述了个体自我意识、目的意识和类意识的觉醒，才催生了人的主体观念。20世纪60年代末以来的一系列动物实验表明，黑猩猩、隆头鱼、蚂蚁等经过多次反复后均可以意识到镜子中的影像是它自己，这意味着它们拥有简单初步的自我意识。但即使是聪明的小猴子，在用来换糖吃的木块用完后，也只会用自己的尾巴来换糖。这说明小猴子不能把自己同周围的事物完全区分开来。而18个月大的人类婴儿，就可以顺利通过镜像实验；到4岁左右，便能形成完全的自我意识，明确区分自我与世界。至于自我体验，则是具有自我意识的个体对自己的各种身心状态和愿望的感知与体验，特别是对尊卑感、尊荣感、优越感、义务感或责任感等的直观感受与认识。自我控制则是高等级生物体（人）基于意志和理性对自我的掌控，即自主、自立、自强、自律等心理成分。其中，生命意识是基础，自我意识是起点，自我体验是核心，而自我控制是关键。这四者不仅是个体生存与发展的精神动力，而且对人格的形成和发展起着调节、监控与矫正的作用，也是道德和法律得以发挥作用的前提。法律对权利能力的设定，也要以相关实体具有与人类相同或相通的生命意识、自我意识、自我体验和自我控制为基础，否则有害无益。婴幼儿、智障者和精神病患者虽然不完全具备上述条件，但基于人的"类"特性，仍可享有权利能力。

其五，权利能力与法律主体的关系问题。在罗马法中，"权利能力"又被称为法律"人格"（personalita），获得权利能力要具备三大要件：（1）人的存在，即必须是生下存活的人；（2）自由身份，即生来自由人和解放自由人才拥有权利能力，奴隶没有权利能力，而是权利标的；(3)市民身份，即异邦人没有或只有部分权利能力。只有具备这三大要件的生物"人"(uomo)，才能成为法律意义的"人"(persona)。① 在现代社会，权利能力是所有"法律中的人"(尤其是自然人)都平等享有的，也是"法律主体"必备的前提条件；但并不是具备了权利能力者就必然是法律主体。"法律中的人"要成为"法律主体"，还必须具备行为能力和责任能力；也就是必须具备人格独立、意志自由、理性自律和责任担当等条件。

三、行为能力：法律主体的核心条件

在西方法学传统理论中，行为能力被定义为法秩序赋予某人的、通过其行为独立地行使权利和履行义务的实体法中的能力，以及通过调解、仲裁和诉讼来获取或影响法律救济的程序法中的能力；但不包括不法行为能力，即实施法所禁止的行为或依法当为而不为的行为(凯尔森仅指法所禁止的行为)、从而引发并承担某种制裁的能力。② 而我国法学界所说的行为能力通常包括不法行为能力，即"行为能力"是指"法律中的人"基于对客观规律和法律规范的认识与目标的选择而支配自己及外部世界的能力，以及不受他人非法干涉和限制而作为或不作为的状态。它是"行为自主"的法学表达，是人格独立的外化与延伸状态，也是人成为"主体"和"法律主体"的关键条件与外在标志。

所谓人格独立，就是"法律中的人"成为真正独立的个体，生理上是成熟的，达到一定的年龄；心理上是健全的，不存在弱智、精神病等残缺；社会关系方面是自立的，没有人身依附(最典型的是"奴隶")和行政依附(如我国计划经济时代的"职工"和"企业")。很显然，人格独立以自我意识为基础，以健全的理性为核心。

在普赫塔(Puchta，1798—1846 年)看来，"人类之所以是法的主体，是因为他应得到那种自我决定的可能性，是因为他拥有某种(自由)意志。"③黑格尔也认为，"人……只有……通过他的自我意识了解自己是自由的，他才占有自己，并成为他本身所有以对抗他人。"④不过，意志自由虽然是人格独立的内在状态，也是自我意识的高级形态，通常表现为主体的思想自由、自主决定，不受外在力量的干扰与胁迫；但一时的外力胁迫或欺诈(即意志不自由)，并不能剥夺任何人的法律主体资格，只能导致受胁迫和受欺诈者的相关法律行为无效。也就是说，意志自由虽然是法律主体的重要因素，但理性才是人的本质，才对法律主体至关重要。只有理性的人才能自主和自律，进入道德与法律共同体，并为其行为承担相应的责任。"如果意志要想具有法的权能，它就必须在理性发号施令时受理性的

---

① 彭梵得. 罗马法教科书(2005 年修订版)[M]. 黄风，译. 北京：中国政法大学出版社，2005：23-32.
② 凯尔森. 纯粹法学说[M]. 2 版. 雷磊，译. 北京：法律出版社，2021：186-187.
③ 凯尔森. 纯粹法学说[M]. 2 版. 雷磊，译. 北京：法律出版社，2021：214.
④ 黑格尔. 法哲学原理[M]. 范扬，张企泰，译. 北京：商务印书馆，2016：73.

节制。"①"人的自由和依照他自己的意志来行动的自由，是以他具有理性为基础的，理性能教导他了解他用以支配自己行动的法律，并使他对自己的自由意志听从到什么程度。"②大卫·休谟（David Hume，1711—1776年）曾从经验层面论证"畜类也和人类一样赋有思想和理性"，但他也不得不承认，"畜类确实永远知觉不到对象之间的任何实在联系。所以它们只是借着经验由一个对象推到另一个对象的。"③在康德哲学中，"'理性'不仅指人类认识可感知世界的事物及其规律性的能力，而且也包括人类识别道德要求并根据道德要求处世行事的能力。"④康德强调，无理性的存在者只有一种相对的手段价值，因而叫作事物；而理性存在者被称为人格，"不仅仅作为这个或者那个意志随意使用的手段而实存，而是在他的一切无论是针对自己还是针对别人的行为中，必须始终同时被视为目的。"⑤也就是说，人格独立的前提，是清醒的自我意识和健全的认知能力；而人格独立的核心，是意志自由和理性自律。1811年《奥地利普通民法典》规定："每个人生来就因理性而获有天赋的权利，故得作为人而被看待。"⑥在刑事法中，理性信念更是根基："人们往往由他们的理性能力来界定；他们本质上是依据本性的理性选择者，这是他们成为所分配的责任和罪责的合法的主体。……那些理性消失的人可能不被视为自治的、完全的法律行为者。"⑦

正如杜兹纳所说，从康德那里开始，人便是目的。因此，"道德哲学与法理学都假设了一个自主自律的主体"。⑧"自主"意味着人的意志自觉与人的目的性，即人能认识自己行为的性质、意义和后果；"自律"则意味着人是一个能够控制自己思想和行为的生命主体，他有能力做出选择，当然也有必要为自己的选择承担责任，即"自我为它自己立法"。不过，"自主自律"作为理性主体假设的内在规定性，并不意味着法律主体所做出的行为必然就是理性的，而只是表明理性的法律主体能够认识并控制自己的行为，从而必须为自己的行为（包括理性行为和非理性行为）负责。这是法律权利或权力、法律义务和责任制度的基础，也是民法和消费者权益保护法设置冷静期或反悔期、刑法中激情犯和醉驾需要承担罪责之类制度的根源。此外，是否达到一定年龄、心智是否正常，也是自然人能否享有行

① 阿奎那.阿奎那政治著作选[M].马清槐,译.北京:商务印书馆,2017:107.
② 洛克.政府论(下册)[M].叶启芳,瞿菊农,译.北京:商务印书馆,2016:39.
③ 休谟.人性论(上册)[M].关文运,译.北京:商务印书馆,2016:197-200.
④ 拉伦茨.德国民法通论(上册)[M].王晓晔,等译.北京:法律出版社,2003:46.
⑤ 康德.道德形而上学的奠基(注释本)[M].李秋零,译注.北京:中国人民大学出版社,2020:48-49.
⑥ 茨威格特,克茨.比较法总论(上)[M].潘汉典,等译.北京:中国法制出版社,2017:297.
⑦ NAFFINE N. Law's meaning of life: Philosophy, religion, Darwin and the legal person[M]. Portland: Hart Publishing Ltd., 2009:7.
⑧ 杜兹纳.人权的终结[M].郭春发,译.南京:江苏人民出版社,2002:249,250.

为能力的标志。例如，婴幼儿、精神病患者不能控制自己的行为，也不能预见自己行为的后果，因而法律不能赋予他们行为能力。法人和准法人组织是法律拟制的人格，也具有行为能力，但与自然人的行为能力不同：第一，自然人的行为能力有完全与不完全之分，而法人的行为能力总是有限的，由其成立宗旨和业务范围所决定。第二，自然人的行为能力和权利能力并不是同时存在的，具有权利能力却不一定同时具有行为能力，丧失行为能力也并不意味着丧失权利能力；而法人的行为能力和权利能力却是法人依法成立便同时产生，依法撤销便同时消灭的。

如果说"权利能力"只是法律主体在法律活动和法律关系中实际取得权利或权力、承担义务的前提条件，旨在单纯从规范层面解决法律中的人"有没有"享受特定权利的资格问题，那么，"行为能力"则是同时从事实和规范层面回答法律中的人"能不能"实际行使法律权利或权力、履行相应法律义务的问题。

因缺乏对"承担"和"履行"的必要辨析，法律（关系）主体"二条件说"和"三条件说"都让人误以为"权利能力"包括履行义务的能力。如果真的如此，则"行为能力"就已经包含在"权利能力"中，从而没有单列的必要。梅迪库斯在《德国民法总论》中就将行为能力置于法律行为的有效要件中，而非法律主体的构成要件；因为按传统理论，就算一个人完全没有行为能力，其仍然具有权利能力，可以享有权利，也必须履行义务。[①] 但这样一来，二条件说和三条件说就等于消解或否定了自我，变成了"一条件说"。而权利能力是自然人一出生或法人一成立就具有的，行为能力则要达到一定的年龄和健康条件（法人则要符合其章程规定的业务范围）；并且只有具备相应行为能力的自然人及其集合体，才能行使法律权力（尤其是公共权力）。无论是形式上的还是实质上的"一条件说"，离开了"行为能力"，都无法说明监护和代理制度的必要性；无法说明不同法人受法律和章程限制而呈现的从业行为方面的差异；无法说明法律中为何要对不同的法律主体做不同的年龄限制。如我国《民法典》第 1047 条规定婚姻关系主体的年龄条件是"男不得早于二十二周岁，女不得早于二十周岁"。

四、责任能力：法律主体的保障条件

"责任能力"是指"法律中的人"具有了解自己的地位和行为的性质及意义，并依法独立承担其不良法律后果的能力。这句话有三层含义：首先，责任能力的承担者是"法律中的人"，即自然人和相关实体。其次，"法律中的人"主要是对自己做出的不当行为（包括作为和不作为）承担法律责任，但在某些特殊情形下，也要因自己所处的法律地位担责。如转继责任、监护责任和公平责任。再次，责任能力是权利能力和行为能力的逻辑延伸。一个人或其他实体能否具备责任能力，

---

① 梅迪库斯. 德国民法总论[M]. 邵建东，译. 北京：法律出版社，2018：782.

生命意识是基础，健全理性是关键，而且二者缺一不可；它们分别是权利能力和行为能力的核心条件。一方面，没有生命意识的实体，就无法感知与体验法律行为及法律责任的意义，从而不能成为法律主体；另一方面，没有健全的理性，就不能实现行为的自主与自律，也就无法凭借理性选择自己的行为并承担由此带来的责任。正是基于前者，人工智能产品等非碳基生命不能成为法律主体（详见下一部分）；基于后者，一个人不具备行为能力，或不是自主做出的行为，法律上就无须承担责任。不过，"责任能力"不等于"责任自负"：前者是法律主体成立的一个重要条件，而后者是法律责任原则之一，也是责任能力的具体"落地"。

责任能力是确保权利能力和行为能力在恰当与合理的范围内运行的重要法律手段，是法律主体必不可少的保障性条件；也只有真正具备责任能力的实体，才能成为法律主体。康德便指出："人格是其行为能够归责的主体。""物品是一个不能归责的事物。"①当代学者也认为，"人与其他生物之间的一个重大区别在于，只有人才能对他们所做的事负起道德上的责任"，②当然还有法律等方面的责任。也就是说，可归责性是区别主体与客体的一个重要标准。

居于学界主流的法律（关系）主体"二条件说"认为，只要具备行为能力，就必然具备责任能力。事实上二者并不必然相伴。如大学的院系可依法对外招生办学，公安派出所可对外依法执法，但一旦发生民事诉讼或行政诉讼，它们都不是适格的诉讼主体，不能独自对外承担相应的法律责任。新兴的"电子人"等人工智能，可能具有行为能力，却很难说具有责任能力。以下两种情形也是如此：（1）在刑事责任法中，达到一定年龄的人犯某些罪行，往往会从轻、减轻甚至免除相应的刑事责任。如我国《刑法》第 17 条之一和第 49 条第 2 款（《刑法修正案（八）》第 1 条、第 3 条）分别规定："已满七十五周岁的人故意犯罪的，可以从轻或者减轻处罚；过失犯罪的，应当从轻或者减轻处罚。""审判的时候已满七十五周岁的人，不适用死刑，但以特别残忍手段致人死亡的除外。"很显然，这些年龄段的人犯相应罪行，说明其具有行为能力，但法律基于人道等方面的考虑，减轻或免除了他们的罪责。（2）法人等社会组织的行为能力与责任能力，也不一定直接相关。如现代许多国家虽有法人或单位犯罪概念，但这些法人或单位往往不承担自由刑和死刑（如果不把撤销该单位或取消其法人资格视为"死刑"的话）。又如甲企业欠乙企业债务，后来丙企业兼并了甲企业，后者所欠债务便由前者归还（法律责任转继）。以上种种充分说明，法律主体的行为能力不必然伴随相应的责任能力，责任能力自有其独立存在的地位和意义，而不仅仅是行为能力的附庸或补充。"二条件说"不仅大大降低了责任能力在法律主体资格方面的重要性，而且

---

① 康德. 道德形而上学（注释本）[M]. 李秋零，译注. 北京：中国人民大学出版社，2020：21.

② 费舍，拉维扎. 责任与控制——一种道德责任理论[M]. 杨韶刚，译. 北京：华夏出版社，2002：1.

等于取消了责任能力的独立地位。

综上所述，权利能力只是法律主体的外在资格，是所有"法律中的人"都具备的；行为能力和责任能力则是法律主体成立的内在条件与关键所在。经过重新阐释与适当限制的权利能力、行为能力和责任能力，呈现出一种层层推进的内在逻辑，它们分别从不同角度和不同层面，相依共生地成就了法律主体的资格。

第三节　动物和人工智能可否成为法律主体

随着环境保护的发展和人工智能技术的崛起，动物、生态环境和人工智能产品能否成为法律主体的问题也引发了国内外学界和实务部门的广泛争议。

一、动物不应成为法律主体

历史上某些时段和地区，受泛灵论的影响，动物乃至顽石，都可以成为法律主体。"在原始社会中，动物、植物甚至无生命之事物的行为也同样被法秩序以与对待人类相同的方式来调整。……在古代雅典有一家特殊的法庭，一块石头、一柄标枪或其他某个对象在庭上被提起诉讼，可能是因为借由它们某个人被（也许是无意地）杀死了。在中世纪，仍有可能针对动物（如一头造成某人死亡的公牛）或针对毁灭庄稼的蝗虫提起诉讼。被起诉的动物以合法形式被判决和处以死刑，完全就像一个人类犯罪者那般。"[1]甚至到了现当代，对于动物是不是法律主体仍然争议不断。格雷在20世纪初便指出，保护动物的法律是为人类主人的利益而制定的，动物没有法律权利，也没有法律义务，因而不是法律主体。[2] 凯尔森也强调："现代法秩序只调整人类行为，不调整动物、植物和无生命之对象的行为，因为它们只针对前者而不是后者施加制裁。"[3]而一些动物权利的鼓吹者认为，人和非人动物共享许多特性，法律应该至少通过授予大多数智慧动物以法律人格来承认它们的共性；动物应该是权利的享有者，并因此成为法律主体。[4] 瑞士甚至于1992年通过法律认定动物为"人"（beings），而非"物"（things）。

"动物权利"的概念，出自英国社会改革家 Henry Salt 1892 年出版的《动物的权利：与社会进步的关系》。"动物权利"说的主要观点是：所有动物（至少是脊椎动物）应当享有支配自己生活的权利；动物应当享有一定的精神上的权利；动物

---

① 凯尔森. 纯粹法学说[M]. 2版.雷磊，译. 北京：法律出版社，2021：41.

② 格雷. 法律的性质与渊源[M]. 马驰，译. 北京：商务印书馆，2022：47.

③ 凯尔森. 纯粹法学说[M]. 2版.雷磊，译. 北京：法律出版社，2021：42.

④ NAFFINE N. Law's meaning of life: Philosophy, religion, Darwin and the legal person[M]. Portland: Hart Publishing, Ltd. , 2009：8.

的基本权利应当受法律保障。这些观点反对将动物当作一般财货或是为人类效力的工具。"动物权利"说实际上是以"动物与人同为平等主体"的理论假说为前提的，其实质是"动物主体"说①。这些学说乍看让人耳目一新，实际上却是伪概念和伪命题。

"动物权利"说和"动物主体"说的立论前提：动物意识、动物情感②。该前提成立，符合客观事理。19世纪以来的一系列动物实验已经证实了这一点。

"动物权利"说和"动物主体"说的哲学基础：源于胡塞尔"生活世界"和海德格尔"此在""在世界之中存在"的"主体间性"理论。基于天然的邻近性，环境法学者普遍强调人与自然的"主体间性"或"天人合一"，尽管有一定的客观事实依据，但这主要是一种哲学或生态伦理的"拟制"，是以"观念"形态表现的人类自我指引与自我约束，而不能简单、直接地引入注重可操作性的法律制度规范（特别是主体制度规范）中。虽然行政法学中的"行政主体"和"行政相对人"概念，颇为准确地体现或暗合了"主体间性"理论的精髓，但它们毕竟是就"生活世界"中的"人"而言的，而不是"人"与"生活世界"中的"世界"。

"动物权利"说和"动物主体"说的价值取向：万物平等、③生态和谐。前者虚伪：人是肉食兼素食的杂食动物，如果动物真的与人是同类，并享有与人平等的权利及地位，那么人就不能以动物为食。后者成立，符合情理：人是生态人，只有在和谐的生态环境中才能更好地生存与发展。

"动物权利"说和"动物主体"说的法理依据一："权利"延伸。该依据不成立，理由是："权利"内容构成的三权能，即自主行为权、要求他人权、保护请求权，动物全不可行。早在20世纪初，英国分析法学家萨尔蒙德就曾探讨低等动物的法律地位问题，认为"兽类的利益和权利都是道德的而非法律的"。④ 稍后的美国学者格雷也指出："某些针对动物的行为被命令或禁止不是因为动物的缘故，而是因为人的缘故；但另有一些针对动物的行为（例如虐待动物）之所以被禁止却至少可以理解为是因为动物本身。不过，动物并不享有法律权利，因为它无法仰仗自己的意愿来促发此种保护。"⑤有些环境保护主义者认为应当给予自然界和自然

---

① GRIFFIN D R. The question of animal awareness：Evolutionary continuity of mental experience[M]. New York：The Rockefeller University Press, 1976：85-104；王紫零. 非人类存在物法律主体资格初探[J]. 中国环境管理干部学院学报，2003(1)；段凡. 动物法律主体地位的思考[D]. 武汉：华中科技大学，2005；蔡守秋. 主体人批判论纲[J]. 河北法学，2011(3).

② 雷根. 动物权利研究[M]. 李曦，译. 北京：北京大学出版社，2010：1-102；德格拉齐亚. 动物权利[M]. 杨通进，译. 北京：外语教学与研究出版社，2015：5-59.

③ 辛格，雷根. 动物权利与人类义务[M]. 曾建平，代峰，译. 北京：北京大学出版社，2010：79-144.

④ SALMOND. Jurisprudence or the theory of the law[M]. London：Stevens and Haynes, 1902：335-336, 219.

⑤ 格雷. 法律的性质与渊源[M]. 马驰，译. 北京：商务印书馆，2022：26.

物(特别是具有一定智慧的高等级动物)以法律主体地位，是从胎儿和死者可以享有某些权利或权益而做出的推论，是一种"权利延伸"说。其实"权利延伸"说不能成立。首先，胎儿和死者都属于人类(即将的或曾经的)，而动物、生态等则不是。如果把法律主体类比为几何学中的线段，把胎儿、未成年人、法人等比作以虚线形式表示的延长线，其背后的"数理"逻辑是：他们都与"线段"(法律主体)处于"人类"这一水平线上。而"动物""河流"等并不属于人"类"，不在同一"水平线"，不能做合理延伸。其次，胎儿、死者不会给他人及社会造成损失或危害，因而无须履行相应义务，承担相关责任；而动物可能咬伤甚至咬死人，河流泛滥会导致人们财产甚至生命损失，但它们都不能承担相应责任。再次，胎儿、死者享有某些权利或权益，并不意味着它们是法律主体，而仅仅表征它们是法律保护的对象(客体)；动物和生态理应受到保护，也无须人为地使其上升到法律主体地位，而只要给人类主体施加不虐待、不任意伤害或破坏，并尽可能照护的义务及相应责任即可。这一义务和责任的法理基础是：人类从动物和生态方面获得了食物、陪伴及赖以生存等生态利益。

"动物权利"说和"动物主体"说的法理依据二："权利"托管。该依据也不成立，法学中的"监护""代理"与"托管"理论和制度，不能适用于动物。理由是：这些理论和制度都以被监护人或本人的权利和义务为客体，有的则要以财产为基础，而动物除了生命，并没有任何财产，甚至没有履行义务的能力。且不说动物委托人类"监护""代理"等的虚幻性和荒谬性，请问：谁来承担动物"义务"和"责任"？动物伤人或杀人，"监护人""代理人"或"受托人"是否担责？如果动物可以只享有"权利"而不承担"义务"和"责任"，人是否也可以？虽然表面上看动物似乎也可以"承担"义务和责任，比如对伤害或咬死人的动物进行"同态复仇"或判处"死刑"，但现代法律设置法律责任，不仅仅是为了惩罚，更重要的是为了预防：较大程度地预防犯罪或预防逃避其他法律义务。由于缺乏足够的理性认知和自我控制能力，一头动物被"依法"处罚乃至被杀死，并不会使其他动物引以为戒，反而更有可能导致基于群体本能的报复行为。

善待动物、植物乃至万物都是应该的，因为人与自然相互依存。人与生态环境的关系，归根结底是人与人的关系，只需通过人类"可持续发展""禁止权利滥用"原则和生态人理念的确立及生态义务与责任的配置即可；创设"动物权利""动物主体"等理论和制度，只是徒增混乱。

二、人工智能不可成为法律主体

人工智能(artificial intelligence，缩写为 AI)，是研究、开发用于模拟、延伸和扩展人的智能的理论、方法、技术及应用系统的一门新的技术科学。不过，人们通常所说的"人工智能"，是人工智能产品的简称。2017 年 10 月 26 日，沙特阿拉伯率先授予中国香港汉森机器人公司生产的"女性"机器人"索菲亚"（Sophia）以公民身份。这一度引起热议。而攻击性无人机和自动驾驶汽车等的出现和2020年以来发生的多起所谓"AI杀人事件"，更是引发了人工智能可否具有法律主体地位、能否以自己的名义承担法律责任的争议。

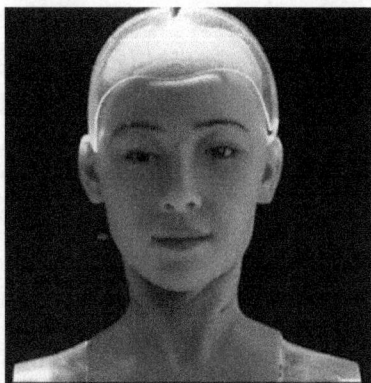

图4-1 机器人索菲亚

法学界关于人工智能法律地位的争论焦点，在于是否赋予人工智能法律主体资格。这也是设计有关人工智能法律制度的理论基础和逻辑起点。争论中主要有否定说（客体说）、肯定说（主体说）和折中说（有限人格说）三类观点。

否定说（客体说）反对赋予人工智能法律主体资格，认为法律主体的本质在于自我意识、理性和自由意志；而人工智能作为人类的创造物，只是人类智力的延伸，执行人类预设的程序，是辅助人类的工具；它没有自己的独立意志，也未发展出理性，不能真正以自己的意愿控制自己的行为，缺乏责任能力，因而既无法作为自然人，亦不可创制为法人。鉴于其智能上的"类人"属性，应将人工智能界定为法律客体中的特殊物。[1] 有的论者从现当代法律制度的两大主体预设（理性主体和欲望主体）出发，提出人工智能是人类技术理性的延伸，似乎与理性法律主体的预设相契合，但它不具备欲望机制，不能成为适格的法律主体；而将人工智能拟制为法律主体，当前缺乏必要性和可行性，并且有导致人的价值贬抑和物化、异化的危险。[2] 有学者基于民事主体的人格构成三要素，认为智能机器人尽管有一定的意识能力和独立意志，能够充当一定的社会角色，但不具有人体和人脑，其民法地位属于人工类人格，仍然属于物（权利客体），而不是民事主体；对其现实造成的损害及发展中的社会风险防范，应当适用侵权责任法的产品责任规则。[3] 有刑事法学者提出，唯有能够理解概念和语义、能够领会刑法规范的内容和要求的规范接受者才能被视为刑事责任主体。无论采用符号计算主义还是联结主义的系统，当前的人工智能技术都不能解决语义的理解和生成问题，并未与人类分享共同的生活形式，因而在可预见的将来，人工智能技术不具有成为刑事责

① 范忠信. 人工智能法理困惑的保守主义思考[J]. 探索与争鸣, 2018(9)；刘洪华. 人工智能法律主体资格的否定及其法律规制构想[J]. 北方法学, 2019(4)；韩旭至. 人工智能不是人：从主体构建批判到非主体规制策略[J]. 大连海事大学学报（社会科学版）, 2019(4).
② 龙文懋. 人工智能法律主体地位的法哲学思考[J]. 法律科学, 2018(5).
③ 杨立新. 论智能机器人的民法地位及其致人损害的民事责任[J]. 人工智能法学研究, 2018(2).

任主体的资格。①

肯定说（主体说）和折中说（有限人格说）基本以拟制人格说、电子人格说、工具人格说为代表。

拟制人格说认为，人工智能虽然是人类创造的，依赖于人类的预先设定，但它在给定框架内具备的自主学习能力将加速其本身具有的独立性和自主性，甚至有可能发展为具有自我意志的类人主体。当今人类中心主义的主客体二元结构逐步消解，客体完全可以主体化，主体不限于人，人工智能也可以作为法律主体；人类必须跳出人类中心主义或"非人即物"的牢笼，摆脱纯粹功利主义与工具主义对待人工智能体的方式与思维，通过法律拟制而赋予其一定范围的法律主体资格，最终做到人类与人工智能和谐共舞。② 一些持折中说者也认为，人工智能具有明显工具属性，缺乏被法律独立尊重的理由，因此无法成为类似生物人那样真正的法律主体；但基于表达和思维便利的考虑，不排除人工智能可以像法人、神灵、死者那样成为拟制主体。③ 对人工智能主体地位的拟制，应当区分人工智能受人指令的行为和人工智能的"自主行为"；还要考虑人工智能可能作为的行为性质，即对其创造性行为、损害性行为和其他行为以不同的制度应对；弱人工智能居法律客体地位，强人工智能居法律主体地位。④

在电子人格说看来，"电子人"非碳基生命，非自然人血肉之身，而是算法与硬件的混合体，权利能力技术性相对较强，这与法人类似。但"电子人"少受甚至可能不受自然人控制，相较于完全受自然人支配之法人，其工具性反而相对较弱，自主性更强。⑤ 而来自立法方面的支持是，2017 年 2 月，欧洲议会表决通过的《欧洲机器人民事法律规则》认为：从长期着眼，为机器人创立特定的法律地位，至少明确最精密的自主机器人拥有"电子人"地位，能够承担弥补其引发的损害的责任，并在机器人自主决策或以其他方式与第三人独立交往的案件中适用电子人格。2017 年俄罗斯"格里申法案"以及 2018 年韩国《机器人法案》等立法建议，也都主张赋予高度自动化的"电子人"以法律主体地位。有人认为，智能机器人从应然和实然层面具有与自然人相当的意志自由，已具备刑事法律人格，应被作为第三类行为主体纳入刑法规制。结合智能机器人的罪责形态分析，一些行为

① 王钢. 人工智能刑事责任主体否定论[J]. 苏州大学学报（法学版），2022(4).

② 杨清望，张磊. 论人工智能的拟制法律人格[J]. 湖南科技大学学报（社会科学版），2018(6)；骁克. 论人工智能法律主体的法哲学基础[J]. 政治与法律，2021(4)；范进学. 人工智能法律主体论：现在与未来[J]. 政法论丛，2022(3).

③ 马驰. 谁可以成为法律主体——兼谈人工智能的法律主体资格问题[J]. 甘肃社会科学，2022(4).

④ 彭中礼. 人工智能法律主体地位新论[J]. 甘肃社会科学，2019(4)；周大鹏. 人工智能法律地位研究[D]. 武汉：武汉大学，2019.

⑤ 郭少飞. "电子人"法律主体论[J]. 东方法学，2018(3).

可以通过间接犯罪、工具理论等现有刑法理论与相关规定予以应对；需要进一步思考的是智能机器人超出人类控制范围自发性实施犯罪的刑法规制问题。①

工具人格说则认为，人工智能作为人类创造的智能化工具，具有为人控制性和一定程度的智能性，是一种有限的工具性人格。这种有限性体现在：其一，行为能力的有限性，智能机器人的行为应当受到使用者或占有者的最终控制。其二，权利义务的有限性，智能机器人作为工具性主体并不享有伦理性的人格权或身份权，而是享有经济性的财产权利及相关义务。其三，责任能力的有限性，智能机器人虽然可以独立自主地参与到民事活动中来，但在法律人格有限的前提下，人工智能所造成的损害由其实际控制人承担责任也是合理的。② 工具人格说在"否定说"（客体说）中也有所体现。

人工智能主体否定说简单地以理性、人格独立、意志自由等传统哲学理论作为支撑，虽然是必要的与合理的，却还不足以完全否定人工智能的主体地位；因为这些因素人工智能或多或少都具备。关键在于，人工智能所具有的意志和理性不过是简单的技术理性的表现而已，与血肉之躯的人类基于肉体感知、需求、愿望等而产生的意志及理性，完全不在一个频道。

进而言之，上述种种人工智能主体说，至少有几个根本性的问题难以解决：

其一，无论是现阶段还是今后，大多数人工智能始终要受到人为设定的程序和算法的限制，人类凭借"开关"就能将其类人的"意识"和"行为"关闭。这类人工智能显然没有自己的独立意志，不能真正以自己的意愿控制自己的行为，并切实地为自己的行为承担责任，也就不可能成为法律主体。对此，人们很容易理解与接受，无须赘言。

其二，任何法律主体都是法律权利和权力的行使者，法律义务与责任的承担者。而各种法律主体（包括自然人和法人）权利能力、行为能力和责任能力的现实基础，正是生命体的生存意识、发展动机、情感体验、尊荣观念与合作意愿，以及基于合作的义务感和责任感。从正面来说，生存意识和发展动机，不仅是人类社会的发展动力，也是法律权利特别是人权制度之根；尊荣观念更是权力产生与运行之基；情感体验与合作意愿，是法律介入现实、调整人际关系之由；而义务感和责任感，则是法律实效之源。反过来看，人们害怕因为违法而被夺去生命、财产（财产是生命的物质基础），或是蒙受名誉损失（名誉是人的社会生命），这才使得法律责任制度有了切实的人性基础，从而相关的权利、权力和义务制度才变得切实可行。人工智能（即使是那些自主意识很高的所谓"强人工智能"），没有与

---

① 肖姗姗. 论智能机器人的法律人格及其刑事责任规范[J]. 大连理工大学学报（社会科学版），2020(9).

② 袁曾. 人工智能有限法律人格审视[J]. 东方法学，2017(5)；许中缘. 论智能机器人的工具性人格[J]. 法学评论，2018(5).

人类相同的基于碳基生命的生存意识、发展动机、情感体验及价值取向，其理性纯属技术理性，没有人的意识、情感、欲望和意志做支撑，是真正"单向度的人"，因而不可能与人类构成一个共同体，从而不会认同人类的所作所为，也不会产生与人类休戚相关的合作意愿，当然也不会害怕失去生命，从而不会受到任何法律义务和责任制度的约束与威慑，也就不会承担起相应的法律义务与责任；即使判处某个人工智能"死刑"，也不会达到"以儆效尤"的效果。在这种情况下赋予其法律主体地位，比赋予动物法律主体地位更无意义，甚至对人类来说更危险。拟制人格说只看到了人工智能某些类似于法人及准法人的表面特征，而没有意识到法人等乃是自然人的集合体，除了反射相关自然人的共同意志或公共意志，并没有自己的意志，不过是自然人的另一具"躯壳"：控制了相关自然人，就控制了特定的法人；因而赋予法人以法律主体资格，不仅具有必要性和可行性，而且利大于弊。而人工智能(以及动物)则有自己的意志，控制了相关自然人，不一定能控制具有独立意志的人工智能等"异类"，因而不能由法人类推人工智能为法律主体。也就是说，法律上的权利能力、行为能力和责任能力可以适度延伸到法人和准法人，却不能延伸到人工智能等实体。

其三，"电子人格说"在从法人类推电子人的法律人格和主体地位时，很看重电子人甚于法人的自主性或不受自然人控制的性状。其实，"不受自然人控制"无法证成"电子人"等人工智能的法律主体地位，因为很多被法学和法律视为客体的自然物都如此，如地震、海啸、山洪、火山爆发，以及各种猛兽。更为重要的是，"电子人"等人工智能的自主性如果真的发展到独立于人类、"不受自然人控制"的地步，那它很可能反过来控制人类，那将是人类的灾难：如果人类无法凭借"开关"控制其"意识"和"行为"，那么"强人工智能"涌现之日，就是人类沦落为其"奴隶"之始。因此，试图赋予人工智能以法律主体资格，让其承担自主行为部分的法律责任，防范和解决其可能给人类带来的损害或灾难，不过是画饼充饥或痴人说梦！

其四，"工具人格说"初看似乎颇具新意，其实内含了一种逻辑和价值的混乱：人或人格是目的，工具只是手段，是为人服务的；赋予"工具"(人工智能)以人格，实际上等于把"人格"工具化。日常所说的"机器人"或"电子人"，仅仅是一种通俗化的比拟性修辞，不能因此就认定为法律人格。机器人或电子人如果真的人格化，虽然是对人工智能的一种"抬升"，却同时也是对人和人格的一种贬低。即使是遥想中的强人工智能，也只能是为人类服务的工具，而不能在事实上和法律上具有与人类平等的地位。

人工智能可否具有法律人格、成为法律关系主体的问题，根源在于如何面对和处置人工智能可能给人类生活带来的影响，特别是负面影响。人工智能归根结底是由人创造的，并受人创设的程序和算法的操控。如果赋予人工智能法律主体资格，使其承担行为的法律后果，不仅对人工智能不公平，而且等于免除了人工智能创设者和所有者、使用者的法律责任，其粗制滥造和放任自流的后果将不堪设想。人工智能又具有程度不同的智能性，在分析与处理大数据、寻求更佳的问题解决方案等方面，具有人脑远不能及的能力。完全通过产品责任制度让人工智能的创设者、所有者或使用者来承担人工智能行为所导致的法律责任，也对这些人员很不公平，从而也不利于人工智能技术的发展。而让人工智能为其自主行为承担法律责任，也如上文所述，不过是人们的一厢情愿。解决办法只能是退而求其次：对人工智能技术的研发也要像克隆技术和基因编辑一样，以科研伦理和法律责任制度给相关人员套上紧箍咒。为了确保人类的安全性和可掌控性，宁愿相关技术发展慢一些。在人类对人工智能总体可控的前提下，可建立人工智能项目的商业保险制度，来弥补人工智能可能给特定当事人造成的损害，并适当减轻人工智能研发人员的法律义务和法律责任。而这些都不需要赋予人工智能法律主体资格。

总之，"法律主体"是指法学和法律根据现实中人（humans）的共性或类似性而构建的，能以自己的名义独立自主地做出法律行为，行使特定的法律权利或权力，履行相关法律义务，并承担相应法律责任的自然人（natural persons）及其集合体。婴幼儿和智障者因其心智不健全，并不能成为法律主体，监护制度就是明证；胎儿和死者则是"人"这一线段的左右延长线（虚线），法律确认与保护他们的某些权益，并不意味着他们就是法律主体，更不能成为类推动物等也是法律主体的理由。法人是自然人的集合体，自然人的意识和价值观念投射而成法人的意识和价值观念，法人也因此而直接或间接地承担相应的法律义务和法律责任。而河流、动物、人工智能等并不具有人的意识和价值观念，也不能真正独立承担法律义务和法律责任，因而不能成为法律主体。法律要保护河流、动物和人工智能产品，也无须使之上升为法律主体，只要赋予人们以相应的法律义务和法律责任即可。

人类不是上帝，只能为自我立法；康德的另一重要命题"人为自然立法"，仅仅是一种修辞性表达，旨在强调人类认识自然的能力并不完全是后天经验或实践的，同时也要依赖于人自身的先天心理格局（范型）。当然，这种心理格局，很大程度（但并非完全）是先人们漫长而丰富的实践经验的积淀性产物。人正是戴着这种历史文化和个体先天心理格局的"有色眼镜"看待与理解外部世界的，人也只能认识与理解呈现于人的认知视域的自然或"现象"。如果说康德笔下集大成的"主体""主体性"学说是为了突出人在自然和社会中的独立地位与人格尊严，那么，胡塞尔现象学倡扬的"互为主体性"或"主体间性"理论，除了进一步彰显人的主体地位的普遍性和平等性，也是为了适当遏制人类因大规模工业化和现代科技手段而日益膨胀的欲望及野心，确保人类与自然生态的和谐相处与可持续发展。

这实际上是"人为自我立法"的升级版，是一种哲学或生态伦理的"拟制"，是以"观念"形态表现的人类自我指引与自我约束，而不宜简单、直接地引入注重可操作性的法律制度规范(特别是主体制度规范)中，不能因此而赋予动物、生态环境等以"主体"地位。从法律和法学的内部视角来看，则对任何社会现象的法律分析与法学分析，都必须纳入法律权利、权力、义务和责任的思维框架或坐标中进行。就法律主体问题而言，既要立足于"主体"的内在规定性，又要充分考虑被"视为"主体的实体享有并行使权利或权力的必要性，更要审慎思考其履行义务、承担责任的可能性。明乎此，胎儿、死者、河流、动物、人工智能等在法律上的地位，可否成为法律主体等问题，也就会迎刃而解。

思维弹射

有一天，病卧在床已有一段时间的张山，深感自己来日无多，便把已成年的儿子张海和女儿张菲叫到病床前，在公证员李斯的公证下，立下书面遗嘱，把自己名下一套90平方米的房产和五十多万元银行存款，分配给两个儿女：在自己死后，房产由儿子继承；存款由女儿继承；丧葬事宜从简，具体由儿子和女儿协商处理。

你如何看待他们四人在本案中的法律地位？

第五章
法律行为与法律程序

🔊 法海潜航

法官 A 在审理案件时，发现当事人 B 是自己的同学。A 公认是一个大公无私的法官，并且他与 B 已经 20 年没有见面了。于是，A 并未回避对于这个案件的审理，最终做出了一个非常公正的判决。另一方当事人 C 以"B 与 A 是同学关系"为由提出上诉。最终，A 的判决由于违反程序被撤销。

你对此案判决被撤销有何看法？

法律主体的所作所为就是法律行为；法律行为和法律程序是法学理论及法律制度的重要内容。任何法律行为都要遵循一定的法律程序，而任何法律程序也都是为一定的法律行为设置的。

第一节　法律行为是法律的生命脉动

法律不仅仅是僵硬的规范，更重要的是要化为各种鲜活的法律行为。源于日常行为又与之迥然有别的法律行为，是法律制度的生命脉动。

一、法律行为的内涵

根据《现代汉语词典》和《汉语大词典》的解释，行为是指受思想支配而表现在外面的活动。英国当代法理学者迪亚斯也认为，行为(act)是指"可受意志控制的、与环境和结果发生联系的身体活动"。① 值得注意的是，英语中表示"行为"的

---

① 李龙. 法理学[M]. 武汉：武汉大学出版社，1996：280.

词语有多个，其含义有所不同：deed 是与言论相对而言的行为，可译成"作为"；conduct 是与个人品质有关、涉及道德评价的行为，可译成"品行"；behavior 是人在特定情况下的举止、姿势、态度等行为方式，可译为"举动"或"行动"；act 是构成一个行动过程的某一具体"行为"；action 则是指向目标的行动(behavior)。

我国法律界和法学界一般在以下三种意义上使用"行为"一词：一是单纯的外部举动，即不是基于意识和意志支配的行为。如我国现行《刑法》第 16 条规定："行为在客观上虽然造成了损害结果，但是不是出于故意或者过失，而是由于不能抗拒或者不能预见的原因所引起的，不是犯罪。"二是意识的外部举动。如我国民法明确把意思表示作为民事行为的必备要件；我国刑法也把犯罪行为界定为在行为主体的意志和意识支配下所进行的违反刑法、危害社会的外部的身体动作，并把故意与过失等主观心理条件作为犯罪行为的构成要素。三是在特定条件下，没有外部举动也是行为，如法学中通常所说的"不作为"。所谓不作为，就是当事人不做出一定的动作或动作系列的消极行为。其实这三种用法并没有背离行为的基本含义，只不过它们各自的着眼点有所不同，或者丰富了日常所说的"行为"一词的含义而已。

正如对行为的用法那样，人们对法律行为的理解也是仁智互见的。由于受德国民法和民法学的影响，尤其是因直译德文 Rechtsgeschäft 一词而带来的误解，许多人往往认为法律行为就是指合法行为。[①] 我国原《民法通则》第 54 条也规定："民事法律行为是公民或者法人设立、变更、终止民事权利和民事义务的合法行为。"我国民法学界对此一直有着重大的分歧，"最根本的一点就是一部分学者认为法律行为是一种合法行为，既然是合法行为，理所当然地不能包括违法行为；另一部分学者则认为法律行为只是一种能产生法律后果的行为，至于它是否合法需做进一步判断，因而可分为合法行为与违法行为"。[②] 苏联学者在此问题上也一直有着类似的争论。[③] 其实在语法和语义上，"法律行为"中的"法律"旨在确定"行为"的"涉法"性质，表明该"行为"系"法律意义上的行为"或"为法律所调整的行为"，并不意味着该"行为"是"合法的行为"。在逻辑上，"法律行为"是与"非法律行为"相并列、相对应的，而"合法行为"对应的是"不合法行为"而非"法律行为"。合法行为和违法行为都是法律所调整的、具有法律意义的行为，都属法律行为。令人欣慰的是，2017 年 3 月通过的《民法总则》第 133 条终于将原《民

---

① Rechtsgeschäft 是 1807 年由德国法学家海泽(G. H. Heise)首创的，后为萨维尼系统阐述并被引进 1896 年《德国民法典》，其准确含义是"法律表意行为"(即意思表示行为)，与"事实行为"相对；而 Rechtsakt 才是"法律行为"，指包括 Rechtsgeschäft 在内的一切具有法律意义的行为。参见：凯尔森. 纯粹法学说[M]. 2 版. 雷磊，译. 北京：法律出版社，2021：4.

② 刘歧山. 民法问题新探[M]. 北京：中国人民公安大学出版社，1990：93.

③ 董安生. 民事法律行为[M]. 北京：中国人民大学出版社，1994：93-94.

法通则》第 54 条的规定变更为："民事法律行为是民事主体通过意思表示设立、变更、终止民事法律关系的行为。"2020 年 5 月颁布的《民法典》采纳了原《民法总则》中的规定。

《中国大百科全书·法学》主张，法律行为"是指发生法律上效力的人们的意志行为，即根据当事人的个人意愿形成的一种有意识的活动，它是在社会生活中引起法律关系产生、变更和消灭的最经常事实。"①新版《辞海》也依然将法律行为定义为"由法律所调整、能发生法律效力的行为"。② 其实，某种行为是否为法律行为，是从法律是否调整，或行为是否具有法律意义上来讲的，它并不取决于某行为在法律上是否有效。行为是否有法律效力，是法律对行为进行调整的结果，是法律对行为的评价结论。不仅有效法律行为为法律所调整、具有法律意义，就是无效法律行为也为法律所调整，也具有自己的法律意义。无效法律行为与有效法律行为一样，都是法律行为的构成部分之一。

总之，法律行为(英文为 juristic act 或 legal act，德文为 Rechtsakt)应该是指可受人的意志控制的、由法律规定和调整的、具有法律意义的活动。

法律行为具有如下特征：

(1)社会性。一方面，法律行为作为人的行为中的一种，同样是社会的产物，是从社会习得、受社会环境和社会关系制约的。另一方面，法律行为也是一种社会互动行为，即能引起他人行为的行为，因而又是社会关系的创造者。法律行为的这种社会互动性，使其成为能引起法律关系产生、变更和消灭的法律事实。

(2)法律性。这是法律行为区别于一般社会行为的根本特征。凯尔森便认为，法律行为均包含两种要素："一种是在时空中发生并可以在感官上被察知的行为，或者这类行为的序列，即一种人类行为的外在过程；另一种是它的法律意义，即法赋予这一行为的意义。……(如)某人通过任一行动促使他人死亡；这在法律上意味着谋杀。""某人在其去世前以书面的方式处分其财产。这一行为的主观意义是一份遗嘱，但它在客观上，即根据法律——由于某种形式上的瑕疵——却不是。"③法律行为的法律性在于：首先，法律行为是由法律规定或调整的行为。由法律规定或调整的行为既包括法律希望发生的行为(合法行为)，也包括法律不希望发生的行为(违法行为)。其次，法律行为是具有法律意义的行为。也就是说它能够创设、启动或实施法律规范，能引起人们之间权利(权力)义务关系的产生、变更或消灭，并受到法律的承认、保护和奖励或者否定、取缔和惩罚。此外，法律行为和法律规范、法律制度等同为法律现象的组成部分。

---

① 中国大百科全书·法学[Z]. 北京：中国大百科全书出版社，1984：102.

② 夏征农，陈至立. 辞海：第六版彩图本[Z]. 上海：上海辞书出版社，2009：557.

③ 凯尔森. 纯粹法学说[M]. 2 版. 雷磊，译. 北京：法律出版社，2021：3.

（3）可控性。法律行为都是可以控制的，既可以受到法律的控制，又能受到行为人的自我控制。这是因为法律行为既具有客观规律性，又具有主观意志性。客观规律性可以为人们（包括法律）所认识与利用，主观意志性意味着行为者可以直接控制自己的行为。不具有可控性的行为，法律一般是不过问的。

（4）价值性。一方面，法律行为是一种对象性实践活动，体现了主体与客体的价值关系，是行为人为了满足某种需要、实现某种利益而作出的。另一方面，法律行为是一定社会价值的载体，它既是行为人基于对该行为的意义的功利性评价而作出的，社会其他人也可以用善恶、好坏、利害等范畴进行评价。

马克思早就注意并论证了行为对于法律的意义。他认为："对于法律来说，除了我的行为以外，我是根本不存在的，我根本不是法律的对象。我的行为就是法律在处置我时所应依据的唯一的东西，因为我的行为就是我为之要求生存权利、要求现实权利的唯一东西，而且因此我才受到现行法的支配。"①美国当代法社会学家弗里德曼也强调指出："法律系统并非仅指规则及其结构。……在任何法律系统中，决定性的因素是行为，即人们实际上做些什么。如果没有人们的行为，规则不过是一堆词句，结构也不过是被遗忘的缺乏生命的空架子。除非我们将注意力放在被称为'法律行为'的问题上，否则就无法理解任何法律系统，包括我们自己的法律系统在内。"②美国纯粹法社会学家唐纳德·布莱克甚至认为："法律存在于可观察到的行为中，而不是像法学著作和日常法律语言所使用的规则或规范概念那样存在于规则中。从社会学的观点看，法律并不是律师所认为的有约束力或强制性的戒律，而是一种可观察到的行为，例如，法官、警察、检察官或行政官员的行为。"③可见法律行为在法律和法学中具有特别重要的意义。

二、法律行为的外延

法律行为是多种多样的，从法理学的角度来讲，比较重要的是以下几种分类：

根据行为的不同表现形式，法律行为可分为"作为"和"不作为"。"作为"是指以积极、主动作用于客体的形式表现的、具有法律意义的行为。"不作为"是指以消极的、抑制的形式表现的具有法律意义的行为。在法律上，这两种行为不能反向选择，即当法律要求行为人做出积极行为时他就不能做出消极行为，当法律要来行为人做出消极行为（禁止做出一定行为）时他也不能做出积极行为，否则就构成了违法行为。

根据法律的运行过程和行为内容，法律行为可分为选举行为、立法行为、法

① 马克思. 评普鲁士最近的书报检查令[M]//马克思恩格斯全集：第1卷. 北京：人民出版社，1995：121.
② 张文显. 法哲学范畴研究（修订版）[M]. 北京：中国政法大学出版社，2001：61.
③ BLACK D J. "The boundaries of legal sociology"[J]. The Yale Law Journal, 1972(8)：1091.

律适用行为、法律接受行为和法律监督行为等。

根据行为人对法律的态度和接受方式，可以将法律行为分为合法行为、违法行为、避法行为和抗法行为。

根据行为的部门法属性，法律行为可分为民事法律行为、行政法律行为、刑事法律行为和诉讼法律行为等。

根据行为是否通过意思表示，法律行为可分为表意行为与非表意行为。表意行为，是指行为人基于意思表示而作出的具有法律意义的行为。非表意行为，指非经行为者意思表示而是基于某种事实状态即具有法律效果的行为，如民法上的先占、遗失物的拾得、埋藏物的发现等等。这种基于事实而生效力的行为，在法学上又被称为事实行为。

根据行为成立的条件，法律行为可分为诺成行为与实践行为。诺成行为是指只要当事人各方意思表示一致就可成立的行为。如民事法律中的买卖、租赁、雇佣、承揽、委托等行为。实践行为则是指当事人各方除意思表示一致外，还需交付一定的实物或财产等方能成立的行为。如借贷、赠与、保管、运送等行为就必须在交付财物后才能成立。

根据行为是否针对特定的对象，法律行为可分为抽象行为与具体行为。抽象行为是针对不特定的对象而做出的、具有普遍法律效力的行为。如国家行政机关制定规章的行为。具体行为是针对特定对象而做出的、仅有一次性法律效力的行为。如法院对一个案件的判决，公安机关对违反治安管理处罚条例的人所做出的罚款等。

三、法律行为的构成要件

(一)法律行为的主观要件

指构成法律行为的主体心理条件，通常包括动机、目的和认知能力。

(1)动机是由行为者的需要所激发、直接推动个体活动以达到一定目的的内在动力。每个人的行为都是在一定的动机的支配下引发的，并指向一定的目标和目的。因此，动机是人的行为(包括法律行为)的原动力。"法要通过动机来管领世人"。[①] 行为动机在法律上具有重要意义。例如在刑法中，行为动机既是某些犯罪构成的主观要件，也是区分罪与非罪、此罪与彼罪的法律标准。不过，只有借助于一定的外在行为，动机才具有法律意义。

(2)目的是行为者基于一定动机，主观上预想达到并力求实现的某种结果；或者说，目的就是行为人期望达到并力求实现某种目标或结果的主观意图。民法

---

① 霍姆斯.普通法[M].郭亮，译.北京：法律出版社，2021：50.

中所说的行为人"意思表示"中的"意思"，其实就是"目的"。在刑事实务中，判断行为人的某种行为是否属于犯罪，是故意还是过失，其重要依据便是其有无相应的目的。目的与动机有时相同，但更多的时候是不同的。如在泄愤杀人案件中，犯罪的动机是报复，犯罪的目的则是剥夺他人的生命。

（3）认知能力是行为目的形成的基础。在行为过程中，认知的作用在于分析、判断和选择。分析、判断主要包括分析判断行为的意义、行为成功的概率，行为的收益与代价，行为的法律意义与道德后果等。分析判断为行为选择提供了基础。选择则是对各种需要、利益、动机、目的的权衡和抉择，特别是在各种冲突或重叠的价值、权利、义务之间做出抉择。

人的认知能力的有无或强弱直接影响行为的法律意义。如果一个人对自己行为的社会意义、结果、有关的法律规定没有任何认识或只有极其模糊的认识，他的行为就没有法律效果。如精神病人在发病期间做出的毁物、伤人、杀人等行动，不能说是犯罪行为。任何人与无知幼儿、精神恍惚的老人"订立"合同，属于无效民事行为，不具有法律效力。一般人在暴力胁迫下的作为和不作为，由于不是建立在自我的认知能力基础之上的，即不是真实的意思表示，因而也是无效的法律行为。

（二）法律行为的客观要件

指法律行为得以成立的外部表现形式，包括行动、手段和结果等。

（1）行动。行动是行为者通过其身体或身体某一部分的动作而影响、作用于外部世界的活动。行动是行为的核心，是主体与客体发生联系的中介。

行动的内涵十分丰富，躯体、四肢、五官的任何一个可以被人感知的举动都是行动。但大致可分为两类。一类是以自身的物质力量直接作用于外界事物、人和社会关系，从而引起法律关系产生、变更或消灭的行动。如毁物、伤人、支付货款等。另一类是通过传达信息而对他人施加影响，从而引起法律关系产生、变更或消灭的行动。如口头或书面的承诺，通过电话、电子邮件做出的认购请求，诽谤，作伪证，发表声明等。

（2）手段。手段是指行为人为达到某种目的而采取的具体方式和方法，既包括行动计划、措施、程序、技术，又包括行动所使用的物品、器械等。

在法律上，手段是衡量法律行为及其法律责任能否成立的重要因素。在民法中，将"一方以欺诈、胁迫的手段或者乘人之危，使对方在违背真实意思的情况下所为的"民事行为等宣布为无效行为。刑法中犯罪手段是量刑的重要依据。

（3）结果。结果是行为完成或结束的状态。这意味着，结果可能是行为的完成状态，也可能是行为的未完成状态（如犯罪未遂和犯罪中止）。但不管是完成还是未完成的行为，都必然对外界产生一定的物质性或精神性影响。这种影响（即法律行为的结果)是不以人的意志为转移的客观存在。其客观性通过参照如下三个因素而显示出来：一是客体的原初状态；二是客体如果不受行为的干涉而保持被动将是怎样一种状态；三是行为如果任凭行为者的主观目的完全发展，将会造成怎样一种状态(逻辑状态)。

法律行为的结果是否发生以及发生的具体状况，是法律评价该行为合法与否并确定相应责任的前提。例如在国家赔偿法律关系中，如果国家机关工作人员的行为违法但尚未给当事人的合法权益造成损害的，就不会引发国家的赔偿责任问题。而在刑事法律关系中，危害结果的大小、轻重，是区分罪与非罪及量刑轻重的根据。

第二节　法律程序是法律的生命形式

法律程序是法律行为的运动轨迹，也是法律的孕育形式和活动状态。

一、法律程序的生命体征和生命形态

(一)法律程序的生命体征

程序是指人们为完成某项任务或达到某个目的而预先设定好的行为的方式和步骤。法律程序则是指人们实施法律行为所必须遵循的法定方式和步骤。

程序是法律的生命形式，是法律与生俱来的存在形式。无论是从法律的产生还是法律的运行来讲，没有法律程序就没有法律。法律程序具有如下基本特征：

其一，法律程序具有法定性，是法律针对其预期的行为(即合法行为)而作出的要求。这意味着，一方面，法律程序是由法律事先规定或确认，并受法律保护的，任何人都不得违犯，否则要承担相应的法律后果。另一方面，违法行为无法定程序可言，因为违法行为本身往往就是违背法定程序的。

其二，法律程序具有形式性。法律程序不涉及实体的权利、权力和义务，而是关于依法实现实体权利、权力或义务的方式和步骤。法律程序中的法定方式包括两个方面：一是空间关系，即行为主体及其行为的确定性(如"审判权只能由法院来行使")和相关性(如"一切其他机关不得非法干预法院审判")；二是行为方式，即法律行为采取何种表现方式的问题，如审判行为是否采取公开形式。而法定步骤包括时序和时限：时序是法律行为的先后顺序，时限是法律行为持续时间的长短。

其三，法律程序具有相对的独立性。法律程序虽然是关于依法实现实体权利、权力或义务的方式和步骤，但它并不是完全依附于实体权利、权力或义务的。

一方面，法律程序既从正面向人们展示了实现实体权利、权力或义务的方式和步骤，又从反面规定了一旦权利或权力受到侵害后获得救济的途径，从而弥补了实体权利、权力或义务的不足。另一方面，法律程序具有自身独特的功能和发展演变的规律，它既能保障或约束权力与权利的行使，又能在不同的时代和国家得以传承。

其四，法律程序（尤其是诉讼等法律救济程序）具有明显的交涉性。所谓"交涉"，就是在既有的法律规范下，行为人根据正当程序，提出自身的主张，在与对方交换、沟通、抗辩的基础上，谋求对方特别是"兼听"与审断的第三方理解并同意的行为过程。① "交涉"在诉讼中主要表现为"首唱"与"唱和"，诉讼行为人间的权能博弈，法官主持下的调解，各方达成合意等形态。在人际关系网络非常强韧，各种正式或非正式沟通活动非常活跃的社会大环境中，人们为了己方利益的最大化，往往还会把诸如个体因素（年龄、性别等）、社会结构因素（社会身份、经济状况等）、法律因素（诉讼程序、诉讼周期）等都作为诉讼中"交涉"的筹码，影响着诉讼过程的利益走向与选择。当然，所有这些"利益的讨价还价"以及特殊的价值取向，都需要转化为合乎正义的、以法律话语表达的法益诉求，进而确保权力有效运行、权利保护、义务履行、责任合理，社会公共秩序得以维护、正义得以伸张。②

法律程序作为法律的生命形式，是实现实体权利、权力、义务的合法方式或必要条件，更是现代法治的基石。

近代以来，西方尤有重视法律程序的传统。有关法律程序的规定备受立法者的重视，甚至被写进宪法文件之中。例如，英国最重要的宪法文件都与诉讼的原则、制度和规则有关；英国宪法中甚至没有关于公民实体权利和自由的具体规定。这种实体权利和自由是由法院通过在诉讼中适用有关程序方面的原则和规则来保护的。在美国宪法中，也有大量的关于诉讼程序方面的规定，而且，美国宪法竟有两条修正案规定了"正当程序"条款。在众多西方法学家看来，法治的核心问题就是程序问题，"依法办事"严格说来说是"依程序办事"。当代美国著名法学家伯尔曼坚定地认为："法律不只是一整套规则，它是人们进行立法、裁判、执法和谈判的活动。它是分配权利与义务、并据以解决纷争、创造合作关系的活生生的程序。"③

在我国传统法律文化中，法律程序问题不受重视，重实体、轻程序的现象十分突出。但 20 世纪 90 年代中期以来，越来越多的学者认识到程序在控制国家权

① 胡平仁. 法律人的思维方式[J]. 怀化学院学报，2007(3)：38-41.

② 李江发. 作为交涉的诉讼过程探析[D]. 湘潭：湘潭大学，2009：8-41.

③ 伯尔曼. 法律与宗教[M]. 梁治平，译. 北京：中国政法大学出版社，2003：11.

力和实现人权方面的重要作用，在这个意义上，依法治国被主张为"依程序法治国"，法治的实现过程被强调为"从实体到程序"的过程。①

(二) 法律程序的生命形态

法律程序是以法律行为作为规范对象的。根据行为的主体、内容和性质的不同，可以把法律行为分为选举行为、立法行为、行政行为、司法行为、调解行为、仲裁行为、监督行为和一般法律行为八种。基于此，法律程序也可以相应地划分为以下八种。

(1)选举程序。即关于选举国家代表机关和国家公职人员的法定程序。根据《宪法》和《选举法》的有关规定，选举程序大体上包括划分选区、选民登记、代表候选人的提名、投票选举、宣布选举结果等几个阶段。选举活动应遵循以下基本原则：其一，选举权和被选举权的普遍性。即凡年满18周岁的我国公民，除依法被剥夺政治权利的人外，不分民族、种族、性别、职业、家庭出身、宗教信仰、教育程度、财产状况和居住期限，都享有选举权和被选举权。其二，选举权的平等性。即每个选民在一次选举中只有一个投票权。其三，直接选举和间接选举相结合。即不设区的市、市辖区、县、自治县、乡、民族乡、镇的人民代表大会代表，由选民直接选举产生；地级市以上的各级人大代表，由下一级人民代表大会代表选出。其四，无记名投票。即选举人在选票上不写自己的姓名，秘密填写选票并亲自将选票投入加封的票箱。

(2)立法程序。即有关国家机关制定、修改、补充或废止法律、法规的程序。根据我国《立法法》，全国人大及其常委会的立法程序大体上可以分为四个阶段：一是法律案的提出；二是法律案的审议；三是法律案的通过；四是法律的签署与公布。根据国务院2017年12月修订的《行政法规制定程序条例》和《规章制定程序条例》的规定，我国行政法规和规章的制定程序包括立项、起草、审查、决定与公布、备案等环节。

(3)行政程序。即行政机关依照法定职权实施行政行为的程序。行政行为种类繁多，涉及面广，不同的行政行为所应遵循的程序往往有所不同。如根据《治安管理处罚法》第四章的规定，治安管理处罚程序包括发现或受理、调查(传唤、询问、检查、取证)、决定、执行四个阶段。而根据《行政复议法》，行政复议程序则包括申请、受理、审理、决定四个阶段。如何制定一部统一的行政程序法典，这是当今中国法学界和法律界共同关注的一个问题。

(4)司法程序。即司法机关在当事人和其他诉讼参与人的参加下运用法律解决案件争议所应遵循的程序。从当事人角度来看，司法程序也就是诉讼程序。世

---

① 吴德星. 法治的理论形态与实现过程[J]. 法学研究，1996(5).

界各国在立法上都是用同一程序法来规定司法程序和诉讼程序的。我国的诉讼程序主要由民事诉讼程序、行政诉讼程序和刑事诉讼程序三方面组成。三种诉讼程序都要经历起诉、受理、裁判、执行四个主要阶段(刑事诉讼程序还包括侦查)。三种诉讼程序尽管各具特色，但又有一定的共性，都要遵循如下原则：①人民法院依法独立行使审判权的原则；②以事实为根据、以法律为准绳的原则；③公民在适用法律上一律平等的原则；④合议、回避、公开审判、两审终审原则；⑤适用本民族语言文字进行诉讼的原则；⑥人民检察院对诉讼活动实行法律监督并独立行使监督权的原则。

(5)调解程序。即调解组织或调解人员在调解矛盾纠纷时依法采取的方式、步骤。我国《人民调解法》(2010年)第四章对人民调解程序有较为详细的规定。如该法第17条规定："当事人可以向人民调解委员会申请调解；人民调解委员会也可以主动调解。当事人一方明确拒绝调解的，不得调解。"第22条规定："人民调解员根据纠纷的不同情况，可以采取多种方式调解民间纠纷，充分听取当事人的陈述，讲解有关法律、法规和国家政策，耐心疏导，在当事人平等协商、互谅互让的基础上提出纠纷解决方案，帮助当事人自愿达成调解协议。"

(6)仲裁程序。仲裁是一种根据各方当事人的共同约定，而将争议交由第三者依照法律和公正原则居中裁断，以确定各方权利义务的纠纷解决方式和制度。仲裁程序就是仲裁机构在仲裁纠纷时所应遵循的法定程序。根据我国《仲裁法》(1994年)的规定，仲裁程序一般包括四个主要环节：一是申请和受理；二是仲裁庭的组成；三是开庭和裁决；四是申请撤销裁决或执行裁决。

(7)监督程序。即执行法律监督职能的国家机关从事监督活动的程序。在我国，权力机关、行政机关、监察机关和司法机关都有权进行法律监督活动，它们从事监督活动的方式和步骤各不相同。我国权力机关监督的主要方式有听取和审议"一府两院"的工作报告或专题报告、处理公民申诉案件、执法检查和视察工作、提出质询、改变或撤销不适当决定、罢免等。行政机关监督的主要方式有行政复议、行政检查等。司法机关监督的主要方式有审判监督和检察监督两种。尽管《各级人民代表大会常务委员会监督法》已于2007年1月1日起施行，但我国有关监督程序方面的立法还不够完善，在许多重要问题上尚处于无法可依状态。

(8)一般法律行为程序。即自然人、法人和其他社会组织从事一般性法律行为所应遵循的方式和步骤。有些一般性法律行为，法律要求行为人按照法定的方式和步骤来进行。例如，签订合同必须经历要约和承诺两个步骤，而且，非即时清结的合同必须采用书面形式；口头遗嘱、录音遗嘱、代书遗嘱应当有两个以上无利害关系的人在场证明；买卖房屋必须经房管部门过户登记等等。而有些一般性法律行为，法律允许行为人根据实施行为的具体情况自主选择行为的方式和步骤，法律不为其特设一定的程序。

二、法律程序的功能及作用方式

(一)法律程序的功能

从总体上来看,法律程序有四大基本的功能。[①]

(1)过滤过多的需求或不适当的竞争。法律程序往往需要耗费一定的人力、物力和时间,这等于为实体目标的实现设置一道程序壁垒,可以过滤掉过多的需求或不适当的竞争。一般来讲,当利益或资源较少而试图获取利益或资源的人员或组织较多时,需要以程序壁垒作为分配利益、配置资源的手段。由于当事人通过程序壁垒须具备一定的实力基础并付出较高的代价,这就可以缩小和限制竞争者范围,为少数利益或资源的配置创造条件。

(2)限制程序义务人的主观随意性,防止权力或权利的滥用。法律程序与所有其他程序一样,具有预定性、公众参与性、过程公开性以及因角色分化独立所带来的抗辩性和交涉性等特点,因而它的基本功能就是限制程序义务人的主观随意性,保证选择效率最优的手段,维护和促进手段的正当性与规范化。如"刑事诉讼程序,一般来说,不过是法律对于法官弱点和私欲所采取的预防措施而已"。[②] 在控制权力、保障权利的同时,法律程序也可以防止权利的滥用。如游行示威对社会秩序有较大的破坏作用,故许多国家对公民行使游行示威权规定了复杂的申请程序;又如为防止公民滥讼、缠讼,规定一事不再理以及收取一定数量的诉讼费等等。

(3)保障行为与手段选择的合理性。正当程序能从三个方面保障人们对自身行为与手段的选择合乎理性。首先,程序一般是公开进行的,这使得决策过程中出现的错误容易被发现和纠正。其次,程序创造了一种根据证据材料进行自由对话的条件和氛围,这样可以使各种观点和方案得到充分考虑,实现优化选择。再次,通过预期结果的不确定性和实际结果的拘束力这两种因素的作用,程序参加者角色活动的积极性容易被调动起来,基于利害关系而产生的强烈的参与动机将促进选择的合理化。[③]

(4)实现形式正义。人们希望通过法律实现的正义包括实质正义和形式正义。一个法律规则或法律决定实质上是否公正合理,常常因不同人的道德价值观念、文明进步程度、风俗习惯及个人信仰的不同而在评价上有所差异。而在形式方面,一项法律规则只要对它所管辖的一切人不偏不倚、一视同仁,那么,它就会被人们认为是正义的;反之,"任何做法,只要与人们认为是属于正当法律程序

---

① 胡平仁. 法理学基础问题研究[M]. 长沙:中南大学出版社,2001:171-173.

② 罗伯斯庇尔. 革命法制与审判[M]. 赵涵舆,译. 北京:商务印书馆,1986:30.

③ 季卫东. 法律程序的意义[J]. 中国社会科学,1993(1).

的方法——例如不偏不倚和公平听证——相违背,都被认为是有失公平的。"①所以,判断结果是否正当要看该结果的产生过程是否遵循了正当程序。正当的法律程序能够满足人们对形式正义的要求,从而唤起人们对法律的信仰。在正当的、合理的法律程序中,正义是以人们看得见的方式得以实现的,因此,即使是承受了不利结果的主体也会因为在程序上受到公平对待而认同和接受这一结果。这正是正当程序的魅力所在。

(二)法律程序的作用方式

法律程序的作用方式,是指法律程序在运作过程中分配人们实体权利、权力、义务和责任,影响法律行为,实现其功能的方式和手段。

(1)制约。即法律程序以其公开性、直观性、交涉性、可控性等因素可有效地克服和防止法律活动的任意性和专断性。例如,诉讼程序中的审级制度规定,一个案件一般需经过二审程序才能最终定案,这种两审终审制度能够起到约束和限制审判者的恣意和专横的作用。再如在行政复议程序中,行政相对人认为行政机关做出的具体行政行为侵犯了其合法权益的,可以自知道该具体行政行为之日起六十日内向上一级行政机关申请行政复议,如果确实属于事实不清、证据不足、适用依据错误、程序不合法或者内容不当之一的,上一级行政机关有权决定撤销、变更该具体行政行为或者确认该具体行政行为违法。这样,就能保证行政行为的合法性和合理性。程序的制约作用无非是为法律行为提供了外在标准,因而减少它们的任意性和专断性。

(2)引导。即法律程序规则以其公开化和标准化能够让人们预先了解程序的全过程,指引人们做出相应的法律行为,并选择规范、有效、合法的纷争解决方式,从而减少行为主体的错误或浪费,增加效益。

(3)分工。即法律程序通过角色的分配实现程序参与者的各司其职、互相配合、互相牵制。例如,在刑事诉讼程序中,法官行使审判权,公诉人行使公诉权,辩护人行使辩护权,被告人行使自我辩护权、证人出庭作证等等,他们都是各司其职,不能越俎代庖,法官、公诉人、辩护人、被告人以及证人等都是在相互配合下完成整个刑事诉讼程序,同时,他们又通过角色的分化产生意见的交涉甚至是对抗来实现相互牵制。

(4)调节。法律程序设定了特定的时空要素或问题解决的方式,纠纷者一旦选择或者进入法律程序,也就选择了文明和有序,抛弃了野蛮和无序。法律程序使当事人不可能发生激烈的外部对抗和冲突。另一方面,通过程序形成了一个解决纠纷的相对空间,使当事人之间的复杂社会关系从进入程序的那一刻起就与社

---

① 斯坦,香德.西方社会的法律价值[M].王献平,译.北京:中国法制出版社,2004:86.

会隔离开来，并给他们创造了自由对话和平等抗辩的条件和氛围，调节他们之间的矛盾和对抗关系，使矛盾和对抗得以缓和。①

（5）感染。即法律程序的运行能够使行为主体在心理上产生对程序的无意识的服从。庄严的程序形式和严格的程序要求能够使行为主体的情绪、情感被程序所营造的气氛感染，在心理上对法律产生一种敬畏和服从，并不知不觉地遵循程序法的相关规定。这种感染作用是通过心理提示来影响人的行为的，它不需要宣传教育。比如，庄严肃穆的法庭气氛会使人们有一种油然而生的敬畏。

（6）制裁。法律程序是一种强制性规范，对于任意妄为的违法行为人，它有权加以惩罚。这一作用使行为主体慑于法律的威严，服从法律程序的规定，并最终接受法律的裁决。例如，《民事诉讼法》（1991年4月制定，2021年12月第四次修正）第122条规定：人民法院对必须到庭的被告，经两次传票传唤，无正当理由拒不到庭的，可以拘传。

第三节　程序正义是法律的生命护甲

如果说法律程序是法律的生命形式，那么，程序正义就是法律的生命护甲，它使法律和法律行为很大程度上能够抵御非法的渗透与侵袭。

一、程序正义的含义和由来

程序和程序壁垒向来就具有双刃剑的性质，因而正当程序或程序正义问题一直就是法治背景下法学理论和法律实践中的一个重大课题。②

程序正义（procedural justice）是指特定主体在做出法律决定或法律裁决的过程中，应当保证相关主体处于可理性协商待决问题的地位，能够平等地尊重和听取各种不同的意见。与偏重活动结果（result，effect）之正当性的实体正义（substantive justice）不同，程序正义强调法律行为等活动过程（process）的正当性。

尽管程序正义的理论自20世纪60年代以后才大规模地出现，但程序正义观念却早在13世纪就出现在英国普通法制度之中。1215年的《英国大宪章》明确规定，"除依据国法之外，任何自由民不受监禁人身、侵占财产、剥夺公民权、流放及其他任何形式的惩罚，也不受公众攻击和驱逐。"该条款所蕴含的正当程序（due process）思想成为程序正义观念的最初来源。而植根于英国法律传统中的"自然

① 张文显. 法理学[M]. 3版. 北京：法律出版社，2007：268-269.
② 陈瑞华. 程序正义论[J]. 中外法学，1997(2)；李季宁. 民事诉讼程序正义论[M]//诉讼法论丛：第2卷. 北京：法律出版社，1998：399-401.

正义"原则构成了程序正义的最基本内容。根据英国普通法，法庭在对任何争端或纠纷做出裁判时应绝对遵循"自然正义"原则，否则裁判无效。按照这一原则，任何人不得在与自己有关的诉讼案件中担任法官；法官在制作裁判时应听取双方当事人的陈述，并须给予所有与案件有直接利害关系的人以充分陈述意见的机会。不过，正当程序的概念最早出现于 1354 年爱德华三世的时代。原来这一语词只是指刑事诉讼必须采取正式的起诉方式并保障被告接受陪审裁判的权利，后来扩大了其适用范围，意味着在广义上剥夺某种个人利益时必须保障他享有被告知（notice）和陈述自己意见并得到倾听（hearing）的权利，从而成为英美法中人权保障的根本原则。①

程序正义观念被美国法继承后得到了长足的发展。《美国联邦宪法》第 5 条和第 14 条修正案确立了所谓的"正当法律程序"条款。即，第 5 条："……未经正当法律手续不得剥夺任何人生命、自由或财产……"第 14 条："无论何州，……不得于未经正当法律手续前使任何人丧失其生命、自由或财产……"根据美国学者和联邦最高法院的解释，正当法律程序可分为"实体性正当程序"（substantive due process）和"程序性正当程序"（procedural due process）两种。其中前者是对联邦和各州立法的一种宪法限制，据此，任何一项涉及剥夺公民生命、自由或者财产的法律都应符合公平、正义等基本价值的要求。而后者则是对法律实施的方法和过程的规制，它要求用来解决利益争端的法律程序必须是公正、合理的。正当法律程序从实体与程序两方面充分体现了正义的基本要求。其中，"程序性正当程序"体现的基本价值便是程序正义。

程序正义观念在英美法中产生并得到发展绝非偶然现象，而是诸多合力产生的结果。日本学者谷口安平提出，有三个原因促成了这一历史现象的形成。一是陪审裁判以及作为其前提的当事人主义诉讼结构。当事人双方在由一般市民组成的陪审团面前提出证据、进行辩论；胜负由陪审团最后裁定。由于陪审团只提出裁断而不提供理由，判决结果正确与否无从检验，只能靠程序本身的正确性来间接支持结果的正当性。在这里，对程序正当与否的判断取代了对结果正确与否的判断。二是先例拘束原则。法官在适用法律时，应遵循在以往相似案件的判决中确立的先例，并据此进行本案有关问题的处理。但前提是当事人（主要是其律师）应尽量找出有利于己方的先例，并通过辩论过程说服法官予以采用。在此，辩论的技术和程序就显得至关重要。三是衡平法的发展导致在当事人因无法找到适当的法律依据而提出救济时，法官可以考虑一切事实情节，运用自由裁量权做出适当判决。在这里，保证结果正确的仍然是程序。② 三种现象反映了一个基本

---

① 谷口安平. 程序的正义与诉讼［M］. 王亚新，刘荣军，译. 北京：中国政法大学出版社，1996：7.
② 谷口安平. 程序的正义与诉讼［M］. 王亚新，刘荣军，译. 北京：中国政法大学出版社，1996：4-5.

的原理或理念：审判结果是否正当、正确并不以某种外在的客观标准来衡量，只要审判程序本身是正当、合理的，审判结果就能获得正当性和合理性，得到人们广泛的接受。

其实，无论西方还是东方，在现代法治观念看来，没有程序正义，很难确保实体正义。因为除了当事人，没有人能事先确知实体正义的真实状态或本来面目。正义，必须以正义的方式来实现："正义不仅应得到实现，而且要以人们看得见的方式加以实现"（Justice must not only be done, but must be seen to be done.）。这句法律格言的意思是，权利、权力、义务和责任的分配或调整，不仅要完全符合实体法的规定和精神，而且应当使人感受到处置或裁判过程及方式的透明性、公平性与合理性。程序正义在英美法系国家因此被称作"看得见的正义"。这也是程序正义的独特价值所在。

不过，在充分认肯和重视程序正义的同时，也不能走向极端。程序正义虽然是实体正义的保障手段，且有一定的独立价值，但程序正义派生于并服务于实体正义，没有实体正义，程序正义就失去了皈依。有这样一则寓言：老虎召集一群猪说："告诉我你们想怎样被我吃掉，我会尊重你们的选择！"其中一头猪说："我根本不想被你吃掉！"老虎说："你跑题了。"在这则寓言里，猪被吃掉是"实体"，怎样被吃掉是"程序"。连一头笨猪都知道，最重要的是实体上"不被吃掉"；如果这种实体上的正义不能保证，那么怎样被吃掉的"程序"无论怎么规定都可能是不正义的。

二、程序正义的标准

最早将程序正义导入正义理论体系的学者是美国的约翰·罗尔斯。他在《正义论》（1971年）一书中，提出并分析了程序正义的三种形态，即纯粹的程序正义、完善的程序正义和不完善的程序正义，并着重对纯粹的程序正义进行了论述。

纯粹的程序正义是指，不存在关于正义的独立衡量标准，只存在一种正确或公平的程序。只要这种程序得到切实执行，那么由该程序得出的结果无论怎样都应被视为正当的。其典型例子是赌博，只要参与者严格遵循了有关的程序规则，那么最后一次赌博后的现金分配就是合乎正义的。

完善的程序正义则是指，存在着决定结果是否合乎正义的独立标准，同时也存在着使符合这一标准的结果得以实现的程序。其典型例子是分蛋糕。把蛋糕均等地分给每个人才符合正义，同时也存在实现均分的程序，即切蛋糕的人最后动手取自己的一份。而为了使剩给自己的那份尽可能大些，他就会尽最大努力均匀地分蛋糕，均分的结果遂能实现。因此，这样的程序便是合乎正义的。

不完善的程序正义是指，虽然在程序之外存在衡量正义的客观标准，但真正能使符合标准的结果实现的程序却不存在。以刑事审判为例，真实情况是存在于程序之外的客观标准，然而无论程序设计得如何精巧，错判的结果却总是难以避免。①

　　根据罗尔斯等学者的研究，可以将程序正义的标准或原则概括为如下6个方面。

　　(1)控权(与专权对立)。法律程序是权力运行的"控制纽"和"安全阀"。正当程序一定要引入分权制衡机制、权力监督机制、以权利制约权力的机制，避免权力的过分集中、失控乃至滥用。例如，在刑事诉讼中，通过设立公诉、辩护、质证、陪审、合议、审级等程序形式，来克服审判行为的随意性和随机性，防止法官滥用职权。

　　(2)公正(与偏袒、偏私对立)。程序公平、公正，首先意味着在程序过程开始前不对参加者和事实做先验的评价或预测，并以相同的规则对待同类的人或事，保证当事人享有平等的程序权利，承担平等的程序义务。例如，在选举活动中，实行普遍的、平等的选举；在实施行政行为时，行政机关要尊重相对人的意见；在诉讼活动中，要保障各方当事人都有充分发表自己意见的机会，法官要公平地听取各方当事人的意见；等等。其次，程序公平公正不仅要求给予当事人平等的程序权利和义务，还要求在当事人的正当程序权利受到侵犯时为其提供有效的补救手段。例如，在诉讼中，当事人一旦发现审判人员与本案的处理有利害关系，就有权申请其回避。此外，程序公平公正还要求对不利境地的程序主体给予救济。如对聋哑人提供哑语翻译，对精神病人和未成年人实行监护制，让监护人代替其行使权利。特别在行政诉讼中，"被告对做出的具体行政行为负有举证责任，应当提供做出该具体行政行为的证据和所依据的规范性文件"，这样原告就享有与被告对等抗衡力量，不会因此丧失和弱化程序权利行使的对等性。

　　(3)公开(与秘密对立)。公开是设置和判别正当程序的又一项原则或标准。不仅审判程序要公开，选举程序、立法程序、行政程序、监督程序等同样要公开。程序公开既可以避免暗箱操作可能带来的枉法徇私，又可以保证正义以人们看得见的方式实现，从而消除人们的怀疑，减少法律运行过程中的阻力。当然，程序公开也有所例外。例如，为了保障选举真实地反映选民的意志，表决一般是秘密的；为了保守国家秘密或当事人的隐私，审判活动也可以不公开进行。

　　(4)科学(与任意、擅断、愚昧对立)。程序的科学性包括程序和目的有无联系、程序设置是否符合法律行为的客观规律以及是否有利于主体做出理性的选择。不同的程序，其科学程度往往有所不同。例如，古代的神明裁判是反科学的，近代的自由心证证据方法是比较科学的，而现代证据方法则更加科学。程序设计必须从法律行为的客观规律出发，对各种可选程序进行比较，从而做出最优选择。

---

　　① 罗尔斯.正义论(修订版)[M].何怀宏,等译.北京:中国社会科学出版社,2011:66-68.

(5)效率(与浪费对立)。合理的、正当的程序应当是有效率的程序，它应当有助于人们以最少的人力、物力、财力和时间的投入取得最大的收益，有助于人们提高工作效率。所以，程序设计不能过于烦琐，不能滥设程序壁垒。例如，诉讼程序的设计应当能有效地引导当事人理性地、及时地处理彼此之间的纠纷，不能在处理纠纷过程中又引发新的矛盾和纠纷，或者久拖不决。

(6)文明(与野蛮对立)。程序的文明性是指程序的操作和运行符合人们公认的道德准则和价值观念，符合人类社会的进步方向。同样，不同的程序，其文明程度往往有所不同。例如，古代的刑讯逼供和司法决斗是反文明的，而现代诉讼中的"重证据，不轻信口供"和公开听证、相互质证等程序则是文明的。程序设计必须合乎人类的理性要求，顺应人类文明的发展方向，剔除一切野蛮的、非人道的因素。

总之，法是一种制度化的程序性行为规范，法律所规定的程序本身就具有约束力。程序是社会制度化最重要的基石，而追求程序正义也是现代法治的一个重要方面。在本章开头的案例中，法官 A 的处理从实质性方面而言尽管是无可挑剔的，但他违反了根据程序正义原则所建立的回避制度和回避程序。违反法律程序规定，尽管实质结果正确，同样可以认定不合法，有关的责任人应当承担由于违反程序而产生的不利后果。这也可以视为法律为了防止不遵循程序所可能带来的危险而支付的代价。

✦ **思维弹射**

被告人胡义某于 2021 年 3 月上旬至本区看望在此打工的妻子胡某，得知胡某与被害人陈兵某同居在一起，遂劝胡某回家，胡某拒绝并在陈兵某的帮助下躲藏。3 月 15 日上午 11 时许，被告人胡义某在本区康桥镇某村 7 组陈兵某打工的单位找到陈进行交涉，在争执过程中致陈跌入机耕道旁的某河中，被告人胡义某当即离开现场。后因不放心，胡义某又返回现场，未发现陈兵某，遂于当日 12 时 30 分左右至本区康桥镇派出所投案自首。公安机关及时打捞未果，将胡教育后放回。同月 28 日，陈兵某的尸体在该河被发现，经上海市公安局刑事技术鉴定，陈系生前溺水死亡。次日，公安机关至被告人胡义某的家乡将其抓获。公诉机关认为胡义某没有履行由其先行行为产生的作为义务，致使他人死亡，其行为已经触犯了我国《刑法》第二百三十二条之规定，应当以故意杀人罪追究其刑事责任。鉴于被告人胡义某有自首情节，依照《刑法》第六十七条的规定可以从轻处罚。庭审中，被告人当庭否认犯罪事实，公诉人当即提出被告人不具有自首情节，建议对其处 11 年以上 15 年以下有期徒刑。

你如何看待被告人胡义某的行为和公诉人的主张？

第六章
法律创制

2011年7月5日，某公司高经理与员工在饭店喝酒聚餐后表示：别开车了，"酒驾"已入刑，咱把车推回去。随后，高经理在车内掌控方向盘，其他人推车缓行。记者从交警部门了解到，如机动车未发动，只操纵方向盘，由人力或其他车辆牵引，不属于酒后驾车。但交警部门指出，路上推车既会造成后方车辆行驶障碍，也会构成对推车人的安全威胁，建议酒后将车置于安全地点，或找人代驾。鉴于我国对"酒后代驾"缺乏明确规定，高经理起草了一份《酒后代驾服务规则》，包括总则、代驾人、被代驾人、权利与义务、代为驾驶服务合同、法律责任等共六章二十一条邮寄给国家立法机关。

请问：高经理起草的《酒后代驾服务规则》，属于什么性质的文件？是规范性法律文件，还是民商法规则，抑或立法议案？要准确地回答这些问题，必须具备一定的法律创制知识。

法治的基本前提是有法可依，而法律创制（俗称"立法"）正是旨在为人们的社会行为提供权威性规范、解决有法可依问题的主要途径。

马克思曾指出："立法者应该把自己看作一个自然科学家。他不是在创造法律，不是在发明法律，而仅仅是在表述法律，他用有意识的实在法把精神关系的内在规律表现出来。"[1]库利奇也说："人们并不是制定法律，他们只不过发现法律而已……如果一种政体具有发现法律的最佳机制，那这个国家就再幸运不过了。"[2]的确，立法很大程度只是社会主体借立法者之"腹"，孕育和催生一个个受孕于社会生活规律和既有社会规范的"法律宝宝"而已。

---

① 马克思. 论离婚法草案[M]//马克思恩格斯全集：第1卷. 北京：人民出版社，1995：347.
② 考文. 美国宪法的"高级法"背景[M]. 强世功，译. 北京：生活·读书·新知三联书店，1997：1.

第一节　法律创制的实质要义

一、法律创制释义

法律创制是指有关主体依据宪法和法律规定的职权及程序，运用一定的技术，制定、认可、修改、废除和解释法律的专门活动。"制定"是指有关主体根据经验和理性创造、设立新规范。"认可"是有关主体对既存的社会规范(如风俗、习惯、道德、教规、政策、国际条约、具体判例中潜在的原则或规则等)予以承认，赋予其法律效力。"修改"是指有关主体依法改动某部规范性法律文件的部分条文，使其适应变化了的社会生活或更新了的法律体系。"废除"是指有关主体根据形势的变化或有关新法的出台，而宣布某部或某些旧的规范性法律文件全部作废。"解释"是指有关主体根据法定权限和法定程序对法律进行说明、阐述，它往往会扩大、缩小或改变特定法律规范的含义，因而也是一种法律创制方式。

法律创制俗称"法律制定"或"立法"。不过，我国法学界对"立法"一词有两种解说：一是指有关国家机关依照法定职权和法定程序，制定、认可、修改、废除或解释各种不同法律效力的规范性法律文件的活动。这种广义的立法，大致相当于法律创制。二是指最高国家权力机关及其常设机关依法制定、认可、修改、废除或解释规范性法律文件的活动。这种与狭义上的"法律"一致的"立法"只是法律创制中的一种。

二、法律创制兼具政治性与法律性

在整个法律运行过程中，法律创制的最大特点是兼具政治性与法律性。

就主权国家来说，法律创制的政治性是指法律的立、改、废、释活动具有政治属性，贯穿着一种政治考量。这至少表现在两大方面：其一，法律创制是国家政权的体现，立法权直接根源于国家政权，并且要为所有的国家机关，尤其是行政机关和司法机关，提供政治合法性及行为准则。这不仅体现在宪法性法律中，也表现在行政法、司法程序法等部门公法及众多私法中。其二，法律创制的实质是为所有社会成员分配利益，并通过这种利益分配来整合所有社会成员，形塑或调整特定的法律关系和社会结构。这不仅关涉到政权的社会基础与合法性，而且必须在依靠谁、团结谁、限制谁及打击谁等政治考量的基础之上展开。当然，法律创制所关注的只是那些普遍而重要的、具有法律意义、需要法律干预或者调整的利益，简称"法益"(legal benefit)。法律创制的核心，就是如何广泛、公平、合理地分配或调整法益。

"天下熙熙，皆为利来；天下攘攘，皆为利往。"利益是社会关系的黏合剂，也是社会冲突的导火索，因而法律创制在分配或调整那些普遍而重要的、具有法律意义的利益（法益）时，必须出以公心，并极为审慎。作为"代议机构"的现代立法主体，更应当在代议制民主制度的基础上，高度重视并充分发挥当代远程民主（tele-democracy）和面对面的协商民主与立法听证程序的作用，在充分而制度化的利益表达的基础上，实现高超的法益综合，尽可能平衡相互冲突的法益诉求，最大限度地给不同社会阶层合理地分配法益，从而使法律创制获得正当性、权威性。而这不仅需要"人民至上"的政治襟怀，还需要高超的法益整合能力及法律创制艺术。

法律创制不仅是一种政治活动，更是一种法律行为，因而具有法律性。法律创制的法律性至少体现在三个方面：一是法律的立、改、废、释活动必须具有宪法和立法法等方面的法律依据，并严格依照法律程序进行。二是法律创制主体除了创造性"制定"新规范，常常要"认可"既有的风俗、习惯、道德、政策等社会规范，承认或赋予其法律效力。基于"纯粹法理学"的内在视角，这种"认可"，实际上是将道德、政策等"外在"的普通社会规范"引入"法律体系，使其"转化"为法律规范。这不仅为法律和法治提供了坚实的社会基础，更为重要的是为"法律至上性"这一法治的本质要求提供了本源性保障，从而确保了法律的最高权威性和内部自治性。说得更透彻些，当某个领域尚未制定法律时，可能是道德、习俗或政策至上；而一旦制定了法律，则是法律至上，因为原有社会规范中的合理因素已被吸收进法律，即使有些尚未被吸收进去，也要等以后修改法律再予考虑。许多涉及"法与道德之关系"的论者往往忽视了"立法转化"这一重要环节，在法律运行的全过程中都将法律和道德二元并立，从而否认法律的自治性和法治的法律至上性理念，这显然是错误的。三是法律创制对"法益"的分配，一般要具体化为更明确具体、更有可操作性的"权利、权力、义务和责任"等法言法语及法律制度。因而法律创制的实质，从内容上说是为所有社会成员分配权利、权力、义务和责任；而从形式上说，是为所有社会成员输出具有普遍约束力的行为规范。

总体而言，法律创制的政治性与法律性，就国家法而言主要表现为如下特征：

第一，法律创制直接根源于国家政权，并且要为所有的国家机关，尤其是行政机关和司法机关，提供政治合法性及行为准则。

第二，法律创制的实质是有权的国家机关为社会成员及其他相关主体分配权利、权力、义务和责任。

第三，法律创制的方式多种多样，包括创立新的规范，认可社会上既有的旧规范，修改、解释和废除原有的法律规范。

第四，法律创制具有很强的技术性和程序性。把社会利益关系及其矛盾冲突等社会现象转化为用法律语言表述的法律关系、法律行为模式和法律救济方式，需要精细的思维和高度的技能。因此，法律创制机关及其立法人员必须熟练掌握各种立法技术，并严格遵守预先设定的法律程序，以保证法律创制活动的科学性与合法性。

第五，法律创制的结果是产生或变动具有普遍约束力的行为规范。这是法治的前提，也是立法区别于执法和司法活动的一个重要标志。

第二节　法律创制的体制与原则

在历史上，立法(即法律创制)作为国家的一项基本职能活动，是随着国家的产生与发展而出现和逐渐发展起来的。现代社会普遍确立了代议民主制度，从法律上明确设置专门的立法机构，规定了立法权限，不断完善立法程序，并使之制度化法律化。

一、法律创制体制

(一)法律创制体制的含义及分类

法律创制体制是指有关国家机关创立、修改、解释和废除法律的权力依据、权限划分和组织体系。通常又称作立法体制。

法律创制体制由三要素构成。一是创制法律的权力依据，即立法权的来源、性质和归属。这既指根本意义上的立法权的来源、性质和归属，即一般由宪法和法律规定的、立法权在国家权力体系中的地位和作用，立法权与其他国家权力的关系等；也指某部法律的创制权的来源和归宿，通常表述为"依据××××法，制定本法"。二是创制法律的权限划分，即立法权的种类、构成、范围、限制。三是创制法律的组织体系，即行使立法权的立法主体或机构的建置、组织原则、活动形式等。

影响一国法律创制体制的因素很多，其中最直接、最主要的是国家政体与国家结构形式。在专制或独裁政体下，立法体制肯定是专制的或独裁的；在民主政体下，立法体制则是民主的。在单一制国家里，通常是一元立法体制；而在复合制(联邦制和邦联制)国家里，往往是多元(复合)立法体制。

一元立法体制就是法律创制权在法律上由中央国家政权机关统一行使。在一些实行一元立法体制的国家里，中央国家政权机关由于某些方面的原因，不能不把部分法律创制权通过宪法和法律授予地方国家政权机关行使，但地方立法权必须从属于中央(国家)立法权。这种情形称作一元多级立法体制。

多元立法体制是以"分权制衡"原则为基础构建的,有多元一级和多元多级两种形式。前者一般都由两个或两个以上的中央政权机关(如议会和总统或君主等)共同行使立法权,这在当今世界已不多见。在众多实行多元多级立法体制的国家中,立法权原则上属于议会,但国家元首作为行政机关的首脑,拥有法律公布权和一定的立法否决权,从而对议会的立法活动有重大影响和制约作用;有些国家的司法机关通过违宪审查制度,对议会立法也有制约作用,司法机关甚至以司法解释和判例法的形式实际上分享了部分立法权;此外,地方国家机关也分享了相当一部分立法权。

(二)法律创制权限的划分

一元立法体制国家的立法权只有国家立法权和委任立法权,而在多元立法体制国家(尤其是美国等多元多级立法体制国家),除了国家立法权,还有地方立法权、行政立法权、司法立法权和委任立法权等。

国家立法权是由一定的中央国家政权机关行使,用以调整基本的、带全局性的社会关系,在立法体系中居于基础和主导地位的最高立法权。享有国家立法权的国家机关一般是最高国家权力机关、中央立法机关或最高立法机关。值得注意的是,国家立法权并不等同于国家的立法权。

地方立法权是由有权的地方国家政权机关行使的立法权。其立法范围窄于国家立法权,其地位也低于国家立法权。由于各国情况不同,享有地方立法权的国家机关可以是单一层次的,也可以是多层次的。

行政立法权是源于宪法、由国家行政机关依法行使、低于国家立法权的一种独立的立法权。它不同于一元立法体制国家的行政法规创制权。有的国家只有国家最高行政机关一级享有行政立法权,一般由总统和政府共同或分别行使。有的国家则规定了中央和地方两级行政立法权,地方行政立法权有的又分为不同的层次。

司法机关享有一定的立法权,这是当今世界多数国家一个不争的事实。不过,严格说来,司法机关主要是以司法解释和判例法的方式来行使其司法立法权。在非判例法系国家,司法机关则主要通过司法解释这一方式来行使其司法立法权。

授权立法权又称委任立法权,即最高国家权力机关将其依法拥有的部分法律创制权授予行政机关或地方国家机关行使所产生的附属性法律创制权。行政机关或地方国家机关依据附属性法律创制权创制规范性法律文件的活动就叫作授权立法。

(三)我国现行立法体制

我国现行的立法体制,是吸收单一制国家一元立法体制和联邦制国家结构二元或多元立法体制的一些特点，结合我国具体情况独创而成的一种"一元、两级、多层次、多类别"的立法体制。

所谓一元，是指我国目前的法律创制体制是建立在统一的宪法基础之上的、一元化的。法律创制中最重要的国家立法权即立宪权和制定法律权属于中央，地方没有这项权力。行政法规、地方性法规不得与宪法、法律相抵触。香港和澳门的立法委员会尽管享有制定有关法律的权力，但也不得与宪法和基本法相冲突。

所谓两级，是指我国法律创制体制分为中央立法与地方立法两个立法等级，两个不同立法等级在整个法律创制体系中处于各不相同的地位。中央立法在整个法律创制体制中居于基础、主导的地位，而地方立法则处在对中央立法的补充与执行中央立法的地位，并且地方立法不能够独立于中央立法而存在。

所谓多层次，是指在中央立法与地方立法的内部又可分为若干层次。中央立法分为全国人大、全国人大常委会、国务院、中央军委、国务院各部委等不同层次；地方立法包括省级（含自治区、直辖市）人大及其常委会、省级人民政府，省级政府所在的市、经国务院批准的较大的市、一般地级市（设区的市）①、自治州、自治县等不同层次的人大及其常委会和政府的立法。

所谓多类别，是指上述立法同民族自治地方的立法以及经济特区和香港特别行政区的立法，在类别上有差异。自治法规（自治条例和单行条例）和特别行政区的法律既是地方规范性法律文件，又在立法依据、权限范围和表现形式等方面不同于其他地方性法规和地方政府规章。

二、法律创制的基本原则

法律创制的基本原则是指一定的国家机关在创立和变动规范性法律文件时所遵循的基本准则。它一般应具备三个条件：一是较高的概括性；二是可操作性；三是较强的稳定性。② 有鉴于此，当代中国的法律创制应遵循如下基本原则：

（一）科学性原则

科学性原则有五个方面的含义：一是指法律的客观化。法律创制虽然是一种主体的活动，但它并不是纯粹的主观现象，而是主观对客观的契合，是立法者对调整对象之客观规律和法律自身规律的尊重与遵循。正如严复所云："法之立也，必以理为之原。先有是非，而后有法，非法立而后以离合见是非也。"③本章开头

---

① 我国绝大多数地级市是设区的市，只有广东的东莞市、海南的儋州市和三沙市和甘肃的嘉峪关市没有设区，但 2015 年修改的《立法法》首次赋予地级市以城乡建设与管理、环境保护、历史文化保护这三个方面的立法权后，全部地级市都已有立法权。

② 李龙. 法理学[M]. 武汉：武汉大学出版社，1996：296.

③ 严复.《法意》按语(二)[C]//卢云昆. 社会剧变与规范重建——严复文选. 上海：上海远东出版社，1996：392.

所引马克思和库利奇之言，正是指立法的客观化。二是指法律的理性化。理性是法律的生命，法律是也必须是人类理性思维的产物，是理性与经验的统一，而不能是一种恣意与擅断。法律的理性化意味着法律必须具有普遍性和稳定性。三是指法律的明确化。法律相对于道德的优势之一，就是相关行为规范尽可能以明确、具体的规则来表达，其权利、权力、义务和责任分配公正合理，主体到位，界限分明，程序规范，纷争的解决方式、步骤及准据明晰（有可诉性）。"法律内容明确意味着：依据法律对所发动的政府强制力的制约是明确的，我等国民相互之间谁的、多大程度利益得到确保也是明确的。"①四是指法律的合理化。即法律的创制必须基于对各种社会关系的恰当的界定，对具体的权利义务和职权职责的公平分配。五是指法律的前瞻性。即法律创制必须具有科学预见性，创制出来的法律具有适度的张力或一定的超前性，能够满足社会发展变化的需要。

（二）民主性原则

民主性原则有两个方面的含义：一是指法律创制必须以人权保障为宗旨，从最大多数人的利益最大化出发，尽最大可能地协调与兼顾社会各阶层、各方面的利益要求。二是指法律创制过程中要尽可能广泛地听取各方面的意见，尽可能吸收各方面的代表人士参与立法。我国民主立法方面总体上可圈可点。据 2020 年 5 月 21 日第十三届全国人大第三次会议大会发言人张业遂介绍，我国民法典编撰过程中，先后 10 次通过中国人大网公开征求意见，累计收到 42.5 万人提出的 102 万条意见和建议。可见我国民法典立法参与之广。而这只是我国民主立法之一例。

（三）适时性原则

适时性原则指立法必须与时俱进，根据时代发展和社会需要，尽可能及时地开展法律的立、改、废、释工作。德国法学家约瑟夫·科勒（Joseph Kohler）曾指出：法律乃是通过确使现存价值得到保护并使新的价值得到增进而在人类文化生活的进化中发挥重要作用的。每一种文明的形态都必须去发现最适合其意图和目的的法律。法律必须与日益变化的文明状况相适应，而社会的义务就是不断地制定出与新的情势相适应的法律。②

（四）统一性原则

法制必须统一，否则在社会秩序基础上的社会合作就无法进行。我国《宪法》第五条第二款规定："国家维护社会主义法制的统一和尊严。"法制统一性原则主要体现在三个方面：一是法律创制必须合宪，即一切立法都必须以宪法为依据。

① 川岛武宜. 现代化与法[M]. 申政武，渠涛，李旺，等译. 中国政法大学出版社，1994：152.
② 博登海默. 法理学：法律哲学与法律方法[M]. 邓正来，译. 北京：中国政法大学出版社，2016：147.

这既是由宪法是国家根本大法的至上性地位决定的，也是确保法治统一的首要前提。二是新出台的法律必须与法律体系的各个层次相协调；若有冲突，则要么将出台前的新法加以完善，要么新法出台后及时对相关的旧法进行修改与调整。三是前后制定的法律必须尽可能保持连续性。人们的大量行为（比如投资行为等），都是基于法律的指引和法律自身秩序所产生的可预期性才做出的。这意味着任何一项法律的变革（实即权利、权力、义务、责任分配的变化），都有相当一部分人为此付出巨大的代价或高额成本（其中包括积淀成本）。也就是说，新法的出台，尤其是法律制度的重大变革，都具有一定程度的非正义性。因此，法律应尽可能在稳定与适时之间保持一定的张力，注意前后法之间的衔接与过渡。

第三节　法律创制程序

法律创制程序是指有关国家机关在制定、修改、补充、认可、废止或解释法律的过程中应遵循的法定步骤和方法。在不同的国家，法律创制的程序是不尽相同的。我国法律创制程序主要体现为如下五个环节。

一、法律案的起草

从学理上来讲，法律案一般包括法律议案和法律草案。所谓法律议案，又称立法议案，是指依法享有立法提案权的机关或个人向立法机关提出的关于创立或变动某项法律的正式建议或提案。立法议案不同于法律草案，它是有关立法的动议，可以只提立法主旨和理由，也可以附有法律草案；而法律草案内容都比较具体、系统、完整，是提交立法机关审议的关于创立或变动某项法律的法律原型。立法议案也不同于一般的立法建议。立法议案只有经法律授权的机关和个人才能提出，而立法建议的提出不须经法律授权，也不属正式的立法程序，它泛指任何机关、组织或公民提出的立法意见和设想。立法建议对立法工作具有参考作用。我国《立法法》对法律案未做出明确界定，但从上下文来看，法律案指的是法律草案。

法案起草属于法律创制的准备阶段。该准备阶段主要包括立法规划、确定立法项目、采纳立法建议、起草法律草案等内容。周旺生教授曾将我国法案起草过程划分为十个基本步骤：（1）做出法案起草的决策。（2）确定起草机关。（3）组织起草班子。（4）明确立法意图。（5）进行调查研究。（6）搭架子和拟出法案提纲。（7）正式起草法案。（8）征求有关方面意见和协调论证。（9）反复审查和修改。（10）形成法案正式稿。① 我国立法实践中的法案起草基本上都按以上十个步骤进行。

二、法律案的提出

法律案的提出是法律创制的第一道正式程序，它标志着立法活动的正式开始。

提出法律案的关键是谁有法律案的提案权。一般说来，法律案的提案权是法律赋予有关的国家机关、组织和个人的一项专门权利。任何国家机关、社会组织和个人未经法律授权都无权向立法机关提出法律案。现今世界各国享有法律案提案权的主体不尽相同，但多数国家代议机关的组成人员、国家首脑等享有法律案的提案权。根据我国《宪法》和《立法法》的规定，下列组织和个人享有法律案的提案权：

全国人民代表大会主席团可以向全国人民代表大会提出法律案，由全国人民代表大会会议审议。

全国人民代表大会常务委员会、国务院、中央军事委员会、最高人民法院、最高人民检察院、全国人民代表大会各专门委员会，可以向全国人民代表大会提出法律案，由主席团决定列入会议议程。

一个代表团或者三十名以上的代表联名，可以向全国人民代表大会提出法律案，由主席团决定是否列入会议议程，或者先交有关的专门委员会审议、提出是否列入会议议程的意见，再决定是否列入会议议程。

向全国人民代表大会提出的法律案，在全国人民代表大会闭会期间，可以先向常务委员会提出，经常务委员会会议依照法定程序审议后，决定提请全国人民代表大会审议。

委员长会议可以向常务委员会提出法律案，由常务委员会会议审议。

国务院、中央军事委员会、最高人民法院、最高人民检察院、全国人民代表大会各专门委员会，可以向常务委员会提出法律案，由委员长会议决定列入常务委员会会议议程，或者先交有关的专门委员会审议、提出报告，再决定列入常务委员会会议议程。如果委员长会议认为法律案有重大问题需要进一步研究，可以建议提案人修改完善后再向常务委员会提出。

常务委员会组成人员十人以上联名，可以向常务委员会提出法律案，由委员长会议决定是否列入常务委员会会议议程，或者先交有关的专门委员会审议、提出是否列入常务委员会会议议程的意见，再决定是否列入常务委员会会议议程。不列入常务委员会会议议程的，应当向常务委员会会议报告或者向提案人说明。

① 周旺生.论法案起草的过程和十大步骤[J].中国法学，1994(6).

三、法律草案的审议

即立法机关对列入议程的法律草案正式进行审查和讨论。这是保证立法质量，使立法更加科学、完备和成熟的重要环节。

对法律草案的审议，世界多数国家的法律规定必须经过立法机关全体组成人员的多次讨论，并按一定的程序进行。我国对法律草案的审议，一般经过两个阶段：一是由全国人大有关专门委员会进行审议，其中包括对法律草案的修改、补充；二是立法机关全体会议的审议（这一阶段一般要审议二至三次）。

对法律草案的审议，应包括以下内容：（1）立法动机是否正确合理；（2）立法时机是否恰当；（3）立法精神和内容是否科学、合理，具体包括法律规范的合宪性；权益调整的公正性、合理性；各项规定是否切实可行，具有可操作性；本法各法律规范之间及本法与其他法律之间是否和谐一致；（4）立法技术是否恰当、完善，法律用语、概念是否清楚、准确、规范，结构是否合理，文字表达是否清晰、合乎语法和逻辑。

四、法律草案的表决与通过

法律草案经过多次审议后，就要交付立法机关全体成员投票表决。表决结果如果达到法定票数，则意味着立法机关正式同意法律草案成为法律。法律草案的表决和通过是全部立法程序中最具有决定意义的步骤，但并非每一交付表决的法律草案都能获得通过。有的需要修改再复议，有的则可能被彻底否决。

对于法律草案的表决和通过，世界上大多数国家规定，一般性法律草案以出席立法会议的全体议员或代表的过半数票为通过，宪法草案或宪法修正案则以出席立法会议的全体议员或代表的 2/3 或 3/5 以上的多数票为通过。

实行两院制的国家，通过法律草案有三种不同的情况：（1）两院同时通过，如苏联；（2）两院先后通过，如美国；（3）通过法律草案的权力属于下院，上院无权否决下院的意见，但能在一定时间内拖延一般法律的生效，如英国。如果前两种情况下两院意见发生分歧，有的国家规定由两院联席会议决定。

在我国，按普通程序，法律要经过全国人大或全国人大常委会法定人数的过半数通过。与大多数国家不同的是，我国强调应是全国人大或全国人大常委会全体成员的过半数，而不是出席会议的成员的过半数。这在程序上更有效地保护了大多数群众的利益不被少数人侵犯。

法律草案的通过方式有公开表决和秘密表决两种。前者是举手表决，后者是无记名投票或电子表决器表决。我国自 1986 年 3 月第六届全国人大常委会第十五次会议开始采用电子表决器。

五、法律的签署与公布

法律一经表决通过，就要由国家元首、政府首脑或立法机关本身签署并公布。

法律必须公布，这是一条法治原则。美国法理学家朗·富勒认为，法律之所以要公布，有很多理由。首先，大量现代法律的内容是专门性的，它们是否能为公民所了解，这无关紧要，法律的公布绝不是指望每个公民都坐下来阅览全部法律。其次，一个法律公布后，即使一百个人中仅有一个人去了解，这也足以说明必须加以公布，因为至少这个人有权了解法律，而这个人是国家

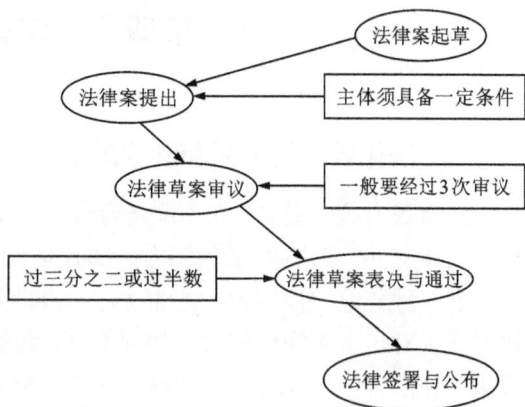

图 6-1　立法程序

无法事先认定的。再次，人们遵守法律一般并不是因为他们直接了解法律，而是仿效了解法律的人的行为式样，少数人的法律知识间接地影响着许多人的行为。最后，法律只有在公布后才能由公众加以批评，包括对不应该制定的那些法律的批评，同时也才能对适用法律的人的违法行为加以制约。① 由"法律必须公布"这一立法原则，合逻辑地延伸出一条守法原则："不知法绝不是犯法的借口。"②

公布法律权是同批准和签署法律的权力相衔接的，亦即国家元首或立法机关的领导机构在批准或签署法律（行政法规、地方性法规及规章由相应首长签署）后，即按法定程序公之于众。在总统制国家，作为国家元首兼政府首脑的总统行使公布法律权，是行政部门对立法机关实行制约的一个手段。即握有公布法律权的总统在接到议会通过的法案（即未生效的法律）后，如果不同意，可以要求议会再行审议、修改，议会不得拒绝。而在非总统制国家里，国家元首公布法律仅是一个象征性程序，并不具有行政牵制立法的含义。如我国宪法规定，国家主席根据全国人大或全国人大常委会的决定公布法律。

根据上述知识，本章开头所说高经理起草的《酒后代驾服务规则》，既不是立法议案，因为任何国家机关、社会组织和个人未经法律授权便无权向立法机关提

① 富勒. 法律的道德性[M]. 郑戈，译. 北京：商务印书馆，2005：59-62.
② 霍姆斯. 普通法[M]. 郭亮，译. 北京：法律出版社，2021：40.

出法律案；也不是民商法规则或规范性法律文件，因为《酒后代驾服务规则》由高经理起草，并不是国家制定的，也没有得到国家认可，故不属于法律规则，当然也不属于民商法规则，更谈不上是法的正式渊源和规范性法律文件；它仅仅是公民个人向立法机关提出的立法建议。

第四节　法律效力

一、法律效力的含义和制约因素

法律效力这一概念，在不同场合有不同的含义。通常有三种情况：一是指规范性法律文件（即法律）的作用力。即凡是由国家制定和颁布的法律，都对人的行为具有一种普遍性作用力。此为法律本身的效力。二是指非规范性法律文件在法律意义上对当事人的作用力。如判决书、调解书、逮捕证、公证书、违章罚款单、依法制作的合同书等等非规范性的法律文件对具体的事和人都有特定的法律作用力。此为法律上的效力。三是指法律行为的合法性、有效性，尤指法律上认可的当事人意思表示的民事行为的效力。如合同的效力、遗嘱的效力、代理的效力等。此为法律上认可的效力。①

法理学中所说的法律效力，仅指国家制定和颁布的规范性法律文件的作用力。学界一般认为，这种作用力包括约束力和强制力。其实，法律效力在内涵上由赋予力（即赋予或确认有关主体行使权利或权力的作用力）和约束力（约束有关主体履行义务或责任的作用力）构成；国家强制力只是法律效力（赋予力和约束力）的后盾。② 因而就其实质而言，法律效力是指法律以国家强制力为后盾，对特定时间、空间和事项中的人所具有的作用力，包括赋予力和约束力。

一般说来，法律效力要受到如下几个因素的影响和制约：一是国家强制力。这是法律效力的首要的和最终的决定因素。二是法律规范的合法性。违反法定程序或者超越法定权限而制定的法律，不具有法律效力。三是制定主体的地位。法律制定主体地位的高低决定了法律效力的高低。四是适用范围。在由同一主体制定的法律中，适用范围窄的法律（特别法），其效力通常大于适用范围宽的法律（一般法）。五是制定时间。在处于同一位阶的法律中，新制定的法律规范的效力一般要高于它之前的法律规范的效力。

---

① 张根大. 法律效力论[M]. 北京：法律出版社, 1999：7-8.

② 陈世荣. 法律效力论[J]. 法学研究, 1994(4)；张根大. 法律效力论[M]. 北京：法律出版社, 1999：12-14.

二、法律效力的范围

法律效力的范围，即指法律对哪些人、哪些事、在何种空间范围和时间范围内有效，从而发挥法律的约束力和强制力。

（一）法律的对人效力范围

即法律适用于哪些人。这里的"人"，包括自然人和法律拟制的人。根据世界各国历史上存在过的关于法律效力的规定，法律的对人效力范围主要有以下几种：（1）属人主义。即凡是本国人，不论在国内还是在国外，都受本国法的约束，而对在本国的外国人则不适用。（2）属地主义。即一国法对它所辖领域内的一切人都有约束力和强制力，而不论他是本国人还是外国人。本国人在外国则不受本国法的约束。（3）保护主义。即指不论任何人只要损害了本国的利益，不论行为人的国籍与所在地域，都要受到本国法的追究。（4）结合主义。即以属地主义为主，与属人主义、保护主义相结合。这是近代以来许多国家采用的法的对象效力范围原则。我国也采用这一原则。

按照结合主义原则，我国法律的对人效力范围是：

（1）法律对中国公民和中国组织的效力范围。凡是具有中国国籍的人，都是中国公民。中国公民在中国领域内一律适用中国法律。中国公民在国外原则上仍适用中国法律；但当中国法律与所在国的法律发生冲突时，要区别不同的情况和具体的国际条约、协定及国内法的规定，来确定是适用中国法律还是适用外国法律。比如我国民法规定，中国公民定居国外的，其民事行为能力可以适用居住国的法律。对中国组织的法律适用也与中国公民一样。

（2）法律对外国人和无国籍人的效力范围。中国法律对外国人和无国籍人的适用有两种情况：一是对在中国境内的外国人和无国籍人的适用问题；二是对在中国境外的外国人和无国籍人的适用问题。外国人和无国籍人在中国境内，除法律另有规定外，一般适用中国法律。所谓另有规定，一般是指法律上明确规定不适用中国法律的情形，如享有外交特权和豁免权的外国人，得通过外交途径解决。关于外国人在中国境外对中国国家或中国公民的犯罪，按中国刑法规定的最低刑为三年以上有期徒刑的，可以适用中国刑法；但按照犯罪地的刑法不构成犯罪的除外。

（二）法律的对事效力范围

法律的对事效力范围是指特定法律在实施过程中对其明文规定的事项发生的效力。

法律对事的效力通过三条原则体现出来：

其一，事项法定原则。即法律对哪些事项有效要有法律明文规定，凡不在法律规定范围内的事项均不受该法律的约束，法律不对其发生效力。

其二，一事不再理原则。即同一机关对同一法律关系已作出了处理，该机关不得再受理同一当事人所作的同一请求；同一当事人也不得对同一机关再有同一请求(符合法律监督或审判监督程序的情况除外)。

其三，一事不二罚原则。即同一行为不得被处以两次及两次以上性质或刑名相同的处罚。但对同一违法行为并处两种或两种以上性质或刑名不同的处罚则是可以，并且是经常的。如刑事审判中对同一犯罪事实处以徒刑和罚金，或处以徒刑和剥夺政治权利。又如行政法上对一违法行为同时处以拘留和罚款等。

(三)法律的空间效力范围

法律的空间效力范围是指法在哪些地域、空间范围内发生效力。法律的空间效力范围是根据法律的制定主体、内容等的不同来区分的。一般来讲，可分为域内效力和域外效力两种情况。

(1)法律的域内效力。全国性法律的空间效力范围是国家主权所及的范围，包括陆地、水域及其底土和上空，以及延伸意义上的领土，即驻外使领馆和在领域外的本国交通工具，如本国船舶、飞机等。地区性法律的空间效力范围一般是地区性法律的管辖空间，如特别行政区基本法和法律，只适用于特别行政区空间范围；民族自治条例，只适用于该民族自治地区空间范围内。

(2)法律的域外效力。在特定条件下，有些法律的效力还可越出国境。这是由国际经济、贸易和文化交流活动在现代社会日益频繁这一新情况所决定的。如我国《刑法》第7条规定："中华人民共和国公民在中华人民共和国领域外犯本法规定之罪的，适用本法，但是按本法规定的最高刑为三年以下有期徒刑的，可以不予追究。""中华人民共和国国家工作人员和军人在中华人民共和国领域外犯本法规定之罪的，适用本法。"此外，我国的民事、商事和经济法律的效力，一般也及于我国领域外的中国公民。

(四)法律的时间效力范围

法律的时间效力范围是指特定的法律何时生效、何时终止生效及法律对其颁布实施前的事件和行为是否具有溯及力的问题。

(1)法律的生效时间。一般根据法律的具体性质和实际需要来决定。主要有以下几种形式：一是自法律颁发之日起生效；二是由该法来规定具体生效时间；三是由专门决定规定该法的具体生效时间(如《香港特别行政区基本法》和《澳门特别行政区基本法》这两个法律的生效时间是由全国人大以决定的形式规定生效日期的)；四是规定法律颁布后到达一定期限开始生效。我国《立法法》(2000.3)没有统一规定我国各类法律的生效时间，但根据国务院2001年11月颁布的《行政法规制定程序条例》第29条和《规章制定程序条例》第32条的规定，行政法规或规章应当自公布之日起 30 日后施行；涉及国家安全、外汇汇率、货币政策的确定以及公布后不立即施行将有碍行政法规或规章施行的，可以自公布之日起施行。

（2）法律的终止效力。即特定法律以明令废止或默示废止的形式而被终止其效力。我国法律终止效力的形式有：其一，新的法律公布后，原有的法律即丧失效力。其二，新法律取代原有法律，同时宣布旧法律作废；其三，法律本身规定的有效期届满；其四，有关机关颁发专门文件宣布废止某个法律；其五，法律已完成其历史任务而自行失效。

（3）法律的溯及力，又称法律溯及既往的效力。指新的法律颁布后，对其生效前的事件和行为是否适用的问题。如果适用，则具有溯及力；如果不适用，则不具有溯及力。

现代国家通常实行两个相互补充的有关法律溯及力的原则，即"不溯及既往原则"和"有利追溯原则"。法不溯及既往的原则是指法律一般只能适用于其生效后发生的事件和行为，不适用于其生效前发生的事件和行为。这是现代国家普遍采用的一条基本原则。但在有些情况下，立法者可以把新法溯及既往地适用于过去的行为和事件，以补充"法不溯及既往原则"的不足。不过这样做时，必须遵循更有利于被告或双方当事人的"有利追溯原则"。我国《立法法》第 104 条规定："法律、行政法规、地方性法规、自治条例和单行条例、规章不溯及既往，但为了更好地保护公民、法人和其他组织的权利和利益而作的特别规定除外。"作为对"不溯及既往原则"的补充，"有利追溯原则"在民法中多表现为"认可性追溯原则"，即如果先前发生的行为和事件在现在看来是合法的，并且对双方都是有益的，则新法承认其合法性并给予保护。"有利追溯原则"在刑法中多表现为"从轻追溯"或"从旧兼从轻"原则，即新法原则上不溯及既往，但新法不认为犯罪或罪轻的，可以适用新法。我国现行刑法就是采用"从旧兼从轻"的原则。

三、法律效力的等级规则

法律的效力等级是指在一国法律体系的各种法律渊源中，因制定主体、程序、时间、适用范围等不同而形成的法律的不同效力层次。

由于法律的多样性，不同法律之间难免发生效力冲突。为了解决或协调法律效力冲突，学理上总结、提炼出了一些相应的规则，我国《立法法》也做出了明确的规定。

（一）法律效力等级的一般规则

法律效力等级的一般规则即不同等级的主体制定的法律有不同的效力，等级高的主体制定的法，效力自然高于等级低的主体制定的法。以当代中国为例，根据宪法和组织法的有关规定，宪法是具有最高效力的根本大法，位于当代中国法律效力等级的最高层(顶尖)，以下依次是法律、行政法规、地方性法规、政府规章等。它们由不同级别的制定主体制定，因而具有不同的效力，形成一个法律效力的等级体系。

在整个法律体系中，法律的效力等级要贯彻以下两个规则：

(1)宪法的效力高于所有其他法律的效力。宪法是根本大法，在整个法律效力等级体系中，宪法是具有最高效力的，所有其他法律渊源的效力都要服从宪法、遵守宪法。即宪法的效力统摄所有其他法律的效力。

(2)上级法律的效力高于任何下级法律的效力。通常又称作"上位法高于下位法"。比如，法律的效力高于行政法规、地方性法规、部门规章和政府规章的效力；行政法规的效力则高于地方性法规、部门规章和政府规章的效力。因此，当下级法同上级法相抵触时，就不能适用下级法。这就是法律效力等级的一般规则。

(二) 法律效力等级的特殊规则

由于法律的复杂性，法律的效力等级还存在着一些特殊规则。

(1)特别法效力优于一般法。我国《立法法》第 103 条规定："同一机关制定的法律、行政法规、地方性法规、自治条例和单行条例、规章，特别规定与一般规定不一致的，适用特别规定；新的规定与旧的规定不一致的，适用新的规定。"也就是说，同一位阶的法律，特别法优于一般法。特别法和一般法可从四个方面予以识别：在时间维度上，特定时期生效的法优于平时生效的法，如在一国紧急状态下，紧急状态法优于平时法；在空间维度上，在特定区域生效的法优于普通区域生效的法，如在特别行政区范围之内，特别行政区基本法以及由此派生出的特别行政区生效法律优于全国生效的法律；在对人维度上，对特定人生效的法优于对一般人生效的法，如未成年人保护法优于对一般社会公众的法，中世纪商人法优于一般民法；在对事项方面，规范特定事项的法优于规范一般事项的法，如在劳动关系方面，劳动法优于普通民法。

(2)新法优于旧法。这一特殊规则也是对两个同等级别的法律的适用规则。这有两种情况：一是当新法颁布时，旧法被废止，失去效力，那自然要适用新法。二是新法虽颁布，但旧法仍继续有效力，如果两部法所涉及的内容有相同或相似性时，应适用新法。因为新法的制定和颁布，正是由于旧法不能适应新的发展变化了的情况。但"新法优于旧法"规则有两点必须注意：一是不能适用于不同主体制定的不同等级的法的效力；二是不能简单套用于一般法与特别法。如我国《立法法》第 105 条规定："法律之间对同一事项的新的一般规定与旧的特别规定不一致，不能确定如何适用时，由全国人民代表大会常务委员会裁决。""行政法规之间对同一事项的新的一般规定与旧的特别规定不一致，不能确定如何适用时，由国务院裁决。"这两款规定，实际上调整的是"新法优于旧法"与"特别法效力优于一般法"这两条特殊规则之间的交错关系。

(3)法律解释优于法律本文。我国一般认为，法律解释与被解释的法律具有同等的法律效力。这在法律解释符合法律本文的情况下，是成立的。但法律本文之所以需要法律解释，往往是其不够明确或具体，而法律解释也往往会程度不同地改变(缩小或扩大)法律本文的含义，使其更明确、更妥当。因此当同一层级的主体所作法律解释与法律本文不一致时，法律解释的效力应优于法律本文。如2016年11月7日第12届全国人大常委会第24次会议通过的《全国人民代表大会常务委员会关于〈中华人民共和国香港特别行政区基本法〉第一百零四条的解释》，就应优先于全国人大所制定的《香港特别行政区基本法》第一百零四条的本文。当然，如果解释主体位阶明显低于法律文本创制主体、实质上变成了新的"造法"活动时(如最高行政机关和最高司法机关对全国人大及其常委会所制定的法律做出的行政解释或司法解释)，法律本文的效力应优于甚至高于法律解释的效力(即应适用法律效力等级一般规则中的第2项规则)；行政解释或司法解释是为了更正法律本文中明显不合理或错误的除外。

(4)国际法优于国内法。一般情况下，国际法和国内法是相对独立的，彼此既不高于也不从属于对方。但在涉及履行依据国际法所应承担的国际义务时，主权国家不得以国内法律规范为理由而予以拒绝；凡为本国所参加或认可的国际法律规范(国际条约、国际协定或国际惯例等)，国内法律规范不得与之相抵触。当然，本国拒绝承认的法律规范或声明保留的条款除外。

第五节　规范性法律文件的系统化

一、规范性文件和规范性法律文件

规范性文件，因其内容具有约束和规范人们行为的性质而得名，通常是指由国家机关及其他团体、组织制定的具有普遍约束力的非立法性文件(规定、标准、规范等)。与其相对的是非规范性文件，即不具有普遍约束力的一般性文件。

规范性文件都要具备三个要素：(1)文件名称，应该简明扼要、准确明确，能够反映出文件的主题和内容。(2)文件编号，这是规范性文件的唯一标识符，应按照一定的规则进行编制和命名，以便于管理和使用文件。(3)文件内容，须具有合法性、合理性和可操作性，能够对相关方面的行为和活动产生约束力和规范性影响。

规范性法律文件是指由有权的国家机关或国际组织制定的、具有法律性质和普遍约束力及保障力并以文本形式表述的行为准则，属于通常所说的法律。与其相对的是非规范性法律文件，即只对特定的人和事有效、不具有普遍约束力的法律文件，如合同、结婚证书、逮捕令、裁定书、判决书等。

规范性法律文件至少必须具备以下基本特点：(1)规范性法律文件只能由有权的国家机关或国际组织制定、发布。(2)规范性法律文件中必须含有一定的行为规则，通常表现为条文形式。(3)规范性法律文件具有法律性质和普遍约束力及保障力，是国家机关和国际组织执法与司法的依据。

二、规范性法律文件的系统化及其方式

规范性法律文件的系统化是指将不同国家机关制定颁布的各种规范性法律文件按照一定要求进行清理、分类或加工，使之统一、完整、明确、有序。

随着立法和法律体系的不断发展，作为法律体系外部表现形式的规范性法律文件的数量也日益增多，因而需要加以系统化。其意义主要表现在三个方面：一是便于人们查阅现行法律规范并迅速判明和确定其有效范围，有利于法律的遵守和适用；二是有助于法制的统一，消除不同规范性法律文件之间的重叠或矛盾之处；三是可以发现立法上的缺陷和空白，为进一步立法做准备。

规范性法律文件系统化的方式主要是法律清理、法律汇编和法典编撰。

(一)法律清理

法律清理是定期对全部法律或一定范围的法律加以整理分类，清理出已经失效的、实际上已经失效的、需要废止的、继续有效需要修改的和继续有效的等，为以后修改和制定法律以及进行法律汇编和法典编纂创造条件。

(二)法律汇编

法律汇编又称法规汇编，是将有关规范性法律文件按照一定的标准予以系统整理，使其排列有序并汇编成册。法律汇编只对法律作外部处理，而不涉及法律内容，属于一项技术性工作，而不是一项立法工作。

(三)法典编纂

法典编纂是有法律创制权的国家机关在对整个法律领域(常见于古代)或某一法律部门的全部规范性法律文件进行整理、审查、修改、删除和补充的基础上产生一部系统化、综合性的规范性法律文件(即法典)的活动。法典编纂不同于法律汇编和法律清理的主要之处，在于它可以而且必须对有关内容进行必要的删改和补充，并以编制出一部新法典为目标。

我国古代很早就有法典编纂活动。公元前536年郑国的子产把法律铸在鼎上，可以说是刑律法典化较早的范例；其后历朝历代都很重视法典的编纂。在西方，古罗马帝国查士丁尼皇帝时期就进行了大规模的法典编纂活动，《查士丁尼

民法大全》就是法典编纂的产物，对以后欧洲各国法律和法学的发展产生了巨大影响。后来，"一方面，基于启蒙运动与民族主义思潮的冲击，多数欧洲国家在19世纪进行了大规模的民法典编纂运动；而另一方面，许多欧洲国家甚至在20世纪开展了民法典的重构化(recodification)运动。而进行民法典重构的一个重要原因即在于将判例法融入法典之中，以此强调立法者的至上权威。较之于第一波民法法典化运动，产生于第二波编纂运动中的民法典(诸如1942年《意大利民法典》，1966年《葡萄牙民法典》以及1992年《荷兰民法典》)呈现更为系统化、抽象化以及综合化之样态。"①目前，包括民法典、商法典、刑法典、诉讼法典等在内的法典编纂，已成为众多国家完善法律的一种极为重要的方式。一些国家甚至开始热衷于更具体领域的功能性法典的编纂，如法国现今就有《劳动法典》《消费法典》《环境法典》《建筑与居住法典》《不动产转让法典》《国有资产法典》《体育法典》和《交通法典》等50多种法典，意大利大概也有10种。就连向来不重视法典编纂的英美法系(特别是美国)，也越来越重视各主要领域法典的编纂。这是由法典编纂的如下功能决定的。

第一，法典编纂可以实现某一部门法律规范的系统化。现代社会中，由于存在着多层级的法律创制机关，因而在某一部门法中会出现多种不同效力等级的规范性法律文件并存的现象。它们势必会存在一些相互冲突、相互抵触的情形。同时，由于客观情势的不断发展，有一些法律可能已不适应社会发展的需要而丧失可行性，需要对此进行修改、补充或废止。这就需要用一部统一的法典来整合与统摄该部门法，法典编纂便必不可少。

第二，法典编纂可以弥补现行法律规范之间的疏漏。每部规范性法律文件的制定都有它特定的时空环境和社会情势。不同时段制定的现行规范性法律文件难免彼此间存在疏漏，这对调整社会生活极为不利，也影响法律的实际效果。因此，通过法典编纂，可以及时弥补法律疏漏，增强法律调整的有效性。

第三，法典编纂可以简化法律规范，方便司法机关和社会公众查阅与了解。对一个部门法中众多繁杂的规范性法律文件删繁就简，补苴罅漏，从而形成一部简洁的新法典，既可以为社会公众了解法律和司法机关适用法律提供必要的条件，又可以大大提高法律运行的效率。

然而，法典编纂并不是可以恣意而为的，通常需要具备如下条件才能进行：其一，已有一定数量的、同类的规范性法律文件存在，并且这些规范性法律文件中的一些或一部分已不能适应发展了的社会情势和需要。其二，社会关系的发展需要用统一的法典来对每个权利主体的行为进行规范和调节。其三，从事法典编纂工作的人(立法者)能够熟练运用编纂法典所需要的基本立法技术。

---

① 海塞林克. 新的欧洲法律文化[M]. 魏磊杰，译. 北京：中国法制出版社，2010：61-62.

思维弹射

　　2015年8月29日第十二届全国人大常委会第十六次会议通过、自2015年11月1日起施行的《中华人民共和国刑法修正案(九)》第二十五条第一款和第四款规定："在法律规定的国家考试中，组织作弊的，处三年以下有期徒刑或者拘役，并处或者单处罚金；情节严重的，处三年以上七年以下有期徒刑，并处罚金。""代替他人或者让他人代替自己参加第一款规定的考试的，处拘役或者管制，并处或者单处罚金。"

　　吴明是某高校法学专业的二年级硕士研究生，许某是本校中文专业大四的本科生。两人系老乡，关系很好，且长得有点像。许某出于对法律的喜爱及毕业后就业的考虑，报考了2015年9月19日至20日的国家司法考试。但他信心不足，便想请吴明替他参加考试。基于义气等原因，吴明一度犹疑后答应了。不料，在第一场考试中吴明就被发现替考。

　　请问：吴明和许某是否将被追究刑事责任？为什么？

第七章
法律实施

　　甲与乙因琐事发生口角，甲冲动之下将乙打死。公安机关将甲逮捕，准备移送检察机关提起公诉。这时，甲因病而亡。公安机关遂做出撤销案件的决定。

　　请问公安机关撤案的决定是否正确？为什么？

　　在现实社会中，法律不是静止的规范体系，而是时刻处于运动状态的规范体系。法律运行是指按照一定的意图和特有方式的运动状态，即从创制到实施，再到实现的运动过程。在法律运行三阶段中，立法是法律运行的起点，它的意义在于把立法主体的主观意志所认可的利益，固化在一系列的行为规范之中，成为社会普遍的行为模式。法律实施是法律运行的主要阶段，它把抽象形态的法律转变为具体的社会关系和主体的行为。法律实现是指法律规范所包含的立法意图和利益，通过法律实施转化为社会现实的状态及程度。作为法律运行的终点和结果，法律实现表现为各种法律实效。

第一节　法律实施新语

　　法律实施是人们耳熟能详的法律概念，但对其表现形态的理解却有些似是而非。

一、法律实施的常态与病态

　　法律实施是使法律在社会生活中获得具体运用、产生特定影响的活动和过程，即把法定权利、权力和义务转变为现实的权利、权力和义务。法律被制定出来后，还只是一种法律文本，属于"书本上的法"，处于应然状态，法律所规定的权力、权利和义务只是一种行为模式，是利益关系的抽象化。法律实施就是把"书本上的法"变成"行动中的法"，把抽象的行为模式转变成人们实实在在地行使权利或权力、履行义务、实现利益的活动过程，把观念形态的法律规范变成现实的法律秩序。

一般认为，法律实施主要有三种形式：法律被自觉遵守、法律被特定的机关适用、法律的遵守和适用受到各种监督。长期以来，法学界完全忽视了法律接受在法律实施中的重要地位。其实在正常情况下，法律实施应该是指法律执行和法律接受。只有在法律执行和法律接受过程中发生矛盾冲突或出现违法犯罪，有关主体寻求法律救济时，才会产生法律适用，即国家行政机关、司法机关和有关社会组织（如仲裁机构和调解组织）及其工作人员，依照法定的职权和程序，应用法律规范解决具体的事项或纠纷的活动。至于法律遵守（守法）与法律监督（即护法），事实上贯穿于整个法律运行过程，是确保法律实现的环节或手段，而不只限于法律实施过程，即立法者也要守法。

二、法律实施的意义

法律实施在现实生活中是极为重要的。汉魏之际的徐干在《中论·赏罚》中强调："赏罚者不在乎必重，而在于必行。必行则虽不重而民肃，不行则虽重而民怠。"[1]明代张居正亦云："盖天下之事，不难于立法而难于法之必行。"[2]近代沈家本也指出："梁（武帝）之弊在法废，不在刑轻。法立而不行，与无法等，世未有无法之国而能长治久安者也！"[3]列宁也曾讲过："法律重要的不在于写在纸上，而在于由谁执行。"[4]具体说来，法律实施的意义或作用主要表现在如下三个方面。

首先，法律实施是实现法律价值的唯一途径。这是因为"徒法不能以自行"。任何法律都需要行政机关、司法机关及其工作人员等通过一系列具体的甚至创造性的活动，才能将体现于法律中的权利、权力和义务转化为实际生活中的权利、权力和义务，从而使法律的目的和所蕴含的价值得以在现实生活中实现。否则，法律价值便仅仅是一纸空文。

其次，法律实施是维护人们合法权益、保持社会和谐与稳定的重要手段。人们在现实生活中相互交往，难免会发生利益上的矛盾和冲突，产生权利义务纠

---

① 徐干撰，孙启治解诂. 中论解诂·赏罚第十九[M]. 北京：中华书局，2014：357.

② 张居正. 请稽查章奏随事考成以修实证疏[A]//张太岳集·卷三十八. 上海：上海古籍出版社，1984：482.

③ 沈家本. 历代刑法考·刑制总考三[M]. 张全民，点校. 北京：中国检察出版社，2003：36.

④ 列宁. 在出席全俄工兵代表苏维埃会议的布尔什维克代表的会议上的报告[M]//列宁全集：第29卷. 北京：人民出版社，1990：110.

纷。通过行政和司法来判明纠纷双方的责任，确定损害者应承担的赔偿或惩罚责任，是解决和抑制社会冲突、维护受害者的合法权益、保持社会和谐与稳定的主要途径。

再次，法律实施具有补充和促进立法发展的作用。从单一的法律运行过程来看，法律实施是立法的逻辑结果，是法律运行过程中继立法环节之后的又一个新的环节或阶段。但从法律运行的连续性角度来看，法律实施并不意味着立法的终结，而是新的立法的准备。法律在实施过程中会被法律接受与法律适用的实践不断补充、丰富和发展。随着反复的实施，法律的各种不足和缺陷便会显现出来，并经过相关人员的总结反馈到立法者那里去，促使立法者对现行法律进行修改、补充和完善，从而促进立法的发展。

我国的法治建设，总体上已经初步解决了无法可依的问题，以宪法为基础和主导的法律体系已基本形成，主要部门法日臻完善。但是，不能不面对的现实是我国法律实施的效果整体上还不很令人满意，有法不依、执法不严、违法不究的现象还在一定程度上存在，法律实施成为一个突出问题。

第二节　法律执行

法律执行通常简称执法（与"司法"相对），即国家行政机关和法律授权的组织及其公职人员在行使行政管理权的过程中，依照法定职权和程序，贯彻实施法律的活动。

一、法律执行的主体

执法的主体是指那些依法设立的，具有法定执法职权，能够以自己的名义作出影响公民、法人或者其他组织权利、权力、义务的具体行政行为，并且能够独立承担法律责任的组织。按照宪法和法律的有关规定，我国的执法主体主要有以下三类：

第一类执法主体是各级人民政府。包括中央人民政府、省级（省、自治区、直辖市）人民政府、自治州和设区的市人民政府、县级人民政府、乡镇人民政府（包括县级政府的派出机构——街道办事处）五级。

第二类执法主体是各级人民政府中享有执法权的下属机构——行政职能部门。如市场监管、税务、金融、外汇管理、公安、海关、交通、农林牧业、工业、城乡建设、环境保护、土地房产、技术监督、烟草专管、知识产权、统计、审计、教育、文化、新闻广电、医疗卫生、劳动人事、社会保障，等等，非常广泛与多样。

第三类执法主体是那些因法律、法规授权而具有管理社会公共事务职能的组织(如高等院校、科研机构、收容救助站、卫生防疫站等事业单位,妇女联合会、工商业联合会、律师协会、个体劳动者协会等社会团体,以及有关技术检验、鉴定机构等具有企业性质的机构)。

很显然,行政机关及其下属机构是执法主体中最主要的部分,但并非行政机关的下属机构就一定是执法主体。如信访局、政策研究室、政府办公室(厅)等都属于行政机关,但因其不具备法定的执法职权,故而不属于执法主体。此外,上述执法主体内部的工作人员,即使依法取得了执法资格,也不是执法主体,而只能称作执法人员。

二、法律执行的类型和功能

(一)法律执行的类型

执法行为类型繁多,依据其运行方式,大致可划分为如下三大类。

(1)依申请行为。即只有在行政相对人提出某一事项申请之后才启动的行政执法行为。包括行政许可、行政确认、行政给予、行政奖励、行政复议、行政仲裁(裁决)等。

(2)依职权行为。即执法主体依照法定职权就可以启动执法程序而无须别人指示或行政相对人要求的执法行为。包括行政命令、行政征收征用、行政收费、行政处罚、行政强制、行政调解等。这是行政执法行为中最大量的种类。

(3)执法辅助行为。即本身不是执法行为,但对执法具有颇为重要之辅助性作用的行政行为。包括行政规划、技术标准制定、行政指导、行政检查、行政备案、行政鉴定、行政协助等。①

(二)法律执行的功能

执法是法律实施的重要组成部分,是法律实现的主要途径之一。在现代国家的三种职权中,行政权或执行权是最重要的权力,行政机关的任务最重大,管理的事务最广泛,因此它在法律实施中具有不可替代的地位。执法具有多方面的功能。

(1)转化功能。执法是国家行政机关及其公务员执行宪法和法律的活动。通过执法,处于规则状态的法律、法规,与具体的社会主体相结合,成为主体状态的法。也就是执法能把纸面上的权利、权力、义务和责任转化为现实。

(2)调控功能。法律调整本身就是一个社会控制过程,而行政执法也就是行政机关依据法律和行政法规等,在宏观和微观层面上对大到政治、经济、文化等不同领域,小到工商、税务、文教、治安等具体方面的社会生活进行的组织和管理。

---

① 刘平.行政执法原理与技巧[M].上海:上海人民出版社,2015:135-284.

（3）拓展功能。行政事务范围广泛、千头万绪，无法可依、无章可循的情况是无法避免的。执法主体通过自由裁量权，可以在尽可能大的领域、针对复杂多样的政务和事务及时决策和处理，有效地拓展法律作用的空间，提高执法效率，使执法更具主动性。当然，有必要对自由裁量权进行必要的法律限定，以防止滥用权力，使执法出现异化。

三、法律执行的原则

法律执行是法律最广泛的活动形式，直接关系到法律权利、权力、义务的切实落地，涉及人们的生命、财产和自由，因而需要遵循一些必不可少的基本原则。

（一）合法性原则

法律执行必须依照法定职权进行，遵循法定程序，并严格按照法律规范解决具体问题。这是关于执法守法的问题。

合法性原则的另一层含义，就是越权无效。即执法主体不能在职权范围以外行事，否则无效。这是对"执法守法"的反证。当然，"越权无效"是否切实，取决于一国法治观念的强弱和监督体系的完善程度。

（二）合理性原则

当法律条文无明确、具体的规定，执法主体或其执法人员可以根据法理和事理酌量确定适当范围或程度，或选择适当方式和手段来执行法律的权力，通称执法自由裁量权。一般说来，法定范围内的自由裁量都是合法的；但不恰当地行使自由裁量权，也会对社会公众合法权益造成损害。这就要求执法行为不仅要合法，而且必须客观、适度，符合法理、事理和人之常情。

合理性原则的主要内容和要求是：①行使自由裁量权的动机必须符合立法原意，而不能与之背离或抵触。如对抗拒纳税者加重处罚，只能是为了维护税法尊严，巩固国家税收，而不能出于公报私仇或以权谋私。②行使自由裁量权必须裁量适度，合情合理。如我国《食品安全法》（2009年2月制定，2015年4月修订）第122条规定，违法生产经营的食品、食品添加剂货值金额不足一万元的，并处五万元以上十万元以下罚款；货值金额一万元以上的，并处货值金额十倍以上二十倍以下罚款。这个自由裁量幅度显然是比较大的，需要执法人员合理做出。③行使自由裁量权应参照以往惯例，尽量避免对性质相同、情节相近的违法案件做出大相径庭的处理。④行使自由裁量权必须考虑相关因素，排斥非相关因素，而不能相反。如对不履行法定义务者的处理，应考虑其情节、后果和有关法律的规定，而不能考虑其有无特殊背景等。

（三）正当程序原则

该原则指执法主体在执法过程中一定要严格依照法定的正当程序进行。

正当程序原则是西方公法尤其是行政法中的基本原则，美国宪法给予其崇高的地位。正当程序原则要求执法程序必须公开和透明，事先公布令公民知悉，要求程序科学理性，具有确定性和可预测性；在法律面前，所有的接受者都是平等的，执法者不得根据一己好恶和情感亲疏而区别对待；立法者、执法者和接受者也是平等的，在法律面前，既应同等受益，也应履行同等义务，而不允许以权谋私和逍遥法外。更重要的是，正当程序的原则要求执法机关在对公民做出不利决定时，必须要给公民知情权，要提供进行申辩和发表不满意见的条件，要给其寻求救济的机会。

(四) 效率性原则

即在保证合法、公正、合理的前提下，国家行政机关及其他执法主体能以"低成本、低投入"，达到"高产出、高收益"地执行法律。执法的效率性原则要求各级各类执法机关及其工作人员必须具有高度的工作责任感，对国家和人民负责，不断提高自身素质，改进工作方式和方法，以保证执法活动迅速、准确、高效。

第三节 法律接受

长期以来，英美法系的法学研究一直是以司法为中心建立起来的；而大陆法系等成文法国家(包括我国)的法学研究是以立法为中心构建的，直到20世纪后期(我国则是近10多年)才逐渐从立法中心转向司法中心。若着眼于未来，社会公众的法律接受问题，也应该是法学理论和法治建设的一个重要生长点。

一、长期被忽略的法律接受

法律接受有如被遗弃的孩子，在法学研究中一直处于缺位的状态。其实，它是法律实施过程中一个不可或缺的环节。早在19世纪，英国分析法学代表奥斯丁就认为，作为普遍性命令(general command)的法出现的前提，就是不仅存在着一个制定者，而且存在着一个"接受者"。[①] 不过，在奥斯丁的心目中，制定者基本上是政治上的优势者(superior)，而"接受者"是政治意义上的劣势者(inferior)。也就是说，接受者是被动的、不得不接受制定者的"制定"，而不是具有主动性的主体。美国著名政治学家拉斯韦尔等人甚至认为："法律不仅仅是由立法机关制

---

① AUSTIN J. Lectures on jurisprudence or the philosophy of positive law[M]. 5th ed. London：John Murray, 1885, (I)：86.

定的，也是由守法者制定的：一项法令在其被广泛忽视时就不再具体表现为法律。"①在加拿大学者萨姆纳看来，"接受"（acceptance）一条规则，意味着在某种程度上"承认"（endorsement）和"遵从"（compliance）这条规则。但人们有时候遵从不了他们接受的规则，这也是允许的。"接受则包含着遵从（以及遵守），但是对遵守的理由提出更多的限制。为了接受一条规则，我必须以某种方式承认这条规则，这种承认起着我遵守这条规则的动机作用。……我接受了一条规则，就意味着我不把这条规则看作是外部强加给我的行为约束。……这就是所谓的规则内化。"②尽管萨姆纳仅仅是从正向角度来理解和运用法律接受概念的，却也在一定程度凸显了法律接受在法律运行过程中的重要性和内在机制。

遗憾的是，尽管"接受"作为一个专门术语首先见于法学著作，而且当代一些世界著名的法理学家也在自己的著作中使用这一概念，但往往是作者一笔带过或偶尔论及，并没有专深研究，更没有使之上升到核心概念，获得应有的独立地位。③ 人们通常更喜欢使用"守法"这一概念，并使之与"立法""执法""司法"相对应。其实，"守法"一词具有明显的价值取向，且过于褊狭，是不能与作为中性概念的"立法""执法""司法"相对应的。更为重要的是，把"守法"与立法、执法、司法相提并论，实际上隐含着一个这样的结论：即守法是人民大众的事，国家机关的立法、执法、司法是不在守法范围之内的。这一合乎逻辑的推论，显然是与我们今天的法治精神相背离的。因此，笔者主张，应把"守法"和"护法"（法律监督）这两个概念从法律实施中独立出来，使之提升为能涵盖整个法律运行过程的范畴。在理论和实践两个层面上，能与"法律创制"（立法）、"法律执行"（执法）和"法律救济"（司法和仲裁等）相对应的概念，只能是"法律接受"。除了它不带有明显的价值取向，能与法律创制、法律执行、法律适用相对应，"法律接受"一词比"守法"具有更大的涵盖性，可包容合法、违法、避法和抗法等法律现象，而且也有利于从理论上对这些现象作综合性研究。

因此，对于"法律接受"，我们不应该仅仅从字面上去理解，那样会失去引入该概念的理论和实践意义。法律接受指的是社会公众对待法律的实际态度和行为，即对法律规范予以接纳、认同、内化、服从或漠视、应付、规避、违背和抗拒等行为反应。

作为人们对待法律的态度和行为，法律接受具有如下特点。

---

① 拉斯韦尔，卡普兰. 权力与社会：一项政治研究的框架（1945年）[M]. 王菲易，译. 上海：上海人民出版社，2012：83.

② 萨姆纳. 权利的道德基础[M]. 李茂森，译. 北京：中国人民大学出版社，2011：59.

③ 把法律接受作为一个重要的法学范畴提出来并进行专门的学术探讨，始见于胡平仁的论文《法律接受初探》（载《行政与法》2001年第2期）和专著《法理学基础问题研究》（中南大学出版社2001年版）。

(一) 自主性与从属性的统一

不言而喻，法律接受是以法律创制和法律执行为前提的，没有法律的创制和执行，就没有法律接受对象，也就无所谓法律接受。因此，法律接受是从属于法律创制与法律执行的。但接受者面对特定的法律，是认同、内化、配合与服从，还是冷漠、拒斥和背离，这是由接受者自主决定的。执法者虽可以对接受者施加影响和压力（包括强制和威胁），但最终依然要经过接受者的认同与服从，否则，法律价值依然难以实现。看不到法律接受是自主性与从属性的统一，我们就无法解释这样一种现象：古今中外虽然都有各种法律执行机关（包括暴力机关），但违法犯罪现象却依然普遍存在。

(二) 主动性与被动性的统一

英国学者 H. L. A. 哈特曾将人们的守法动机区分为内在的观点和外在的观点。所谓内在的观点，是指人们遵守法律是站在群体成员的角度，出于自愿（主动）维护和接受法律规则并以此为指导。而外在的观点则是指人们拒绝法律规则，但是通过外部的观察发现，如果不遵守法律规则可能会受到惩罚，因而被迫服从法律。持内在观点的人服从法律是出于"我有义务"，而持外在观点的人服从法律是出于"我不得不这样做"，"如果不这样做，我将为此受苦"。哈特认为，一个社会既包括从内在观点也包括从外在观点服从法律的人。除此之外，还包括这两种观点不同形式的混合，而且往往在同一个人身上就出现这种混合。① 哈特的这一观点无疑道出了法律接受的主动性与被动性的对立统一。事实上，法律实施的效果如何，虽然离不开法律执行的力度，但最终还是取决于接受者的自觉认同与内化，取决于接受者的政治社会化水平和主动配合程度。那种敢怒而不敢言式的默认与服从，无疑会使法律效益大打折扣。相反，法律一旦化成接受者的自觉行动，就会变为巨大的物质力量。

(三) 价值性与规范性的统一

首先，法律的实质在于根据一定的价值目标和标准分配权利、权力、义务和责任，而法律接受行为也要受到接受主体价值观念和价值选择的制约。其次，法律接受主体的接受行为还要受到法律规范的约束。作为权利、权力、义务和责任之载体的法律规范有如河道，法律接受主体受利益动机驱策的社会行为有如流动的河水。河道的作用在于使河水有序流动，而不是使河水静止或消失。当然，河水涨幅过猛，则会堤毁人亡，泛滥成灾。这意味着法律接受行为应受到法律规范的合理指导与约束，而法律规范也要根据法律接受的价值特性，适当强化自身的

---

① 哈特. 法律的概念[M]. 3 版. 许家馨，李冠宜，译. 北京：法律出版社，2021：146，177，268.

指导与约束功能。

二、影响法律接受的因素

社会公众对待某项法律的态度和行为，通常会受下列因素的影响：

一是法律社会化的影响。法律社会化（legal socialization）与法律的社会化（socialization of law）不同，后者指的是"法以社会为本位的趋势""私法的公法化"；而前者是指人在法律方面的社会化，是社会学中所说的个人社会化的一个方面，即每个社会成员通过家庭、学校教育、大众传播媒介和自己的社会实践逐渐掌握特定的法律观念，培养法律行为的基本模式，形成对国家、政党、权威、意识形态、社会制度、权利、权力、义务和责任的认识，从而适应特定社会法律生活的过程。在这一过程中，人们如能在潜移默化中树立起拥护、支持和体谅现行社会法律制度的倾向，就会自动倾向于认同法律。

二是对法律合理性的看法。法律的创制和实施既要合法，即符合法定权限和法定程序，又要合理，即法律要符合道德伦理，具有基于平等、公正的道德征服力。如果社会公众认为一项法律的创制和实施是合法又合理的，就会倾向于认同它；反之，就可能违背这项法律。

三是对利益成本的衡量。社会公众常常在根据自己的价值判断，权衡遵守与不遵守法律能得到的利益与损失及所获利益与所付代价（即成本，包括机会成本）的差额之后，才决定是否认同和遵守该项法律。"但是，在人们总要估量得失才决定是否遵守一项法律的地方，社会稳定就会出现问题。因为一个现代化国家大多数法律的实施必然有益于一些人，而同时不利于另外一些人，这是极为显而易见的。"①

四是顾全大局。社会公众有时根据利益成本分析本不愿服从某项法律，但他们从大局利益出发，认为该项法律总体上是合理的，应该牺牲个体的利益，顾全大局，从而认同和遵守该项法律。

五是出于契约式的利益和信用的考虑。法律某种意义上是个人和社会、国家相互订立的一种契约，通过这种"契约"，当事人各方既可以得到某些权利（权力）和利益，也要为此付出一定的代价（即承担法定的义务和责任），否则相应的权利（权力）和利益也难以实现。即使一时逃避义务和责任也能得到权利（权力）和利益，但行为人的社会信用却会因此而丧失，从而不利于日后的合作和后续利益的实现。有鉴于此，社会公众有时根据利益成本分析本不愿服从某项法律，但他们从大局和长远利益出发，认为该项法律总体上是合理的，从而认同和遵守该项法律。

---

① 阿蒂亚. 法律与现代社会[M]. 范悦，等译. 沈阳：辽宁教育出版社，牛津大学出版社，1998：90.

六是指望搭便车。这是由利益成本衡量所衍生出来的一种接受心理。经济学上关于"搭便车"行为的一般解释是某些人或团体在不付出任何代价（成本）的情况下而从别人或社会获得好处的行为。这种社会生活中普遍存在的"搭便车"现象，体现在法律接受中就是"谁都想从守法中得到利益，谁都不愿为守法付出代价"。

七是避免惩罚。法律是以国家强制性为后盾的，对于不服从者和违反法律的人都要给予一定的惩罚。人们可能为了避免惩罚而服从法律。英国学者阿蒂亚认为，"只要基本权利得到正当尊重，就不能由持不同政见者来决定他愿意遵守怎样的法律"，因而最终以有组织的武力和高压手段来强制实施法律是必要的，但必须是最后不得已而为之的手段。① 因为惩罚只能收效于一时，久而久之，其潜在的弊端和危险性就会爆发出来。

八是心理承受力。公众对新法的心理承受力，主要受制于下列因素：（1）流行的价值观念。如我国的计划生育法规在早期遇到很大阻力，原因正是在于该法规与我国传统的重男轻女、多子多福的价值观及传宗接代的习俗相违背。（2）法律变化幅度。如果法律变化的幅度过大，人们的思想习惯和行为模式一时难以适应，法律执行也会受到阻力。（3）时间的推移和条件的变化。一项最初不能被人们认同的法律规范，随着时间的推移和条件的变化，很可能变得习以为常或可以认同了，但反之亦然。如计划生育法规在今天与在30年前所遇到的阻力就大不一样了。

三、法律接受的方式

法律接受作为人们实际对待法律的态度和行为的客观描述，具体包括合法、违法、避法和抗法（温和抵抗）四种方式。

（一）合法

什么是合法？对此，人们的看法并不一致。按"法定主义"的标准，合法即合乎法律的明确规定；也就是说，一切合法行为都要有法律上明确、具体的根据，符合法律规定的条件，"法无明文不可为"；如果按"宽容主义"的标准，则一切行为只要符合具有普遍指导意义的法律原则的规定，都可以推定为合法，"法不禁止即自由"。② 两相比较，"宽容主义"标准较为符合立法实际，也有利于保护公民、法人或者其他组织的合法权益。因为"法定主义"意味着立法者已经穷尽列举了法律所调整的一切行为；而事实上这是不可能的。有些学者据此认为，"所谓

---

① 阿蒂亚. 法律与现代社会[M]. 范悦，等译. 沈阳：辽宁教育出版社，牛津大学出版社，1998：94，91.

② 最早提出"法不禁止即自由"的学者可能是17世纪的霍布斯："世界上没有一个国家能定出足够的法规来规定人们的一切言论和行为，这种事情是不可能办到的；这样就必然会得出一个结论说：在法律未加规定的一切行为中，人们有自由去做自己的理性认为最有利于自己的事情。"——霍布斯. 利维坦[M]. 黎思复，黎廷弼，译. 北京：商务印书馆，2017：164-165.

合法行为，是指符合法律规范或法律原则要求的，能够引起法律关系产生、变更或消灭的行为。"①严格说来，这一定义也不很准确。因为有些不作为并不会导致法律关系的产生、变更或消灭，如不买卖、不偷盗、不杀人等。

(二)违法

"违法"指的是人们违反国家现行法律的规定所作的危害社会的有过错的行为。一是"不应为而为"，即做出法律明确禁止做的行为，如偷盗、重婚等；二是"应为而不为"，即不实施法律所要求的行为，如不依法纳税、不秉公执法等。

一般说来，违法行为由以下四个要素构成，缺一不可：一是违反法律规定；二是危害社会，即侵犯了法律所保护的社会关系和社会秩序；三是达到法定年龄、具有责任能力或行为能力的自然人，或者是依法成立的法人或其他组织；四是行为人有过错，是出于故意或者过失所实施的行为。根据其性质和社会危害程度的不同，违法一般分为刑事违法、民事违法、行政违法和违宪这四种情形。

(三)避法

"避法"通常称作"法律规避"(evasion of law)。按照传统法学理论，法律规避一般是指通过合法的形式达到违法的目的的行为。当代也有人从法律经济学角度，将法律规避行为解释为行为人在多元化的法律中，以"擦边球"的方式进行的制度创新。② 笔者认为，法律规避是指行为人"利用"国家制定的法律而又不依照法律(或选择于己有利的法条而遮蔽不利的法条)来处理问题或纠纷的行为。

现实生活中之所以大量存在法律规避，就规避者的主观动因来讲，是行为人利用制定法的存在而追求法律之外的更大、更确定的利益。而其客观原因，一是法律漏洞和法律弹性的存在，特别是权力的收缩使用和越界使用，使得社会生活中出现法律权利非均衡配置的获利机会，这会诱使法律主体想方设法地"钻法律的空子"；二是法律多元，即国家制定法和民间法并存，行为人因而以制定法为参照，而又以非正式的民间法来解决纠纷("私了"是其典型表现之一)；三是法条竞合，即在有关事项上有多种不同的法律条文，行为人因而以各种方式选择或凸显对自己更有利的法条而规避或遮掩相对不利的法条。

法律规避客观上也有着积极的作用。比如当"钻法律空子"的人越来越多，并取得良好绩效时，久而久之，这些"规避法律"的实践就有可能形成一种新的规则体系，逐渐取代旧法，立法者也就不得不重新审视原有法律的合理性，对法律进行修改或予以废除，使得法律可能性边界外移，将原来未予承认或规制的社会关

---

① 孙笑侠. 法理学[M]. 北京：中国政法大学出版社，1996：138.
② 苏力. 法治及其本土资源[M]. 北京：中国政法大学出版社，1996：41-73；陈昕. 社会主义经济制度结构[M]. 上海：上海三联书店，1993：64.

系纳入法治范围；同时，也变相地吸收了民间法中的习惯规范和现实有效的成例。①

(四)抗法

抗法即反抗法律，在此特指出于宗教、道德或政治原则等方面的原因而有意违反某项法律的行为。"在反抗法律的事件中，强烈依附和坚持某种价值观和道德信念的动机超过了服从法律的动机。反抗法律的人不是反抗一切法律，而是有选择的反抗，即反抗那些与他们的价值观和良知尖锐冲突的法律。"②

古希腊的柏拉图在《法律篇》中就一定程度上承认了人民有反抗或抵制国家颁布的恶法的权利，甚至认为这是一种义务："我们的生活目的应该与人类的善和精神美德相一致"，这是"一个立法者和法律维护者所应该有的思考"；"与其让国家受奴役或被微不足道的小人物管理，还不如干脆让它毁灭，或者抛开它远走高飞"。③资产阶级革命时期，洛克、卢梭、霍尔巴赫、杰斐逊等资产阶级思想家、革命家也曾提出公民有反对不正义的政府和法律的权利，而且这种权利是不可转让的。资产阶级革命胜利之初，有些国家的宪法或宪法性文件规定了公民的抵抗权(抵制权)，如法国1793年宪法第53条规定："当政府侵犯民权时，人民有权反抗，这是全体人民最神圣的权利和责无旁贷的义务。"但后来都先后取消或淡化了这种权利规定。第二次世界大战后，针对法西斯政权践踏人权、蔑视人性的教训，德国、葡萄牙等国的宪法或宪法性文件追加了抵抗权的规定。如《德意志联邦共和国基本法》第20条第3、4项规定："立法机构必须尊重法律与法。对于任何企图破坏这一秩序者，每个德国人如无其他方法可供使用，有权进行抵制。"

不过法学家们对这种抵抗权展开了激烈的争论。如康德在其1797年出版的《法的形而上学原理》中就认为，"任何情况下，人民如果抗拒国家最高立法权力，都不是合法的。因为唯有服从普遍的立法意志，才能有一个法律的和有秩序的状态。因此，对人民来说，不存在暴动的权利，更无叛乱权。""人民有义务去忍受最高权力的任意滥用，即使觉得这种滥用是不能忍受的。理由是，对最高立法权的任何反抗，只能说明这与法理相悖，甚至必须把它看作是企图毁灭整个法治的社会组织。"④在当代，"保守派"法学家完全否认公民有反对政府和法律的权利，德沃金等"自由派"法学家对抵抗权持肯定与支持态度。介于二者之间的罗尔斯则发展了美国历史上的"温和抵抗"或"公民不服从"(civil disobedience)理论。该理论一方面承认公民有反抗不正义的政策和法律的权利，甚至认为每个人都有在

---

① 周林彬. 法律经济学论纲[M]. 北京：北京大学出版社，1998：420-421.
② 张文显. 二十世纪西方法哲学思潮[M]. 北京：法律出版社，1996：457.
③ 柏拉图. 法律篇(第2版)[M]. 张智仁，何勤华，译. 北京：商务印书馆，2016：182.
④ 康德. 法的形而上学原理[M]. 沈叔平，译. 北京：商务印书馆，2017：147，148.

一定条件下违抗法律的义务，特别是当他们认为正义原则已遭到违反时，违抗是义不容辞的；另一方面又主张对"温和抵抗"给予一定的限制，以维护既存法律秩序。

抗法与避法都不同于一般的违法，彼此也有明显区别：首先，抗法是一种政治行为，是以作为宪法和社会制度内核的正义原则为指导，并由该原则加以证成的；而避法是一种法律行为，不带有一般意义上的政治目的或政治色彩。其次，抗法是基于对某种价值观和道德信念的信守与维护，其目的是促使政府改变不正义的法律和政策；而避法是出于对个人利益、集团利益的追求，或是对社会利益的平衡。再次，抗法是公开的，而避法基本上是隐秘或半隐秘的。此外，抗法者愿意接受抗法行为的法律后果，而避法者一般没有为避法行为承担法律后果的意愿或初衷。

第四节　法律关系

法律执行的展开和法律接受的进行，便意味着特定主体之间法律关系的形成、变更或消灭。就其地位而言，"法律关系是法律规范作用于社会生活的过程和结果，是法律从静态到动态的转化，是法律秩序的存在形态"。①

一、法律关系的特殊性

法律关系（jural／legal relations，Rechtsverhältnisse）概念源自罗马私法，18 世纪的康德在《法的形而上学——权利的科学》中多次谈到"权利义务关系"和"法律的关系"（Rechtsliche Verhältnis），并为之提供了哲学基础，但他并没有将法律关系作为核心命题；法律关系理论在法学中的发展定型，主要归功于萨维尼及其巨著《当代罗马法体系》。在萨维尼看来，"所有的具体法律关系都是通过法规则而界定的人与人之间的联系。"②凯尔森也认为："法律关系乃对现有社会关系之法律表述。"③不过，特别重视法律关系、惯于从法律关系角度看问题的是 20 世纪初以来的苏联、日本和中国法学界。遗憾的是，人们对法律关系至今依然没有全面而科学的理解。例如，对法律关系内容的认识普遍局限于权利和义务，而忽略了权力；认为法律关系都是人们有意识、有目的地建立的特殊社会关系，而忽视了不少法律关系是基于客观因素产生或形成的，如某人意外死亡所导致的遗产继承

① 张文显. 法理学：第五版［M］. 北京：高等教育出版社，北京大学出版社，2018：151.
② 萨维尼. 当代罗马法体系（第一卷）［M］. 朱虎，译. 北京：中国人民大学出版社，2023：254.
③ 凯尔森. 纯粹法理论［M］. 张书友，译. 北京：中国法制出版社，2008：70.

关系的产生。

总体而言，法律关系是在法律实施过程中主体之间建立或形成的、以特定的权利义务或权力义务为内容、受法律规范调整的特殊社会关系。

相对于其他社会关系，法律关系具有如下特殊性：

(一) 法律关系是受法律规范调整的社会关系

法律关系尽管要受到自然或物质的制约，但它本质上是特定主体有目的地建立或客观地形成的人与人之间的关系，而不是人与自然或人与物之间的关系。即使是环境法所调整的人与自然生态的关系，实质上依然是人与人(包括当代人与后代人)之间的关系。更重要的是，这些社会关系都是在法律实施过程中建立或形成的，都要受相应的法律规范的调整。与法律规范无关而产生的关系(如友谊关系、亲情关系、政党和社会团体等的内部关系)不是法律关系。

有不少学者认为法律关系是"符合"法律规范的社会关系，把合法性视为法律关系区别于其他社会关系的根本特征，这是不符合实际的。法律关系是与法律有关、受到法律确认和调整(包括提倡、保护、限制、禁止和打击)的社会关系，而不只是"符合"法律规范、受到法律"保护"的社会关系。如侵权关系、毒品买卖及其他刑事犯罪关系等众多不合法的关系，也是法律关系，否则法律就无权过问。

(二) 法律关系以主体之间特定的法律上的权利义务或权力义务为内容

首先，法律关系的内容并不像一般所认为的只是主体之间的权利和义务，而是包括权利义务和职权义务两个方面。权利和义务是私法法律关系的主要内容，强调权利与义务的对等与一致(即权利人享受权利依赖于义务人承担义务，而且一般情况下权利人享有的权利不应多于或少于他所履行的义务；但赠与法律关系等例外)，平等是这种法律关系得以建立的精髓所在。而公法和社会法法律关系的核心是不平等的管理与服从。作为法律关系主体一方的管理者，享有某些法定的职权，而作为法律关系主体另一方的相对人，则承担必须服从的法定义务。"职权"是法律赋予国家机关、企事业组织及其工作人员依法执行公务的能力和资格，是国家权力或社会权力的具体体现，代表国家利益或集体利益。职权不可以转让或放弃，否则就是失职或违法。唯其如此，法定职权同时也是一种法定义务，人们通常称之为"职责"。因此，职权和义务(含职责)或权力和义务是公法和社会法法律关系的内容，从而也是法律关系的内容。

(三) 法律关系的实现是国家意志和法律关系主体意志相互作用的结果

法律关系虽然是特定主体有目的地建立或因法律事件而客观地形成的，但其实现却离不开国家意志和法律关系主体意志的相互作用。一方面，法律关系主体的意志不能不受法律规范和法律实施中的国家意志的影响与调整，否则其相互间的关系便不是法律关系；另一方面，法律规范中的国家意志只有通过法律关系主体(至少其中一方)的意志才能得到实现。如某些保险法律关系可能因自然灾害而启动，似乎与法律关系主体的意志无关，但该保险法律关系的建立却离不开投保人的自觉主动投保，其实现更是有赖于保险公司的理赔。遗嘱继承法律关系从表面上来看只需立遗嘱者一方的意志就能成立，而实际上如果相对方不愿意接受继承，该遗嘱继承法律关系也不会形成，更不会实现；因意外死亡而产生的遗产继承关系的形成和实现也离不开继承人的主观意愿。

二、法律关系的分类

法律关系从不同的角度可作出不同的划分，如按照相应法律规范所属法律部门的不同，可分为宪法法律关系、民事法律关系、商事法律关系、经济法律关系、行政法律关系、刑事法律关系、诉讼法律关系等。以下是较有理论性和实用价值的几种分类。

(一)调整性法律关系和保护性法律关系

这是按照法律关系产生的依据、执行的职能不同所作的划分。调整性法律关系是基于人们的合法行为而产生的、执行法律的调整职能的法律关系。调整性法律关系不需要适用法律制裁，法律主体之间即能够依法行使权利(或权力)、履行义务，如各种依法建立的民事法律关系、行政合同关系等等。保护性法律关系是由于违法行为而产生的、旨在恢复被破坏的权利、权力和秩序的法律关系，它执行着法律的保护职能，是法律实现的非正常形式。它的典型特征是一方主体(国家)适用法律制裁，另一方主体(通常是违法者)必须接受这种制裁，如刑事法律关系。

(二)纵向(隶属型)法律关系和横向(平权型)法律关系

这是按照法律主体在法律关系中的不同地位所作的划分。纵向(隶属型)法律关系是不平等的法律主体之间建立的权力服从关系，其特点是：(1)法律主体处于不平等的地位。如亲权关系中的家长与子女，行政管理关系中的上级机关与下级机关，在法律地位上有管理与被管理、命令与服从、监督与被监督诸方面的差别。(2)法律主体之间的权利与义务具有强制性，既不能随意转让，也不能任意放弃。与此不同，横向法律关系是指平等法律主体之间的权利义务关系。其特点在于，法律主体的地位是平等的，权利和义务的内容具有一定程度的任意性，如民事财产关系、民事诉讼之原告和被告关系等。

(三)单向(单边)法律关系、双向(双边)法律关系和多向(多边)法律关系

这是按照法律主体的多少及其权利(权力)义务是否一致所作的划分。所谓单向(单边、单务)法律关系，是指权利人仅享有权利，义务人仅履行义务，两者

之间不存在相反的联系。单向法律关系是法律关系体系中最基本的构成要素。单纯的单向法律关系也可以理解为主要由法律关系主体一方决定的关系，如赠与法律关系。双向（双边）法律关系，是指在特定的双方法律主体之间，存在着两个密不可分的单向权利义务或权力义务关系，其中一方主体的权利（或权力）对应另一方的义务，反之亦然。例如，买卖法律关系就包含着这样两个相互联系的单向法律关系。所谓多向（多边）法律关系，又称"复合法律关系"或"复杂的法律关系"，是三个或三个以上相关法律关系的复合体，其中既包括单向法律关系，也包括双向法律关系。

（四）第一性法律关系（主法律关系）和第二性法律关系（从法律关系）

这是按照相关的法律关系作用和地位的不同所作的划分。第一性法律关系（主法律关系），是人们之间依法建立的不依赖其他法律关系而独立存在的或在多向法律关系中居于支配地位的法律关系。由此而产生的、居于从属地位的法律关系，就是第二性法律关系或从法律关系。如借贷法律关系是主法律关系，因借贷而产生的担保法律关系是从法律关系。其实，一切相关的法律关系均有主次之分，例如，在调整性法律关系和保护性法律关系中，调整性法律关系是第一性法律关系（主法律关系），保护性法律关系是第二性法律关系（从法律关系）；在实体法律关系和程序法律关系中，实体法律关系是第一性法律关系（主法律关系），程序法律关系是第二性法律关系（从法律关系），等等。

三、法律关系主体的特性及类型

（一）法律关系主体的含义及特性

法律关系主体，即法律关系的参加者，是法律关系中权利或权力的享有者和义务的承担者。享有权利（或权力）的一方称为权利（权力）人，承担义务的一方称为义务人。

法律关系的主体具有法定性、社会性和自主性。

法律关系主体的法定性：法律关系主体由法律规范所规定。一方面，不在法律规定的范围内，任何人不得任意加入到法律关系中，成为法律关系的主体。另一方面，法律关系主体所享有的权利或权力是受法律保护的，任何人非依法不得加以限制、剥夺。

法律关系主体的社会性：法律关系主体都是特定社会中发生法律联系的自然人和组织，其具体的权利义务或职权职责由一定社会的物质生活条件、力量对比状况和主导性价值取向所决定。

法律关系主体的自主性：法律关系主体在法律允许的范围内，可以自由地支配和行使自己的权利或权力，不受他人的干涉。相应的，他也必须以自己的名义履行法律义务,承当相应的法律责任。

自然人和法人要成为法律关系的主体,必须具备一定的资格或条件,也就是要具有一定的权利(权力)能力、行为能力和责任能力。其基本内容,参见前面"法律主体"一章的有关部分;其具体要求,则随不同类型的法律关系主体而不同。如我国《民法典》第17至22条规定,十八周岁以上的自然人为成年人,具有完全的民事行为能力;八周岁以上的未成年人,不能完全辨认自己行为的成年人,是限制民事行为能力人;不满八周岁的未成年人,不能辨认自己行为的成年人,为无民事行为能力人。根据我国《刑法》第17条的规定,已满十二岁不满十六岁的公民被视为限制行为能力人(不完全的刑事责任能力人);不满十二岁的未成年人和精神病人,被视为无刑事责任能力人(不负刑事责任)。

(二)法律关系主体的类型

法律关系的主体主要有以下几种类型:

(1)自然人。即具有血肉之躯和生命活动的个体,包括公民、外国人和无国籍人。其中公民(即取得本国国籍的人)是自然人中最基本的、在数量上占绝对优势的法律关系主体。居住在我国境内的外国人和无国籍人,也可以成为我国某些法律关系的参加者。我国1986年的原《民法通则》,把个体工商户、农村承包经营户和个人合伙也包括在自然人的范围内。而2020年《民法典》第54、102条规定:个体工商户、农村承包经营户归属于自然人,个人独资企业、合伙企业则是非法人组织,属于准法人。

(2)法人。法人是自然人的对称,指由法律赋予其类似自然人的人格(通称法律人格),能够以自己的名义独立行使权利或权力、履行义务和承担法律责任的团体。通常把法人分为企业法人、机关法人、事业法人和社团法人。需要指出的是,个人独资企业、合伙企业、不具有法人资格的专业服务机构等非法人组织,虽然不具有法人资格,但能够依法以自己的名义从事民事活动,缔结法律关系,依法享有某些法律权利(或权力)并履行相应义务,承担相应法律责任,其法律地位近似于法人(准法人)。①

(3)特殊利益群体。即由一定社会成员组成的、除了享有一般公民的权利还在总体上享有某些特殊权利的群体。如民族、种族、政党、妇女、儿童、老人、消费

---

① 据2019年11月20日国家统计局公布的第四次全国经济普查结果,2018年末,全国共有从事第二和第三产业活动的法人单位2178.9万个(资产914.2万亿元),比2013年末增加1093.2万个,增长100.7%;产业活动单位2455.0万个,比2013年增加1151.5万个,增长88.3%;个体经营户6295.9万个。在法人单位中,企业法人单位1857.0万个,占85.2%,比2013年末增加1036.2万个,增长26.2%;机关、事业法人单位107.5万个,占4.9%;社会团体法人30.5万个,占1.4%;其他法人183.9万个,占8.4%。国家统计局.第四次全国经济普查公报(第二号)[EB/OL].http://www.stats.gov.cn/tjsj/zxfb/201911/t20191119_1710335.html.

者、华侨等。特殊利益群体成为法律关系主体，是"因为它们有自己特殊的共同利益需要法律加以确认和保护，而这些利益是它们生存和发展的必要前提"。①

（4）国家。在市场经济条件下，国家既是社会公共权力的化身，是政治组织；又是全民所有制财产的所有者，是经济组织。作为公共权力代表的国家，是行政法律关系和刑事法律关系的主体，有权对整个社会进行管理，对国民经济进行宏观调控，维护市场秩序，裁决和排解影响市场运行的各种纠纷，打击各种犯罪活动。国家此时行使的是法律赋予的公共权力。作为财产所有者的国家，是民法中国家所有权关系主体，法律上称之为"国库"。它可以和其他市场主体一样从事经济活动，如信贷、投资和商业等。这种情形下国家与其他市场主体在法律上处于平等地位。此外，国家作为一个整体，还可以成为国际法法律关系的主体。

四、法律关系客体的误区与辨正

在哲学上，客体是相对主体而言的，指处于主体之外而不依主体意识转移的客观现象，是主体的认识与实践的对象。在法学中，法律关系客体既具有哲学客体的一般属性，独立于人的意识之外并能为人的意识所感知却不依主体的意识转移，具有客观性；又有其特殊性，它指的是那些能够满足主体需要、为人的行为所支配并得到国家法律确认和调整的各种物质和非物质现象。

我国有学者认为，"只有那些能够满足主体利益的并得到国家法律确认和保护的客观现象才能成为法律关系客体"；得不到国家法律确认和保护的客观现象，即使能满足主体利益，也不能成为法律关系客体。"例如，卖淫嫖娼虽然能满足某些嫖客的'利益'，但它是法律所坚决取缔的"；同样的，"在社会主义条件下，……法律禁止以人、人身、人格作为买卖法律关系的客体，禁止买卖危害人们身心健康的各种'精神鸦片'。"②有的教材则把"必须具有不违法性"作为法律关系客体必须具备的五个条件之一，认为"只有不被法律所禁止的客体才可能为法律关系客体"。③ 这些看法是有待商榷的。它们实际上是把民法学上的民事法律关系客体的概念不加分析地套用到法理学上来，是似是而非的。理由是：人、人身、人格等等虽然不能作为买卖等民事法律关系的客体，却可以成为刑事法律关系的客体；卖淫嫖娼也是如此。也就是说，卖淫嫖娼以及买卖人、人身、人格等行为都是我国刑法所禁止和打击的对象。因此，应将前述法律关系客体定义中所说的"确认和保护"修改为"确认和调整"才较为妥当。④

法律关系客体主要有如下几类：

① 孙笑侠. 法理学[M]. 北京：中国政法大学出版社，1996：95.
② 沈宗灵. 法理学[M]. 北京：高等教育出版社，1994：391-392.
③ 卓泽渊. 法理学[M]. 2版. 北京：法律出版社，2000：160-161.
④ 胡平仁. 法理学基础问题研究[M]. 长沙：中南大学出版社，2001：7.

（1）物。法律上的物是指法律关系主体支配的、在生产和生活上所需要的客观实体。物理意义上的物要成为法律关系客体必须具备三个条件：其一，必须由法律规定，即法律属性；其二，必须具有经济价值，即经济属性；其三，必须可以为人们所控制和支配，即可利用属性。在法律关系中，尤其是在民事法律关系中，物是一种最基本的客体。它既可以表现为自然物，如森林、土地、矿藏、空气和水等等，也可以表现为人的劳动创造物，如建筑、机器和其他各种物质产品等。它既可以是活动物，也可以是非活动物。它既可以是国家的和集体的财产，也可以是居民个人的财产，还可以是财产的一般表现形式——货币，以及其他各种有价证券，如本票、汇票、支票、存折、股票、债券等。

（2）人身与人格。如自然人的姓名或组织的名称，自然人的肖像、名誉、尊严、身体、健康以及言论、出版、集会、结社、游行示威、住宅、劳动、休息等方面的权利和自由。

（3）无形资产。既包括国家的统一与安全、民族的平等与团结等社会政治财富，也包括人们通过脑力活动创作的各种产品（即智力成果），如文艺作品、科学论著、科学发明和发现、合理化建议、商标等，还包括各种重要的信息。由于这些无形资产意义重大而特殊，因而当今世界大多数国家制定了旨在保护及合理利用这些无形资产的刑法和知识产权法，后者如著作权法、专利法、商标法等等。

（4）行为结果。即行为所造就的状态。在很多法律关系中，其主体的权利、权力和义务所指向的对象是行为结果。作为法律关系客体的行为结果是特定的：一定的行为结果可以满足特定权利（权力）人的利益需求，也可以损害特定权利人的利益。需要指出的是，把"行为"而非"行为结果"当作法律关系客体，[1]是国内一种广泛流行的观点。这实际上是把法律关系客体混同于法律的调整对象了。法律之所以将人们的社会行为作为自己的调整对象，恰恰是很多时候并不希望某些行为结果（如违约结果、侵权结果和犯罪后果）的产生，所谓防患于未然；而当事人彼此间建立某种法律关系（尤其是实体法律关系），则主要是为了获得对方相关行为之结果。如在买卖法律关系中，买方关心和期待的是对方出售的货物或服务结果，卖方关心或期待的是买方支付的价款，尽管买、卖行为方式本身也颇为重要。而且，"行为结果"比"行为"更具有"不依主体的意识为转移"的客观性，从而更符合法律关系客体的"客观性"要求。因此，法律关系的客体是行为结果而非行为本身。霍姆斯也指出："一切侵害之诉关注的都是行为后果，而不是行为本身。"[2]只不过诉讼等法律救济关系的客体往往是背离相关实体法律关系主体一方或各方的期望而产生的。

---

① 张文显. 法理学[M]. 5版. 北京：高等教育出版社，北京大学出版社，2019：159.
② 霍姆斯. 普通法[M]. 郭亮，译. 北京：法律出版社，2021：076.

五、法律关系的生灭变更

法律关系不是固有的，也不是一成不变的，而是经常处于生灭变更之中。在相关法律规范不变的情况下，法律关系的生灭变更是由法律事实引起的。

所谓法律事实，就是能够引起法律关系产生、变更和消灭的客观情况。而法律关系的产生，是指在法律主体之间因法律规范和法律事实的存在而产生一定的权利义务或权力义务关系。法律关系的变更，是指法律关系主体、客体及内容的变化。如权利从甲转到乙，这是主体的变更；房屋租赁因房屋烧毁导致用货币代替原物返还，这是客体变更；合同双方当事人经协商同意修改货物数量、履约期限，这是权利义务内容的变更。法律关系的消灭，是指主体之间的权利义务或者权力义务中止或终止。如合同履行完毕，合同关系即行消灭；或当事人一方死亡，导致原有婚姻法律关系消灭。

根据与当事人意志的关系，法律事实可分为法律行为和法律事件。

法律行为是指受法律规范调整的、与法律关系主体的意志有关并能引起法律后果的情况。一般可分为合法行为与违法行为两种。大量法律关系的产生、变更和消灭都是依据合法行为，如遗产继承、订立合同、诉讼等。但违法行为也能导致法律关系的产生、变更和消灭，如违约、侵权等。

法律事件是指法律规范规定的、与法律关系主体的意志无关而又能引起法律后果的情况。包括自然事件和社会事件两种。自然事件一般是指基于某种自然原因而产生的情况，如人的自然死亡、自然灾害等。社会事件是由人的行为引起的但与法律关系主体的意志无关的事实，如无意导致的交通事故中人的死亡所引起的法律关系的产生、变更和消灭等。值得注意的是，时间也能引起法律关系的产生、变更和消灭，因而在特定情况下也属于法律事实，可归类为自然事件。

就本章开头的案例来说，甲因口角冲动之下将乙打死，构成了严重的刑事违法。后来甲因病而亡，这是不可避免的、不以当事人意志为转移的自然事件，它直接导致本案中甲乙之间的刑事法律关系消失。公安机关基于刑事责任主体(甲)的死亡和刑事法律关系消失而撤销该案，是正确的。

不过，本案还有两个问题值得思考：(1)同样是死亡，为什么乙之死(被打死)导致甲乙之间刑事法律关系的产生，而甲之死(病死)却导致甲乙之间刑事法律关系的消灭呢？(2)甲病死，公安机关撤案，是否意味着乙之被打死就白死了(不了了之)？

思维弹射

1. 明嘉靖三十三年，胡宗宪出任抗倭总督；明嘉靖三十六年兼任浙江巡抚。并未中过进士的海瑞在次年到浙江淳安县做知县，正好是胡宗宪下级（严州知府）的下级。作为封疆大吏，胡宗宪位高权重，官风凌厉，气势逼人，境内官民无不凛然畏惧。有一天，胡宗宪的儿子路过淳安县，耀武扬威，颐指气使，对驿站的款待百般挑剔，还把驿丞倒吊起来。海瑞得知后，立即下令将其拘捕，将胡公子随身携带的数千两银子也没收充公。随后，海瑞派人快马加鞭给胡宗宪呈上一份公文，声称久闻总督大人节望清高，爱民如子而教子甚严，所以此人必系假冒，其随身所携也必系赃银。情知事实的胡宗宪也只好顺水推舟，不了了之。（参见《明史》之《胡宗宪传》《海瑞传》）

读了这则"海瑞执法"案例，你有何感想？

2. "物"是法律关系的客体之一，因此，只要是物，都能成为法律关系的客体。随着现代科技和医学的发展，输血、植皮、器官移植、精子提取等现象大量出现，在现实生活中，此类交易买卖活动也很频繁，由此带来了一系列法律问题。这样，人身便成为了法律关系的客体。请问：

（1）什么是法律关系的客体？法律关系的客体包括哪些种类？

（2）上述观点是否正确？如何正确理解这段话的含义？

第八章
法律救济

🔊 法海潜航

1998 年 4 月，某校教师高某与爱人去北京旅行，到某书店买了一本书。后来发现书中缺了 32 页，觉得有点别扭，就去书店换书。书店同意给他换书，但对他提出的来回车费一元钱应由书店给付的要求不予认同，说这并没有规定，别说是一元钱，就是一分钱也不给。高老师不服，向法院提出诉讼，把该书店"请"上了被告席。历时近一年高老师赢了官司，得到了那一元钱，但他为此付出了三千多元钱的诉讼费与脱岗的代价。

请问这场"一元钱官司"是否值得？

法律救济是法律实施的一个特殊环节或病态表现。它是在法律执行和法律接受过程中发生矛盾冲突或出现违法犯罪的前提下，为保障相关主体的合法权利、惩治违法犯罪而启动的法律机制或法律程序。

第一节　法律救济界说

一、法律救济的概念重塑

"法律救济"（legal remedy）是一个使用频率很高的词语，但人们很少正面论及它。① 有学者认为，法律救济就是"通过法律方式及其'类法律方式'对权利冲

---

① 较早研究法律救济的论著：程燎原，王人博. 权利及其救济[M]. 2 版. 济南：山东人民出版社，2002；贺海仁. 谁是纠纷的最终裁判者——权利救济原理导论[M]. 北京：社会科学文献出版社，2007；陈焱光. 公民权利救济论[M]. 北京：中国社会科学出版社，2008；胡平仁. 法理学[M].长沙：湖南人民出版社，2008；夏勇. 法理讲义——关于法律的道理与学问（下）[M].北京：北京大学出版社，2010.

突的解决。"①其实，更准确地说，法律救济是指通过法律途径和程序裁决纠纷，纠正乃至惩罚已发生的不当行为，维护当事人的合法权益，并对受侵害的权益给予法律上的补救和赔偿。法律救济的实质是对被侵害的权利的救济，所以也称作权利救济。

有学者认为，法律救济具有合法性、有组织性和强制性三大特点，并认为法律救济的目标是恢复原状、阻止不法行为和惩罚。② 这不仅未能将法律救济与道德救济、宗教救济区别开来，也未能将法律救济与其他法律行为划清界限，甚至不大符合法律救济中的自力救济和社会救济。其实，法律救济的特征在于：(1)权利受到损害或面临损害危险是法律救济存在的前提；如果权利未受损害或未面临损害危险，就无所谓救济。(2)法律救济程序通常由受损害的权利主体发动，并伴随一定的诉求。(3)法律救济的过程大多表现为双方主体的博弈及第三方的居中协调或裁断。(4)法律救济具有弥补性，它的根本目的和基本功能，在于保证法律义务的履行，纠正乃至惩罚已发生的不当行为，保护并补救受损害者的合法权益。

一般认为，法律救济在外延上主要有三大形态：自力救济(私力救济)、社会救济和公力救济。其实这种分类从逻辑上讲是混乱的，从客观上讲是不符合实际的。因为社会救济中的非正式救济属于私力救济(如民间讨债公司)，而正式救济属于公力救济(如仲裁和人民调解)。科学的划分应该是：私力救济和公力救济；或自力救济、社会救济和国家救济(主要是行政救济和司法救济)，特殊情况下还有国际救济。

二、法律救济的原则省思

有学者提出，在当代法治国家，法律救济应遵循如下六项原则：有侵害必有救济原则、及时救济原则、充分救济原则、经济性原则、公力救济优先原则、司法最终救济原则。③ 尽管论者认为确立公力救济优先原则是由现代社会复杂的利益体系和当事人价值之多元化、纠纷表现形式的复杂化和彼此之间存在的自尊和补偿认同度的差异等因素决定的，但笔者并不认同这一原则。因为它既不符合纠纷解决的实际，也不符合国家法律的有关规定，更不符合私力救济重新崛起的趋势。同时，它也会导致公力救济组织不堪重负、救济成本无谓推高等弊端。

(一)有侵害必有救济原则

权利是法律对人性和人权的确认与尊重，任何法律权利受到侵害，都必须获

---

① 程燎原，王人博. 权利及其救济[M]. 2版.济南：山东人民出版社，2002：357-358.
② 夏勇. 法理讲义——关于法律的道理与学问(下)[M]. 北京：北京大学出版社，2010：701-702.
③ 陈焱光. 公民权利救济论[M]. 北京：中国社会科学出版社，2008：89-98.

得法律救济。这不仅是对个人尊严、价值和利益的保护，也是维护社会秩序和法律尊严的需要。

(二) 不告不理原则

与执法行为不同，司法救济和仲裁救济一般是消极的(被动的)，即遵循"不告不理"的原则(自力救济和调解除外)，即使是刑事救济中的公诉案件也不例外。不告不理原则是针对程序启动者和裁判者的关系而设的，它有两层含义：一是指没有程序启动者提出申请，裁判者不应启动有关程序；二是指裁判者裁判的对象必须限制在启动者的申请范围之内。这两层含义分别涉及程序中的受理方式和审理范围。我国《唐律·断狱》已有"不告不理"的规定："诸鞫狱者皆须依所告状鞫之。若于本状之外别求他罪者，以故入人罪论。"明清法律师承其制，均有明文。古今"不告不理原则"体现了诉权对于裁判权的限制，不同程度地肯定了当事人和公诉人的主体地位。表面看来，该原则与"有侵害必有救济原则"似乎相矛盾，其实不然。它旨在敦促权利受损害者或有关国家机关、社会组织和自然人积极向有关主体提出法律救济诉求，以免因时效问题或证据的湮灭而失去救济的机会；同时可以避免居中裁判者先入为主或任意裁判。

(三) 及时救济原则

该原则要求法律救济程序提供及时的裁判。权利救济是矫正正义的体现。矫正正义的公理是"迟来的正义为非正义。"这是因为，权利救济的及时性是法律秩序的连续性、稳定性的必然要求，权利被侵害后没有及时救济，必然造成秩序链条的断裂，随时可能导致法律秩序的紊乱；而且权利救济不及时，很可能带来不同权利主体间连锁的权利受损害的效应，从而影响社会的和谐与稳定。

(四) 充分救济原则

这是对法律救济质量上的要求。尽管对何谓充分难以有令纠纷双方及居中裁断的第三者一致认同的标准，但总体说来，除了法律的明确或弹性的规定外，充分的救济应满足被侵害者损失的补偿或恢复到原状；对精神侵害尽管难以用金钱衡量，但其救济的充分性应考虑金钱补偿的数量基本上要达到能抚慰受伤心灵的程度。同时要考虑区域经济状况、当地人的生活水平、受侵害者未来的生活等因素。

(五) 经济性原则

该原则有两个层面的含义：从救济制度设计的层面说，必须综合考虑权利个体救济成本、相关社会资源的消耗与救济后的社会整体因救济而带来的效益；从当事人的层面看，法律救济的请求者必须考虑达到救济目标所需花费的成本，包括人力、物力、财力、精神和时间，在此基础上决定选择何种救济方式。

(六) 司法最终救济原则

司法的本质是救济。司法救济是国际公认的最权威的救济，也是各国法定的最后救济手段。1948 年《世界人权宣言》第 8 条明确规定："任何人当宪法或法律赋予他的基本权利遭受侵害时，有权由合格的国家法庭对这种侵害行为作有效的补救。"司法救济的最终性和权威性在于它是司法机关以国家强制力做后盾，依照法定职权和法定程序，以国家的名义对案件作出的最终裁决，具有最大的权威性，任何组织和个人都必须执行，不得擅自修改和违抗。即使事实证明是错误的裁判，也只能由法定的司法机关依照法定程序和方式予以纠正。

对本章开头提到的"一元钱官司"，表面上看，为了区区一元钱打官司，高老师耗费了近一年时间，付出了 3000 多元诉讼费，并失去了学校教师的职位，这一代价太大了，可谓"得不偿失"。而被告一方为了应诉和聘请律师，也花费了大量的时间、精力和金钱；而且这个小小的官司，耗费了原本稀缺的公共司法资源。可见本案的确有违"经济性原则"。但"有权利必有救济"，如果大家都不主张和保护自己的权利，我们的权利就会不断受到侵蚀，法律不仅会变得形同虚设，而且无形中会纵容某些人不断蚕食、侵害他人的合法权利，导致其得寸进尺，危害法律的尊严和法治的根基。而本案中的高老师在用法律手段捍卫自身权利的同时，也通过切实的利益损失，"教育"了被告要充分考虑和尊重对方的合理要求，以免"因小失大"。从公共利益的角度说，在当时整个社会法治观念还很薄弱的情况下，"一元钱官司"起到了很好的"以案说法"的普法教育效果，让人们充分而多角度地认识到了权利维护的重要性。更重要的是，法律的尊严和公平正义本身是无价的，执法和司法也不是商业行为，是不能单纯用经济效益来衡量的。

第二节　自力救济

在法律意义上，"自力救济"指纠纷主体依靠自己力量解决纠纷，维护自己的权益。根据自力救济性质的不同，可分为法定自力救济和法外自力救济。自力救济主要有自卫、自助、和解、法律谈判等。

一、自卫与自助

(一) 自卫

自卫指权利人或其近亲属的人身、财产遭受暴力侵害或遇有紧急危险时，依法实施的正当防卫行为或紧急避险行为。按照《民法典》第 181 条和第 182 条的规定，正当防卫行为在必要限度内造成损害的，不承担民事责任；紧急避险行为造成他人损害的，由引起险情发生的人承担民事责任。如果险情是由自然原因引起的，紧急避险人不承担民事责任，可以给予适当补偿。自卫行为是在紧急情况下救济人身权、财产所有权等绝对权的私力救济方式。

(二) 自助

自助指权利人在紧急情况下为保护自己权利而对义务人之财产进行扣押或对义务人之人身进行拘束的行为。实施自助行为须具备以下条件：(1) 自助行为只能为保护自己的权利而实施，不能为保护他人的权利而实施。这与正当防卫和紧急避险有所不同。(2) 自助行为只能在来不及请求社会和国家救济的紧急情况下实施。自助造成义务人财产毁损的，只要属实施自助行为所必要，权利人不负损害赔偿的责任。权利人实施自助行为，扣押义务人财产或拘束义务人人身后，应即时请求法院处理。如有迟延，或因不具备实施自助行为条件、其请求被法院驳回，行为人应依法承担损害赔偿的责任。

二、和解与谈判

(一) 和解

和解就是纠纷双方以平等协商、相互妥协的方式和平解决纠纷。在文明社会，强力性的自决(自卫和自助) 受到严格限制，和解却始终受到垂青。如我国《民事诉讼法》第 53 条规定："双方当事人可以自行和解。"就心理和情感方面而言，自决常常造成心理上的伤害和情感上的郁愤，和解带来的却是心理上的和缓和情感上的愉悦。因此，和解较自决更有利于纠纷的彻底解决、预防纠纷的再度发生。

(二) 谈判

谈判(negotiation) 是历史最悠久、最常使用的纠纷解决方式。它是一种旨在相互说服的交流或对话过程，是双方或多方之间的协商与交易活动。谈判有国际政治性谈判和法律谈判。在我国法律纠纷解决实践中，单纯的当事人之间的谈判被称作"私了"。

正式的法律谈判(legal negotiation) 指由律师代理当事人参加，运用法律知识和诉讼经验，对法庭诉讼的各种可能后果进行全面评估后，借助律师技能(如法律研究技能、案情评估技能、证据挖掘技能、答辩技能等) 和谈判技巧实施的庭外博弈。沟通和妥协、竞争与合作贯穿其中，以争取庭外和解为最终目的。

法律谈判区别于调解和仲裁等其他纠纷解决方式的最重要的特征在于，首先，法律谈判是一种纠纷解决手段，而不是纠纷解决制度，因而在其他纠纷解决方式中也可以使用。其次，谈判的主体既可以是双方，也可以是多方，这取决于纠纷的复杂性和卷入纠纷的主体的数量。最后，谈判通常不企求纠纷外力量的介入，即使有纠纷主体以外的力量介入，他们往往也并非以权威的调解者或仲裁者身份出现，而只是起协助作用或作为一方当事人的代理人。因而谈判具有最高的自治性。[①]

美国学者诺兰-海利根据策略和价值取向，将谈判分为两大基本类型：对抗取向的谈判和解决纠纷取向的谈判。[②] 对抗取向的谈判目标是通过竞争性的实质交易方式，最大限度地争取自身利益，其结果既可能获胜，也可能彻底失败，并且不排除两败俱伤的结局。解决纠纷取向的谈判则以寻求互利为目标，综合地考虑、权衡双方的利益，力图实现双赢的结果(见表8-1)。

表 8-1　谈判的两种策略

谈判类型	对抗取向	解决纠纷取向
谈判目标	最大限度地争取自身利益	寻求互利
谈判行为	竞争性实质交易	促进性利益权衡
谈判结果	分配性的(distributive) 零总和(zero sum) 胜负分明(win-lose)	综合性的(integrative) 非零总和(non-zero sum) 双赢(win-win)

第三节　社会救济

"社会救济"是一种基于纠纷主体的合意，并依靠社会力量来解决纠纷的机制。社会救济主要包括民间调解和仲裁等。

一、民间调解

(一)调解的含义和特征

调解也是解决纠纷的一种方式，它指中立的第三者在当事人之间调停疏导，帮助交换意见，提出解决纠纷的建议，引导当事人达成解决纠纷的合意。在我国，调解的形式主要有司法调解、行政调解和民间调解。作为社会救济的调解主

---

① 胡平仁. 法律社会学[M]. 长沙：湖南人民出版社，2006：284-286.

② 参见：NOLAN-HALEY M. Alternative dispute resolution[M]. West Publishing Co.，1992：25；范愉.非诉讼纠纷解决机制研究[M]. 北京：中国人民大学出版社，2000：173.

要指民间调解，包括人民调解、行业调解和其他单位或个人主持的调解。不过，所有调解都具有如下特征：

（1）中立的第三者在当事人中进行工作。如果没有中立的第三者，只是当事人自己在交换意见、提出解决纠纷的方案，那就只是协商，而不是调解。调解中的第三者是中立的（至少在形式上是中立的），如果第三者明显偏袒一方，要求另一方退让、服从，那也不是调解。

（2）调解对纠纷的解决在根本上取决于当事人的合意。第三者的工作只是在当事人中进行调停疏导，帮助交换意见等，引导达成解决纠纷的合意。如果第三者的工作是居中进行裁判，那就是审判或仲裁，而不是调解。

（3）纠纷是通过当事人合意解决的，在这当中不存在当事人服从第三者意志或当事人一方服从另一方要求的问题，因而调解的功能不仅在于确定当事人在纠纷中的利益，更在于修复因纠纷而受损的关系，使双方能够维持和发展互利的关系。在这方面，调解具有优于仲裁特别是优于审判的意义。

（4）从解决纠纷的结果来看，诉讼是"胜诉者全得"（winner-takes-all），调解则是"退让一点，取得一点"（give-a-little，get-a-little）。而且调解比仲裁和审判更具有经济性，它更省时、省财力和物力。

在我国，调解是解决民事、经济纠纷的重要方式。这是由我国文化和社会关系结构特点所决定的。从文化上说，"中庸""礼让""和为贵"等文化观念深植于民众心理。在社会关系结构方面，我国的人际互动关系较为稳定和具有多重性，特别是在社区和组织中，人们有较多的面对面的、多重互动关系，需要维护多重利益结构。布莱克曾经指出：如果发生纠纷，越是在关系密切的人当中，人们越不愿诉讼；关系越疏远、越接近陌生人状态，人们则越可能诉讼。[①] 在多重关系结构中，人们往往不愿因一个关系的断裂而致使其他关系也受损或断裂。因此，当纠纷发生后，人们一般注重关系的修复而不是简单地寻求对利益作出裁判。

调解产生的和解协议本质上是合同，相对于仲裁和诉讼，其执行机制最弱。这就成为使用调解解决国际民商事争议的最大障碍。鉴于仲裁裁决可以依据《承认及执行外国仲裁裁决公约》（1958年）得到跨国执行，判决的跨国执行可适用《选择法院协议公约》（2005年）和《承认与执行外国民商事判决公约》（2005年），联合国国际贸易委员会促成了《联合国关于调解所产生的国际和解协议公约》（简称《新加坡调解公约》）在2018年底联合国大会第73届会议的通过，从而建立了统一的调解跨国执行依据。翌年，包括中国、美国、印度在内的46个国家和地区成为该公约的首批签约国。此后，卡塔尔、新加坡、斐济、英国等国也相继签署和批准了该公约。

---

① 布莱克. 法律的运作行为[M]. 唐越，苏力，译. 北京：中国政法大学出版社，1994：49.

二、商事仲裁

"仲"指地位居中，"裁"为裁判。"仲裁"是一种根据各方当事人的共同约定，而将争议交由第三者依照法律和公正原则居中裁断，以确定各方权利义务的纠纷解决方式和制度。一般认为仲裁具有以下要素：（1）争议各方自愿通过仲裁解决争议；（2）争议各方自主选择仲裁机构和仲裁员；（3）仲裁裁决对争议主体有约束力。[①]

作为一种纠纷解决方式，仲裁有着比司法审判更悠久的历史。早期的仲裁一般在民间进行（我国俗称"公断"），并以道德舆论来约束当事人。随着民族国家的建立和商品经济的发展，仲裁被赋予了法律效力，形成了以仲裁机构、仲裁协议、仲裁程序及仲裁裁决为基本组成部分的仲裁法律制度。[②] 1887 年英国公布了人类历史上第一部仲裁法；同年，瑞典也公布了仲裁法，仲裁制度从此在成文法中得到确认。到 20 世纪，仲裁已经为世界各国广泛采用，在解决国内民事、商事纠纷和国际商事纠纷方面发挥着愈来愈重要的作用。国际社会于 1958 年订立了《承认及执行外国仲裁裁决公约》（又称《纽约公约》），我国于 1987 年加入该公约，2022 年 11 月 10 日苏里南加入成为该公约的第 171 个缔约国（2023 年 2 月 8 日生效）。仲裁裁决在国际社会获得了比法院判决更多更普遍的认可。

我国 20 世纪 50 年代就采用仲裁以解决涉外经济纠纷和海事纠纷。先后在中国国际贸易促进委员会分别成立了对外贸易仲裁委员会（1954 年）和海事仲裁委员会（1958 年）。1983 年，我国颁布了经济合同仲裁条例，开始了具有行政仲裁性质的经济合同仲裁。《中华人民共和国仲裁法》于 1995 年 9 月 1 日起施行后，全国的社会性仲裁组织陆续建立，仲裁制度得到了空前发展。据司法部 2024 年 9 月 9 日公布的数据，我国现有 282 家仲裁机构，仲裁员 6 万余人，累计办理案件 500 多万件，涉案标的额 8 万多亿元，当事人涉及全球 100 多个国家和地区。[③] 我国现行仲裁制度主要表现为商事仲裁、劳动争议仲裁、农村土地承包经营纠纷仲裁等类型。我国《仲裁法》（1994 年）主要调整的是商事仲裁，其第 3 条规定："下列纠纷不能仲裁：（一）婚姻、收养、监护、扶养、继承纠纷；（二）依法应当由行政机关处理的行政争议。"我国《劳动争议调解仲裁法》（2007 年 12 月）、《农村土地承包经营纠纷调解仲裁法》（2009 年 6 月）等法律所说的仲裁，都属于行政救济中的行政仲裁或行政裁决。

仲裁（特别是商事仲裁）具有如下特征：

---

① 张斌生. 仲裁法新论[M]. 厦门：厦门大学出版社，2010：1.

② 宋连斌，杨玲. 我国仲裁机构民间化的制度困境[J]. 法学评论，2009（3）：49-57.

③ "司法部：截至目前我国共设立 282 家仲裁机构"，https://baijiahao.baidu.com/s? id = 1809775145 801761321。（2024 年 10 月 12 日访问）

（1）自愿性。进行仲裁的纠纷都是法律允许仲裁、当事人在纠纷发生前后具有仲裁约定的。它表现了对当事人意志的充分尊重。凡是当事人采用仲裁方式解决纠纷，应当双方自愿，达成仲裁协议。没有仲裁协议的，仲裁机构不予受理。此外，当事人可以选择仲裁机构、仲裁人员，自主确定提交仲裁的事由与事项。

（2）民间性。依照国际惯例和仲裁法的规定，我国的仲裁协会是社团法人，是仲裁委员会的自律性组织。各仲裁委员会相互独立，各仲裁委员会与行政机关独立，各仲裁委员会与全国性质的中国仲裁协会独立。仲裁员也没有政府官员或司法官员的身份。

（3）秘密性。除非各方当事人协议自愿公开审理，否则，仲裁庭的仲裁均不公开进行。仲裁的秘密性与审判的公开性形成鲜明的对比。它对于保护当事人的商业秘密和尊重当事人的保密意愿都具有独特的意义，也是其相对优越性的体现。

（4）效率性。仲裁具有较高的效率性，这是因为：其一，各方当事人自愿选择仲裁，因而一般都能配合仲裁庭工作，案情、证据比较清楚，仲裁庭要作调查也比较容易。其二，仲裁员都是相应领域的专家，有较强的工作能力。其三，仲裁程序不像司法程序那样程式化，时间安排可以比较紧凑。其四，仲裁实行一裁终局制度，裁决书自作出之日起即发生法律效力。其五，仲裁除节省当事人的时间外，其费用普遍低于司法的费用。

（5）国际性。指仲裁具有国际性效力。根据《承认及执行外国仲裁裁决公约》，仲裁（尤其是商事仲裁）的国际性效力主要表现在两个方面：一是具有稳定的管辖权。即在国际商贸及运输等合同中，如果有一条有效的仲裁条款，当发生纠纷时，任何缔约国的法院都不得以司法管辖权为理由受理此案，而要尊重仲裁条款。二是具有国际上的可执行性。即各缔约国相互承认和执行仲裁的裁决。

第四节　行政救济

一、行政救济的含义重整

法学界对"行政救济"的理解并未达成一致。有的认为行政救济"是指行政机关管理相对人在其合法权益受到行政机关的违法失职行为侵犯后依法提出申诉，由有监督权的行政机关按照法定程序对其予以救济的一种法律制度。这种救济是由行政机关来进行的，因而简称行政救济"。[①] 然而，更多的学者往往同时混用救济主体与救济起因两种分类标准，把"行政救济"理解为因"行政行为"引发的救

---

① 韩德培. 人权的理论与实践［M］. 武汉：武汉大学出版社，1995：699.

济，从而错误地把行政诉讼等原本属于司法救济的方式也视为行政救济。如将行政救济界定为"有关国家机关对违法或不当的行政行为予以消除或变更的一种法律矫正机制"；是"有关国家机关依法对行政行为造成的不利后果予以消除而实施的一种法律补救机制"；"行政救济是公民、法人或其他组织认为行政机关的行政行为造成自己合法权益的损害，请求有关国家机关给予补救的法律制度"。① 有的论者甚至一方面认为"行政救济的客体是行政行为及其造成的不利后果"，另一方面又认为有权实施行政救济的主体"并非仅限于国家行政机关，还应该包括国家权力机关和司法机关"。② 此外，还有一些学者无视"救济"一词的事后补救含义，从而把损害发生之前确保行政行为合法的某些措施或行为也视为行政救济。

其实，"行政救济"是国家救济中与"司法救济"相对的概念，应该是指行政机关依法审查和裁决平等主体之间发生的与行政管理活动密切相关的特定民事纠纷（争议），或纠正不当的行政行为，并弥补自然人、法人和其他组织被损害的权益。前引韩德培先生等人的观点，总体上是较为恰当的，不足之处有二：一是对行政救济中的关键词"救济"未能作出解释；二是将行政救济的起因局限于"行政机关的违法失职行为"，而忽略了与行政管理活动密切相关的特定民事纠纷也是行政救济（行政仲裁或行政裁决）的重要对象，也忽略了合法行政行为也可能损害相对人的合法权益并引发行政救济（如依法征地、拆迁等引发的行政补偿）。

二、行政救济的形态重述

行政救济的主要表现形态是行政复议和行政裁决、行政调解和行政和解、行政赔偿和行政补偿等。

（一）行政复议和行政裁决

这是从行政救济的途径而言的。

行政复议是指自然人、法人或者其他组织（统称行政相对人）对行政主体的行政行为不服而提出申诉，上一级行政主体依法对原行政行为进行合法性、适当性审查后作出决定、解决行政争议的行为。其实质是上级行政主体对下级行政主体的监督和对行政相对人被侵害的权利进行行政上的补救。

近30年来，我国已有200多个法律、行政法规规定了行政复议。据调查，在向法院提起诉讼的行政案件中，有近90%是经过复议的。根据《行政复议法》

---

① 分别见：叶必丰. 行政法学[M]. 武汉：武汉大学出版社，1996：222；周佑勇. 行政法原论：修订版[M]. 北京：中国方正出版社，2000：317；林莉红. 行政救济基本理论问题研究[J]. 中国法学，1999(1)：41-49. 其他例子参见：盐野宏. 行政救济法[M]. 杨建顺，译. 北京：北京大学出版社，2008；姜明安. 行政法与行政诉讼法[M]. 5版. 北京：北京大学出版社，2011.

② 陈焱光. 公民权利救济论[M]. 北京：中国社会科学出版社，2008：141.

(1999年4月通过，2023年9月修订)第11、12条，对行政机关可能侵犯公民、法人或者其他组织的合法权益的15种行政行为，都可以申请行政复议。对国防和外交等国家行为、内部行政行为、行政调解以及行政法规、规章或者行政规范性文件不服，则不能申请复议。我国实行一级复议制，被申请人应当履行行政复议决定书、调解书、意见书。

行政裁决也称行政仲裁，是指行政机关或法律授权履行特定行政职能的组织，依法审查、裁判和决定平等主体之间发生的、与行政管理活动密切相关的特定民事纠纷(争议)的行为。行政主体在实施行政裁决时，是以第三者的身份居间裁决民事纠纷，具有司法性质；同时是以行政机关的身份裁决争议，具有行政性质。因此，行政裁决具有司法性和行政性，称为准司法性。

根据我国目前法律、法规的规定，行政裁决的种类主要有：(1)权属纠纷(当事人因某一自然资源、房屋、专利或商标等的所有权、使用权的归属产生争议)的裁决；(2)侵权与损害赔偿纠纷的裁决；(3)劳动工资、经济补偿等纠纷裁决。

(二) 行政调解和行政和解

这是从行政救济的方式而言的。

学界对行政调解的界定较多，但总体上比较接近。较好的有：(1)"行政调解指政机关主持的，以国家法律、政策为依据，以自愿为原则，在分清责任、明辨是非的基础上，通过说服教育的方法促使双方当事人互谅互让，从而达成协议解决纠纷的行政活动。"①调解不是不辨是非、各打五十大板地和稀泥，该定义的突出特点正是强调了"分清责任、明辨是非"，这也是当事人(尤其是相对更有理的一方当事人)要"讨个说法"的目的所在和得以让步的前提。(2)"行政调解，是指由行政主体出面主持的，以国家法律、法规和政策为依据，以自愿为原则，以平等主体之间的民事争议为对象，通过说服教育等方法，促使双方当事人平等协商、互谅互让、达成协议，消除纠纷的一种具体行政行为。"②该定义的主要特点有：一是强调行政调解主体是"行政主体"，包括国家行政机关和社会行政主体，后者如消费者协会和律师协会等法律、法规授权的组织；二是认为行政调解"以平等主体之间的民事争议为对象"，这就把行政调解与行政和解以及行政诉讼中的司法调解区别开来了。

综上所述，行政调解指行政主体主持的，以平等主体之间的民事争议为对象，以国家法律和政策为依据，以自愿为原则，在分清责任、明辨是非的基础上，通过说服教育的方法促使各方当事人互谅互让，从而达成协议解决纠纷的活动。

行政调解具有如下特征：由行政主体主持和引导纠纷的解决；对象是与行政

---

① 刘景昌，沈亚平. 行政法学原理[M]. 北京：警官教育出版社，1993：191.
② 湛中乐，等. 行政调解、和解制度研究[M]. 北京：法律出版社，2009：36.

管理活动无直接关系的、平等主体之间的民事争议(如公安机关的治安调解①);效力上具有一定的强制性;调解结果不影响当事人诉权,但当事人不服也不适用行政复议和行政诉讼。

行政调解须遵循如下原则:各方当事人自愿原则;合法性与合理性平衡原则;及时性与公正性原则;不得损害纠纷外的第三方利益原则。

有学者将"行政和解"界定为"在行政复议和行政诉讼过程中,当事人双方自行或通过裁判机关的帮助,就诉讼标的权利义务关系,相互让步达成协议,以终结复议或诉讼程序为目的之行为"②。笔者认为这一界定过于宽泛,也不符合"和解"及"行政和解"的本来含义,诉讼过程中的和解属于司法救济而不属于行政救济的范围;而行政复议过程中的和解也不是一种单独的行政救济方式。

行政和解作为一种行政救济方式,应该是指在没有外力主持(没有中立裁断者)的情况下,行政主体与行政相对人根据各自的意愿,依法通过对话与协商等方式达成合意,解决因相关行政行为(包括作为和不作为)所产生的行政争议或纠纷的法律行为。

行政和解不同于行政执法行为,应具备事后权利救济的内在属性。与此同时,由于行政主体代表的是公共利益,行政和解涉及对公共利益的处分,因而必须在行政主体的处分权范围内,即行政主体在法律上应具有与和解相当的行政行为的权限,且属于行政自由裁量权范围,否则将构成对公共利益的非法侵害。

(三)行政赔偿和行政补偿

这是从行政救济的结果来说的。

行政赔偿是指行政主体违法实施行政行为,侵犯相对人合法权益造成损害时由国家承担的一种赔偿责任。由于行政主体及行政工作人员行使职权所实施的职务活动是代表国家进行的,本质上是一种国家活动,因此,行政主体违法实施行政行为,侵犯相对人合法权益并造成损害的,应由国家承担赔偿责任,并不是由行政主体及其工作人员承担赔偿责任。但正如行政主体代表国家行使职权一样,行政主体也是国家向受害人承担赔偿责任的代表即赔偿义务人。

行政补偿是行政主体及其工作人员在行使职权的过程中,因其合法行为给无义务的特定公民、法人或者其他组织的合法权益造成损失,依法由国家给予的补

---

① 2020年8月第三次修正的《公安机关办理行政案件程序规定》第十章专门规定了"治安调解",其中第178条第1款规定:"对于因民间纠纷引起的殴打他人、故意伤害、侮辱、诽谤、诬告陷害、故意损毁财物、干扰他人正常生活、侵犯隐私、非法侵入住宅等违反治安管理行为,情节较轻,且具有下列情形之一的,可以调解处理:(一)亲友、邻里、同事、在校学生之间因琐事发生纠纷引起的;(二)行为人的侵害行为系由被侵害人事前的过错行为引起的;(三)其他适用调解处理更易化解矛盾的。"

② 湛中乐,等. 行政调解、和解制度研究[M]. 北京:法律出版社,2009:98.

偿。如国家对征用土地的补偿、国家对军事征用的补偿等。行政补偿的前提是行政机关为了公共利益的需要而给特定自然人、法人或者其他组织增加了额外的负担，补偿是由国家对承担额外负担的相对人给予的救济。它旨在以社会公平负担为基础，调整公共利益和私人利益、整体利益和局部利益之间的关系。行政补偿与行政赔偿的不同主要在于：行政赔偿以违法行政行为为前提，而行政补偿是由合法行政行为引起的。但对于行政相对人来说，都是由于行政行为的行使而遭受损失，结果都是由国家给予相应的救济。①

第五节　司法救济

一、司法救济的含义和形态

司法通常是指国家审判机关(法院)依据法定职权和程序，具体应用法律处理案件、解决纠纷，对被侵害的合法权益实施补救的专门活动。"司法救济"作为国家救济中的一种，是法律救济的最后途径。

从审判者角度看，司法救济简称"司法"；而从当事人角度说，司法救济就是诉讼，俗称"打官司"。诉是告诉，讼是争辩，诉讼的本义就是告诉法庭以争辩是非，即自然人、法人或其他组织基于自身被侵害的权利向国家司法机关寻求保护和救济的一种途径和手段。也可以认为，诉讼指的是当事人在司法机关主持和其他有关人员参与下，依法定程序解决彼此之间权利(权力)、义务和责任纷争的活动。

在我国，司法救济主要有民事诉讼、行政诉讼和刑事诉讼三大形态。

(1)民事诉讼。民事诉讼是指法院、当事人和其他诉讼参与人，依法审理与解决平等主体之间的财产关系和人身关系纠纷的全部活动。从法律救济的角度来说，民事诉讼旨在借助国家司法权力，以民事制裁和民事补偿的方式对损害他人合法权利者进行惩罚，对受害当事人进行补救。

运用国家司法权力解决平等主体之间的财产关系和人身关系的争议，是民事诉讼的本质特征。② 这包含两层含义：其一，由人民法院代表国家行使审判权来解决民事争议。这也是民事诉讼与仲裁、诉讼外调解等的本质区别。其二，民事纠纷是平等主体之间的财产关系和人身关系的争议。这种纠纷与直接危害国家安全和社会公共利益的刑事纠纷有所不同，也与涉及行政主体和相对人不平等主体之间的行政纠纷或平等的行政主体之间的行政权属纠纷不同，从而把民事诉讼与

---

① 张正钊，胡锦光. 行政法与行政诉讼法[M]. 4 版. 北京：中国人民大学出版社，2009：249.
② 杨荣馨. 民事诉讼原理[M]. 北京：法律出版社，2003：33-34.

刑事诉讼和行政诉讼区别开来。

（2）行政诉讼。行政是有关国家机关对国家和社会事务进行组织与管理的活动。行政诉讼则是指法院根据自然人、法人或者其他组织等行政相对人的申请，运用国家审判权，依照司法程序审查特定行政主体的行政行为是否合法、是否侵害了相对人的权益，从而解决行政争议的法律救济活动。

行政诉讼不仅有少数公诉公的案件，如国家行政机关之间的权限争议案件；也有少数公诉私的案件，如国家行政机关在对方当事人既不执行自己的行政决定又不在法定期限内提起行政争讼时，依法提请司法机关强制执行的案件；不过最基本、最大量的是私诉公或称民告官的案件。无论哪种情形，行政诉讼都旨在解决行政争议，其实质是审判权对行政权的监督，也是对被侵害的原告合法权利或权力的司法救济。

（3）刑事诉讼。所谓刑事，就是触犯刑法、危害社会、需要受到刑法处罚的犯罪事件。刑事诉讼就是指国家司法机关在当事人及其他诉讼参与人的参加下，依照法定职权和法定程序，揭露犯罪，证实犯罪，确定犯罪嫌疑人、被告人的行为是否构成犯罪，并依法应否给予刑法处罚的全部活动。

从法律救济的角度说，刑事诉讼旨在借助国家司法权力，对损害他人合法权利或公共利益的罪犯进行刑罚处罚，对遭受不法侵害的国家利益、社会利益或受害当事人的人身和财产进行补救。不过，与民事救济制度不同，刑事救济制度中的刑事处罚，主要不是救济特定的受害人，而是维护国家统治秩序、社会正义及其他公共利益。

在上述三大诉讼中，当事人如果认为法院的审理和裁判不准确、不公正，损害了自己合法的程序权利或实体权利，还可以通过司法复议、上诉、抗诉或申诉等程序在司法系统内部进行权利救济。

二、司法救济的原则和要求

我国司法救济的基本原则有以下几点。

（1）以事实为根据、以法律为准绳的原则。这最早是在 1956 年全国第三届司法工作会议上，时任全国人大常委会副委员长彭真对我国司法机关办案经验的概括。此后，我国宪法和有关法律一直确认这一原则。司法必须依法进行，这是司法本身的要求，无须多言。司法审判必须以事实为根据，而不能以主观想象和查无实据的设想、议论为依据，世界各国对此也无多大争议。但"以事实为根据"中的"事实"到底是指"客观事实"（即案件真相），还是"法律事实"，人们看法不一。司法是一种操作性很强的活动，主持和参与这一活动的是活生生的、但也是有局限性的人，加上司法技术、诉讼时限、资金和人力的限制，在复杂的案件中，许多事实无法在法定时限内一一查清，甚至完全无法发现。英国学者阿蒂亚也认为：

"在有些案件中，事件的全部事实真相可能永远不会水落石出，因为任何一方都不愿意传唤关键证人。诉讼程序的争辩性可能会掩盖一些双方都不愿意讨论的重要的公共利益问题。"①因此，法官断案只能依据有限的"法律事实"，即在法定范围内认可并为一些证据所支持的事实。它不等同于案件的客观事实，因为"法律事实并不是自然生成的，而是……根据证据规则、法庭规则、判例汇编传统、辩护技巧、法官雄辩能力以及法律教育成规等诸如此类的事物而构设出来的"。②

（2）司法公正原则。该原则包括四个方面的含义：一是平等对待，不偏袒当事人某一方，即法律面前人人平等。具体包括：法律统一适用；平等享受权利；平等承担义务。法律面前人人平等是我国宪法第33条第2款规定的一项重要原则。我国现行的各项实体法和程序法也都体现和贯彻了这一原则。二是廉洁自律，不偏私，不徇私枉法。三是公开审理。这是我国宪法第130条规定的一条司法原则，1999年3月最高人民法院颁布的《关于严格执行公开审判制度的若干规定》（法发〔1999〕3号）更明确规定：除了涉及国家秘密、个人隐私的案件，以及14岁以上不满16岁未成年人犯罪案件和经人民法院决定不公开审理的16岁以上不满18岁未成年人犯罪的案件等六种情形以外，所有其他第一审案件都应当依法公开审理。2009年12月8日《最高人民法院关于司法公开的六项规定》（法发〔2009〕58号）进一步规定：司法公开包括立案公开、庭审公开、执行公开、听证公开、文书公开、审务公开等六个方面。③四是合理裁断，即司法人员审判案件时要使法律适用结论符合情理。法官自由裁量有时合法不一定合理，如在刑法规定的量刑幅度内处以刑罚也可能会畸轻或畸重。这就要运用合理性原则予以限制。

（3）司法独立原则。马克思1842年在《关于新闻出版自由和公布省等级会议辩论情况的辩论》一文中提出："法官除了法律就没有别的上司……独立的法官既不属于我，也不属于政府。"④司法独立是现代法治的一项重要原则，现已被各国宪法普遍采用，并成为国际法中的一项重要内容，如1985年联合国通过的《关于司法机关独立的基本原则》就是一例。我国宪法第131条也规定人民法院依法独立行使审判权。司法独立原则有着多方面的含义：一是指司法机关依法独立行使国家审判权或检察权，任何其他国家机关、社会组织和个人无权干涉；二是指各

① 阿蒂亚. 法律与现代社会［M］. 范悦，等译. 沈阳：辽宁教育出版社，牛津：牛津大学出版社，1998：80.

② 吉尔兹. 地方性知识：事实与法律的比较透视［M］//梁治平. 法律的文化解释（增订本）. 2版. 北京：生活·读书·新知三联书店，1998：80.

③ 2013年11月21日，《最高人民法院关于推进司法公开三大平台建设的若干意见》（法发〔2013〕13号）提出，要依托现代信息技术，全面推进审判流程公开、裁判文书公开、执行信息公开三大平台建设（后来又增加了"庭审活动公开"平台建设），增进公众对司法的了解、信赖和监督。

④ 马克思. 第六届莱茵省议会的辩论（第一篇论文）［M］.//马克思恩格斯全集：第1卷. 北京：人民出版社，1995：180-181.

级法院依法独立审判，上级法院只能在下级法院做出判决后，按照上诉或抗诉的法定程序变更其判决；三是指法官依法独立审理和裁判案件，不受任何方面(包括自我偏见和个人利益)的影响和干预；四是指法官享有司法豁免(judicial immunity)权，即法官执行司法职能的行为免于民事诉讼的特权。它旨在避免法官担心不幸的诉讼当事人挑起民事诉讼，从而使法官能真正"独立"地、"不怕后果"地行使司法审判权，敢于作出有争议的或困难的判决，以维护公平正义。2014年10月，中共中央十八届四中全会通过的《中共中央关于全面推进依法治国若干重大问题的决定》，提出建立领导干部干预司法活动、插手具体案件处理记录、通报和责任追究制度；2015年3月，中央政法委印发《司法机关内部人员过问案件的记录和责任追究规定》，对内部人员过问和干预他人在办案件作出具体规定；最高人民法院据此对人民法院内部工作人员请托、说情打招呼的记录、责任追究等进行了细化规定。这些规定抓住了影响我国司法独立的关键，使我国司法独立向前迈进了一大步。

(4)司法责任原则。即司法机关和司法人员在行使司法权的过程中，如果侵犯了公民、法人和其他社会组织的合法权益并造成严重后果的，应承担法律责任。这是根据权力与责任相统一的法治原则而提出的一个权力约束机制，以确保司法独立尽可能不偏离法治轨道。它具体表现为国家赔偿制度和冤案、错案责任追究制度两个方面。

根据法律的有关规定，我国对司法救济的基本要求有以下三点。

(1)正确。正确首先是指各级国家司法机关适用法律时，对确认的案件事实要清楚、准确，案件证据要确凿可靠。这是正确适用法律的前提和基础。其次是对案件适用法律要正确，即在确认事实清楚的基础上，根据国家法律规定，区别刑事、民事、经济、行政案件，分清合法与违法，此案与彼案，罪与非罪，此罪与彼罪的界限，实事求是地加以认定。再次，对案件的处理要正确，审理案件要严格执行法律规定，宽严轻重适度，做到罪刑相当，违法行为与处罚结果相当。

(2)合法。指各级国家司法机关审理案件时要合乎法律规定，依法司法。在适用法律的过程中，每一个环节和步骤都要依照法律规定的权限进行操作，不仅在定性上要合乎法定的标准和规格，而且在程序上也必须合乎法律规定，不合程序规定的裁决不能产生法律效力。任何机关、组织、个人都不能随意行使司法权。

(3)及时。指国家司法机关在保证办案质量的前提下，要严格按照司法程序的各个环节及诉讼时限的要求，及时办案，及时结案，不能任意拖延。及时还要求在特殊情况下，按照法律规定的时限，保证办案质量，加快办案速度，尽快审结案件。

正确、合法、及时是对司法的基本要求，三者是不可分割的统一整体，不可偏废。

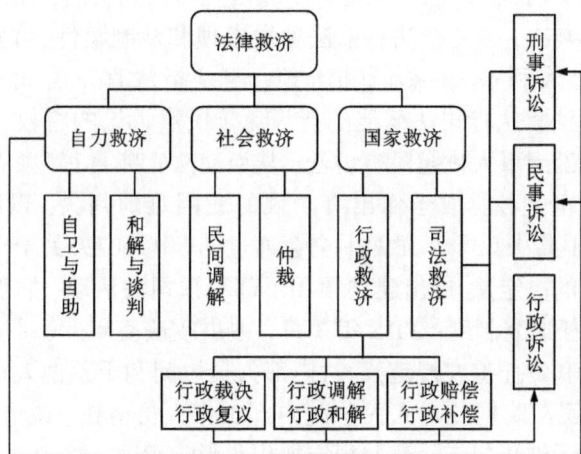

图 8-1　法律救济的分类

✦　**思维弹射**

　　甲男与乙女系隔壁邻居。因甲时常号召三朋四友在家打麻将，有时通宵达旦，严重影响了乙家正常的休息。乙多次到甲家说明自己身体不好，神经衰弱，且孩子要学习，希望甲夜晚不要扰民。一次甲家正在玩麻将，乙又敲门表示不满。甲认为乙在朋友面前扫了自己面子，遂出言不逊，辱骂乙神经病。乙亦怒斥甲不务正业，像个赌徒。双方由此发生争吵，引来邻里十数人，纷纷劝说双方忍让。甲恼羞成怒，上前拉住乙的衣服说："我是赌徒，你就是妓女。"乙羞愤不已，转身欲走，但被甲拉住。挣扎间致乙衬衣被撕破，上身部分裸露。乙遭此羞辱之后，神经受到严重刺激，神经衰弱加重，不能正常生活、工作，所在外企因此将其辞退。治病、休养、生活无来源，使乙身心、财产俱遭伤损。后有朋友告诉乙，此事不能作罢，一定要讨个说法。

　　请问有哪几种法律途径或方式可供乙选择，以维护其权益？针对本案的实际情况，你认为选择其中哪一种方式处理此事社会效果更好、更具优越性？理由是什么？

第九章
法律实现

（1）古希腊苏格拉底舍身守法。

公元前399年，69岁的古希腊著名思想家苏格拉底以两项罪名受到指控：第一，恶毒地攻击雅典的民主传统，犯了叛国罪；第二，不敬城邦所敬的诸神而引进了新神，宣传有害思想误导青年，犯了煽动罪。在由500人组成的公民大会上，苏格拉底被以280：220的多数票判处死刑。临刑的前一夜，苏格拉底的学生克力同来看望他，极力鼓励苏格拉底越狱，并且说他们早已为越狱做好了准备。克力同的理由是，既然雅典的法律已经没有公平正义，那么我们为什么还要遵守法律？但苏格拉底拒绝了。他认为虽然雅典城邦的法律是不公正的，但自己身为雅典公民，与国家有神圣的契约，服从城邦的合法权威和法律是应尽的义务，他不能违背。苏格拉底在临终前仍同克里同讨论哲学问题。行刑时间到来时，他安详地喝下了毒酒，用自己的生命和哲学报答了祖国雅典。

（2）战国时的法官李离误判伏剑。

李离者，晋文公之理也。过听杀人，自拘当死。文公曰："官有贵贱，罚有轻重。下吏有过，非子之罪也。"李离曰："臣居官为长，不与吏让位；受禄为多，不与下分利。今过听杀人，傅其罪下吏，非所闻也。"辞不受令。文公曰："子则自以为有罪，寡人亦有罪邪？"李离曰："理有法，失刑则刑，失死则死。公以臣能听微决疑，故使为理。今过听杀人，罪当死。"遂不受令，伏剑而死。（《史记·循吏列传》）

你读了上述两个案例有何感受？从这两个案例来看，守法对于法律实施与实现有着怎样的意义？

法律实现是指法律规范所包含的立法意图和利益，通过法律实施转化为社会现实的状态及程度。作为法律运行的终点和结果，法律实现具体表现为权利和权力的实现状况、义务的履行程度、法律责任的落实情形。而这种状况常常离不开普遍守法和人人护法（法律的遵守与监督）。本章主要阐述法律遵守、法律监督和法律责任等问题。

第一节　普遍守法（法律遵守）

守法是法律效力的必然要求和具体体现，也是法律效力向法律实效转化的中介环节。全民普遍守法，是现代法治的基本要求。

一、守法的要素

守法是指国际机构、国家机关、社会组织和自然人依照法律规定行使权力或权利、履行义务并承担法律责任的活动，也就是遵守法律、符合法律、依法办事。

守法一般包括守法主体、守法范围、守法内容和守法状态四个构成要素。

（1）守法主体。守法主体在不同的时代是不同的，但总体上呈现出由一部分人守法到普遍守法、由被统治阶级守法到所有社会成员都必须守法的演变过程。按照宪法的规定，在我国，守法的主体可以分为以下三类：一是一切国家机关、武装力量、政党、社会团体、企业事业组织；二是中华人民共和国公民；三是在我国领域内的国际组织、外国组织、外国人和无国籍人。其中，国家机关及其公职人员甚至应该成为带头守法的典范，既不能权力膨胀、越权干涉，也不应权力萎缩、失职渎职，更不得假借公共权力去牟取私利。战国末期的吕不韦甚至对国家公职人员提出："以死守法者，有司也。"①1954年新中国第一部宪法制定时，国家主席刘少奇也指出："如果说宪法的实施是意味着我国法治的开始，那么我以为尤其重要的是一般人民，特别是私营工商业者必须养成守法习惯，而国家机关工作人员也必须在守法精神方面起模范作用。"②

（2）守法范围。守法的范围是指守法主体必须遵守的法律规范的种类，即守法之"法"的外延。在当代中国，守法之"法"主要是指规范性法律文件和非规范性法律文件，包括宪法、法律、行政法规、地方性法规、自治条例和单行条例、行政规章、我国参与制定或承认的国际条约和国际惯例，以及具有法律效力的判决、技术规范、契约等。

（3）守法内容。一是权利或权力的依法行使，即人们依法作出一定行为或抑

---

① 吕不韦. 吕氏春秋·察今[M]. 高诱，注. 毕沅，校. 上海：上海古籍出版社，2017：341.
② 刘少奇. 在第一届全国人民代表大会第一次会议上代表们关于宪法草案和报告的发言[N]. 人民日报，1954-09-17(2).

制一定行为来保证自己合法权利或权力得以实现。二是积极义务的履行，即义务人主动履行法律要求必须做的积极行为的义务。三是禁令的遵守，即人们按照法律所规定的消极义务(不作为义务)不作出一定行为以保证他人权利或权力的实现。

(4)守法状态。指守法主体行为的合法程度。具体而言，守法的最低状态是不违法犯罪。守法的中层状态是依法办事，形成统一的法律秩序。守法的高级状态是守法主体不论是外在的行为还是内在动机，都符合法律的精神和要求，严格履行义务，充分行使权利或权力，从而真正实现法律调整的目的。

二、守法的根据和理由

尽管国家和社会一再宣扬守法是公民的基本义务，然而"公民应当守法"并不是一个无须论证的当然命题。公民为什么必须守法，这是一个重大的法学理论问题。在20世纪后半叶，西方世界出现了严重的合法性危机，为了证明守法是公民的必然义务，西方法学家提出了诸多观点。

其一是理性论。洛克指出："人的自由和依照他自己的意志来行动的自由，是以他具有理性为基础的，理性能教导他了解他用以支配自己行动的法律，并使他知道他对自己的自由意志听从到什么程度。"①康德认为，意志就是实践理性，即理性存在者按照法则的表象(原则)行动的能力。意志之所以服从法则，就在于它为他人、也为自己立法(确立普遍法则)。②

其二是承诺论，这种观点来源于古典自然法学派的"社会契约论"。该理论认为：每个公民都是社会契约的当事人，法律实际上是这种社会契约的体现，是人们的共同约定。既然大家都参与了契约，作出了承诺，因此人人都有守法的道德义务。19世纪法国思想家托克维尔考察美国民主时就曾指出："不管一项法律如何叫人恼火，美国的居民都容易服从，这不仅因为这项立法是大多数人的作品，而且因为这项立法也是他本人的作品。他们把这项立法看成是一份契约，认为自己也是契约的参加者。"③

其三是功利论。其主要观点是公民之所以有守法的义务，乃是因为稳定的法律秩序的存在能够给最大多数人带来最大量的幸福；反过来，违法行为造成社会无序，进而必然导致幸福减少。美国当代著名法学家波斯纳大法官也认为："就任何了解内情的人来说，所谓公众是否尊重法院对社会是否守法有重要影响，这种观点仅仅是法律人的一个幻想。大多数人……服从法律更多是一个利益激励的

① 洛克. 政府论[M]. 瞿菊农，叶启芳，译. 北京：商务印书馆，2020：181.
② 康德. 道德形而上学奠基[M]. 杨云飞，译. 北京：人民出版社，2020：67.
③ 托克维尔. 论美国的民主[M]. 董果良，译. 北京：商务印书馆，1991：275.

问题而不是敬重或尊重的问题。"①

其四是公平论，由英国法学家哈特和美国哲学家罗尔斯提出。该观点认为：在一个公平的社会里，在其他社会成员都遵守法律的情况下，一个社会成员可能从中获得很多好处；而如果该成员违法，就必然会使其他守法者遭受损失，这显然是不公平的。因此，既然一个社会成员从别人的守法中获益，他便也有服从法律而不使他人受损的义务。

除了上述理由外，还有"很多种因素有助于服从法律：认为法律代表公正和要求的观念；遵从的习惯；对制裁的畏惧；希望被看作是守法的人和希望受到很好的尊重及类似的因素。"②有的则把各种论证融为一体，提出统一守法论，指出承诺、受益和需要构成了守法的强有力的道德基础。

美国学者汤姆·R.泰勒则从两个维度来解读人们为什么遵守法律：一是工具主义守法观，以威慑论为基础，即不遵守法律会受到惩罚的可能性有多大，会受到何种惩罚（基于实际利益考虑）。二是规范主义守法观，以社会心理（人们的内心价值准则）为基础，即人们内心对正义和义务的看法，包括个人道德义务感和当局合法性等。这实际上就是前述的功利论和公平论。"研究发现，有时候不遵守法律并不会受到惩罚，但即使如此，人们也会遵守法律；反之，有时候违反法律会有受到惩罚的巨大风险，但人们仍有可能去触犯法律。"③工具主义理论无法解释的这两点，正是泰勒规范主义理论的研究起点。泰勒认为，人们与法律当局打交道的个人经历，对人们如何评价法律当局的合法性具有至关重要的作用。而人们是否认为当局具有合法性，直接影响到他们在日常生活中是否会遵守法律，以及会在多大程度上遵守法律。泰勒的研究结论是，人们遵守法律的原因：一是工具主义的，即制裁的威胁（被抓获的可能性、受到惩罚的可能性、对惩罚严厉程度的预测）；二是人们是否觉得遵守法律契合了他们的个人道德价值观（即自己和亲友对一件事是对是错的认识）；三是人们是否觉得遵守法律是自己应尽的义务（大多数受访者认为自己有义务遵守法律、服从法律当局的指令，触犯法律违背了自己的个人道德价值观）；四是自己是否应当忠诚于法律当局（如果人们根据与当局打交道的个人经历，认为法律当局具有合法性，他们就更愿意在行动时遵守法律）。

笔者认为，肯定和强调守法是基于道德义务的要求，有利于树立法律的权威，使全社会都自觉守法，实现法治。但必须强调两个前提：一是守法之法必须是正义之法，二是各国家机关和社会组织及其成员也都在守法之列。

_____

① 波斯纳. 法理学问题[M]. 苏力，译. 北京：中国政法大学出版社，2002：294.
② 沃克. 牛津法律大辞典[M]. 李双元，等译. 北京：法律出版社，2003：159.
③ 泰勒. 人们为什么遵守法律[M]. 黄永，译. 北京：中国法制出版社，2015：003-011，039.

三、守法的主客观条件

(一) 良法的存在

良法的存在是守法的前提条件。17 世纪英国著名法学家霍布斯就提出："主权者应当注意制定良法。但什么是良法呢？……良法就是为人民的利益所需而又清晰明确的法律。"①这涉及对良法的内容和形式两方面的要求，但过于笼统了些。1912 年，在湖南全省高等中学校读书的毛泽东在《商鞅徙木立信论》中也指出："法令者，代谋幸福之具也。法令而善，其幸福吾民也必多，吾民方恐其不布此法令，或布而恐其不生效力，必竭全力以保障之，维持之，务使达到完善之目的而止。政府国民互相倚系，安有不信之理？法令而不善，则不惟无幸福之可言，且有危害之足惧，吾民又必竭全力以阻止此法令。虽欲吾信，又安有信之之理？"②今天看来，在实体内容方面，良法应以人权保障为基本原则，并充分体现现代法的基本价值要求，如自由、民主、平等、正义等；在表现形式方面，良法应当具备这些属性，即法条的具体性、语言的明确性、内容的易懂性、结构的合理性、体系的完善性等。

(二) 崇法意识

法律能否得到遵守，或在多大程度上得到遵守，关键取决于各守法主体的法律意识和法律态度。麦金太尔在论述古希腊亚里士多德的正义观时指出："对作为公民之公民所要求的，不仅是遵守法律，而且也要尊重法律。"③伯尔曼也强调："没有信仰的法律将退化成为僵死的法条……而没有法律的信仰将蜕变成为狂信。"④尽管笔者不太赞同"法律信仰"的说法，但从个人到整个社会对法律的推崇却是法治的一个基本要求。这种"崇法意识"意味着人们对法律的服从不仅是基于利益的考量或功利的计算，而且是出于超越功利的秩序、自由、平等和正义的信念。

(三) 适宜的法律环境

法律环境是指与法律有关、能影响法律的内容与实效及法律的存在与发展的各种社会因素，如生产力发展水平、市场经济体制的发展程度、民主政治的广度和深度、科技文教状况、法律文化传统、道德习俗和政策与法律的吻合程度等。人是社会和历史的动物，适宜的法律环境是守法不可缺少的重要客观条件。

---

① 霍布斯. 利维坦[M]. 黎思复，黎廷弼，译. 北京：商务印书馆，1985：270.
② 毛泽东. 毛泽东早期文稿[M]. 长沙：湖南出版社，1990：1.
③ 麦金太尔. 谁之正义？何种合理性？[M]. 万俊人，等译. 北京：当代中国出版社，1996：148.
④ 伯尔曼. 法律与宗教(增订版)[M]. 梁治平，译. 北京：中国政法大学出版社，2002：38.

第二节　人人护法(法律监督)

"监督"一词，在我国古代，乃察视、督导之意。《后汉书·荀彧传·曹操表》曰："臣闻古之遣将，上设监督之重，下建副二之任，所以尊严国命，谋而鲜过者也。"该词的英文为 supervise，《牛津现代高级英语词典》将其解释为 watch and direct(察视和指导)，与汉语意思完全相同。在现代社会，监督一词的含义更丰富、更深刻，它已成为国家民主政治的重要内容，其实质是对权力的制约、督导，防止权力的滥用和腐败，以谋求国家和社会的协调、稳定、健康发展。

一、为什么需要法律监督

"法律监督"一词有广义和狭义两种理解。广义的法律监督，是指由所有国家机关、社会组织和自然人依法对各种行使公共权力的行为和其他法律活动予以关注、举告、约束和督促(即人人护法)，以保障体现人民意志的宪法和法律的贯彻实施。狭义的法律监督，仅指由有关国家机关依照法定权限和法定程序，对立法、执法、司法活动所进行的关注、约束、纠正和督导，以确保其合法性。法理学所说的法律监督一般是广义的。

法律监督的意义有以下几点。

首先，法律监督是维护法制的统一和尊严的重要措施。法律监督的根本任务，就是要从立法上保障符合统治阶级或社会大多数人之利益和意志的法律价值的确立、法律体系的和谐统一，从法律实施上保证法律的统一适用和遵守，从而维护法制的统一和尊严。

其次，法律监督是保证执法主体和司法主体依法办事、廉洁奉公的重要手段。列宁曾指出："究竟用什么来保证法令的执行呢？第一，对法令的执行加以监督。第二，对不执行法令加以惩罚。"[1]我国台湾学者张润书也指出："人民愈是关心和过问政府的业务，政府便愈是诚实与负责。如果大多数公民都抱持着要政府去做应该做的事，而且非要做好不可的态度，则一切社会活动及公共行政便可大大地加强起来，每一个人都将努力于自己所应担负的任务。政府的专权跋扈，唯有在公民对政治抱持冷淡态度，以及没有尽到控制的责任等情况之下，才会发生。"[2]张先生说的"过问"和"控制"实际上就是监督。

最后，法律监督是确保法律效力、增进法律实效的重要环节。如前所述，法

---

[1]　列宁. 新工厂法[M]//列宁全集：第2卷. 北京：人民出版社，1990：358.
[2]　张润书. 行政学[M]. 台北：三民书局，1988：767-768.

律效力是法律对社会生活的作用力。由于各种主客观因素的制约，在法律运行过程中，法律效力往往会大打折扣。法律监督则主要是为了尽量减少人为的主观因素对法律效力的冲抵或规避，尽可能实现立法目的，增进法律实效。

二、法律监督的理论依据

法律监督是现代民主政治的重要内容，其理论依据也源于民主政治理论。

(一) 权力恶性论

权力为何要受到监督和制约？中外学者对此进行了大量的较为充分的阐释。

孟子早就指出：徒善不足以为政。这意味着"为政"(即各种国家权力的行使，包括立法、执法、司法等)本身就包含了恶的一面。现代学者也普遍认为权力具有两重性：既有组织性、建设性和创造性的一面，又有破坏性、侵犯性和腐蚀性的一面。没有制约的权力，就像脱缰的野马，必然会肆意横行，产生侵犯公民和国家权益的腐败和罪恶。正因为权力具有这两重性，所以贡斯当称权力是一种必要的罪恶。

权力之恶来自人性之恶。被誉为美国宪法之父的麦迪逊曾指出："如果人都是天使，就不需要任何政府了。如果是天使统治人，就不需要对政府有任何外来的或内在的控制了。"[①]正因为以国家或政府名义行使公共权力的不是天使，而是人，而且是具体的单个的人，他们有着种种人性的弱点，总是面临着超越正义与法律界限而滥用权力的诱惑。这种诱惑被博登海默称作"附在权力上的一种咒语"。这些弱点和诱惑对权力的作用方式及其作用程度，对权力的运行方向和运行结果，都会产生能动作用，甚至导致权力异化，因而才需要对权力加以监督和制约。

图9-1 詹姆斯·麦迪逊
(1751—1836)

(二) 人民主权论和代议制学说

法律监督的另一个理论依据是人民主权论和代议制学说。

权力来自人民、归属于人民、受托于人民、服务于人民等人民主权观念，已成为现代法治国家法治文化的一个重要组成部分。然而，现代国家由于地域辽阔、人口众多、分工细密、民众参政议政能力参差不齐，不可能由全体人民直接行使国家权力，直接管理国家。人民只好通过定期选举产生代表机关，再由代

---

① 汉密尔顿，等. 美国联邦党人文集[M]. 程逢如，等译. 北京：商务印书馆，1995：264.

表机关组织政府和司法机关一道行使国家权力，管理国家事务、管理经济文化事业和社会公共事务。在现代代议制国家中，国家权力的所有者(人民)与国家权力的行使者(政府)之间的这种分离，隐含着权力失控和权力异化的危险。所谓"权力失控"就是国家权力不是按照权力所有者(人民)的意志行使，而是凭着权力行使者的意志或情绪运行，如弄权渎职。所谓"权力异化"，就是国家权力在运行过程中发生异变，从而权力的行使不利于权力所有者或者偏袒部分所有者，如徇私枉法、权钱交易等。因此，通过法律手段对权力行使进行监督和制约，就显得极为重要。

三、法律监督的要素

法律监督的要素是指单独一项法律监督所必须具备的基本因素。即由谁来监督(主体)、监督谁(客体)、监督什么(内容)、用什么监督(权限)和怎样监督(规则)。这五个要素缺一不可，共同构成一个完整的法律监督机制。①

(一)法律监督的主体

法律监督的主体是指由谁来实施监督。法律监督的主体，主要可以概括为三类：国家机关、社会组织和公民。监督主体的种类和范围，取决于一个国家的政治制度，并在一定程度上反映一个国家民主、法治建设的水平。在专制政体下，监督主体仅限于君主以及为他服务的官僚阶层，广大社会成员被排除在监督主体之外；在民主政体下，不仅特定的国家机关拥有监督权，公民以及他们结成的各种社会组织也是监督主体，享有监督权。在我国，全国人民、国家机关、政党、社会团体、大众传媒都是监督的主体。

(二)法律监督的客体

法律监督的客体是指监督谁。这同样取决于一个国家的政治制度，并在一定程度上反映这个国家民主、法治建设的水平。在专制政体下，掌握国家最高权力的君主不受法律约束，当然也不能成为法律监督的客体。各级官吏和社会大众都是法律监督的客体。《管子·任法》对此说得很明白："有生法，有守法，有法于法。夫生法者，君也；守法者，臣也；法于法者，民也。"在民主政体下，所有国家机关、政党、社会团体、社会组织、大众传媒和公民既是监督的主体，

图9-2　管仲(约前723—前645)

---

① 张骐.论法律监督的法治化[J].法学，1998(12)：10-12.

也是监督的客体，其重点是国家司法机关和行政执法机关及其工作人员。因为他们若不严格依法办事，不仅会以权谋私、以权代法、以权废法，而且会极大地破坏法律的权威，动摇人们对法治的信念。

(三) 法律监督的内容

法律监督的内容涉及监督客体行为合法性有关的所有方面，包括立法机关行使立法权和其他职权的行为，司法机关行使司法权的行为，行政机关行使行政权的行为，各政党、社会团体、社会组织参与国家的政治生活和社会生活的行为，以及普通公民的法律活动。而重点是对有关国家机关制定规范性文件的合法性及合宪性进行监督，以及对司法和执法活动的合法性进行监督。

(四) 法律监督权限

法律监督权限是指监督主体监视、检查、约束、控制和督促客体的权力与权利及其范围。它们均由宪法、法律、法规和规章明确规定。我们过去虽然也有法律监督，但由于对监督的权力与权利重视不够，致使主体没有相应的权力或权利监督客体，或者在制度架构上，主体与客体的权力不相称，导致所谓"监督乏力"，监督没有实效。

(五) 法律监督规则

法律监督的规则包括实体规则与程序规则两部分。

法律监督的实体规则是指规定所有监督主体的监督权力与权利以及监督客体相应的责任与义务的法律规则。将监督主体和客体的权力与权利、责任与义务法律化、制度化，是使法律监督有效、有序的重要环节，也是法律监督法治化的必然要求。

法律监督的程序规则是指规定主体从事监督行为的顺序、方式和手续的规则。程序规则是实体规则得以实现的前提；同时具有制约权力、防止权力滥用的效果。

目前，我国虽然已经有了《各级人民代表大会常务委员会监督法》(2006 年8 月)、《监察法》(2018 年 3 月) 和《法规规章备案条例》(2001 年 12 月) 等法律、法规，但从总体上来看，有关法律监督的实体规则仍然有待健全并系统化，有关法律监督的程序规则更亟待加强。

四、法律监督的体系

法律监督体系指的是一个国家完整的法律监督由哪些类型的监督所组成。根据监督主体的不同，法律监督体系一般包括国家监督、政党监督和社会监督三大类。

（一）国家监督

所谓国家监督，是指国家权力机关、监察机关、行政机关和司法机关的监督。其监督内容、权限和规则在宪法及有关法律中都有明确规定。这类监督，都是按照一定的法定程序以国家名义进行的，具有很大的强制力，被监督者必须接受监督，并相应做出某种行为。这种监督，在一国的法律监督体系中，居于核心地位。

（1）权力机关的监督。在我国就是指各级人民代表大会及其常务委员会通过法定方式和程序，对由它产生的国家机关贯彻实施法律之情形的监督。这是人民行使当家作主、管理国家事务权力的重要表现。早在18世纪中期，卢梭便指出："立法权包括两项不可分割的事情，即：法律的制定与法律的维护，这就是说它有权对行政权进行监督。"①根据我国《宪法》和《各级人民代表大会常务委员会监督法》规定，人大监督的对象，是那些由人大及其常委会产生、并向人大及其常委会负责的国家机关（即各级人民政府、监察委员会、人民法院和人民检察院，简称"一府一委两院"）及其组成人员的工作。就国家最高层次的监督即全国人大的监督而言，监督对象还包括国家主席、中央军事委员会的工作。监督的目的是促进依法行政和公正司法。人大监督的内容是广泛而带根本性的，概括地说，主要表现在三个方面，即立法监督、工作监督和人事监督。人大的立法监督首先是指全国人大及其常委会对其他国家机关政策决策的监督。任何机关如果做出同宪法和法律相违背的法规、规章、决定和指示，全国人大及其常委会有权予以撤销。其次是指地方县以上各级人大及其常委会有权撤销下一级人大及其常委会和同级人民政府的不适当的决议、决定和命令。人大的工作监督主要是指对"一府一委两院"法律执行工作的监督。这种监督主要通过听取和审议这些机关的工作报告，向有关机关提出质询案，对重大问题组织调查处理等方式进行。而人事监督主要是指人大及其常委会对"一府一委两院"人员任职的监督。对不认真执行法律，严重渎职的"一府一委两院"人员，人大及其常委会有权进行弹劾和罢免。我国《各级人民代表大会常务委员会监督法》第4条规定："各级人民代表大会常务委员会按照民主集中制的原则，集体行使监督职权。"这意味着人大监督权的特点在于权力的集体行使。

（2）监察机关的监督。简称监察监督。我国早在战国时期，职掌文献史籍的御史官就已有明显的监察职能。公元前221年，秦始皇统一中国，建立中央集权制度的同时，创建了相对独立的监察制度。在中央设立御史大夫，位列三公，掌握天下文书和监察；在地方，皇帝派御史常驻郡县，称"监御史"，负责监察郡内各项工作。这一制度在后来历朝历代的沿袭与演变中逐步健全和完备。中国古代

---

① 卢梭. 山中来信[M]. 李平沤，译. 北京：商务印书馆，2018：196.

监察制度的显著特点，就是以皇权为中心，从中央(皇帝、君主)到地方的各级监察机构形成单线联系、垂直领导，使中央、地方的监察机构与政府机构相对独立与分离，监察官员与政府官僚分离，从而确保了监察权力的独立运作和高效行使。新中国建立初期曾设有中央人民政府政务院人民监察委员会，1954 年改设国家监察部(1959 年撤销)。自 1986 年 12 月国家监察部的重新设立至 2016 年 11 月新一轮国家监察体制改革的开启，我国的监察职能主要归属于行政监察。根据 2018 年 3 月颁布的《监察法》，我国监察主体是以自己的名义依法行使监察权并独立承担责任的组织，包括各级国家监察委员会及其派驻或派出的监察机构、监察专员。监察主体具有"监督、调查与处置"三大职能(职权和职责)，而"监督"是第一职能。其监督对象是具体公共权力的行使，覆盖所有公职人员(而非公共权力组织)；监督类型包括公职人员的履职监督、用权监督、廉洁监督和操守监督，并专门调查与处置职务违法和职务犯罪。监察委员会实质是国家反腐败工作机构，属于政治机关而非司法机关，决定重要调查事项要由同级党委、上级监委批准。总体而言，"新中国成立以来，我国监察制度的演进呈现出三种趋势：一是从注重发动群众参与监督，演变为着力构建公权力的监督制衡机制；二是从职责范围相对宽泛，演变为以聚焦反腐败为主责主业；三是从以进行检查、提出建议为主要履职方式，演变为行使调查、监督、处置三大权力"①。

(3)行政机关的监督。我国的行政机关是权力机关的执行机关，对立法机关和司法机关都没有制约和监督之权，因而行政机关的法律监督主要是一种执法监督，具体包括三种类型：①职能监督。即公安、税务、工商、物价、土地管理、城市规划、财政、计划、环保等行政职能部门就其所主管的工作，在其职权范围内对其他部门的监督。服务与监督相辅相成，是职能性监督的显著特点。②主管监督。一般认为是上级主管部门对下级政府工作部门或所属企事业单位的执法情况进行的监督。根据民主集中制的原则，上级机关有权检查监督下级机关的工作，但同时应当听取下级机关的批评和建议，接受下级机关的监督。这是我国政权社会主义民主性质的一种具体表现。③审计监督。即在国家行政组织内部设立专门机构依法审查监督各级政府机关的经济计划、预决算的编制和执行情况，审核检查国家行政机关及企事业单位的财政财务收支活动、经济效益和遵纪守法情况。审计制度作为一项重要的经济监督制度，重在检查财经工作中的违法违纪行为，主要由《审计法》进行规范。

(4)司法机关的监督。即检察机关和审判机关按法定职权和程序，对行政机关及其工作人员，及检察机关和审判机关相互间所实施的监督。

---

① 刘晓峰. 新中国成立以来我国监察制度发展历程、演进趋势及改革目标[J]. 社会主义研究，2018(2)：77-86.

检察机关的监督是指对有关国家机关及其工作人员执法、司法活动是否合法实行的监督。具体包括：①法纪监督。即检察机关依法对严重破坏国家的法律和政令统一实施的重大犯罪案件，侵犯公民民主权利案件等，行使法律监督（检察）权。②公益监督。即检察机关对国家公共利益和社会公共利益的保障状况实行监督，并对违法侵害公共利益的行为依法提起公益诉讼。③侦查监督。即检察机关对公安机关的刑事侦查工作的合法性实行监督。主要方式有监督侦查立案、侦查过程、范围和手段，审查批捕，审查起诉等。④审判监督。即检察机关对法院各类审判活动的合法性实行的监督。主要方式有接受申诉、提起抗诉等。E.监所、劳改监督。即检察机关对于刑事案件判决、裁定的执行和监狱、看守所、劳改机关的活动是否合法实行监督。

审判机关（法院）的监督主要体现在三个方面：①人民法院系统内的监督。即上级人民法院监督下级人民法院的审判工作，对下级人民法院已经发生法律效力的判决和裁定，如果发现确有错误，有权提审或指令再审。各级人民法院院长对本院已经发生法律效力的错误判决和裁定，必须提交审判委员会处理。②人民法院对检察机关的监督。人民法院对人民检察院起诉的案件，认为主要犯罪事实不清、证据不足，或有违法情况时，可退回检察院补充侦查，或通知检察院予以纠正。③人民法院对行政机关的监督。这主要是通过依法审理与行政机关及其公务人员有关刑事、民事、经济和行政案件等，以判决、裁定和司法变更的形式处理行政机关及公务人员的违法行为或犯罪行为来实现的。

（二）政党监督

政党监督是现代各国法律监督体系中的一个重要方面，特别是执政党的监督，在各种法律监督中占有特别重要的地位，起着关键作用。

作为执政党，中国共产党对我国政治生活的各方面和各环节实施全面的领导和监督。就监督而言，主要是领导和影响立法机关的立法和决策，监督行政机关和司法机关及其工作人员是否认真执行党的方针政策和法律、法规，及时提出意见和建议。监督的方式方法是多种多样的。如各级党组织对同级和下级行政机关实行监督；各级党组织和党的专门纪律检查机构通过在行政机关和司法机关中任职的党员的监督以实现党的监督；通过党组织内的政法机构来实现对司法领域的监督；等等。2016年10月，中共十八届六中全会通过了《中国共产党党内监督条例》，明确规定了党内监督的原则、任务、主要内容和重点对象，针对不同主体，明确监督职责，规定具体监督措施，实现党内监督全覆盖。

我国现阶段还有8个民主党派，它们都是参政党。其主要职能就是在中国共产党领导下，通过人民政协这一爱国统一战线组织，进行政治协商、民主监督和参政议政。各民主党派的法律监督方式主要有：应邀列席或以代表身份参加各级人民代表大会及其常务委员会的会议，听取工作报告，提出意见；通过部分党员到行政机关、司法机关和企事业单位任职或视察工作，对工作和视察中发现的问题提出批评、建议；召开政协会议和各民主党派会议，讨论国家或地方重大问题，提出议案，交有关部门承办；等等。

（三）社会监督

社会监督是指各种社会团体和广大人民群众对立法、执法和司法的监督。这种监督具有广泛的代表性和影响力，是整个法律监督体系中的重要力量。而社会监督的广度和深度，标志着一个国家实现民主的程度。社会监督主要包括三种。

（1）人民团体的监督。工会、共青团、妇联等人民团体，是执政党和国家机关联系人民群众的桥梁或纽带。随着社会经济、政治和文化的发展，以及人们主体意识的增强，各种人民团体日益重视就涉及到他们所代表的那部分人民群众的利益问题，以及社会公益事业，发挥对立法、执法和司法的监督作用。

（2）人民群众的监督。我国是人民当家作主的社会主义国家，一切国家权力属于人民。广大人民群众除了选举代表组成人民代表大会参预和监督立法、执法和司法外，还有权以个人身份依法监督各种法律事务和法律行为。我国《宪法》第41条分3款规定了公民对于国家机关和国家工作人员的批评、建议权和申诉、控告或者检举权等监督权，以及因国家机关和国家工作人员的侵犯受到损害而依照法取得赔偿的权利。

（3）新闻舆论的监督。舆论，即多数人的共同意见。新闻舆论监督，就是社会各界通过广播、影视、报刊、杂志、网络等大众传播媒介，发表自己的意见和看法，形成舆论，从而对国家、政党、社会团体、公职人员的公务行为以及社会上一切有悖于法律和道德的行为实行制约。新闻舆论的法律监督主要是监督各级国家机关和干部，特别是领导干部的执法、司法行为是否公正、合法。其主要监督方式有报道、评论、讨论、发内参等。这种监督影响面广，反映最快，震动也大。许多久拖不决或处理不公的严重违法犯罪案件，一旦在新闻媒体中曝光，就能引起有关部门的重视，甚至全社会的关注，从而使问题能较快较好地解决。

第三节 法律责任的地位与本质

法律救济既是为了补救受损的权利或公共利益，也是为了明确法律责任及其承担者，因而法律责任是法律救济的必然结果。法律责任与法律权利、权力、义务，共同构成法律的核心内容，并成为法学理论和法律实务的重要支柱。

一、法律责任的含义和地位

(一)法律责任的含义

"法律责任"最恰当的英文表达是"legal obligation",其次是"legal responsibility"。法律责任的这两种英文表达方式,正好与"法律义务"的两种英文表达("legal duty"和"legal liability")相对应。其中,"obligation"源于拉丁语的"obligatio",原意主要是指"债"或"债务",更强调外部强制而非内在道义感的驱使,用它来对应汉语中作为法律后果的法律责任更恰当(尽管人们常将其指称"义务")。"responsibility"的要件是 re=back, spon=promise,即应当遵守约定的;该词指因拥有具体或正式职位而对工作、任务、委托、财产等应负的责任(a requirement to deal with sth., or help or take care of sb., because of your job or position)。"responsibility"的含义比较宽泛,朗文词典的相关英文释义是:a duty to be in charge of someone or something(对某人或某事具有助长义务);blame for something bad that has happened(因已经发生的某些坏事而责罚或受责)。[①] 前者即通常所说的"义务",后者才是相当于法律后果的"责任"。

在现代汉语中,"责任"一词有四个互相联系的基本词义。(1)分内应做的事,如"岗位责任""尽职尽责"等。这种责任实际上是一种角色义务(duty, liability)。每个人在社会中都扮演一定角色,有一定地位或职务,也就应当而且必须承担与其角色相应的义务。(2)特定人对特定事项的发生、发展、变化及其结果负有积极的助长义务(responsibility),如"担保责任""举证责任"。(3)因主观过错而导致的后果(responsibility),如"推卸责任"等。(4)因没有做好分内的事情(没有履行角色义务)或没有履行助长义务而应承担的不利后果或强制性义务(obligation, responsibility),包括政治责任、道德责任、违纪责任和法律责任。

法律责任是法学基本范畴之一,也是现实法律运行中必须予以充分把握和高度重视的概念。遗憾的是,法学界对法律责任这一概念的理解一直存在诸多似是而非的问题。如《法律辞海》对法律责任的解释是:"人们对自己的违法行为所应承担的带有强制性的法律上的后果。它与法律制裁相联系。"[②]该定义在目前国内法学界应该说是最具权威性和代表性的。尽管法律责任常常与违法行为相关联,但也有许多法律责任是与违法(包括违约)行为无关的。如民法中的无过错责任和公平责任,以及行政法中的补偿责任等,而监护人的监护责任、担保人和合伙

---

① 英国培生教育出版亚洲有限公司. 朗文当代高级英语词典(英英·英汉)[M]. 5版.北京:外语教学与研究出版社,2014:1443, 2146.

② 王启富,陶髦. 法律辞海[M]. 长春:吉林人民出版社,1998:1069.

人所承担的连带责任等，常常也不是由自己的违法行为引起的。由此可见，上述定义在逻辑上是不周延的，因而是不科学的。

笔者认为，法律责任是指相关主体因不履行或不完全履行法律义务，或出于其他法定事由，而应承担的、由有权的国家机关或社会组织依法确认并强制其承受的合理负担。

(二) 法律责任的地位

传统的法学理论认为，法律的核心内容是权利和义务。其实这是不符合法律实际的，也没有抓住法律的典型特征，从而难以将法律与其他社会规范区别开来。这是因为：第一，权利和义务主要体现在民法、商法和亲属法等私法领域，而不能涵盖所有的法律关系和法律现象。比如行政法、刑法、诉讼法等公法领域，以及经济法、环境法、社会保障法等社会法领域，就主要表现为国家权力和个人权利的关系。第二，即使在私法领域，权利和义务也只反映了一些表面现象，而未能揭示其深层次的内容。如企业法、公司法等商法领域就存在大量的权力义务关系；私法运行的背后，更是始终有着国家权力的身影。在公法领域和社会法领域更是时时处处直接关涉国家权力。第三，权利和义务之所以长期被视为法律的核心内容，根本原因就在于该理论将国家权力视为权利中的一种。而实际上，正如前文所述，权力与权利在诸多方面都有着重大的区别，不宜混为一谈。第四，传统法学理论尽管很重视对法律责任的研究，但并未真正认识到责任概念和责任制度在法律中的重要地位。法律责任作为法律救济的结果，既是权利、权力和义务的合逻辑的延伸，也是对权利、权力和义务的有效保障。可以说，没有责任制度，也就没有法律。因此，权利、权力、义务和责任共同构成了法律的核心内容。

据现有资料，在法律史的最初阶段，无论是习惯法还是成文法，几乎都未曾超出法律责任的限度——立法和司法都是紧紧围绕着法律责任的依据、范围、承担者，以及法律责任的认定、归结和执行(制裁)等问题展开的。这就使早期的立法和司法呈现出"责任中心"的特点。后来，由于社会文明的进化和法律调整方法的多样化，法律逐渐侧重正面规定人们必须遵守的行为模式，规定违反法定行为模式的责任和受制裁的方法及程序，实现法律对行为和社会关系的指引与调整。相应地，"责任中心"的立法与司法格局被"义务—责任"的格局所替代。近代以来，由于商品经济、民主政治和理性文化的发展，宣告、确认和保护权利成为立法的价值取向，但这并没有降低责任的价值，而是从责任作为制裁犯罪的机制转换为保障权利的机制，从而形成"权利—义务—责任"的立法模式。① 随着国家权

---

① 张文显. 二十世纪西方法哲学思潮研究[M]. 北京：法律出版社，2006：393.

力对社会经济的干预越来越广泛和深入，以及各种社会权力对社会生活影响的加剧，加上人们正日益深入地认识到以权利包容权力的传统做法所导致的弊端，因而可以预计，在 21 世纪，权利、权力、义务、责任四者之间错综复杂的关系将为越来越多的人所关注，原先"权利—义务—责任"的法律模式和法律思维方式将为一个三菱形的立体性法律模式和法律思维方式所代替，如右图所示。

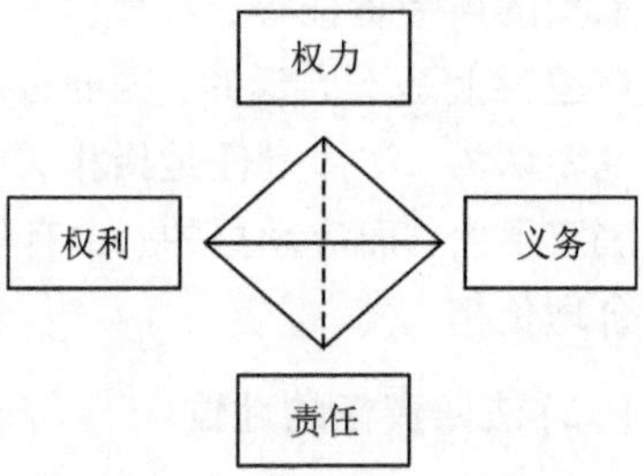

图 9-3　三菱形的立体性
法律模式和法律思维方式

二、法律责任的类型

（一）民事责任、行政责任、违宪责任和刑事责任

根据行为所违反的法律规范的不同性质，法律责任可分为民事责任、行政责任、刑事责任和违宪责任等。

民事责任是指公民或法人因违约、违反民商法律或者因法律规定的其他事由而依法承担的不利后果。如 2020 年 5 月制定的我国《民法典》第 179 条规定了 11 种承担民事责任的方式：（1）停止侵害；（2）排除妨碍；（3）消除危险；（4）返还财产；（5）恢复原状；（6）修理、重作、更换；（7）继续履行；（8）赔偿损失；（9）支付违约金；（10）消除影响、恢复名誉；（11）赔礼道歉。这些民事责任方式概括起来主要是两大类：违约责任和侵权责任。我国《民法典》第 577 条规定："当事人一方不履行合同义务或者履行合同义务不符合约定的，应当承担继续履行、采取补救措施或者赔偿损失等违约责任。"事实上，违约责任包括继续履行、采取补救措施（修理、重作或更换）、赔偿（或补偿）损失、支付违约金，以及基于准合同行为的违约责任，如无因管理中的支付必要管理费用或补偿因管理造成的损失；以及行为人返还不当得利。我国《民法典》第 1165 条第 1 款规定："行为人因过错侵害他人民事权益造成损害的，应当承担侵权责任。"上述停止侵害、排除妨碍、消除危险、返还财产、恢复原状、修理、消除影响、恢复名誉、赔礼道歉等都属于侵权责任方式。

行政责任是指特定主体因违反行政法或因行政法规定的事由而应当承担的不利后果，通常表现为行政处分、行政处罚、行政赔偿和行政补偿。行政处分是指对于违法失职、滥用职权或行政不当的公务员或其他所属人员所追究的行政责任，包括警告、记过、降级、留用察看、开除等惩罚性措施。行政处罚则是对违反行政法律的自然人、法人及其他社会组织等行政相对人所追究的行政责任，如警告、罚款、没收、行政拘留等惩罚性措施。行政赔偿是指行政主体违法实施行政行为，侵犯相对人合法权益造成损害时由国家承担的一种赔偿责任。行政补偿是行政主体及其工作人员在行使职权的过程中，因其合法行为给无义务的特定公民、法人或者其他组织的合法权益造成损失，依法由国家给予的补偿。如国家对征用土地、房屋的补偿，对军事征用的补偿等。

违宪责任是指有关国家机关制定的某种规范性法律文件或者国家机关领导人作出的具体权力行为与宪法相抵触，从而应当承担的法律责任。违宪责任是一种特殊的法律责任。当今世界上不少国家都是由司法机关（宪法法院或最高法院）监督宪法的实施，认定和追究违宪责任。在我国，由全国人民代表大会常务委员会负责监督宪法实施，认定和追究违宪责任。违宪责任的方式有两种：一是撤销同宪法相抵触的法律、行政法规、地方性法规，撤销中央国家机关和省级权力机关有关违宪的决议、决定和命令；二是罢免违宪失职的国家机关领导人。

刑事责任是指因违反刑事法律而应当承担的不利后果。行为人违反刑事法律必须具备犯罪的构成要件才承担刑事责任。刑事责任的主体，不仅包括自然人，也包括法人和其他社会组织。刑事责任是严格的行为人个人责任。刑事责任是最严厉的法律责任，其方式为刑罚。我国的刑罚分为自由刑、生命刑、资格刑和财产刑四类，具体包括五种主刑（管制、拘役、有期徒刑、无期徒刑、死刑）和四种附加刑（罚金、剥夺政治权利、没收财产、驱逐出境，后者只适用于外国人）。

（二）过错责任、无过错责任和公平责任

根据主观过错在其中的地位，可把法律责任分为过错责任、无过错责任和公平责任。

过错责任是指以行为人存在主观过错为必要条件和前提的法律责任。"无过错即无责任。"过错责任是法律责任中最古老、最为普遍的责任形式。过错责任原则起源于古代罗马法，在近代各国民法中得到普遍确立并一直被沿用至今。如我国《民法典》第 1165 条第 1 款规定："行为人因过错侵害他人民事权益造成损害的，应当承担侵权责任。"近代法乃至现代法都普遍关心能够保障权利主体权利平等，由此引出在承担责任时必须以行为人有过错为前提条件。因此，过错责任与权利平等有着密切的联系。

无过错责任是指根据一定的损害事实、不必考虑行为人是否存在主观过错而认定的责任。在现代高度发达的工业社会中，要一一证明过错和损害事实的关系是非常困难的，所以于 19 世纪末 20 世纪初确立了无过错责任作为过错责任的补充。我国对于无过错责任的规定主要集中在民法、经济法、环境法等领域。我国《民法典》第七编侵权责任第八章规定的"高度危险责任"和第九章规定的"饲养动物损害责任"等，都属于无过错责任。一般来说，无过错责任不适用于刑法。

公平责任是 19 世纪后期以来为了分散社会合作带来的风险而由对损害事实并无过错的当事人合理分担的一种特殊的责任。如我国《民法典》第 1186 条规定："受害人和行为人对损害的发生都没有过错的，依照法律的规定由双方分担损失。"此前我国也有这方面的案例：李某在帮邻居王某修理房屋时，从房上滑下摔伤；二人均对摔伤一事无过错，法院却令王某承担了一定损失。公平责任反映了道德意识与法律意识、社会责任与法律责任的某种有机的统一趋势。

(三)职务责任和个人责任

这是根据行为主体所作的划分。

职务责任是指行为主体以职务的身份或名义从事活动时违法所引起的法律责任，它是由该行为主体所属的组织(机关、企业、事业或其他组织)来承担责任的。比如国家行政机关工作人员在履行公务中违法行政导致的损害赔偿责任，就是一种职务责任。又如公司成员在履行职务中以公司名义与他人签订合同，当发生违约时，构成职务责任，应当由其所属公司来承担违约责任。

个人责任是指行为主体以个人的身份或名义从事活动中违法所引起的法律责任，它是由该行为主体个人来承担责任的。比如行政工作人员在工作时间之外从事非职务行为时致人损害，则由其本人承担个人责任。

(四)财产责任和非财产责任

根据责任承担的内容不同可分为财产责任和非财产责任。

财产责任是指以财产为责任承担内容的法律责任，如民事法律中的赔偿损失、返还原物，行政法律中的罚款，刑事法律中的罚金、没收财产等。

非财产责任则是指不以财产为责任承担内容而是以人身、行为、人格等为责任承担内容的法律责任，如拘留、徒刑是以人身为责任承担内容的，修理、重作是以行为为责任承担内容的，训诫是以人格为责任承担内容的。

此外，根据责任的承担程度可分为有限责任和无限责任。按照责任是否可以联系或转移，可分为单一责任和连带责任。根据责任主体共同行为之间的联系还可分为共同责任和混合责任。

三、法律责任的本质与条件

(一)法律责任的本质

法律责任的本质，是从更深层次回答法律责任是什么和为什么的问题。总体上看，法律责任的本质属性主要体现在以下三个方面。

首先，法律责任大多是自由意志支配下的违法行为所引起的合乎逻辑的不利法律后果，是对不履行或不完全履行法律义务的行为给予的否定性评价和第二性义务。这是法律责任与通常所说的狭义上的法律义务的根本区别。源于西方古典自然法学派、并为古典哲理法学派所推崇的"道义责任论"认为，人的意志是自由的，人有控制自己行为的能力，有自觉行为和行使自由选择的能力，违法者出于自由意志作出的违法行为，应该受到道义上的责难。也就是说，该理论主张责任是同过错连在一起的，而过错理应受到非难或责难。对违法者的道义责难就是法律责任的本质所在。

其次，法律责任是社会为了维护公共秩序、分散合作带来的风险而由社会权威机构(国家机关和专门社会组织)运用法律标准强制性地分配给某些社会成员的一种合理负担。在这一点上，法律责任与法律义务是相同的。与"道义责任论"相反，西方的"社会责任论"认为，违法行为的发生不是由行为者自由的意志，而是由客观条件决定的，因而只能根据行为人的行为环境和行为的社会危险性来确定法律责任的有无和轻重。法律责任是由于发生侵害权利的行为而出现的纠错(惩恶)机制。边沁认为，惩罚有四种目的：一是要防止任何罪过；二是要防止较坏的罪过；三是要缩减损害；四是要以尽可能小的代价防止损害。[①]确定和强制履行法律责任，一方面是为了维护社会秩序和社会存在，另一方面是为了使违法者适应社会生活和再社会化，这就是法律责任的本质。可惜"社会责任论"并未考虑到还有一部分法律责任仅仅是为了分散合作带来的风险，如公平责任。

此外，法律责任是法律规范及其根本性价值准则对人的社会行为的一种权威性价值评判。西方的"规范责任论"也认为，法律体现了社会的价值观念，是指引和评价人的行为的规范。它对符合规范的行为持肯定(赞许)的态度，对违反规范的行为持否定和取缔的态度。法律责任的认定和归结，就是法律规范和更根本的价值准则评价的体现。因此，行为的规范评价是法律责任的本质。在现代法学中，凯尔森、哈特等著名的实证主义法学家都是规范责任论者。

总之，除了为分散合作风险而设立的公平责任外，大多数法律责任都是违法行为引起的合乎逻辑的不利法律后果，是因发生侵害权利的行为而出现的纠错或惩恶机制。

(二)惩罚性法律责任的必要条件

因相关行为主体的违法行为给当事人造成损害而引起的财产性法律责任，一般称作"赔偿"；因行为主体的合法行为给当事人造成损害而引起的财产性法律责任，通常称作"补偿"。赔偿和补偿都是法律基于客观损害事实所做的一种功利性考量。

而法律基于主观过错和道义性考量，通过国家或社会强制力对行为主体(责任

---

① 边沁.道德与立法原理导论[M].时殷弘，译，北京：商务印书馆，2020：225-226.

主体)施加的人身、精神以及财产方面的法律责任,通常称作"制裁"或"惩罚"。

制裁或惩罚应该满足 4 个必要条件①:

(1)惩罚必须具有某种不可悦性。惩罚通常就是将伤害或损害强加于某人,是国家或其他有权主体有意识地造成责任人财产上的损失、精神和肉体上的痛苦,从而达到报应与预防的双重目的。

(2)惩罚的认定与实施必须基于行为主体的主观过错。不应该毫无理由地强加惩罚,也不应该由于实施者从中得到快乐而强加惩罚。当且仅当一个人故意或过失危害(伤害)他人、严重侵犯他人权利或公共利益时,才应该实施惩罚。

(3)惩罚应由已经被赋予"正式规定"的道德或法律之惩罚权力的个人或团体来实施,而不应听凭个人的一时冲动和心血来潮。

(4)惩罚之实施必须依照违犯者所触犯的某些规则或法律行事。

第四节　法律责任的认定与归结

一、法律归责的含义

法律责任的认定和归结,简称归责(accountability),是指国家机关或其他社会组织依照法定权限和法定程序判断、确认法律责任并把它归结于责任主体的活动。归责是一个复杂的责任判断和责任归结过程,其主体主要是具有法定归责权的国家司法机关、行政机关;企事业组织、仲裁机构、调解组织等社会组织根据法律规定而由国家机关授权或委托,也可以认定和归结法律责任。其他组织或个人都无权认定和归结法律责任。

"认定"和"归结"概念表明,当特定的违法行为发生后,法律责任的存在就是客观的,归责主体所能做的,只是严格按照法定程序把客观存在的责任权威性地归结于有责主体。归责主体既不能任意创造或扩大法律责任,也不能任意消灭或缩小法律责任。归责主体认定法律责任和在此基础上的归责与免责,是法律调整社会关系、维护社会秩序、保障公民权利的重要环节。

二、归责要件

归责要件是指构成法律责任的各种必须具备的条件,它是归责主体分析判断责任人是否需要承担法律责任、承担何种性质及多大程度的法律责任的标准。

---

① 蒂洛,克拉斯曼. 伦理学与生活[M].9 版. 程立显,刘建,等译. 北京:世界图书出版公司,2008:125.

（一）责任主体

责任主体，即承担法律责任的主体。一般情况下，责任主体就是违法（含违约）主体，但也不尽然。理由为：第一，法律上不同行为主体的行为后果可能是不同的。比如14周岁以下的未成年人故意伤害他人，从归责基础来看是非道义的，但鉴于他的年龄、智力等因素，追究其法律责任（进行惩罚）也是不妥当的，因而法律规定对他免责。第二，法律责任存在转继（转移或继受）的问题，即责任从一主体身上转移到另一主体身上，原责任主体的责任为另一主体所继受。如作为侵权主体的 A 企业被 B 兼并后，根据权利义务相对应的原则，A 的民事责任也就转移到 B，即由 B 作为责任主体。第三，法人是一个法律上拟制的人格，它的行为是由自然人控制的，它也不存在主观过错的问题，因而它实际上不可能犯罪。那为什么法律上和法学中又存在法人犯罪之说呢？道理也在于责任主体不同于违法（犯罪）主体。

（二）法定事由

总的来讲，作为归责要件的法定事由包括两个方面，即不履行或不完全履行义务和其他法定事由。其中，最主要的是不履行或不完全履行义务（即行为违法，违约是间接的违法）。但在某些特殊情况下，法律责任的承担并不以违法行为为前提，而是以法律规定的其他事由为标准。比如民法上的公平责任以及无因管理者应承担返还原物的法律责任，行政法中某些合法行政行为给行政相对人造成损害而应承担的行政补偿责任等。总之，无论从何种意义上都可以说，没有法定事由就没有法律责任。因此，法定事由对归责至关重要，是法律责任的核心构成要素。

（三）损害事实

损害事实，即人身、财产或精神（或三者同时）蒙受损失和伤害的事实。损害必须是一个确定的现实存在的事实，而不是主观虚构或臆想的；是已发生的，而不是即将发生的。精神损害还必须以社会的一般观念和公众意识为标准予以认定。财产损害则包括实际损害、丧失所得利益以及预期可得利益。此外，有些法律责任的承担并不以实际损害存在为条件。比如因危害国家安全犯罪而承担刑事责任，不一定要实际已对国家安全造成损害。

（四）主观过错

行为人主观意志上是否存在过错（故意或过失），也是认定和归结法律责任的一个重要依据。其中故意是指明知自己的行为会发生损害他人、危害社会的结果，仍希望或者放任这种结果发生的心理状态。过失是指应当预见自己的行为可能发生损害他人、危害社会的结果，因为疏忽大意而没有预见，或者已经预见而轻信能够避免，以致发生这种结果的心理状态。故意和过失对法律责任的认定和承担具有不同的意义。故意的行为都要承担法律责任；过失的行为要承担民事责任，而在刑事方面只有法律有规定的过失才承担法律责任。不过，"假设以一个普通人的谨慎和预测力，其行为无法防止意外事件的发生，而意外事件却造成了侵害后果，则一切判例都会认可，该侵害后果只能成为受害人的损失，该等侵害行为培育不出法律责任的土壤"①。

需要特别注意的是，主观过错只是一部分法律责任的前提条件，它只能说明因当事人不履行或不完全履行法定或约定的义务而给他人或社会造成损害所引发的法律责任，而不能适用于为了分散社会合作带来的风险而与当事人主观意志无直接关系的那一部分责任，即公平责任。

(五)因果关系

因果关系，即法定事由与损害结果之间一般要具有内在的、直接的、逻辑的联系。这具体包括：(1)人的行为与损害结果之间的因果联系，即某一行为是否引起了特定的物质性或非物质性损害结果。(2)特定事件与损害结果之间的因果联系，即某一事件是否引起了特定的物质性或非物质性损害结果。这主要表现在某些公平责任中。(3)人的意志、心理、思想等主观因素与外部行为或事件之间的因果联系，即导致损害结果出现的违法行为是否是由行为人内心主观意志支配外部客观行为的结果，或某一事件是否与责任人的主观因素有必然联系(如区分火灾是由人的故意纵火或过失失火造成，还是由雷电等自然因素造成)。关于因果关系要件，有两条法律格言："法律只考虑近因，而不考虑远因。""对于一个侵权后果的评价，不应包括事件之后的次生后果。"

三、归责原则

认定和归结法律责任必须遵循一定的原则。有学者认为，现代法治国家通行的归责原则是因果联系原则、自由与必然统一原则、责任法定原则、法律责任与道德责任相适应原则、公正原则。② 根据我国的法律精神，认定和归结法律责任一般应遵循以下原则。

(一)责任法定原则

责任法定原则是法治原则在归责问题上的具体运用。它的基本要求是：作为一种否定性的法律后果，法律责任应当由法律规范事先规定；违法行为发生后，应当按照事先规定的性质、范围、程度、期限、方式追究违法者或相关人的责任。

---

① 霍姆斯. 普通法[M]. 郭亮, 译. 北京: 法律出版社, 2021: 79.
② 张文显. 法哲学通论[M]. 沈阳: 辽宁人民出版社, 2009: 299-306.

责任法定原则否定和摒弃责任擅断、非法责罚等没有法律依据的行为，强调"罪刑法定主义""法无明文规定不为罪""法无明文规定不处罚"；无法律授权的任何国家机关和社会组织都不能向有关主体认定和归结法律责任；有权的国家机关和社会组织都不能超越权限追究责任主体的法律责任，也不能追究法律明文规定以外的责任；任何责任主体都有权拒绝承担法律明文规定以外的责任，并有权在被非法责罚时要求国家赔偿。同时，责任法定原则否定和摒弃对行为人不利的溯及既往，并严格限制法律的类推适用。

(二)责任相称原则

责任相称原则是责任本质和公平观念在归责问题上的具体体现，其基本含义为法律责任的性质、种类、大小、轻重应与违法(违约)行为的性质、轻重、主观恶性等相适应，做到"罪责均衡""罚当其行"。"因为惩罚的本质要求以使人服从法律为其目的；如果惩罚比犯法的利益还轻，便不可能达到这一目的，反而会发生相反的效果。"①

(三)责任自负原则

现代社会每个人都是独立的个体，在法律上具有独立的地位，因此在归责问题上要求遵循责任自负原则。任何人都必须对自己的违法行为负责，独立承担其法律责任；同时，没有法律规定不能让没有违法行为的人承担法律责任，防止株连或变相株连。当然，责任自负原则也不是绝对的，在某些特殊情况下，为了保护社会利益的需要，会产生责任转移承担问题，如监护人对被监护人、担保人对被担保人承担替代责任。

需要指出的是，国内众多的法理学论著和教材在谈到归责原则时都还列举了因果关系原则。其实因果关系属于归责要件，因而已无须再作为一项原则。

四、免责条件

免责条件，即对于行为人减轻或免除法律责任的条件。"免责"不同于"无责任"或"不负责任"。免责以法律责任的存在为前提，是指行为人事实上违反了法律，并且具备承担法律责任的条件，但由于法律规定的某些主观或客观条件，可以被部分或全部地免除法律责任。"无责任"或"不负责任"则是指行为人虽然事实上或形式上违反了法律，但因其不具备法律上应负责任的条件，从而不承担法律责任。这两种情况时常被混淆。例如，一些论著和法规把未达到法定责任年龄、精神失常、正当防卫、紧急避险等不负法律责任的条件当作免除法律责任的条件。

根据我国有关的法律规定和法律实践，免责条件主要表现为如下情形。

---

① 霍布斯.利维坦[M].黎思复，黎廷弼，译.北京：商务印书馆，2021：243.

(一) 时效免责

时效免责，即违法者在其违法行为发生一定期限后不再承担强制性法律责任。比如，我国《刑法》第 87 条规定："犯罪经过下列期限不再追诉：(一)法定最高刑为不满五年有期徒刑的，经过五年；(二)法定最高刑为五年以上不满十年有期徒刑的，经过十年；(三)法定最高刑为无期徒刑、死刑的，经过二十年。如果二十年以后必须追诉的，须报请最高人民检察院核准。"时效免责初看起来是不公正的，但实际上它对于保障当事人的合法权利，督促法律关系的主体及时结清债务，维护社会秩序的稳定，以及提高法院的工作效率和质量等，都有着重要的意义。

(二) 不诉免责

不诉免责，即因当事人不起诉而免除违法者的法律责任。在我国，大多数民事违法行为和有些轻微的刑事违法行为是受害当事人或有关人告诉才处理。当事人不告，国家就不会把法律责任归结于违法者，这意味着违法者实际上被免除了法律责任。在法律实践中，还有一种类似不诉免责的情况，即在国家机关宣布有责主体须承担法律责任的情况下，权利主体自己主动放弃(而不是被迫放弃)执行法律责任的请求。

(三) 自首、立功免责

自首、立功免责，即对那些违法之后有自首或立功表现的人，免除其部分或全部法律责任。如我国《刑法》第 68 条规定："犯罪分子有揭发他人犯罪行为，查证属实的，或者提供重要线索，从而得以侦破其他案件等立功表现的，可以从轻或者减轻处罚；有重大立功表现的，可以减轻或者免除处罚"；"犯罪后自首又有重大立功表现的，应当减轻或者免除处罚。"

(四) 补救免责

补救免责，即对于那些实施违法行为并造成一定损害，但在国家机关归责之前已采取有效补救措施的人，免除其部分或全部责任。这种免责的理由是违法者在归责之前已经超前履行了第二性义务。

(五) 协议免责(意定免责)

协议免责，即基于双方当事人在法律允许的范围内协商同意的免责，也就是所谓"私了"。这种免责仅适用于民事违法行为，一般不适用于犯罪行为和行政违法行为(即"公法"领域的违法行为)。

(六) 自助免责

自助免责，即对自助行为所引起的法律责任的减轻或免除。所谓自助行为是指权利人为保护自己的权利，在情势紧迫不能及时请求国家机关予以救助的情况下，对他人的财产或自由施加扣押、拘束或其他相应措施，而为法律或社会公共道德所认可的行为。

(七) 人道主义免责

人道主义免责，即在义务人没有能力履行部分或全部责任的情况下，有关国家机关或权利主体可出于人道主义考虑减轻或免除有责主体的法律责任。例如，我国《刑法》第 53 条规定："罚金在判决指定的期限内一次或者分期缴纳。期满不缴纳的，强制缴纳。对于不能全部缴纳罚金的，人民法院在任何时候发现被执行人有可以执行的财产，应当随时追缴。如果由于遭遇不能抵抗的灾祸缴纳确实有困难的，可以酌情减少或者免除。"在损害赔偿的民事案件中，人民法院在确定赔偿责任的范围和数额时，也应当考虑到有责主体的财产状况、收入能力、借贷能力等，适当减轻或者免除责任，而不应使有责主体及其家庭因赔偿损失而处于无家可归、不能生计的状态。在有责主体无履行能力的情况下，即使人民法院把法律责任归结于他并试图强制执行，也会因其不能履行而落空。

(八) 赦免

赦免，即国家元首或国家最高权力机关根据一定的情况，以命令的方式对一般犯罪或特定犯罪免除部分或全部刑事处罚的制度，包括特赦和大赦。我国宪法中规定了特赦制度。依据拉德布鲁赫的说法，赦免"不仅是一种和善的法律形式，而且是从完全与法律无关的领域射进法律领域的，并使冷漠昏暗的法律世界真正得以可见的耀眼光芒"。赦免背后的法理基础在于："这个世界不只是法律的世界，除了法律还存在着其他价值""赦免使与法律无关的价值领域兀立于法律世界的中央，比如宗教的慈悲价值、伦理的宽恕价值""这些价值从比法律更深的源泉中涌出，又攀向比法律更高的山峰"[1]。

(九) 豁免

豁免，即国际法上根据相互对等原则规定的、外交人员在驻在国享有不受主权管辖和司法追究特权的一项制度。如外国驻在我国的外交人员在我国实施的违法行为，可因其享有豁免权而免责。根据我国《外国国家豁免法》(2023 年 9 月通过) 第 2、3 条的规定，享有我国法院司法管辖豁免权的情形有：(1) 外国主权国家；(2) 外国主权国家的国家机关或者组成部分；(3) 外国主权国家授权行使主权权力且基于该项授权从事活动的组织或者个人；(4) 外国国家财产。

五、法律责任的强制执行

"强制"意即不顾他人的反对意愿和抵制行为，用法律或政治、经济力量强行

---

[1] 拉德布鲁赫. 法哲学[M]. 王朴，译. 北京：法律出版社，2013：200-201.

做某事，包括强制措施和强制执行。

强制措施是指相关主体(尤其是行政机关)为制止违法行为、防止证据损毁、避免危害发生、控制危险扩大等情形，依法对自然人的人身自由实施暂时性限制，或者对自然人、法人或者其他组织的财物实施暂时性控制的行为。

法律责任的强制执行是指当责任主体在不具备免责条件的情况下，不承担或不完全承担法律责任时，通过国家机关依法对责任主体采取强行性措施，迫使其承担法律责任的情形。

强制的形式有：对人身的强制，如强制治疗、强制戒毒、留置、拘传；对机构的强制，如强制解散(公司等)；对财产的强制，如强制划拨、强制扣缴、强制拆除、强制拍卖。

为确保责任主体的人身权和财产权免遭不法侵害，必须在当事人主观上不愿意履行而非客观上不能履行义务的情况下，且经过特定的告诫程序，才能实施强制。法律否决和制裁任何非法的强制。

✦ 思维弹射

2020年6月2日晚，李某林与吴某闲等四人一同就餐后，前往重庆市江津区几江长江大桥下江边码头散步。因琐事发生争执，吴某闲跳入长江，李某林跳江施救，此后吴某闲抓住岸上连接船只的钢丝线后获救，李某林不幸溺亡。吴某闲垫付打捞尸体费用6000元。后李某林的父母李某良、钟某梅以吴某闲等人为被告诉至法院，请求判令吴某闲等赔偿因李某林死亡产生的各项赔偿款800000元。

我国《民法典》第183条规定："因保护他人民事权益使自己受到损害的，由侵权人承担民事责任，受益人可以给予适当补偿。没有侵权人、侵权人逃逸或者无力承担民事责任，受害人请求补偿的，受益人应当给予适当补偿。"法院的生效裁判据此认为，李某林在没有法定或者约定义务的前提下，下水救助吴某闲而不幸溺亡，属于见义勇为。本案没有侵权人，吴某闲系因发生争执情绪激动主动跳水，但根据案情应给予适当补偿。遂综合考虑李某林救助行为及所起作用、原告受损情况等，判令吴某闲补偿李某良、钟某梅40000元，吴某闲垫付的打捞尸体费用亦作为吴某闲的补偿费用，不再进行抵扣。

结合上述案情和判决，请回答以下问题：

(1)该案涉及的是过错责任、无过错责任还是公平责任？为什么？

(2)你对该案的判决有何看法？

第十章
法律职业与法律方法

🔊 法海潜航

在澳大利亚新南威尔士州的曼利市，70 名裸泳爱好者在公共海滩一丝不挂地出入人群，被视为有伤风化。市政府引据澳大利亚 1919 年颁布的《地方政府法案》中的有关条款，对 70 名裸泳者提起诉讼，要求法院禁止其行为并予以处罚。法官认为，《地方政府法案》中的条款仅指明游泳者"着装不当、修补不当、衣料透明等不文明行为"应禁止，并未指明赤身裸体完全不着装是否应禁止。市政府争论说，完全不着装可以理解为"着装不当"。法官断然拒绝这种解释，坚持认为法无明文不得定罪，法无明文不得处罚，从而宣告市政府的起诉没有法律依据，市政府败诉。

你认为主审法官对澳大利亚"裸泳案"的裁判正确吗？为什么？

法律职业要探讨的是法律运行的基本主体，即"法律职业共同体"或"法律人"的问题。国外法治建设的经验表明，先有法律职业的威信，然后才有法治的威严，法律家们的素养直接决定着这个国家的法律权威。

国内法学界常常将法律方法与法学方法混为一谈，其实法学方法是研究和预设法律的方法，其核心是何谓正确的法律，有关法学方法的学说是法学方法论。法律方法是应用法律的方法，不仅着力于实现既有正确的法律，还效命于正确地发现新法律，有关法律方法的学说就是法律方法论。[①] 更确切地说，法律方法是法官、检察官和律师等法律职业者在适用法律处理具体案件的过程中，用以发现、选择和论证法律及法律结论的方法，包括法律解释、法律推理和法律论证等。法律方法是法律职业主体的看家本领。

---

① 郑永流. 法律方法阶梯[M]. 4 版. 北京：北京大学出版社，2020：27.

第一节　法律职业

一、法律职业的标志及历程

一般地说，所谓职业，就是人们由于社会分工而长期从事的具有专门业务和特定职责，并以此作为主要生活来源的社会活动。职业是社会分工的产物和形式，法律职业又是职业分工的产物和形式之一。

所谓法律职业(legal profession)，就是受过专门法律训练的人们运用高度专业化的法律技能、守持特定的法律伦理道德而长期从事的、并以此作为主要生活来源的法律专门工作。我国近代法学大家沈家本先生就曾指出："法律为专门之学，非俗吏所能通晓，必有专门之人，斯其析理也精而密，而其创制也公而允。以至公至允之法律，而运以至精至密之心思，则法安有不善者。"①

人类一进入文明社会便有了法律活动，但有了法律活动并不意味着就同时会产生法律职业。按照法理学与法史学的通常理解，法律职业的形成与法学知识的系统化密不可分，在根本上则取决于商品经济(市场经济)的发展需要。

学界一般认为，判断一个社会是否存在法律职业的标准或标志为：(1)有较多的从业人员长期专职从事法官、律师、检察官等法律活动，并具有相当大的自治性。(2)法律教育是法律职业的必经之路。(3)拥有法律职业技能，并以系统的法学理论或法律学问为基础，且需不间断地培训、学习和进取。(4)职业内部传承着特定的法律职业伦理，从而有效地维系着共同体成员以及共同体的社会地位和声誉。(5)欲加入法律职业须受到现有成员的严格考查，以获得资格许可，得到头衔。

在西方，早在古希腊时期，雅典就设有一些比较复杂的司法审判组织。最古老的司法机关是阿留帕克，稍后则有埃非特法院，梭伦改革时期设立陪审法庭。此外，还有主要审理民事案件的迪埃德特以及处理矿井、海外贸易、破坏宗教仪式和秩序等方面案件的专门法庭。在这些司法机关中，就有了专门的法律工作者。

古罗马时期简单商品经济的发达和国家版图的急剧扩张促成了立法和法学的繁荣，到罗马共和国后期，随着立法发展为广泛而复杂的体系，加上犯罪案件增多，需要迅速处理，于是建立了常设的刑事法院。该法院的法官是从元老和富有公民中挑选出300人到450人来担任，一年改选一次，受最高裁判官领导。当时

---

① 沈家本. 历代刑法考[M]. 北京：中华书局，1985：2060.

采取"辩论式诉讼"形式，法庭允许监护人、保护人代理他人进行诉讼。到公元
3世纪，罗马皇帝以诏令形式规定了诉讼代理并规定大僧侣可以为平民提供法律
咨询服务，同时还规定："客民常聘他人代理诉讼行为，应付相当费用为报酬。"
这种向他人提供法律服务的专门人员，就是最初意义上的"律师"。可以说，古罗
马时期诞生了法律职业的雏形，特别是律师和法官。

　　在中世纪，欧洲社会长期处于军事割据和自给自足的农庄经济状态，并且宗
教神学统治一切。随着教权在与皇权斗争中的胜利，教会为行使其广泛的司法
权，建立了不同等级的教会法院（主教法庭为第一审级法院，此外还有副主教法
庭，在大修道院和皇宫礼拜堂等处设有的专门法庭），构成了独立的宗教法院体
系。对以上各种法院的判决，均可上诉至罗马教皇及其全权代表的法庭。教皇法
庭是所有教会法院的共同最高审级，教皇对上诉案件既可授权当地寺院裁判官按
教皇训令进行审判，也可由教皇委派全权代表组成特别法庭判决。宗教法院不仅
管辖神职人员的案件，而且管辖非神职人员的婚姻、家庭、继承以及所谓"亵神"
等民刑案件。宗教法院的法官均由僧侣充任。在这一时期，世俗社会的审判权主
要掌握在大封建主手里。封建主在自己的领地内握有生杀予夺之权。与封建的政
治统治相适应，一些欧洲国家废除了辩论式诉讼，而代之以纠问式诉讼，使辩护、
代理等制度失去了作用。直到公元11至12世纪，随着欧洲城市的兴起和商品经
济的发展，西欧各国掀起了罗马法复兴运动，意大利波伦亚大学的法律教育更是
大放异彩。到13世纪末，几乎所有较大型的西欧国家都有一所法科大学；并且，
同样的学位、同样的职业训练、同样的学术语言（拉丁语）、同样的法律文献，使
得法律家们不论出身于何国，活跃于何处，都已成为一个具有相同知识素养的知
识群体。他们最初都就职于教会。公元13至14世纪的教会改革使教会审判机构
中的审判官职务逐渐由在大学研习法律的具有系统法学知识的人来担任。

　　就欧洲主要国家来说，早在12世纪末，法国国王在各地设立了"国王代理
人"，为国王处理皇家私人事务。不久，这种代理人逐渐发展为代表国王向审判
机关提起民事诉讼；在特殊情况下参与刑事诉讼，多半是代表国家监督赎金的缴
纳是否合理，监督没收财产及其他判决的执行。后来，国王代理人被改称为检察
官，设置于各级法院内。他们一方面代表国王监督各封建主和地方当局；另一方
面则以国家公诉人的身份侦查犯罪。1670年，法王路易十四的敕令规定在最高审
判机关中设总检察官，在各级审判机关中设一定数量的检察官和辅助检察官，对
刑事案件行使侦查起诉权。至此，法国的检察官职业基本形成。在英国，13世纪
40—80年代出现了国王律师和国王法律顾问，其职能有：对偿还土地案件支持起
诉；对被宣布开除皇家官员的人起诉，保障王室任命教会牧师的权力；调查杀人
案件，进行听审；确定破坏王室安宁、属于王室管辖的案件（包括叛逆、谋杀、纵
火、抢劫、强奸、严重的盗窃行为等）。1461年，国王律师改名为总检察长，国王

法律顾问改名为国王辩护人（1515 年改名为副总检察长）。至此，英国有了真正的检察制度和检察官。到 16 世纪以后，英、法等欧洲较先进的国家，由于君主理财、战争技术和司法程序三方面发展的原因，出现了真正意义上的财政专家、军事专家和法律专家，特别是司法程序的细密化需要训练有素的法律家，因而形成法律职业。

不过，西方的法律职业获得全面而规范化的发展则是在 17、18 世纪资产阶级取得政权以后。受洛克、孟德斯鸠等人的影响，美国、法国等资本主义国家政治制度基本上是按照分权制衡理论建立起来的，司法机关与立法机关、行政机关处于平等的法律地位，司法独立使法官获得了空前的地位和职权，成为国家的重要官员。"法律面前人人平等""无罪推定"以及"被告人有权辩护"等法律思想也在一些国家具体化为制度。例如，1791 年颁布的美国宪法修正案第六条规定，刑事被告人"享有法庭律师为其辩护的协助。"同年颁布的法国宪法也规定，在整个刑事诉讼中"不得禁止被告人接受辩护人的帮助"。1793 年雅各宾派上台后，在全国设"公设辩护人"，以使公民充分实现辩护权。1808 年，法国的刑事诉讼法典将辩论和辩护原则以及律师制度系统化，规定被告人应自己选择辩护之代言人，若不选择时，裁判官应代其选择代言人一名。与此同时，民事代理和其他法律服务也逐步形成制度，成为律师的主要业务之一。而在英国，1827 年增设追究破坏皇室利益以外案件的检察官；1879 年颁布了《犯罪追诉法》，规定在地方设置公诉处，检察制度得到了普遍确立和发展。这些对世界各国产生了极大的影响。①

根据现有的史书记载，我国早在黄帝时期就有了法和诉讼活动。如《汉书·胡建传》有"黄帝李法"之语，苏林释"李"作"狱官名也"，孟康说《李法》是"兵事之法也"，颜师古则通合两说："李者，法官之号也，总主征伐刑戮之事也，故称其书曰《李法》。"可见，黄帝时期的《李法》乃是一部军法，狱官也是集征伐和审判两任于一身。而尧舜时期的皋陶更被奉为我国的"司法之圣"。邓析（公元前545—501 年）不仅是我国历史上第一个专门从事法律教育的人，而且是中国律师的鼻祖。他聚众讲学，传授法律知识，并帮助民众进行诉讼。《吕氏春秋·审应览第六·离谓》云：邓析"与民之有狱者约：大狱一衣，小狱襦袴。民之献衣襦袴而学讼者，不可胜数"。这说明邓析的法律教育非常兴盛，门庭若市。邓析还把他所掌握的诉讼策略和诉讼技巧运用于现实生活和诉讼实务当中。"洧水甚大，郑之富人有溺者，人得其死者。富人请赎之，其人求金甚多，以告邓析。邓析曰：'安之。人必莫之卖矣。'得死者患之，以告邓析，邓析又答之曰：'安之。此必无所更买矣。'"（《吕氏春秋·审应览第六·离谓》）一般来说，一个人是很难同时满足对立双方的对立请求的，但在这个案例中，邓析分别利用得尸者贪求赎金的心

---

① 赵震江. 法律社会学[M]. 北京：北京大学出版社，1998：408-412.

理和"莫之卖"的事实，以及死者家人(富人)求尸心切而又"莫之买"的状况，居然能够理直气壮地"吃了原告吃被告"！

不过，总体而言，中国古代社会并不存在专门的法律职业，也不存在作为法律职业背景的专门的法律教育。经历文学深造而通过了科举考试的人被授予官职以后也可能兼为审判之事，行政兼理司法的传统一直延续到清末法制改革。明、清两代另有一部分尚未入仕的文人则可能从事与法律活动直接相关的书吏、刑名幕友(师爷)和讼师三职，但他们要么社会地位低下，要么无正常薪俸，要么纯属非正常职业，被人轻视，因而均以科举入仕作为改变身份和命运的人生理想。总之，我国传统中缺乏推动法律前进的法律共同体，也不存在具有主体性的法律职业。

鸦片战争使中国进入半封建半殖民地社会。资本主义的司法原则和审判制度伴随着炮火和资本输入中国。中国近代意义上的法官职业是清末司法改革的结果。1909 年，清朝颁布的《法院编制法》规定，全国法院共设四级，即大理院、高等审判厅、地方审判厅和初级审判厅。大理院为最高审判机关并负责解释法律，监督各级审判。至此，专门的审判机构和审判人员在中国产生。中国近代的检察官和检察制度，以及律师制度，也是晚清政府效仿西方国家建立起来的。晚清有关法律规定，凡是刑事案件，不论因被害者告诉、他人告发、警察官的移送或检察官自行发觉，都一律由检察官提起公诉。1906 年清王朝制定的《大清刑事民事诉讼法》中规定了律师制度，但这部法律还没来得及公布实施，便爆发了辛亥革命。1912 年，北洋军阀政府制定了《律师暂行章程》和《律师登记暂行章程》等法规，这是中国关于律师和律师制度的成文立法。

新中国成立后，法官、检察官、律师和公证制度也随法制发展建立起来。但1957 年反右斗争开始后，这些制度特别是律师制度受到严重摧残。20 世纪 80 年代以来，我国的法律职业得以重建并快速发展，但总体上还处于法律职业形成的初级阶段。我国的法官、检察官、律师、公证员等法律人在职业技能与法律学问的关系、法律教育背景、共同体的自治性、法律职业伦理的统一性、职业资格的统一考试等方面，均处在初步形成、变革与发展之中。

二、法律职业机构

法律职业机构通常简称"法律机构"，指长期从事专门法律活动的社会组织，包括立法机构、法院、检察院、律师职业机构、公证机构、基层法律服务所等。其中，法院和检察院作为国家宪法所规定的享有国家司法权能、依法处理案件的专门组织机构，是国家司法机关，又称司法主体。不过，检察职能在有些国家隶属行政机关，如美国联邦司法部兼有检察机关的职能，司法部部长也就兼任国家总检察长；有的归属于法院，如英国法院中附设公诉处，执行检察机关的任务。在中国，司法权包括审判权和检察权，分别由人民法院和人民检察院行使。日常生活中，人们习惯于将公安机关、司法行政机关及监狱机关也称作"司法机关"，这实际上是不正确的。它们是国家行政机关的组成部分，可与法院和检察院合称为"政法机关"。

法律职业机构也是社会分工和法律发展的产物。在人类文明的早期，世界各国一般都没有专门的司法机关，司法权与行政权基本合一。在中国传统社会，虽然中央设有专任司法的官员和机关(如刑部、大理寺、都察院等)，但一般都置于行政官员的管辖之下，而地方上则由行政官吏兼理司法，没有自上而下的专门的法院系统，这种状况一直延至清末。相比之下，西方历史上的法院组织出现较早，比如古希腊的雅典就已开始出现不同性质的案件由不同法院审理的分工；到中世纪，欧洲国家一般都设有专门的司法机关；至资产阶级革命后，立法权和司法权正式从传统的行政权中分离出来，由此才有了法律机构显著的专门化发展。

(一)法院

现代意义的法院是指按照法律规定专门行使审判权的司法机关，在我国被称为"审判机关"。各国法律都对法院的审判权力、机构设置、管理体制、管辖范围、审级制度、内部体制等进行了明确规定。

西方国家法院的分类与层级：

(1)民事法院与刑事法院。这是根据法院所审理案件的不同性质而做的区分。民事法院依照民法审理民事案件，刑事法院依照刑法审理刑事案件。有些基层法院则担负解决轻微民事、刑事案件的任务。

(2)初审法院、上诉法院和终审法院。这是根据法院的审级作的区分。大多数国家分为三个审级，少数国家分为四个审级。如英国的民事法院系统由郡法院、高等法院、民事上诉法院和上议院四个审级构成。刑事法院系统由治安法院、皇家刑事法院、刑事上诉法院和上议院四级组成。一般情况下，初审法院多为基层法院，管辖轻微的民事、刑事案件。区域性法院一般为上诉法院，个别国家在上诉法院之上还设有最高上诉法院。最高上诉法院即为终审法院，它无论作为案件的一审、二审或三审，都是终审。但英国情况特殊，在最高法院的上面还有上议院作为最高上诉法院行使最高审判权，枢密院司法委员会作为英联邦成员国、殖民地、保护国和托管地法院的最高上诉机关。

(3)普通法院和专门法院。这是根据法院审理普通民事、刑事案件或特定案件作的区分。普通法院审理普通案件；专门法院审理特定案件，如宪法法院、军事法院、宗教法院、行政法院等。

(4)联邦法院和州法院。这是联邦制国家的一种分类。在德国，联邦法院与州法院适用统一法典；而美国联邦法院和州法院分别适用自己的法律，两套法院平行并列，互不干涉，在联邦和 50 个州形成了 51 套法院系统。

根据我国现行宪法和 2018 年 10 月修订后的《人民法院组织法》的规定，我国的人民法院代表国家行使审判权。它由地方各级人民法院(含基层人民法院、中级人民法院和高级人民法院三级)、专门人民法院和最高人民法院组成。①

(1)基层人民法院，即设立在县、自治县、市、市辖区的人民法院。基层人民法院审判刑事和民事的第一审案件，但是法律另有规定的案件除外；处理不需要开庭审判的民事纠纷和轻微的刑事案件；业务指导人民调解委员会的调解工作。根据地域和工作需要，基层人民法院还可以设立派出的人民法庭。②

(2)中级人民法院，即设立在地区、地级市、自治州、直辖市内区一级的人民法院。中级人民法院审判按法律规定由它管辖的第一审案件；审判基层人民法院移送审判的第一审案件；审判对基层人民法院判决和裁定的上诉案件和抗诉案件；审判人民检察院按审判监督程序提起的抗诉案件。

(3)高级人民法院，即设立在省、自治区、直辖市的人民法院。高级人民法院审判的案件是：按法律规定由它管辖的第一审案件；下级人民法院移送审判的第一审案件；对下级人民法院判决和裁定提起的上诉案件和抗诉案件；人民检察院按审判监督程序提起的抗诉案件；中级人民法院报请复核的死刑案件。

(4)专门人民法院，即不是按行政区域而是在特定部门或对特定案件设立的审判机关，具有专门性。对专门人民法院判决和裁定提起的上诉案件和抗诉案件，由最高人民法院审理。我国现有的专门人民法院种类有军事法院、海事法院、铁路运输法院、林区法院、油田法院、农垦法院、知识产权法院、互联网法院和金融法院等。

(5)最高人民法院，是国家最高审判机关。最高人民法院审判的案件是：按照法律规定由它管辖的和它认为应当由自己审判的第一审案件；对于高级人民法院、专门人民法院判决和裁定提起的上诉案件和抗诉案件；最高人民检察院按照审判监督程序提起的抗诉案件；高级人民法院报请核准的死刑案件。此外，最高人民法院对属于审判过程中具体应用法律的问题，有权进行解释；可以发布指导性案例，供法官在审判案件时参考。

我国上述各级各类人民法院中都设有若干个审判庭，而行使审判权的最高审判组织形式是审判委员会，其任务是总结审判工作经验，讨论决定重大或疑难案件的法律适用，以及其他重大问题。我国法院的审判活动由合议庭(三名以上单

①　截至 2021 年 10 月 1 日，全国共有 3537 家法院。其中，最高法院 1 家，高级法院 33 家，中级法院 416 家，基层法院 3087 家。据 https://m.163.com/dy/article/GLOO0CEG05455BAL.html(2023 年 9 月 28 日登录)。

②　据《法治日报》2021 年 9 月 16 日报道，截至 2021 年 8 月，全国实际运行的人民法庭 10145 个。其中，乡村法庭 6201 个，城区法庭 1234 个，城乡接合法庭 2710 个。

数法官或法官和人民陪审员组成)或者独任庭(一名法官构成)进行。

(二)检察院

检察院是按照法律规定专门行使法律监督权的国家机关，在我国又被称为"检察机关"，它与法院一样不隶属于其他国家机关。世界各国检察职业机构的设置比较复杂多样，并不是每个国家都有独立的检察机构，比如法国和意大利虽有检察官，但其检察机构却设立在法院系统之中。

1906 年(光绪三十二年)，清政府改刑部为法部，统一司法行政，改大理寺为大理院，配置总检察厅，此为检察制度在中国的开端。一百余年的中国检察史，大致可划分为 5 个历史时期：20 世纪初中国检察制度的初创；北洋军阀统治时期之检察制度；南京国民政府之检察制度；中国共产党领导下的革命根据地之检察制度；中华人民共和国之检察制度。这一历史进程既有一脉的传承，又有打倒后重建。①

根据我国现行宪法和人民检察院组织法的规定，人民险察院是我国司法主体的另一大主要系统，它代表国家行使检察权或法律监督权。该系统由地方各级人民检察院、专门人民检察院和最高人民检察院组成。(1)地方各级人民检察院分为省级人民检察院、市级人民检察院和基层人民检察院。(2)专门人民检察院现有军事检察院、铁路运输检察院等。(3)最高人民检察院是国家最高检察机关，统一领导全国的检察工作。②

根据 2018 年 10 月修订后的《人民检察院组织法》第 20 条，人民检察院具体行使下列司法职权：第一，对依照法律规定由其办理的刑事案件行使侦查权；第二，对刑事案件进行审查，批准或者决定是否逮捕犯罪嫌疑人；第三，对刑事案件进行审查，决定是否提起公诉，对决定提起公诉的案件支持公诉；第四，依照法律规定提起公益诉讼；第五，对诉讼活动、判决或裁定等生效法律文书的执行工作以及监狱、看守所的执法活动实行法律监督；第六，法律规定的其他职权。根据《人民检察院组织法》第 22、23 条，最高人民检察院还行使对最高人民法院的死刑复核活动实行监督，对报请核准追诉的案件进行审查、决定是否追诉等职权；有权对属于检察工作中具体应用法律的问题进行解释；可以发布指导性案例，供检察官在办理案件时参考。此外，第 24 条还规定了上级人民检察院对下级人民检察院拥有四项职权。

(三)律师职业机构

律师是现代社会规模最庞大的一种法律职业。律师职业机构分为律师工作机

---

① 李江发.中国检察文化的历史演进与当代建构[D].湘潭：湘潭大学，2012：12.

② 我国现有各级各类检察院的数量不详，但据我国司法体制推测，其数量与法院数量基本是一致的。

构和律师行业组织。律师工作机构在西方有律师楼、律师事务所，我国主要是律师事务所(主要包括公司制和合伙制两种)。① 此外，各国的律师大多都有自己的行业组织，名称不尽一致，大多称为律师协会；英国的律师组织则分为律师学会和法律协会两种，律师学会负责出庭律师的职业培训，法律协会负责诉状律师(也称事务律师)的职业培训。我国的律师组织是中华全国律师协会，成立于1986年，是唯一的全国性律师组织。

三、法律职业共同体

(一)法律职业主体

法律职业主体是指专门从事法律职业的人，也称"法律人"。对法律职业主体的范围各国理解不一，世界公认的法律职业是法官和律师(个别国家仅指律师)，检察官在大多数国家也被视为法律职业，尽管它带有公务员的性质；在广义上，职业法律人还包括审判机关和检察机关中除法官、检察官之外的其他司法辅助人员，企业和政府的法律顾问，法学家、立法者以及其他主要从事法律研究和实务的人员。如日本的法律职业主体包括司法书士、行政书士、税理士、专利代理士、企业法务员等"准法律人"。中共中央办公厅、国务院办公厅2015年12月印发的《关于完善国家统一法律职业资格制度的意见》，将原有司法考试制度调整为国家统一法律职业资格考试制度，在司法考试制度确定的法官、检察官、律师和公证员四类法律职业人员基础上，将法律顾问、法律类仲裁员，以及政府部门中从事行政处罚决定审核、行政复议、行政裁决的人员，也纳入法律职业资格考试的范围。不过，最典型的法律职业主体还是法官、检察官、律师。

1. 法官

在西方国家，法官是指裁决纠纷和其他提交给法院决定的事情的人的总称。为了确保法治目标的实现，西方国家对待法官的基本态度是入选条件十分严格而社会地位非常高。为保障法官独立司法，西方国家对法官普遍实行法律化的"三制"：(1)终身制，即一经任命，直到法定退休年龄为止，除非因身心故障经法院依法裁定为不适合执行职务外，非经正式弹劾不得罢免其职，不得违反其意愿予以转职或调动工作。(2)专职制，即除在大学兼职教学外，法官不得兼任行政机关、议会以及其他营利性的职务，多数国家还规定法官不得参加政党或从事政治

---

① 截至2022年底，全国有律师事务所3.86万多家(2005年底为1.1万多家，2015年底为2.4万多家，2020年底为3.4万多家)。其中，合伙所2.82万多家，占73.16%；国资所604家，占1.56%；个人所9777家，占25.82%。此外，来自22个国家和地区的217家律师事务所在华(内地、大陆)设立282家代表机构(2020年底这三个数据分别为23家、234家、217家)。我国律师事务所在境外设立分支机构共167家。据司法部官网 http://www.moj.gov.cn/pub/sfbgw/zwxxgk/fdzdgknr/fdzdgknrtjxx/202306/t20230614_480740.html。

活动。(3)高薪制,即法律明文规定法官的高薪待遇。因此,在英美等西方国家,被任命或推选为法官,被看作一生的辉煌成就。

汉语中"法官"一词最早见于战国时期的法家著作《商君书·定分》:"天子置三法官,殿中一法官,御史置一法官及吏,丞相置一法官。诸侯郡县,皆各为置一法官及吏。"但"法官"这一职务称谓始终没有制度化,甚至历代所谓廷尉、大理、推官、判官等,也不是专门的司法官员,而同时是行政官员。被授权在法院里对案件或问题作出裁决的人,在近代中国习称"推事",新中国成立后在法律上称为"审判员"或"审判人员",直到 1995 年《中华人民共和国法官法》颁布后,"法官"才作为法律概念出现。

我国的"法官"是指具备法定的资格和条件,依照法定程序产生并依法行使国家审判权的审判人员,包括各级各类人民法院的院长、副院长、审判委员会委员、庭长、副庭长、审判员和助理审判员。① 现行法官法对法官的级别、条件、权利、义务、职责、奖惩等作出了全面的规定。

2. 检察官

在西方国家,检察官通常是代表国家行使法律监督权的人的总称。关于检察官的资格,大学法律专业毕业或者已取得律师资格是最基本的要求;其任命一般沿用行政公务员任用程序和条件。检察官的职责主要是追诉犯罪、代表国家利益或社会公共利益起诉或支持起诉,监督法律实施。

我国正式设置检察官职位始于北洋政府。新中国成立后,从事检察工作的人被称为"检察员"或"检察人员",直到 1995 年《检察官法》颁布后,"检察官"才作为法律概念出现,用来统称全体具备法定资格和条件、依法定程序产生并依法行使国家检察权的检察人员。目前我国的检察官包括各级各类人民检察院的检察长、副检察长、检察委员会委员、检察员和助理检察员。②

3. 律师

律师是指受过法律专业训练、具备法定的资格和条件、为其当事人于法院内外提出意见或代表当事人的利益进行活动的法律工作者。其主要职能是辩护、代理和充任法律顾问。我国法律对律师职业性质的定位,先后经历了"国家本位""社会本位"和"当事人本位"三次调整:1980 年 8 月《律师暂行条例》第 1 条规定:"律师是国家的法律工作者";1996 年《律师法》第 2 条规定:"本法所称的律师,是指依法取得律师执业证书,为社会提供法律服务的执业人员。"2007 年 10 月修

---

① 2017 年 6 月法官员额制改革之前,全国法院的法官人数是 21 万多人,其中从事行政管理以及审判辅助工作者约占法官总数的 15%。实行法官员额制后,入额法官是 12 万多人(2022 年)。

② 据最高人民检察院公布的数据,截至 2022 年 6 月,全国检察机关共有员额检察官 6.9 万余名。据 https://content-static.cctvnews.cctv.com/snow-book/index.html? item_id=8256534562065216683&toc_style_id=feeds_default&share_to=wechat(2023 年 9 月 28 日登录)。

订的《律师法》第 2 条规定:"本法所称律师,是指依法取得律师执业证书,接受委托或者指定,为当事人提供法律服务的执业人员。"

在西方社会,律师作为一种法律职业,不仅经济收入高,而且是步入政坛的重要渠道,许多国家的政府高级官员和国会成员大多是律师出身。但要取得律师资格也很不容易。如在美国,要成为律师,应先完成大学本科学业,然后去法学院学习三年考试合格,再经州律师协会考试合格并取得州最高法院准许后,方能成为该州的执业律师。若要到联邦最高法院执业,则必须先在州最高法院执业三年以上,并经其他有资格的律师介绍。我国实行律师资格与执业相分离的制度,凡符合法定报考条件的公民,在通过国家法律资格统一考试后,即获得律师职业资格;若要执业,还必须进一步申请执业证书。[①]

(二)法律职业共同体

所谓法律职业共同体就是指以法官、检察官和律师为代表的法律人自觉形成的一个同质的、高素质的自治性统一体。

法律职业共同体的形成主要包括两个要素:一是外在组织形式,即各法律职业严格按照行业化管理的原则实现自治;二是内在精神特征,即各法律职业应当形成统一的知识传统、学识背景、思维方式和价值观念,从而确保整个法律职业的同质性,并实现相互理解、相互认同。

法律职业共同体的形成涉及诸多因素,学界一般认为以下几个方面尤为重要:

(1)规范法律教育,统一职业培训。根据法律职业共同体的同质性要求,一方面,培养法律人的法律教育必须高度规范和统一,要保证法律学子们在受教育期间所学课程基本一致,所接受的知识和表达这种知识的语言大体一致,教学方法大致相同。另一方面,法律人的职业培训应改变分别操作、部门分割的做法,应当采取一体化模式,由一个机构集中师资、资料和财力来统一组织、管理和运作。

(2)严格任职条件,统一资格考试。在现代社会,法律事务的极端复杂化和法律技术的日益精细化,要求任职者必须经历过系统的专业学习,素质精良,并通过有相当难度的资格考试,以确保法律从业人员的高素质、成就感和必要的职业荣耀与精英意识。此外,为保证法律职业阶层的同质性,无论求职者的未来选择是法官、检察官还是律师,其任职资格考试都应当一体化。在我国,先后经历了律师资格考试(1986—2001 年)、全国司法资格考试(2002—2017 年)和全国法

① 截至 2022 年底,全国共有执业律师 65.16 万多人(2005 年仅 10.2 万多人,2020 年底 52.2 万多人),其中专职律师 50.47 万多人,占 77.46%,兼职律师 1.43 万多人,占 2.19%。据司法部官网 http://www.moj.gov.cn/pub/sfbgw/zwxxgk/fdzdgknr/fdzdgknrtjxx/202306/t20230614_480740.html。

律职业资格考试(2018年起)三种形式。前述《关于完善国家统一法律职业资格制度的意见》，分别从思想政治、专业学历条件和取得法律职业资格等三个方面，明确了法律职业的准入条件。

(3)实施行业自治，强化职业联系。法律职业的专门化要求自身管理的自治性，即：由行业内的专门机构按照职业要求来自行决定或参与决定其人员的任免和奖励事宜(法官、检察官的任免权由行业协会与国家权力机关分享)；从制度上保证司法机关的人、财、物完全独立于地方，而由国家最高权力机构授权司法系统实施垂直的行业管理。此外，一个职业共同体的形成和稳固，还应健全其执业规范，特别是程序规则、职业伦理和惩戒制度；并需要所有从业人员加强职业联系，相互关心、彼此关注，树立法律职业情怀和共同体意识。

四、法律职业素养

法律职业者的工作主要涉及对法律纠纷的处理，由于纠纷本身及其处理结果涉及各种复杂的社会关系，因而处理的过程不仅如医生治病一样需要高度专门化的知识技巧，而且要有赖于法律家对复杂社会的了解、对人情世故的洞察和人生经验的积累，这就必然对法律人的素养提出严格要求。

所谓素养，就是平时的修养(修心、养性、进德、积能)。

法律人的素养是多方面、多层次的，其中最重要的是由四个三角形构成的四大层面的"素养三角"：法律思维、法律技能、法律伦理和社会经验。这是法律人的四大看家本领。下面仅就前三个方面略加说明。

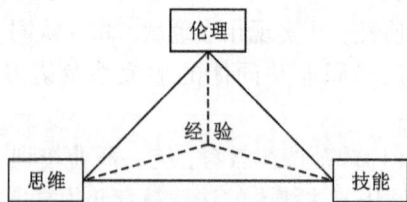

图10-1　素养三角

(一)法律职业思维

法律职业思维主要是一种法律思维，即以"法律"为坐标、按照法律观念和逻辑来观察问题、分析问题和解决问题的思维定式或思维习惯。由于法律职业以一整套法律制度和法律学问作背景，并且以处理法律纠纷为主要工作，因而其思维方式具有许多不同于大众思维的特征。比如：以合法与非法以及权利、权力、义务和责任的分析为线索和重心；重视理性思维与感性经验的相互校正；一切按程序办事，通过规则(法律)进行思考；强调"兼听则明"，习惯于听取不同意见(尤其是各方当事人的不同意见)，以便从对立之中找出最佳的解决方案；注重翔实的证据和缜密的逻辑；谨慎对待情感、情理等因素；以求实的态度凭借重构的事实决断；等等。①

　　在法律救济环节，法律适用或救济主体遵循的是"以事实为根据，以法律为准绳"的原则。这里所说的事实，不可能是案件本身的客观真实，因为案件一旦发生就已成为过去，不可能再次重现。即使当时有录像保存整个案件的来龙去脉，也难以保证其绝对真实。在一些涉及个人隐私、商业秘密或双方当事人合谋违法的案件中，案件的真相甚至可能永远是一个秘密。即使是那些有可能获知事实真相的案件，也因为法定程序和期限的限制，而不一定都能如愿以偿。法律工作者主要是根据符合程序要件的当事人的主张和举证而"重构的事实"作出决断。在这个重构的事实中，既有经过各方当事人质询、辩论而由裁判者依法确认的证据，也有法律人自身的学识素养、人生阅历、专业经验和再造性想象。对于案件事实的形成，德国学者恩吉施认为可以分成三个步骤：第一步是对具体的生活事件、实际上已发生的案件事实的想象，即对已发生的未经加工的事实的想象。第二步是对该案件事实确实发生的确认，指通过证据来印证原始事实已经发生。第三步是对案件事实作出评价：该事实已经具备了法律规定的特征，具备了大前提第一个构成部分(法定事实构成)的特征。② 案件事实的形成过程就成为从原始事实到陈述事实再到裁判事实的螺旋上升过程，其中，原始事实的认定过程是一个认识论的问题，从原始事实到陈述事实的形成过程则是一个证据学的问题，从陈述事实到裁判事实的形成过程则是一个法律方法论的问题。

(二) 法律职业技能

　　关于法律职业技能各国尚无统一的认识，我国主流观点认为法律职业技能包括法律职业的语言技能、法律职业的思维、法律职业的知识、法律职业的技术。笔者认为，法律职业技能主要是指法律职业的语言、法律职业的知识、法律职业的技术，它们都是法律职业思维的外在延伸和具体表现。

　　(1)法律职业的语言。任何职业均拥有自己的职业话语体系，法律职业话语即通常所说的"法言法语"。法律和法学是一种专门的技术知识，而法律术语(来自制定法的规定)和法学术语(来自法学理论)是这种专门知识中最基本的要素，这就决定了法律职业语言是一种不同于大众话语的特殊语言。大众语言具有情绪化、通俗化的特点，通常以"情理""民意""需求"等为参照标准；法言法语则具有理性化、专业化的特点，并以法律规则和法律原理为参照标准，因而其语言特征是统一、权威和严谨。从逻辑上讲，所有的社会问题都可以通过法言法语转化为法律问题来加以分析和判断，并且，其转化程度的高低不仅可以反映一个社会的法学水平，还可以彰显一个国家的法治程度。而一个法律人或法律家的首要标志

① 胡平仁.法律人的思维方式[J].怀化学院学报，2007(3)：38-41.
② 拉伦茨.法学方法论[M].6版.黄家镇，译.北京：商务印书馆，2021：353-354.

便是他(她)能够娴熟地运用法律术语和法学术语来进行观察、思考、分析、判断和表达。

(2)法律职业的知识。法律职业的知识是一种专门化的知识，它主要由两部分构成：一是关于法律规范的知识，二是关于法律原理的知识(也称法学知识)。法律工作者学法、懂法，这只是关于法律规范的知识，是低层次的要求。这些知识往往是暂时的、也是机械的、有缺陷的，比如存在法律漏洞。这就需要法律职业者认真学习和掌握关于法律原理的知识，并善于运用法律原理来处理法律规范知识的局限性问题。

(3)法律职业的技术。法律职业技术是一种高度专门化的技术，它包括人际沟通与协商技术、事实调查技术、法律解释技术、法律推理技术、证据运用技术、法庭辩论技术、法律文书制作技术等，它是法律职业技能中最重要也最复杂的内容。法律职业技术的高度专门化和高度复杂性决定了人们非经系统的法律教育和长期的法律实践训练就无法真正掌握它。

(三) 法律职业伦理

法律职业伦理是指从事法律职业的人在法律实践中必须遵循的伦理规范和应当具备的道德品质，包括法律职业道德和法律职业信仰两个部分。这是法律人独立、自主的内在保障和看家关键。

1. 法律职业道德

任何一种职业都有其自身关于从业人员当为或不当为的基本准则，这就是职业道德。在英语世界里，这一点构成了"专业"(trade)与"职业"(profession)的一个重要区别。从词源学角度来看，"trade"意指"道路"，而"profession"有"公开宣告"之义。因而，"专业"是指某人因具有某种技能或技术而长期从事的工作；"职业"则不仅指某人长期从事某项工作，更要求从业者对该项工作所蕴涵的职业道德的持守。而法律职业高度专门化的职业技能不仅使得法律人高度专业化，而且使得法律职业具有"非道德性"，假如没有法律职业道德的抑制和引导，法律家们纯粹技术性的功能就会受到挑战，甚至变得十分可怕。

法律职业道德尽管按照所处行业的不同可以划分为律师职业道德和司法官(包括法官和检察官)职业道德，但其共同的要求是敬业服务、尊重事实、尊重当事人、尊重竞技对手、清廉自律。

(1)敬业服务。法官、检察官应当加强品德和业务修养，具备忠于职守、秉公办案的理念，惩恶扬善、弘扬正义的良知，娴熟的司法技能和高效的办案本领。律师则应钻研业务，尽力为当事人提供优质法律服务。该规定在西方国家通常被表述为"忠于委托人"或"尽忠服务"。委托人将自己的生命、自由、财产等权利委托于律师，律师当然应当热情勤勉、诚实信用、尽职尽责地为委托人提供法律服务，努力满足委托人的正当要求。对因律师懈怠或疏忽，致委托人受损害者，律师应负赔偿的责任。对此，多数国家的法律都有规定。我国《律师法》(2017年9月第3次修正)第54条规定："律师违法执业或者因过错给当事人造成损失的，由其所在的律师事务所承担赔偿责任。律师事务所赔偿后，可以向有故意或者重大过失行为的律师追偿。"这些规定，对保证律师尽职尽责地为当事人提供法律服务具有积极意义。

(2)尊重事实。法律人如果采取颠倒黑白等非法手段，使审判、仲裁等造成错误，那么必然会影响司法、仲裁的威信，致使其失去社会的尊敬。因此，真实义务是世界各国对法律职业的一个普遍要求。例如，《意大利诉讼法典》第88条规定："诉讼当事人及其辩护律师应当公正、诚实地进行诉讼活动。"在美国，律师在明知的情况下不得：A.对有关事实和法律向法庭作虚假陈述；B.向法庭隐瞒有关重要事实，而这些事实的公开，对避免当事人被认定为有犯罪或者欺诈行为是必要的；C.向法庭隐瞒律师知道的能直接影响当事人利益，并且对方当事人的律师亦未公开的法律授权；D.提供律师已知道是虚假的证据。在我国，依照《律师法》和《律师职业道德和执业纪律规范》及其他有关法律的规定，律师必须忠于宪法和法律，严格依法执业；不得提供虚假证据，隐瞒事实或者威胁、利诱他人提供虚假证据，隐瞒事实以及妨碍对方当事人合法取得证据；不得在明知的情况下为委托人非法的、不道德的或具有欺诈性的要求或行为提供法律服务等。

(3)尊重当事人。对法律人来讲，尊重当事人有两层含义：一是尊重当事人的人格尊严，二是保守当事人的秘密。法官、检察官具体行使国家司法权，相对当事人有着优越的法律地位，理应保持良好的仪表和文明的举止，充分尊重当事人和其他诉讼参与人的人格尊严，保守当事人涉法涉诉的个人隐私和商业秘密。律师是当事人的受托人，更应尊重当事人，并为当事人保守秘密。这既是为了保护当事人的利益，也是为了确保律师与委托人之间的信赖关系，保护全体律师的利益。《日本律师法》第23条规定："律师或曾任律师的人对保守由其职务上所得知的秘密，享有权利、负有义务。但法律另有规定时不在此限。"我国《律师法》第38条规定："律师应当保守在执业活动中知悉的国家秘密、商业秘密，不得泄露当事人的隐私。""律师对在执业活动中知悉的委托人和其他人不愿泄露的有关情况和信息，应当予以保密。但是，委托人或者其他人准备或者正在实施危害国家安全、公共安全以及严重危害他人人身安全的犯罪事实和信息除外。"

(4)尊重竞技对手。检察官、法官和律师尽管同属法律共同体，但根据法律对法律职业人的分工，他们在法庭内外常常又是竞技对手。因此，在法律竞技场上，既要各司其职、各尽其能，又要相互尊重、彼此体谅，共同维护当事人的合法权益和法律尊严。如比利时、卢森堡和荷兰的律师宣誓时都要诵读这样一句誓词："我宣誓一定尊重法院。"《意大利诉讼法典》第89条规定："在向法庭出示的文件或对法庭所作的陈述中，诉讼当事人和他们的律师不得使用无礼或无根据的言词。"我国《律师职业道德和执业纪律规范》(中华全国律师协会 1996 年 10 月制定，2011 年 11 月 26 日修订)第 18 条规定："律师应当遵守法庭和仲裁庭纪律，尊重法官、仲裁员，按时提交法律文件、按时出庭。"同样，法官、检察官也应当尊重律师，在处理案件的程序中认真听取律师的意见等。

(5)清廉自律。法官、检察官应始终保持清正廉洁。在履行职责时，不得谋取任何不当利益，不得参与可能导致公众对其廉洁形象产生不信任感的商业活动或者其他经济活动；不得就未决案件给当事人及其代理人、辩护人提供咨询意见和法律意见等。在日常生活中，法官、检察官应当谨慎出入社交场合，谨慎交友，慎重对待与当事人、律师以及可能影响法官、检察官形象的人员的接触和交往，以免给公众造成不公正或者不廉洁的印象；法官、检察官不得参加营利性社团组织或者可能借法官、检察官影响力营利的社团组织等。律师也应当严守办案律则，不得为了有利于自己承办的案件而与法官、检察官进行非正常接触。我国《律师法》第 40 条规定："律师在执业活动中不得有下列行为……(四)违反规定会见法官、检察官、仲裁员以及其他有关工作人员；(五)向法官、检察官、仲裁员以及其他有关工作人员行贿，介绍贿赂或者指使、诱导当事人行贿，或者以其他不正当方式影响法官、检察官、仲裁员以及其他有关工作人员依法办理案件……"我国《律师职业道德和执业纪律规范》第 20 条规定："律师不得以影响案件的审理和裁决为目的，与本案审判人员、检察人员、仲裁员在非办公场所接触，不得向上述人员馈赠钱物，也不得以许诺、回报或提供其他便利等方式与承办案件的执法人员进行交易。"

2. 法律职业信仰

法律职业信仰是法律职业者共同的精神追求，其核心是忠于法律、崇尚法治、捍卫正义，其具体内容包括规则至上、程序正当、权利本位、权力控制、良法善治等。

法律职业者或法律人是一个国家法律机器的操作者，也是社会秩序有效运行的维护者，更是法治精神与法治文明的传播者。如果法律人作为法治运行的主体缺乏法治的信仰和精神追求，没有规则至上的信念、没有程序正当的意识、没有权利本位与权力控制的观念，那么法治就会成为泡影。要建设一个法治国家，作为法治运作主体的法律人或法律家确立自身的法律职业信仰无疑是十分关键的一环。

第二节　法律解释

一、法律解释的内涵和意义

马默认为，"解释大致可被定义为是对某一对象之含义(meaning)所作的理解或说明""解释是一项强加意义于对象的活动，而意义的确切含义是由交流意图确定的"。① 解释虽然离不开解释者的"前见"(事先具有的文化背景、社会经验、价值观念及有关对象的预判)，但"强加意义于对象"这一说法显然过于极端。在迈克尔·穆尔看来，"解释"(interpretation)涉及三个基本问题：其一，解释的基本问题，即"哪些事物有意义?"一般认为，自然现象只有因果性，而不具有意义；只有人类主体为了相互沟通而创制出来的表征系统(各种文本)才具有意义。其二，解释的有效性问题，即解释的有效性在于对意义的发现，还是解释在"创造"了意义时依然有效? 其三，解释的正当性问题，即通过解释，为某事物发现或创造意义有什么价值? 不同的解释模式对这三个基本问题有着截然不同的回答。② 根据伽达默尔的观点，理解、解释和应用三者构成不可分割的统一体：任何理解和解释都无法逃脱当下视域和应用向度，理解和解释的过程也是把对象普遍的东西应用于某个具体情况或特殊事例的过程。在法律诠释学中，"对一条法律原文的意义的认识和这条法律在具体法律事件里的应用，不是两种分离的行为，而是一个统一的过程"③。这对我们认识和对待法律解释颇具指导意义。

"法律解释"一词通常有三种含义：一是指对法律条文的理解。如对"国家机关工作人员""过失"的理解。二是指当法律条文含义不清或存在歧义时，对法条意义的确定与取舍。如《最高人民法院关于适用〈中华人民共和国刑事诉讼法〉》的解释》(法释〔2021〕1号)第 126 条第 2 款："认定(刑事诉讼法第 56 条规定的)'可能严重影响司法公正'，应当综合考虑收集证据违反法定程序以及所造成后果的严重程度等情况。"三是指称应用法学和法律实务家的活动，这是源自大陆法系的注释法学传统。如将民法学称为民法解释学、刑法学称为刑法解释学等。

不过，国内法理学界一般认为，"法律解释是通过对法律、法规等法律文件或其部分条文、概念、术语的说明，揭示其中表达的立法者的意志和法的精神，进

① 马默. 解释与法律理论[M]. 2版. 程朝阳, 译. 北京：中国政法大学出版社, 2012：14, 38-39.

② 穆尔. 解释的解释[C]//马默. 法律与解释：法哲学论文集. 张卓明, 徐宗立, 等译. 北京：法律出版社, 2006：4-30.

③ 伽达默尔. 真理与方法：哲学诠释学的基本特征(上)[M]. 洪汉鼎, 译. 北京：商务印书馆, 2021：434-438.

一步明确法定权利和义务及其界限或补充现行法律的规定的一种国家活动，是立法的继续"①。该定义将法律解释定性为延续立法的国家活动，从而是指严格意义上的有权解释；其不足在于将法律解释局限于"对法律的解释"，而忽略了对案件中相关法律文书、法律行为等法律事实的解释。

笔者认为，法律解释是指国家机关和办案人员等依照法定权限和程序，对模糊不清的法律文件的字义和目的所进行的说明与阐释，对有关权利、权力、义务和责任界限等法律事实的进一步明确，对明显的法律漏洞和错误所进行的填补或纠正。

法律解释的必要性和意义在于以下几个方面。

第一，法律解释能够缓解制定法的抽象与社会生活的具体之间的矛盾，为执法和司法提供相对具体的适用标准。据《孔丛子·连丛子下》记载："梁人有娶后妻，后妻杀夫，其子又杀之。孔季彦过梁，梁相曰：'此子当以大逆论。礼，继母如母，是杀母也。'季彦曰：'昔文姜杀鲁桓，春秋去其姜氏。《传》曰：绝不为亲，礼也。绝不为亲，即凡人尔。且夫手杀重于知情。知情犹不得为亲。则此子下手之时，母名绝矣。方之古义，是子宜以非司寇而擅杀当之，不得以杀母而论为逆也。'梁相从其言。"该案例主要是对法律事实的解释，孔季彦的法律智慧就表现在法律价值与案件事实的平衡艺术方面。既然母恩已绝，那当然就只能算普通杀人罪，而不构成灭族的大逆罪了。

第二，法律解释是发展法律、克服制定法疏漏和滞后等弊端的主要方式。在成文法国家，发展法律的权力和任务主要在立法机关。但立法机关的立法与社会现实的需要之间往往有一个不小的时间差，而且立法本身的疏漏与错讹也是难以避免的。在这种情况下，于现行法律的框架和精神内通过司法解释和个案解释等方式来补充、改变与发展法律便成了明智之举。

第三，法律解释是连接立法背景、立法意图与法律实践的重要渠道，是平衡和协调立法权与执法权、司法权的重要机制。

第四，法律解释是寻找裁判依据，增强判决说服力的有效途径。依法裁判是现代司法的基本要求，法官的裁判是受法律约束的行为，不是任意行为，判决裁定也因此才取得说服力。法律是一般性规范，为使一般性规范与个案相连结作为判决依据，必须有一个解释过程。解释的过程也就是说理的过程。正是通过解释和说理，增强了法律的公正性、中立性色彩，从而使判决更容易获得当事人的认同。

二、当代中国的法律解释体制

法律解释体制是指一国关于法律解释权的分配、运用和效力的制度，包括哪些主体享有解释权、享有多大范围的解释权以及解释的法律效力问题。法律解释涉及立法权与司法权的关系，所以它与一国政治体制有着密切的联系。它们表现在法律解释权的分配体制上，呈现了不同解释主体法律解释权的大小问题。

根据《宪法》《立法法》，以及《全国人民代表大会常务委员会关于加强法律解释工作的决议》，我国法律解释体制是以最高权力机关常设机构的立法解释为中心，司法解释、行政解释和其他解释从属于立法解释的一个综合性制度系统。

（一）立法解释

根据我国《宪法》第 67 条、《立法法》以及全国人大常委会《关于加强法律解释工作的决议》（1981 年），我国的立法解释有两种情况：一是由全国人大常委会针对宪法和法律条文本身需要进一步明确界限或补充规定的问题所进行的解释。这种解释在法律解释体系中具有最高法律效力。另一种是指省、自治区、直辖市人大常委会针对地方性法规需要进一步明确界限或补充规定，其权限只限于省、自治区、直辖市政权或相应的地方政权，比如计划单列市的人大常委会有权进行地方解释。

（二）司法解释

根据全国人大常委会《关于加强法律解释工作的决议》，我国的司法解释特指由最高人民法院和最高人民检察院针对审判和检察工作中具体应用法律的问题所进行的解释。由此分为审判解释、检察解释、审判和检察共同解释。它们与地方法院、检察院在具体案件中所作的个案解释在效力上是不同的。

根据《最高人民法院关于司法解释工作的规定》（法发〔2021〕20 号）第 6 条和《最高人民检察院司法解释工作规定》（高检法办字〔2019〕55 号印发）第 6 条，最高人民法院和最高人民检察院的司法解释均分为"解释""规则""规定""批复""决定"五种：对审判工作或检察工作中如何具体应用某一法律或者对某一类案件、某一类问题如何应用法律制定的司法解释，采用"解释"的形式；对规范人民法院审判执行活动等方面的司法解释，可以采用"规则"的形式（最高检的规定有所不同）；对审判工作、检察工作中需要制定的办案规范、意见等司法解释，采用"规定"的形式；对省级法院或省级检察院（包括解放军军事法院或军事检察院、新疆生产建设兵团法院或检察院）就审判工作或检察工作中具体应用法律问题的请示制定的司法解释，采用"批复"的形式；修改或者废止司法解释，采用"决定"的形式。

《最高人民法院关于司法解释工作的规定》第 5 条和第 27 条第 2 款的规定：最高人民法院发布的司法解释，具有法律效力；但人民法院同时引用法律和司法解释作为裁判依据的，应当先援引法律，后援引司法解释。《最高人民检察院司法解释工作规定》第 5 条也规定："最高人民检察院制定并发布的司法解释具有法律效力。人民检察院在起诉书、抗诉书、检察建议书等法律文书中，需要引用法律和司法解释的，应当先援引法律，后援引司法解释。"

(三) 行政解释

我国的行政解释是指由国务院及其主管部门对不属于审判和检察工作中的其他具体应用法律问题以及自己依法制定的法规所进行的解释。

国务院颁布的《行政法规制定程序条例》(2001年11月公布，2017年12月修订)第六章是有关行政法规解释的规定，共3个条文(第31-33条)。其中第31条分三款规定：行政法规条文本身需要进一步明确界限或者做出补充规定的，由国务院解释。国务院法制机构研究拟订行政法规解释草案，报国务院同意后，由国务院公布或者由国务院授权国务院有关部门公布。行政法规的解释与行政法规具有同等效力。第32条规定：国务院各部门和省、自治区、直辖市人民政府可以向国务院提出行政法规解释要求。第33条规定：对属于行政工作中具体应用行政法规的问题，省、自治区、直辖市人民政府法制机构以及国务院有关部门法制机构请求国务院法制机构解释的，国务院法制机构可以研究答复；其中涉及重大问题的，由国务院法制机构提出意见，报国务院同意后答复。

(四) 其他解释

在中央层面，包括若干国家机关联合进行的解释、国家机关与非国家机关联合进行的解释和国家军事机关所作的解释。

此外，还有地方性法规的解释。全国人大常委会《关于加强法律解释工作的决议》规定："凡属于地方性法规条文本身需要进一步明确界限或作补充规定的，由制定法规的省、自治区、直辖市人民代表大会常务委员会进行解释或作出规定。凡属于地方性法规如何具体应用的问题，由省、自治区、直辖市人民政府主管部门进行解释。"其基本原则是"谁立法，谁解释"。

表 10-1　当代中国法律解释体制

解释对象	解释机关	解释权限
法律	全国人大常委会	法律的规定需要进一步明确具体含义
		法律制定后出现新的情况，需要明确适用法律依据
	最高法院	属于法院审判工作中具体应用法律的问题
	最高检察院	属于检察院检察工作中具体应用法律的问题
	国务院及其部门	不属于审判、检察工作中的如何具体应用法律问题
	省级人大常委会	对辖区内省级地方性法规进行解释或规定
	市级人大常委会	对辖区内市级地方性法规进行解释或规定

总体说来，我国现行法律解释体制既有分权的一面，即法律解释权由立法机关、行政机关和司法机关共同分享；又有专权的一面，如否认或无视国家机关以外的成员（包括法官）的法律解释权。不过，学理上已认肯法官"释明权"。

西方国家历来把法律解释与具体个案中的法律适用和司法裁判相联系。从古罗马开始，法律解释很大程度上就是针对个案的，尽管这期间和此后很多时候都在限制立法者以外的机构和法官解释法律。而 1811 年的《奥地利民法典》第 7 条已赋予法官填补法律漏洞（gap）的权力：倘若一诉讼案件不能依法律的既有文字规定也不能依法律的自然含义予以判决，法官须参照法律就类似案件规定的解决办法和其他适用法的根据来处理，如仍无法判决，则应按照自然的法律原则予以裁断。1912 年生效的《瑞士民法典》第一条明确承认现实法律的缺漏，并将填补工作委诸法官。法国法学家惹尼（Geny）认为，"也许这是现代立法者第一次以一般规定正式承认法官于立法不可或缺的作用"[①]。这一做法至少开启了大陆法系国家法律解释的走向。20 世纪 50 年代的苏联学者也认为："在将法律或其他文件使用到具体的、实际的、需要根据法权进行判决的案件上时，就应该对这一法律或其他文件进行解释。"而司法解释是"法院在审理具体的司法案件时，把某一法律适用于该案件而作的法律解释。在法院的民事和刑事判决中即包含有司法解释。司法解释仅对其所审理的该项案件有拘束力"[②]。当代西方学者更是普遍把法律解释与具体个案相联系。事实上，法律解释主体既要用一定的语言、规则理解成文法律，又必须把事先的成文法律与当今现实的案件结合起来。"所以法律解释过程存在两个方面的交流，一方面是解释主体与成文法（即文本）的交流，另一方面是解释主体与案件的沟通。从这两个方面的沟通来看，作为法律解释对象的不能仅是成文法律，还必须包括法律事实，舍去任一方面，法律解释活动就是不完整的。"[③]至于立法解释，由于是立法者自己发布的，意大利当代法学家彼德罗·彭梵得认为不是真正的解释，而是一种立法。[④]

三、法律解释的原则

由于法律解释（尤其是个案解释）天生具有一种主观任意的危险，因此，法律解释应遵守一定的原则（国外通常称为规则）就成为各种法律制度的共同要求。

（一）法律解释原则概说

由于各国法律解释的实践有异，加上人们思考问题的角度不同，各家对法律

---

① 茨威格特，克茨. 比较法总论[M]. 潘汉典，等译. 北京：法律出版社，2003：245，262.
② 苏联科学院法学所. 马克思列宁主义关于国家与法权理论教程[M]. 北京：中国人民大学出版社，1955：505，511.
③ 陈金钊. 法理学——本体与方法[M]. 北京：法律出版社，1996：445.
④ 彭梵得. 罗马法教科书（修订版）[M]. 黄风，译. 北京：中国政法大学出版社，2005：15.

解释原则或规则的内容也就表述不一。例如，同是英国法学家，哈里斯将英国制定法的法律解释规则表述为词义规则、黄金规则、纠错规则；①而沃克则表述为：(1)按普通、日常的含义理解法律；(2)按语法规则理解法律；(3)整体地、相互联系地解释法律；(4)解释过程中可以考虑序言、长标题、各节、目及程序表，但不得考虑旁注、标点、法令之下的短标题或图解或顺序，也可考虑先前的法律陈述等。② 我国民国时的法学家朱采真将法律解释规则表述为：(1)用语注意法律全体；(2)用语用普通用语；(3)用语含义限于立法时含义；(4)在没有特别理由时从广义解释；(5)法律上的词语有保留意见时从广义解释；(6)例外用狭义解释；(7)惩罚或义务用狭义解释。③ 林纪东则表述为：先文理解释后论理解释。论理解释结果优于文理解释、通则外的变则、特权的规则以及加惩罚、负义务和社会责任的规定从严解释等三条。④ 其中影响最大的是哈里斯的词义规则、黄金规则和纠错规则说。

所谓词义规则(Literal rule)，是指如果制定法的含义是明确的、无歧义的，就必须按立法词句的自然的和日常的含义来解释，因为它们是立法意图的最好表述者。

不过，在适用法律时死抠字眼有时会导致荒谬。所谓黄金规则(golden rule)是说法院有权假设立法机关并无如此荒谬之意，法院可根据有关立法的历史资料(包括该法的前身以及立法时的背景材料、有关议案、草案、审议纪录等)来探求立法者的原意，并以此来理解法律。比如英国过去有一项法令规定："任何已婚之人在其前妻或前夫生存期间同另一个人结婚"为犯重婚罪。其中有两个荒谬之处。第一，"同另一个人结婚"这个短语在上下文中没有意义。因为重婚罪的本质就在于，结了婚的人在其婚姻存续期间不能再婚。第二，"前妻"或"前夫"的提法很不恰当，"前"这个词意味着婚姻已不复存在，如果是这样的话，这个人再婚也就不构成重婚罪了。尽管是法令起草人的疏忽，然而意图是清楚的。法院对有关部分的意思解释为，一个人在妻子或丈夫还活着时同另一人结婚为犯重婚罪。

纠错规则(mischief rule)又称"弊端规则"，源于英国 1584 年的黑顿案(HEYDON'S CASE)，意为法院在解释某成文法条文时，应先了解该条文是针对何种弊端、为解决什么问题而设的；然后在解释该条文时，尽量对付有关弊端和解决有关问题。纠错规则的现代版本是"论理解释"或"目的解释"。即在解释成文法条文时，必须先了解立法机关在制定此成文法时所希望达到的目的，然后以

---

① Harris J W, Legal Philosophies[M]. Oxford, 1980：42.

② 沃克. 牛津法律大辞典[M]. 邓正来，等译. 北京：光明日报出版社，1988：791.

③ 朱采真. 法律学 ABC[M]. 上海：世界书局，1929：44-46.

④ 林纪东. 法学通论[M]. 台北：远东图书出版公司，1953：95-98.

这个或这些目的为指导性原则去解释法律条文的含义，而不必拘泥于条文的字面意义；如果条文有缺陷或漏洞，法院甚至可以通过解释来予以修正或填补，从而使立法机关的立法意愿能够更充分地得到实施。①

法律解释原则(规则)的作用主要体现在三个方面：一是过滤作用，即限制和过滤法律解释者的主观随意性，增强法律解释的客观性，维护法律的稳定。二是认同作用，即法律解释规则在形式上将法律解释的结果与法官个人行为相分离，有利于法律解释取得诉讼各方的认同，减少法律适用过程的阻力。三是对抗作用，即法律解释规则作为高度技术性、职业性的规则可以作为法官对抗司法外力量干扰司法的屏障，维护司法的独立与尊严。

(二) 我国的法律解释原则

我国立法机关对法律解释一般原则并未作出明文规定，不过，综合各家学说、结合我国实践，大体有如下三条原则。

1. 合法性原则

法律解释应该合乎法律的规定和精神，以发现法律本意为首要任务与限制。其具体要求是：第一，法律解释应该按照法定权限和程序进行，不得越权解释。法律解释往往会扩大、缩小或改变法律条文的含义，并产生相应的法律效力，因而必须依照宪法和法律有关法律解释的权限划分及解释程序的规定进行，越权或滥用解释权所作的解释无效。第二，对法律概念和规则的解释必须与法律原则，尤其是宪法原则保持一致。因为法律解释是对法律的补充性说明，必须符合被解释法律的基本精神，法律原则正是法律基本精神的体现。第三，必须按日常的含义解释法律语词；如果说语词是专门法律概念，则按技术含义解释，并应遵守语法规则和逻辑规则，除非法律中规定了特定的逻辑。第四，对剥夺权利和负义务规则应当从严解释，特别是对刑法和税法应当从严解释，防止通过法律解释任意扩张特权、剥夺权利和加重公众负担。

2. 兼顾立法意图与法律适用情势的原则

立法通常是面向当下和未来的，要基于特定历史背景而确定一定的立法目的、价值取向等。立法目的、价值取向可以说是每一部法律的精神和灵魂，不到万不得已不能违反。然而，时过境迁，法律的立法目的和价值取向往往会变得隐晦不明，甚至可能很难完全涵盖社会生活的具体性和运动性；执法、仲裁、司法等法律适用活动所面临的条件、案件或情势，也往往是繁复多变的。法律解释的任务就在于把立法意图、价值取向与当下的法律适用条件、情势、案情恰当地沟通与协调起来，从而明确特定法律规范对某特定法律事实或案件是否具有意义，

---

① 陈弘毅. 当代西方法律解释学初探[M]//梁治平. 法律解释问题.北京：法律出版社，1998：6-7.

具有何种具体意义。

3. 整体性原则

应当把法律当作整体看待，从相互关联中协调地解释法律等特定对象，不能断章取义，不得对低位阶的法律作违反高位阶法律的解释，对普通法的解释不得违反宪法等。具体而言，整体性原则意味着：第一，要将需要解释的对象置于相应的法律语境中理解和把握，使解释活动从属于该法律文件的整体乃至整个法律体系。不能把法律解释看成个别的局部的行为。第二，法律解释要有利于消除法律与法律之间、法律与法律解释之间、法律解释与法律解释之间、法律规范与案件事实之间的矛盾与冲突，要有利于加强而不是削弱法制的协调和统一。第三，在解释过程中，要建立和贯彻规范化的解释技术。例如法律概念、语言文字的统一，解释文件体例的统一，法律解释名称的规范化等，从技术上保证法律解释活动服从法制统一的大局。

四、法律解释的一般方法

根据法律文字和法律目的在解释中的作用和地位的不同，可以把法律解释方法分为一般方法和特殊方法两大类。

法律解释的一般方法有文义解释、同类解释、目的解释、历史解释、当然解释等。

（一）文义解释

文义解释是指对法律文本的字面含义、范围（指涉对象）等所做的具体界定或阐释。如《最高人民法院关于适用〈中华人民共和国民法典〉合同编通则若干问题的解释》（法释〔2023〕13号）第十一条："当事人一方是自然人，根据该当事人的年龄、智力、知识、经验并结合交易的复杂程度，能够认定其对合同的性质、合同订立的法律后果或者交易中存在的特定风险缺乏应有的认知能力的，人民法院可以认定该情形构成民法典第一百五十一条规定的'缺乏判断能力'。"相关案例有：2012年1月，我国南方普现罕见大雪和冰冻。某市居民张某的房屋上结了冰坨子，后来天晴了，冰坨子消融，掉落后砸在钱某的汽车上。该车送往修理厂修理，产生修理费若干。车主钱某起诉张某，要求赔偿其损失。而张某提出抗辩，认为这完全是自然原因造成的，他没有赔偿的责任。当时有效的《侵权责任法》第八十五条规定："建筑物、构筑物或者其他设施及其搁置物、悬挂物发生脱落、坠落造成他人损害的，所有人、管理人或者使用人赔偿后，有其他责任人的，有权向其他责任人追偿。"本案的关键问题是：房屋边缘的冰坨子是否属于该条文所说的搁置物、悬挂物？一种观点认为，该法条所说的"悬挂物"是指基于人的有意识的活动而悬挂于建筑物或其他设施之上的物。另一种观点认为，"悬挂物"既包括基于人的有意识的活动而悬挂的物，也包括基于其他原因（如自然力）而悬挂的物。很显然，前一种观点更符合文义解释的原理和要求。

文义解释旨在明确法律概念的内涵和外延，是法律解释的基本方法，应用时高于和先于其他方法。它强调严格按照文字普通的意思、一般的语法和标点符号规则来理解语词和法律条文的含义。如果意思能够明了，就必须用此方法，而无须过问是否符合立法机构的意图。

文义解释的依据和展开途径通常如下：一是日常用语借助权威性词典进行解释；二是借助语法（遣词造句规则）进行解释，如不能拆骈为单，把本为双义复合词作为单义词解释；三是根据生活经验对法律文本进行解释；四是借助法理进行解释，如对"占有""假释""缓刑"等法律专业术语的解释要依据法学界的主流共识和法律内在逻辑进行，不能望文生义。

（二）同类解释

我国一般称作"逻辑解释"或"体系解释"，就是根据与上下文其他语句、法条的相互关系，对特定词语或法律条文展开解释。古罗马法学家杰尔苏就曾指出："在没有考察法律的全部内容，只引用了该法律的细微部分就进行评价和解答在法律上看是不正确的。"[①]萨维尼也认为："体系方法的本质在于对内在关联或者亲和性进行认识和描述，通过这种内在关联或亲和性，具体的法概念和法规则连接成一个大的统一体。"[②]如英国议会曾有一项法令禁止将"住宅、房间、办公室或其他地方"作为赌博场所，英国法院认为，这个"其他地方"不包括跑马场中户外的赌客席，因为前面所提到的特定场所都在室内。又如关于个人信息保护问题，有学者认为，我国2017年3月制定的《民法总则》第111条没有使用"个人信息权"的表述，表明个人信息权在我国立法上并没有作为一项具体人格权建立起来，而仅仅只是一种"法益"而已。[③] 之所以如此，在于个人信息的复杂性，以民事权利的方式将其纳入人格权之中无法兼顾个人信息的财产化利用和数据经济的发展。[④] 但立法机关的解释认为，从该条被规定于"民事权利"章节的位置结构可以看出，对个人信息已经赋予权利的外观。[⑤] 该立法解释就属于同类解释。

（三）目的解释

目的解释，包括主观目的解释和客观目的解释。主观目的解释，是指根据文

① 优士丁尼. 学说汇纂：第1卷[M]. 罗智敏，译. 北京：中国政法大学出版社，2008：75.
② 萨维尼. 当代罗马法体系（第一卷）[M]. 朱虎，译. 北京：中国人民大学出版社，2023：前言，XIV.
③ 王利明. 中华人民共和国民法总则详解[M]. 北京：中国法制出版社，2017：465.
④ 龙卫球，刘保玉. 中华人民共和国民法总则释义与适用指导[M]. 北京：中国法制出版社，2017：404.
⑤ 李适时. 中华人民共和国民法总则释义[M]. 北京：法律出版社，2017：344；张荣顺. 中华人民共和国民法总则解读[M]. 北京：中国法制出版社，2017：363.

件制作者的目的或意图来解释某个词语或法律条文的含义。客观目的解释是指根据"理性的目的"或"在有效的法秩序的框架中客观上所指示的"目的即法律文件的客观目的，而不是根据过去或目前事实上存在着的任何个人的目的，对某个词语或法律条文进行解释。

有学者认为，不仅每一部法律都有其立法目的，甚至每一个法律制度，每一个法律条文，也有其立法目的。这就要求我们解释法律的时候，应当以立法目的作为解释的重要依据，而不能违背立法目的。当出现两种相反的解释意见的时候，应当采纳其中符合立法目的的那一种解释意见。这就是目的解释方法。① 如我国1993年出台的《产品质量法》第28条（2000年修改后成为第40条）规定：产品有质量问题时，销售者应当负责修理、更换、退货。条文中对这三种办法是并列写上的，没说谁先谁后。有的产品说明书中却规定产品有质量问题，必须先修理，再更换，最后退货。这是不对的。因为产品质量法的立法目的是为了保护消费者的利益。只有让消费者选择这三种方式中的一种，才有利于保护消费者，符合立法目的。

当法律颁布后经历了一段较为漫长的时间，目的解释是否还能适用呢？对此，法国法社会学家布律尔认为，在这种情况下，"该法令的条文慢慢脱离了原制定者，而自己生存下去。它失去了原制定者赋予它的某些性质，获得了另一些性质。任何寻找其原意的企图无异于一种曲解行为，因为它只有在适应社会新的需要的情况下才能保持活力。文学杰作和艺术作品也同属此种情况，从某种角度看，这些作品永远处在新的一代的再创造中，因为新的一代总是以新的目光来看待过去的艺术作品，往往会在这些作品中发现与作者本人原来的创作意图截然不同的东西。法律规则岂不更是如此？"② 布律尔所说的就是法律文件的客观目的解释。

（四）历史解释

历史解释，又称沿革解释，是指依据特定法律问题的历史事实（包括该法律文件的前身以及制作时的背景材料，有关议案、草案、审议纪录等）及其发展演变来探求与完善立法者或文件制作者的价值判断和意图，并以此来理解该法律问题。英国等一些国家原本禁止使用立法草案、立法辩论等立法资料作为法律解释的依据，但从20世纪80年代起开始改变。这方面的案例如美国马萨诸塞州宪法规定，州众议院议员的选举"应当由文字选票来进行"。后立法机构决定用投票机取代文字选票，并向法院咨询这一做法是否合宪。法院解释为合宪。因为当初立法时还没有投票机，而立法者规定"文字选票"的目的在于防止因口头选举或举手选举可能带来的弊端与邪恶。又如美国宪法第一修正案中的"新闻出版界"原来

---

① 梁慧星. 裁判的方法[M]. 北京：法律出版社，2003：119.
② 布律尔. 法律社会学[M]. 许钧，译. 上海：上海人民出版社，1987：71-72.

仅指印刷媒体。这一规定显然不能适应 20 世纪出现的电子媒体时代。法院对此所作的解释也只能是沿革解释。需要指出的是，法学界常常将历史解释混同于法意解释或目的解释，因为这三者(实乃两者)都强调立法者的本意。但这种混同显然是不对的。事实上，"沿革解释"这一别称最能体现"历史解释"的真谛，即注重词语和法律条文所指涉的对象在历史上的变化；其目的就在于将这一变化与立法目的有机地结合起来。上述两例就是如此。

(五) 当然解释

在国外(如英国)也称作"不明确解释规则"。指法律文件表面上虽然没有明确规定，但依据常情和公理，认为某种事项当然包括在法律文件之内的解释方法。属于当然解释的事项主要有两种：一是具有种属关系的事项。如"子女"作为属概念，包含成年子女、未成年子女、有行为能力的子女、无行为能力的子女等种概念。二是自然延伸的事项。如法律禁止吸食毒品，但若不是吸食而是吞食毒品，按照当然解释，也属法律禁止之列。又如"禁止攀折花木"，按照当然解释，就更不能把花木连根刨掉。这也就是中国唐律中"出罪举重以明轻，入罪举轻以明重"的原则。

就本章开篇的"澳大利亚裸泳案"来讲，支持澳大利亚法官裁判本案的法理依据是，这个法律规则的性质是强行性规则。《地方政府法案》中的条款指明游泳者"着装不当、修补不当、衣料透明等不文明行为"应禁止。这个条文是强制性条文和禁止性条文。对于强行性规则的理解必须从字面做严格限制。作为适用法律的法官来说，严于文意的解释是对的。也就是所谓"法无明文不得定罪，法无明文不得处罚"。我国也有学者认为，如果这个案例发生在我们中国，那么应该请示最高院作出司法解释；这种行为即使不违现行法，但是绝对有违道德风化。

然而，上述两种观点都是错误的。首先，此案并非法无明文，而只是对"不文明行为"罗列不全而已。其次，此案并非"不违反现行法"，不仅仅是"有违道德风化"；"请示最高法院"的做法也完全没有必要。对此案更恰当的处理是采用"当然解释"，也就是"入罪举轻以明重，出罪举重以明轻"。公共场合裸体是比"着装不当、修补不当、衣料透明"等更为严重的不文明行为，当然在禁止之列。

五、法律解释的特殊方法

法律解释的特殊方法，一般是在没有法律规定或虽有法律规定但严格适用该规定明显不合适的情况下，为弥补法律漏洞或法律偏颇而采用的方法。一般包括限缩解释、扩张解释、反面解释、社会效果解释、利益衡量解释等。

(一) 限缩解释

限缩解释又称缩小解释，就是在法律文本的字面含义太宽，把本不该涵盖的事实也包括进去了的情况下，作出比法律文本含义更窄的解释。2012年7月中旬的一天中午，张某在某市区某路段开车上高速公路，因为违章并线，与前行车辆追尾，导致被撞车辆尾灯损害，且两车因相撞横跨马路。两人下车后发生争吵，导致严重交通堵塞(后交警认定张某负全责)。紧跟其后的一辆冷藏大货车因堵塞受阻3个多小时，到达目的地的时间比预定时间晚了3个小时，部分海鲜已经变质，且未能赶上某五星级饭店的大型晚宴筹备活动，造成该酒店营业收入损失5万元。该酒店和货运公司根据当时有效的我国《侵权责任法》第6条第1款关于"行为人因过错侵害他人民事权益，应当承担侵权责任"的规定，要求张某赔偿6万元损失。而张某认为，其行为并没有直接侵害酒店与货运公司的财产利益，不负有赔偿责任。王利民教授认为，本案涉及对《侵权责任法》第6条第1款的"民事权益"的范围的界定，应当对该范围进行限缩解释，不应当包括所有的纯粹经济损失。在本案中，由于张某的行为只是过失，而不是故意，难以预见到酒店和货运公司所遭受的损失，所以，不应当对此损失承担损害赔偿责任。① 王利民教授这一观点，实际上对《侵权责任法》第6条第1款的"民事权益"和"过错"(过失和故意)两处都做了限缩解释。

(二) 扩张解释

扩张解释，指法律文件的字面含义显然比文件制作者原意窄时所作出的比字面含义广的解释。有这样一个案例：张某与李某是邻居，2004年4月早晨张某在楼顶上的平台上摆放了30盆君子兰。下午突然刮起大风，大雨即将来临。在家的李某去楼顶收拾晾晒的衣服，发现张某的君子兰将遭雨淋，遂动手将花盘搬下楼，在搬花的过程中不慎摔了一跤，扭伤了自己的脚；后被送至医院，支付医疗费800元。李某请求张某支付其因治疗脚扭伤而支付的医疗费。对此，民法通则第93条明确规定："没有法定的或者约定的义务，为避免他人利益受损失进行管理或者服务的，有权要求受益人偿付由此而支付的必要费用。"问题在于受伤住院治疗的住院费、医药费是否属于"必要费用"？最高人民法院在适用法律时对此采用扩张解释方法，《最高人民法院关于贯彻执行〈中华人民共和国民法通则〉若干问题的意见(试行)》第132条规定："民法通则第93条规定的管理人或者服务人可以要求受益人偿付的必要费用，包括在管理或者服务活动中直接支出的费用，以及在该活动中受到的实际损失。"根据这一解释，张某应该支付李某因治疗脚扭伤而花费的医疗费。无因管理是好人好事，是立法者所提倡的，对无因管理的必要费用作扩张解释，有利于保护无因管理者的利益，是符合立法本意的。

---

① 王利民.法律解释学导论：以民法为视角(第二版)[M].法律出版社，2017：388.

(三) 反面解释

反面解释,即从具体的词语或法律条文而推论其反面的意思。以 20 世纪 90 年代"广西广播电视报社诉广西煤矿工人报社电视节目预告表侵权"一案为例。我国 1990 年 9 月出台的《著作权法》第 5 条规定了法律、法规、时事新闻、历法、通用数表、通用表格和公式不适用著作权法,对第 5 条作反面解释,电视节目预告表不属于条文所规定的范围,当然应适用著作权法,由此获得了电视节目预告表受著作权法保护的法律依据。

(四) 社会效果解释

社会效果解释,即着重从社会效果的预测与衡量对法律文件加以解释,使法律适用更符合社会目的或社会主流价值。如"泸州包二奶继承案":四川省泸州市某公司职工黄某和蒋某 1963 年结婚后,妻子蒋某一直没有生育,后来只得抱养了一个儿子。这一行为给家庭笼罩上了一层阴影。1994 年,黄某认识了一个张姓的女子,第二年两人同居;随后以"夫妻"名义生活,依靠黄的工资(退休金)及奖金生活,并曾经共同经营。2001 年 2 月,黄到医院检查,确认自己已经是晚期肝癌。在黄即将离开人世的这段日子里,张面对旁人的嘲讽,以妻子的身份守候在黄的病床边。黄在 2001 年 4 月 18 日立下遗嘱:"我决定,将依法所得的住房补贴金、公积金、抚恤金和卖泸州市江阳区一套住房售价的一半(即 4 万元),以及手机一部遗留给我的朋友张某一人所有。我去世后骨灰盒由张负责安葬。"这份遗嘱在泸州市纳溪区公证处得到公证。4 月 22 日,黄去世,张根据遗嘱向蒋索要财产和骨灰盒,但遭到蒋的拒绝。张遂向纳溪区人民法院起诉,请求依据继承法的有关规定,判令被告蒋某按遗嘱履行,同时对遗产申请诉前保全。法院先后经过 4 次开庭。2001 年 7 月 13 日,纳溪区司法局对该公证遗嘱的"遗赠抚恤金"部分予以撤销,依然维持了住房补贴和公积金中属于黄永彬部分的公证。纳溪区人民法院最后于 2001 年 10 月 11 日公开宣判,认为:尽管继承法中有明确的法律条文,而且本案中的遗嘱也是真实的,但是黄将遗产赠送给"第三者"的这种民事行为违反了《民法通则》第七条"民事活动应当尊重社会公德,不得损害社会公共利益,破坏国家经济计划,扰乱社会经济秩序"的民法原则,因此法院驳回原告张某的诉讼请求。本案法官实际上先运用"社会效果解释",否决了《继承法》有关条文对本案的效力,再采用公序良俗原则作为判案依据,避免了简单依法律规则判决可能助长"第三者""包二奶"等不良社会风气的不良后果。

(五) 利益衡量

利益衡量理论是 20 世纪 60 年代由日本学者加藤一郎和星野英一在耶林、赫克、庞德等人的相关学说的基础上提出来的。"利益衡量的实质是一种法院判案的思考方法。"①"所谓利益衡量，是指法官审理案件，在案情事实查清后，不急于去翻法规大全和审判工作手册寻找本案应适用的法律规则，而是综合把握本案的实质，结合社会环境、经济状况、价值观念等，对双方当事人的利害关系作比较衡量，作出本案当事人哪一方应当受保护的判断。此项判断称为实质判断。在实质判断基础上，再寻找法律上的根据。"②

在司法实践中，有些案件不用"利益衡量"方法是难以作出妥当判决的。比如欧洲也曾发生与前述"广西广播电视报社诉广西煤矿工人报社侵权"一案类似的BBC等电视台的节目预告表侵权案，但判决正好相反。欧洲法院就该案指出，频道、日期、时间、节目是节目预告的必备要素，电视台是获取这些信息的唯一来源，BBC等三家电视台对汇编节目预告的信息处于事实上的垄断地位，能够阻止有效的电视周刊市场的竞争。如果肯定电视台对这些信息的垄断，消费者为获得电视节目安排的信息只能购买每家电视台的周刊，市场主体的竞争自由和消费者对信息产品的选择自由都会因此受到损害，这对于公众利益是更大的不公平。很显然，欧洲法院在此案中就是使用了利益衡量的法律解释方法。

不过，利益衡量须遵循下列原则或社会共识：(1)生命利益大于健康利益；(2)健康利益大于财产利益；(3)生命利益之间不分高低；(4)财产利益之间考虑价值大小；(5)不同主体之间优先考虑弱者利益。③

第三节 法律推理与推定

一、法律推理的含义和特征

"法律推理是特定法律工作者利用法律理由权威性地推导和论证司法判决的证成过程或证成手段。它既是一种法律思维活动，又是一种应当受法律规制或调整的法律行为，是特定法律工作者的一项法律义务(引注：意指法定的证成义务，负责特定法律行为的合法性说明)。"④对法律推理的这一解说，颇为全面到位，只是它局限于"司法判决"是个缺失。其实，更准确地说，法律推理是指以法律与事实两个已知判断为前提，运用科学的方法和规则为法律适用结论提供正当理由的一种逻辑思维活动和法律行为方式。

法律推理是推理的一种，与一般推理相比，它有这样一些特点：(1)法律推

---

① 梁上上. 利益衡量论[M]. 3版. 北京：北京大学出版社，2021：45.
② 梁慧星. 裁判的方法[M]. 北京：法律出版社，2003：186.
③ 梁上上. 利益衡量论[M]. 3版. 北京：北京大学出版社，2021：85-89.
④ 解兴权. 通向正义之路——法律推理的方法论研究[M]. 北京：中国政法大学出版社，2000：6.

理是法律适用中的一种思维活动。它涉及对抽象的法律规范的理解、选择，并要将这种抽象规范运用到具体的案件中。（2）以法律与事实为两个已知的判断，即作为推理的前提。这意味着法律推理要受现行法律和证据事实的约束，并以此为前提推理论证适用结果。（3）运用多种科学的方法和规则。法律推理的方法中不只使用逻辑推理，特别是不单纯使用形式逻辑的方法，还存在非逻辑的分析与论证，如价值分析判断，因此其规则也多样化。（4）法律推理的目的是为法律适用结论提供正当理由（justification），因而具有"说理"的成分。自然科学研究中的推理是一种寻找和发现真相和真理的推理，而"法律推理就是在法律争辩中运用法律理由的过程"，①即法律推理旨在劝说并说服案件当事人和其他社会公众，这样一个选择、决定或态度是当前合适的选择、决定或态度。所以法律推理所要回答的问题主要是：规则的正确含义及其有效性即是否正当的问题，行为是否合法或是否正当的问题，当事人是否拥有权利、是否应有义务、是否应负法律责任等问题。

　　法律推理的方法有两大类，一是形式逻辑方法，一是辩证逻辑方法。法律推理据此可以分为形式推理、辩证推理两大类。

二、分析推理（形式推理）

　　分析推理（analytical reasoning）又称形式推理，就是运用形式逻辑中的方法进行推理，以解决法律问题。它包括演绎推理、归纳推理和类比推理。

（一）演绎推理

　　演绎推理是由一般到特殊的推理，即根据一般性的知识推出关于特殊性的知识。其特点是结论寓于前提之中，所以它又是必然性的推理。只要前提真实，推理形式正确，结论就是必然真实的。演绎推理主要表现为大前提、小前提和结论的三段论推理。比如：

　　已满 16 岁的人犯罪，应当负刑事责任；（《刑法》第 17 条）

　　李四实施犯罪行为时已满 16 周岁，（事实）

　　所以李四应依法承担刑事责任。（结论）

　　在此三段论中，第一段代表大前提，第二段代表小前提，第三段代表结论。它体现了由一般到特殊这一演绎推理的主要特点。在三段论中，大前提通常表示一般原则，小前提表示特殊情况。根据一般原则推定特殊情况，从而对这一特殊情况作出结论。法律适用中运用三段论的情况很多。

---

　　① 伯顿. 法律和法律推理导论[M]. 张志铭，解兴权，译. 北京：中国政法大学出版社，1999：1.

(二)归纳推理

归纳推理是从个别事物或现象的知识推出该类事物或现象的一般原则的推理。在英美法系判例法就是运用了归纳推理方法。法官从个别案件中抽象归纳出一般性的原则，这一原则可适用于将来的同类案件。较典型的归纳推理表现在这样一种情况下：法官在没有法律规则作为其审判依据时，将从一系列以往判决的比较中推理出有关的一般规则或者原则。

(三)类比推理

类比推理在法律上也称类推适用和比照适用，或简称类推，指适用法律的机关在处理某具体案件或问题的过程中，如果法律上没有明文规定，可以按照处理最相类似的另一案件或问题的法律规则、法律原则来进行处理。

类比推理的特征在于：第一，它属于间接推理。第二，类比推理是从特殊推理到特殊，由个别推理到个别的一种推理。第三，类比推理是从法律的原则或精神中推理出新的意思，它与单纯扩张法律文义的扩张解释不同。第四，类比推理的根据是不充分的。它是根据两个或者两类对象在一些属性方面的相同，就推出它们在另一些属性方面相同的结论。而事实上，客观事物之间既有同一性，也存在差异性。

类推适用是相沿已久的一种法律活动和制度。中国从汉代的"决事比"到明、清的"比附援引"，都是对类推适用的确认和规定。英美法系国家中的衡平、拟制的措施也是一种类推适用。按照平衡原则，当出现普通法判例中没有包括的争议时，大法官可以根据自己的法律意识来进行裁决。拟制则是在不改变原有法律文字的基础上，使其适用于已变化了的情况的方法。大陆法系国家同样有类推适用的原则。自罗马法以来，在司法实践中就一直通行着"有法律从法律、无法律从习惯、无习惯从法理"的原则，表明了大陆法系国家中的类推适用的存在。在现代，类推适用制度一般只限于民商法领域。而在刑法领域，因与罪行法定的法治原则相背离，故而普遍废除了类推适用。我国 1997 年修订的刑法也不再实行类推适用。

我国民事司法中尚未确认类比推理方法，这显然是不妥的。因为，第一，民事类推对于民法之漏洞具有显著的补充作用。第二，类比推理的或然性虽然是其弊端，但它与民事纠纷的解决方式是相互吻合的。许多情况下，民事纠纷总是通过自愿程度较高的模糊解决方式来实现的，类推结论的或然性并不会影响民事纠纷的解决。第三，类比推理有助于实现公平正义。因为"正义的一个基本原则主张，法律应当以相同的方法对待基本相似的情形。对规则进行类推适用的目的就是要通过同样对待属于相同政策原则范围内的案件来帮助实施正义的这一原则"①。第四，通过确立类推适用规则，可以约束法官的类推行为，限制类推的局限性。

表 10-2 形式推理

演绎推理	法律规定作为大前提，符合该法律规定的案件事实作为小前提，从而得出：该案件必须根据该法律规定所指示的处理方式予以处理
归纳推理	从个别案件中抽象归纳出一般性的规则
类比推理	一个规则适用于甲案件；如果乙案件在实质上与甲案件相似，那么适用于甲案件的规则也可以适用于乙案件

三、辩证推理（实质推理）

法律适用中的辩证推理（dialectical reasoning）又称实质推理，即当作为推理的前提是两个或两个以上相互矛盾的法律命题时，借助于辩证思维从中选择出最佳的命题以解决法律问题。辩证推理具有以下特点。

第一，辩证推理是法官面临两个或两个以上相互矛盾的命题时所进行的选择过程。这些可供选择的命题都存在其必要的理由或合理性，只不过是确定哪一个命题更合理的问题。因为法律适用只能有一个并且是明确无误的结论，而不应当有两个或多个甚至含糊不清的结论。

第二，辩证推理的作用主要是为了解决因法律规定疏漏、含糊、抵触、矛盾等情形所引起的疑难问题。所谓疏漏，是指法律规定存在漏洞，待决案件是没有法律调整的新情形。所谓含糊，是指法律虽有规定或先例，但该规定或先例过于原则或模糊，在当下的争议事实背景下缺乏充分根据。如法律上的"公平责任""正当防卫""合理竞争"等，虽然字面上是清楚的，但因其内容和意义含糊而很难适用。所谓矛盾、抵触，是指一个问题的解决可以适用两个或两个以上互相冲突的前提但必须在它们之间作出真正选择的情形，如"法律规范竞合"。这些情形都只能求助于辩证推理来解决问题。

第三，辩证推理是法官对法律或案件客观事实的辩证关系的认识过程。无论是对法律疑难内容的解释还是对案件疑难事实的分析，其结论的推出都必须是从对事物的具体矛盾的分析中得出来的，而绝不应该是从法官的主观想象中得出结论。

第四，辩证推理不排除运用演绎、归纳和类比的分析推理方法，但这些方法只是其中的一个环节或阶段，它们的结论属于局部结论而不是整个辩证推理的全面结

---

① 博登海默. 法理学：法律哲学与法律方法 [M]. 邓正来，译. 北京：中国政法大学出版社，2016：515.

论。分析推理方法在辩证推理中还存在运动转化的特点；同时，运用这些分析推理的目的与结果是要最终获得符合法律或案件辩证发展规律的合乎逻辑的结论。

辩证推理与分析推理的区别在于前提与结论之间的关系。分析推理的前提与结论之间具有真实的、甚至必然的联系；而辩证推理的前提与结论之间没有必然的联系，所以，辩证推理追求的是结论的可接受性，而不是有效性。也许正因为如此，博登海默认为，辩证推理实际上就是"通过对话、辩论、批判性探究以及为维护一种观点而反对另一种观点的方法来发现最佳的答案"①。

以本书第三章法律原则部分所引"里格斯诉帕尔默案"为例。本案大前提的空缺使得法官无法直接找到可以适用的法律规范；而从既有相关法律规范可能获致的结论，又会相互矛盾，且明显背离法律的基本精神。这种两难境地使得主审法官只能另辟蹊径，即采用辩证推理模式，实为司法三段论逆向推理模式——从结论（使判决产生积极的社会激励效果）出发，在小前提（案件事实）既定的情况下寻找可以适用的大前提（适当的法律规范）。一般情况下，大前提是自变量，结论是因变量；而在本案中，为了弥补判决可能带来的负面影响，法官采取了将自变量与因变量倒置的策略，即将结论作为自变量，大前提成为因变量。也就是说，在小前提既定的情况下，从结论出发去寻找大前提。

四、法律推定

法律意义上的"推定"可追溯到 1804 年颁布的《拿破仑法典》第 1349 条："推定为法律或审判员依已知的事实推论未知的事实所得出的结果。"②但迄今为止，人们对法律推定并未完全达成共识。有的认为："法律上的'推定'，实际上都是对于某些不确定状态的推断与假定，它并不是根据确凿的证据来加以认定的，而是根据情理和逻辑推断出来的。"③该定义突出了"推定"的实质：对某些不确定状态的推断与假定，但未能揭示推定的前提或根据。也有的认为："推定是证明事实的一种特殊方法。从本质上来讲，推定既不同于确认，也不同于法律上的拟制。推定只能建立在真实的、具有盖然效力证据的基础之上。它只是一种不完全的间接证明，是一种选择。"④该定义强调推定的间接证明性与选择性，但认为推定只能建立在"具有盖然效力证据的基础上"则不够确切。有的论者进而提出："推定是在基础事实得到证实的前提下，根据法律规定或经验法则，在没有反证的前提下，得出推定事实的一种认定案件事实的方法。"⑤这是一个比较全面的定

① 博登海默．法理学：法律哲学与法律方法［M］．邓正来，译．北京：中国政法大学出版社，2016：519.
② 拿破仑法典（法国民法典）［M］．李浩培，等译．北京：商务印书馆，1979：184.
③ 崔敏．刑事证据学［M］．北京：中国人民公安大学出版社，2005：329.
④ 裴仓龄．论推定［J］．政法论坛，1998（4）.
⑤ 李富成．刑事推定研究［M］．北京：中国人民公安大学出版社，2008：9.

282

义，但也存在一些瑕疵，如"得出推定事实"有同义反复之嫌。

其实，法律意义上的推定是在基础事实得到证实的前提下，根据法律规定、经验法则或人情事理，在没有反证的前提下，推断或认定案件事实或状态的方法。它包括法律推定与事实推定两类。

法律推定是指法律明确规定的推定。它实际上是形式推理在规范性法律文件（制定法和法律解释）中的运用。如我国《民法典》第 1121 条第 2 款规定："相互有继承关系的数人在同一事件中死亡，难确定死亡时间的，推定没有其他继承人的人先死亡。都有其他继承人的，辈分不同的，推定长辈先死亡；辈分相同的，推定同时死亡，相互不发生继承。"①此外，法律推定比较典型的是刑事诉讼法中的有罪推定和无罪推定，民法和行政法中的过错推定。

有罪推定和无罪推定是确认犯罪以前所适用的法律原则。即被告在未被宣告犯罪以前，应当假定有罪或无罪。如果实行有罪推定原则，即在未被宣告犯罪以前假定被告有罪，那么被告方负有证明自己无罪的责任；所提供的证据若不足以证明无罪的，则按有罪处理。如果实行无罪推定原则，证明被告人有罪的责任就由控诉方承担，所提供的证据若不足以排除任何合理怀疑而确凿地证明被告人有罪时，对被告人应作无罪处理。无罪推定主要是意大利法学家贝卡利亚在资产阶级革命中针对封建司法的有罪推定提出来的。该思想首先由 1789 年法国《人权宣言》确认，后来又写进 1948 年联合国大会上通过的《世界人权宣言》。

过错推定首先是法国法学家让·多马针对受害人因难以证明被告人的过错而无法获得赔偿的情形提出来的。在适用过错推定原则时，不是遵循"谁主张谁举证"的规则，而是采取举证责任倒置，即被告提出其无过错的反证，如果不能举证或证据不充分，就推定其有过错，从而被告人承担法律责任。由于过错推定的特殊性，因此，只有民法和行政诉讼法有特别规定时才能运用。

事实推定是当事人及其代理人（辩护人）或裁判人员等在案件审理过程中依已知事实（通称"基础事实"）推断未知事实或状态（称作"推定事实"）的方法。一般来说，属于人类的心理内容（如明知、故意、动机、目的等）、一方"独知"的事实（如巨额财产来源不明）、在封闭场所发生的事实等，如果当事人不愿供认，就可以根据相关的肯定性事实，使用推定的方法加以确认。此外，一些特殊种类的犯罪，只要基础事实得到证实，也可以得出相应的推定事实。如非正常持有国家绝密或机密文件资料，行为人拒不说明来源与用途的，推定为非法持有型犯罪；没有合法证明而运输、收购、贩卖国家禁止进出口物品的，推定其为走私，构成走私犯罪；交通肇事后逃逸或者故意破坏、伪造现场，造成交通事故责任无法认

① 我国《民法典》第 1127 条规定的遗产继承顺序为："（一）第一顺序：配偶、子女、父母；（二）第二顺序：兄弟姊妹、祖父母、外祖父母。"

定的，推定驾驶人负全部责任；犯罪嫌疑人占有最近失窃的物品本人不能说明其来源合法性的，推定是其盗窃所得；犯罪嫌疑人多次以低于市场的价格收购赃物，推定其明知收购的物品是赃物；在受贿人处发现行贿人供认的财物，且行贿人获得受贿人支配的国家稀有资源，既可以推定行贿人供认属实，又可以推定受贿人接受贿赂。①

第四节　法律论证

法律论证（legal argumentation，又称法律证成）兴起于 20 世纪 50—60 年代的欧洲，20 世纪 70 年代开始成为许多国际学术会议的重要议题，20 世纪 90 年代以来，法律论证在欧洲逐渐取代法律推理的中心地位而成为法律方法论者的话语中心，并在世界各地呈现出燎原之势。在理论上，主要有克卢格（Klug）、菲特丽丝和魏因贝格尔等人侧重逻辑的法律论证理论、佩雷尔曼的修辞论证理论、哈贝马斯和阿列克西的理性交谈理论。在实践中，1973 年 2 月 14 日，德国宪法法院发布决议：所有法官的司法裁判必须建立在理性论证的基础上；《德国民事程序法》第 313 条第 1 款和《荷兰宪法》第 121 条都以法律的形式明文规定了法官的论证义务。在我国司法实务领域，为判决说理、判决理由公开的呼声不断高涨，标志着法律职业共同体以及公众开始理性地对待司法裁判过程。

一、法律论证的概念

论证是指通过一定的理由来支持某种主张、陈述、判断的正确性，又称作证成（证明其成立）。法律论证在广义上是通过提出一定的根据和理由来证明某种立法意见、法律表述、法律陈述和法律决定的正确性和正当性。② 它包括立法论证和司法论证，以及日常生活中关于某一事件的法律意义的争论等。而狭义的法律论证，一般是指司法裁判过程中法官、律师或当事人等就案件事实与法律规定进行论辩，寻求裁判结论正当化的思维过程。③ 法律人在适用法律的过程中，无论是依据一定的法律解释方法获得法律规范的大前提，还是依据法律所确定的案件事实的小前提，都是用来向法律决定提供支持程度不同的理由。因此，法律适用过程也是一个法律证成的过程。阿列克西甚至认为，"法学是否具有科学性，法官的判决是否具有正当性，均取决于理性的法律论证的可能性"④。

---

① 李富成. 刑事推定研究[M]. 北京：中国人民公安大学出版社，2008：19-21.
② 葛洪义. 试论法律论证的概念、意义与方法[J]. 浙江社会科学，2004(2)：58-64.
③ 孙春增. 法理学要义[M]. 北京：北京大学出版社，2008：317.
④ 阿列克西. 法律论证理论[M]. 舒国滢，译. 北京：中国法制出版社，2002：德文版序（1978 年）.

法律论证可分为内部证成和外部证成。阿列克西认为,内部证成处理的问题是:判断是否从为了证成而引述的前提中逻辑地推导出来;外部证成的对象是这个前提的正确性问题。[①] 也就是说,法律决定必须按照一定的推理规则从相关前提中逻辑地推导出来,属于内部证成;对法律决定所依赖的前提的证成,属于外部证成。内部证成关涉的只是从前提到结论之间推论是否有效,而推论的有效性(真值)依赖于是否符合推理规则或者规律。内部证成虽然保证了结论从前提中逻辑地推导出来,但它不质疑也不保证前提本身是否正当、合理;而外部证成关涉的正是对内部证成中所使用的前提本身的合理性,即对前提的证立。

以德国联邦法院的硫酸案判决为例,法官的判决思路是:

大前提:行为人携带武器实施抢劫行为的,应加重处罚(刑法第 250 条的规定)。

小前提:X 携带硫酸,并将硫酸泼洒在一位女会计的脸上,然后抢走她的钱包。

结论:X 应当被加重处罚。

很显然,这里仅有大前提和小前提是难以必然地推导出该判决的,因为其他人可以质疑该推论:硫酸属不属于武器呢?如果在这个推论链条中加入另外一个前提,即硫酸是武器或者武器包括硫酸,那么这个推理的有效性就无懈可击了。如此一来,上述推理链条就变为:

大前提:行为人携带武器实施抢劫行为的,应加重处罚。

需要增加的前提:硫酸是武器,或武器包括硫酸。

小前提:X 携带硫酸,并将硫酸泼洒在一位女会计的脸上,然后抢走她的钱包。

结论:X 应当被加重处罚。

经过这个内部证成过程,法官就能够保证判决是从前提中被逻辑地推导出来的,结论是有效的。

虽然该推论是符合逻辑的,但是为什么说硫酸是武器?如果不能证明硫酸是武器,那么这个判决就是错的,虽然这个推论非常符合形式逻辑。这就需要对内部证成中所使用的前提,即硫酸是武器这一前提的证明,也就是外部证成。

为了保证上述判决的正确性,还需要在法官的推理中加入另外一个推理链条,用来证明硫酸是武器这一前提,即:

大前提:所有的武器如枪、炮等都具有危险。

小前提:硫酸在该案件中的使用也具有诸如枪、炮的危险,都应该属于武器。

结论:硫酸是武器。

经过对内部证成中所使用的前提的证明,也就是说经过该外部证成的过程,

---

① 阿列克西. 法律论证理论[M]. 舒国滢, 译. 北京:中国法制出版社, 2002:274.

法官就能够保证其判决的正确性，就完成了对其判决的证成或说理过程。

内部证成和外部证成中的"内"与"外"，其实就是指法律规范的内与外。内部证成只需要保证其证成过程是在有效的法律规范的前提下作出的即可，而外部证成是对内部证成中法律没有规定的或者不能从法律规范中推导出来的前提进行论证(如上述案件中法律并没有规定硫酸是武器这一前提)。

很显然，"法律论证"与"法律解释""法律推理"既有联系又有区别。就联系而言，法律论证是法律交涉活动的主体在法律交互活动中运用法律理由并通过一定的证明方式对论证客体的合法性、合理性证明。法律解释为法律论证提供前提性条件，法律推理则与法律论证构成手段与目的的关系。[①] 法律解释作为寻找与个案相适的大前提的活动，呈现的是如何解释及其解释结果，而没有告诉人们为何要作出这样的解释。而法律论证正是在司法场域对作为法律推理大前提的法律规范之正当性的证明，是对法律解释的必要补充，它表现为法官、双方当事人这三方的对话、交流与论证的过程。"任何关于法律推理的研究，都旨在探明和阐释那些判别一个法律论辩是好的还是差的、可接受还是不可接受的标准。"[②]但三者的区别也很明显：(1)推理从前提推出结论，而论证则是先有论题(或结论)，然后再围绕论题寻找正当性根据。(2)推理有固定的形式和步骤，而论证是各种推理的综合运用，没有固定不变的方向。(3)论证有明确的目的性，而推理则没有。(4)论证常常发生在交互活动中，而推理则更多地体现为个人的思考或推想。[③]

法律论证主要是一个建构或验证法律推理的大前提(法律规范)及证立大小前提之间逻辑关系的过程，而对于推理的小前提——案件事实的确认，主要在诉讼法领域的证据规则中进行讨论。法官判案并不能任意拿出现成的法律径行判决，哪怕在极其简单的案件中，法官也应清楚地知道作为判案依据的为什么是这个条文而不是其他条文，为什么对所选择的法律条文作这样的而不是另外的解释。该过程可称作"法律发现"。其实，"法律发现是一种使生活事实与规范相互对应，一种调适，一种同化的过程"[④]。也就是说，法律论证还要根据所选定和解释的法律规范来分析生活事实，使特定的法律规范与具体的事实状况建立一种联系。在考夫曼看来，这个过程从两方面进行：一方面，生活事实必须具有规范的资格，必须与规范产生关联，必须符合规范。这实际上就是在规范观点下对特定生活事实进行筛选。另一方面，规范必须符合生活事实，即通过"法律解释"使相

---

① 黄竹胜.法律论证：概念架构与语义分析[J].广西师范大学学报(哲学社会科学版)，2003(2)：27-32.

② 麦考密克.法律推理与法律理论[M].姜峰，译.北京：法律出版社，2005：11.

③ 刘治斌.法律论证释义[J].甘肃教育学院学报(社会科学版)，2003(3)：78-81.

④ 考夫曼.类推与"事物本质"——兼论类型理论[M].吴从周，译.台北：学林文化事业有限公司，1999：87.

关的法律规范与特定案件事实相适应。恩吉施形象地将此过程描述为"(法官)在法律要件和生活事实之间不停地左顾右盼"或"一种目光往返来回于大前提与事实之间的过程"。"我们不能把案件事实与法条间的'眼光之往返流转'想象为：只是判断者眼光方向的改变，其毋宁是一种思想过程，于此，'未经加工的案件事实'逐渐转化为最终的(作为陈述的)案件事实，而(未经加工的)规范条文也转化为足够具体而适宜判断案件事实的规范形式。这个程序以提出法律问题始，而以对此问题作终局的(肯定或否定的)答复终。"①因而，法律论证的过程实际上是法律规范与具体事实的双向运动过程。它既是关于事实命题的普遍化过程(即只有对案件事实问题进行抽象，才能使其与规范性法律之间建构起逻辑推理的桥梁)，又是法律规范的个别化过程(因为法律规范只有与其所欲调整的案件结合，法律才能产生规范的力量)。②

二、法律论证的进路

一般认为，法律论证的基本方法或进路有五种：事实、价值、逻辑、修辞和对话。

(一)法律论证的事实进路

各种各样的法律实证主义者认为，法律判断或命题的正当性根据不能建立在虚幻的假设基础之上，而必须建立在现实基础之上。如法律是如何规定的？当事人是在怎样的情境下做出某种行为的？证据事实有哪些？等等。实证主义理论从事实进路来解释法律判断正当性的根据，虽然解决了法律判断的现实性问题，但或多或少地忽视了法律的价值，忽视了法律的道德性。我们能够由法律判断是现实的，就进而断定其是合理的吗？答案显然是很难肯定的。

(二)法律论证的价值论进路

法律论证的价值论进路，即依靠比实在法具有更高价值的东西来论证法律判断的正当性。从古希腊以来的各种自然法学者是这一进路的坚定拥护者。他们坚信，在"实在法"的背后，一定存在一种普遍有效的、永恒的"应然法"，这种"应然法"是评判实在的法律判断是否具有法律效力的最终依据。就某种法律行为的正当性而言，重要的不是看它是否符合实在法规范，而是看它是否符合公平正义的价值取向及人类的生存与发展。但由于社会的价值和价值判断是多元的，而价值论进路只能选择某一种展开；该选择在多大范围是可欲的，这非常值得怀疑。

---

① 拉伦茨. 法学方法论[M]. 陈爱娥，译. 北京：商务印书馆，2003：162-163.
② 陈金钊. 法律论证及其意义[J]. 河南省政法管理干部学院学报，2004(4)：39-42.

(三) 法律论证的逻辑进路

一些学者如凯尔森、克卢格、菲特丽丝和魏因贝格尔等，试图从逻辑角度为法律判断的正当性确立某种根据。这一进路又可以分为两个分支性的理论：一是融贯论，二是逻辑推导论。前者说的是，如果一个法律判断与某一个法律系统是融贯的、不矛盾的，那么它就是正当的。后者说的是，如果一个法律判断是由某一法律系统中的另外的法律判断推导而来的，那么它就是正当的。

在法律论证中，逻辑方法的基本要求就是形式有效性，无论什么样的法律结论，都必须从前提中"合乎逻辑"地推导出来，即大前提、小前提和结论这三者之间的关系必须在逻辑上是有效的。亚里士多德的三段论逻辑便属于此类。与此同时，逻辑方法还要求法律论辩必须前后一致，不能"前言不搭后语"。但也有学者认为，法律论证的逻辑取向应是非形式逻辑、注重思维内容真实性和理由。①

(四) 法律论证的修辞学进路

修辞学进路注重的是法律论证的内容及其可接受性以及对语境的依赖。

佩雷尔曼的"新修辞学"奠定在"听众理论"的基础上。"听众就是讲话者想通过其论证来影响的人的总称。"②听众可以指一个具体的人群，如法庭或议会中的成员；如果论辩者向这样一些"特定听众"讲话，其论证旨在"劝说"这一听众。听众也可以指所有被认为是理性的人；求得这些言说者虚拟的"普泛听众"认同的论证，称为"说服"。佩雷尔曼认为，裁判的正当性取决于"普泛听众"的认同，后者构成了论证合理性与价值判断客观性的标准。就作为言说者的法官而言，他需要面对争议当事人、法律职业者、社会公众三类群体。在佩雷尔曼看来，法律论证或论辩旨在通过表明某种选择、决定或取向较之同时存在的其他各种选择、决定或取向更为可取来说服对方，令对方信服。

在法律论证实践中，修辞进路是以正确适用法律、有效解决纠纷为目的，使用各种语言技巧说明判决结论在内容上是正当的，说服他人接受判决结论的一种方法。与逻辑方法不同，修辞是以已经获得普遍接受的命题——共识为出发点，旨在说服他人接受某一具有争议性的命题或观点。修辞方法的应用场合，一方面是针对逻辑推理的大前提的可论辩性，当事人及其律师会尽其所能说服法官采纳己方所援引的法律规定，法官也应当就其所据以裁判的法律规定说明理由；另一方面，判决结论作出后，法官应当使用正当的修辞方法，说服当事人、法律职业

---

① 张晓光. 法律论证的逻辑取向[J]. 政法论丛, 2008(3).

② Perelman C, Olbrechts-Tyteca L. The New Rheroric: A Treatise on Argumentation[M]. Notre Dane University of Notre Dane Press, 1969: 19.

共同体以及社会公众接受该结论，以使判决产生相应的社会实效。[1]

（五）法律论证的理性商谈进路

在古希腊时期，论辩术就被当作一种专门的技艺传授，主要应用于公众集会场合和法庭上，论辩行为在当时被当作是发现真理、展现智慧的一种方式。其基本程序是：首先确定一个需要讨论的论题，比如"苏格拉底是否应当被处死"，然后讨论双方分别提出一个构成这一论题的肯定观点或否定观点，并举出支持的若干理由；通过反复论辩，衡量正反两方面理由的轻重，最后得出这一论题的结论，并说明原因。这一方法后来被哈贝马斯、阿列克西等人发展为法律论证的理性商谈方法。

如果说法律论证的逻辑方法侧重于形式有效性，修辞方法涉及论证的内容方面，那么理性商谈方法则强调程序上的正当化。在商谈理论看来，法律论证的过程是一个双向而非单向运行的理性交谈或论辩过程。为交谈或论辩预设一定的规则是使法律论证合理和充分进行的必要措施。如每个参与论证者都享有平等的发言权，都可以提出自己的主张；任何人只能主张自己相信的东西，且不得自我矛盾；任何人都可以质疑任何主张，被质疑的主张方有义务直接回答相关质疑，合理承担举证责任；主张必须以已经生效的法律规则为依据，依据法律原则提出自己的主张时则必须确切地证明没有相应的法律规则存在并证明该法律原则存在的真实性、中立性和不偏不倚；任何人不得在法庭上借用公共舆论、领导意见、公共政策、道德、宗教教义支持自己的主张而给对方及法庭施加压力；法官不得发表有利于某一方的诱导性言论；司法决定（包括司法判决、决定、裁定等）形成者须实际参与案件审理的全部过程；等等。

总之，论证规则的作用在于保证在法律论证过程中，每个人都能够理性地讨论相关的法律问题，使论证活动可以理性地进行，使司法决定可以避免武断的意见并建立在充分论证的基础上。

✦ 思维弹射

1. 苏人出商于外，其妻蓄鸡数只，以待其归。数年方返，杀鸡食之，夫即死。邻人疑有外奸，首之太守姚公。鞫之，无他故。意其鸡有毒，令人觅老鸡，与当死囚遍食之，果杀二人，狱遂白。盖鸡食蜈蚣百虫，久则蓄毒，故养生家鸡老不食，又夏不食鸡。（[明]冯梦龙：《智囊全集·察智部卷九》）

试结合上述案例，谈谈从事法律职业应具备哪些素养？

---

[1]　孙春增. 法理学要义[M]. 北京：北京大学出版社，2008：321.

2. 2003 年 7 月，年过七旬的王某过世，之前立下一份"打油诗"遗嘱："本人年已过七旬，一旦病危莫抢救；人老病死本常事，古今无人寿长久；老伴子女莫悲愁，安乐停药助我休；不搞哀悼不奏乐，免得干扰邻和友；遗体器官若能用，解剖赠送我原求；病体器官无处要，育树肥花环境秀；我的一半财产权，交由老伴可拥有；上述遗愿能实现，我在地下乐悠悠。"对于王某遗嘱中"我的一半财产权"所涉及的住房，指的是"整个房子的一半"，还是"属于父亲份额的一半"，家人之间有不同的理解。儿子认为，父亲所述应理解为母亲应该继承属于父亲那部分房产的一半，而不是整个房产的一半。王某老伴坚持认为，这套房子是其与丈夫的共同财产，自己应拥有整个房产（包括属于丈夫的另一半房产）。

假如你是办理此案的法官，你对此作何理解与解释？

第十一章
法的国家化、国际化与全球化

🔊 **法海潜航**

　　江苏人尚文学，习武者少，然武科不能废，当岁试之年，辄搜罗充数，往往不及额而止。无赖者幸博一衿，不求上进，每横于一乡，不特闾里苦之，即地方官亦苦之。尝闻前华亭令云梦许(治)君治鞫一事，不禁为之失笑。许君为政以廉干名，一日者，有武生扭一乡人至县，喧诉，许讯其故，则乡人入城担粪，误触生，污其衣，已经途人排解，令代为浣濯及服礼，而生不可，必欲痛挞之而后已。许询悉其情，亦拍案大怒曰："尔小人乃粗心，擅污秀才衣，法当重责！"乡人惶恐乞怜。许良久曰："姑宽尔。"令生坐于堂侧，而饬乡人向之叩头百以谢罪。叩至七十余，许忽曰："我几忘之，尔之秀才，文乎？武乎？"对曰："是武。"则又蹶然曰："我大误。文秀才应叩一百，武则一半可矣。今多叩二十余头，尔应还之。"复令乡人高坐，而捉武生还叩。生不肯，则令皂隶挟持而抑其首，叩还二十余，乃释。生大怒走出。许抚掌大笑。邑人观者，闻者，亦无不大笑也。([清]诸联:《明斋小识·还磕头》)

　　你如何看待华亭县令许治的办案方法？

　　法律既是一定社会政治、经济和文化的产物，一旦形成，作为一个整体，它又有着自身独特的生命轨迹和内在的成长机制。法从起源发展演变到今天的漫长历史过程，可以简要地称为法的国家化、国际化和全球化进程。

第一节 法的起源

一、原始人的社会组织和社会规范

据考古学家的最新研究证明，作为人类远祖的猿猴大致出现在 5000 万年前。而最古老的人科生物是距今 500 万~150 万年前生活在非洲的南方古猿。考古工作者已经发现了生活在大约 350 万~260 万年前的南方古猿制造的工具和狩猎活动的遗迹，由此开始了人和人类社会形成的起点。一般认为，整个原始社会大体分为原始群和氏族公社两个时期，而后者又包括母系氏族公社和父系氏族公社两个阶段。

任何形态的社会都需要通过一定的社会组织和社会规范来调整与控制人们的社会行为和社会关系。最初的人类社会，生产力水平极其低下，生产工具极为简陋。面对残酷的大自然，人们只能以血缘关系为基础结成一定的群体（即氏族），共同采集和渔猎，勉强维持自身的生存。氏族是原始社会最基本、最典型的社会组织形式，也是社会生产和消费的基本单位。氏族的权威系统是由氏族议事会和氏族首领构成的。氏族议事会是由氏族全体成员组成的，是最高的议事机关，一切重大事情都由全体成员平等地讨论决定，不存在专门管理社会的特殊权力机关。氏族首领是在社会生产和管理活动中产生出来的德高望重的长者。他们没有任何特权，与其他氏族成员一样，平等地参加劳动和分配劳动产品。他们的权威来自他们的勤劳、勇敢、智慧、对人友爱与平等。

与生产力水平相适应，原始人的社会规范（通常简称"原始规范"）也是经过漫长的历史演化由低级到高级、由简单到复杂逐步形成和发展的。它主要表现为禁忌、图腾、原始习惯和原始习惯法。法国人类学家列维 - 布留尔（1857—1939）《原始思维》一书中关于原始人受互渗律支配的集体表象理论，对我们理解原始禁忌和图腾很有启示。[①] 而英国功能主义人类学家马林诺夫斯基（1884—1942）的《西太平洋的航海者》（1922 年）和弟子埃文思-普里查德（1902—1973）的《努尔人》（1940 年），对我们认识原始人的生活及其社会组织和社会规范亦具有较大的价值。前者描述的是 20 世纪初居住在特罗布里恩群岛上、还处于母系社会的土著人，他们有明显的等级观念和权威意识。[②] 后者反映的是位于非洲苏丹

---

① 布留尔. 原始思维[M]. 丁由，译. 北京：商务印书馆：2022：62-98.
② 马林诺夫斯基. 西太平洋上的航海者[M]. 弓秀英，译. 北京：商务印书馆，2017：84，86，95，109-110.

南部、属于父系部落的努尔人的生活，他们没有任何政府，也没有法律，甚至"没有主人，也没有奴仆，只有彼此平等的人"。①

二、禁忌与图腾——法律的源头

18世纪意大利人文学者维柯把原始规范的起源归结为人类对自然现象的好奇心和惊奇感的产生。② 恩格斯则认为规范最初来源于初民（原始人）对"超自然的神秘力量"的认识和崇拜。与此相适应，最早出现的原始人类的规范多带有崇拜性和禁止性的特点，而原始的禁忌与图腾就成为人类后来一切规范（包括道德、宗教、法律）的总源头。

禁忌，或称"塔布"（taboo，tabu），原为南太平洋波利尼西亚汤加岛人的土语，"有着两个对立方面的意义。一方面，它指'神圣的'（sacred）、'献祭的'（consecrated）；另一方面，它指'诡秘可怕的'（uncanny）、'危险的'（dangerous）、'受禁的'（forbidden）和'不洁的'（unclean）。……因此，'塔布'具有不可接近之物的意义"③。实际上前者指的是图腾，后者则是禁忌。

在严格而普遍的意义上，禁忌"是关于社会行为、信仰活动的某种约束限制观念和做法的总称。"④原始人在与自然和相互之间的交际中发现，某些特定的事物、现象或人本身，被以自然的、直接或间接的、传染的方式附着一种神秘的"灵力"（mana，曼那），而成为"似魔鬼的""不洁的"或"神圣的""不可接触的"对象。这种原始的观念就是原始人心目中的禁忌物，并由此产生人类历史上最早的禁制。任骋认为，"禁忌是人类自我约束与自律的最基本和最原始的形式，乃初民状态唯一的社会约束力"⑤。在张冠梓看来，"禁忌作为一种最原始、最特殊的社会规范形式，实际上是人类最古老的无形法律，最起码也是类似于法律的初级社会控制形态"。⑥

在原始人的生活中，禁忌（制）的表现形式多样，其中有关食物和性的禁忌，被看作是人类社会最早的禁止性规范。食物禁忌和性禁忌大致发生在100万年前原始的直立人阶段。这时期经济生活开始了采集与狩猎的自然分工，两性关系为血缘群婚，人们刚刚学会使用分节语和手势语，原始意识初步形成。⑦

"图腾"为印第安语totem的音译，源于北美奥杰布韦（Ojibwa）族方言

---

① 埃文思-普里查德. 努尔人[M]. 褚建芳，译. 北京：商务印书馆，2017：264-266.

② 维柯. 新科学：上册[M]. 朱光潜，译. 北京：商务印书馆，1989：184-196.

③ 弗洛伊德. 图腾与禁忌[M]. 车文博，邵迎生，译. 北京：九州出版社，2014：023.

④ 乌丙安. 中国民俗学[M]. 沈阳：辽宁大学出版社，1985：279.

⑤ 任骋. 中国民间禁忌[M]. 北京：作家出版社，1991：6，14.

⑥ 张冠梓. 禁忌：类同于法律属性的初级社会控制形态[J]. 中央民族大学学报（哲学社会科学版），2002(4)：54-58.

⑦ 周长龄. 法律的起源[M]. 北京：中国人民公安大学出版社，1997：108-110.

ototeman，即"我的亲属"。① "图腾制建立在万物有灵的基础上，虽然后来渐渐同万物有灵论无关了。图腾是一个被视为有精灵附体的动物、石头、人工制品或任何东西，凡属这个图腾集团的成员都同这种精灵有血统关系。"② 随着原始文化的演变，"图腾"一词先后包含三层含义，即血缘亲属、祖先、保护神。③ 事实上，图腾就是标志或象征某一群体或个人的一种动物、植物或其他物件。而"图腾崇拜"，指深信一个群体、个人与某一图腾有亲缘关系或神秘关系。它产生在 25～20 万年前，处于旧石器的初期向旧石器中期过渡的时期，是随着氏族社会的出现而产生的，是氏族社会的自然崇拜。④ 图腾崇拜的特征表现为：(1)崇拜者视图腾为伴侣、亲人、保护者、祖先或帮手，人们尊敬、崇拜图腾，但也畏惧图腾；(2)用特殊的名称或徽号代表图腾；(3)崇拜者在一定程度上与图腾合而为一，或用象征的方法表示与图腾同化；(4)氏族规定不得屠宰、食用或接触图腾；(5)举行图腾崇拜的特殊仪式。⑤ 图腾崇拜派生出原始人对图腾的行为、食用、称谓(语言)及婚姻的禁忌规则，例如，禁止直呼图腾之名，禁止观瞧图腾物，属于同一图腾群体的氏族男女成员之间禁止通婚等等。

图腾和禁忌有联系，也有区别。就联系而言，图腾是随原始禁忌的演进而产生的，而且图腾制度中既有图腾崇拜，也有图腾禁忌。就区别而论，图腾是一种神圣的早期祖宗崇拜观念及规范，是法律权威和权力及积极性义务(作为义务)的始基(尽管图腾禁忌也关涉禁止性义务)；而禁忌和禁制则主要是防范人们亵渎神圣事物、触及危险或不洁的东西，是后来法律禁止性义务的源头。禁忌(包括图腾禁忌)规则在原始氏族生产和生活中具有惩戒和协调作用，一旦有人触犯氏族的禁忌，则可能被处以忏悔、献祭或驱逐出氏族。这种伴随人类惩罚(而不是仅依赖自然惩罚)的禁止性规范，是后世一切惩罚性规范(包括惩罚性习惯和法律)的萌芽。

就其性质言，原始禁忌(食物禁忌、性禁忌和图腾禁忌等)和图腾崇拜是"人类的童年时代"(蒙昧时代)存在的准宗教现象，是原始群体生活中的唯一约束力。它反映出原始人类对自然、自我类群的生存及相互关系的朦胧认识，并半自发、半自觉地通过敬仰或禁止、抑制的方式对人们的行为和心理产生影响，从而形成社会凝聚力，起着社会调控和社会整合的作用。

---

① 斯特劳斯. 图腾制度[M]. 渠敬东，译. 北京：商务印书馆，2015：23.
② 韦伯. 经济通史[M]. 姚曾廙，译. 上海：上海三联书店，2006：27.
③ 何星亮. 图腾文化与人类诸文化的起源[M]. 北京：中国文联出版公司，1991：14-18.
④ 周长龄. 法律的起源[M]. 北京：中国人民公安大学出版社，1997：118.
⑤ 简明不列颠百科全书(8)[M]. 北京：中国大百科全书出版社，1986：22.

三、从原始习惯到原始习惯法

(一)原始习惯——文明社会法律的胚胎

"习惯"是个多义词,通常是指人们在长期的生产和生活中自然而然逐渐养成,或由于重复和练习而巩固下来的某些行为方式和生活准则。而法学意义的"习惯"是指以人们的社会关系为调节对象,并被普遍遵循的社会习俗和惯例。

在由原始群阶段向氏族社会演进的过程中,原始人类逐渐形成并被氏族社会普遍遵守的处理各种生产和生活关系的"氏族习惯"或"原始习惯"。国内有学者认为,原始习惯的产生,一是来自禁忌规则,二是来自最初的商品生产和商品交换的需要,三是源于氏族组织为实现公共职能而进行的活动。[①]

在各种原始习惯中,复仇是氏族社会最重要的习惯,具有广泛性和普遍性。

作为被害人或其亲属对加害人所采取的报复行为,复仇原本是人基于动物本能自发抵抗侵害的个人行为。随着氏族社会的逐渐形成,复仇变成了受害者的整个氏族的集体行动,成为氏族成员的共同义务。这种集体行动后来演化为氏族社会的一项习惯,经历了血族复仇、血亲复仇和同态复仇三个阶段。(1)血族复仇。即氏族社会早期,一个氏族的成员被另一氏族的成员加害时,被害者的整个氏族向加害者氏族进行报复,甚至演变成部落和部落联盟之间的战争,因而具有相当大的代价和危险性。(2)血亲复仇。到氏族社会中期,复仇通过被害者近亲属对加害者近亲属实施报复来实现。由于报复的范围缩小,血亲复仇给整个氏族带来的危险也相对减小,有利于氏族的生存和繁衍。(3)同态复仇。指以大体相当的程度、方式和数量对加害行为所实施的报复,所谓"以牙还牙,以眼还眼,以命偿命"。同态复仇习惯是原始人类为避免血族(或血亲)复仇的毁灭性后果而做出的自然选择,也是人类从蒙昧、野蛮走向半开化和文明的标志。

除复仇习惯外,原始氏族习惯的内容还包括:有关氏族酋长或军事首领的推选和撤换;氏族议事会的活动;氏族内禁止通婚;氏族成员财产的相互继承;外族人的收养和接纳;祭祀和宗教仪式的举行;等等。这些习惯在以血缘关系为纽带的氏族内部通行,为氏族成员所自觉遵守。

(二)原始习惯法的形成

有学者认为,早在血缘家族之后的母系氏族公社时期,由于生产力的发展以及随之发生的原始氏族社会关系的变革,原始习惯便开始向原始习惯法,即文明社会最初的法演变。[②] 以复仇为例,从血族复仇、血亲复仇到同态复仇、复仇期限

---

① 周长龄. 法律的起源[M]. 北京:中国人民公安大学出版社,1997:126-128.

② 谢石松. 再论马克思主义关于法的起源观[J]. 法学评论,1998(6):46-52.

以至赎罪的出现，就较为完整地体现了原始习惯向原始习惯法演变的全过程。通常所说的"血仇"（blood-feud）实际上是指血亲复仇，即对杀人的罪责和实施复仇的责任只是直接落在杀人者和被杀者的父系近亲身上。在位于非洲苏丹南部的努尔人父系社会，"血仇是一种部落性的制度，这是因为，由于血仇是人们获取赔偿的途径，只有在人们承认某种行为属于违法之列的地方，血仇才可能发生。事实上，对于可能会招致血仇的畏惧是部落内部最为重要的法律约束力量，也是对个体的生命和财产的主要保障力量"。①

习惯法是指经过社会或国家认可的、具有普通约束力，并由公共权力保障实施的习惯。习惯法与习惯的区别，主要是：第一，在一定范围内为众多的社会群体或国家所认可与遵循，从而是一种一般性调整而非个别调整；第二，发生纠纷时交由中立的第三者裁断；第三，权威化的物质强制力。早期习惯法主要靠社会舆论、氏族议事会的权威等社会强制力来保障其实施。在氏族社会末期，法庭和诉讼已经成为保障原始习惯法实施的手段。随着国家的产生，习惯法逐渐向成文法过渡，国家强制力逐渐成为保障法律施行的主要工具。②

第二节 国家法的产生

原始习惯法演变为国家法，这是法的国家化进程的基本标志和最初形态。

一、国家法产生的必然性及标志

（一）国家起源的两种路径

现代人类学发现，从原始社会的氏族部落制度发展到国家，有两个基本路径或模式，即部落联盟和酋邦。

部落联盟是 19 世纪美国著名人类学家摩尔根（Lewis Henry Morgan，1818—1881）对北美一些部落联合体的称呼。摩尔根发现，其家乡的易洛魁人部落联盟具有如下特点：(1)由几个存在亲缘关系的部落自愿组成，各个部落之间的地位是平等的。(2)每个部落的内部事务实行内部自治，联盟首领由他们所属的各个部落选举产生和罢免。(3)属于整个联盟的事务由联盟首领大会讨论决定；每个联盟首领都可以就公共问题在联盟大会上发表意见，并按部落投票；公共法令必须得到联盟会议的一致通过才有效。(4)联盟没有最高行政长官或正式首脑。

① 埃文思-普里查德. 努尔人[M]. 褚建芳，译. 北京：商务印书馆，2017：222.
② 胡平仁. 法理学基础问题研究[M]. 长沙：中南大学出版社，2001：11.

（5）设有军事统帅，为双职，两名统帅的权力是平等的，可以相互节制。①

　　我国学界受摩尔根的影响，长期误认为部落联盟是从原始社会（氏族—部落体制）向文明社会（国家体制）过渡的唯一形态。而现代人类学证明，原始社会组织的发展绝大多数经历了氏族—部落形式，但进一步发展就出现了不同的路径，"'部落联盟'是非常不具有代表性的"，②更多的地方是形成酋邦。"酋邦（chiefdoms）是两个或多个地方群体在单个统治者——酋长——之下借以组织起来的区域政治机构，酋长在人们的等级体系中列首位。……那些与酋长最亲密的人在官方地位等级中居高位，而且那些处于较低等级者对他们毕恭毕敬。""酋长的职务通常是终生的，而且往往是世袭的，由一个男子传给他自己的儿子或者他姐妹的儿子，这取决于继嗣是根据父系的还是根据母系而定。……一个酋长可以在其共同体成员中分配土地，还可以招募人民为他服兵役。在酋邦中，有一种认可的等级体系，它由控制着主要和次要权力机关的主要和次要的官员组成。"③这意味着酋邦制社会（无论是父系还是母系）已经在一定程度上产生了中央集权的权力分层体系，这与国家权力体系已经非常相似了。

（二）国家法产生的历史必然性

　　这里所说的国家法，是相对于原始习惯法和国家产生以后的民间法、国际法而言的，包括制定法、判例法和国家认可的习惯法。在原始社会末期至封建社会早期，国家制定的成文法很少，更没有判例法，大量的是国家认可的习惯法，许多成文法实际上也是以文字记载下来的习惯法。

　　在母系氏族社会向父系氏族社会的过渡时期（野蛮时代的中级阶段），原始人类开始制造和使用青铜器。金属工具的出现，极大地提高了劳动生产率，使个体劳动成为可能。由此引发出两个结果：一是社会分工的出现，即人类历史上的第一次社会大分工：农业和畜牧业的分离；二是每个人的劳动产品除了维持本人的生存以外，开始有了剩余。社会分工和个人劳动产品剩余的出现，又必然引发出三个直接的结果：一是产品交换的出现和不断扩大；二是私有观念的产生，劳动产品开始逐渐落到个人手中；三是吸收新劳动力变为有利可图的事情，战俘因此不再被杀死，而作为奴隶被保留下来，这就产生了人类社会第一代剥削者和被剥削者——主人和奴隶。一些反映这一时期社会—经济结构变化（私有制和阶级之胚胎状态）的氏族习惯法得以产生，诸如家庭对耕地的占有、确认父权和父系宗亲财产继承等。一些学者则认为，"由部落联盟机关制定、认可并保障实施的，对

①　摩尔根. 古代社会（上）[M]. 杨东莼，马雍，马巨，译. 北京：商务印书馆1981：125-126.

②　谢维扬. 中国早期国家[M]. 浙江人民出版社，1995：36.

③　哈维兰. 文化人类学[M]. 10版. 瞿铁鹏，张钰，译. 上海：上海社会科学院出版社，2005：357-358.

所属范围内各氏族具有约束力的行为规范，就是最初的法律"。[①]

原始社会进入父系氏族阶段(野蛮时代的高级阶段)后，开始使用铁器，个体劳动成为普遍可能的事情，人口也日渐增多，犁耕农业得到发展，发生了第二次社会大分工(手工业和农业的分离)，商品和货币开始出现，人类已发明文字。物质生产和精神生产的分离，也打破了人们过去那种共同劳动、共同消费的生活秩序，原来纯粹以血缘为纽带的社会组织逐渐被以地域与疆界为统属关系的社会组织所代替，即在氏族群体之上形成了由血缘、婚姻和利益纽带结成的新的权力实体：部落、部落联盟或酋邦。随后，父权家庭逐渐向一夫一妻制家庭过渡。这些因素均影响着氏族习惯法的发展，例如，土地个人占有的习惯，财产由父系子女继承的习惯，具有刑罚(惩罚)功能的习惯，等等。其中父系子女继承财产的习惯，使财富逐渐积累于家庭之中，出现了个体家庭私有制。特别是随着父系氏族社会末期第三次社会大分工(商业与农业的分离)、贸易的扩大、货币和货币高利贷以及土地所有权和抵押品的出现，原来属于氏族内部的自由人也开始大批沦为债务人，继而沦为奴隶。人们过去那种原始的平等友爱关系逐渐由压迫与被压迫、剥削与被剥削的关系所取代，私有制度得以确立。正如马克思所说："同一氏族内部的财产差别把利益一致变为氏族成员之间的对抗。"[②]

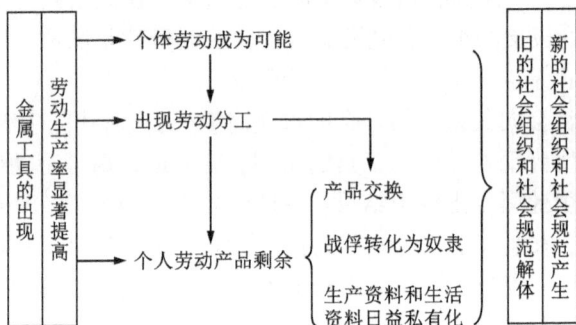

图 11-1　国家法产生的历史必然性示意图

在新的社会关系面前，社会自身再也无力解决这种对立的冲突了。为了不使社会和互相冲突的阶级在残酷的斗争中同归于尽，便需要有一个凌驾于社会之上的力量，把这种阶级冲突控制在秩序的范围内。由此产生了由特殊的公共权力强制确立社会成员的权利和义务的必要。于是，趋于成熟的政治国家在有选择地认可原始习惯法的基础上，开始创制成文法。

---

①　武树臣，等.中国传统法律文化[M].北京：北京大学出版社,1996：19.
②　马克思.摩尔根《古代社会》一书摘要[M].北京：人民出版社,1978：191.

(三)国家法产生的主要标志

关于法律(国家法)产生的主要标志,有的认为是国家的产生、权利与义务的分离、诉讼与司法(审判)的出现;①有的则认为是法律概念的产生、刑罚体系的发达、专门的裁判机关(法院)的出现、诉讼程序(仪式)的形成和监狱的建立。② 法社会学创始人埃利希则认为,国家法的出现比国家司法要晚得多。"早期阶段,法律记述由私人受国家委托来撰拟或者为国家所认可,这种法律记述尤其汇集了法院据以行为和进行判决的规范。然而,它本身还不是国法,即使这种流传物已经具有了添加和变更的内容。"③在埃利希看来,国家法只能来自法院和其他国家机关的掌控者;其产生的条件是:(1)国家的行政和司法秩序上必须存在一定程度的统一性;(2)国家必须拥有很发达的权力手段,包括一定程度的军事发展和一定种类的警察部门,以便中央所发布的命令可以通行于全国;(3)国法与民众的心理条件相联系,在这里,读写的技艺起着重要的作用。

笔者认为,上述第一种观点的主要问题是"权利与义务的分离",除了古罗马法以外,在绝大多数国家都是很迟的事情(基本上是近代以后),因而以其作为法律(国家法)产生的标志显然不合适。而埃利希的观点虽然很有道理(尤其是第一、二个条件),但他把国家法局限在国家成文法,而排除国家习惯法,有失妥当。即使是在国法一统天下的今天,国家习惯法(如各种行政惯例和司法惯例)也依然在发挥着重要的作用。因此,笔者更倾向于第二种观点,并认为国家的产生是国家法形成的根本标志。

(1)国家的产生。史学界一般认为国家的起源有三大标志:城市、文字、金属工具。其中"文字"这一标志的合理性越来越受到考古学界的质疑。笔者认为,金属工具的使用促进了劳动生产率的显著提高,进而引发劳动分工和产品交换,从而摧毁了氏族、部落等原始共同体;由简单集市发展而来的城市的兴起,为早期国家的产生奠定了物质和社会基础;而公共权力阶层的出现,则是早期国家产生的关键标志。

(2)法律概念的形成。法律观念和概念,如法、权利、义务、人格、契约、债、盗窃、罪责、讼、狱等,是文明时代的产物,它们是随着社会事务的复杂化和人类认知能力的增强而形成的。专门法律概念的存在,摆脱了原始人类模糊的、浑然一体的观念,可以看作是社会规范发展的一个进步。

(3)专门的裁判机关(法院)和诉讼程序(仪式)的出现。争讼的裁判,在父系

---

① 沈宗灵. 法理学[M]. 北京:高等教育出版社,1994:84;张文显. 法理学[M]. 3版.北京:法律出版社,2007:45-46.

② 葛洪义. 法理学[M]. 北京:中国政法大学出版社,1997:187.

③ 埃利希. 法社会学原理[M]. 舒国滢,译. 北京:中国大百科全书出版社,2009:150.

氏族社会即开始存在，通常由氏族酋长或部落议事会行使此项职能。但真正专门的裁判机关(法院)的出现，还是国家职能的复杂化和职能分工的结果。"法院不是作为国家的机关，而是作为社会的机关而产生。法院的职能原本只在于根据相互之间已存在关系的氏族和家庭的委托，来对下列问题进行裁断：不同团体成员之间的争端是可以通过赎金来抵消，还是必须以流血来赎罪，必要时确定赎罪金的幅度。"①埃利希这一观点，仅仅在用"法院"来"比喻"原始社会承担裁判纠纷职能的权威人士或组织的意义上，才是正确的。美国法学家赞恩曾指出："巫师最初似乎是从事法律的法官，但后来被所谓的布雷恩——职业法官阶层——所取代。"②有关诉讼种类的确定和诉讼权利的划分，诉讼过程和仪式的规定等，也都是法律活动专门化的表征。

(4)刑罚体系和监狱的建立。刑罚及其种类的多样化，是阶级社会矛盾和冲突的反映和必然要求，也是阶级社会的创造。惩罚性几乎成为法律的一个本质的特征。早期的法律亦多为刑法。"法典愈古老，它的刑事立法就愈详细、愈完备。"③狱制的渊源虽然可以追溯至原始时代，但就其本质而言还是国家的法律制度，监狱也只是作为国家的一个重要的暴力机关并为了刑罚的实现而存在的。

二、东方国家法的产生

人类社会最早出现国家和国家法的地区，是位于世界东方的古埃及、苏美尔、古印度和中国。④

(一)古代埃及"诺姆国家"的形成与国家法的产生

埃及地处东北非，是欧、亚、非三大洲的联结点。它北临地中海与克里特岛、巴尔干半岛诸国隔海相望，东北紧靠西奈半岛与西亚相通，东隔红海与阿拉伯半岛毗邻，南部是努比亚(今苏丹)，西面是利比亚。埃及又是非洲第一大河尼罗河的女儿。这些得天独厚的自然条件和由河流定期泛滥所形成的肥沃泥土与自然灌溉农业，使得埃及在人类历史上远在公元前5000年至4000年的铜石并用时代，而不是铁器时代，就第一个跨进文明时代的门槛，并在公元前3500年左右产生了诺姆国家。

"诺姆"源自希腊语 Noμós，意为"行政区"；埃及语为 Gau，其象形文字是一块被很多水渠分为若干片的土地，很像中国《尔雅》中所说"水中可居曰洲"，因此也翻译作"州"。诺姆都有一个处于交通要道上的城市，是从部落或者部落联盟转

① 埃利希. 法社会学原理[M]. 舒国滢，译. 北京：中国大百科全书出版社，2009：126.
② 赞恩. 法律的故事[M]. 刘昕，胡凝，译. 南京：江苏人民出版社，1998：52.
③ 梅因. 古代法[M]. 沈景一，译. 北京：商务印书馆，1984：207.
④ 胡平仁. 法理学基础问题研究[M]. 长沙：中南大学出版社，2001：15-18.

变而来的一种城邦式的国家(city-state),即在一定区域内的单中心形成的"城市—农村"复合体,拥有独立的自治权。国王是国家最高的军事首领,又是祭司长和最高法官。根据考古发现的生产工具、城市建筑遗址、墓葬,以及王冠、王徽、文字等史料和文物,我国世界古代史学者一般认为,古代埃及诺姆国家萌芽于涅伽达文化Ⅰ(公元前 4000 年至公元前 3500 年)的末期;到涅伽达文化Ⅱ时期(公元前 3500 年至公元前 3100 年)才最终形成。当时在上埃及和下埃及共有40 多个诺姆,大多面积不大。

伴随着埃及文明和诺姆国家的产生,古埃及应该有过人类法制史上最早的、与其辉煌的文明相匹配的法律。遗憾的是,迄今为止,在埃及的历史文物中,尚未发现公元前 25 世纪以前的任何有关法律的文物资料,更没有发现这期间的成文法典或法律汇编。人们只能根据一些古典作家有关古代埃及的著述、考古发现的铭文、法老发布的敕令,以及诉讼文件、审判记录、证书等,来管窥古代埃及法律之一斑。根据传说,古埃及曾有过公元前 3100 年统一上、下埃及的美尼斯的立法,但现在能够确切知道的埃及文字中最重要的文献,是形成于公元前 2600 余年的《梅腾墓铭文》。从该铭文可以看出,埃及早在古王国第三、四王朝之际就已有了土地买卖、继承、转让等现象的发生。至今流传下来的埃及最古的一篇立法文献是第五王朝(约公元前 2489 至公元前 2345 年)的《涅菲利勒卡拉王的阿拜多斯敕令》。①

(二)苏美尔城邦法的产生

位于西亚的美索不达米亚(古希腊人对幼发拉底河与底格里斯河两河流域的指称),苏美尔文明可以溯源至公元前 5000 年至公元前 4300 年的埃利都文化。"乌尔发现的最早的墓葬,以及乌尔王陵和大量精美的随葬品,年代上按整数计算大约可以追溯至公元前 3500 年。"这"比起古埃及的第一王朝或许还要更古老一些"。除了楔形文字以外,苏美尔人还有众多伟大的发明。"古埃及人将他们历史的起源追溯至美尼斯时期,在他之前是黑暗混沌的洪荒时代及半神时代。现代考古学发现已经证实了他们所信奉的观点。对于苏美尔人来说,乌尔第一王朝始于另一个文明时代的终结,一个据估计持续了数千年的文明。……埃及人在他们最繁荣的时代也从未产生像早期苏美尔的镶嵌板斧与锛这类能与其技术水平相当的武器。还有陶轮,同样是在古王国时期才引进埃及的技术,却早已被苏美尔人使用了数个世纪。同时期的两河流域文明在文化水平上远远高于美尼斯时代的埃及……"②

不管怎样,形成于公元前 4000 年后期的苏美尔城邦国家拉格什,于公元前

---

① 周长龄. 法律的起源[M]. 北京:中国人民公安大学出版社,1997:138-147.
② 伍雷. 苏美尔人[M]. 王献华,魏桢力,译. 上海:上海三联书店,2022:120-122.

2384 至公元前 2378 年开始出现人类历史上的第一次改革中的立法，即乌尔卡基那改革中的立法。而随后的《乌尔纳姆法典》（公元前 21 世纪），是迄今已知的人类历史上第一部成文法典，比公元前 1780 年产生的古代巴比伦《汉谟拉比法典》要早 600 年左右。它于 1952 年由美国学者克拉美尔发现。《乌尔纳姆法典》的产生，是与两河流域村社、私有经济的发展以及两河流域的第二次统一，即中央集权国家的再次确立联系在一起的。[①]

(三) 古代印度法的产生

根据考古推定，伴随印度河文明而出现的南亚次大陆最早的奴隶制城市国家，是在哈拉巴文化期间（公元前 2300 年至公元前 1750 年）出现的哈拉巴和摩亨佐·达罗，但这时期的文字至今仍无人能够识读。大约在公元前 1500 年，雅利安-旁遮普人南下进入印度次大陆西北部。他们往南驱逐古达罗毗荼人，创造了吠陀文化和建立了种姓制度，把雅利安-旁遮普语族的语言带到了印度。"雅利安"（Arya）词根的意义是耕种，雅利安人整体上是农民。他们的入侵，使印度人从此进入农耕时代，村社成为基本的社会组织，而家族是村社的基本构成单元：生活单元、生产单元和宗教祭祀单元，一些大家族甚至兼具政治功能。

公元前 1500 年—公元前 500 年，是印度历史上的"吠陀时代"，印度教基本经典吠陀本集（包括《梨俱吠陀》《耶柔吠陀》《娑摩吠陀》《阿达婆吠陀》）和附属吠陀（包括梵书、森林书、奥义书）相继产生。吠陀本集确立了印度教的"吠陀神启""祭祀万能"和"婆罗门至上"三大原则；以奥义书为代表的附属吠陀在发展吠陀本集思想的基础上，构建出"梵"为最高神和"梵我合一"的学说。"由此，印度教从原先的众神崇拜转向一神崇拜；从原先的神本转向神人并重，个体之人开始受到重视；从原先注重外在形式的祭祀转向强调个人灵魂内观，个体灵魂具有了神圣性。这种转变对印度教法的发展具有重要影响。"[②]

公元前 6 —前 4 世纪，是印度的"列国时代"（亦即中国走向分裂的春秋时期），标志着印度的雅利安人从部落转向国家。当时印度河流域和恒河流域存在 20 多个王国，其中 16 个大国并称为 16 雄国。各国为兼并土地和争夺霸权经常发生战争。恒河中游以下的憍萨罗国、迦尸国、摩揭陀国等国成为当时最重要的国家。公元前 4 世纪 60 — 20 年代，摩揭陀国征服了恒河中上游的强国憍萨罗国，逐步统一了北印度地区，为公元前 4 世纪末的统一帝国——孔雀王朝的建立打下了基础。在这个时期，印度教得到迅速发展，以《高达摩法经》为代表的法经，以《摩奴法论》为代表的法论，以及其他圣传经陆续问世。它们共同构成古代印度教法的直接渊源。

---

① 周长龄. 法律的起源[M]. 北京：中国人民公安大学出版社, 1997：165-170.
② 高鸿钧, 鲁楠. 印度法原论[M]. 北京：商务印书馆, 2023：4-5.

古印度法以印度教法(Hindu law)为主体，主要来源于婆罗门教法，最早以《吠陀》为经典。"吠陀(Vedas 这个词的词根'vid'是'知'的意思)就是当时存在着的知识总汇的意思，其中混杂着许多东西，有颂诗、祈祷辞、祭礼、巫术、歌咏大自然的壮丽的诗歌。其中没有偶像崇拜，也没有神庙。尤其突出的是全书中弥漫着的活泼生气和对人生的肯定。"①印度教法的核心概念是"达摩"(dharma)，原意是"维持""支撑"，引申为"维持宇宙秩序的法则"和"指导世人行为的规则"，相当于汉语中宽泛意义的"法"。大多数法经和法论认为，达摩有三种渊源或表现形式：神启经、圣传经和贤人的良好习惯(知晓吠陀者的善行)。我国著名印度学学者季羡林先生指出："在古代印度，所谓'法'，梵文是 dharma，巴利文和俗语是dhamma。……最早的含义可能是'事物的秩序'，以后多次演变。……到了《摩奴法论》时代，'法'的概念逐渐有了改变：由宗教伦理，转变为政治法律。"②事实上，古代印度城邦法的产生情形，是宗教国家世俗法律与宗教戒律水乳交融、浑然一体关系的典型代表。成书于公元前 2000 年至公元前 800 年的神曲《梨俱吠陀》第 10 卷的一首颂诗《原人歌》，宣称种姓制度为神所创立，从而确认了婆罗门(Brahminns，僧侣、知识精英)、刹帝利(Kshatriyas，武士、贵族、高级官员)、吠舍(Vaishyas，农民、手工业者和商人)和首陀罗(Shudras，即沦为奴隶和杂工的落后的土著人、游牧人和森林居民等)四个种姓的等级地位。③ 种姓秩序之外还有"不可接触的"贱民。为了维护等级的森严界限，不同种姓间严禁通婚，与低种姓通婚者便会丧失其原有的等级身份。公元前 2 世纪至公元 2 世纪之间完成的《摩奴法论》(manu-smrti)也确认了这一种姓制度。该书是古印度法中最具代表性的，传说由天神之子摩奴制定，实际上是婆罗门教的祭司根据吠陀经与传统习惯而编成的，是古印度国家有关宗教、道德、哲学和法律的重要汇编之一。

古印度法颇具特色的是，"达摩赋予国王实施达摩的权力，但没有赋予国王创制和更改达摩之权"。"在传统印度社会中，由于国王没有立法权，其所颁布的敕令并不具有达摩那样的效力。古代印度从来没有类似《汉谟拉比法典》《国法大全》和《唐律疏议》那样编纂成典的王法和官法，从宗教中衍生出来的达摩观念和制度乃是最重要的法律渊源。……印度教的主要载体就是法论。换言之，印度教法的主要形式是法学家之法。"④

(四) 中国国家法的形成

2023 年 12 月初，我国国家文物局发布中华文明探源工程第五阶段工作最新

①　尼赫鲁.印度的发现(上册)[M].齐文，译.北京：世界知识出版社，2018：91.
②　蒋忠新.摩奴法论·汉译本序[M].北京：中国社会科学出版社，1986：1-2.
③　巫白慧.《梨俱吠陀》神曲选[M].北京：商务印书馆，2010：253-256.
④　小戴维斯.印度法的精神："译者导言"[M].高鸿钧，袁开宇，鲁梅，译.北京：商务印书馆，2023：10，20.

成果：中国大约从 5800 年前进入国家阶段(比古埃及和苏美尔更早)，安徽凌家滩遗址、辽宁牛河梁遗址是古国时代的重要代表。① 凌家滩遗址之后，经过约1800 年的王国战争的整合与重组，最终在距今 4000 年时由大禹建立了第一王朝。

"在美索不达米亚、埃及和印度西北部的大河谷地带，人们需要通过集体的努力来进行有效的灌溉，并控制洪水，这很可能刺激了这些地区进行迅速的社会和政治变革。生活在那里的民族可能不得不把人们组织起来进行大规模作业，其目的就是为了生存。而另一方面，在早期的欧洲，由一些家庭组成的群落可以通过狩猎、捕鱼和原始农业彼此相处，维持生活，他们不需要复杂的政府或社会组织来管理他们的小群体。他们几乎不曾居住在乡村乐园中，但他们继续以自己的方式生活着，即使那意味着他们要比其他地区晚些步入文明时期。"②中国国家的形成，更是明显体现出于"做大"求生而展开的族姓之间持续的兼并与征服，由战争(如传说中规模浩大的共工与颛顼之争，黄帝与炎帝、蚩尤之战等)和洪水治理(如鲧和大禹治水)中强化的大一统思想、部落权力和族长传统的奇特结合。因此，中国国家形成后仍保留着原有血缘关系和氏族组织，国家与氏族、政权与族权、政治关系与宗法关系浑然一体，统治者以"替天行道"论证武力征伐的正当性("天道")、以道德感召凝聚壮大共同体力量("德")、以礼制节制上下尊卑行为("礼")和以法律转化武力的独占统治("刑")，就成了中国国家法的重要基因。

有学者根据古籍所载传说，认为中国的法(指国家法)起源于黄帝时代，距今已有约 5000 年的历史；中国的诉讼起源于尧、舜时代，距今已有约 4500 年的历史。③《汉书·胡建传》："《黄帝李法》曰：'壁垒已定，穿窬不由路，是谓奸人，奸人者杀。'"意即穿壁爬墙盗窃房主财产的人，便是奸人，要处以死刑。到周穆王命令吕侯制定"吕刑"，已逐渐形成比较系统的中国奴隶制法律体系。中国国家与法的形成的特殊历史过程，对于其法的功能作用和法的观念的确立，无疑产生了深远的影响，集体主义和权力中心等观念至今仍流淌在中国人的血脉之中，还在潜移默化地发生作用。

三、西方国家法的形成

恩格斯在《家庭、私有制与国家的起源》一书中分析欧洲古代历史时，概述了西方国家在氏族制度的废墟上兴起的三种主要形式。与此相适应，也有成熟意义

① 国家文物局官网，"知所从来 思所将往 方明所去——中华文明探源工程最新进展成果公布"，http：//www.ncha.gov.cn/art/2023/12/11/art_722_185882.html(2024 年 9 月 16 日访问)。
② 罗伯茨.欧洲史(上册)[M].李腾，史悦，等译.上海：东方出版中心，2015：10.
③ 张晋藩.中国法制史[M].北京：中国政法大学出版社，2002：10-13；茅彭年.中国国家与法的起源[M].北京：中国政法大学出版社，2013：33-59.

上的法律(国家法)产生的三种主要形式。①

(一)古希腊城邦式国家法的形成

作为西方文明的源头之一,古希腊(Greece)并不是一个国家概念,而是一个地区称谓,是古代巴尔干半岛南部、爱琴海诸岛和小亚细亚沿岸的总称。公元前3000—前2000年的爱琴文化是其历史的先导;公元前12—前8世纪为荷马时代;公元前8—前4世纪为古典时代。公元前338年后,古希腊沦于马其顿统治之下;公元前4世纪后半叶亚历山大东征后为希腊化时代;公元前146年,希腊并入罗马版图。

公元前9—前6世纪,古希腊各地区社会生产力有了很大的发展,促进了社会的分工和社会结构的变化,氏族内部孕育的阶级矛盾日益加剧,导致城邦国家一个接一个地出现。希腊人直接从族民变成了公民,独立人格、自由意志、平等意识和契约精神奠定了希腊文明的内核与精髓。

古希腊法是公元前9—前6世纪开始出现的古希腊各城邦国家奴隶制法的总称,其中具有代表性的是实行民主政体的雅典和实行贵族政体的斯巴达这两个城邦的法律。

斯巴达城邦形成于公元前9世纪,其特点为:"斯巴达氏族公社征服了邻邦,邻邦居民成为公社的(而非个人的)奴隶,其人数超过了斯巴达人数倍。要统治这些奴隶,并且使之臣服,就需要建立新的权力机关和新的机构。与此同时,努力使'本地'斯巴达人之间不产生经济不平等,因此不产生社会紧张,并且为此目的而禁止对土地和奴隶的私有制,土地为国家财产,并依全体居民的数量而分为大小一样的份地;希洛人起义的长期威胁以及其他情况都导致斯巴达成为带有非常严格,甚至恐怖统治方式的共和国,这一方式还保留了很多原始公社制度的遗迹。执行平均主义政策的严酷制度促进了现行制度的保守性,并且使那种可以加速氏族部落遗迹消亡的社会力量无法得以产生。"②

斯巴达的法律以习惯法为主,成文法极少。传说中斯巴达城邦缔造者莱库古斯(Lycowgos,约公元前9世纪—前8世纪)依照特尔斐神谕制定了第一部成文法。该法汇集了早期的习惯法,包括类似近代民族国家的根本宪法、民法和刑法等规范,呈现出有别于雅典民主化法律的诸多特征,如政治上的寡头贵族统治,社会生活上的军事性质和原始氏族的残余等。③

在众多城邦中,雅典国家是直接和主要从氏族社会内部发展起来的阶级对立

① 胡平仁. 法理学基础问题研究[M]. 长沙:中南大学出版社,2001:18-21.
② 拉扎列夫. 法与国家的一般理论[M]. 王哲,等译. 北京:法律出版社,1999:60.
③ 易继明. 私法精神与制度选择——大陆法私法古典模式的历史含义[M]. 北京:中国政法大学出版社,2003:49.

中产生的，没有受到任何外来的或内部的暴力干涉。早在雅典国家产生以前，奴隶劳动的扩大和移居雅典经商人数的增多，导致社会构成日趋复杂化，新的社会需求和社会分工不断产生。为了适应社会的深刻变化，雅典在每个部落中设12个小规模的区，这已经不是依亲属集团而是按地域来划分居民。在这种划分中造就了一种与人民大众分离的公共权力。雅典国家正是以此为契机和起点，逐步得以形成和确立。

雅典法的产生有三大特点：其一，雅典法是通过民众大会颁布和废除的，主要形式是成文法。其二，雅典的氏族习惯法向国家法的转变，是在没有外来力量的干预下进行的，是在雅典氏族社会内部发展起来的阶级冲突和斗争的推动下完成的。其三，雅典城邦法是历史上发生的一系列政治改革的结果：（1）提秀斯改革。即当时雅典某位首领(托名古希腊神话人物提秀斯)及其民众共同创建城邦制宪的活动，其核心内容有：建立中央议事会、行政机构；把公民分为贵族、农民、手工业者三个等级；只有贵族才能担任最高官职王者执政官、军事执政官和执政官(各3人，合称九执政官)；多年后又增设了司法执政官(由6人组成)。这次改革开始了雅典氏族习惯法向国家法转变的质的飞跃，创立了恩格斯所说的"雅典民族法"。（2）德拉科改革。这次改革为雅典制定了第一部成文法——《德拉科法》(公元前624年)。德拉科是当时司法执政官之一，《德拉科法》在历史上以"酷法"著称，据说是用血写成的，它对偷窃蔬菜的行为都规定处以死刑。（3）梭伦改革。梭伦是第一个人民领袖，始于公元前594年的梭伦改革进一步完善了雅典"民族法"，并在此基础上创立了"雅典宪法"，其法案曾以"解负令"闻名。"在梭伦的宪法中，最具民主特色的大概有以下三点：第一而且是最重要的是禁止以人身为担保的借贷"，第二是任何人都有自愿替被害人要求赔偿的自由，第三是向陪审法庭申诉的权利，这一点据说便是群众力量的主要基础。"①（4）克利斯提尼改革。始于公元前508年的

图 11-2　梭伦
（约公元前 640—前 558）

这次改革进一步"集中于雅典宪法的改造"，明确规定了雅典国家的性质、体制设置、官吏任免以及公民权利和义务等，并首创"贝壳放逐律"（Ostrakismos）。而公元前5世纪前期的《格尔蒂法典》（The Law Code of Gortyn）是古希腊留存下来的唯一一部完整的，也是欧洲第一部法典。这部法典汇集了较早的习惯法和此前的各

---

① 亚里士多德. 雅典政制[M]. 日知，力野，译. 北京：商务印书馆，2017：5-13.

类成文法，大部分内容为今天所称的民法规范。它分别于 1857 年、1879 年、1884 年在希腊克里特岛上古代格尔蒂城 Lethaios 河边的古墙上被发掘，共有 12 栏、600 多行法典残篇，堪称古代在公共建筑上公布法典的典范。刻有法典全文的墙壁至今仍挺立在古格尔蒂城的废墟上。

从总体上看，以雅典法为代表的古希腊法在三个方面取得巨大成就，并因此培育了欧洲大陆法的私法精神，塑造了大陆法私法传统："第一，塑造了一个独立人格的'人'；第二，奠定了财产私有制；第三，孕育了自然法思想。"其中，"具有完全独立人格的'人'的确立，才使大陆法私法具备了最活跃的主体和前提；同时……私有财产制度的确立才使得活跃的人有了创造性的平台和空间；另外，自然法思想不仅赋予或者说是'恢复'了人和财产其本身所应当具有'自然属性'的理念，而且为大陆法私法的发展提供了理性主义基础和'永远的精神食粮'。正是在这三个方面相互结合的整体意义上，古希腊法才表现出了超越时空的魅力，蕴含了大陆法私法发展不竭的精神原动力。"[1]

(二) 罗马式奴隶制国家法的产生

罗马国家不是直接从氏族社会产生，而是在氏族贵族集团与氏族社会外的平民集团相斗争中产生。国家形成前的罗马，有 300 个氏族，每 10 个氏族组成胞族，10 个胞族组成部落，三个这样的部落构成"罗马人民"整体。而在氏族之外，还存在着一批人数众多、不可能被容纳到血缘亲属的氏族和部落中的平民。享有特权的氏族团体与平民的对抗日趋激烈。为缓和矛盾，王政时期第六代王塞尔维·图里阿在公元前 576 年左右进行了重大改革：将罗马按地域划分为四个区域，将罗马人按财富多少标准划分为五个等级，无产者不列入等级。这使氏族部落划分失去了意义，氏族贵族集团受到打击，氏族社会外的平民集团在斗争中取得一个又一个胜利。"由于这些胜利，罗马的社会组织拥有了很高的民主性。比如，确立了所有自由公民权利平等，确认了所有公民同时既是土地所有者，也是战士的原则……"[2]到公元前 2 世纪，"在罗马……以个人血缘关系为基础的古代社会制度就已经被炸毁了，代之而起的是一个新的、以地区划分和财产差别为基础的真正的国家制度。"罗马国家和法律由此形成，"氏族贵族和平民不久便完全溶化在国家中了"。[3]

古罗马法正是指从罗马奴隶制国家萌芽到公元 6 世纪优士丁尼法这 1000 余

① 易继明. 私法精神与制度选择——大陆法私法古典模式的历史含义[M]. 北京：中国政法大学出版社，2003：114-115.
② 拉扎列夫. 法与国家的一般理论[M]. 王哲，等译. 北京：法律出版社，1999：60-61.
③ 恩格斯. 家庭、私有制和国家的起源[M]//马克思恩格斯文集：第4卷. 北京：人民出版社，2018：147，189.

年间的罗马奴隶制法。公元前449年的《十二铜表法》是古罗马以习惯法为基础制定的第一部成文法。它虽然仍以旧有习惯法为基本内容，却以明确的法律条文为准来量刑定罪，对贵族特权作了种种限制。在此期间通过的其他一些法律，还规定平民决议对罗马公民具有法律效力，废除了平民不得与贵族通婚的限定，平民还获得了可以当选具有执政官权力的军政官的权利。可见，与雅典法的产生不同，罗马氏族习惯和习惯法向法律的转变，不是直接由氏族内部发展起来的阶级冲突和矛盾完成的，而是由外来平民集团反对氏族贵族集团的斗争及其胜利完成的。

《十二铜表法》公布后，由于语言和法律条文难懂等原因，逐渐出现了研究与传授法律知识和技艺的活动及著作。到公元2世纪盖尤斯著《法学阶梯》（迄今完整保存的古罗马法学著作）时期，罗马法解释学进入鼎盛时代，人类历史上首次出现了职业法学家集团，其杰出代表是五大法学家：巴比尼安、盖尤斯、乌尔比安、保罗和莫迪斯蒂努斯。公元426年，东罗马帝国皇帝狄奥多西二世和西罗马帝国皇帝瓦伦迪尼亚努斯颁布敕令，赋予这五大法学家的著作以及他们所引用过的其他法学者的著作以法律效力。罗马法也因此被称为"法学家法"（Juristenrecht）。此"法学家法"有两重含义：其一，与同样古老的、以习惯法为主而被称为"民众法"（Volksrecht）的日耳曼法不同，罗马法是由作为职业法学家集团的法学者创制的、具有很强技术性的法律体系。其二，它意味着罗马法属于"法学者主导型的法"，即法学者对于法律的创造、运用起着重要的作用。

公元6世纪东罗马皇帝优士丁尼（约482—565年）时期进行了大规模的立法活动，产生了《国法大全》，包括《优士丁尼法典》《优士丁尼法学总论》（即《法学阶梯》）和《优士丁尼学说汇纂》（即《法学汇编》）。这部奴隶制法律文献，曾被恩格斯赞誉为以私有制为基础的简单商品经济的"法律的最完备形式"和"商品生产者社会的第一个世界性法律"①，对后世有着重大影响。德国19世纪著名法学家耶林也在《罗马法的精神》一书中说："罗马帝国曾三次征服世界，第一次以武力，第二次以宗教，第三次以法律。武力因罗马帝国的灭亡而消灭，宗教随着人民思想觉悟的提高、科学的发展而缩小了影响，惟有法律征服世界是最为持久的征服。"②11世纪80年代在佛罗伦萨的一个图书馆里发现了保存得相当完整的优士丁尼《国法大全》中的《学说汇纂》原本。此后不久，伊内溜斯（Irnrius）在波伦亚创办了欧洲第一所大学法学院专门研究这个文本。整个中世纪后期（12—17世纪中

---

① 恩格斯. 反杜林论[M]//马克思恩格斯文集：第9卷. 北京：人民出版社，2018：109；恩格斯. 路德维希·费尔巴哈和德国古典哲学的终结[M]//马克思恩格斯文集：第4卷. 北京：人民出版社，2018：307.

② 参见：易继明. 私法精神与制度选择——大陆法私法古典模式的历史含义[M]. 北京：中国政法大学出版社，2003：289.

叶），随着城市商品经济的日渐发展，欧洲出现了以复兴罗马法为中心任务的法学教育、法学研究和法学流派（"注释法学派""评论法学派"和"人文主义法学派"）。所谓罗马帝国第三次以法律征服世界，就是指 11 世纪 80 年代以后欧洲大陆继受、复兴古罗马法，及其后各国继受法国法和德国法，以致形成源远流长的大陆法系。现代自然法复兴运动的代表人物登特列夫（1902—1985 年）也认为，"除了《圣经》之外，可以说没有一本书曾经比《罗马法大全》对人类历史发生过更大的影响"。[①]

（三）日耳曼式封建国家法的产生

日耳曼民族（Germani, Die Germanen）为雅利安人（Aryans）一大支派，"日耳曼"为罗马人所命名，意为"蛮族"，分布于欧洲北部莱茵河、多瑙河之间，为半定居的农业部落，时常劫掠罗马人。日耳曼人因流向欧洲的路线不同，随着时间的推移变成为不同的民族：维京人——挪威和瑞典人的祖先；撒克森人——英国人的祖先；法兰克人——法国人的祖先；哥特人——西班牙人的祖先；达汪尔人——北非白人的祖先；而定居在条顿森林的日耳曼人一直没改名字，为德国人的祖先。公元 4—5 世纪，日耳曼人受蒙古游牧民族攻击，加上耕地不足，便大举南侵罗马，西罗马帝国灭亡（476 年）。

与前两种欧洲国家的产生不同，日耳曼国家"是直接从征服广大外国领土中产生的"，[②]并且与西欧中古初期封建化过程相一致。日耳曼人征服罗马帝国后，强占了罗马人土地的 2/3 来自己分配，并试图把这些地区组织起来，但他们既不能把大量的罗马人吸收到氏族团体里来，又不能通过氏族团体去统治他们，只好在罗马废墟上建立了一批早期部落式封建国家，其中最主要的是法兰克王国。

罗马法随西罗马帝国的灭亡而衰落，日耳曼法代之而兴。公元 5—15 世纪的约 1000 年间，"所谓欧洲中古之法制，殆咸为日耳曼法所支配。""直至近代，因资本主义勃兴，罗马法复被继受，日耳曼法始趋废止"。[③] 持续千年的日耳曼法，大致可划分为三个阶段：（1）5—9 世纪为部落法时代。由于公元 2—3 世纪古罗马的内战，以及日耳曼各部落频繁的劫掠与侵入，繁华的罗马文明遭受严重摧残。日耳曼人在罗马废墟上建设本族国家后，经济生活复归于自然农耕经济时代，商业衰退，仅同村之间存有极少交换关系。当时的社会由氏族观念主导，同一血统和村落的居民，团结互助，重要事项协调一致；对扰乱和平者同族一致制

① 登特列夫.自然法[M].李日章，梁捷，王利，译.北京：新星出版社，2008：13.
② 恩格斯.家庭、私有制和国家的起源[M]//马克思恩格斯文集：第4卷.北京：人民出版社，2018：189.
③ 李宜琛.日尔曼法概说（1936年）[M].胡旭晟，夏新华，勘校.北京：中国政法大学出版社，2003：2.

裁，若有人受外族侵害，则共同复仇。众多部落原来口耳相传的粗朴习惯法，因受罗马法影响，部分被整理、编纂为成文法典。如公元6世纪初，法兰克帝国国王克洛维一世将发源于法兰克人萨利克部族中通行的各种习惯法与罗马法术语融为一体，编纂成《萨利克法典》。它在当时一批成文法典中最为典型，既有浓厚的氏族关系残余，又明确地肯定了新的土地所有制、财富分配方式和阶级特权。(2)10—12世纪为封建法时代。这时期日耳曼人之间的阶级对立日趋严重，国王、领主和农奴间的矛盾日深。以土地兼并和分封诸侯为核心的封建制度，具有明显的身份和特权色彩，农民承担较多的对上忠勤义务。原先属人主义的部族习惯法，被代之以属地主义的民族习惯法，并以支配—服从的权力关系为基础。(3)13—15世纪为城市法时代。这时期国王及领主逐渐认识到奖励商业于己有利，因此欧洲各处城市(Stadt)勃兴。市民被许与种种特权，军事义务也大为减轻。每一个城市都有其独立的法院及法律，即"城市法(Stadtrecht)。它以个人解放、人格平等、意思自治为指导原理，个人所有权观念日盛，人际关系从身份转向契约。居民可以组织行会(guild)；商人团体"基尔特"，则有长老，有评议会，并逐渐形成商人法，成为后世商法典的滥觞；会员间若有争讼，由特别审判机关——商人法庭(pied-powder)审判。①

以《萨利克法典》为代表的日耳曼法反映了西欧社会封建化过程和德意志国家形成的历史特征，是作为落后民族的日耳曼人在征服先进的罗马帝国后，为情势所迫，在学习、借鉴和吸收罗马法、逐步改革与抛弃本氏族落后的制度和习惯的基础上形成的。有学者将日耳曼法与罗马法相对的特色概括为四点：(1)罗马法为抽象的，日耳曼法则为具体的；(2)罗马法为个人的，日耳曼法则为集团的；(3)罗马法为自由的，日耳曼法则为拘束的；(4)罗马法为世界的，日耳曼法则为地方的。② 且不论这一概括在多大程度上是准确的，日耳曼法与罗马法共同奠定了后来欧洲大陆法系的基本框架和法律传统，却是世间的共识。

第三节　法律发展与法律传统

法理学和法史学都关注着人类法律发展演变的历史，但法理学更注重活的历史，即法律发展至今的一般规律以及由法律史积淀而成并绵延至今的法律传统。③

---

① 参见：李宜琛.日尔曼法概说[M].胡旭晟，夏新华，勘校.北京：中国政法大学出版社，2003：3-10；蒂尔尼，佩因特.西欧中世纪史[M].6版.袁传伟，译.北京：北京大学出版社，2016：272-273.
② 李宜琛.日尔曼法概说[M].胡旭晟，夏新华，勘校.北京：中国政法大学出版社，2003：11-15.
③ 胡平仁.法律社会学[M].长沙：湖南人民出版社，2006：133-139.

一、法律发展的一般规律

从原始习惯法的产生到当代社会，法律的发展演进大体上呈现出如下一般性规律：

(一)法律规范的形成经历了由习惯演变为习惯法再发展为成文法的漫长过程

原始社会以习惯和习惯法为主的各种社会调整机制为国家法律的产生创造了重要的前提。随着原始社会的解体与国家的出现，习惯法日渐难以承担起调整全社会领域之内的社会关系以及相关事务的重任，国家机构便有针对性地制定新的规则，并随着文字的初步普及，成文法由此应运而生。但这个过程并不是一蹴而就的。如法国在几百年时间内没有统一的法律，到中世纪中期，才编纂成了《诺曼底大习惯法》《博韦习惯法集》等成文法。特别是近代以来，"工厂立法是社会对其生产过程自发形态的第一次有意识、有计划的反作用"。[①] 当代美国学者杰弗里·W.哈恩也认为：社会工业化在政治方面的影响之一，便是"运用法律成了'普遍性的'而不是'特殊性的'事；成文法取代了习俗和惯例。"[②]由此可见，法律的产生一般经历了一个由习惯到习惯法、再由习惯法到成文法的漫长发展过程。

(二)法律、道德、宗教等行为规范由混沌一体逐步分化为各自相对独立的规范体系

尽管在原始社会后期，人们已开始形成法律意识和法律观念，但法律和道德等的分离依然只局限在刑事等很少的领域。在相当长时期里(至少在封建社会以前)，法律和道德、宗教等行为规范犹如一对连体儿，彼此没有明确的界限。如我国周代的"礼"，古巴比伦的汉谟拉比法典、古印度的摩奴法典等，都难以判定是法律制度，还是伦理道德或宗教规范。正是现代工业化大生产，才真正导致了法律和习俗、惯例等的全面分离。

(三)由权力本位的法向权利本位的法演进

尽管清晰的权力、权利、义务概念是近代以来才有的事，但三者事实上的朦胧分离则古已有之。在原始社会的漫长时期里，"酋长在氏族内部的权力，是父亲般的、纯粹道义性质的；他手里没有强制的手段""在氏族制度内部，还没有权利和义务的分别；参与公共事务，实行血族复仇或为此接受赎罪，究竟是权利还是义务这种问题，对印第安人来说是不存在的……"[③]后来随着生产力与生产关

---

① 马克思.资本论：第1卷[M]//马克思恩格斯文集：第5卷.北京：人民出版社，2018：553.

② 海尔布，罗纳，等.现代化理论研究[M].俞新天，等译.北京：华夏出版社，1989：127-128.

③ [德]恩格斯.家庭、私有制和国家的起源[M]//马克思恩格斯文集：第4卷.北京：人民出版社，2018：100，102，177-178.

系的发展，权力、权利与义务在社会成员之间发生了深刻的分离。这主要表现为：第一，财产归属上出现了"我的""你的""他的"之类所有权上的区别；第二，商议与管理公共事务的部落议事会的权力或权威日渐增强，甚至"在有些部落中间，有一个最高的首领，但他的权力很小。他是酋长之一，当需要紧急行动时，他应当在议事会召集会议做出最后决定之前采取临时的措施。这是一种具有执行权力的官员的微弱萌芽"。① 第三，权力、权利与义务的分配出现了不平等的特权；而且行使权力、权利与履行义务上也出现了明显的差别。阶级社会入口处这种利益的分化或者权力、权利、义务的分离，是过去那些以利益的共同性为前提的习惯和习惯法所不能完成调整任务的，只能由法律来承担这一历史使命。因为法律规范可以对各种行为加以明确区分与规定，并且在各种法律关系中将相应的权力、权利、义务分别明确地分配给不同的法律主体。

不过，以往的法学界，包括法史学界，都认为古代法是以义务为本位的，这个提法不对。如果古代法是以义务为本位的，那它就是很平等的，因为所有的人在社会生活中都要履行义务。事实上，中西方的古代法都是以权力（power）为本位的。而权力是一种稀缺资源，并不是社会上所有的人都拥有它；只有社会地位比较高的少部分人，才拥有权力资源。因而以权力为本位，法律和法学就必然强调不平等，也即等级观念。在中国古代，尽管一些思想家也强调"法不阿贵""刑无等级"，但古代法律思想与法律制度的常态是维护国家和社会生活中的等级森严的权力关系。这与中国古代的礼是一致的。这是由于古代法多存在于资源贫乏的自然经济和专制政体条件之下，因而与之相适应的法的内容是以建立在等级差异基础上的权力为本位的。随着近现代民主政治和商品经济的发展，以个人权利为本位的法成为主流，强调个人对国家具有权利，强调国家权力服务个人权利，权利是权力的目的和归宿。

（四）由人治的法向法治的法演进

古代社会总体上是人治社会，现代社会则逐渐转向法治社会。人治条件的法是纯工具性的，往往是作为专制或独裁的一种凭借，缺乏稳定性，更缺乏权威性。法治条件下，法律成为社会主要的控制力量，具有绝对的权威性。

（五）法由国家化向国际化、全球化迈进

近代以来工业化大生产所引发和壮大的市场经济，日益要求在全球范围内合理配置资源，法律和法治因此从国内走向国际化和全球化之路。从原始习惯法中孕育而生的国家法，是法的国家化进程的最初表现形态。不过，"法的国家化"除

---

① ［德］恩格斯. 家庭、私有制和国家的起源［M］//马克思恩格斯文集：第4卷. 北京：人民出版社，2018：107.

了表征原始习惯法迈向国家法这一历史转折外，还表现为民间习惯法转化为国家法、国家法规范进入民间法（如村规民约和行业规范等）体系这类现实形态。国家法长期的发展与积淀，不仅形成了国内法律传统，而且不断溢出而形成了法系。古今法系的形成与消长和近代以来国际法的产生与壮大，标志着法的发展进程从国家化迈向国际化。特别是 20 世纪后期以来，全球性经济分工与合作日益深化，全球性问题也逐渐增多，加上更为便捷的交通与通信工具的普及，使得法律和法治进一步从国家化和国际化迈向全球化。"法律全球化"主要是指以解决各种全球性问题、实现人类共同利益或与其不相违背的民族国家利益为目标的全球性法规范的产生与逐渐壮大及其渗透或内化于国家法和区域法的现象与趋势。

二、法律传统的含义与形式

(一) 法律文化与法律传统

文化是人们在社会实践活动中创造和积累的、可以习得与传承的各种劳动产品及与其相关的情感、意识、思想、态度和价值的总称。从法学的角度说，"法律是文化的一部分，并且是历史悠久很根深蒂固的一部分。基本的法律意识与深刻的社会、政治、经济思想之间有着错综复杂的密切联系"。[1]

"法律文化"概念是美国学者 L. 弗里德曼在 1969 年最先提出来的，用以指"共同制约法律制度并且决定法律制度在整个社会文化中地位的价值与观念"；[2]或"意指特定社会中的人们对法律所持有的看法、态度、期待和意见"。[3] 后来，法律文化指一定的国家、民族或社会在长期的历史进程中创造、积累下来并不断得到发展的法律制度、法律技术与法律设施以及关于法律现象的群体性认知、情感、态度、价值取向、行为模式、理论学说等要素构成的复合体，大致可分为观念、制度、器物三个层面。在埃尔曼看来，"无论是在初民社会还是在发达社会里，法律文化都是传递行为传统的重要工具"。[4]

所谓传统，是指人们在往昔历史岁月中创造并沿传下来的，具有一定意义和特色的社会态度、信仰、习俗、制度等。在很大程度上，传统成为社会成员相互认同的媒介。而"法律传统就是关于法律的性质、法律在社会和政治共同体中的地位、法律制度的专门组织与运作，以及关于法律实际或应被如何制定、适用、

① 梅利曼. 大陆法系[M]. 2 版. 顾培东，禄正平，译. 北京：法律出版社，2007：151.
② L. FRIEDMAN, Legal Culture and Social Development[J]. Law and Society Review, 6(1969), P. 19. 埃尔曼. 比较法律文化[M]. 贺卫方，高鸿钧，译. 北京：清华大学出版社，2002：13.
③ 弗里德曼. 选择的共和国：法律、权威与文化[M]. 高鸿钧，等译. 北京：清华大学出版社，2005：251.
④ 埃尔曼. 比较法律文化[M]. 贺卫方，高鸿钧，译. 北京：清华大学出版社，2002：12.

研究、完善、教授的一整套植根深远并为历史条件所制约的观念。"①梅利曼教授把法律传统仅仅理解为一种"观念"，不能不说是一个局限。更准确地说，法律传统是由历史积淀而成并扎根于现实需求，且至今仍具活力的，人们有关法律的深层次观念、思维方式和行为模式。

法律传统和法律文化尽管都跟过去的历史有关，但有一定的区别。首先，法律传统不仅指过去的东西，更是对现在和未来都能够产生定向性与规定性影响的东西；而法律文化则有可能是已经死去了的过去的东西。其次，法律传统偏重于法律文化中那些精神性、心理性因素，尤其是那些定势化的潜意识或无意识的因素；而法律文化不仅包括精神方面的因素，也涵盖一些物质方面的因素，因此法律文化比法律传统要广泛而丰富得多。最后，法律文化可以体现在各种具体的法律器物和法律设施上；而法律传统则比较抽象，往往是那些具有深远历史影响的有关法律的深层次观念、思维方式和行为模式。

法律传统并不意味着冰冷、僵死的以往之法；而是由历史积淀而成并至今仍具活力、仍在影响着我们生活的法律"基因"和创生性系统。与此不同，"历史所讲述的，乃是在一个时代存在，而到另一个时代就消逝了，就为别的东西所代替了的事物。"②因此，如果说法律的"历史"（history）是"他人的"故事，那么，法律"传统"则是"我们的"生活。

（二）法律传统的表现形式

伯尔曼认为，古罗马皇帝查士丁尼治下汇编的法学作品《学说汇纂》在大约1080年被发现，对古罗马法等古代法律文献加以分析与综合的经院主义方法③，以及在欧洲大学中对于法律的讲授，这三个因素是西方法律传统的根本起因。"罗马法给全欧洲（包括英格兰）提供了大量基本的法律词汇。经院主义的方法使一种在整个西方占优势的法律思维模式存留至今。大学将法律学者——教师和学生——从全欧洲聚拢在一起，不仅使他们彼此接触，而且还使他们与神学、医学以及文科的教师和学生相互接触，并且将他们归入一种行业，或以今天的术语说，归入一种职业。""经受了新的法律科学训练的一代又一代大学毕业生进入正在形成中的宗教和世俗国家的法律事务部门和其他官署中担任顾问、法官、律师、行政官、立法起草人。他们通过运用其学识赋予历史积累下来的大量法律规

① MERRYMAN J H. The Civil Law Tradition: An Introduction to the Legal Systems of Western Europe and Latin America[M]. 2nd. Stanford University Press, 1985: 2.
② [德]黑格尔.哲学史演讲录(第1卷)[M]. 贺麟，王太庆，等译. 北京：商务印书馆，2017：13.
③ 这种方法假定某些书籍的绝对权威性、综合性和完整体系，也假定文本中可能存在着疏漏和矛盾，因而它便将文本的概述、疏漏的填补以及矛盾的解决作为主要任务。在12世纪这种方法被称为"辩证的"，当时这个词的含义是寻求对立事物的和谐。

范以结构和逻辑性，从而使各种新的法律体系得以从以前几乎完全与社会习俗和一般的政治和宗教制度混为一体的各种旧法律秩序中脱胎出来。"①

具体而言，作为影响现实的历史性因素，法律传统主要有三种表现形式：

（1）文献记载。这是最直观的传统。这里的文献应从广义上理解，不仅指书面文献资料，还指象形文字、符号等可以为人理解的社会交流符号。语言、文字发明后，文献便成为人们传递信息的最重要载体。在人类漫长的法律发展史中，无数的文献资料被累积下来，这些资料是我们了解传统所必需的。最早的文献记载始于什么时间我们便将法律传统追溯到什么时间，这就反映了文献记载的重要性。

（2）集体记忆。法律发生作用的场域是人类社会。在法律的运作实施过程，也就是立法、执法、司法、守法（狭义）过程中，物质化的东西会因为交往而形成集体的意识记忆。这一记忆是意识性的，其载体却是物质性的。这一记忆得以形成的最关键因素就是社会沟通。集体记忆是社会性的，但它又存在于众多的社会个体中，而持续存在的社会关系又保证集体记忆的内容不因为个体的死亡而消失。

（3）社会遗传。科学研究表明，人的智力、文化等因素可以通过生育传给下一代，这是生理意义上的社会遗传。还有一种社会学意义上的遗传，即通过社会教育、社会制度等方式将文明延续下去。从某种意义上讲，社会遗传的内容才是一个社会中最真实的传统，它就是社会生活方式本身。

三、法律传统的实质与功能

（一）法律传统的实质

法律史上始终存在着反传统主义，典型的就是持理性主义法律观的自然法学派和分析实证法学派，代表人物有阿奎那、边沁、奥斯汀等。他们认为法律应当运用自己的理性去清除人类社会中一切野蛮的、不合理的传统、习俗。② 法律的根基是理性而非传统。和理性主义相对，历史主义倡导从历史上理解法律，认为在现实中生效的法律制度对那一特定的民族来说是特别"自然的"，是源于他们的历史传统的。当代一些比较法学家也强调："从历史的观点看，法律是民族关于冲突和忧患的规范性表达，也是特定希冀和愿望的反映。它还是该国家经验的反映。对于普通公民来说，法律并不只是法律规则的汇集，它还常常是他生活方式

---

① 伯尔曼. 法律与革命：西方法律传统的形成（第1卷）[M]. 贺卫方，高鸿钧，张志铭，等译. 北京：法律出版社，2008：118，115-116.

② 霍布斯. 哲学家与英格兰法律家的对话[M]. 姚中秋，译. 上海三联书店，2006：4-7.

的一部分。"①

19世纪末以来，我国也有很多人排斥法律传统，忽视法律传统的作用，甚至认为重视传统就是保守、落后。更有甚者将传统视为糟粕，主张在法制建设的过程当中完全将传统清除出去。即使是有些开明的学者也认为传统都是过去的东西了，是旧有社会历史条件的产物，在高度现代化的21世纪进行法律建设，更多的应该靠我们自己的创造，对法律传统只能敬而远之。这其实是没有认清法律传统的实质，曲解了传统。

法律传统实质上是前人在特定历史社会条件下处理其社会法律问题时所作出的探索和抉择。以文献记载、集体记忆、社会遗传等不同形式表现出来的法律传统，都是前人法律智慧的积累。法律传统内部蕴藏的丰富经验材料和规范，并不是任意积累而成的，更不是一连串杂乱无章的偶然选择行动的产物，而是经过了几代、几十代人心智、理性的反复检验与整合的结果。作为世代相继的法律生活经验、法律智慧与法律文明的积累，法律传统经受了社会历史实践的长久考验和时间过滤，有着深厚的历史根基和社会根基。

法律传统不只是解决过去问题的法律方案储备库，而且是解决今天问题的资源库。生物学、人类学的研究早已表明，在几千年文明史中人类的身体、心智构造没有发生根本的变化。人类社会今天仍然面临着前人面临的某些共同问题，比如社会自由与社会平等、民族歧视、犯罪控制、财产分配、社会组织、政体设计等等。这意味着由历史积淀而成的法律传统仍有着现实合理性。的确，现代社会的急剧变化，造成了对法律传统的种种压力，加剧了法律的传统性与现代性之间的冲突。但这种情况更彰显出法律传统的必要性。因为法律传统的内在价值，就在于它能帮助形成社会秩序、促进社会团结。一个社会完全抛弃自己的法律传统另起炉灶，是愚不可及的。因为缺少世代相传的民族法律文化心理的支持与认同，现行法律就是脆弱的、不稳固的。事实上，即使在法律移植国家，只要是真正有效的法律制度，其传统与现代性也是水乳交融的。

(二) 法律传统的功能

法律传统乃是从过去沿袭传承到今天还在发挥作用的某种法律精神和文化。由其实质决定了法律传统具有以下功能：

(1)法律传统的凝聚功能。由于某一特定社会的法律传统出于同一源头，因而使生活在该传统中的社会成员形成了共同的或相似的民族法律文化心理，体现了世代相传的亲缘意识，从而强化了社会成员彼此之间的认同感，起到了凝聚社会的作用。经传统积淀形成的法律意识，更是一个社会法律制度运作的基础。正

---

① 格伦顿，戈登，奥萨魁. 比较法律传统[M]. 米健，等译. 北京：中国政法大学出版社，1993：7.

如布莱克斯通指出的，将英国人民团结起来的不是制定法而是普通法，它是英国人民古老自由传统的积淀。不只在英国，世界各国都如此。

（2）法律传统的规范功能。法律传统往往表现为世代相传的习俗与行为惯例。就像河床约束和引导着河流奔向远方一样，法律传统也总是对现在和未来产生定向性的影响。只要社会生活条件和人的心智不发生完全的改变，法律就不可能脱离既有传统而运作、发展。一方面，法律传统制约、引导和塑造着现实生活中法律的运作与发展。传统观念、传统习惯、传统制度安排、传统社会势力都会作用于法律，其中不符合特定社会生活方式和价值目标的糟粕性因素理应通过法律改革予以清除，但传统中的良好因素是不易被改变也不应被改变的。另一方面，法律传统不同程度地规范着社会成员的行为。法律传统虽然不具有国家强制性，但其中凝结着社会成员对往昔法律现象、经验或祖先的某种程度的崇敬，所以人们往往会有意识地以法律传统为参照系来指导自己的行为。法律传统还常常作为"潜规则"无形地影响和支配人们的行为。

（3）法律传统的评价功能。法律传统是世世代代的人们在长期生产活动和交往过程中积累起来的生活经验与交往惯例的聚合体，它常常借助于某些流传下来的共同道德原则对人们行为的合理性进行经验性和道德性评判，从而成为普通人日常生活的评价尺度。

（4）法律传统的创生功能。法律传统是由历史积淀而成并仍具活力的创生性系统，是新生法律体系生长发育必不可少的胎盘或养料库。法律传统又像大树，只要树根犹存，新芽就会生发。萨维尼认为，每个民族都有自己的个性和精神，这一民族精神是历史地形成的，体现在包括法律在内的所有民族制度中。他因此提倡实证地研究法律，认为在深入调查的情况下，人们将会发现在现实中生效的制度对那一特定的民族来说是特别"自然的"，是源于他们的历史传统的。[①]

第四节　法律传统的生成路径

法律传统都是历史积淀的产物。任何法律传统的生成，都离不开对具体法律思想和法律制度的继承、移植与创新。

一、纵向的法律继承

法律继承是指不同时代的法律之间的相承与继受，一般表现为旧法对新法的影响和新法对旧法的承接和继受。即新法在否定旧法固有阶级本质和整体效力的

---

① 萨维尼. 论立法与法学的当代使命[M]. 许章润，译. 北京：中国法制出版社，2001.

前提下，经过选择和改造，吸收旧法中某些依然可用的因素，使之成为新法体系的有机组成部分。

新法可以而且必然批判地继承旧法中的某些因素，原因是多方面的。①

(1)社会生活条件的历史延续性决定了法律继承性。马克思和恩格斯曾经指出："历史的每一阶段都遇到一定的物质结果，一定数量的生产力总和，人对自然以及个人之间历史地形成的关系，都遇到前一代传给后一代的大量生产力、资金和环境，尽管一方面这些生产力、资金和环境为新的一代所改变，但另一方面，它们也预先规定新的一代本身的生活条件，使它得到一定的发展和具有特殊的性质。"②法是社会生活的反映，只要那些延续下来的生活条件在现实社会中具有普遍意义，那么反映这些生活条件的既有规范就或多或少会被继承下来并被纳入新的法律体系。如古希腊和古罗马的私法制度、中世纪欧洲城市商法制度，尽管是奴隶社会和封建时代的产物，但因其是与社会分工相联系的、为交换而进行生产的、自由而公平地进行竞争的经济关系的体现，从而经过近代市场经济和工业化大生产的洗礼，不仅为西方资本主义国家所继承和发展，也可以为社会主义法律体系所吸收。

(2)法律的相对独立性决定了法律发展过程的延续性和继承性。法律虽然总体上是为当时社会的政治、经济和文化等服务的，但经过数十乃至千百年的发展，法律(特别是一些财产性、程序性和技术性法律规范)也积淀形成了自己的特性和规律，有着自己的历史传统、运行机制和生命活力。因此，相对于经济基础和其他上层建筑而言，法律有自己的相对独立性和发展"惯性"。特别是对各种法律事实进行概括，抽象出其共同特征而形成的权威性范畴(即法律概念)，以及制定、执行、解释、适用法律规范的各种方法，如立法程序、法典编纂、法律汇编、法律体系的结构、法律规范的构成与分类、法律解释方法、法律机构的设置、诉讼程序的设置等，都成为后来的每个国家不可避免地要直接选择、利用的资源，否则就无法建构自己的法律制度和法律体系。

(3)法律作为人类文明成果的共同性决定了法律继承的必要性和可能性。旧法中那些反映经济规律和民主政治的法律思想、法律原则及规则，有关社会公共事务的法律规定，都具有穿越时间隧道的生命活力。诸如人民主权思想、权力制衡、反贪倡廉、法律面前人人平等的原则，行政程序、上诉制、陪审制、合议制等法律制度，以及反映商品经济和市场经济一般规律的法律原则和规范，有关市场主体、市场要素、市场行为、市场调控、国内市场与国际市场的联系等法律规定，

① 张文显. 法理学[M]. 5版. 北京：北京大学出版社，高等教育出版社，2019：199-200.
② 马克思，恩格斯. 德意志意识形态[M]//马克思恩格斯文集：第1卷. 北京：人民出版社，2018：544-545.

有关环境保护、社会保障以及交通、水利、城建、人口、卫生等方面的法律规范，经过选择、改造和加工之后，都可以为后人所用。文明本来就是借鉴、积累和升华的产物。近代以来，英国资产阶级持续沿用英国封建时代的法律，法国资产阶级以奴隶制时代的罗马法为基础制定《法国民法典》，日本资产阶级承袭日本封建时代的法等事实，均表明不同类型法律之间的互鉴性和继承性。近年来我国的刑法、刑事诉讼法等，也有意识地吸收了我国古代法有关规定（如亲亲相隐、高龄老人刑事责任豁免）的合理因素。

二、横向的法律移植

(一) 法律移植与相关概念辨析

"法律移植"与植物学和医学中的"移植"有关，但植物学上的移植指整株植物的移地栽培；而一国移植他国法律时，很难做到不作任何修正而原封不动地照搬。医学上的移植指单个器官，如心、肺、眼球的移植，需要考虑被移植器官（供体）同原机体其他组成部分（受体）的协调问题，较能说明法律移植的复杂性。不过医学移植是单个器官移植，法律移植则为追求政治、经济、法律的现代化而可以成套引进外国法律，以致改变自身的法律体系；或是吸收多国法律的优秀成果，组合成一部新的法律，如我国的证券立法中，既可以看到英美证券立法的痕迹，又可看到大陆法系证券立法的痕迹。

法律移植也不同于法律借鉴。"法律借鉴"是指保留本国的法律体系以及本国法律的基本原则，只是在个别法律或某个法律的个别条款上，吸收外国法律的先进做法。"法律移植"则是指一个法律相对落后的国家，系统接受外国较先进的法律制度，重塑本国法律体系。重塑后的法律的体系和基本原则是外国法的，只是为适应本国特点，而在局部保留本国的法律的特色，如日本"大化革新"时对大唐法律的移植，"明治维新"时对欧洲大陆法系尤其是德国法的移植；中国清末、民国时期对西方法律的移植。

此外，法律移植与法律继承也有区别。一方面，法律继承侧重于时间维度（纵向）的影响与继受，而法律移植更着眼于空间维度（横向）的吸收与利用。另一方面，法律继承的对象是旧法中的合理因素，而不一定是先进因素，也不大可能是整体性或体系性的；而法律移植的对象则是国外现行法中的先进制度，一般不考虑已经废弃了的法律，而且常常是某种具体法律制度的整体性引进，以期引发本国法律的体系性建构或变革。

综上所述，法律移植是指一个法律相对落后的国家，系统接受外国现行先进的法律制度，重塑本国法律体系，因而是一种对本国法律制度比较彻底的变革。法律移植的对象，一是外国的法律，二是国际法律和惯例，一般合称国外法。

(二)法律移植必要性与可能性

对法律移植,有的人无条件地赞成,有的人则持批评态度。

孟德斯鸠认为:"为某一国人民而制定的法律,应该是非常适合于该国的人民的,所以如果一个国家的法律竟能适合于另外一个国家的话,那只是非常凑巧的事。"他明确否认了法律的可移植性。因为"法律应该和国家的自然状态有关系;和寒、热、温的气候有关系,和土地的质量、形状与面积有关系;和农、猎、牧各种人民的生活方式有关系;法律应该和政制所能容允的自由程度有关系;和居民的宗教、性癖、财富、人口、贸易、风俗、习惯相适应"。① 当代美国法学家罗伯特·塞德曼(Robert B. Seidman)夫妇也主张"法律不可移植"论。他们指出:"在非洲,英国法律的采纳未能重复出规定英国经济和社会的那种制度……土耳其照搬了法国的法律,埃塞俄比亚照搬了瑞士的法律,说法语的非洲国家照搬了法国的法律,印尼照搬了荷兰的法律。这些法律在新的国家未能导出在原来国家产生过的相同行为。"因此,他们得出结论说:"在两个社会政治、经济和其他环境因素不同的地方,同一部特定的法要在两个地方引出相同的行为只是巧合。"②也就是说,"淮南之橘移到淮北变成枳",法律是不可移植的。

不过,大多数学者认为,法律移植不仅是必要的,而且是可能的。

第一,社会发展和法律发展的不平衡性决定了移植的必然性。同一时期不同国家的发展是不平衡的,它们或处于不同的社会形态,或处于同一社会形态的不同发展阶段。世界社会和法律的发展史表明,法律移植是落后国家加速社会发展和法制现代化的必由之路。早在古罗马国家的形成初期,土利乌斯在改革中就采纳过雅典城邦的立法经验。近代土耳其凯末尔(基马尔)当政时期大量采用瑞士民法、意大利刑法和德国诉讼法,使土耳其在阿拉伯国家率先实现了法制现代化。我国清末商法中的保险制度、海船法中的海上运输等管理制度,票据法中的本票和汇票制度,都是首次从外国移植进来,几乎未作任何修改。20世纪80年代初以来,我国认真研究、比较各发达国家和某些发展中国家有关知识产权的国内立法和国际知识产权保护制度的成熟技术和先进经验,并在大胆移植的基础上制定和不断完善了专利法、商标法和著作权法及其配套法规和实施细则,使我国的知识产权法律体系从无到有,并在较短的时间内跨入世界先进行列。

第二,市场经济的客观规律和根本特征决定了法律移植的必要性。当今世界市场机制是统合世界经济的最主要机制。首先,市场经济在不同的社会制度下尽管会有一些不同的特点,但它运行的基本规律,如价值规律、供求规律、优胜劣汰的规律是相同的,资源配置的效率原则、公正原则、诚信原则等也是相同的。

---

① 孟德斯鸠. 论法的精神:上册[M]. 张雁深,译. 北京:商务印书馆,1995:6-7.

② 塞得曼,塞德曼. 法律秩序与社会改革[M]. 时宜人,译. 北京:中国政法大学出版社,1992:50,91.

这就决定了一个国家在建构自己的市场经济法律体系的过程中必须而且有可能吸收和采纳市场经济发达国家的立法经验。其次，市场经济本质上是开放型经济，它要求经济、技术、文化和政治各个领域都要对外开放。诸如资源开发、环境保护、保障人权、惩治犯罪、维和行动、婚姻关系、财产继承等，越来越带有跨国性质。法律在处理涉外问题和跨国问题的过程中，必然逐步与国际社会通行的法律和惯例接轨。此外，市场经济既是社会分工和生产专业化基础上的合作经济，也是自由而公平的竞争经济。合作和竞争都需要法律的引导和规制，而这种法律必须是统一的和协调的。法律移植正有助于减少不同国家之间的法律抵触和冲突，降低法律适用上的成本，为长期、稳定、高效的经济技术合作创造良好的法律环境。

第三，西方资产阶级革命所倡导的一些先进的法律观念已为世人所认同，世界工业化进程中不断丰富、完善起来的法律制度已成人类共同财富。比如：各国的宪政体制虽然各异，但"人民主权""人权保障"和权力制约的思想已深入人心；在刑事立法中，"罪刑法定""法不溯及既往""刑罚人道主义"等原则已成为各国刑法的有机组成部分；在民事立法中，"公平信用""等价有偿"作为基本原则得到共同确认；在司法审判中，"程序法定"已成为最基本的要求。这些法律观念和原则是人类社会发展的产物，是人类文明的标志。正是这些共同的观念和原则为法律移植提供了最基本的条件。至于海商法、票据法、证券法等技术性较强的法律，在不同法系国家中的规定则更是极为相近的。

第四，工业化、城市化以及通信工具的发展，使得孟德斯鸠列举的决定"法的精神"的因素已发生重大变化。弗伦德认为"在这二百年中，地理的、经济的、社会的以及文化的因素已失去了它们很大的重要性"。[①] 在20世纪，由于东、西方政治上的对立导致的两种不同性质的法律观念和法律制度的对立，也随着苏联的解体、冷战的结束而逐渐趋于缓和，世界面临的和平与发展两大共同的主题，使得政治因素对法律的影响力减弱。

第五，某些落后国家移植法律的失败并不能作为"法律不可移植"的论据，正如医学上某次器官移植手术的失败并不能就此否定器官移植的可行性一样。我们应该在被移植法律的文化土壤和目标选择上思考，探究如何协调被移植法律与本国法律文化传统。

(三) 法律移植应注意的问题

为了确保移植过来的法律是最成熟、最先进、最实用的法律，首先要注意法律移植的优选性。通常的做法是以一国的法律为主，同时引入部分其他国家的法

---

① 凯思-弗伦德. 比较法与法律移植[J]. 贺卫方, 译. 比较法研究, 1990(3).

律。如清末、民国时期，法律移植总体上以大陆法系中的德国为主（常通过日本），个别法律上兼采其他国家的思想，如 1904 年的公司法带有英、美、法的思想，婚姻财产制度来自瑞典民法典。我国 1993 年颁布的《股票发行与交易管理暂行条例》则兼有美国体系的公开性原则及欧洲大陆体系的实质管理原则。

其次要注意法律移植的超前性。移植国外法，无论是某一国家的，还是国际法和国际惯例，都要面向未来，面向现代化，前瞻世界法律发展的趋势。为此，必须对外国法和国际法开展比较研究，对被移植的法律有充分了解和深刻理解，有科学的鉴别和真实的评价，有在此基础上的能动设定和理性选择。

此外要特别注意国外法与本国法之间的同构性和兼容性。这既要对本国法进行必要的机理调适，又要做好外来法律的本土化工作。"必须记住法律是特定民族的历史、文化、社会的价值和一般意识与观念的集中体现。任何两个国家的法律制度都不可能完全一样。法律是一种文化的表现形式，如果不经过某种本土化的过程，它便不可能轻易地从一种文化移植到另一种文化。"①加上法律的移植以新律的颁行为标志，往往具有超前性，而根植于人们头脑中的传统观念、习惯的变革则是相对滞后的，往往需要一个更漫长的时间来完成；这就必然形成移植的法律同传统法律文化的冲突。有些学者认为外来法的本土化就是用本国法去同化和整合国外法。这其实是错误的，违背了法律移植的本意和初衷。外来法的本土化应该是指通过一定的缓冲、铺垫、衔接，以及广泛的普法教育和加强大学法学教育，使所移植的国外法与本国原有的法律制度和法律观念在相互抵触和冲突过程中达到互渗与共生，从而更新和优化本国既有的法律传统。

三、多维的法律创新

传统最大的价值在于它的当代应用。法律继承与法律移植都是对人类社会既有法律文明或法律传统的借鉴、吸收与利用。但法律传统毕竟是前人在他们那些特定的时代、特定的环境中创造出来的，要解决的是他们特定时空的问题，与我们当下的法律在思想观念、价值追求和规范体系等方面都存在差异。尽管我们可以借鉴法律传统，但并不能将法律传统的制度规范和价值取向照搬过来。法律传统要经过创造性转换才能古为今用、洋为中用，才能适应本国当下社会生活独特性的需要；甚至要敢于并善于进行法律创新，才有利于中外法律传统的激活与更新、世界法律文明的发展与进步。

（一）法律创新实质是一种制度创新

法律创新可以是多维度、多层面、大小不等的创新，但其实质是一种制度创

---

① 格伦顿，戈登，奥萨魁.比较法律传统[M].米健，等译.北京：中国政法大学出版社，1993：6-7.

新。通常说的"制度"，就是有关人们的社会行为和社会关系的规范体系。所谓制度创新，乃社会规范体系的选择、创造、新建和优化的统称，亦即积极、进步和有绩效的制度变迁。

这里提出法律创新是一种制度创新，主要基于以下理由：一是法律本身就是一种制度，法律创新自然就是或应该是一种制度创新。二是意在强调法律创新不应满足于某些法律概念、法律规则的零星创造，甚至也不只是单部法律的出台，而应着眼于法律制度的整体改造与革新。三是旨在揭示法律创新包含着一种价值因素，它不仅应该是一国法律制度史上的一种进步而有效的变迁，而且对整个人类法律制度的正向发展也应该是一种贡献，即它应丰富人类法律制度的"基因库"。我国"一国两制"的理论构想和制度建设，很大程度上就是如此。

当然，法律创新在法律实施过程中也是非常重要的。2011年7月，某市公安机关模仿诗歌《见与不见》的语言和风格，在官方网站上发布信息，敦促在逃人员投案自首："你逃，或者不逃，事就在那，不改不变。你跑，或者不跑，网就在那，不撤不去。你想，或者不想，法就在那，不偏不倚。你自首，或者不自首，警察就在那，不舍不弃。早日去投案，或者，惶惶终日；潜逃无聊，了结真好。"公安机关这种创新工作手段、利用有效宣传形式，促进全面充分履行职能的做法，取得了非常好的效果。

（二）法律创新重点是法律体系的重构

法律创新是一个从量变到质变的过程，其表现形态是多种多样的。既有法律概念、法律规则和法律原则的创造，也有新的法律部门的产生；但在经济转轨、社会转型时期，更重要的还是一国法律体系的重构与再造。比如近代资本主义法律制度，虽然继承吸收了古希腊罗马的某些私法理念和制度以及中世纪中后期出现于地中海沿岸港口城市的商法等许多因素，但它总体上是按资本主义市场经济和民主政治的本质要求而建立起来的。为了尽可能地减少对经济生活的干预，确保资本主义市场经济的自由发展，以1776年《美国独立宣言》、1789年法国《人权宣言》、1804年《法国民法典》为开端，西方各主要国家基于人民主权原则、宪法至上与权力制衡原则、法律面前人人平等的自由竞争原则、财产所有权神圣不可侵犯原则、合同自由不受限制原则等，建立了一整套在人类历史上全新的法律体系。

法律体系的重构涉及两个方面：一是调整各法律部门在法律体系中的地位和作用，重视宪法统领下公法和私法的分化，并强调以旨在保护私权的民商法为主体重构社会主义法律体系，改变法律对社会经济、文化、政治的调整机制，即从罪与罚的强制性调整方式转换为权利和义务的协调性调整方式；二是破除国内法与国际法的人为界限，在经济、政治所需要的领域与世界法接轨。

(三) 法律创新关键在法律精神的转换

法律精神是法律制度的灵魂或中枢神经。它支配着对社会经济、政治、文化的法律性制度安排，指引和制约着对法律资源和其他资源的社会性配置。因此，法律精神的转换是最深层次的法律创新，也是法律创新的重点和难点。

前现代社会的法律形态，建立在人的依赖关系的基础之上。个人缺乏应有的独立性，人的依赖关系成为其物质生产的社会关系的共同特征。所以这种法律形态所注重的是社会等级和人身依附，法律调整的基本特点是以确认等级依附关系为基本的价值目标。而现代法律精神最根本的是"人本主义"精神，即以人为出发点和归宿点、以权利本位为中心来设置法律制度，真正保障人的利益、人的安全、人的自由、人的平等、人的全面发展。具体而言，转换法律精神就是要用权利本位与人文精神统合、契约自由与宏观调控统合、效率优先和社会公平统合、稳定和发展统合等精神要素取代计划经济体制下形成的法律观念和价值标准，就是要确立与计划经济迥异的新的法律原则，如财产所有权一体保护原则、契约自由原则、公平竞争原则、诚实信用原则、保护弱者原则、维护社会正义原则、罪刑法定原则、责任自负原则等。

本章开头的"叩头还叩"一案颇为有趣，并且在我国古代有一定的代表性，我们不妨依据上述有关法律传统的理论来做一点尝试性分析。

如前所述，法律传统实质上是前人在特定历史社会条件下处理其社会法律问题时所作出的探索和抉择。长期以来，一些地痞无赖常常大错误不犯，小骚扰不断，得理不饶人更是家常便饭，从而给基层社会治理和普通民众的安宁带来不少麻烦。"不特闾里苦之，即地方官亦苦之。"因此，如何治理这类地痞无赖，保一方平安，就成了想有所作为的地方基层长官必须正视并寻求应对良策的问题，即使在今天也是如此。清代华亭县令许治，充分利用我国古代社会司法与行政合一体制所赋予的地方长官较大的国家权力，并借助科举制度下文秀才与武秀才的区别，巧妙地惩治了平素横行乡里的武生，博得众人的欢呼与喝彩。许治的所作所为，即使对今天的地方官员(包括司法人员)，依然有着一定的启示和借鉴意义。但"学我者活，肖我者死"，许治的做法不仅与我国古代司法、行政合一体制有关，也与注重实质正义、相对轻视形式正义(程序正义)的法律传统密不可分，因而在司法与行政分离、程序正义成为普遍追求的今天显然不可简单模仿。

第五节 法律的国际化

国家法长期的发展与积淀，不仅形成了国内法律传统，而且不断溢出而形成了法系。法系的出现，标志着法的发展进程从国家化迈向国际化。

一、法律国际化的一般情形

所谓法律国际化，就是原本属于调整城邦国家或主权国家内部社会行为和社会关系的法律，逐渐迈出国家边界，开始调整不同国家之间的国际关系和国际行为，法律因此走向了更为广阔的舞台。在更宽泛的意义上，法律的国际化其实包括三层含义：一是国家与国家之间的法律相互影响、相互作用；二是由主权国家和跨国组织制定与认可、用于约束和处理相关国家及亚国家主体之间的行为和事务的、具有普遍约束力和一定强制力的规范；三是国际性规范（国际法）与国内法的相互影响、相互借鉴。

法律国际化的历史渊源，无疑可溯及古罗马时代的"万民法"（jus gentium），以及隋唐时期日本、高丽和东南亚一些国家对中国古代法的移植。1625 年出版的格劳秀斯的《战争与和平法》用"jus gentium"来表示国家之间的法律，后来拉丁文"jus gentium"便转译为"万国法"（law of nations）。1789 年英国功利主义哲学家边沁首次创设并使用"国际法"（international law）这一概念，并日渐得到普遍认同。

随着资本主义的发展和对外扩张，19 世纪中叶到 20 世纪前期，世界范围内出现了依照《法国民法典》（1804 年）和《德国民法典》（1900 年）的法典编纂运动，从而建立了以罗马法为基点，以法、德两国民法典为主干遍及欧洲、亚洲和美洲主要国家的民法法系。与此同时，1787 年美国宪法创立了分权型政府体制，其后美国联邦最高法院又创立了违宪审查制度，等等。这些成为美欧主要资本主义国家及亚洲的日本、韩国、印度等国家的制宪模本。很多国家不但创制了成文宪法典，建立了适合本国国情的分权型政府体制，还直接照搬了美国式的司法审查制度。这些都是法律国际化的表现形态。

可以说，近代以来基于法律传统影响和法律技术的相似性而导致的法系形成，国际法的产生与发展，以及 20 世纪中期以后欧共体法、欧盟法、独联体法等区域法的萌生，都是法律国际化蓬勃发展与相对成熟的明证。

二、法系的形成及划分

"法系"的英文表达是 legal system, legal genealogy 或 legal family，后二者也可

译作"法族"。它一般指不同国家和地区之间在历史传统、法律结构、法律技术和司法模式等方面具有相似性的法律制度集合。

德国比较法学家茨威格和克茨认为，法系的构成要素至少应包括五个方面：第一，某种法律秩序在历史上的来源与发展；第二，法律方面占统治地位的法学思想方法；第三，特别具有特征性的法律制度；第四，法源的种类及其解释；第五，思想意识因素。① 他们据此把世界上的法律制度分为八种法系，即罗马法系、德意志法系、北欧法系、普通法法系、社会主义法系、远东法系、伊斯兰法系、印度教法系。《牛津法律大辞典》则认为划分法系的主要根据是法律渊源、形式、方法和立法技术的一般相同的历史起源和互相借鉴。据此，世界上的主要法系有大陆法系、英美法系、社会主义法系、宗教法系等。而日本法学家穗积陈重提出的印度法系、中华法系、伊斯兰法系、大陆法系、英美法系五大法系的划分越来越为学界所认同。

（一）印度法系

印度法系自然是以古代印度法为历史基础而逐渐形成的。"纵观印度法的历史，人们会看到法论、国王颁布命令（ksatra）的权力及习惯（ācāra）之间的相互适应。"而且，"作为由社会精英所解释的成文法"，"（印度）法论逐渐收编了获得神法权威的规范，后者主要来自习惯性惯例而不是对经典文献的解释。"② 伴随婆罗门教、佛教与印度教的传播，东南亚许多国家与地区在公元1—15世纪模仿古代印度法建立起自己的法律制度，从而形成了印度法系。缅甸、暹罗（泰国）、锡兰（斯里兰卡）、扶南（柬埔寨）、老挝、占婆（越南）以及印度尼西亚的爪哇、巴厘、婆罗洲、苏门答腊等地的印度化王国大都曾以《摩奴法论》为蓝本颁布过法律。随着15世纪最后一个印度化王国的灭亡，印度法系成为历史遗迹，被认定为"死法系"，但它对这些国家与地区的影响仍然不可忽视。

（二）中华法系

中华法系一般是指以《唐律》为代表的中国古代王朝的法律以及深受其影响的周边国家的法律所形成的法系。中华法系以儒家思想为理论基础、家族本位与国家本位并存、确认君主至高无上的法律地位等特性，使得其在世界古代法制史上独树一帜。尤其是唐律，集历代王朝法律之大成，是中华法系的代表作，深刻影响了中国以及东亚、东南亚的法制历史，标志着中华法系的成熟。因此以唐律为内涵、以周边国家与地区（如朝鲜、日本等）的法律为外延，构成了一个区域性

---

① 茨威格，克茨. 比较法总论[M]. 贵阳：贵州人民出版社，1992：131.
② 昂格尔. 现代社会中的法律[M]. 吴玉章，周汉华，译. 北京：中国政法大学出版社，1994：104.

的法律系统。尽管这一法系随着近代西方列强的入侵而逐渐退出了历史舞台，但它对这些国家与地区的法律实践仍存在一定的影响。

(三) 伊斯兰法系

伊斯兰法系是在以《古兰经》为核心的伊斯兰法的基础上发展而来的。随着中世纪阿拉伯帝国的崛起与扩张，伊斯兰教迅速传播到亚、非、欧许多地区，伊斯兰法自然成为这些国家与地区占统治地位的法律，从而逐渐形成了一个伊斯兰法律家族，即伊斯兰法系。它与印度法系一样，都属于神法传统。昂格尔认为，神法传统有三个共同属性：一是神的权威性观念，二是神圣戒律、王室法令和习惯之间的相互作用，三是都依赖于一个特定的集团和一套特殊的方法。[①] 伊斯兰法系是世界五大著名法系之一，也是东方三大法系中唯一的活法系，但是近代以来由于西方列强的入侵，许多国家与地区的伊斯兰法进行了一些意义深远的改革，开始受到西方法律因素的冲击。

(四) 大陆法系

大陆法系(又称民法法系、成文法法系、法典法系或罗马—日耳曼法系)是以罗马法和日耳曼法为基础，以《法国民法典》与《德国民法典》为代表的一个世界性的法系。大陆法系已经历了两千多年的发展演变。它起源于欧洲古代的罗马法，在罗马法衰落的年代里又受到日耳曼法、教会法的影响，在中世纪中后期伴随着罗马法在欧洲大陆的复兴而开始形成。法国大革命后，大陆法系获得了进一步发展。19世纪欧洲大陆新兴的资产阶级政权纷纷仿效法国法典进行法典编纂；20世纪以来，许多欧洲大陆国家通过殖民政策将自身的法律制度强制推行到自己的殖民地，大陆法系的影响超出欧洲大陆扩展到世界广大地区。除了以法德为代表的欧洲大陆国家、拉美各国以及非洲的阿尔及利亚、埃及、摩洛哥、利比亚、突尼斯等之外，亚洲的日本、印度尼西亚以及20世纪初以来的中国也基本属于大陆法系。

(五) 英美法系

自1066年诺曼底人侵入后，英国走上了与欧洲大陆不同的法律发展道路。为了加强王权，英国国王经常派遣巡回法官到各地巡回审判，逐渐建立了一批皇家法院(后称普通法院)。皇家法院和巡回法官们根据国王的敕令，有选择地适用地方习惯法，形成判例法普遍适用于英格兰全境，故称"普通法"。普通法是按照严格的程序运行的，法官审理案件必须要有根据原告申诉而以国王名义签发的令

---

① 昂格尔. 现代社会中的法律[M]. 吴玉章，周汉华，译. 北京：中国政法大学出版社，1994：103，106.

状(被称为"权利令状")，每一种令状都规定着相应的法官管辖、被告传唤方式、答辩方式、审理方式、判决方式和执行方式等。为了弥补普通法的不足，到 15 世纪又进一步设立了大法官法院(后称衡平法院)。大法官在长期的审判实践中，以"公平""正义"为基础而发展起来的一套法律规则，被称为衡平法。"衡平"即公平、正义的意思。从此，均为判例法的普通法和衡平法构成英国法的主要部分(此外还有少量制定法)，并逐渐融入罗马法、教会法以及中世纪商法、城市法与海商法的若干原则。美国独立后，仍以英国法律为基础创立新法律。随着英国长达几百年的对外贸易、军事侵略、殖民统治过程中强制推行英国法，以及 20 世纪二次世界大战后美国对外影响的扩大，英美法系(又称普通法法系、判例法法系、法官法法系)因而得以确立并成为一个世界性法系。属于该法系的有英国(苏格兰除外)、美国(路易斯安那州除外)、爱尔兰、加拿大以及曾是英国殖民地或附属国的国家和地区(如澳大利亚、新西兰、印度、新加坡、冈比亚、尼日利亚、加纳、肯尼亚、乌干达、赞比亚，以及中国香港等)。20 世纪初，弗雷德里克·波洛克(Frederick Pollock，1845—1937)不无自豪地说：英国普通法"随着不列颠的旗帜跨过窄海，走向世界；不列颠的旗帜去往何处，普通法的精神就跟随而至，英文字母恐怕都跟不上她的步伐。……人们对英式法律的模仿，最主要体现在刑法和宪法方面；商法方面也不少"。"我们的刑法与公民自由的观念紧紧相连，……陪审团审判在 19 世纪得到了推广，这大概是法律制度史上最具重大意义的事件之一。"①

三、两大法系的主要差别

上述各种法系中，在当今影响最大的是大陆法系和英美法系。荷兰阿姆斯特丹大学海塞林克教授认为，20 世纪前期注重活法、反对规则崇拜的美国法律现实主义运动传到欧洲，很大程度上颠覆了欧洲人传统的确定性、自治性、形式性法律观念；而欧洲一体化的推动，以及英国 1973 年加入欧共体和后来的欧盟(2020 年 1 月又正式退出)，接受欧盟的共同规则，这三件大事加上其他一些因素，使得大陆法系和英美法系的差别缩小，一种更少形式主义与教条主义、更偏重于实质性与实用性的新欧洲法律文化正在形成。② 尽管两大法系的确日渐呈现出相互影响与靠近的趋势，但彼此多方面的差异依然明显。

(一)法律渊源不同

大陆法系是成文法系，其法律以成文法即制定法的方式存在。其法律渊源包

---

① 波洛克. 普通法的精神[M]. 杜苏，译. 北京：商务印书馆，2016：119，124.
② 海塞林克. 新的欧洲法律文化[M]. 魏磊杰，译注. 北京：中国法制出版社，2010：98-122.

括立法机关制定的各种规范性法律文件、行政机关颁布的各种行政法规以及本国参加的国际条约，司法判例则不具有法律效力。而英美法系的法律渊源既包括各种制定法，也包括判例法，而且判例法在整个法律体系中占有非常重要的地位；该法系以"司法"为中心运转，人们更倾向于用司法而非立法的方式发展法律、更习惯于以司法的态度来规划自己的行为。法国学者勒内·达维德曾指出："美国法学家同英国法学家一样，主要是以判例法的形式来理解法。立法者制定的法规，尽管为数很多，但得不到法学家的青睐，他们不把这些法规看成法律规范的'正常'类型。只有当这些法规为法院所解释和运用，而且有可能援引运用这些法规的法院判决（不是援引这些法规）时，这些法规才真正地同美国法融为一体。当有关某问题无判例可以援引时，即使明明有有关的法律条文，美国法学家往往会说：'在这个问题上无法律规定'。"①

不过，到20世纪末，判例应被视为一种法律渊源的观点已为欧洲人普遍认可，大陆法系从立法至上走向立法和司法双峰并立。② 美国学者盖多·卡拉布雷西在其《制定法时代的普通法》（1981年）开篇也指出："最近的50到80年间，美国法发生了一个根本性的变化。这段时期内，我们已经从一个由法院所宣示的普通法主导的法律制度，进入到一个由立法者所制定的制定法成为首要法律渊源的法律制度中。"③

（二）法律结构不同

大陆法系国家的法律分为公法和私法，英美法系国家则将法律分为普通法、衡平法、制定法。而且，大陆法系承袭古代罗马法传统，习惯于用法典的形式对某一法律部门所包含的规范作统一的系统规定，法典构成了法律体系结构的主干；而英美法系很少制定法典，习惯用单行法的形式对某一类问题作专门的规定，因而其法律体系的结构是以单行法和判例法为主干构成的。

（三）诉讼程序不同

第一，大陆法系国家实行参议制，即陪审员与法官共同组成审判庭。英美法系国家采取陪审制，即由具有选民资格的普通公民组成的陪审团主要负责做出事实上的结论和法律上的基本结论（如有罪或无罪）；法官负责做出法律上的具体结论，即判决。第二，大陆法系国家采取纠问程序，突出法官的职能，法官主动对被告人和证人进行讯问。英美法系国家采取对抗程序，让原告和被告辩论、抗

① 达维德.当代主要法律体系[M].漆竹生，译.上海：上海译文出版社，1984：380.
② 海塞林克.新的欧洲法律文化[M].魏磊杰，译注.北京：中国法制出版社，2010：66.
③ 卡拉布雷西.制定法时代的普通法[M].周林刚，翟志勇，张世泰，译.北京：北京大学出版社，2006：1.

衡，法官充任"消极的仲裁人"。

（四）法官权限和思维方式不同

一方面，大陆法系法官只能援用成文法来审判案件，法官的法律解释也须受成文法本身的严格限制，故法官只能适用法律而不能创造法律。如日耳曼的古文献里有时称法官为"寻找法规的人"。英美法系的法官既可以援用成文法也可以援用已有的判例来审判案件，而且可以在一定条件下运用法律解释和法律推理的技术，以判例的形式创造新的法律规则，因而法官不仅适用法律，也在一定范围内创造法律。美国著名法律家和法学理论家卡多佐甚至宣称："司法过程的最高境界不是发现法律，而是创造法律。"①

另一方面，大陆法系的法官审理案件，除了案件事实外，首先考虑制定法如何规定，然后按照有关规定来判决案件，即遵循从一般到特殊的演绎方法。英美法系的法官则须经过三重思维过程：即某一类案件普通法是如何对待的，衡平法是怎样认定的，制定法是否作过修改。英美法系特别强调审判要"遵循先例"，法官首先要考虑以前类似案件的判例，将本案的事实与以前案件的事实加以比较，然后从以前的判例中概括出可以适用于本案的法律规则，即遵循从特殊到一般的归纳式解决问题的方法。这种方法在英美法学中被称为判例法方法论。对此，18 世纪英国大法官曼斯菲尔德强调：普通法"并不是由特定案例组成的，而是由一些一般性原则构成的，当然，这些原则从那些案例中得到了证明和解释。"哈耶克解释道："这段名言的意思是说，普通法法官……（必须）要有能力从那些指导他们的先例中推导出能够被适用于新案件的具有普遍意义的规则。"②

（五）司法责任方式不同

在司法责任方面，大陆法系国家实行集体负责制，即除轻微案件由一个法官独任审理外，法庭一般都采取合议制，有不同意见时按少数服从多数原则做出有效判决；但判决书是以法庭名义做出的，不需要写出不同意见，也无须法官个人签名，因而外界通常不知道各个法官在表决时的立场和具体见解。英美法系国家则实行法官个人负责制，除高级上诉法院外，法庭一般都采取独任制。在少数合议制法庭中，也按少数服从多数的原则做出有效判决，但判决书上必须载明各位法官的个人意见，并签名以示负责。若意见一致，则在判决书上共同签名；若意见不一致，则在判决书上分别写出不同意见。

---

① 卡多佐. 司法过程的性质[M]. 苏力，译. 北京：商务印书馆，1998：105.
② 哈耶克. 法律、立法与自由：第 1 卷[M]. 邓正来，等译. 北京：中国大百科全书出版社，2022：201.

表 11-1　法系的区分与区别

法系	区分依据	历史传统、外部特征
	区别类型	大陆法系、英美法系、中华法系、印度法系、伊斯兰法系等
大陆法系与英美法系的区别	历史传统	古罗马法、日耳曼法 — 英国中世纪以来的法，特别是其普通法
	法律思维方式	演绎型思维 — 归纳式思维，注重类比推理
	法的正式渊源	制定法 — 制定法、判例法
	法律基本分类	公法、私法 — 普通法、衡平法
	诉讼程序	纠问制诉讼（职权主义）— 对抗制诉讼（当事人主义）
	法典编撰	倾向进行系统的法典编纂 — 不倾向法典编纂
	法院体系	设置行政法院系统 — 不设置
	司法责任	集体负责制 — 法官个人负责制

第六节　法律的全球化趋势

当今，全球化潮流正在有力地影响人类的生产方式、生活样式以及生存状况，并且渗透到世界经济、政治、文化、法律等各个方面。全球化正成为世界各门人文社会科学共同关注和普遍研究的热点问题；继法的国家化和国际化之后而生的法律全球化问题，也已成为法学领域一个引人注目的研究课题。

一、法律全球化释义

尽管学界普遍认同法律全球化的趋势，但对法律全球化的具体理解却是见仁见智。美国学者夏皮罗认为，法律全球化是指全世界生活在一套单一的法律规则之下的程度。[1] 英国学者图布纳认为，法律全球化意味着私政府立法。[2] 在我国，有的学者认为，法律全球化是全球分散法律体系向全球法律一体化的运动或全球范围内的法律整合为一个法律体系的过程。[3] 也有学者认为，法律全球化是由全球社会的各种力量共同推动的法律发展进程。[4]

---

① SHAPIRO M. The Globalization of Law[J]. Indiana Journal of Global Legal Studies, 1993: 1(1): 37.
② TEUBNER G. Global Law Without a State[M]. Demartmouth, 1996: Foreword.
③ 周永坤. 全球化与法学思维方式的变革[J]. 法学, 1999(11): 9-14.
④ 黄文艺. 全球结构与法律发展[M]. 北京: 法律出版社, 2006: 26.

其实，法律全球化不是已然的状态，也不只是一种方兴未艾的客观历史进程，而是各方主体可依据自身的立场、价值观念和利益诉求主动参与、相互博弈的主观建构过程。法律全球化的目的并非建立某种单一价值取向(比如西方中心主义)的世界统一法，而是或应该是积极探求一种世界一体化与国家主权意识兼顾、法律的世界化与地方化共存、规则的同质化与异质化并进的制度安排。① 因此，"法律全球化"主要是指以解决各种全球性问题、实现人类共同利益或与其不相违背的民族国家利益为目标的法律一定程度"去国家化"的开放性进程。

二、法律全球化的基本内容

法律全球化的基本内容其实也可以说是法律全球化的主要趋势。有学者认为它主要表现为：(1)法律的"去国家化"(denationalization)，即法律并非都是由主权国家制定的，越来越多的法律将由各种各样"非国家"的机构制定。(2)法律的"标本化"或"标准化"，即由联合国、国际组织、经济联合体制定一些法律范本，提供给各个国家作为立法的标本或参照。(3)法律的"趋同化"，即调整相同类型社会关系的法律规范和法律制度趋向一致，包括不同国家的国内法趋向一致和国内法与国际法趋向一致。(4)法律的一体化，即全球范围内法律规范的相互联结，国际法与国内法的界限正在变得模糊不清；甚至意味着某些"全球性法律"或"世界性法律"的出现。② 考虑到法律的"标准化"和法律的"趋同化"与法律的一体化相通，笔者更赞同将法律全球化的基本内容或趋势概括为世界法律的多元化、世界法律的一体化和全球治理的法治化三个方面。③

(一)世界法律的多元化

在全球化背景下，民族国家不再是主宰世界的唯一主体，一些新的主体悄然产生。如政府间国际组织(governmental international organizations)、超国家组织(supranational organizations)和非政府间国际组织(nongovernmental international organizations)成为与民族国家共同分享世界治理权的主体，拥有不同程度的治理全球社会的权力，这些非国家主体也正在创造不同于国家法的新规则和秩序。世界法律的表现形式因此更加多元化，而不再仅仅是国家法。其实，法律的多元化并非始于法律全球化，法律全球化只是丰富了法律多元化。从世界法的角度讲，迄今国际多元主体制定的法律，大多类似于国内法中的民间法。当今国际社会的超国家法与国内社会的亚国家法本质上具有相似性，差别只在于层次或范围而已。

---

① 胡平仁，梁晨. 法律全球化与世界和谐[J]. 湖南行政学院学报，2010(3)：82-89.
② 张文显. 全球化时代的中国法治[J]. 吉林大学社会科学学报，2005(2)：5-11.
③ 黄文艺. 全球结构与法律发展[M]. 北京：法律出版社，2006：19-26.

政府间国际组织是基于成员国签订的条约建立起来的，其在国际社会中履行着造法或准造法的功能：其一，国际组织制定的关于组织机构管理的规定，具有国际行政法的性质；其二，国际组织的决议，如联合国大会的决议，阐明、确认或宣示了国际关系的原则和规则；其三，国际司法组织的判例，如国际法院的判例，确立了国际法的某些规则和原则；其四，国际组织起草或编纂的国际法文件，为各国缔结条约奠定基础。这些国际组织创立的国际法规则和原则，构成了国际法体系的一个重要组成部分。

超国家组织是各成员国共同让渡其主权范围内的部分权力而成立的联合体。目前其典型实例是欧盟，其次是独联体。超国家组织独立于其成员国，能够直接制定与实施适用于所有成员国的法律。例如，欧盟除了欧盟理事会外，欧盟委员会、议会和法院都独立于其成员国行使权力，其创造的欧盟法在成员国中可以直接适用并具有优先性。这种超国家的法与传统意义上的国际法不同，它对成员国的法律主权具有限制作用。

非政府性国际组织是由不同国家的个人或组织为追求某些公共目标而结成的跨国联合体。这些国际组织在其活动领域创立了独立的规则体系。例如国际奥委会，它不仅制定了大量有关奥林匹克运动的竞赛规则，而且对奥林匹克运动中的争议和问题行使着最高裁判权，实际上已经在体育领域创立了一种跨国的法律秩序。事实上，各国政府都尊重国际奥委会在国际体育运动领域的权威，并认可其建立和维护的法律秩序的独立性。

（二）世界法律的一体化

全球化一方面使地方与地方的时空距离越来越短，另一方面又使事物与事物之间的时空联系越来越大。某个组织或某个人的一项决定，可能在世界上掀起轩然大波，影响世界上很多人的生活。就法律而言，全球化导致全球范围内各种形式的法比以往任何时候都更紧密地联系在一起，从而成为一体。国内法与国内法、国内法与国际法、国家法与非国家法等各种形式的法之间正以非常复杂的方式发生联系；任何一种法律体系的变动都可能会导致其他法律体系的相应变动。

法律一体化也意味着某些"世界性法律"的出现，这是法律全球化必然导致的结果。世界法是指各国共同遵守和执行统一的一套法律制度，其存在的基础是各国共同一致的利益和需要，如生态环境的保护、对跨国公司的监管、对国际恐怖组织的打击等。在世界法之下，仍然存在着国家法，世界法与国家法的关系，犹如宪法同部门法的关系。世界法的立法机构产生于各国的共同意志，同时独立于任何单个国家的意志。世界法不仅有自己的立法机构，还有自己的司法机构。对于违反世界法的国家，世界司法机构将根据产生于各国共同意志的实体规则和程序规则进行裁决和执行。就目前来看，《联合国宪章》《国际货物买卖合同公约》

以及 WTO 法律框架等国际条约得到了世界各国的普遍认同与遵守，它们确实发挥着"世界法"或"全球法"的功能。

(三) 全球治理的法治化

全球治理的法治化是指世界范围的公共事务应当以《联合国宪章》为根本大法和总章程，无论是经济贸易关系还是政治文化关系，都应当依照充分反映各国共同利益的国际规则和国际惯例加以调节；以和平理性的方式，运用对话、协商等和平手段解决国家与国家、区域与区域之间的矛盾、分歧与争端，在对话和协商失效的情况下，应当努力诉求法律程序加以调解和裁决，不以武力威胁或使用武力；要充分发挥联合国作为世界上最具普遍性、代表性和权威性的国际组织在国际事务中的主导作用以及制定和执行国际法基本准则的核心作用，在推进联合国改革的同时，建立和完善以联合国为主导的、法治化的全球治理结构和国际事务管理体制。

✦ 思维弹射

1. 19 世纪的英国宪法学者沃尔特·白芝浩在论述英国宪法时说道："引导多数人行事的是那种波澜不惊的人类传统习惯。……而人类本性中全部传统的这一面最终又最容易受到那些从历史上传承下来的东西的影响。在同等条件下，昨天的制度远远是最适合于今天的——它们最现成、最有影响、最易于受到人们的遵从、最可能获得人们的尊敬，这种尊敬是他们单独继承的，且是所有其他制度都必须获得的。人类最堂皇的制度是那些最古老的制度。现代世界是如此多变，其需求是如此波动，其最佳工具在保持外在的力量同时又是如此容易丧失内在的力量，以致我们不能期望那些最古老的制度在今天是最有效验的。我们必须期望那种值得尊敬的东西因其内在的尊严而获得的影响力；但我们不能指望它会如此有效地发挥这种影响力，以致能够像新建的制度那样适合于现代世界，充满着现代精神，贴近现代生活。"①

请谈谈你对这段话的理解。

2. 2018 年以来，在"美国优先""中国威胁"等口号之下，美国纠集一部分西方国家，相继发动"贸易战""科技战""金融战""关税战"，强烈冲击了国际产业链，破坏了国际经济分工与合作秩序，也严重损害了国际法和世界法的根基及信誉。如此种种，是否意味着法律全球化大势已去？为什么？

---

① 白芝浩.英国宪法[M].夏彦才，译.北京：商务印书馆，2016：60-61.

第十二章
法治原理

在 1994 年上映的电影《被告山杠爷》中，山杠爷是一个非常偏远的、据说治安秩序很好的山村的村党支部书记。他个人品质很好，非常受人尊敬；但他的职责和品性也使他与村里的一些人不时发生冲突，有时他甚至采取一些不合法的手段强迫村民。村里有个年轻媳妇经常虐待、打伤其婆婆，受到全村人的谴责。有一次山杠爷实在看不过，令人把这个媳妇抓起来游村。这种非常严厉的民间惩罚方式令该青年妇女在羞愧和愤恨之下跳河死了。事情被告知到上级政法机关，公安人员逮捕了山杠爷，指控他非法拘禁，侵犯了公民人身自由权。

"刑罚不可弛于国，鞭扑不可废于家。"在漫长的中国传统社会，家法族规、行规乡约等民间法一直有着与国法类似的强大效力。山杠爷对于屡次虐待婆婆的媳妇，依据村规民俗予以惩治，却受到了国法的指控，成了刑事被告。你如何看待这一情形？

回顾历史是为了更好地把握现实。随着时间的流逝，法和法律在自主与他律的交互作用下，一方面凝练出自身鲜活的灵魂和强大的生命力，另一方面积淀出种种惰性和弊端。疲惫不堪的法统怎样才能焕发出青春的魅力？历经沧桑的法治如何适应全球化时代的社会需求？这就是本章的主要话题。①

---

① 本章曾以《法治理论与实践的新格局》为题，发表于《法治研究》2019 年第 5 期；在此有所补充与更新。

第一节　现代法治的形体与魂魄

法治无论是作为一种学说还是作为一种制度，都是古已有之。在西方可追溯到古希腊罗马，在中国则起源于春秋战国时期。当然，古今法治在平等和自由等权利保障方面有重大区别。

一、法治的含义与核心

"法治"一词在中国古籍中出现较早。如《晏子春秋·谏上》："昔者先君桓公之地狭于今，修法治，广政教，以霸诸侯。"①《淮南子·氾论训》亦载："知法治所由生，则应时而变；不知法治之源，虽循古终乱。"②

法治即法的统治（rule of law），是一种相对"神治""人治""德治"或"礼治"等而言的、尊崇法律的公共事务和个人社会生活治理方式或状态。

人们基于对法治本质及其规律的理性认识与整体把握而形成的深层次的基本观念，就是法治理念。它体现了法治的精神实质和价值追求，是法治的灵魂。关于法治理念的基本内容，人们曾有过多种不同的表述，但往往不够精准，或局限于一时一隅。笔者认为，法治的核心理念是法律的普遍性、至上性和良法善治。

法律的普遍性是指必须最大限度地将政治、经济、文化及社会等领域的公共事务（包括国际事务、国家事务和社会事务）和个人社会生活纳入法律的轨道，并获得普遍的服从。法治不是一种单纯的理论研究，而是一个与所有的人利害攸关的实践问题，并且需要域内居民的共同参与和协同努力。法治是没有旁观者的。因此，任何相关的制度设计，既要符合理论理性，有利于社会利益的最大化，符合事理的内在逻辑；又要符合实践理性，有利于个人权益的有效维护与实现，便于人们施行与遵循，从而真正成为每个人的内心信念和行为准则。

法律的至上性是指法律具有高于一切个人、组织和其他社会规范的最高权威，政府应对法律负责，法律成为权力的控制器，否认和取缔任何法外特权。在西方最早倡导法治的亚里士多德认为：以正当方式制定的法律应当具有终极性的最高权威。③ 古罗马法学家帕比尼安认为"法律是共同的准则"；演说家德摩斯梯尼也强调"法律是基于众多重要理由一切人所应该服从的"。④ 春秋时期的管仲曾

---

① 吴则虞. 晏子春秋集释：增订本（上）[M]. 北京：国家图书馆出版社，2011：26.
② 刘安. 淮南子·氾论训[M]. 上海：上海古籍出版社，2016：313.
③ 亚里士多德. 政治学[M]. 颜一，秦典华，译. 北京：中国人民大学出版社，2016：95，125.
④ 优士丁尼. 学说汇纂：第1卷[M]. 罗智敏，译. 北京：中国政法大学出版社，2008：65.

云："法者，天下之至道也，圣君之实用也。……君臣上下贵贱皆从法，此谓为大治。"①战国末期的韩非也指出："法不阿贵，绳不挠曲。法之所加，智者弗能辞，勇者弗敢争。刑过不避大臣，赏善不遗匹夫。故矫上之失，诘下之邪，治乱决缪，绌羡齐非，一民之轨，莫如法。"②可惜这样的主张在等级森严的古代社会未能成为普遍的共识，君权常常具有高于法律的权威。正如生物进化是自然选择的结果，法律的至上地位则是人类理性发展与社会选择的结果。人类社会的主要规范和权威经由早期的图腾—禁忌，衍生出鬼神崇拜与英雄崇拜，进而发展出宗教信仰与道德主治（神治、人治与德治），旨在以自我救赎和惩恶扬善的方式，来协调与平衡人际关系和代际关系。随着科学的发达与对理性的弘扬，宗教与道德因"祛魅"而式微，以理性为内核的法律经过近代科学的洗礼后，从边缘走向社会舞台的中央，日渐成为新的"神灵"——至上的权威。法律逐渐取得至上地位的根本原因在于：法律作为人类公共理性的产品，一经产生，就外在并独立于社会主体，具有特定的结构、功能和运行规律，是不以人的意志为转移的客观实在。它以公众利益为圭臬，没有自己特殊的利益、特殊的兴趣和特殊的判断标准。因而以它为最高的、普遍的权威标准，才是平等的、公正的、一视同仁的；也才能够保障社会发展的稳定性以及人们行为的可预期性，而免受每个具体场合当事人的情感和意志的任意左右。

法治乃良法善治。这句话有两层含义。其一，法治之基是"良法"。法律有"良法"和"恶法"之分，法治要求的是"良好的法律"。古希腊的亚里士多德曾指出："法治应包含两重意义：已成立的法律获得普遍的服从，而大家服从的法律又应该本身是制订得良好的法律。"③古罗马法学家乌尔比安也曾引述杰尔苏的定义："法是善良与公正的艺术。"④由于公正主要指执法和司法过程中对当事人的平等对待，因而这两种观点均把"良法""善治"视为法和法治理应内含的两大核心要素。我国宋代王安石也说："君子之为政，立善法于天下，则天下治；立善法于一国，则一国治。"⑤关于"良法"或"善法"目前尚无共识性标准。亚里士多德归结为三点：良法是为了公共利益而不是为了某一个阶级（或个人）的法律；良法应体现人们所珍爱的道德价值（对古希腊人而言就是自由）；良法必须能够维护合理的城邦制度于久远。霍布斯的观点兼顾内容与形式，且简要扼要："良法就是为人民的利益所需而又清晰明确的法律。"⑥霍姆斯也从法律接受者（社会公众）的角

① 管仲. 管子·任法[M]. 上海：上海古籍出版社，2016：314.
② 韩非. 韩非子·有度[M]. 上海：上海古籍出版社，2015：44.
③ 亚里士多德. 政治学[M]. 吴寿彭，译. 北京：商务印书馆，1983：199.
④ 优士丁尼. 学说汇纂：第1卷[M]. 罗智敏，译. 北京：中国政法大学出版社，2008：5.
⑤ 王安石. 临川先生文集·周公[M]//王安石全集：第6册. 上海：复旦大学出版社，2017：1164.
⑥ 霍布斯. 利维坦[M]. 黎思复，黎廷弼，译. 北京：商务印书馆，2021：271.

度提出："良法的第一要求，乃是其与社会的真实感受和需求相符，而不管其正确与否。"①自然法理论和分析法学则多从伦理道德上来看待"良法"概念。我国学者则认为：任何制定法都具有内容、价值和形式三个方面的要素或成分，评价良法的标准应全面地体现三个方面的要求(标准)，即合规律性原则、符合正义和公众利益原则、形式科学性原则。② 其二，法治之要在"善治"(依据良法妥善治理)。良法的存在只是法治的前提和基础，法治更强调依据良法和正当程序妥善治理公共事务，合理配置、规范与保障公共权力和个人权利。法治意义上的"治理"(governance)，就是以良好的法律为主导和主宰，国际组织、国家、社会和个人等多元主体共同参与，综合运用各种行之有效的方式处置各层级公共事务的持续性互动过程。在这一过程中，良法得到切实的施行与遵循，社会关系和社会生活井然有序、充满活力。为了强调法治的这种良善性，哈耶克甚至认为，"法治并不是法律的统治，而是一个'元法律'(metalegal)的学说，或是一个政治理想"。即："法治要求，一切法律都必须符合某些原则。"③

法治的上述三个核心理念，并不是简单随意的人为认定，而是法治的题中应有之义或内在要求。其中，"法律的普遍性"横向表明法律的调整范围之广，这是法治的基础；"法律的至上性"纵向强调法律的地位之高，这是法治的实质；法律的"普遍性"(事事依法、人人守法)和"至上性"(法律终极权威、权力控制)是法治(法的统治)的基本要求和主要标志。而"良法善治"则是对法和法治提出的价值要求，是法律普遍性和至上性的逻辑延伸和内在制约。法治的这三个核心理念构成一个内部自治的完整的统一体。只有当法(而且是良法)普遍而良善地实际作用于公共事务和社会生活，并获得至上的尊崇地位，法治才是一种真实的存在，而不是一个空洞的口号或虚假的标签。

明确法治的含义与核心理念，并不只是一个理论问题，而且是一个重大的实践问题。较长时期以来，人们常常认为，法治与德治是可以"结合"的，是"并行不悖"的。这其实是似是而非的，是对法治的重大误解。依法治国和法治的精神实质是，在各种社会权威中，法律都具有至高无上的权威和地位。以此类推，"以德治国"和"德治"的最高权威则是道德，"人治"的最高权威是最高统治者个人。俗话说"天不可有二日，国不可有二君"，当两个或多个最高权威发生冲突的时候，到底该以何者为最高标准？以法律为准，则是法治；若以道德为准，则是德治。这怎么能说是"并行不悖"的呢？其实，"结合论"和"并行不悖论"者的主要理据是：法律和道德可以相辅相成，互补长短。这当然是正确的，但法律和道德

---

① 霍姆斯.普通法[M].郭亮，译.北京：法律出版社，2021：35.
② 李桂林.论良法的标准[J].法学评论，2000(2)：13-22.
③ 哈耶克.自由宪章[M].冯玉生，等译.北京：中国社会科学出版社，2021：325，324.

也常常彼此冲突。更何况法律和道德的结合有两种情形：在法律主导和主宰（法治）下结合，或在道德主导和主宰（德治）下结合，因而法律与道德可以结合，并不意味着"法治"和"德治"可以结合。这完全是两个层面的问题，相关论者在此无意间犯了"偷换概念"的毛病。无论是在学理上还是事实上，法治作为治国理政等公共事务治理的基本方式，都旨在强调法律在国家和社会（包括国际社会）治理中至高无上的权威和地位，并不排斥个人和道德、习俗、行规、政策等社会规范的适当作用及地位，但其他社会规范和治理方式都必须从属于宪法和法律之下，都必须统摄或整合在宪法和法律的框架之内，因此正确的提法应当是"依法治国，以德育人"或"法治与德育"。用习近平主席的话说："法安天下，德润人心。"①

二、形式法治与实质法治

有学者将众说纷纭的现代西方法治理论概括为两条发展路径：一条是形式法治理论路径，强调以实在法为限的形式合法性，其代表人物是英国学者戴雪、哈特、拉兹等；另一条是试图修补形式法治缺陷、追问法律背后之道义原则的实质法治理论路径，其典型代表是罗尔斯、德沃金等新自然法学派。②

布雷恩·Z.塔玛纳哈曾将形式法治理论归纳为三种：一是"以法而治"（rule by law），即法律是政府统治的工具，而不是用来限制政府权力的。我国古代法家的法治理论也可以归入此类。二是哈耶克、拉兹等人的"形式合法性"（formal legality），强调法律的普遍性、明晰性、确定性（客观性）和面向未来的特性。三是哈贝马斯等人主张的"民主程序的法治"，强调民主决策程序是法律正当性的唯一来源，合意决定法律的内容。③

英国著名宪法学家戴雪在他1885年出版的《英宪精义》中，第一次基于实证主义哲学观明确界定了"法治"的含义及理念。他认为法治具有三层（实际是四层）含义：第一，法治意味着法律的绝对权威或至上地位；第二，法治意味着司法独立和司法救济，社会所有阶层都要平等地服从由普通法院管辖的法律；第三，法治意味着宪法不是个人权利的来源而是其结果。

继凯尔森纯粹法学之后，新分析法学派代表哈特也致力于维护法律的自治性，强调法律的终极效力或终极合法性源于自身，而不是源于道德或宗教。

拉兹反对把法治看作"良法之治"的思路，强调法治在道德上的中立性。他在《法治及其美德》一文中认为，正如锋利的刀不是一种道德评价，尽管它能够用于切菜或杀人；法律也拥有一种道德上中立的特殊优点。"一种根植于否定人权、

普遍贫穷、种族隔离、性别歧视以及宗教迫害的非民主性法律体系，在总体上可能比任何更为开明的西方民主法治体系更符合法治的要求。"法治虽然不能完全排除统治者按照个人意志行使权力，却是制约这种专横权力最有效的形式。法治意味着法律具有可预测性和至上性，人们在法治的框架内可以最大限度地享受自主和自由。最后，法治实际上是一种消极价值，是社会生活要求的一种最低限度。①

根据其代表性人物的基本观点，形式法治的基本特征和要求有四：一是法律的完备性和依法而治；二是形式平等的普遍性；三是法律的自治性（即法律与道德和宗教等相分离，法律的终极合法性源于自身）；四是程序正义的优先性。在形式法治观念或要求中，虽然包含了一定程度的价值目标和价值判断，但归根结底，"形式法治概念不考虑法律的内容是什么，也不关心法律是善法还是恶法，而只规定法律在形式上或体制上的要求"。② 如此一来，"法治"概念事实上被还原为"法制"（legality）。除了对公民权利保障的标签之外，这样的形式法治理论，与中国先秦法家的"法治"又有多大的区别呢？

实质法治理论强调"法的统治"（rule of law），可以追溯到古希腊亚里士多德的"良法"观念以及历史悠久的自然法传统，但其真正形成与发展，应主要归功于二战后崛起的新自然法学派的众多法学家，尤其是罗尔斯和罗纳德·德沃金。他们从纳粹德国的恐怖统治中，认识到形式法治有可能使法律屈从于不道德的目的。因而主张，法律的内容必须受某些实质要件所限制；必须以公平、正义等更高的道德价值来衡量实在法以及法治的合法性。

实质法治理论也可以归纳为三种：③一是德沃金为代表的权利论，要求个人权利（财产权、隐私权、自治权等）的保障。德沃金认为，道德权利应当超越法律权利，针对现代民主有时可能造成"多数的暴政"，个人"有权利保护自己免受大多数人侵犯，即使是以普遍利益为代价也是如此。"他反对只注重形式平等，主张对处于不利地位的群体和个人给予更多倾斜性保护。④ 二是正义论或尊严论，即在保障个人权利的基础上，强调正义或人的尊严的价值理念。如德国《基本法》第1条规定：人的尊严不容侵犯，尊重和保护人的尊严是所有国家机关的义务。而罗尔斯从社会基本结构（即社会合作体系中主要的制度安排）来理解社会正义。在他看来，类似情况类似处理并不足以保证实质正义，因而"自由的平等原则"这一社会正义的首要原则，必须辅之以"差别原则"（即任何不平等的利益分配都要

---

① 拉兹. 法律的权威：关于法律与道德论文集[M]. 2版. 朱峰，译. 北京：法律出版社，2021：253-269.

② 黄文艺. 全球化时代的国际法治——以形式法治概念为基准的考察[J]. 吉林大学社会科学学报，2009（4）：21-27.

③ 塔玛纳哈. 论法治——历史、政治和理论[M]. 李桂林，译. 武昌：武汉大学出版社，2010：117，131-146.

④ 德沃金. 认真对待权利[M]. 信春鹰，吴玉章，译. 北京：中国大百科全书出版社，1998：41，112，256.

符合最少受惠者的最大利益)和"机会的公正平等原则"。这是社会正义的两大原则。对于不正义的法律,罗尔斯主张拒绝服从,其具体方式或手段就是"良心拒绝"(conscientious refusal)和"非暴力反抗"(civil disobedience)。① 三是社会福利论,强调实质平等、社会福利和共同体的存续。

从法治的核心理念来看,形式法治与实质法治的根本差异,主要在于是否承认良法善治,即法律是否需要接受道德的评判,以及是否考量规则和程序背后的实质平等价值。20 世纪 80 年代以来,无论是理论研究还是法治实践,世界范围内都在朝着形式法治和实质法治交融互动、相依共生的方向发展。

三、法治思维与法治方式

"所谓法治思维,就是指一种以'法治'为精神指向,以正义、自由和民主为精神内核,从而对社会现象进行分析、判断、评价、处理的法律思维。"②更确切地说,"法治思维"是各国在长期追求法治的过程中逐渐形成的一种以法治理念为核心、以法律思维为基础、更具包容性和价值性的高级思维形态。

作为法治理念的展开,法治思维很大程度是法律思维与法学思维的有机统一。从强调法律至上、法益分析(权利、权力、义务和责任的分析)、重视按法律规则和法律程序办事等方面看,法治思维与法律思维是一致的;从法律必须接受人权保障和公平正义等价值的指引、社会治理必须在法律框架内综合运用多种社会规范与社会力量等方面来看,法治思维与法学思维又是相通的。但法律思维主要是一种职业化的思维方式,为法律职业者所掌握运用;而法治思维则主要是一种治国理政的思维方式,为执政者或者公权力的执掌者所必备。法学思维是一种发散性思维,强调对现有法律制度的反思、批判和创新;而法治思维是一种规范性思维,强调任何创新都不能突破现有的法律框架、不能动摇法治的根底。

在官方文件中,最先提出"法治思维"的,是国务院《关于加强法治政府建设的意见》(国发〔2010〕33 号):"切实提高运用法治思维和法律手段解决经济社会发展中突出矛盾和问题的能力。"2012 年 11 月,中共十八大报告明确要求"提高领导干部运用法治思维和法治方式深化改革、推动发展、化解矛盾、维护稳定能力",第一次增加了"法治方式",从而使"思维"与"行为"达到了统一。

所谓法治方式,其实就是根据法治理念、运用法治思维处理与解决问题的行为方式。具体说来,(1)法治方式的实质是从权利、权力、义务和责任角度观察、分析、处理问题;(2)法治所需之法必须是良法:即法律的制定与实施必须民主和科学,必须最大限度地满足广大人民群众的需求;(3)权力必须接受法律的约

---

① 罗尔斯. 正义论:修订版[M].何怀宏,等译.北京:中国社会科学出版社,2011:47-110,358-405.

② 胡平仁. 法理学[M]. 长沙:湖南人民出版社,2008:285-286.

束，重大决策必须于法有据；（4）任何社会改革与创新必须在法律的基本框架内进行；（5）各种执法方式和社会治理手段的运用不得有悖于法律的基本精神与原理。简而言之，法治方式的核心与精髓是"依法办事""良法善治"。

第二节　法治中国建设的现实起点与基本内容

任何对法治中国的理论与实践探索，都应当立足国情，从现实出发，并对其基本内容有一个较为清晰的认知，否则很容易隔靴搔痒，甚至南辕北辙。不同于众多自下而上的西方法治进程，我国的法治建设主要是自上而下组织与推进的。这意味着党和国家既是法治的对象，又是法治的主体。近些年来社会各界日益重视改革与法治建设的"顶层设计"和公权力制约，也很好地反映了这一特点。从大的方面讲，法治中国建设的基本内容，就是法治国家、法治社会和法治政党的齐头并进与有机统一。①

一、法治中国建设的现实起点及进程

在主权国家范围为内，现代法治的基本理念首先是人民群众依法治理国家（国家机构、国家权力和国家事务），而不是（至少首先不是）别的什么人或者机构依法治民或"牧民"。政府官员与人民群众的关系是从属关系或代理关系，他们依照人民的授权管理国家政治事务、经济文化事务和某些社会公共事务，因而不是实质意义上的主体。法治的主体是社会，对象是国家，目标是公民权利和自由的保障与实现。因此法治建设首先要区分国家与社会。依其本意，法治是社会强加于国家的，而不是相反，法治动力来自社会而不是国家。西方法治的形成和发展史已经证明了这一点。但我们面临的现实是：由于市场经济还处于初步阶段，市民社会与政治国家的分离还刚刚开始，市民社会本身不具备推动法治的力量，法治不得不由执政党来领导、由国家来组织，并将依靠党和国家及整个社会来完成。党和国家既是法治的主体，又是法治的对象。这是我国法治的悖论，也是我国法治理论与实践的现实起点。

就我国法治进程而言，1992年10月中共十四大确立建立社会主义市场经济体制的改革目标。法学界也从此围绕"市场经济是法制（法治）经济"这一主题展开了长达数年的探讨与论争。1997年中共十五大报告和1999年第九届全国人大

---

① 目前法学界和政法界的提法是"法治国家、法治政府和法治社会一体建设"。笔者认为，从逻辑上讲，三者不宜相提并论，因为法治政府（government by law）是法治国家（state by law）的重要组成部分，不是并列关系。法治中国建设应当是"法治国家、法治社会和法治政党"三位一体建设。

二次会议通过的《宪法修正案(三)》,相继首次确认"依法治国,建设社会主义法治国家"。2007 年中共十七大提出全面落实依法治国基本方略,加快建设中国特色社会主义法治国家的总任务。在此前后,一些地区的党委政府明确提出了建设法治区域的目标。如 2004 年 7 月,中共江苏省委率先在全国颁布了《法治江苏建设纲要》。此后,"法治浙江"(2006 年)、"法治云南"(2006 年)、"法治广东"(2011 年)、"法治吉林"(2011 年)、"法治湖南"(2011 年)、"法治安徽"(2011 年)、"法治天津"(2012 年)等省级法治区域建设风起云涌。有学者将这一区域法治或地方法治热潮概括为三种类型:"市场型法治"的浙江案例,"自治型法治"的广东案例,"程序型法治"的湖南案例。① 正是在这一背景下,"法治中国"的概念应运而生。2014 年 10 月,中共第十八届四中全会首次专题讨论依法治国问题,并通过了《中共中央关于全面推进依法治国若干重大问题的决定》,从而为法治中国建设做出了全面布局。2017 年 10 月,中共十九大提出"成立全面依法治国领导小组,加强对法治中国建设的统一领导",进一步强化了法治中国建设的政治保障。

二、法治国家——依法治国的实现状态

(一) 国家的含义

在学术讨论、法律文献和日常用语中,"国家"都是一个高频词,用法多样而其含义却较为模糊。其实,"国家"一词主要有如下三种基本含义。

一是政权或政治组织意义上的"国家"(state),简称"政治国家",即国家政权和行使政权的国家机构体系。如列宁认为国家是由军队、警察、法庭、监狱和官僚集团所组成的一套机构或暴力机器,是来自社会又凌驾于社会之上的特殊公共权力。其早期形式是古希腊等古代社会的城邦国家。由此衍生出与"市民社会"相对应的"政治社会"或"政治国家"概念,即国家权力及其直接发生作用的政治社会关系的总和。这时以公民身份出现的个人及其政治活动,也属于政治国家的范畴。

二是民族意义上的"国家"(nation),又称"族群国家"或"民族国家"(nation state),侧重于国民和民族,即近代以来具有共同的语言、文化和历史,在一个政府管理的特定区域中生活的一大群人。这在讨论近现代国际关系时最为常见。这个意义上的国家,是与自然人一样具有法律人格和自由意志、在国内法中代表全社会公共利益和在国际法中代表主权、享有权利并承担义务和责任的特殊权利主体。

三是领土意义上的"国家"(country),简称"疆域国家",侧重于领土或疆域。这种领土意义上的"国家"实际上包括 20 世纪 80 年代末以来学者们所说的"政治

---

① 周尚君. 国家建设视角下的地方法治试验[J]. 法商研究,2013(1):3-11.

社会"和"市民社会"两个方面，在我国使用得最为广泛。如我国《宪法》序言称"中国是世界上历史悠久的国家之一"，要把我国建设成"富强、民主、文明的社会主义国家"；以及《宪法》第五条第一款："中华人民共和国实行依法治国，建设社会主义法治国家。"

通常所说的"主权国家"（Sovereign state），又称"独立国家"（Independent State），实际上是政治国家、民族国家和领土国家的统一，也是最基本、最主要的国际法主体，它指的是由人民、领土和政府（包括政权及行使政权的机构）所组成并拥有主权的政治实体；即不受其他国家干预或限制，独立自主地处理国内和国际事务，享有最高权威和独立平等地位的政治单位。用法国学者的话说："一个国家的定义包括：严格界定的领土、常住居民、存在着一个有效实施行政并垄断性使用合法暴力的政府，最后，要在国际体系中存在，还必须获得其他国家在主权平等的基础上对其国际地位的承认。"[①]"主权"（Sovereignty）一词的原意为王权，它来自拉丁文 Superamms，意为"主上""圣上"，转指对内的最高权力。后来随着主权在民和民族国家观念的兴起，以及国际交往的增多，主权兼指国家对内和对外的最高权力；处理国内事务的终极权力是对内主权，即国家对内享有最高和最终的政治权威，拥有发布公共法则以规范人们社会行为的权力；在与其他国家发生关系时的独立自主权力称作对外主权，即国家在国际社会中享有独立平等的地位和独立自主权，不受任何外部政治实体的非法支配。在主权国家的两种权力中，对内主权是最根本的。主权国家根据 1933 年《蒙特维多国家权利义务公约》，主权国家作为国际法人应具备下列要件或资格：（1）固定的居民；（2）一定界限的领土；（3）有效的政府；（4）与他国交往的能力。世界上现有 197 个主权国家（其中 193 个联合国会员国，2 个联合国观察员国：巴勒斯坦和梵蒂冈，2 个未加入联合国：库克群岛和纽埃）。[②]

（二）法律与国家的一般关系

关于法与国家的相互关系问题，学界存在三种不同的观点：一是基于国家优先于法的论点，认为法是国家活动的产物，法从属于国家。规范法学或形式法学派一般持这样的立场。二是基于自然法观念，认为法产生于国家形成之前，法相对于国家具有绝对优先的地位，任何国家和政权都不是法的最初来源，国家应受制于法。三是从法与国家的现实关系出发，认为法与国家具有双向的相互从属性，彼此不能单独存在。法社会学学者多持这类看法。[③]

---

① 杜兰，等.全球化地图：认知当代世界空间[M].2 版.许铁兵，译.北京：社会科学文献出版社，2011：76.
② 美国总统拜登当地时间 2023 年 9 月 25 日宣布，美国承认纽埃和库克群岛为主权独立国家，并将在两国之间建立外交关系。
③ 拉扎列夫.法与国家的一般理论[M].王哲，等译.北京：法律出版社，1999：75-76.

事实上，自国家产生以来，法律与国家就存在着密切的联系。

一方面，法律离不开国家。法律(国家法)是国家权力的产物，它表述权力和权利，并以国家权力为后盾。"国家对于法的巨大意义在于：社会利用作为其机关的国家，以便对于由它所创制的法给予强有力的支持。"①国家(特别是近代民族国家)产生后逐渐垄断着法律的制定和实施，不仅法律的效力直接来源于国家，法律的立、改、废、释离不开国家行为，法律的运行也要依靠国家的力量，就连法律形式也受国家管理形式即政体的直接影响。"国家作为拥有绝对的对内对外权力的主体，是法律产生的唯一来源。""国家主权在法律上有两个表现：其外部特征是排斥任何来源于外国的法律；其内部特征是排斥一切来源于地方组织或习惯的法律。"②即使从法律多元的角度来说，在现代社会，国家法也是多元法中最重要的一元，其他法只对国家法起补充作用。因此，法律是从属于国家的，国家是法律存在与发展的政治基础。

另一方面，国家必须依法而治，运用法律来配置、维护并监控国家权力和国家机器。18世纪的卢梭就曾认为，"在国家的构成方面，基本的要素不是官员，而是法律"。③康德也认为："国家是许多人依据法律组织起来的联合体。""人民根据一项法规，把自己组织成一个国家，这项法规叫做原始契约。"④狄骥则以设问的方式指出："是否存在一种在国家之上、禁止它做某些事情而要求它做另外一些事情的法治原则？这是公法中的基本问题。如果答案是否定的，那就不存在公法，因为(如此一来)国家的任何作为或不作为都不会触犯法律。"⑤罗斯科·庞德在20世纪40年代说得更明确："作为社会控制的一种高度专门形式的法律秩序，是建筑在政治组织社会的权力或强力之上的。但是法律绝不是权力，它只是把权力的行使加以组织和系统化起来，并使权力有效地维护和促进文明的一种东西。"⑥从现代社会的情况看，国家与法律的这层关系主要表现为依法治国；即一个社会在多种社会控制手段中选择法律而不是其他作为保障与控制国家的主要手段。用弗里德曼的话说，"法律制度是一种配给制度，它所做的及它的本质反映了社会权力的分配：谁在上层，谁在底层；法律还保证这种社会结构保持稳定或只按同意了的模式改变。这制度发布命令，授予利益，告诉人们可做什么，不可做什么；每种场合，法律规则，如果得到遵守，对谁拥有或保留或得到什么好处，

---

① 埃利希. 法社会学原理[M]. 舒国滢, 译. 北京：中国大百科全书出版社, 2009：162.
② 梅利曼. 大陆法系[M]. 2版. 顾培东, 禄正平, 译. 北京：法律出版社, 2007：20, 21.
③ 卢梭. 论人与人之间不平等的起因和基础[M]. 李平沤, 译. 北京：商务印书馆, 2007：110.
④ 康德. 法的形而上学原理[M]. 沈叔平, 译. 北京：商务印书馆, 1997：139, 142.
⑤ 狄骥. 法律与国家[M]. 冷静, 郑戈, 译. 北京：中国法制出版社, 2010：002.
⑥ 庞德. 通过法律的社会控制[M]. 沈宗灵, 译. 北京：商务印书馆, 2016：29-30.

已做选择"。[①]

(三)应从狭义上来理解和使用"法治国家"

长期以来，由于我国的国家机构和国家权力过度膨胀，私人生活空间发展严重不足，个人依附于国家，国家笼罩或吞并了社会，以至于人们只见"国家"，不见"社会"，甚至根本没有"社会"的观念，"国家"就是"社会"。这是很不利于一个民族的发展、繁荣与壮大的。在"依法治国"和"建设法治国家"这个意义上，笼统地使用"国家"一词也是不妥当的：在理论上，这很容易导致误解；在实践上，则往往导致混乱。比如"依法治省""依法治市""依法治县""依法治乡"甚至"依法治村"等口号的提出，表面上是"依法治国"的地域化、具体化，实际上却偷换了"依法治国"的深刻内涵，变成了"依法治民"的同义语。原因就在于，"依法治国"中的"国"，不是一个地域概念，而是一个政治概念，即使在广义上，它首先和主要是指国家权力、国家机构和国家事务。而"依法治省""依法治市""依法治县""依法治乡"中所说的"省""市""县""乡"，则是一个地域概念，并无相应而独立的"省权力""市权力""县权力"和"乡(镇)权力"，因为这些地方政府都是国家机构，其享有的权力都是国家权力。而"村"则是一个群众自治组织，其村级权力就其性质而言，是社会权力，并由全体村民直接行使，或由全体村民直接选举产生的自治组织代为行使。鉴于此，笔者非常赞同将广义上的"国家"概念区分为政治国家和市民社会的做法，并一直主张将我国《宪法》第5条第1款所说的"法治国家"划分为"法治国家""法治社会"和"法治政党"。事实上，自2012年12月4日习近平同志在隆重纪念现行宪法公布施行30周年大会上提出"坚持法治国家、法治政府、法治社会一体建设"，以及中共十八届三中全会提出建设法治中国，必须"坚持依法治国、依法执政、依法行政共同推进，坚持法治国家、法治政府、法治社会一体建设"之后，官方文件就基本上是从狭义上来理解和使用"法治国家"这一概念了。

法治首先是一种尊崇法律的国家治理方式，其基本内涵是人民群众主要依照法律来治理国家机构、国家权力和国家事务。也就是执政党依法执政，国家的立法机关依法立法，政府依法行政，司法机关依法行使审判权、检察权，公共权力受法律的严格制约，公民的权利和自由受法律的切实保护。这种依法治国的实现状态，就是法治国家。它是与"法治社会"相对而言的，其精髓在于依法治官、依法治权、依法治理国家事务。

(四)国家权力的运行与法律治理

国家权力的运行就是将法律上的权力转化为实际生活中国家机关及其工作人

---

① 弗里德曼. 法律制度[M]. 李琼英，林欣，译. 北京：中国政法大学出版社，1994：23.

员权力的过程，是体现权力价值及社会效益的重要内容。不过，权力是一柄双刃剑：运用得当，可以促进社会的发展；运用不当，则会成为侵犯人们权利的专制工具。因此，"除非打破现状能明显获益，否则不应开动国家的机器设备，它太笨重，太昂贵。国家干涉是一种恶，而无法表现为善"。① 国家权力运行的负面特性有二：一是权力具有扩张性。国家权力的实质在于权力主体可以对权力客体（即权力作用的对象）实施指挥、命令、支配和强制。一般情况下，权力主体的权力实现程度是与权力相对人的服从状况成正比的，即相对人越服从，主体的权力就实现得越充分。这使得权力易于突破自身的合理界限，呈现出一种扩张性，侵犯公民、法人和其他组织的合法权益。二是权力具有腐蚀性。权力主体享有公共事务的管理权，可以依据法律的一般规定，直接参与分配社会的政治、经济、文化等各方面的资源和利益，实际地决定着人们的权利义务结构和法律责任的分配。这使得权力在运行过程中能够给权力主体带来地位、荣誉、利益，如果不加以限制，就会诱发出各种腐败现象。因此，国家权力必须接受法律治理。

法律与权力事实上是相生相克的关系："法律规则和法律程序是权力的产物。这些规则和程序也限定权力并指导人们如何使用权力。"②配置、限定和指导国家权力等公共权力，是法律的重要职能之一。这也就是依法治权，即通过法律上的各种方式和手段对权力进行分配、规范、监督与控制，使国家权力与其责任相符并在法律范围内运行，以避免国家权力成为侵犯人们权利的专制工具。"法治意味着政府除非是为了执行某一已知的规则，否则就绝不能对一个个人实行强制，法治就是对任何政府的权力，包括对立法机构的权力的一种限制。"不过，"法治对政府的限制，只限于它的强制性活动（即惩罚）。"③2013 年《中共十八届三中全会关于全面深化改革若干重大问题的决定》第十部分也专论"强化权力运行制约和监督体系"。

然而，法律本身是无力的，法律的权威和强制力本身也是以公共权力为后盾的，是从公共权力中派生出来的。甚至可以说，没有权力就没有法律。"无论持哪一种观点，法律都可被视为权力关系的表述和使这些关系形式化与合法化的重要机制。……至于在复杂的大规模的现代社会里，相对有权力的人需要精心制定的规则体系以指导并配合他们的权力的行使。他们既依靠法律，又依靠法律的结构。为了组织权力，使权力正式化，法律结构施加了权力使用的必要条件。"④可以说，法律的功能之一就是规定权力的分配以及权力的具体内容，使权力合法化，

① 霍姆斯. 普通法[M]. 郭亮，译. 北京：法律出版社，2021：81.

② 弗里德曼. 法律制度[M]. 李琼英，林欣，译. 北京：中国政法大学出版社，1994：197.

③ 哈耶克. 自由宪章[M]. 冯玉生，等译. 北京：中国社会科学出版社，2021：324，326.

④ COTTERRELL L, The Sociology of law, An Introduction[M]. Second edition. Oxford：Oxford University Press, 1992：113.

并为权力的运作、制衡提供一个稳定的秩序框架。也正是在这个提供权力运作框架的过程中，法律借力制力，获得了自己独立存在的意义和高于权力的权威。

以法律治理权力主要有以下几种方式。

一是以权力制约权力。权力是一种强大的物质力量，必须对其进行合理分工，并使各部分权力相对独立而又相互制衡，从而当一种权力超过其合法的限度时，就会立即引起其他权力去制止与限制。美国建国之初，以汉密尔顿为首的联邦党人主张对议会实现两院制，而以杰弗逊为代表的民主党人主张一院制。某日，在与杰弗逊一起喝咖啡时，也主张两院制的华盛顿，见杰弗逊将煮好的咖啡从咖啡壶倒进杯中，便问："为什么不直接用咖啡壶喝？"杰弗逊回答："冷却。"华盛顿随即说："两院制也是为了冷却。"最终，美国的建国者们建立了一个颇为精致的分权制衡体制：在按权力行使逻辑将国家权力划分为立法、行政、司法的基础上，又从相互有效牵制的实践需要出发，让行政以立法否决权对议会立法权进行牵制；议会则通过预算、人事安排等权力有限介入行政权；司法则通过裁判（违宪审查和行政诉讼）监督与制约立法权和行政权的行使。由于司法权只是一种判断权，是被动的，在三权中最为弱小，而且实施判决还得依靠行政力量，因而它除了受既有法律约束和当事人牵制外，不受其他国家权力牵制。在我国，权力之间的相互制约机制已逐步建立起来，并呈现出以下特点：一是人民代表大会对行政、监察、检察、审判机关拥有单向的监督权，其他机关必须对人大负责，受人大监督；二是人民法院不仅在行政诉讼中可以对行政机关的具体行政行为进行审查、裁决，并且按国家赔偿法的规定，拥有对同级侦查、检察、监狱管理机关的赔偿纠纷的最终裁决权；三是人民检察院对人民法院的审判活动有权进行法律监督。在刑事诉讼中，公、检、法三机关之间也是相互制约、相互配合的。但总的来讲，以权力制约权力的机制在我国还需要进一步加强与完善。

二是以权利制约权力。权利是社会主体规范性行为的自由度，它体现作为社会化的人的自主性和主体地位。在麦考密克看来，为宪法所确认和保障的公民的基本权利，是对法律权力的一种有效限制。[①] 我国宪法和法律规定了人民管理国家事务和社会事务的各项基本权利，规定了对国家机关及其工作人员提出批评、建议、申诉、控告、检举的权利。而行政法上的比例原则和听证程序，及以"民告官"为内核的行政诉讼制度的确立，更是为"以权利制约权力"提供了具体法律制度的保障。从长远来看，进一步扩大人民参政、议政的范围，增强公民的权利意识，从而以权利的深度、广度来抗衡权力的力度、强度，是法治建设的重要内容，也是制约权力最深厚的群众基础。一旦个人的权利要求汇合成巨大的社会力量，并通过"民告官"产生连锁性社会效应，权力腐败现象就会得到遏制，因而以个人

---

① 麦考密克. 法律制度[M]. 陈锐，王琳，译. 北京：法律出版社，2019：278-304.

权利监督国家权力的运行也是切实可行的。

三是以社会制约权力。① 权利要想有效地限制权力，必须有一定的中介，这就是市民社会。因为公民个人是分散的，面对巨大的国家，很难有能力与之抗衡。而市民社会是一种组织起来的力量，可以在一定程度上限制国家权力的行使范围。社会制衡的思想可以追溯到孟德斯鸠，他曾强调一个存在贵族阶层的社会对于维护自由的重要性。而在稍后的自由保守主义者伯克看来，分权的制度，尤其是地方社区的自由和自主性，是至高无上的原则。伯克坚持认为，自由的问题是与一种权威三角——个人、国家以及介于这两种实体之间的各种群体——分不开的。在《论美国的民主》一书中，托克维尔更是把社会基层(乡镇和社团)的自由与自治视为民主国家的基石。他认为，现代民主社会中人们之间身份的平等，也很可能导致专制。因为其一，随着身份在一个国家实现平等，个人便显得日益弱小，而国家和社会却显得日益强大。其二，"居住在民主国家的人……从不使自己的注意力离开个人的事业而去操劳公事。他们的自然倾向，是把公事交给集体利益的唯一的大家都可以看得见的永久存在的代表去管理。这个代表就是国家。""他们的确是自由了，但却面临着无数的意外威胁。"②其中最大的威胁就是因平等而自动放弃对公共事务的管理与监督权力，从而因国家集权而走向被奴役的状态，即民主的专制。鉴于此，托克维尔提出，一个由各种独立的、自主的社团组成的多元的社会，可以对国家权力构成一种"社会的制约"。罗伯特·达尔在《多元主义民主的困境》(1982年)一书中开宗明义地指出："独立的社会组织在一个民主制中是非常值得需要的东西，至少在大型的民主制中是如此。……其功能在于使政府的强制最小化、保障政治自由、改善人的生活。"③达尔由此提出的"民主是多重集团的统治"这一多元主义理论的核心命题，与伯克、托克维尔等人的"权威三角说"有一个值得珍视的共同之处，就是强调社会中介组织(社团)对于权力制衡与社会稳定的极端重要性。它们与人民主权原则及代议制学说共同构成了"社会制约权力"的理论支柱。为此，法律应该成为各种社会中介组织的孵化器，并明确赋予各种依法成立的社会组织充分的权利和权力，使之成为真正自治自律的法律主体。不过，社会制约权力的关键，在于社会直接拥有的资源的多少。社会拥有的资源越多，社会成员对国家的依附性就越小，享有的自由度就越大，从而社会制约国家权力的力量也就越大。而社会拥有的资源是与市场经济的发展程度成正比的，因而社会制约权力也只有在市场经济较为发达的情况下才有可能。

---

① 胡平仁. 社会制约权力的理论基础和现实途径[J]. 湘潭大学学报：哲学社会科学版, 1999(4)：124-128.

② 托克维尔. 论美国的民主：下卷[M]. 北京：商务印书馆, 1997：841, 845, 713.

③ 顾昕. 以社会制约权力——托克维尔、达尔的理论与公民社会[M]//刘军宁. 市场逻辑与国家观念. 北京：三联书店, 1995：164.

四是以程序制约权力。法律程序是权力运行的"控制纽"和"安全阀"。法律程序通过引入分权制衡机制、权力监督机制、以权利制约权力的机制，避免权力的过分集中、失控乃至滥用。例如，在行政处罚中，通过设立行政听证程序，让行政相对人直接参加到行政决定程序中听取行政主体决定的理由、相对人为自己的行为进行申辩，从而可以保证行政行为的合法性与合理性。又如在刑事诉讼中，设置公诉、辩护、举证、质证、认证、陪审、合议和严格的审级等程序，都是为了抑制法官行为的随意性和随机性。

五是以责任制约权力。任何一种权力都内含义务（即职责），违背义务（即不作为或乱作为）就要承担不利的法律后果。权力与责任的统一是法治的必然要求。权力行使者必须对自己行使权力所带来的各种后果承担相应的责任，包括政治责任、道义责任和法律责任。从法律上说，以责任制约权力就是通过法律规范来明确规定权力主体对其行为应承担的法律义务和法律责任，并通过一整套的具体制度予以保障。责任制度的确立，有利于增强国家机关及其工作人员依法执行公务的自觉性，在法律规定的范围内行使人民赋予的权力。

三、法治社会——市民社会的法律形态

法治既是一种国家治理方式，也是一种社会组织模式。作为社会组织模式的法治，意味着"法已不再被看作单纯的解决纠纷的手段，而逐渐被公民们甚至法学家们视为可用于创造新型社会的工具"。① 也就是说，法治不仅是管理社会事务和处置社会矛盾、"定分止争"的手段，而且是整合社会各组成部分、创造新型社会关系模式的工具。这种以法治为主要手段来组织和改革社会的实际状态，就是法治社会。

法治社会实际上是市民社会的法律表现形态。所谓市民社会，就是指以个体理性为基础、以追逐私人利益为主旨、以市场机制为核心的独立于政治国家的私人关系空间和民间自治领域。"市民社会"一词的英语和法语（civil society 和 societe civile)，均来自拉丁文 civilis societas。尽管在古希腊思想家亚里士多德那里，"市民社会"的原意是指作为政治社会或政治共同体的城邦（即以一个城市为中心的独立主权国家)，而在古罗马西塞罗那里，也是指有着都市文化、工商业生活、法律和政府的政治共同体的生活状况；但在黑格尔和马克思看来，市民社会是一种"非政治性的社会"，其成员不是国家公民（citoyen）而是单个的私人或个人，即市民（bourgeois)。黑格尔认为，市民社会是在现代世界中形成的、处在家庭和国家之间的差别的阶段，"是各个成员作为独立的单个人的联合"，是由私人生活领域及其外部保障（保障人身和财产的法律制度等）构成的整体。具体的、特

---

① 达维德. 当代主要法律体系[M]. 漆竹生，译. 上海：上海译文出版社，1984：378.

殊的个人和维护特殊利益的同业公会等自治性团体，是构成市民社会及其活动的
两大基本要素；而多样化的个人需要体系构成市民社会及其活动的主要内
容。① 在《黑格尔法哲学批判》等著作中，马克思批判地继承了黑格尔开创的现代
市民社会理论，认为市民社会乃"私人利益的体系或总和"，即政治国家之外的经
济关系领域、社会关系领域和文化—意识形态领域。当代德国思想家哈贝马斯在
坚持市民社会是独立于国家的"私人自治领域"的基础上，进一步将其分解为公共
领域和私人经济活动领域两部分，建立了政治国家、公共领域和私人活动领域三
元分析模式。② 在川岛武宜看来，"市民社会的首要的根本构造是仅由'自由的个
人'而成立的。……这种自由人格者首先以营利的独立者的姿态出现。……自觉
地认识到自己的责任，独自决定自己的行为，能自我控制的自主人格的确立成为
其现实的历史的前提"。川岛否定法西斯德国"把个人的主体性埋没于国民共同
体中"的做法。他认为，"个人的主体性与作为市民社会政治反映的近代国家，是
近代的法和伦理得以建立的两个基本要素"。③

作为市民社会的法律表现形态，法治社会具有如下特征。

第一，法治社会是内部要素充分发展并依法整合的自治系统。"如果一个社
会的最重要的决定（即那些影响或严重影响他们全体的决定）系通过其成员的普
遍参与而后作出的，我们就可以把这一社会称之为自治的。"④进而言之，法治社
会中的个体应该具有独立人格和自立意识、不存在人身依附（包括行政性依附）；
企业是自主经营、自负盈亏的市场主体；行业组织和其他社会组织充分发达和高
度自治；社区是居民自主管理的基层单位；新闻媒体形成依法运作和自觉自律的
动力机制。为此，2012 年中共十八大报告提出：要"加快形成政社分开、权责明
确、依法自主的现代社会组织体制"。

第二，法治社会是社会主体的权利、义务、责任意识觉醒与成熟的社会。社
会主体往往扮演着不同的角色，而不同的角色意味着不同的权利（权力）、义务和
责任。每个社会主体都依角色要求而行为处事，并依法享有相应的权利或权力，
承担相应的义务和责任，独立自由的人之间才能和谐互动，社会才能井然有序。

第三，法治社会是社会组织严格依法运作的社会。国家与社会的分离及良性
互动，是以法律为媒介的。法律一方面确认社会组织独立于政治国家的自治地

① 黑格尔. 法哲学原理[M]. 范扬，张企泰，译. 北京：商务印书馆，2016：198, 224, 229, 231.
② 参见：何增科. 市民社会概念的历史演变[J]. 中国社会科学，1994(5)：67-81；方朝晖. 市民社会
的两个传统及其在现代的汇合[J]. 中国社会科学，1994(5)：82-102；胡平仁. 法理学基础问题研究
[M]. 长沙：中南大学出版社，2001：295-302；俞可平. 让国家回归社会——马克思主义关于国家与社会
的观点[J]. 理论视野，2013(9)：9-11.
③ 川岛武宜. 现代化与法[M]. 王志安，等译. 北京：中国政法大学出版社，1994：10-11, 48-49.
④ 科恩. 论民主[M]. 聂崇信，朱秀贤，译. 北京：商务印书馆，2007：10.

位，使其依据自己的章程和规章制度实行民主管理、自我服务、自我监督和自我发展，并与其他社会组织平等协作；另一方面又赋予一定的国家机关对社会组织依法管理和监督的权力，以确保社会组织始终在法律架构内运作。① 战国时期的法家商鞅便强调："治国者贵下断"，"故有道之国，治不听君，民不从官。"② 意即治理国家，贵在民众自我决断；有道之国，法令明白划一，故臣依法而治，不必听讼于君主；民依法自治，事断于心，若有讼争，"家断"即可，不必依赖于"官断"。

总之，法治社会是市民社会依法实行社会自治，并与国家相对独立又相互依赖、彼此制约又协同共进的秩序状况，其实质在于法律引导与约束下社会主体的自主、自律和自治。

本章开头提到的电影《被告山杠爷》，涉及这么几个问题：山杠爷利用民间习惯法惩罚多次虐待婆婆的媳妇是否合法正当？民间习惯法算不算法？如果算，当它与国家法相冲突时，应该怎么办？这些问题典型地体现了我国从传统法制向现代法治转型过程中，国家法的强势崛起，以及民间法的衰落与边缘化。在近代以来，我国的法律通过借鉴与移植，从法律观念、具体制度到法律渊源，越来越西方化，人格尊严、人身自由等法律价值逐渐成为我国法律的精神和灵魂，这是值得充分肯定的；但法律继承在法治化过程中的积极意义却遭到了普遍的忽视，从传统法制向现代法治转型应有的过渡与衔接，也在"阵痛"论中被抽走了，从而导致法治社会建设过程中种种"秋菊的困惑"和"山杠爷的悲剧"。法治化并不意味着西方化，法律全球化更是丰富了法律多元化。在全球法律一体化的背景之下，国内法与国内法、国内法与国际法、国家法与非国家法等形式多样的法正以非常复杂的方式发生协同共生的联系。在幅员辽阔的乡土中国，我们理应更加重视本土法律传统在现代法治精神引领下的浴火重生！

四、法治政党——政党政治的法律规制

(一)政党及其对法律的影响

政党是政治派别的简称，指一定阶级、阶层或集团的积极分子，为了维护本阶级、阶层或集团的共同利益，围绕着夺取和巩固政权或影响政府而结合起来采取共同行动的政治组织。党员、组织、政治纲领是构成政党的三要素，是政党区别于其他政治性社团的显著特征。据有关方面统计，当今世界上 220 多个国家和地区中，有 200 余个国家和地区由政党执政，占总数的 91%。没有政党的 10 多个国家和地区，有的是一直从未有过政党，如马尔代夫、阿拉伯联合酋长国、科威特、卡塔尔、阿曼等；有的是军人执掌政权，禁止政党活动，如非洲的加纳共和

---

① 刘旺洪. 国家与社会：权力控制的法理学思考[J]. 法律科学，1998(6).
② 商鞅，等. 商君书[M]. 陈启天，校释. 北京：商务印书馆，2022：45-46.

国、利比里亚、利比亚等；有的是政教合一，如梵蒂冈、伊朗、沙特等。

尽管政党执政是现代国家政治的基本态势，但政党本质上是一种政治性的社会组织；即便执掌了国家政权的执政党，虽有"隐形政府"的称号，也依然不是严格意义上的国家机关。这正是政党(包括执政党)不能直接制定国家法律的根本原因。

现代政党影响政治、控制或指挥政府的方式，主要是人事安排、制定政策或提出立法主张。所谓人事安排，就是把党员或认同本党纲领及主张的其他成员安排到国家机关的重要岗位。执政党在制定政策或法律议案后，通常是把自己的政策或法律议案交由担任政府首脑或议员的党员，再以适当方式将其转变为国家的政策或法律。非执政党则向立法机关等国家机构提交法律议案，或是指挥有关党员，利用舆论机构，宣传自己的各种政策主张，或对政府的政策提出批评和建议，给政府施加压力，并争取选民。

在我国，中国共产党是执政党，其他8个民主党派都是参政党。就执政党而言，首先，中国共产党作为执政党的领导地位，早已写进我国《宪法》序言中。其次，宪法和法律在很大程度上是以执政党的政策为指导而制定的，有些法律甚至就是由执政党的政策转化而来。执政党的政策经过一定程序转变为法律后，就具有了国家意志性和普遍约束力，成为人人必须遵守的行为规则，并有国家强制力为后盾。此外，在中央和地方各级立法、执法与司法机关的人员组成中，中共党员和党的领导干部占了绝大多数。这就从组织机构上确保了中国共产党在法律过程中的领导地位。

(二)一切政党必须在宪法和法律的范围内活动

政党作为阶级或集团的政治代言人，在近现代国家的政治生活中扮演着极其重要的角色，因而政党的活动是否合法，直接影响到国家的前途和命运，影响到人民的安宁与幸福。执政党的活动尤其如此。现代民主和法治都强调，任何政党都没有超越于法律之外、凌驾于法律之上的特权。所有政党的一切活动，包括政党与政党之间以及政党内部之间的政治斗争，都必须在法律范围内进行。

我国《宪法》第5条规定："一切国家机关和武装力量、各政党和社会团体、各企业事业组织都必须遵守宪法和法律。一切违反宪法和法律的行为，必须予以追究。""任何组织或者个人都不得有超越宪法和法律的特权。"《中国共产党章程》也规定："党必须在宪法和法律的范围内活动""依法执政""依规治党"。① 这是党和国家总结新中国成立以来的经验和教训做出的重要决策，是建设社会主义法治国家的关键。如果执政党不能以身作则遵守宪法和法律，就会失信于民，使依法

---

① 1982年9月召开的中国共产党第十二次全国代表大会通过的新党章首次规定："党必须在宪法和法律的范围内活动。"中共十二大政治报告中还明确提示："党不是向群众发号施令的权力组织"，"从中央到基层，一切党组织和党员的活动都不能同国家的宪法和法律相抵触"。

治国成为一句空话，使社会主义建设事业遭受损失。与此同时，执政党还应当改善自己的领导，学会通过法律执政，防止和纠正以党代法的弊端，并监督国家机关依法行政、严格执法、公正司法。

五、法治国家、法治社会与法治政党的整合

"国家仅仅是一个社会机关。"①"社会是国家的母亲，同样国家就是社会的孩子，也是社会发展的产物。有什么样的社会就有什么样的国家。国家关心社会，或者相反，寄生于社会肌体，甚至破坏它。"②法治社会与法治国家、法治政党虽然在观念上和法律上是相对独立的，但在现实层面是相互依存的。法治中国建设乃法治国家、法治社会与法治政党三者的有机整合与统一。

一方面，市民社会是政治国家和政党政治的社会基础与动力源泉。"市民社会这一名称始终标志着直接从生产和交往中发展起来的社会组织，这种社会组织在一切时代都构成国家的基础以及任何其他的观念的上层建筑的基础。"③中国共产党来自人民、植根于人民、服务于人民，并代表着中国最广大人民的根本利益。因此，以人民群众为主体的市民社会，不仅是国家的真正构成部分和原动力，而且是作为政治国家大脑或火车头的政党组织的生命源泉，是全部历史的真正发源地和舞台。另一方面，市民社会通过自己的力量和国家的制度来约束和监督国家机关及政党对公共权力的行使（这在我国就是通常所说的人民群众的监督），避免如同政治列车的国家和政党因权力运行机制的失衡而脱轨，进而使从社会中产生的政治国家和政党逐渐回归社会并服务于社会。

基于此，法治社会与法治国家、法治政党的整合应遵循如下原则：第一，法治政党建设应先于法治国家和法治社会建设而为主导。我国是中国共产党领导、各民主党派参与国家政权的多民族国家，而且市场经济还处于起步阶段，市民社会与政治国家的分离才刚刚开始，市民社会本身不具备推动法治的力量，法治国家和法治社会的建设都不得不由政党（尤其是执政党）和国家来引导、启动，并将依靠政党和国家的组织与协调来完成。第二，坚持社会本位。19世纪后期以来，世界各国法治建设的价值基础，就逐渐从个人本位转向社会本位（期间纳粹德国曾陷入"国家本位"的歧途）。这很大程度上与社会主义的理论和实践殊途同归。就其理论初衷而言，"社会主义"的价值基点，就是"社会"本位；就像"自由主义"（个人主义）立足于"个人"本位，"国家主义"立足于"国家"本位一样。因此，中国特色社会主义及其法治建设，应当不忘初心，始终坚持社会本位（其政治表达

---

① 埃利希. 法社会学原理[M]. 舒国滢, 译. 北京: 中国大百科全书出版社, 2009: 163.
② 拉扎列夫. 法与国家的一般理论[M]. 王哲, 等译. 北京: 法律出版社, 1999: 70.
③ 马克思, 恩格斯. 德意志意识形态[M]//马克思恩格斯文集: 第1卷. 北京: 人民出版社, 2018: 583.

即"人民本位"），在市场经济和民主政治的田野中逐渐培育社会的独立自主性，不断扩大社会依法自治的范围，逐步增强社会的创新活力与抗风险能力。第三，确立政党和国家为社会服务的观念和法律机制，并以明晰的法律责任制度来规制政党组织、政府机关等公共权力不作为和乱作为的状况。第四，依法保障政党及国家对社会适度的宏观引领与调控的权力。市民社会是以满足人们特殊私人利益为目的的私人生活领域，它很难兼顾人们共同生活所必需的公共利益和公共秩序，因而需要以"精当""有力"和"高效"为原则，恰当布局政党组织和国家机关对社会的引领、控制与干预，形成"大社会、小国家、精政党"三者良性互动关系格局，以便合理配置并充分利用社会资源，早日实现人民生活的幸福安康和中华民族的伟大复兴。[1]

进入21世纪，受全球法治量化指标研究态势的影响，法治中国研究与建设也开始从定性走向量化，其成果颇为丰富。不过，除了介绍全球法治指标外，无论是一级指标还是二级指标，大量本土化的量化设计往往过于随意，或者过分追求大而全，从而流于烦琐，未能充分考虑到法治中国建设尚处于初步状态，重点突出三五个一级指标，以便于实务界和普通民众把握。

第三节　全球治理法治化及其指标研究

一、全球治理的法治化趋势

长期以来，国际秩序的形成与维护主要靠国际力量之间的均衡与牵制，但随着国际社会主体意识的觉醒和新兴力量的增长，国际博弈日趋频繁与激烈，使得以公开性、确定性和连续性见长的法律和法治在建立与维护全球秩序中的作用日益凸显；而由国际社会共同制定与实施的法律，也可以更好地解决气候恶化、金融动荡、核安全等全球公共问题，保障世界秩序体现全人类的共同愿景。

1992年联合国大会拟议中的一个议程首次提出"国际法治"（international rule of law，或 rule by international law）概念，2004年联合国秘书长在安理会上的报告中指出："对联合国而言，法治是指一种治理的原则。根据这个原则，所有的人、机构和实体，无论公共的还是私有的，包括国家自身，都必须对法律负责。而这种法律，是公开制定、平等适用、可独立裁决的，并与国际人权规范和标准相吻合。"《2005年世界首脑会议成果》第134条将法治作为一项价值观和基本原则，呼吁在国家和国际两级全面遵守和实行法治。在此后数年的各届联合国大会上，

① 胡平仁. 法理学基础问题研究[M]. 长沙：中南大学出版社，2001：302-303.

"国家和国际两级法治"都是重要的议题。

而全球治理法治化，又被称为全球法治，即"在全球范围内，为实现人类的共同利益，以全人类普遍接受的法律规范有效地调整人们及其集合体行为的社会状态(和过程)"。① 这一界定抓住了"人类共同利益"和"人类普遍接受的法律规范"这两个根本要素，在补充"过程"要素后，更显得准确、简要而明快；只是在此定义前后把全球法治视为国际法治和国内法治的良性互动与协同发展，有欠妥当，也与该定义相冲突。基于"国际"和"国际法"的词义和事实，全球法治≠国际法治≠国际法治+国内法治。全球治理法治化意味着世界范围的公共事务应当以《联合国宪章》为根本大法和总章程，依照充分反映各国共同利益的国际规则和国际惯例，运用对话、协商等和平手段及法律程序(而不是使用武力或以武力威胁)，解决国家与国家、区域与区域之间的矛盾、分歧与争端，建立和完善以联合国为主导的、法治化的全球治理结构和国际事务管理体制。

可以说，法治从主权国家范围走向全球领域，是20世纪后期以来的一大趋势。民族国家、政府间国际组织、非政府间国际组织以及个人等不同主体，以制定或发布各种不同形式的条约、规则、宣言的方式，使全球社会关系逐渐制度化、法律化，特别是在诸如领土、海洋、空间、外交等领域已经形成了相对完整的国际法律制度。在全球社会生活的某些领域，法治机制也初步形成。如世界贸易领域，WTO成员在从事国际贸易以及解决国际贸易争端时，必须在WTO法律框架内进行，这在事实上形成了一种依法处理国际贸易关系的法治机制。而国际投资领域ICSID仲裁机制的确立，国际货币金融领域世界银行等机构的建立和一系列文件的制定，也是全球法治在世界经济合作中的体现。此外，在《联合国宪章》正义与和平精神的指引下，《国际刑事法院罗马规约》于1998年7月17日罗马外交官大会上获得通过。《罗马规约》第1条规定："本法院为常设机构，有权就本规约所提到的、受到国际关注的最严重犯罪对个人行使其管辖权，并对国家刑事管辖权起补充作用。"②2002年7月1日，在《罗马规约》达到法定缔约国数目的情况下，诞生了有史以来唯一一个常设国际刑事法院。根据《罗马规约》第5条、第12条和第121、123条的规定，国际刑事法院对种族灭绝罪、危害人类罪、战争罪和侵略罪共四种国际罪行享有固有管辖权，而且其管辖权范围不限于缔约国。

二、全球治理法治化的内容

"历史学家保罗·约翰逊(Paul Johnson)以为，上个千年的伟大事业是在民族

① 蔡拓，等. 全球学导论[M]. 北京：北京大学出版社，2015：238.
② Triffterer. Commentary on the Rome Statute of the International Criminal Court [M]. Nomos VerlagsgeseLlschaft，1999.

国家内部确立法治，这个新千年的任务是在国际层面或在全球层面上建设法治。第一项工程仍然处于进展中；第二项工程才刚刚开始。"①

全球治理法治化的内容是多方面的，最基本的是全球治理法治化基点（包括事实基点和价值基点）、全球治理法治化关键和全球治理法治化要点。

从事实层面看，全球化进程中的当今世界，依然是主体多元、价值多元和文化多元，并以国家利益为主要指向的无政府社会。当前国际格局和国际秩序表现出三个"趋向"：一是国际力量对比"趋向均衡"，新型经济体正推动国际格局朝着有利于和平与发展的方向发展；二是世界经济治理机制改革"趋向深入"，提高了广大发展中国家在国际有关机构中的影响力和发言权；三是国际社会合作共赢的意愿"趋向上升"，但发达经济体为巩固既得利益逆势而行的现象也有所增强。因此，当前的这种"没有全球政府的全球治理"（global governance without global government），"强调共同的目的和全球性共同事务对于连接各治理层次和各种行动体的重要性。"②

从价值层面说，全球治理法治化的目标应是构建人类命运共同体。在地球生命世界和浩瀚宇宙中，人类社会原本就是一个休戚相关、生死与共的命运共同体。就人类自身而言，当今世界政治多极化、经济全球化深入发展，社会信息化、文化多样化日新月异。与此同时，逆全球化潮流而动、反自由市场以行的势力也日益增长，国家和地区冲突时有发生，族群矛盾和价值冲突呈加剧趋势，各种全球性问题日益突出。正是在这样的背景下，中国国家领导人向国际社会提出了"人类命运共同体"的理念。③ 人类命运共同体是对利益共同体的超越与升华，并需要情感共同体和价值共同体的助力与支撑。因此，国际社会各层级主体应当相向而行，友好相待，交流互鉴。

全球治理法治化的关键是国际关系民主化。这是由"没有全球政府的全球治理"现状所决定的。它意味着主权国家内部的事情应该由各国人民自己决定，全球公共事务由各国平等协商。为了避免国际强权和文化同质对人类社会的桎梏、威胁乃至毁灭，全球化时代更应当在"人类命运共同体"理念的协同下，珍视主体自主、文化多元和价值多元。这样做的意义远甚于人类对生物多样性的保护。因此，全球化社会更应该是一个多元自主、协商对话、和谐互补的社会。

全球治理法治化的要点是国际社会各方普遍参与，以联合国所代表的多边机制为平台，以公认的国际法、国际关系准则和国际惯例为依据，以平等协商、合

---

① 塔玛纳哈. 论法治——历史、政治与理论[M]. 李桂林, 译. 武昌：武汉大学出版社, 2010：161.
② 王奇才. 法治与全球治理[M]. 北京：法律出版社, 2012：24.
③ 2013 年 3 月, 习近平出任党和国家最高领导人后首次出访莫斯科时, 第一次在国际场合阐述"人类命运共同体"理念；随后在多种国际场合进一步深入阐述了这一理念。2017 年以来, 该理念已多次载入联合国正式文件。

作共赢的方式，处理全球性问题和公共事务，为广大发展中国家发展创造更加有利的条件和环境，谋求人类和平与可持续发展。

全球治理法治化的出路是培育文化间性观念和跨文化能力。文化间性（interculturality, interkulturalität）和主体间性（intersubjectivity）一样，都是 20 世纪产生的具有深远意义的新观念和新理论。主体间性强调的是所有的人互相承认对方的主体性，强调自我主体与对象主体间的共生性、平等性和交流关系；而文化间性观念作为主体间性理论在文化领域的延伸和发展，突出的是既要坚守对自身文化身份的认同，同时要充分尊重其他文化的主体地位，并与其他文化平等互动、相融，进而达到文化之间的共生、共存。在全球化时代，不同文化之间的交流越来越频繁和重要。"亨廷顿广受引用的著作'文明的冲突'明确表达了由文化引起的巨大冲突的危险。不宁唯是，即使在日常生活中也存在冲突的可能，特别是当受不同文化熏陶的人在私下或工作中共同相处，如涉及伦理规范、妇女地位或关于宰杀牲畜的宗教规定等问题。根据这些可能发生冲突的领域，培养起'跨文化能力'，也就是识别、分析和避免因文化（差异）引起的冲突的能力，就显得日益重要。"①这种文化间性观念和跨文化能力，在全球治理法治化进程中，无疑更有着举足轻重的作用，并以平等、和谐、民主协商、合作共赢等世界法治正义理念为支撑。

在现有全球治理主体中，西方发达国家占主导地位，它们基本垄断了全球治理规则的制定权。而二十国集团、金砖国家集团、上海合作组织、亚太经济合作组织和亚洲投资银行等国际组织及机制的兴起，表明新兴国家在全球治理主体中的地位正快速上升。与此同时，中国等新兴国家提出了一系列外交与国际关系新理念，以推进全球治理规则朝着更加民主、公正、合理的方向改革。其中，人类命运共同体就是全球治理的目标模式；相互尊重、公平正义、合作共赢的新型国际关系是全球治理的最重要基石；良好的国家间关系是保证全球治理顺利推进不可或缺的重要条件。

三、全球治理的法治指标研究

国家治理是全球治理中众多层次中的一个重要层次，全球治理能否实现，很大程度上依赖于国家这一层次。而且，"在全球治理体系下，一国是否实施法治、法治完善的程度要经受全球治理体系之内各种行动体的评价。"②与此同时，从定性研究到量化评估，是全球治理和全球法治领域的新走向。据世界银行统计，国际

① 希尔根多夫.德国刑法学：从传统到现代［M］.江溯，黄笑岩，等译.北京：北京大学出版社，2017：108.
② 王奇才.法治与全球治理［M］.北京：法律出版社，2012：177.

社会现有 140 多种治理评估指标体系，其中影响较大的是世界银行的"全球治理指标"，联合国人类发展中心的"人文治理指标"，经济合作与发展组织的"人权与民主治理测评"指标等。而与全球法治直接相关的评估指标，则首推"世界正义工程"。

世界银行的"全球治理指标"是一个由世界银行和布鲁金斯学会共同开发研制、旨在测量世界各国治理状况的项目。自 1996 年起每年发布一次有关世界各国治理状况的报告，现已涵盖 215 个国家或地区。该报告采用 32 个全球性调查机构的 35 个世界性数据源中与治理相关的数百个变量，构建起评测各国公共治理的 6 大指标维度：(1)话语权(呼声)和责任：即一国公民可以在何种程度上参与到政府的选择之中，以及言论自由、结社自由和媒体自由。(2)政治稳定性和不存在暴力/恐怖主义：观察政府被暴力或其他违宪手段动摇或推翻的可能性，包括政治动机的暴力和恐怖主义。(3)政府效率：观察行政部门公共服务的质量，在政治压力下的独立程度，政策制定和实施的质量，以及政府对此类政策做出承诺的可信度。(4)监管质量：观察政府制定与实施稳健政策法规、允许并推动私有部门发展的能力。(5)法治：观察执法人员对社会制度的信心和服从程度，重点关注合约执行、财产权、警察和法庭的质量，以及犯罪和暴力行为发生的可能性。(6)腐败控制：观察对私利行使公共权力的程度，包括大小形式的腐败、精英阶层和私人利益对国家的"占取"。"全球治理指标"体系现已广泛地被各国政府决策者、专家学者、记者、风险评估机构和多边援助机构所使用，成为他们进行跨国和跨时治理研究的首选工具或平台。

我国华东政法大学政治研究院提出的"国家治理指数"(national governance index, NGI)，包括基础、价值、可持续 3 项一级指标，以及设施、秩序、服务、公开、公正、公平、效率、环保、创新等 9 项二级指标，以构造国家治理指标体系，反映一个国家的治理能力和治理水平。2015 年 12 月发布的《2015 国家治理指数年度报告》，对全球 111 个主要国家的治理指数进行了比较和排名，新加坡位列第一，中国位列第十九。与此同时，中国全球化智库(CCG)、中国外文局对外传播研究中心和华东政法大学政治学研究院于 2014 年联合推出了"国家参与全球治理指数(states' participation index of global governance, SPIGG)"年度报告，它旨在衡量世界各国对全球治理的参与和贡献情况。

美国律师协会(ABA)主席、微软公司首席律师诺依康 2006 年发起了名为"世界正义工程"(The World Justice Project)的项目，于 2008 年 7 月发布了第一个国际法治综合评估指数，翌年成为一个独立的、非营利性的、跨学科的非政府组织。"世界正义工程"法治指数包括政府权力限制(constraints on government powers)、根除腐败(absence of corruption)、开放政府(open government)、基本权利(fundamental rights)、秩序与安全(order & security)、有效的监管执行(regulatory enforcement)、民事司法(civil justice)和刑事司法(criminal justice)共 8 个一级指标，其下各有三五个不等的二级指标。2023 年 6 月，"世界正义工程"（World Justice Project）公布《2022 年法治指数》报告，在参评的 140 个国家中，全球排名最高的是丹麦（指数 0.9，2015 年为 0.87），最低的是委内瑞拉（指数 0.26，2015 年为 0.32）；中国 2023 年以 0.47 分排第 97／142 位（2015 年以 0.48 分排在第 71／102 位，2020 年以 0.48 分排第 88／128 位）。

"世界正义工程"法治指数具体指标及中国排名情况如下：①

- 指标 1. 政府权力限制（constraints on government powers）

该指标评估立法机关、司法机关和独立的审计、审查机关在体制上对政府进行监督的有效性；媒体和民间社会进行非官方监督的有效性；政府换届权力交接根据法律进行的程度，以及政府官员是否对政府不当行为负责。

次级指标如下：政府权力被立法机关有效限制、政府权力得到司法机关的有效制约、政府机关被独立的审计审查机构有效限制、政府官员的不法行为会受到制裁、政府权力被非政府制衡力量有效限制和权力依法转移。

中国在该一级指标中的排名：2015 年以 0.41 分排第 87／102 位，2020 年以 0.32 分排第 123／128 位，2023 年以 0.31 分排第 134／142 位。

- 指标 2. 根除腐败（absence of corruption）

该指标评估政府腐败的根除程度。主要考察贿赂，公共或私人利益的不当影响，以及挪用、侵吞公款或其他资源这三种形式的腐败。

相应的次级指标如下：行政部门的政府官员不以权谋私、司法部门的政府官员不以权谋私、军警部门的政府官员不以权谋私、立法部门的政府官员不以权谋私。

中国在该一级指标中的排名：2015 年以 0.51 分排第 41／102 位，2020 年以 0.53 分排第 51／128 位，2023 年以 0.53 分排第 57／142 位。

- 指标 3. 开放政府（open government）

该指标评估是否公开了关于法律权利的基本法律和信息，并评估政府公开信息的质量。本指标还评测要求公开政府机构所持信息的申请能否得到适当批准；公民参与机制的有效性，以及人民是否可以向政府提出具体投诉。

相应的次级指标如下：法律是公开的、可知悉的，法律是稳定的，请愿权和公众参与，经请求能得到官方信息。

中国在该一级指标中的排名：2015 年以 0.43 分排第 87／102 位，2020 年以 0.43 分排第 92／128 位，2023 年以 0.40 分排第 108／142 位。

- 指标 4. 基本权利（fundamental rights）

① 2015 年、2020 年和 2023 年数据，参见"世界正义工程官网"：https：//worldjusticeproject. org/sites/default/files/ ocuments/roli_2015_0. pdf；https：//worldjusticeproject. org/sites/default/files/documents/Index - 2020- English. pdf；https：//worldjusticeproject. org/rule-of-law-index/downloads/WJPIndex2023. pdf；

该指标评估对基本人权的平等保护，以及相关法律的有效执行。

次级指标如下：平等对待和免受歧视，生存权利与人身安全得到有效保障，法律正当程序与被告的权利被有效保障，言论与表达自由被有效保障，信仰与宗教自由被有效保障，不受任意干涉的隐私自由被有效保障，集会与结社自由被有效保障，集体谈判权、禁止强迫劳动和童工及消除歧视等基本的劳动权利被有效保障。

中国在该一级指标中的排名：2015 年以 0.32 分排第 99 / 102 位，2020 年以 0.29 分排第 126 / 128 位，2023 年以 0.25 分排第 139 / 142 位。

- 指标 5. 秩序与安全（order & security）

该指标评估对秩序和安全的各种威胁，包括常规犯罪、政治暴力和解决个人恩怨的暴力行为。

次级指标如下：犯罪被有效控制、民事冲突被有效限制、人民无须诉诸暴力来修复个人怨恨。

中国在该一级指标中的排名：2015 年以 0.78 分排第 38 / 102 位，2020 年以 0.78 分排第 40 / 128 位，2023 年以 0.81 分排第 39 / 142 位。

- 指标 6. 有效的监管执行（regulatory enforcement）

该指标评估法律和行政规则被公正、有效地执行与实施的程度，以及政府内外的结构行为。强有力的法治要求这些法令和行政规范得到有效执行，且免受政府官员或个人利益的不当影响；正当行政程序得到尊重，不受无理拖延；私人财产未得到充分补偿前不被征用。

为方便比较，该指标考虑了所有国家在不同程度上都予以规范的以下领域：公共卫生、工作场所安全、环境保护和商业活动等。

中国在该一级指标中的排名：2015 年以 0.46 分排第 66 / 102 位，2020 年以 0.49 分排第 67 / 128 位，2023 年以 0.49 分排第 74 / 142 位。

- 指标 7. 民事司法（civil justice）

该指标评估民事司法制度及替代性争议解决机制的可接近性、及时性、有效性和公正性。

次级指标如下：民事司法制度是能够接近并能负担的，不受歧视的，不腐败的以及不受政府官员的不当影响；法院的诉讼程序能够及时进行，不受不合理延误，裁决能够被有效执行；能使当事人解决民事争议的调解和仲裁制度等替代性争议解决机制（ADRs）的可接近性、公正性和有效性。

中国在该一级指标中的排名：2015 年以 0.48 分排第 67 / 102 位，2020 年以 0.53 分排第 64 / 128 位，2023 年以 0.51 分排第 73/ 142 位。

- 指标 8. 刑事司法（criminal justice）

该指标评估刑事司法制度（包括刑事调查、审判和矫正体系）是否有效、公正，免受腐败和不当影响，保护犯罪嫌疑人的恰当法律程序权和实体权。一个有效的刑事司法制度是法治的关键，因为它组成救济冤屈的传统机制，对攻击社会的个人提起诉讼。

次级指标如下：有效的刑事司法制度能够及时地成功调查和审判刑事犯罪；它是公正和不歧视的，免受腐败和不当的政府影响，同时确保被害人和犯罪嫌疑人的权利得到有效保护；能够有效减少犯罪行为的矫正体系。相应地，刑事司法的评估应当考虑包括警察、律师、检察官、法官和狱警在内的全部制度。

中国在该一级指标中的排名：2015 年以 0.45 分排第 47 / 102 位，2020 年以 0.45 分排第 62 / 128 位，2023 年以 0.43 分排第 74 / 142 位。

◆ 思维弹射

认真阅读下列材料，然后结合所学的法理学知识，谈谈你的看法。

在 1765 年出版的《山中来信》第七封信中，卢梭写道："最初，构成主权的立法权与行政权不是截然分开的。当权的人民可以自己斟酌，并自己决定想做什么事情。但不久以后人们就发现，事事都要大家一起来办，是很不方便的。这一困难迫使当权的人民只好委托成员中的某几个人去办。这些官员在完成了他们的任务并向大家汇报了情况以后，又回到了与大家平等的地位。然而，像这样交给几个人去办的事情一点一点地变得愈来愈频繁，最后竟变成经常性的了，而那几个受委托去办事的人不知不觉地就变成了一个主持工作的集体。一个主持日常工作的集体不能对每一件事情都要汇报，因此只能汇报其中主要的事情，而不久以后，他们索性什么事情都不汇报了。主持工作的人愈活跃，主权者的权威便愈削弱。昨天的委托今天仍然有效，而昨天做的事情今天还得照样做。最后，由于主权者的不作为，结果使其权威服从执行者的权威。执行者逐渐地独立行事，自作主张，自行其是；不仅不为主权者效力，反而一意孤行。这时候，在国家之中便只有一种主事的权威，即行政权；只有行政权有力量：在只有一种力量统治的地方，国家就解体了。"①

---

① 卢梭. 山中来信[M]. 李平沤，译. 北京：商务印书馆，2018：181-182.

附录一
法律与习俗及道德

🔊 法海潜航

2002年8月18日晚上，陕西省延安市某派出所接到群众的电话，举报该辖区内某居民张某正在家中播放黄色录像。民警赶往现场并要求张某夫妇交出黄碟，遭到拒绝并与张某夫妇发生争斗。针对该案，第一种观点认为，淫秽光碟是国家明确规定的非法物品，以任何形式贩卖、传播和观看淫秽物品是违反社会主义道德的行为，当然也是违法行为，公安部门有权查处和没收该光碟并视情节轻重对当事人进行批评教育或相应的治安处罚。第二种观点认为，公民在家中观看黄碟既没有侵害其他公民的利益，也没有危害公共安全，最多是违反社会道德的行为，公安人员将此确定为违法行为予以查处没有明确的法律依据。

"夫妻在家看黄碟案"显然涉及法律与道德的关系，围绕本案的上述两种观点到底孰是孰非？

习俗和道德是比法律更为久远的社会规范，三者在现实生活中也是比肩并立而略有参差的仁兄贤弟。如果说18世纪末以前人们更多聚集于法律与习俗间的关系，那么19世纪以来法律与道德之关系则逐渐走向了法学前台，不仅成为19世纪西方法学著作的三大主题之一，①而且因纽伦堡审判而引爆为20世纪中期法学界三次大论战的核心论题之一，并延续至今。在纯粹法理学看来，法律与习俗、道德的关系，可能成为执法与司法所面临的疑难案件的焦点问题，但更主要是法律创制环节需处置的重要问题。

---

① 庞德. 法律与道德·第一版前言[M]. 陈林林，译. 北京：商务印书馆，2018：2.

第一节 法律与习俗

习俗是习惯和风俗的简称。习惯是指个人、群体或社会由于重复或练习而巩固下来并变成需要的行为方式。风俗是指一定地域范围内历代相沿、积久而成的普遍生活方式和行为方式。我国汉代曾设风俗使，以时分设四方，览观风俗。应劭《风俗通义·序》曰："为政之要，辨风正俗，最其上也。"郑晓《论风俗》更是认为："夫世所谓风俗者，施于朝廷，通于天下，贯于人心，关于气运，不可一旦而无焉。"①在美国人类学家本尼迪克特看来，"个人生活史的主轴是对社会所遗留下来的传统模式和准则的顺应。每一个人，从他诞生的那刻起，他所面临的那些风俗便塑造了他的经验和行为。到了孩子能说话的时候，他已成了他所从属的那种文化的小小造物了。等到孩子长大成人，能参与各种活动时，该社会的习惯就成了他的习惯，该社会的信仰就成了他的信仰，该社会的禁忌就成了他的禁忌。"②习俗因此可以理解为一定地域或群体之内的成员所遵循的某种生活方式和行为规范，通常具有社会性、地域性、相对稳定性和一定程度的强制性等特点。法律与习俗从古至今有着密切而复杂的关系。③

一、习俗是法律诞生的母体

习俗是个人或群体习惯扩散与积淀的产物，而不是社会意识主动创造的。早在原始社会时期，人们便日复一日习惯性地重复着某些行为，并作为社会遗产一代代地流传下来，就形成了最初的社会性习惯和风俗。很大程度上，原始人是在习惯性地维持着生存，而不是在有目的地发展文明。④ 习俗的确定性内容究竟是什么，行为是否违反了规则，应受到何种惩罚（比如是乱石砸死还是驱逐流放），这些都是在非正式权威（类似于后来的"民间领袖"）之下由集体决定或舆论执行的。

在法律产生之前，习俗是调整人类生产生活及人们相互关系的重要行为准则。在部落之间，通过暴力解决纠纷本身就是一个古老的习俗，即"以眼还眼，以牙还牙"。在部落内部，膜拜神灵、祭祀祖先、劳动分工、分配资源等活动都由各种各样的禁忌、习俗规范着。在父系氏族时代雅利安人部落中，那些在战争中被抢来的妇女自然属于俘获她的人；孩子在一定阶段需要得到父亲的承认，新生儿

---

① 应劭撰. 风俗通义校注·叙例[M]. 王利器校注.北京：中华书局，2010：1.

② 本尼迪克特. 文化模式[M]. 张燕，傅铿，译. 杭州：浙江人民出版社，1987：2-3.

③ 胡平仁，鞠成伟. 法社会学视野下的法律与习俗[J]. 湖北社会科学，2007(3).

④ Robson W A. Civilisation and the Growth of Law[M]. The Macmilian Company, 1995：10-12.

是杀是留完全由父亲定夺，这是父系氏族的又一习俗；族长死亡，其生前控制的地产，三分之一留给家族，三分之一用于死者葬礼，剩下的三分之一用于火化遗体时的痛饮。① 在萨摩亚社会，一个家庭只有同时拥有男孩和女孩才被认为是完美的，家庭首领如果只有男孩会收养一个女孩，如果只有女孩则会收养一个男孩，被收养的孩子被称为"本地财产"。②

　　成文的法律无疑是在文字发明以后出现的。公元前1780年左右出现的《汉谟拉比法典》是现存最古老的法律文本。作为一种司法判决汇编性质的法典，它用日常语言列举事例的方式记述了世代流传的社会生活重要领域的习俗，并通过正式的国家强制机关予以实施。该法典第138条规定："如一个男人与他未生育的妻子离婚，他应按婚姻协议的规定给她钱，他应还给她从她父亲家带来的嫁妆，然后他可以与她离婚。"③这一规定不过是闪米特人特殊部落习俗的翻版。

　　其实，在人类文明早期诞生的所有法典都是对古老习俗的记录、整理、提炼、升华，《亚述法典》《摩西十诫》《摩奴法论》《格尔琴法典》莫不如此。作为高度发达的罗马法源头的《十二铜表法》，也主要是对早期习俗的总结。比如，其第五表规定的死者无遗嘱又无继承人及父系近亲时，可由氏族成员共同继承财产的"氏族继承"制度；第八表规定的"同态复仇"制度；等等。

　　成文法律从习俗中诞生，这是由特定的社会历史条件决定的。

　　首先，早期的国家组织（更别说原始社会的公共权力机构），并不具备在其统治范围内强力推行一套全新的行为规范的物质和精神能力。从物质上讲，国家掌握的物质资源有限，地方势力完全有实力与其抗衡；交通落后，不利于物资的投放和信息的快速流通，中央无法有效地控制地方。从精神上讲，早期统治者并不具备独立的正当性地位，莫不声称自己的权力来源于神授或继承自祖先，逆习俗或宗教而行将会危及统治正当性。因此，统治者只能在习俗的基础上立法。

　　其次，文明早期人们心智的发展尚不足以支持原创性的立法。刚从蒙昧和野蛮时代走出的文明人虽然发明了语言文字，改进了社会组织和社会生产，但他们的心智发展状况，他们关于自然、人类社会的知识，还不足以使他们对社会的性质得出科学的认识，创造出全新的法律，他们的行为还主要是由习俗调整。

　　最后，人类早期习俗是综合的社会规范，是宗教、道德、法律诸规范的混合体，调整着社会生活的方方面面。随着生产技术的进步和人口的增多，社会生活日趋复杂，法律的调整领域才从习俗中分离出来。由于社会生活的延续性，这种扬弃必然会留有母体的痕迹。因此，不管是实体内容，还是执行方式、执行程序，

----

　　① 赞恩. 法律的故事[M]. 刘昕，等译. 南京：江苏人民出版社，1998：49.

　　② 胡平仁. 宪政语境下的习惯法与地方自治——"萨摩亚方式"的法社会学研究[M]. 北京：法律出版社，2005：41-42.

　　③ 威格摩尔. 世界法系概览[M]. 何勤华，等译. 上海：上海人民出版社，2004：71.

早期的法律都有浓重的习俗特点。

二、习俗对法律的现实影响

法律诞生于习俗是一个历史事实。法律出现之后它与习俗的关系如何？它是否还受习俗的影响？这种影响的程度如何？

(一)习俗是法律的重要渊源之一

习俗在古代社会一直是重要的法律渊源，这一点很少有人反对。现代社会是高度发达的信息社会，因此，很多人认为习俗不应当再作为法律的渊源而发挥作用。这种观点是狭隘的。习俗不仅仅指原始习俗，它还包括行业习俗、社区习俗、机关习俗等。它是共同体的习惯生活方式，有人类社会存在就有习俗存在。法律对这种习俗必须尊重，习俗作为法律渊源的地位不能丧失。正如博登海默所说："由于习惯在很大程度上已被纳入了立法性法律和司法性法律之中，所以习惯在当今文明社会中作为法律渊源的作用也已日益减小。然而，这并不意味着习惯所具有的那种产生法律的力量已经耗尽枯竭了。我们会发现，职业或商业习惯，甚或更为一般性的习惯，仍在非诉讼的情形中调整着人们的行为，而且这类习惯还在法庭审判活动中起着某种作用。"①事实上，现代很多国内、国际法律文件的制定都体现了对习俗作用的重视。比如中国政府在制定《中华人民共和国民法典》时曾组成了专门的调查机关，奔赴各地调查民事习惯；由于普通法系、大陆法系合同制度有很大的差异，很难弥合，《联合国国际货物买卖合同公约》的订立曾一度陷入僵局，最后就是在国际贸易惯例的基础上达成妥协的。当然，无论是主权国家还是国际组织，无论是立法机关还是司法机关，其对习俗的认可都是有选择的，选择的标准主要是看某一习俗是否合乎理性，是否符合现代社会的需要。

(二)习俗支撑着法律的运作

这主要体现在以下几个方面：其一，习俗为法律提供正当性基础，以习俗为基础的法律就是正当的。这是由人们追求稳定秩序的本性决定的。弗格森认为，市民社会的团结纽带首先是习俗，这是民族精神的发源地。② 其二，习俗陶冶人们尊重法律、遵守法律的意识。受习俗的熏陶而形成的敬畏意识、习惯性服从意识对法律规范的实施同样重要。离开了这些意识，法律规范的实施将非常困难。其三，习俗既支持又制约国家机关的法律实施行为。国家公权力在社会中的实现特别是在远离权力场中心的区域的实现需要习俗的支持，但是习俗也会制约国家

---

① 博登海默. 法理学：法律哲学与法律方法[M]. 邓正来，译. 北京：中国政法大学出版社，2016：497.

② Ferguson. An Essay On The History of Civil Society[M]. Cambridge University Press, 1995：199-203.

机关实施法律的行为，使它不至于过分激进。

三、法律对习俗的保障与规制

法律不仅受各种习俗的影响，也确认、保障、规制乃至否定特定的习俗。

(一) 法律对习俗的确认和保障作用

合理的习俗往往会受到国家机关的认可，从而获得法律上效力。一种习俗一旦上升为法律，其权威性和强制性就会大大增强，遵守这种习俗就不仅是人们的习惯义务，而且也成为人们的法律义务。因此，合理的、合法的习俗就有了可靠的法律保障。1896 年《德国民法典》第 138 条首次规定："背于善良风俗之法律行为，无效。"

(二) 法律对习俗的规制和否定作用

风俗习惯并不都是好的，一些恶俗陋习往往成为国家法和社会进步的绊脚石。国家可以运用法律手段，对各种不良的社会习俗进行改造、限制、规范、打击、甚至扬弃，如依法禁止封建迷信活动、赌博活动等。不过，习俗在一定程度上体现了行为的惯性，纠正不良习俗，主要依靠引导和规范，不能动辄诉诸强制性法律手段。如果法律和传统习俗冲突过于强烈，不仅难以得到遵守，反而可能引起逆反心理。就算国家动用其强大的强制力和社会舆论的攻势去"移风易俗"，最多也只能水过地皮湿，收效于一时，急风暴雨过后又会"死灰"复燃。美国在20 世纪 30 年代被迫废止"禁酒法"和中国 21 世纪初对于燃放烟花爆竹"禁改限"就是例证。这方面，我国的《礼记·王制》早就认识到："修其教不易其俗，齐其政不易其宜。"因为"中国、戎夷五方之民，皆有性也，不可推移"。就连时常希望像割野草一样割除习俗的激进变法者商鞅也说过："圣人之为国也，观俗立法则治，察国事本则宜。不观时俗，不察国本，则其法立而民乱，事剧而功寡。"(《商君书·算地》)美国学者埃里克森也发出了类似的告诫："法律制定者如果对那些促进非正式合作的社会条件缺乏眼力，他们就可能造就一个法律更多但秩序更少的世界。"[1]这些警示理应引起我们的深思。

第二节 法律与道德

道德是关于人们思想和行为的善与恶、美与丑、正义与非正义、公正与偏私、

---

① 埃里克森. 无需法律的秩序——邻人如何解决纠纷[M]. 苏力，译. 北京：中国政法大学出版社，2003：354.

诚实与虚伪等观念、原则和标准的总和。在任何社会，不同主体的道德之间既有差异性又有共同性，这种共同性决定了每一社会都有一种占主导地位的道德观念和道德标准。每一社会的法律与该社会占主导地位的道德在内容上既相互区别又相互渗透，在功能上相辅相成，共同发挥着调整社会关系和维护社会秩序的作用。

一、法律与道德的分离

基于法与宗教、道德的关系视角，胡旭晟教授曾在其早年的博士学位论文中，将法的发展历程逻辑地划分为三大阶段："首先是法律与宗教、道德浑然一体，此为'混沌法'；其次是法律走出宗教、但仍与道德不分，故乃'道德法'；最后是法律进一步与道德分离而独立化，便是'独立法'。"①书中关于法律与道德的融合与分离问题，有不少精彩之论。

的确，在原始社会，法律与道德是混为一体的。人们因难以理解某些自然现象和社会现象而形成的原始禁忌、图腾崇拜和巫术礼仪等，既具有道德规范的意义，又具有不成文法的权威。这是法律与道德浑然未分的原始状态。进入奴隶社会后的很长一段时期，即使如希腊人的那种精致文明，也未能有效地将法律规则与道德要求区分开来。在古罗马，法律的特殊性第一次在历史上表现出其基本轮廓；有学者甚至认为，罗马人是"人类历史上最早实现了法和伦理的分化的民族"，"在很早的时代(《十二铜表法》时)就完成了这种分化"。"对罗马人来说，'法不进家门'，法只是调整很有限的社会关系。'尽可能少的法'是罗马人的理想。人处在法的支配下是有玷清白的，而服从伦理、宗教的规范对自己来讲才是荣誉的。"然而，"在罗马，法和伦理的分化只是外表的、不完全的"。②塞尔萨斯(Census)为法律所下的定义即法律乃是善与衡平的艺术，便含有很浓重的道德意味。中世纪英国的司法官们，乃是依据其良知命令来实施平衡法的，而这种良知命令是由占优势的道德理想和罗马天主教会的宗教信条形成的。普通法的法官们也往往是在他们认为罪犯伤害了社会的道德情感，而又没有明确规定该罪行要件的法规的情形下惩罚这类犯罪行为的。

启蒙运动时期的自然法理论和源于近代国家的确立而产生的法规范的绝对优越性，为人们开展把法律从道德中解放出来的运动奠定了思想和制度基础。许多思想家，如格劳秀斯、普芬道夫、霍布斯和洛克等人，都将法理学与道德—神学理论区分开来，并力图探究出法律所特有的性质。"康德哲学理论强调伦理的特质是与法规范的外在性相对立的内在性，使伦理专属于个人的精神世界——'自

---

① 胡旭晟. 法的道德历程——法律史的伦理解释(论纲)[M]. 北京：法律出版社，2006：7.
② 川岛武宜. 现代化与法[M]. 王志安，等译. 北京：中国政法大学出版社，1994：8-9.

由意志'，这样一来在社会秩序方面伦理与法的共性就被淡化掉了。""不言而喻，法与伦理是不同的生活秩序。可以说 19 世纪德国哲学的大部分都为这两者的分离与界定而付出了最大的努力。"①19 世纪以来的法律实证主义坚持和发展了法律与道德相分离的思想。如分析法学派代表人物约翰·奥斯丁强调，必须从法律的执行与适用中排除伦理价值判断和道德推理。纯粹分析法学者汉斯·凯尔森也直截了当地宣称：从他对实在法制度的观点来看，"法律概念没有丝毫的道德含义"。新分析法学派代表赫伯特·哈特也为区分这两种社会控制力量的实证主义主张作了辩护，尽管附上了一些限制条件。

在中国原始氏族时期，原始禁忌、图腾、巫术和"亲亲""尊尊"氏族规范同样既具有法律的权威，也是孕育道德与法律的共同母体。根据现有的史书记载，我国早在黄帝时期就有了法和诉讼活动。如《汉书·胡建传》有"黄帝李法"之语，苏林释"李"作"狱官名也"，孟康说《李法》是"兵书之法也"，颜师古则通合两说："李者，法官之号也，总主征伐刑戮之事也，故称其书曰《李法》。苏说近之。"②可见，黄帝时期的《李法》乃是一部军法，狱官也是集征伐和审判两任于一身。另据《商君书·画策》记载，黄帝曾经制定"君臣上下之义，父子兄弟之礼，夫妇妃匹之合"，这可以视为早期的民事法律规范。相传黄帝还曾用"廌"这一能明辨是非曲直的神兽来决断疑狱。从《尚书》《诗经》等古籍的相关记载来看，夏商时期均把代表奴隶主阶级意志的德、礼、法、刑说成是来源于天，神权法与伦理道德紧密结合。但夏桀商纣"各重刑辟"、暴虐而亡的事实，一再粉碎了帝王秉承天意统治人民的神权法思想，迫使西周统治者不得不提出了天命转移的"以德配天"说，即"皇天无亲，唯德是辅"（《诗经·大雅·文王》）。只有"敬德""保民"，才能"享天之命"。周公进而"制礼"，重新厘定一整套以维护宗法等级制度为中心的行为规范、典章制度和礼节仪式，并以此来治理国家。这种"礼治"与"德治"一表一里，再辅之以"刑"或"法"，其各自的功能是"礼节言行"（明人伦，谨言行），"德润人心"（近者悦，远者来），"刑立威禁"（罚有罪，明威慑），由此开启中国古代"明德慎罚"、德主刑辅的德法合治之先河。

如果说东周以前是从德法未分走向德主刑辅，那么东周至秦则开启了从德法分离走向法治的进程。春秋战国时期，在道德与法律关系问题上，儒墨道主张"合"，而法家主张"离"。其中儒家继承和发展了西周的"礼治"和"明德慎罚"思想，提出了一整套坚持礼治、提倡德治、重视人治的以刑辅德、德法合治主张。如孔子说："礼乐不兴，则刑罚不中；刑罚不中，则民无所措手足。"（《论语·子路》）荀况主张："礼者，法之大分，类之纲纪也。"（《荀子·劝学》）墨家则以"兼

---

① 川岛武宜. 现代化与法[M]. 王志安，等译. 北京：中国政法大学出版社，1994：5, 3.
② 班固. 汉书(卷六十七)·胡建传[M].颜师古，注. 北京：中华书局，1999：2193.

相爱""交相利"为德法合治的基石。而在道家看来，"失道而后德，失德而后仁，失仁而后义，失义而后礼。夫礼者，忠信之薄而乱之首。"（《道德经·三十八章》），因而他们在否定人为道德与法律的基础上倡导德法之合，即返璞归真，重新回归德法未分的"自然"合一原始态。面对当时列国纷争、弱肉强食而道德沦丧的状况，代表新兴封建势力的法家力主法治。管仲修齐旧法，子产"铸刑书"，邓析写"竹刑"，强调"事断于法"，开法家思想之先河。稍后，李悝在魏编《法经》，吴起在楚"明法审令"、厉行法治，商鞅在秦制《秦律》，"缘法而治"，申不害在韩"立刑名"，法治思想及其实践不仅受到各国统治者的赏识，而且使各国国富民强。而其"不法先王，不是礼义""法为天下之至道""禁奸止过，莫若重刑"等偏激法治观念的蔓延，则标志着法律与道德的分离越来越远。其结果虽然成就了秦王朝"六国毕、四海一"的统一大业，但秦王朝"二世而亡"，历时不过16年的惨痛教训，也让代之而起的西汉及后继王朝普遍怀疑韩非子的严刑峻法、贱德尚刑思想的正当性。具有标志性意义的是董仲舒的德法思想，其中既有"王者法天"的神权法思想、"德主刑辅"的德刑关系说、礼律融合及法有等差的立法主张，又有顺天则时的"司法时令说"和《春秋》决狱"的司法实践。可以说，从汉魏时期的引礼入律、引经决狱和以经释律，到唐代礼法合一、唐律"一准乎礼"，德法合治重新开启并走向成熟。到宋元明清，法律与道德的融合无以复加，日渐走向僵化，遭到了黄宗羲、顾炎武、王夫之、龚自珍等人的猛烈抨击，并在坚船利炮裹挟而来的西方法文化的冲击下走向解体。

法律与道德为什么要分离？主要有五个方面的原因。

（1）人格独立意识的确立。日益细密的社会分工与生产、流通组织的大量涌现及频繁更替，加剧了社会流动，使得个体从家庭（家族）、村落、农场、手工作坊等同质性初级社会群体中分离出来成为一种内在的社会需求，个体人格独立的意识得到普遍认同与强化。基于血缘、地缘和简单业缘关系而产生与存续的道德、习俗再也难以有效调节与整合"陌生人"之间的社会行为和社会关系。"在以商品交换为经济原理的（近代）市民社会，所有的人互相承认对方的主体性。正是近代社会中的这种法主体者间的关系，才使法的独自存在有其可能。""在近代社会中，人们靠合理而有觉悟的自由的意志规范来维持秩序。反思性的、自觉的个人既是自己的立法者，又是自己的法官。"①

（2）法律内容的利导性。与道德在规范人们行为时多强调义务和禁令不同，法律在规范人们行为时不但强调义务和责任，而且要明确权利和权力，这使得法律更能适应社会的发展和人们的生理及心理需求。

（3）法律形式的确定性和可预见性。道德与禁忌、习俗等一样，是人们在长

① 川岛武宜. 现代化与法[M]. 王志安，等译. 北京：中国政法大学出版社，1994：18，22.

久的社会生活中自发而逐渐形成的，它存在于人们的流动性观念和社会的风俗习惯中，一般不以文字表现出来，也没有专门的机构和人员制定与颁布，因而没有固定的形式，使得人们不能够或难以估量它们的影响并据此调整自己的行为。而法律则是人们自觉的产物，一般以国家机关的各种规范性法律文件形式来表现，有专门的程序，而且常常表现为体系化和精细化的制度，具有确定性和可预期性。

（4）国家强制力的支撑使得法律的社会地位上升。法律是在禁忌、习俗、礼仪、道德规范的基础上产生的，是社会矛盾尖锐化而道德及习俗已无力对现实的社会关系进行规范和调整的结果。因为道德的实施主要是在教育和感化的基础上，靠人们自觉遵守，其次是内心信念的约束，此外才靠社会舆论和社会组织的强制；而法律的实施重在利导和制裁，除了人们的自觉遵守外，还具有道德所不具有的强制实施力量——国家强制力，违反法律将承担国家机关给予的惩罚。用川岛武宜的话说，"作为最有组织性的强有力的政治社会的近代国家以其强制力推行一定的规范时，法规范才作为独立的东西从习俗中明确地分化出来，其存在的客观性才变成现实的东西"。①

（5）法律中存在道德不起作用的领域。如技术性的程序规则、流通票据的规则、交通法令的规则以及政府组织规划的细节等方面，起指导作用的是功效和便利等法律观念，而不是道德信念。

法律与道德分离的后果，主要表现为法律与道德各自相对独立地发展，并日渐彰显出这两种社会规范的差异与冲突（上述法律与道德分离的五个原因，其实也是法律与道德的主要区别）。

二、法律与道德的交融

"法律和道德代表着不同的规范性命令，然而它们控制的领域却在部分上是重叠的。……其目的就在于强化和确使人们遵守一个健全的社会所必不可少的道德规则。"②因此，"过去强调了法和伦理的分离，但是现在两者的关联性的主张成为了我们关心的对象"。③ 博登海默和川岛武宜的这一观点，揭示了人类认识法律与道德关系的螺旋式进步，也反映了新兴的法律伦理学（the study of legal ethics）在该问题上的基本态度。

法律伦理学是继法律从伦理道德的母体中逐渐脱离、独立为具有自身形态和特征的强大存在之后，对法律与道德关系认识的新进展。它强调客观地对待法律

---

① 川岛武宜. 现代化与法[M]. 王志安，等译. 北京：中国政法大学出版社，1994：14.
② 博登海默. 法理学：法律哲学与法律方法[M].邓正来，译.北京：中国政法大学出版社，2016：400.
③ 川岛武宜. 现代化与法[M]. 王志安，等译. 北京：中国政法大学出版社，1994：3.

与道德现象，要求弱化"界分"倾向对法律与道德认识的负面影响。法律伦理学引导人们以自然生态的方式去认识道德与法律的交融与共生关系，允许道德与法律无法分割的观念存在，以期更真实、多面向地认识以各种形式纠缠、交合在一起的法律与道德。①

具体而言，法律与道德的交融共生关系，主要体现在如下三个层面。

(一)法律离不开道德的支持与引领

法律在根本上不可能与伦理道德无涉，法律不能违背伦理的基本精神。

(1)法律的道德源泉：孕育之宫与成长之乳。法律源于道德，是从道德的母体中产生并逐渐"独立"出来的。霍姆斯法官亦言："法律是我们道德生活的见证和外化积淀。法律的历史正是人类的道德发展史。"②道德观念和道德规范是法律内容的重要来源。人类的大部分法律都是由道德转化而来的。究其原因在于，一方面，无论个人还是集团，其道德意识总是先于法律意识而产生。另一方面，不管人们自觉与否，立法活动总是在某种伦理价值观念的指导下进行的。此外，立法者有时甚至要把某些重要的道德规范转化为法律规范，使之成为法律的一个组成部分。比如诚实信用、尊老爱幼，禁止杀人、伤害、偷盗等道德层面的内容，都早已转化为法律规范。

(2)法律的道德追求：制度正义与个案正义。法律的权威固然奠基于国家强制力，但也离不开法律自身的合乎道德性。现代法律和法治的存在不能没有道德基础；这个基础就是对制度正义和个案正义的追求。人们对法律及自身行为正当性评价意识的淡化，必然加大法律与道德之间的缝隙，使法治成为空中楼阁。

(3)法律的道德支持：价值引领与心理支撑。首先，道德指导法律的制定。立法者在创制法律时，必须以道德的基本原则和基本精神为指导，努力反映道德的基本要求，否则不道德的法律不仅实施不了，而且使法律失信于民，破坏法律的权威。此所谓"恶法不如无法"。其次，道德引领法律的创新。道德的多元性及试错性使其更容易及时反映社会的进步和文明的发展，因此立法者必须通过道德来评价现行法律中的不合理规定，从而及时进行废止、修改和补充完善，以顺应社会的发展要求。再次，道德是法律实施的心理基础。历史证明，法律得到遵守的程度取决于其所获道德支持的广度和深度。得不到道德认可的法律，就不可能拥有长期的有效性。只有具备良好的个人道德和职业道德，人们才能自觉地遵守国家法律，严格依法办事。"当法律出现模糊不清和令人怀疑的情形时，法官就某一种解决方法的'是'与'非'所持有的伦理信念，对他解释某一法规或将一条

---

① 宁洁. 法伦理学：学科抑或思想[D]. 湘潭：湘潭大学，2011：70-71.
② 霍姆斯. 法律之路[A]// 法学论文集[C]. 姚远，译. 商务印书馆，2020：151.

业已确立的规则适用于某种新的情形来讲，往往起着一种决定性的作用。"①

(4)法律的道德评判：法律的正当性依据。从古至今针锋相对的"恶法亦法"或"恶法非法"的论争，实质上就是法律是否需要接受道德的评判的问题。这个问题牵涉到法律是否具有自治性或自足性，进而影响到"法律至上"这一法治的基本原则和根基。不过，法律归根结底是为人服务的，法律的自治性和法律至上观念只具有相对的意义。法律源于道德的历史和法律规范很大程度上来自道德规范的现实，都隐含着法律必须接受道德评判的要求。事实上，法律的有效性离不开法律自身的正当性，而评价法律正当性的标准只能是千百年来积淀而成的，并为世人所认同的道德准则。

(5)法律的道德补漏：弥补法网之漏与不足。由于立法技术等的局限性，任何社会的法律都存在着一定程度的漏洞。即一些本应由法律加以调整的行为，法律却缺乏相应的规定。在这种情况下，便可运用道德手段对上述行为进行评价、引导或调控。而且，道德调节人们行为的范围比法律广。法律一般只涉及重要的社会生活领域和人们的社会行为，而对人们的思想意识和诸如友谊、爱情等领域则鞭长莫及。道德几乎可以调整一切社会关系领域，这就弥补了法律的不足。

(二) 道德需要法律的保障与锻造

道德的基本原则和基本要求对于维护正常的社会秩序至关重要，但道德对人们行为的调整主要是通过教育、感化与舆论压力，这是一种软性约束机制，其约束力度和效果都是有限的；社会舆论虽然"不是刀，却可以'杀人'"，但在流动性很强的陌生人社会，或者对那些厚颜无耻之徒，却收效甚微。法律则是一种利导性和约束硬性兼备的调控机制，它以权利诱导和国家强制力保证实施，能使人们产生心理上的认同感与威慑感，接受法律的教育和引导。因此，道德建设常常需要借助于法律的利导机制和强制力量。

道德发展的历史说明，人并非天生具有道德自律能力。人类最初的道德生活是在恶劣的自然环境和严酷的禁忌之下进行的，人类的道德自律是在强制性的他律之下出现的。对儿童个体道德形成的研究也表明，个体道德水平的提高经历了一个由他律到自律再到自由的过程。因此，社会道德风尚的形成、巩固和发展，要靠教育，也要靠法制。实践也证明，对于既违反道德又违反法律的行为，如黄、赌、毒等恶习，仅靠教育是难以铲除的，因为道德教育只宣传黄、赌、毒的危害性，劝阻人们不要害人害己。如果行为人不听劝阻，不顾社会舆论和个人的廉耻，只依靠道德本身不可能制止这种行为。真正对黄、赌、毒有威慑力的还是法律武器，法律可以补充道德的约束力度。

---

① 博登海默. 法理学——法律哲学与法律方法[M].邓正来，译. 中国政法大学出版社，2016：355-360.

道德依赖法律的最高形式是道德接受法律的锻造，即道德法律化。其具体情形有四：

(1)道德的法律激励：也就是将道德规范中一些正面倡导的行为转化为法律权利，使行为主体及其近亲属依法享有相应的权利(包括尊荣权、优待权、报偿权、补偿权、抚恤权等)。近年来国内多地倡导或开启的见义勇为立法，就是这方面的有益尝试。

(2)道德的法律强制：即将道德规范中一些正面要求、中性限制或反面禁止的行为，具体转化为法律上的应为义务或勿为义务，并设置相应的法律责任，从而以法律强制手段令相关主体约束自身行为，或承担法律后果。通过立法手段将人们最基本的道德义务转化为法律义务，该义务的履行就有了道德强制力和法律强制力的双重保障，从而能起到维护社会基本秩序的作用。如面对社会道德日益滑坡、见危不助或见死不救问题日趋严重的状况，早在20世纪90年代后期，我国便有学者主张以刑法来规制见危不助或见死不救行为。2001年全国人大会议上，又有32名人大代表提议在刑法中增设"见危不助和见死不救罪"。尽管由于人们对此还缺乏足够的共识，学理探讨也明显不足，因而国家立法机关尚未予以回应，但这个问题的提出本身，实际上就是试图动用法律的强制手段来对见危不助和见死不救的不道德行为予以规制。

(3)道德的法律赋形：内容细化(规则化)与程序化。道德通常只是关于人们应当做什么或不应当做什么的一般性原则，往往缺乏明确具体的表现形式，因而道德法律化意味着对道德的细化(规则化)与程序化，增强其可操作性。反对见危不助、见死不救入罪的人，往往是基于对"见"和"救"的大而化之的日常大众思维状态，而忽略了法律思维的精细化要求与技术对"见"的状态和"救"的方式应该、也可以作出的细致区分与界定。

(4)道德的法律限度：法彦云："道德是高标准的法律，法律是低限度的道德。"①道德是自律性规范，也是一种多元化和多层次的社会现象；而且社会应当允许"道德实验"，即允许被大多数人现在认为是不道德的行为的存在，这是道德和社会发展的一个前提。法律则是一种强制性规范，也是一种统一的秩序；当道德转化为法律后，就变成了一种对全社会的硬性要求。因此，法律中的道德内容必须是最基本、最普遍的要求。道德义务中要求较高、大多数人难以达到的部分是不宜上升为法律义务的，否则，要么会使法律因无法遵守而形同虚设，要么因强制实施而使法律变成专制性的恶法。

---

① "法律是(最)低限度的道德"这句话至少有三层含义：(1)法律以道德为基础；(2)道德是法律内容的源泉；(3)法律所包含的道德内容必须是最基本、最普遍的要求。

(三) 法律规范向道德规范的转化

即随着社会的发展变化，让那些不再具有根本性的或不再经常被违反的行为规范退出法律领域，重返道德世界，可以减轻法律的负担，使法治建设集中力量去调整、处理那些更为重要的社会行为和社会关系；也有助于人们形成自己独立的主体人格，强化现代法治的内在灵魂和精神支柱。

法律向道德的转化主要有两种形式：一是一定程度的"去法化"（delegalization），即某些法律规范（尤其是有关"私德"和职业道德的规范）完全转化为道德规范，而任由人们自由选择、自主行动；二是法律自身的"软化"，即在人们守法自觉性提高的基础上，逐渐减弱法律的强制力。

法律规范向道德规范的转化，实际上以另一种方式证明法律与道德的交融共生关系。

三、法律与道德的冲突

法律与道德的区别及密切联系，也常常引发二者的冲突。第一，道德不肯定而法律肯定或不予禁止。比如对犯罪行为因法定时效原因不追诉，在道德上是不予肯定的；而不诚实的表现，除非是民商事欺诈或刑事诈骗，法律一般不予禁止。第二，道德上许可，而法律上不许可，比如违反某些程序规则，不一定会被认为是不道德的。第三，法律是否需要接受道德的评判。这些问题汇集于如下两个方面。

(一) "恶法亦法"与"恶法非法"

这实际上是一个关于法律和道德是否可以分离的问题。中国古代思想家对此有两种不同的意见。一种意见以儒家为代表，主张法律必须建立在道德的基础上。孔子说："礼乐不兴，则刑罚不中，刑罚不中，则民无所措手足。"(《论语·卫君》)荀子认为，君主不得任意运用权力，"不得道以持之，则大危也，大累也，有之不如无之。"(《荀子·王霸》)也就是说，作为道德的表现形式的"礼""乐""道"对法律和君主运用权力有着巨大的指引与制约作用。另一种意见以法家为代表。韩非子说："明主之治国也，使民以法禁，而不以廉止。"(《韩非子·六反》)慎子甚至认为："法虽不善，犹愈于无法。"(《慎子·威德》)也就是说，法不必建立在道德的基础上，恶法亦法。我国台湾地区杨仁寿先生则认为，"恶法亦法"必须具有以下两种性质：其一，必须为法律，即法律"不善"的程度，尚未与正义相悖过甚，通过法律解释仍切合社会的要求；其二，此种"恶法"须具"法的目的性"，即其目的仍在督促人类朝着"人类本质存在"之"共同善"或"正义"而发展。若不具有上述两种性质，则应认"恶法非法"。①

在西方，关于法律和道德是否可以分离长期讼争不断。17、18 世纪的古典自然法学派认为，法律是正义的化身，是理性的体现，它必须符合道德的要求；违背道德的法律是"恶法"，它不具备法的属性。即"恶法非法"。19 世纪，以英国法学家约翰·奥斯丁为代表的分析实证主义法学则认为，法律无所谓善恶之分，只有有用与无用之别；他由此得出了"恶法亦法"的结论。鉴于纳粹法律之"不法"，拉德布鲁赫提出了两条著名的"拉德布鲁赫公式"：一是"难以容忍"公式：即令人难以容忍的不公正的法律之有效性是应该被否定的；二是"否定"公式：即在法律制定过程中，如果构成正义核心的平等原则被有意识地否定了，这就造成了法律本性的缺失。这两条"拉德布鲁赫公式"都意味着"恶法非法"。② 二战以后兴起的新自然法学派也认为，法律与道德之间存在着必然的联系，二者是不可分离的。如美国法学家富勒认为，法律是内在道德与外在道德的统一。法律的内在道德是一个真正的法律制度必须遵循的法制原则，包括法律的普遍性、法律的公开性、法律的非溯及力、法律的明确性、法律的一致性、法律的可行性、法律的稳定性、官方行政与法律的一致性等八项原则。法律的外在道德是指法律制度所追求的实体目标，包括效率、正义、自由等。而新分析实证主义法学派代表哈特认为，任何法律都会受到一定社会集团的传统道德的影响，也会受到少数人超过流行道德水平的道德的影响，但不能由此认为，二者在逻辑上和概念上存在着内在的必然联系。法律规则不会因违反道德而丧失其法的性质和效力，对于严重违反道德的法律，"我们应该说：'这就是法律；但是它太过非正义了，因此无法适用或服从'"。③

（二）抵制恶法的道德义务

法律与道德之间一旦发生冲突时，是法律规定让步于道德规范，还是道德规范让步于法律规定？法社会学家布律尔的回答是："法律规定必须执行，因为只要它还在生效，它就代表着整个社会群体的意志，而道德只不过反映了某一个人的观点，或至多只反映了社会某一小部分人的观点，因此，它必须服从于法律规定——直到它得到了群体全体成员的接受为止。诚然，批评法律，与之斗争，为取缔它而做出努力，也是允许的。然而，在它没有被取缔之前，就必须服从它。不过，这里有两点有必要作出说明。首先，可能有这样的情况，即整个立法系统都是不合法的。因为它是一个用武力强加的，没有得到全国人民承认的，被篡夺

① 杨仁寿. 法学方法论[M]. 北京：中国政法大学出版社，1999：10-11.
② 参见：拉德布鲁赫. 法哲学[M]. 王朴，译. 北京：法律出版社，2013：258-259.另参见该书收录的拉尔夫·德莱尔和斯坦利·L.鲍尔森所著的《拉德布鲁赫〈法哲学〉导论》。
③ 哈特. 法律的概念[M]. 3 版.许家馨，李冠宜，译. 北京：法律出版社，2018：274.

的政权的产物。我们已经经历过这样的情况。显然，在这种情况下，服从的义务可能也必须受到严重的减免。其次，与上述情况相似，当某一个政权，哪怕是合法的，滥用其强制权力维护自己的统治地位，这时，它的命令就不再反映社会群体的意志，反对这种命令就不再仅仅是一种权利，而且是一种义务。"①博登海默也表达了类似的观点。②

　　反抗恶法不仅是一种权利，而且是一种义务。在法律制度上最早确认这一点的是 1793 年法国宪法。该宪法第 53 条规定："当政府侵犯民权时，人民有权反抗，这是全体人民最神圣的权利和责无旁贷的义务。"第二次世界大战后，针对法西斯政权践踏人权、蔑视人性的教训，德国、葡萄牙等国的宪法或宪法性文件也追加了抵抗权的规定。如《德意志联邦共和国基本法》第 20 条第 3、4 项规定："立法机构必须尊重法律与法。对于任何企图破坏这一秩序者，每个德国人如无其他方法可供使用，有权进行抵制。"

✦ 思维弹射

　　1. 商鞅变法前对秦孝公说过这样一句话："论至德者不和于俗，成大功者不谋于众。"（见《商君书·商君列传八》）另《睡虎地秦墓竹简》"语书"有云："廿年四月丙戌朔丁亥，南郡守腾谓县、道啬夫：古者，民各有乡俗，其所利及好恶，或不便于民，害于邦。是以圣王作为法度，以矫端民心，去其邪避（僻），除其恶俗。法律未足，民多诈巧，故后有间令下者，凡法律令者，以教道（导）民，去其淫避（僻），除其恶俗，而使之之于善殹（也）。"请运用所学的法理学知识对此展开评论。

　　2. 我国南宋学者胡宏说："法制者，道德之显尔。道德者，法制之隐尔。"美国亚伯拉罕·林肯总统也说："法律是显性的道德，道德是隐形的法律。"

　　请谈谈你对此作何理解？

①　布律尔. 法律社会学[M]. 许钧，译. 上海：上海人民出版社，1987：35-36.
②　博登海默. 法理学：法律哲学与法律方法[M]. 邓正来，译. 北京：中国政法大学出版社，2016：332.

附录二
法律价值

　　1945年，纽伦堡国际军事法庭上，被告全部申辩无罪；辩护方提出以下辩护意见：第一，法无规定者不罚，在他们谋划和发动侵略战争时，不存在禁止密谋和进行侵略战争的法律规定；第二，原告也有阴谋，也枪杀了人，双方都违法；第三，不应对由于执行命令所做出的事情负责。控方反驳意见认为：海牙、凡尔赛、洛迦诺等一系列国际条约的具体条文，证明德国对欧洲各国的战争违反国际法；不能将法西斯的侵略行为与盟国的反法西斯侵略行为混为一谈；明知自己的领袖野蛮犯罪，继续追随，理应受到严正的审判。法院支持检察官们的起诉。

　　你如何看待本案控辩双方的意见？为什么？

　　法是权威性价值准则，任何时代的法都凝聚着一定的价值观念、价值标准和价值追求目标。而从法律创制和法律实施等法律运行环节来说，则还要经常面对法律价值判断和法律价值选择等问题。因此，法律价值尽管不是纯粹法理学的主阵地，而是法哲学的两大基本论题(法本体论和法价值论)之一，但纯粹法理学并不排斥法律价值，反而不时温情地注目这位充当精神向导的美人，或于惊鸿似的一瞥中寄托着深沉的爱恋与哀忧。

第一节　法律价值的一般理论

一、价值与法律价值

　　"价值"(value)一词在不同的学科中有不同的含义，比如经济学中便主要是从劳动、效用和稀缺性三个方面来解释"价值"的内涵。但在其他社会科学与人文科学中，"价值"一词主要还是取其哲学上的含义。因为它具有更广的覆盖面和更为深厚的意蕴，更能准确地揭示人与世界之间的关系。

在哲学上，"价值是客体的属性、功能对于主体需要的满足关系"。① 它揭示的是人的实践活动的动机和目的。人之所以要认识客观世界，是为了对客观世界进行改造，而改造世界的最终目的就是为了利用这个世界、满足人自身的需要。人和世界之间这种需要与满足的关系，就是价值关系。马克思曾指出："价值这个普遍的概念是从人们对待满足他们需要的外界物的关系中产生的。"②

价值虽然源于人的需求，但需求并不等于价值。日本学者作田启一曾指出："价值不是随着时间一张一弛不断反复波动的意欲的对象，而是恒常性的'理想状态'。有机体产生的'需求'并不能直接变成价值，因为抑制有机体欲望直接满足的社会体系，参加了价值的生成。"③作田启一这段话表达了两个重要的观点：其一，价值是恒常性的"理想状态"，譬如食物之"美味"；只是满足人的欲求的"现实状态"，一般被称作"功能"（即经济学中的"使用价值"，譬如食物能"果腹"）。其二，价值的生成离不开社会体系对满足人的欲望之方式的调控；而这种抑制或调控，恰恰源于能满足主体需要的"对象"的有限性。

作为人们追求对象的恒常性"理想状态"，价值可从主体和客体两个角度去理解。从客体的角度说，价值指的是客体所蕴含的对主体具有恒常意义的、可以满足主体需要的"理想状态"或属性，即客体对主体的意义或有用有益性。不过，客体所蕴含的这种属性是潜在的，通常要在主体的实践过程中才能得到实现，即外化为现实。从主体的角度讲，价值则是人们所偏好或希求的事物或原则以及人们"应该"做什么的观念，它常常表现在一些基本信念、意向、目标、选择习惯、利益分配的优先顺序、报酬与惩罚等之中。

总之，价值是一个涉及属性和意义的关系范畴。它包括主体需要、客体属性和以实践为中介的主客体融合（即需要的满足）三个要素。

"法律价值"概念是 20 世纪 80 年代初才从西方传入我国的。但无论中外，人们对这一概念都没有一个共同的定义。这很大程度上是混淆了"法律价值"和"法律的价值"。法律价值（legal values）是指与法律相关的、具有法律意义的价值，通常指法律追求的目标和理想，是社会主体普遍追求的社会行为和社会关系之理想状态的法律化。法律的价值（the worth of law）是指法律本身对人的有用有益性，即法律在形式和内容上具有的良好品质或对社会主体需求的满足状况。这具体

---

① 熊则坤.价值·价值观的冲突[M].北京：中国人民公安大学出版社，1994：17.

② 马克思.评阿·瓦格纳的"政治经济学教科书"[M]// 马克思恩格斯全集：第19卷.北京：人民出版社，1998：406.

③ 作田启一.价值社会学[M].宋金文，边静，译.北京：商务印书馆，2004：75.

表现在两方面：一是法律成为人们的追求对象（即价值客体）和评价标准，如依法治国和依法办事；二是法律在实际运行过程中对主体行为和社会生活可能产生的影响，这通常称为法律的功能或作用。"法律作为一种文化现象，作为人类的杰作，它既带有尘世的重负，也具有天堂的引力。"[①]法律的这种双重属性，表现为既规范和约束人们的行为，又引领与提升人们的思想，而后者主要是通过法律的目标和理想来展开的。

这里探讨的法律价值主要是指法律所追求的目标和理想，即法律的目的价值。

二、法律价值判断

法律价值判断是指相关主体根据一定的价值标准或价值主体的需要，衡量、评价作为价值客体的法律现象（特定法律制度、法律行为或其他相关社会现象）之意义的过程或结论。这种判断以应然价值为起点，所关心的是价值客体应当是怎样的，以及实然的价值客体与应然的价值客体有何差异，在怎样的程度上实现了应然的价值。法律价值判断的主体一般是法律价值的主体，是具有社会性的个人、群体和人的整体。但是判断主体并不都是与价值主体同一的，如中国人作为旁观者对美国法律价值的判断。

对于判断主体来说，法律价值判断无疑是一种具有高度主观性的活动。但由于法律价值与其他社会价值一样，是为社会生活中人们的行为而存在的，或多或少为一定时间和地域范围内的人们所共有，因而，法律价值和法律价值判断又具有一定的客观性。其客观性程度取决于认同该法律价值或做出相同法律价值判断的人们的数量。[②]

法律价值判断对于法律价值选择和法律发展具有重要的意义。因为没有这种判断，法律的优劣就无从识别，法律价值选择就无法进行，主体在若干可供选择的法律价值面前就会无所适从，法律的发展就会迷失方向。如果法律价值判断出现失误，也就可能使法律价值选择出现错误，导致主体不期望的事实发生，法律发展乃至社会发展甚至可能出现倒退。

在学习和运用法律的过程中，必须注意区分法律价值判断与法律事实判断，并将事实判断放在优先地位，而不要随便将这两者混为一谈。法律事实判断是一种描述性判断，是主体认识法律现象的手段与途径，其任务在于客观地确定法律现象的本来面目（特点、状态、运行规律等），判断主体应当尽可能地排除自己的情绪、情感、态度等主观性因素对认识对象的介入，是典型的"实然"判断，具有很强的客观性，属于认识论的范畴。法律价值判断是一种评价性和规范性判断，

---

① 拉德布鲁赫. 法学导论[M]. 米健，译. 北京：商务印书馆，2016：15-16.
② 川岛武宜. 现代化与法[M]. 王志安，等译. 北京：中国政法大学出版社，1994：246.

其任务在于以主体感受和需要为尺度，主观地评价现实法律现象的善恶、优劣和意义，判断者的知识、观念、好恶、兴趣都可能影响其判断的结果，具有强烈的主观性，是典型的"应然"判断，属于价值论的范畴，是主体确定将采取何种法律行为和情感反应的根据与条件。通俗地说，"是"与"不是"是一种事实判断，而"应该"与"不应该"是一种价值判断。不严格区分事实判断和价值判断，在尚未弄清事实真相以前，就先作好坏、善恶之类的价值判断，其结果往往自欺欺人，容易误入歧途。

当然，法律价值判断与事实判断之间也有着十分密切的联系。第一，法律事实判断是价值判断的基础。价值判断必须以对客体信息和主体信息的准确把握作为前提。主体对于客体信息和主体信息的把握过程，实际上也是事实判断的过程。只有事实判断存在，人们才可能进行价值判断；只有事实判断准确，价值判断才能正确进行。第二，法律价值判断与事实判断共同形成了人类法律认识整体。没有价值判断的事实判断，在一定程度上丧失了其应有的意义。只有将法律价值判断与事实判断结合起来，人类对于法律认识才可能全面并具有应有的意义。[①]

三、法律价值冲突与选择

同一法律体系内部和不同法律体系之间的价值抵牾及对立，就是法律价值冲突。

法律价值冲突的原因是多种多样的。从社会主体的角度看，国家、国家机关、企业单位、事业组织、社会团体、公民等都是法律价值主体。而国家机关中又包括着立法机关、司法机关、行政机关，社会团体中又包含着政治党派、群众组织等。从国际社会的角度说，不同的国家、种族、民族，乃至不同区域的人们，也都可能对同一法律现象产生不同的价值认识。法律价值主体的多元性必然导致多元的价值观念和价值追求并存，法律价值冲突的产生就在所难免。

价值主体社会角色的变换也是价值主体多元性的重要表现。它们可以使同一主体因不同的角色而产生自身的价值冲突或与其他主体间的价值冲突。同一个人、同一个群体在不同的时间、不同的地点，以及不同的境况下也会有不同的需要。而且一个人、一个群体还可能在同一时间、同一景况下存在多种需要。人的社会角色的多样性和需要的多元、多层次状况，也决定了法律价值观念必然是多元、多层次的，从而容易导致特定时空条件下彼此间的冲突。

面对法律价值冲突，法律主体必然进行法律价值选择：或从几个价值中选择其一，或将多种价值予以中和。选择与协调法律价值必须遵循一定的原则。

（1）法定价值优先原则。任何社会、任何时代，其价值追求都是多元的。在

---

① 卓泽渊. 法的价值论[M]. 3版. 北京：法律出版社，2018：497-498.

法治社会，遵守既定的法律价值准则最为必要。在创制法律的时候，人在法上，必须以人为本；在法律创制以后，法在人上，必须依法办事。

（2）基本价值优先原则。法律基本价值是保障人身安全和人格尊严、维护社会稳定与发展最重要的价值，也是法律其他价值必须遵从的价值和赖以评价的准则。因为没有基本价值，其他价值（包括高位阶的价值）都将如空中楼阁。有的论著将该原则代之以"价值位阶原则"，意指在不同价值之间发生冲突时，高位阶的价值优于低位阶的价值。这是不恰当的，在实践中也容易误导。如秩序与自由是人类生存与发展的重要条件，也是法律的两种重要价值。从价值位阶的角度说，自由是法律的最高价值，秩序则是法律的基础价值。如果二者发生冲突，按价值位阶原则，则自由优先于秩序；而按基本价值优先原则，则秩序优先于自由。当然，秩序实质上意味着多数人的安全和自由。

（3）最佳效益原则。最佳效益原则是解决价值冲突的核心原则。所选择的价值方案必须是在可供选择的范围中效益最佳的。最佳效益是以适当成本、最佳结构、最佳运行为保障的。在法律价值之间发生冲突时，应对各种方案进行成本测算，如各种冲突的价值元素、解决方案各自具体效益量所需的成本量；主体所能承受的成本量。同时，为了谋求最佳效益，还必须根据系统方法，尤其是系统方法中的整体优化原则，进行最佳结构的选择。最佳运行中包含着运行的正常和运行的高效。运行的正常至少是指运行中没有或极少内在障碍和外在阻碍，运行的高效强调的是运行的速度。[①]

（4）统筹兼顾原则。所有的法律价值都值得珍视。在价值冲突中，应尽可能通过协商与平衡，最大限度地兼顾各方主体利益，通过睿智的安排，化解或弱化冲突，共识共赢兼得。如《刑事诉讼法》第 60 条第一款规定："凡是知道案件情况的人，都有作证的义务。"为了社会安全价值，可能损害亲情价值。这是不可取的。因此《刑事诉讼法》第 188 条第一款规定："经人民法院通知，证人没有正当理由不出庭作证的，人民法院可以强制其到庭，但是被告人的配偶、父母、子女除外。"

第二节　法律秩序价值

一、秩序与法律秩序

秩序是自然界或人类社会相对和谐、稳定地存续和有规律地运动的状态。它一般具有三大特征：一是和谐性，秩序往往标志着事物（自然事物或社会生活）各

---

① 卓泽渊. 法的价值论[M]. 3 版. 北京：法律出版社，2018：545-551.

组成部分在某种程度上的和谐与一致。二是稳定性,秩序标志着自然现象或社会生活在一定程度上长期保持某种形式或状态。三是可预期性,秩序有助于人们对自然现象、自己或他人的行为及其结果产生大致可靠的预期。这是建立在秩序的和谐性和稳定性之上的一种极为重要的特性,人们通常在他们可预期的或知道彼此期待的情况下才会进行活动。

不过,相对于自然秩序,"社会秩序"(social order)还具有如下特征:一是调适性,社会秩序是社会成员遵循一般性规范并与其具体情势相调适(自我调整以适应环境或情势)的结果。二是互动性,社会秩序是人与人行为互动的结果,而不是某个人或某些人单方面决定或理性设计的结果。三是控制性,社会秩序与社会生活中一定程度的组织、引导、限制、禁止等控制性活动有关。

社会秩序包括两个基本层面:一是社会的结构秩序,即人类共同体各基本要素之间相互联系、相互作用的过程中表现出来的宏观上的稳定性和一致性;二是社会的行为秩序,即社会主体间微观上的具体互动行为在一定社会规范的调控下形成的相对稳定、协调的状态。

法律与秩序有着与生俱来的不解之缘,法律的产生与存在,很大程度上就是为了建立某种有益于人类和谐相处与可持续发展的社会秩序及一定程度的自然秩序。不过,人们对"法律秩序"有多种不同的理解。一是法律体系本身依据一定等级规则而呈现出来的秩序,这实际上是指法律体系的结构安排和效力等级。二是法律追求的某种和谐与稳定的状态,西方学者普遍从这种意义上来理解与使用"法律秩序"概念。如凯尔森在《法与国家的一般理论》中开篇就指出:"法是人的行为的一种秩序(order)。一种'秩序'是许多规则的一个体系(system)。"①这实际上是一种观念形态或理想形态的秩序,而不是实然状态的秩序。三是指社会生活在法律调控下运行的状态或结果,即更侧重秩序的实然性。如亚里士多德认为:"法律就是某种秩序,普遍良好的秩序基于普遍遵守法律的习惯。"②国内学界通常也是从实然层面来理解法律秩序,这也是法社会学的法律实效观念的体现。这三种法律秩序观都有一定的合理性,只要不混为一谈即可。

20世纪社会学法学的代表庞德曾指出:"法律秩序乃是在不断地努力实现尽可能多的利益的进程中调整彼此重叠的权利主张和协调相互冲突的要求或愿望的一种过程。"③其实,法律秩序与其说是法律所追求和期望的某种理想状态,毋宁说是法律调控下的某种社会互动过程和结果。更准确地说,法律秩序作为社会秩序的一种重要形式,是法律主体在法律指引与调控下,为实现一定的权利、权力、

---

① 凯尔森. 法与国家的一般理论[M]. 沈宗灵,译. 北京:商务印书馆,2016:3.
② 亚里士多德. 政治学[M]. 吴寿彭,译. 北京:商务印书馆,2014:353-354.
③ 庞德. 法律史解释[M]. 邓正来,译. 北京:商务印书馆,2017:211.

义务和责任而展开的持续性调适与社会互动过程，以及因此呈现的社会稳定地运行、相对和谐地发展的状态。

二、秩序是法律的基础价值

在法律所追求的多种价值中，秩序的地位就在于它是法律的基础价值。正如卢梭所言："社会秩序乃是为其他一切权利提供了基础的一项神圣权利。然而这项权利决不是出于自然，而是建立在约定之上的。"①法律正是这种约定的表现形式之一。卢梭把社会秩序视为"权利"的观点并不恰当，但他正确揭示了秩序的基础性地位。"秩序是法律的基础价值"这一论点，可以从如下三个方面得到论证。

首先，秩序是自然界的一种普遍现象，也是人的一种内在需求。人们既有的经验观察和科学研究表明，尽管有些自然事件会受到种种例外因素的干扰或冲击，甚至进而会发生中断或逆转，但自然进程总体上是接受某些正常法则的支配的。人作为自然界的一个物种也是如此。人生理器官的对称性、生物活动的节律性，以及思想行为的轨迹性，都表明人是离不开秩序的。没有秩序，人的心灵就会漂泊不定、躁动不安；没有秩序，人的言谈举止就会癫狂，人的生命就会病变甚至夭折。人们的这种秩序要求对法律的影响，从表层看，主要表现为法律的产生、法律的一致性和法律的相对稳定性；但更深层、更根本的还在于法律秩序的建立。

其次，秩序是人类社会一切活动的前提，也是实现其他法律价值的前提。人是一种群居动物，是不能脱离他的同类而独立于世的。人的相互依赖性决定了社会分工与合作的必然性。人的一切活动，无论是个人生活、家庭生活还是学校教育或社会生产与交往，都是在社会分工与合作的基础上进行的。而分工与合作都要遵循一定的规则，并呈现出一定的秩序，否则是无法进行的，至少是难以为继的。这是因为没有秩序，人们相互间的预期与信任就会荡然无存，社会分工与合作就无法进行，人类社会也会解体。同理，个人的自由只有在超越个人的秩序中才能得以展开或实现；若无秩序，法律所追求的其他种种价值（如平等、公正、效率等）也就无从谈起。此谓"皮之不存，毛将焉附"。唯其如此，我们才不会误解德国著名作家歌德（1749—1832）在其后期记载随军征战经历的小说《围攻美因茨》中那句名言："我宁可犯下不义之举，也不要忍受无序。"②

最后，人们创立法律的首要目的就是为了建立或形成一定的法律秩序。无论任何国家、任何时代，人们之所以需要法律，最基本、最首要的目的，就是维护一定的社会秩序。有一种颇为流行的观点认为，法律秩序是统治者或统治阶级才需

---

① 卢梭. 社会契约论[M]. 修订3版.何兆武，译. 北京：商务印书馆，2016：4-5.
② 拉德布鲁赫. 法哲学入门[M]. 雷磊，译. 北京：商务印书馆，2019：129.

要的。统治者无疑要想方设法通过法律等手段来维护其统治秩序，但如果芸芸众生真的没有相应的需要，这种秩序就不会出现，统治者的统治即使有武力威慑也不会持久。"乱离人不如太平狗"的民谚、历史上法律产生的初衷和现实生活中人们对法律的需要，都可以证明这一点。

第三节　法律自由价值

一、自由的含义和重要性

据考证，中国早在《汉书·五行志》中就有"自由"一词；汉代郑玄注《周礼》有"去止不敢自由"之说；汉乐府《焦仲卿妻》(又名《孔雀东南飞》)中也有"吾意久怀忿，汝岂得自由"的诗句。这些地方的"自由"基本上都是指由自己做主，不受限制和拘束。它们虽然过于具体，但与现代意义上的自由还是有相通之处的。

"自由"概念在英文中有两种表达方式：一是 freedom，源于日耳曼语，12 世纪前就已出现，其意是指原始社会中无任何羁束的自然生活状态，又指一户人家中除奴隶之外的成员；二是出现于 14 世纪的 liberty，源于拉丁文 libertas，即古罗马名叫"利伯"的神，也就是酒神狄俄尼索斯，后转指从被束缚、被虐待中解放出来。"自由一词就其本义说来，指的是没有阻碍的状况"，即一个人"在从事自己具有意志、欲望或意向想要做的事情上不受阻碍"。① 不过，西方语言中对自由的上述两种表达方式，虽然从词源上说有一定的区别，但都有独立、自主、不受羁束的含义。其中，"独立"意味着人身依附的解除和人格的独立；"自主"则指个人凭借理性选择自己的行为并承担由此带来的责任。

在哲学上，自由是主体在认识、顺应客观规律的基础上控制和驾驭客体，以及凭借理性和社会规范进行思维、选择自己的行为并承担由此带来的责任的权利或状态。也就是说，自由并不是绝对的，它是主体意志与客观规律、个人理性和社会规范、自主行为与社会责任的统一。一定程度上可以说，"你有多自律，你就有多自由"。

不过，法学等社会科学所说的自由，主要是指个体在社会中的自由，甚至主要是指个人"独立于他人专断意志之外"的状态；或者说，自由乃是个体按照自己的意愿去做或不做某事，且只受普遍适用的正当行为规范约束的状态。

在古罗马法学家弗罗伦丁看来，"自由就是每个人可以做他喜欢做的事情的

① 霍布斯. 利维坦[M]. 黎思复，黎廷弼，译. 北京：商务印书馆，2017：162，163.

自然权利，但是那些由于强力或者法所禁止的事情除外"。① 18 世纪法国思想家卢梭认为，"'自由'二字的意思不是一个人想做什么就做什么，而是可以不做别人强要他做的事；'自由'还意味着不强要别人的意志服从于我们的意志。谁当了主人，谁就不自由了：统治就是服从"。② 稍后的德国哲学家康德也强调："自由是独立于别人的强制意志，而且根据普遍的法则，它能够和所有人的自由并存，它是每个人由于他的人性而具有的独一无二的、原生的、与生俱来的权利。"③ 当代的哈耶克也将"自由"（liberty 或 freedom）界定为"一种允许所有的人运用自己的知识去实现自己的目的且只受普遍适用的正当行为规则（rules of just conduct）的约束"的状态。④ 即从整个社会来讲，"社会中他人的强制（coercion）被尽可能地减到最小限度"；就个人而言，自由就是"一个人不受其他某人或某些人武断意志的强制"。他进而列举了个人自由缺一不可的五个要件：（1）一个受保护的社会成员的法律地位；（2）免遭任意拘禁；（3）能自由选择工作；（4）能够获致并拥有财产；（5）能自行选择迁徙。⑤

孟德斯鸠认为，"在有法可依之社会，自由，仅是做应想做之事并不被强迫做不应想做之事"。⑥ 1789 年的法国《人权宣言》第一次用法律形式对自由作了明确规定："自由就是指有权从事一切无害于他人的行为。因此，个人的自由权利的行使，只以保证社会上其他成员享有同样权利为界限。此等界限仅得由法律规定之。"而 19 世纪的法国学者托克维尔对"自由"的解读是："个人是本身利益的最好的和唯一的裁判者。除非社会感到自己被个人的行为侵害或必须要求个人协助，社会无权干涉个人的行动。"⑦

自由无论是对个人、群体还是人类社会，都是极其重要的。第一，自由是作为主体的人突破环境的重围、更好地生存和发展的动力。任何人都无法自主地选择和决定自己出生的历史时期、民族归属、种族类别、家庭背景、父母状况乃至众多社会关系。这些环境因素在人的一生中很大程度上制约甚至左右着他的命运。唯其如此，冲决环境的罗网，摆脱人生的宿命，追求自由的生活，就成了每个不甘沦为机器和禽兽的人的一种心灵渴望与内在动力。第二，自由是变动不居的世界中使个人行动与特定情势相调适的唯一途径。我们赖以生活的自然界和人类社会，存在着众多理性不及的因素（non-rational factors），未来更有许多难以预

① 优士丁尼. 学说汇纂：第 1 卷[M]. 罗智敏，译. 北京：中国政法大学出版社，2008：91.
② 卢梭. 山中来信[M]. 李平沤，译. 北京：商务印书馆，2018：215-216.
③ 康德. 法的形而上学原理[M]. 沈叔平，译. 北京：商务印书馆，2017：50.
④ 哈耶克. 法律、立法与自由：第 1 卷[M]. 邓正来，等译. 北京：中国大百科全书出版社，2022：156.
⑤ 哈耶克. 自由宪章[M]. 冯玉生，等译. 北京：中国社会科学出版社，2021：27-28，41.
⑥ 孟德斯鸠. 论法的精神[M]. 钟书峰，译. 北京：法律出版社，2020：167.
⑦ 托克维尔. 论美国的民主：上卷[M]. 董果良，译. 北京：商务印书馆，1997：72.

见和不可预测的东西，因而只有当个人能自由地运用他所拥有的知识并与他人的知识及其他情势相协调以实现其目的时，行动才可能成功，社会才会进步。第三，自由是人的潜在能力外在化的必由之路。每个人都是由亿万个细胞组成的，每个人又都是人类文化基因的宝库。人的生理和心理蕴藏着巨大的、至今无法估量的发展潜能。这种潜能只有在自由的环境下才能得到最大限度的发挥和实现。第四，自由能培养与提高个体的自主性、社会及民族的独立性及自治性。自由的本质就是强调主体凭借理性和意志自我决断与自主行为，并独自承担相应的后果。因此，自由能够极大地提高个体素质，壮大社会及民族的活力与实力。正如孟德斯鸠所言："每个公民之自由，乃大众自由之组成部分，甚至是民主政体之组成部分。""有了自由精神，任何地方都难以被外来势力控制和统治，除非出于法律规定和商业利益。"[①]第五，个体基于自由的独特试验和创造以及独特的生活方式，有利于人类的生存与发展。自由使得每个人都能充分地运用自己的知识和智慧进行独特的试验和创造，积累对自己、群体和人类有用或潜在有用的知识。H. B. 菲利普斯亦云："行动自由之所以要赋予个人，不是因为他由此获得更大的满足感，而是因为如果让他按自己的意愿行事，而不是按我们要给予他的命令去做，他将能更好地为我们中的其他人服务。"[②]而建立在个人自由、独特的生活方式基础上的社会生活方式的多样性，不仅可以不断拓展人类的生存方式、丰富人类文化，而且可以使群体或人类社会避免因遭受一些人们无法预知的瘟疫或其他灾害而全体覆没的危险。唯其如此，自由一直是人类活动和社会发展的目的或方向所在；而人类社会的发展史，也是一部从必然王国走向自由王国的历史，马克思和恩格斯描绘的人类社会远景——共产主义社会，就是一个自由人的联合体。因此，自由也成为为人类福祉而创设的法律的终极价值。

二、自由是法律的终极价值

前文所述自由对于人类个体、群体及整体的至关重要性，决定了自由是法律的终极价值。在这里，"终极"犹如短跑或长跑比赛的进程：是从起点到终点，而不是仅指终点。自由是法律的终极价值，意味着法律应当始终以实现和保障人的自由为基本内容和终极目的，即法律应当是"自由的法律"。洛克指出："法律按其真正的含义而言与其说是限制还不如说是指导一个自由而又智慧的人去追求他的正当利益。……法律的目的不是废除和限制自由，而是保护和扩大自由。"[③]马克思也曾精辟地指出："法律不是压制自由的措施，正如重力定律不是阻止运动

---

① 孟德斯鸠. 论法的精神[M]. 钟书峰，译. 北京：法律出版社，2020：262，298.
② 哈耶克. 自由宪章[M]. 冯玉生，等译. 北京：中国社会科学出版社，2021：25.
③ 洛克. 政府论[M]. 瞿菊农，叶启芳，译. 北京：商务印书馆，2020：177.

的措施一样。……恰恰相反，法律是肯定的、明确的、普遍的规范，在这些规范中自由获得了一种与个人无关的、理论的、不取决于个别人的任性的存在。法典就是人民自由的圣经。"①

毫无疑问，不同时代和社会的法律对自由内容的确认在质和量上都有不同。美国总统富兰克林·罗斯福曾将言论自由、信仰自由、免于贫困及免于恐惧的自由，列为四项基本自由。而当代法律所追求的自由则是多方面的，它至少包括：(1)人身自由。即个人可以依法按自己的意愿保持或转移身体和身份、不受他人恣意支配(劳役、拘禁、逮捕和放逐)。这是个人最基本的自由。只有人是独立的，身份是自由的，人的潜力和价值才能超越血缘、地缘和业缘界限充分予以实现。人身自由具体包括身体自由、居住自由、迁徙自由、婚姻自由等。(2)精神自由。即个人在精神生活领域免受国家、社会或他人干涉的自由。人是用"心"活着、用脑袋"站立"起来的，精神自由是人身自由的升华，它不仅是人类个体的内在需求，也是人类文化繁荣发展和人类社会奔腾向前的动力源泉。其主要表现为良心自由、思想自由、宗教信仰自由、表达自由(言论自由、通信自由)、创作自由和学术自由等。早在1956年4月25日，中共中央主席毛泽东在中国共产党中央政治局扩大会议上所作《论十大关系》的讲话中，就提出"百花齐放，百家争鸣"的方针(即"双百"方针)。一个月后，中宣部部长陆定一向知识分子作题为《百花齐放，百家争鸣》的讲话中阐释："提倡在文学艺术工作和科学研究工作中有独立思考的自由，有辩论的自由，有创作和批评的自由，有发表自己的意见、坚持自己的意见和保留自己的意见的自由。"②(3)经济自由。即个人拥有与支配自己的财产、自主从事经济活动，免受国家、社会或他人非法干预的自由。这也是人身自由的延伸，具体包括择业自由、财产自由、契约自由、营业自由等。其中，财产是个人生活和市场交换的物质基础，财产的自由流动和交换主体自主支配自己财产的自由是市场交换的前提。而契约是交易的形式与手段，契约自由是其他自由的外部生命形式。没有契约自由，其他自由就失去了实现的可能性。(4)联合自由。现代市场经济是高度社会化的分工协作体系，允许个人结合成自愿的社会团体，尤其是以企业的组织形态从事经济活动，是自由市场的必要的组成部分，也是现代社会的基本表现形态。(5)政治自由。即公民自愿参与政治活动、自主行使民主权利、监督与影响政治组织和国家机关的公共政策的自由。包括结社自由，选举自由，检举和控告自由，集会、游行和示威自由等。

"法律应当以自由为目的和内容"意味着法律应当以各种方式保障自由的实现。

---

① 马克思.第六届莱茵省议会的辩论[M]//马克思恩格斯全集：第1卷.北京：人民出版社，1998：176.
② 陆定一.百花齐放，百家争鸣[N].人民日报，1956-06-13.

（1）自由意味着权利。权利是个人自由的社会尺度，或者说是人们实现其自由的法律条件。一项自由，在法律上就意味着一项权利。法律一方面通过把自由转化为权利（即自由权），使自由的实现得到充分的保障；另一方面通过划定自由权的界限，使一个人的自由不至于侵害他人的自由，从而为普遍自由的实现提供前提。对此，17世纪的霍布斯就很清楚："世界之所以要有法律不是为了别的，就只是要以一种方式限制个人的天赋自由，使他们不互相伤害而互相协助，并联合起来防御共同的敌人。"①

（2）自由意味着容忍。自由作为一种法律权利，并不是某个人或某些人享有的特权，而应该是人人平等享有的一种"善"。每个人在追求或享有某种自由时，都应当允许和容忍别人享有或追求其自由。对社会来说，自由还意味着允许和容忍少数人游离于多数人之外自行其是的言论和行为。"在近代民主国家里，容忍反对党，保障少数人的权利，久已成了当然的政治作风，这是近代自由主义里最可爱慕而又最基本的一个方面。……容忍就是自由的根源，没有容忍，就没有自由可说了。"②

（3）自由意味着选择。选择即特定主体选取所偏爱的可选方案。选择的重要性在于："我们很少能精确地预见我们自身或我们环境变化的进程，因而更保险的办法是保留各种真实的选择，尽管这种选择在目前对我们并没有用处。"③弗里德曼事实上也将"选择"视为当代自由的核心："自由本身意味着拥有多种选择。""（选择）可能性的范围在一种真实的意义上就是自由。"④哈耶克认为，"一个人是否自由，并不取决于选择的范围大小，而是取决于他能否根据自己的意愿行事"。⑤ 这段话很容易让人误以为哈耶克否认自由与选择之间的关系；其实他旨在强调，自由意味着不受强制或胁迫，基于强制或胁迫的所谓"选择"并不是自由。用康德的话说，"只有在自己有意识的活动过程中，（不服从于任何外在强制的）那种选择行为才能被称为自由"。⑥ 因为即使存在"强制"（自由的反面）的情况下，被强制者也仍可能有选择，只是选择者的心智已被迫沦为了他人的工具，被强制者所面临的种种替代性选择完全是由他人操纵的。正是基于这方面的考虑，安东尼·雅赛强调："最好的抉择同次好的抉择之间的差距不应过大；……（否则）做出这一抉择的人，并没有'真正的'做出任何其他抉择的自由。"比如，

---

①　霍布斯. 利维坦[M]. 黎思复，黎廷弼，译. 北京：商务印书馆，2017：208.

②　胡适. 自由主义[M]//胡明. 胡适精品集·自由主义. 北京：光明日报出版社，1998：72-73.

③　范伯格. 自由、权利与社会正义[M]. 王守昌，戴栩，译. 贵阳：贵州人民出版社，2015：003.

④　弗里德曼. 选择的共和国——法律、权威与文化[M]. 高鸿钧，等译. 北京：清华大学出版社，2005：77，79.

⑤　哈耶克. 自由宪章[M]. 冯玉生，等译. 北京：中国社会科学出版社，2021：31.

⑥　康德. 法的形而上学原理[M]. 沈叔平，译. 北京：商务印书馆，2017：33.

在接受资本家的剥削和拒绝资本家的剥削这二者之间选择，并不是真正的选择，因为饿死并不是"真正"的替代办法，这类挣工资的人也就不是自由行动者。"在'要钱还是要命'这个标准例子当中，交出钱包的受害人，就不是个自由行动者，原因并不在于丢掉性命是不利得多的事，而是在于交出钱包这件事是被强制硬来的，而保住钱包则是被强制所阻挡而行不通的。"因而安东尼·雅赛将"无支配"原则列为有关选择的三个基本原则，同时也是自由主义的六个"基石"之一。① 事实上，真正的自由都意味着主体依自己的意志做出选择的可能性。当然，社会生活的"丰富（多样）"和社会的"宽容"是自由选择的前提，而"信息和信息的获取是自由选择的根本"。② 法律作为明确的社会行为规范，在排斥非法强制或胁迫的基础上，通过对人们行为选择的模式及其后果做出具体的规定，为人们勾画行为的范围或方向，从而使人们行使自由权时有了可预测性，减少了选择的偶然性和盲目性，增加了选择的效能。不过，对作为主体的人而言，别无选择是一种不幸，面临选择是一种痛苦。自由虽然宝贵，却也沉重。

（4）自由意味着责任。在哈耶克看来，不能因为自由的结果并不那么尽如人意而不允许自由存在，自由被滥用不能成为反对个人自由的理由。不过，"由于我们无法洞悉他人的心灵，社会便创造出'让人承担责任'这种办法，以便在无需凭借强制手段的情况下，使我们的生活秩序化"。③ 也就是说，为了尽量减少自由可能带来的负面结果，自由通常伴随着责任。即一方面，"人得自由，而必以他人之自由为界"④；另一方面，每个人必须（也只能）对自我抉择的行为向社会负责。"自由不仅意味着个人拥有选择的机会和承受选择的负担，它还意味着个人必须承担自由行动的后果，并接受对自己行动的赞扬或非难。自由和责任不可分。"⑤法律通过设立违法责任，既对那些超越法定界限、滥用自由权利的行为给予制裁，也对那些侵入法定界限、非法限制自由的行为给予制裁。

在现实层面，法律既要确认和保障自由，又要适当限制自由。法律为何要限制自由呢？这主要是基于两个方面的原因：其一，自由不仅是个体的价值追求，也是整个人类的价值追求。基于人人平等原则，个人自由的追求与享有，要兼顾他人自由的追求与享有，使二者协调并进，就需要对个体自由适当限制，以免阻碍或侵犯他人自由。其二，自由是一个不断发展、丰富，甚至可以说是没有止境的价值目标。无论是个体还是社会，对自由的享有与追求都要同时兼顾当下与未

---

① 雅赛. 重申自由主义[M]. 陈茅，徐力源，等译. 北京：中国社会科学出版社，1997：31，33，75.

② 弗里德曼. 选择的共和国[M]. 高鸿钧，等译. 北京：清华大学出版社，2005：89.

③ 哈耶克. 自由宪章[M]. 冯玉生，等译. 北京：中国社会科学出版社，2021：55-56，116.

④ 严复.《群己权界论》译凡例[M]//卢云昆. 社会巨变与规范重建——严复文选. 上海：上海远东出版社，1996：129.

⑤ 哈耶克. 自由宪章[M]. 冯玉生，等译. 北京：中国社会科学出版社，2021：107.

来。因此，适当限制个体和群体当下的自由，以便追求更长远、更丰富的自由，就显得很有必要。当然，若声言为了未来的自由而无条件地压制或牺牲当下自由，也是不恰当的，这会让自由成为镜花水月、空中楼阁。

第四节　法律平等价值

一、平等是法律的普遍价值

平等（equality）一般指人们在特定情境（如社会、政治、经济、法律等领域或具体场合）中处于同一水平，或享有同等待遇。

在物质和心理特征等方面，人与人之间的差异是明显的事实。例如在人种、肤色、健康、体力、智力（天资和造诣）、感情以及其他素质方面，人类并非都是一样的，或者说是明显不平等的。那么，人与人之间的平等到底是就什么而言的？

很多人把人与人之间的平等归于本质上的平等，即人人都具有人类这个物种的性质，尤其是那些属于人所有的特殊性质。这是天赋人权论者率先提出的一种观点。用 17 世纪德国自然法学者普芬道夫的话说，"人性平等地属于所有人"。[①] 也就是说，我们都具有平等的人性；"一个人，在人性和个性上都不可能超过他人或低于他人。……世间人人平等，是指他们作为人在尊严上的平等。"[②]马克思则是这样论述平等问题的："平等是人在实践领域中对自身的意识，也就是人意识到别人是和自己平等的人，人把别人当作和自己平等的人来对待。平等是法国的用语，它表明人的本质的统一，人类的类意识和类行为、人和人的实际的同一，也就是说，它表明人对人的社会的关系或人的关系。"[③]可见，马克思也肯定了人类本质上的平等，并揭示了平等观念的本质——人对人同等对待的社会关系。

恩格斯在批判杜林抽象的平等观时也指出："一切人，作为人来说，都有某些共同点，在这些共同点所及的范围内，他们是平等的，这样的观念自然是非常古老的。但是现代的平等要求与此完全不同；这种平等要求更应当是从人的这种共同特性中，从人就他们是人而言的这种平等中引申出这样的要求：一切人，或至少是一个国家的一切公民，或一个社会的一切成员，都应当有平等的政治地位和

---

①　普芬道夫. 人和公民的自然法义务[M]. 鞠成伟，译. 北京：商务印书馆，2009：83.

②　艾德勒. 六大观念[M]. 郗庆华，译. 北京：生活·读书·新知三联书店，1998：200.

③　马克思. 神圣家族[M]//马克思恩格斯全集：第2卷. 北京：人民出版社 1998：48.

社会地位。"①恩格斯的观点与马克思是一致的，但有些人因此把人与人之间的平等视为社会地位的平等，则是有待商榷的。因为在社会学理论中，"社会地位"是指人们在一定的社会关系体系中所处的位置。人们在社会关系中担任的角色不同，其社会地位也大不相同。社会地位的高低随着角色和社会关系的不同而变化。这意味着，不仅人与人之间的社会地位是不同甚至是不平等的，而且同一个人在扮演不同社会角色时其社会地位也可能是不平等的。可见，把人与人之间的平等归结为社会地位平等是不恰当的，至少失之宽泛。

应该说，从人的本质和类特性角度来理解人与人之间的平等，是很有道理的。在社会现实中，它主要表现为人格平等和政治平等（如平等的选举权和被选举权、平等的参政议政权等）。但这还只是哲学和社会学意义的探讨。

从法学角度看，平等应该是指人们在同一情境中彼此具有相同的法律地位，简称法律平等。它实际上是人类本质上的平等（特别是人格平等和政治平等）在法律上的反映和体现。黑格尔提出："法的命令是：成为一个人，并尊敬他人为人。"②

既然法律平等是指人们在同一情境中彼此具有相同的法律地位，那么法律平等到底是指法律面前人人平等，还是指法律上一律平等？在倡导法律平等的初期，西方人一般持前一种看法，而后来逐渐扩展到后一种看法。新中国的第一部宪法即"五四宪法"，是将法律平等界定为法律上一律平等的，其后的几部宪法（包括现行的"八二宪法"）则都表述为法律面前人人平等。法律平等既然是人类本质上的平等在法律上的反映和体现，那么它就应该是指法律上的平等，而不只限于法律面前的平等（亦即法律实施的平等）。法律上的平等至少应包括五个方面的内容：（1）立法平等，即除依法被剥夺资格者，所有公民都可以参与立法，而不能主观地随意认定谁是敌人或敌对分子因而被排除在立法之外。（2）任职上的平等（执法上的平等），即除了依法被剥夺资格者外，所有人都有权担任公职，执行法律。（3）适用法律上的平等（司法平等），国家在适用法律时，平等地保护全体公民的合法权利，对同样的违法犯罪者给以同样的处罚。（4）法律资格平等，即所有的人都有权利或资格成为相应的法律主体，并受到法律的同等保护。如《牛津法律大辞典》认为："法律面前的平等是指所有人，除有明显和特殊的理由外，必须是为拥有平等的获得和享有权利的资格，被作为有平等的法律义务和责任的主体来对待。"（5）守法的平等，即所有的人都有遵守法律的义务，而不享有逃避或转移法律义务与责任的特权。

---

① 恩格斯. 反杜林论[M]//马克思恩格斯选集：第3卷. 北京：人民出版社1995：444.
② 黑格尔. 法哲学原理[M]. 范扬，张企泰，译. 北京：商务印书馆，2016：53.

平等自古以来就是一种普遍价值,即所有的时候、所有的人,都在追求平等,只是不同时代,平等在法律上实现的范围和水平有所不同。在孟德斯鸠看来,"自然状态下,人人生而平等,但不可能长期平等。社会让人们变得不平等,唯有法律才能重建平等"。① 19世纪法国著名哲学家、空想社会主义者皮埃尔·勒鲁(1791—1871年)也认为,古代尽管不存在事实上的平等,但人类早先的生活包含着平等的萌芽。"一切伟大的宗教,一切伟大的哲学,一切伟大的立法,都包含着这种萌芽。"②中国先秦法家便强调法律平等,主张"民一于君,事断于法"(《邓析子·转辞》),"刑无等级"(《商君书·君臣》),"法不阿贵"(《韩非子·有度》),"君臣上下贵贱皆从法"(《管子·任法》)。其后历朝历代,几乎都有"等贵贱""均平富"的政治、经济与法律诉求。在西方,"法律平等"作为一个口号是希腊雅典执政官伯里克利(公元前443—429年)最早提出的。他在一次雅典公民大会上指出:"在公民私权方面,法律面前,人人平等。"这个口号被17、18世纪欧洲启蒙思想家继承,用来作为反对封建等级特权的一个战斗口号。在资产阶级夺取政权以后,"法律平等"作为一项重要的原则载入各国的宪法。后来各社会主义国家的宪法及世界性的法律文件(如1948年的《世界人权宣言》)都确认了这一法律原则。

平等之所以成为法律(特别是现代法律)的普遍价值,自有其深厚的人性基础和心理根源。这就是人希望得到尊重的欲望,人不受他人统治的欲望以及内在的均衡感。③ 不过,法律平等真正成为普遍性事实,还是近一二百年的事。"在西欧,没有家产的人直到19世纪末20世纪初才赢得投票权利。甚至在美国,直到19世纪20年代和30年代所谓杰克逊式革命之前,没有家产的人都没有投票的权利,即使在北方也是那样,更不用说寡头统治的蓄奴制南方了。"④在我国,则是1949年新中国成立以后的事。1954年宪法、1982年宪法及民事诉讼法、刑事诉讼法和人民法院组织法、人民检察院组织法等,都明确规定法律面前人人平等。

二、法律平等反对特权和歧视

特权一般是指特定主体所享有的、高于一般人的特殊权利。它既可能存在于特定法律制度之外(法外特权),也可能存在于特定的法律制度之中(为法律所认可)。歧视是指人对人的一种不应有的低下看待。特权和歧视都是平等的对立面。"特权的享有者往往是对他人的'掠夺'和'欺侮',而歧视的承受者则往往是被他人所'掠夺'和'欺侮'。特权拥有者的权利在扩张,歧视承受者的权利被侵

---

① 孟德斯鸠. 论法的精神[M]. 钟书峰,译. 北京:法律出版社,2020:123.

② 勒鲁. 论平等[M]. 王允道,译. 北京:商务印书馆,1996:240.

③ 博登海默. 法理学:法律哲学与法律方法[M]. 邓正来,译. 北京:中国政法大学出版社,2016:311.

④ 斯东. 苏格拉底的审判[M]. 董乐山,译. 北京:生活·读书·新知三联书店,1998:54.

害。特权者的权利超出了一般人的限度，歧视承受者的权利低于一般人的水平。"也就是说，特权是权利的不当膨胀，歧视是权利的不当剥夺。"从法律意义上考察，歧视往往表现为：作为特权的另一个极端，人不被当作与他人同等的人；受歧视者的应有权利得不到法律的应有确认，即使确认了也得不到与他人同等的法律保护；法律义务比其他人格外沉重，被不恰当地过多要求。"①因此，法律平等意味着反对特权和歧视。特权和歧视由来已久，加上种种现实条件的限制，即使在当代，无论是资本主义国家还是社会主义国家，它们都还不同程度地存在着，有的甚至还受到法律的认同。但普遍的法律平等意味着要尽可能地限制、反对乃至消除特权和歧视。我国2018年10月修订的《人民法院组织法》和《人民检察院组织法》分别在第5条首次明确规定：人民法院审判案件/人民检察院行使检察权在适用法律上一律平等，不允许有任何超越法律的特权，禁止任何形式的歧视。这不能不说是一个历史性进步。

三、法律平等应兼顾形式平等与实质平等

平等可区分为"形式平等"（formal equality）和"实质平等"（substantive equality）。"法律面前人人平等"这句人们耳熟能详的话，实际上只是一种形式平等。形式平等就是法律平等地适用于每一个人，体现为平等对待、程序正义和权利平等。而实质平等就是"合理的不同处置"，即从人与人之间事实上存在的教育、财富和社会地位等方面的差异出发，在立法目的、法律规则设置、法律执行与适用等环节，对处于社会不利地位的人予以适当的优先性或倾斜性关照，赋予他们适度的法律特权，或适度减免他们的法律义务，也就是以不平等的形式来达到或接近实质意义上的平等。

法律平等之所以要兼顾形式平等与实质平等，是因为形式平等并不能保障所有人都得到真正平等的对待。"对形式平等的追求忽略了这样一个事实，即当个人的社会地位存在着严重的不平等时，任何中立性都只是浮云。它也没有考虑这样一些情况，即表面上看起来是中立的法律实际上导致了不公正的效果。就像法国人在大革命时开玩笑所说，无论是穷人还是富人，都一样要因为在桥底下睡觉而受同样的惩罚；而对此类行为的禁令实际上是仅仅针对穷人的。因此，在形式平等的规则下受到伤害的往往是社会中长期遭受剥削和歧视的群体。"②

① 葛洪义.法理学[M].北京：中国政法大学出版社，1999：72.
② 法曼.自治的神话：依赖理论[M].李霞，译.北京：中国政法大学出版社，2014：201.

第五节　法律效率与公平价值

一、效率是法律的生产价值

效率(efficiency)就是效益(有效产出减去投入后的结果)和成本的比率。也就是在合理的限度内,用最少的投入(人力、物力、财力、信息和时间等)获取最大的收益。效率成为法律的追求目标,体现在法律规范和法律运行过程之中,就成为法律的效率价值。在 1922 年出版的《法哲学导论》中,美国社会学法学派的创始人和代表人物罗斯科·庞德提出:"我同意把法律理解为这样一种社会制度,即以尽可能小代价满足社会需求(社会需求就是那些文明社会存续所需的主张与要求)。"①

尽管效率自古以来就是法律的价值追求目标和价值评判标准之一,但法律的效率价值问题在现代社会表现得最为突出。原因有二:其一,面对现代以来全球范围内经济飞速发展而资源相对短缺的状况,经济学家和法学家不得不考虑如何才能高效率地利用有限的自然资源和社会资源,最大限度地增加财富总量。即使是对产品和一切由人们创造出来的价值物进行分配时,也必须充分考虑何种方式的分配有利于调动合作者的积极性,有利于使分配本身也成为扩大再生产、创造更多财富的激励机制。尤其是在国家越来越多地直接参与资源及产品分配的情况下,法学家们不仅要思考法律的"正义性""合理性",更要考虑法律的"效率性",考虑法律如何作用、影响并提高经济及法律自身的效率。其二,随着法律对经济生活的全面渗透,资源配置和使用方式越来越由法律决定。这使得法律对权利、权力、义务和责任的分配直接关系到资源利用的效益。良好的法律总是在保障社会稳定与促进社会发展的前提下,力图最大限度地保护社会财富,使社会财富被最恰当、被最经济地使用,而不被随意破坏和浪费。许多国家对于故意毁坏和严重浪费公私财物的行为予以法律制裁。

美国经济学家科斯运用交易成本理论分析法律制度的资源配置功能,其结论后来被称为科斯定理。科斯定理包含以效益为基点的一些基本命题:(1)在未经法律界定、权利界区不明的情况下,交易无法进行,相关行为的效益最差,权利冲突常见。如火车排放火花的权利与铁路旁庄稼不受火花侵害的权利。(2)在不相容使用的关系中,权力、权利的安排或分配应以效益最大化为依据。解决不相容使用可以有多种权力、权利安排或分配模式。在前例中,可以确认火车排放火花的权利而否认农民使庄稼免遭火灾的权利,其结果将导致农民放弃铁路旁的种

---

① 庞德. 法哲学导论[M]. 于柏华, 译.北京: 商务印书馆, 2019: 43.

植或改种不易造成火灾的植物；也可以做相反的安排，其结果是铁路改道、停止通行或采取消除火花的措施。立法或法院判决必须符合效益最大化原则。(3)法律应能够促使人们做有利于效益优化的选择。国家强制手段往往需要较大的管理成本，并不符合效益极大化原则。相比之下，市场交易手段更能降低成本。波斯纳说，效益原理为法律制度提供了特定的批判、改良和理解的依据。经济分析法学的核心思想是效益：以价值极大化的方式分配和使用资源，是法律宗旨。①

效率是法律的生产价值，这意味着：(1)法律对权利、权力、义务和责任的分配必须能促使整个社会提高对资源(包括土地、河流、山脉、矿藏和森林等自然资源和人力、物力、财力、信息、机会等社会资源)的利用效率，优化资源的配置。(2)法律对权利、权力、义务和责任的分配必须能调节资源的合理使用，以保障经济与社会的公平、和谐与可持续发展。(3)法律应当为人们设定最经济的程序模式，适当简化与完善各种法律程序，提高执法与司法的效率，保证人们以最少的代价达到公平而有效率的目的。所有的非诉讼程序法，都有一个如何最迅速地处理有关事务的问题；而诉讼法都要尽可能减少不必要的诉讼程序，以便民众和司法机关减低成本，尽快解决纠纷或处理案件。

二、公平是法律的分配价值

公平是平等在分配领域中的体现，是主体对利益分配或纠纷裁判合理性的认定，主要是指地位与作用、权利与义务、职权与职责、行为与报偿(报应)相称。公平是价值认识和善恶评价问题，是人们主观世界认为"应当"有的状态。

历史上曾出现过平均分配公平观、按身份分配公平观、按劳分配公平观、按贡献分配公平观、按需分配公平观、机会均等公平观等多种公平观，它们均有一定的合理性，可满足不同层次的公平。第一层次的公平是基本需要的公平，即必须满足所有人基于生存的基本需要。这既是基于人道的考虑，即每个人都有生存的权利；也是基于社会的考虑，因为"全部人类历史的第一个前提无疑是有生命的个人的存在"②，只要一个人生活在社会中，便为他人作了一个最基本、最重要的贡献：缔结社会。用潘恩的话说就是："每个人都是社会的一个股东，从而有权支取股本。"③虽然人的才能有大小、品德有高低、贡献有多少，但在缔结社会这一点上却完全相同，因而应完全平等地享有基本权利或人权。第二层次的公平即经济公平，主要是指起点上的机会均等，结果上的贡献与收获的对称。"机会"一般是指在一定时间产生的有利于主体实现其利益或目的的条件。机会均等就是社

---

① 科斯. 企业、市场与法律[M]. 盛洪，陈郁，等译. 上海：上海三联书店，1990：14.
② 马克思，恩格斯. 德意志意识形态[M]//马克思恩格斯文集：第1卷. 北京：人民出版社，2018：519.
③ 潘恩. 潘恩选集[M]. 马清槐，等译. 北京：商务印书馆，1997：143.

会应当对人们的理性投入分配或创造一个大体均等的条件或机会，以便给人们一个大体相同的回报率。用墨子的话说，"官无长贵，而民无终贱，有能则举之，无能则下之。"①但机会均等只是意味着所有人在生活竞争中都应该平等起步，而绝不意味着结果均等。第三层次的公平即社会公平，或称社会补偿。即政府作为社会的组织者应根据公正的法律，通过个人所得税、财产税、遗产税、赠与税等制度，将高收入者的一部分收入收归国有（一个重要理由是高收入者利用和耗费了更多的社会资源）；然后通过兴办教育和文化事业、倾斜投资、税收返还、社会保险、社会福利、社会救济等形式，将这部分收入转移给低收入者，帮助贫困地区和贫困人口发展生产，提高竞争能力。② 但这要以不损害对富裕者的激励和对低收入者的保护为标准，同时要把社会成员之间的收入差距控制在大多数人能够承受的限度内。第四层次的公平即法律救济的公平。当人们的实体权利或公共利益受到侵害或发生权利、权力、义务纠纷，请求国家机关或社会组织予以裁判和救济时，居中裁断者平等对待各方当事人的行为或状况。

三、效率与公平的矛盾及价值选择

20 世纪的西方社会，一方面由于经济的迅猛发展和市场逻辑，出现了贫富分化的不公平现象。如在美国，不到 1% 的大公司控制着全国 75% 的资产；美国最富有的 1% 的家族占有全国财富的近 40%。③ 另一方面，沉重的"社会福利"又影响到社会经济的增长。这就将西方社会推入了效率与公平的两难境地。西方学者对此提出了许多价值选择方案。如罗尔斯指出：正义是优先于效率的。一个社会无论效率有多高，如果它缺乏公平，我们就不能认为它比效率低但比较公平的社会更理想。而且，由于效率原则总是处于不确定状态，因而必须把它与公平的机会均等原则和差别原则相结合。所谓"公平的机会均等原则"，是指具有相似技能、力量和动机的人应享有平等的机会，社会应为此提供制度上的财政资助安排，以保证出生于低收入家庭的个人同出生于富裕家庭的个人有平等地获得同一项工作的机会。所谓"差别原则"，是指社会和经济的不平等应安排得对所有人都有利，特别应使处于最不利地位的人（最少受惠者）得到最大可能的利益。④ 英国经济学家卡尔多和希克斯则认为，效率是最高的价值，在发展社会经济与社会财富面前，公平与平等是第二位的；"只要经济的改变提高了效率，在经过了足够长

---

① 墨翟. 墨子[M]. 毕沅，校注. 吴旭民，校点. 上海：上海古籍出版社，2016：27.

② 王海明. 平等新论[J]. 中国社会科学，1998(5)：52-68；李风圣. 论社会公平的三级内涵[N]. 光明日报，1995-03-19.

③ 帕里罗，史汀森，史汀森. 当代社会问题[M]. 4 版.周兵，等译. 北京：华夏出版社，2002：352.

④ 罗尔斯. 正义论(修订版)[M]. 何怀宏，等译. 北京：中国社会科学出版社，2011：47-63.

的时间以后，受损者会自然而然地得到补偿"。①

在当代中国，也由于经济体制的转换，打破了长期以来形成的平均主义和"大锅饭"，使效率与公平的矛盾成为全社会共同关注的重要话题。

应该说，效率问题最初主要是从经济领域的生产环节中提出来的，而公平问题则主要是从分配环节提出来的，二者各有侧重。但由于经济领域中生产、分配、交换和消费诸环节的相互制约性，以及它们对社会其他领域的辐射，因而效率和公平也就成了多因素纠集在一起的矛盾焦点。

到底该如何处理公平与效率的关系？是效率优先兼顾公平，还是公平优先兼顾效率？这是法律必须关注，并且应该有所作为的。

首先，在我国目前经济和社会尚不发达的情况下，效率优先及其法律化的意义不容低估。在各种资源和财富的分配中，法律都必须把效率摆在首要的位置，防止平均主义"公平"对效率的干扰。因为不尽最大可能地提高生产效率，全社会可供分配的财富就少，其结果就是僧多粥少，很难实现公平；即使有，也是"相濡以沫"式的低水平的公平，它因没有差异而难以刺激人们生产的积极性，从而难以提高效率。

其次，法律必须以自己的方式保证和维护社会公平。效率优先并不等于只要效率，在一定意义上，公平是效率的基础和条件。如果各种资源和财富的分配显失公平，大量财富集中在少数人手里，虽然能在一定程度和时间内提高效率，但很快就会影响多数人的生产积极性，甚至导致社会不稳定。为了让一切劳动、知识、技术、管理、资本的活力竞相迸发，让一切创造社会财富的源泉充分涌流，让发展成果更多更公平惠及全体人民，法律应该在以下方面有所作为：(1)确保机会均等和程序公平；(2)建立公共资源出让收益合理共享机制；(3)在健全劳动、资本、知识、技术、管理等由要素市场决定报酬机制的基础上，提高劳动报酬在初次分配中的比重；(4)完善以税收、社会保障、转移支付为主要手段的再分配调节机制，切实保护合法收入，调节过高收入，清理规范隐性收入，取缔非法收入，增加低收入者收入，扩大中等收入者比重，努力缩小城乡、区域、行业收入分配差距，使基尼系数等指标保持在合理的范围内。②

最后，在司法等法律救济领域，法律应公平优先、兼顾效率。这是因为法律救济的主要功能就是公平、公正地解决纷争，恢复或补偿被损害的权利和权力，维护社会秩序，伸张社会正义。

---

① 吕世伦. 西方法律思潮源流论[M]. 北京：中国人民公安大学出版社，1993：358.
② 基尼系数(Gini coefficient)是意大利经济学家基尼1922年提出、国际社会广泛采纳的综合考察居民内部收入分配差异程度的一个重要指标，其值在0和1之间，通常0.4是国际警戒线。0.4以上的基尼系数表示收入差距较大，当基尼系数达到0.6时，则表示收入差距悬殊。国家统计局数据显示，1978年中国收入基尼系数为0.317，2008年达到峰值0.491，此后见顶回落，维持在0.46~0.47。世界银行数据显示，2022年我国基尼系数为0.47，全球第一。

第六节 法律正义价值

一、正义诸理论

"正义"是一个涉及主体行为和人际关系安排的范畴，根源于社会分工、社会分配与社会交换，是有关如何分配社会利益或权利、权力、义务和责任的准则或尺度的观念。人们常常将"正义"界定为公正、合理的事物或行为，或恰当地分配利益和责任的状态。这其实是以偏概全，并不准确。

"正义"一词，在中国始见于《荀子·儒效》："不学问，无正义，以富利为隆，是俗人者也。"不过，在古汉语中，表达"正义"的概念通常是"义"。《中庸》说："义者，宜也。"《说文解字》段注："义之本训谓礼容各得其宜。""宜"就是适度、恰当的意思。"义"的繁体"義"，上羊下我。据王国维等学者考证，"我"是古代兵器。用兵器对着羊，宰羊之意。"宜"是在砧板上切肉的象形字。因此，"义"的本意是杀羊切肉，公平分配。《论语·里仁》："子曰：君子喻于义，小人喻于利。"人们对此常常误解，以为在孔子那里，"义"与"利"是对立的、水火不容的，并由此引发历史上绵绵不绝的"义利之争"。其实孔子的意思是：在利益攸关问题上，对于君子，应当让他从道义的层面或高度来认识、对待和处理，这样虽有取于利，但不会为利所惑；对于小人，他们智识能力和道德修为有限，不懂也不关心抽象的大道理（道义），只对他们直接陈述利害关系就行。[①] 他还说："礼以行义，义以生利，利以平民，政之大节也。"[②]春秋时代的晋国大夫丕郑说："义以生利，利以丰民。"晋国大夫里克也说："克闻之：夫义者，利之足也；贪者，怨之本也。废义则利不立，厚贪则怨生。"[③]里克强调义是利的支撑，没有义，利就像无足之鼎，立不住或立不正。"义"以利为基础，是针对"利"的分配与取舍、包含了"利"的，只不过"君子爱财，取之有道"，适可而止。孔子所说的"君子喻于义，小人喻于利"，以及通常所说的"见利忘义"，"利"都不是外在于"义"的，而是包含"利"又要超越"利"。用唐代韩愈的话说："博爱之谓仁，行而宜之之谓义"。[④] 只要言行

---

① "孔门弟子受金"也证明了这一点："鲁国之法：鲁人为人臣妾于诸侯，有能赎之者，取金于府。子贡赎鲁人于诸侯而让其金。孔子曰：'赐失之矣。夫圣人之举事，可以移风易俗，而教导可施于百姓，非独适己之行也。今鲁国富者寡而贫者多。取其金则无损于行，不取其金，则不复赎人矣！'子路拯溺者，其人拜之以牛，子路受之。孔子喜曰：'鲁人必多拯溺者矣！'"冯梦龙.智囊全集[M].栾保群，吕宗力，校注.北京：中华书局，2007：56.

② 左丘明.左传·成公二年[M].杜预，注.上海：上海古籍出版社，2016：391.

③ 左丘明.国语·晋语[M].韦昭，注.胡文波，校点.上海：海古籍出版社，2015：175，200.

④ 韩愈.原道[M]//韩愈.韩昌黎文集校注.马其昶，校注.上海：上海古籍出版社，1986：13.

得当、取利合理适度，就是正义的。汉代董仲舒则认为："天之生人也，使之生义与利。""利以养其体，义以养其身。……义之养生人大于利。"①他强调："夫仁人者，正其谊(义)不谋其利，明其道不计其功。"②南宋理学大师朱熹非常欣赏董仲舒的这两句话，并将其写入《白鹿洞书院学规》的"处事之要"，多次向学生讲解。这说明，至少从董仲舒开始，"重义轻利"的思想就已逐渐萌生。不过，与朱熹同时代的陈亮，则是重视功利的著名思想家；叶适更是直接抨击董仲舒这两句话"疏阔"，清初的颜元则将其更改为"正其谊以谋其利，明其道而计其功"。③ 但总体而言，由于后人的误解，我国思想史上的正义观念和理论缺乏深厚的现实根基，基本局限在道德范畴；"义""宜"的界限也就一直很模糊，而难以明晰且普遍地进入法律领域(即法律化)。

在古希腊，"正义"(δίκη)概念源于正义与法律女神忒弥斯(Themis，"法律")和迪克(Dike)。④ 迪克手持标尺以确定土地的分界，衡量事物和事件是否合适、适当和公平。其字根(δίκ-)可能与拉丁文中的"手指"(digitas)或"正直"(directe)出于同一较古的语言，意为对"正直"的道路的"指示"。⑤《高尔吉亚篇》中，苏格拉底认为："正义就是平等地分配而不过分"，"真正的正义就是平等地分享，这个观点不仅是习俗的，而且也是自然的"。⑥ 古罗马法学家乌尔比安认为，"正义是给每个人属于他自己权利的永恒不变的意志。""法"(ius)来自正义："实际上，就像杰尔苏非常优雅地定义的那样，法是善良与公正的艺术。"它"不仅利用刑罚恐吓而且也通过奖励鼓舞的方式[使人们]为善"。⑦ 在西方，正义常常是与权利、利益、地位和待遇紧密联系在一起的。这使正义成为各个时代、各个阶层的人们共同关注、不断推陈出新的一个话题，也使得正义不仅与道德相联

---

① 董仲舒. 春秋繁露新注·身之养重于义第三十一[M].曾振宇，傅永聚，注. 北京：商务印书馆，2010：188.

② 班固. 汉书·董仲舒传[M]. 颜师古，注. 北京：中华书局，1999：1918.《春秋繁露·对胶西王越大夫不得为仁》的表述是"仁人者，正其道不谋其利，修其理不急其功"。参见：春秋繁露新注[M]. 北京：商务印书馆，2010：192.

③ 颜元. 四书正误[M]// 颜元集[C]. 北京：中华书局，1987：163.

④ 忒弥斯(Themis)和迪克(Dike)是古希腊神话中象征法律和正义的两位女神。忒弥斯是乌拉诺斯的女儿，十二泰坦(提坦)神之一。作为宙斯的姑妈和第二位妻子(在墨提斯之后)，她和宙斯生育了荷赖(时序三女神)和摩赖埃(命运三女神)。迪克是宙斯和泰美亚的女儿，后来演变为古罗马的正义女神。在古希腊，剑已认为是忒弥斯和迪克的标志；嗣后罗马人又用天平来作为公平的标志；而在正义的形象中结合天平与宝剑，则是中世纪早期的成就。正义女神的蒙眼布更是在15世纪末才以讽刺画的形式出现的，"它与其他两个标志，即天平和宝剑，同样是矛盾的，因为必须用来观察天平和凝视宝剑的眼睛却被蒙上了。"参见：拉德布鲁赫. 法哲学入门[M].雷磊，译. 北京：商务印书馆，2019：118，120.

⑤ 参见：亚里士多德. 政治学[M]. 吴寿彭，译. 北京：商务印书馆，1965：136；丛日云. 西方政治文化传统[M]. 大连：大连出版社，1996：179.

⑥ 柏拉图. 柏拉图全集：第1卷[M]. 王晓朝，译. 北京：人民出版社，2002：375.

⑦ 优士丁尼. 学说汇纂：第1卷[M]. 罗智敏，译. 北京：中国政法大学出版社，2008：13，5.

系，而且与法律相通，并成为评价法律的一个重要标准。

西方思想史上有关正义的学说形形色色，如客观正义论、主观正义论、理性正义论、神学正义论、法规正义论、相对正义论等。其中影响最大的有两种。

一种是把正义解释为使每个人获得其应得的东西的意志或意向。如前引乌尔比安的观点："正义是给每个人属于他自己权利的永恒不变的意志。"西塞罗把正义描述为"使每个人获得其应得的东西的人类精神取向"。依艾德

西方正义与法律女神像

勒的解释："一个人所应得的，就是他或她有权利得到的。"①也就是说，正义要求我们确保每个人获得他应得的权益，这种权益不仅来自自然法的要求，也来自现实法律的规定。同时，正义还要求我们根据人们的具体情况给予相应的待遇，即哈特所说的"同样情况(案件)同样对待(treat like cases alike)"和"不同情况(案件)不同对待(treat different cases differently)"。②

如果说这种正义学说基本上是从微观层面提出来的话，那么另一种关于正义的著名学说则是从宏观层面着眼的，这就是 20 世纪初以来，正义的概念越来越多地被专门用作评价社会制度(指社会基本结构)的一种道德标准，被看作社会制度的首要价值。比如，美国社会学法学派代表人物罗斯科·庞德在《通过法律的社会控制》一书中认为，正义是一种"能在最小阻碍和浪费的条件下尽可能给予人类多种需要以满足的制度安排"。这种制度安排的形式就是法律。罗尔斯(John Rwals)那著名的社会正义论正是在此基础上发展而来的。他在《正义论》(1971年，1999年)一书中指出，正义是社会的首要价值，正义的对象是社会的基本结构(社会体制)，即用来划分公民的基本权利和义务、分配由社会合作产生的利益和负担，使各种主要的社会组织一体化的主要制度，如经济制度、政治制度、法律制度等。"一个社会体系的正义，本质上依赖于如何分配基本的权利义务，依赖于在社会的不同阶层中存在着的经济机会和社会条件。"③

二、正义是法律的综合价值

无论在中国还是在西方，正义都是一个最为崇高但也最容易混淆的概念。人

---

① 艾德勒. 六大观念[M]. 郗庆华，译. 北京：生活·读书·新知三联书店，1998：230.
② 哈特. 法律的概念[M]. 3 版. 许家馨，李冠宜，译. 北京：法律出版社，2018：227.
③ 罗尔斯. 正义论(修订版)[M]. 何怀宏，等译. 北京：中国社会科学出版社，2011：6.

们常常喜欢引用博登海默的一句名言："正义有着一张普罗透斯似的脸(a Protean face)，变幻无常、随时可呈不同形状并具有极不相同的面貌。"①然而，正义为何会有一张普罗透斯似的脸，在不同时代、不同地区和不同人的心目中会有不同的看法呢？我想最根本的原因在于正义并不是一个客观的概念，也不是一个自足的概念。说正义不是一个客观的概念，指的是正义是一个主观评价性范畴，总是特定时空、特定阶级、特定利益主体的正义，带有浓厚的价值色彩，这就难免言人人殊。说正义不是一个自足的概念，指的是正义是一个关联性范畴，是一种综合价值，总是以其他具体的价值为载体，因而正义不能在正义的范围内说明自己，对正义的理解不能孤立地进行，而必须以与其紧密相关的范畴为参照维度。由于人们以前只是如盲人摸象一般就正义谈正义，自然难以准确把握正义的内涵，致使正义蒙上了普罗透斯的面具，人们对正义价值普遍抱有一种虚幻感。②

从法律和法学的角度说，正义不是一种独立的价值，而是对其他各种法律价值的比较与平衡，是法律的综合价值。博登海默曾把法律价值归纳为秩序和正义两种，自由、平等、安全、共同福利等都是正义价值的具体表现或次属价值，并认为法律是秩序与正义的综合体。③ 相对于主流正义观，如果说博登海默向正义的真相迈出了重要的一步，那么日本学者川岛武宜则比他更为彻底。川岛认为"各种法律价值的总体，又被抽象为所谓的'正义'"。④ 可惜他并未就此问题展开论述。

正义是法律的综合价值，意味着必须在多维法律价值坐标中把握法律正义内涵。

第一是秩序与自由的平衡维度。无论在任何时期，法律都既要追求秩序，也要追求自由。只不过不同时期的人们对秩序和自由的需求程度是不同的。有的时候可能偏重于秩序，有的时候则偏重于自由。正义则是这一时期秩序与自由的平衡点。这种平衡点虽然是由该时代的理论家、立法者、执法者和司法官决定或认定的，但这一认定本身必须与该时期社会大众的心理期待相契合，否则会被认为是非正义的。

第二是自由与平等的两全维度。自由和平等原本是法律和民主政治所追求的两种相互联系而又彼此独立的价值。"人应该自由地管理他们自己的信念，建立在我们认为人在本质上是平等的信念之上。"然而，20世纪末以来，自由与平等相互抵触的状态，"达到一个被另一个湮没或压倒的程度"。⑤ 尽管自由和平等永远

---

① 博登海默. 法理学：法律哲学与法律方法[M].邓正来，译. 北京：中国政法大学出版社，2016：261.

② 胡平仁. 法律社会学[M]. 长沙：湖南人民出版社，2006：169-173.

③ 博登海默. 法理学：法律哲学与法律方法[M]. 邓正来，译. 北京：中国政法大学出版社，2016：227-338.

④ 川岛武宜. 现代化与法[M]. 王志安，等译. 北京：中国政法大学出版社，1994：96.

⑤ 科恩.论民主[M].聂崇信，朱秀贤，译. 北京：商务印书馆，2007：2-3.

不会达到完满的平衡，在任何时期总有一方处于主要地位；但二者都是个体和社会所必需的，因而法律不能偏废。

第三是平等与身份的张力维度。无论古今中外，平等都是相对于身份（差别待遇和特权）而言的。在古埃及象形文字中，"正义"为一根鸵鸟毛，因为鸵鸟的毛几乎是一样长。这表明在古埃及人看来，正义意味着平等。但这是基于这样一个前提：人与人之间事实上是不平等的，基于等级制度基础上的身份是以特权和差别对待为核心的，并且在当时是普遍存在的。在这种身份与平等严重失衡的情况下，古埃及人的正义观念必然要向平等倾斜。而在普遍认可平等的现代社会，由于社会分工和区位差异等，以不平等为内核的身份依然存在。而且这不仅仅是一种客观事实，同时是一种法律事实，即法律认可了身份存在的合理性。因此，在平等与身份这一对价值矛盾上，如何既满足特定时期社会大众普遍的心理期待与价值追求，又通过法律手段对享有特定身份的人予以特别对待，便构成了特定时期法律正义的内涵之一。

第四是公平与效率的位移维度。在古希腊神话中，公平女神阿斯特蕾亚（Astraea）是宙斯和一手擎天平、一手执宝剑的正义女神忒弥斯（Themis）之女。她双耳用谷物装饰（人们因此称她为"聋女神"，而正义女神是"盲女神"），手中有一把剑和一架称量谷物的秤。在法律用语中，公平（equity、fairness）和公正（impartiality）常常用来强调正义（justice）的某个方面、原则或者特性。一般来说，公平更多地用来表述人们在利益分配上或者纠纷处理过程中双方当事人的地位和待遇；公正更多地强调纠纷处理者或居中评判者在对待当事人双方和适用法律时所应具有的不偏不倚不偏私的品质。公平的核心是平等，既包括案内平等，即两造当事人之间的地位平等、权利平等，也包括案外平等，即"同等案件同等对待"；公正的核心是无私、中立，它意味着居间者既要不受自身情绪和欲望的影响，又要排除外界的任何压力，还要无视当事人双方的任何身份背景等。如果借用数学语言来表达，那么，在由两造当事人与居间者构成的"三边关系"中，公平是正义的横向坐标轴，侧重于对两造权利享有与维护的考察；公正则是正义的纵向坐标轴，侧重于对居间者行为公允而无私的要求；正义就坐落在二者的交叉点上（参见右图）。①

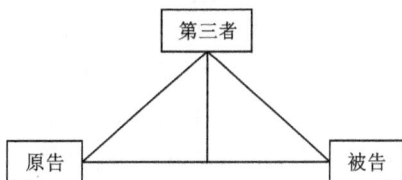

说明：这是一个等腰三角形，"等腰"意味着居间者与两造当事人之间保持同等距离，不近此远彼；中线"正"，代表居间者的品质；底边"平"，代表普遍的法律规则本身的公平性；当二者垂直相交时，就形成两个90度角，代表着正义的实现。

① 杨一平.司法正义论[M].北京：法律出版社，1999：10-14.

但上述解释主要是从分配和司法的角度展开的。与此相反，经济分析法学派则侧重于从生产和立法、执法的角度，将正义等同于效率。如该学派代表人物波斯纳在《法律的经济分析》《正义/司法经济学》等著作中认为，正义的第一种含义是分配正义，而第二种含义——也许是最普遍的含义——效率，也就是财富的最大化。的确，高层次、高质量的公平一定是建立在高效率(即整个社会财富的最大化)的基础之上的。但有了效率也不一定就会有公平。公平与效率既有统一的一面，也有矛盾的一面。在公平与效率这一对立统一的矛盾体中，正义并不能简单地等同于哪一端，而是两者的平衡点。这个平衡点在不同时期会有所不同，因而正义的内涵在不同时期也会有所差异。如改革开放初期，我国生产力水平十分低下，社会财富极为贫乏，因而，中共十四大作出了"效率优先，兼顾公平"的重大决策；随着社会财富的迅速增长，以及贫富差距的不断扩大，中共十七大以来，社会公平问题又被摆到了一个非常重要的地位。

第五是国际分工与发展平等的协调维度。国际分工(International Division of labor)是社会分工发展到一定历史阶段，跨越民族国家界限而形成的国与国之间的分工。16世纪初，地理上的重大发现及随之而来的殖民开拓，开始了最早的国际分工。机器大工业的产生和资本主义垄断的发展，形成了世界范围内"工业欧美、原料亚非拉"的分工格局。第二次世界大战后，由于科学技术革命的推动、跨国公司的发展、超国家的经济一体化组织的出现，使国际分工大大深化。当前国际分工的主要特点是：(1)发达国家之间工业部门内部的分工向纵深发展，普遍实现产品专业化、零部件专业化、工艺专业化的分工。(2)发达国家与发展中国家间，资本和技术密集型产品(或工序)与劳动密集型产品(或工序)之间的分工。(3)全球产业链在20世纪末已经形成，但高端产业基本集中在发达国家和地区，新兴市场国家难以进入高端产业链环节。国际分工的发展，节约了社会劳动，提高了劳动生产率，但发达国家利用其先发展优势和技术性壁垒的限制，使广大发展中国家(特别是中小发展中国家)在国际分工中处于结构性边缘的不利地位，很难摆脱被压制、被剥削的状态。因此，如何优化现有国际分工格局，适度倾斜性保护与促进发展中国家经济、政治和文化的发展，真正使世界各国平等发展，共享人类发展成果，就成为世界法、国际法和内国法必须充分重视的国际正义问题。

此外，20世纪后期以来，随着土地、森林、淡水、石油、矿藏等自然资源的过度开发利用，特别是其中大多是不可再生的资源，使得当代人与后代人之间的发展冲突问题日渐突出，如何保障可持续发展、兼顾代际正义问题也因此凸显。

总之，正义是法律的综合价值。对正义的理解与把握不能从孤立的角度出发，也不应局限于单纯的形而上玄想，而应该从秩序与自由、自由与平等、平等与身份、公平与效率、国际分工与发展平等、代际公平等次属价值形态之间的对立统一关系中进行。这既意味着正义来源于秩序与自由、自由与平等、平等与身份、公平与效率等对立价值的平衡，也意味着正义作为这种种价值的综合体现，很大程度上也体现和代表着这种种价值。因此，正义既是法律的综合价值，也是法律的最高价值；"正义就如同真、善、美一样是一种绝对的价值，它以自身为根基，并非从更高的价值中推导出来。"①也正因为如此，我们才能当之无愧地说：法律是正义的化身，司法女神就是正义女神！

✦ 思维弹射

我国 1979 年 7 月颁布的《人民法院组织法》第 5 条规定："人民法院审判案件，对于一切公民，不分民族、种族、性别、职业、社会出身、宗教信仰、教育程度、财产状况、居住期限，在适用法律上一律平等，不允许有任何特权。"同时颁布的《人民检察院组织法》第 8 条规定："各级人民检察院行使检察权，对于任何公民，在适用法律上一律平等，不允许有任何特权。"

我国 2018 年 10 月修订的《人民法院组织法》第 5 条和《人民检察院组织法》第 5 条规定：人民法院审判案件或人民检察院行使检察权，在适用法律上一律平等，不允许任何个人或组织有超越法律的特权，禁止任何形式的歧视。

请分析上述法条的法理基础及利弊得失。

---

① 拉德布鲁赫. 法哲学入门[M]. 雷磊，译. 北京：商务印书馆，2019：28.

推荐阅读书目

[1]赞恩. 法律的故事[M]. 于庆生, 译. 北京：中国法制出版社, 2019.

[2]萨伯. 洞穴奇案[M]. 陈福勇, 张世泰, 译. 北京：九州出版社, 2020.

[3]富勒, 等. 再审洞穴奇案[M]. 高凌云, 王文心, 编译. 北京：中国民主法制出版社, 2021.

[4]刘星. 法律是什么(修订版)[M]. 北京：法律出版社, 2009.

[5]郑永流. 法律方法阶梯[M]. 4版. 北京：北京大学出版社, 2020.

[6]洛克. 政府论(上、下)[M]. 瞿菊农, 叶启芳, 译. 北京：商务印书馆, 1996.

[7]孟德斯鸠. 论法的精神[M]. 钟书峰, 译. 北京：法律出版社, 2020.

[8]卢梭. 社会契约论[M]. 3版. 何兆武, 译. 北京：商务印书馆, 2003.

[9]密尔. 论自由[M]. 许宝骙, 译. 北京：商务印书馆, 2015

[10]托克维尔. 论美国的民主(上下)[M]. 董果良, 译. 北京：商务印书馆, 1991

[11]凯尔森. 纯粹法学说[M]. 2版. 雷磊, 译. 北京：法律出版社, 2021.

[12]哈特. 法律的概念[M]. 3版. 许家馨, 李冠宜, 译. 北京：法律出版社, 2018.

[13]富勒. 法律的道德性[M]. 郑戈, 译. 北京：商务印书馆, 2017.

[14]哈耶克. 法律、立法与自由(第1-3卷)[M]. 邓正来, 等译. 北京：中国大百科全书出版社, 2022.

[15]罗尔斯. 作为公平的正义[M]. 姚大志, 译. 北京：中国社会科学出版社, 2016.

[16]布莱克. 社会学视野中的司法[M]. 郭星华, 等译. 北京：法律出版社, 2002.

后 记

> 湖水浩淼是我心，
> 湘山雄奇如湘人。
> 法天则地勤求索，
> 理事治国需认真。
> 巨笔如椽也仔细，
> 仓颉造字泣鬼神。
> 楚辞格调抒胸臆，
> 去留肝胆两昆仑。

以上是笔者 2022 年 10 月初应邀为首次面世的湖南省法学理论研究会微信公众号《湖湘法理》题写的一首贺诗。这本《纯粹法理学：基础与前沿》也力图体现该诗的意蕴和旨趣。

该书的基本指导思想是：严格按照纯粹法理学乃法自身的原理这一基本观点及内部视角来看待法律现象；以前沿性的学术理念、旨趣和智识，来反思、更新与整合学科基本概念和基本理论，尽力凸显法理学对现实生活和法律实践的解释力与引导力；在保持一定理论深度和可读性的同时，尽可能向学生提供切实、简要而耐咀嚼的法理学知识及理论；在保持教材体系完整与稳定的基础上，尽可能展示独特的风格和创新性，确保观点稳妥、内容新颖、论析明快、结构简炼、体例规范、行文畅达。

具体而言，本书的主要创新点有以下四点：

一是突出法理学的内在视角和"纯粹性"。本书为国内第一本剔除了非法理学知识点的"纯粹法理学"专著型教材，始终坚持导论中所提出的研究视角的内在性和研究对象的明确性及单纯性(反对把其他学科的研究对象纳入自己的阵营)，自觉地以法理学的自我意识吸纳、消化和统摄与法相关的知识，确立与壮大源于法本身的内在原理。它坚守自我及领地，而又不固步自封、画地为牢。通过该书导论和各章节的知识点，读者可全面而具体地感知"纯粹法理学"的整体构成，及其与现行众多大杂烩式的法理学教材的根本区别。

二是立足法理学的内在逻辑和现实情形，既注重体系创新，也突出知识点的优选与创见。如法本体板块中，将众多教材分设专章论述的法律要素、法律渊源、法律分类、法律体系去芜存菁，合并为"法律的形式结构"一章，从而使其与"法律的核心内容"一章相呼应。随后新增了前沿性和创新性的"法律主体"，使之统摄立法主体、执法主体、司法主体、法律接受（法律关系）主体和法律监督主体等，为当下热议的人工智能法律地位问题和环境法学的相关讨论提供理论依据，并由此引出法律行为和法律程序。在法律运行板块，把作者世纪之交首倡的"法律接受"理论置于更为重要与适当的位置上，使之与"法律执行"相对，并设专章介绍和探讨"法律救济"。在法律纵向发展板块，用本人所提炼出来的"法的国家化、国际化和全球化"来涵盖与深化法的历史发展进程的描述，且用"法律传统"理论来沟通历史上的法与现代法治理论及实践。在新增了许多基础性和前沿性知识点的同时，将丰富庞杂的法理学知识系统集约为12章，使其更为紧凑合理。这不仅优化了教材结构，减轻了学生学习、理解与记忆负担，而且有利于学生以简驭繁及整体把握能力的培养。

三是在充分考虑教材基础性的同时，对某些重要的传统知识点作了较大幅度的创新，使之既切合低年级本科生的实际，更有利于他们今后的法学专业学习。如在法律概念问题上，细致而合理地区分了"法""律"与"法律"，并以图示方式直观地呈现出来；在法律的核心内容问题及相关表述上，本教材没有沿用学界流行的"权利义务"的观点，而是采纳了作者本世纪初首倡的"权利、权力、义务和责任"的提法，这样更切近法律实际；与此同时，将人权问题作为法权（法律权利）的基础与前提，将"法律权力"提升为法律的核心内容和法学的基本范畴之一，并做了浅入深出、颇具学术新意的论述。在法律体系方面，提出了部类法结构和部门法结构的两分法。在法治原理部分，充分展示了作者长期观察与思考而勾画的法治理论与实践的新格局，也及时反映了国际社会法治量化研究的最新成果。即使是一些细小的知识点，也尽量推陈出新，避免似是而非。本书中的很多章节，都曾在重要专业期刊上发表。

四是适当协调纯粹法理学的内部视角、体系创新与现行教学之间的关系。如在体例方面，每章的开头设置了"法海潜航"，旨在借助相关案例，让读者深入理解各章内容；正文中适当穿插了一些图片和表格，使有关知识点更为醒目和简洁；章后设置了"思维弹射"，期望以相关材料或案例为媒介，从各章内容拓展开去，多向度发散思维。这些既是为了方便学生自学和记忆，也有助于扩展与激活师生的思维，使法理学教学更贴近于法律生活。而在行文风格上，除了力求准确、生动、通俗易懂之外，还务去空言浮词，尽可能汰除无关法理的空话、套话。此外，考虑到现行本科法理学教学的实际，将严格来说属于法社会学和法哲学范围的法律与习俗、法律与道德，以及法律价值等重要内容，以附录形式单列，供有关师生参考；而对这些内容的论述，也尽可能体现纯粹法理学最为根本的内在视角。

出于种种原因，国内学人往往轻视教科书。殊不知，好的教科书(特别是专著性教科书)，基础知识与前沿问题兼顾，体系创新与专题突破并举，在提供必要的基础知识的同时，把学生直接带到学术前沿，其功效丝毫不亚于专著，甚至远胜于众多名不副实的专著！惟其如此，这成为笔者数十年来用力最多的一个领域。这本《纯粹法理学：基础与前沿》，即以此为鹄的。本人深切感知：法理学必须拥有一定的理论深度，才能对社会生活和法律现象保持应有的洞察力、穿透力与解释力。这一点也体现在本书的编撰过程之中，也因此可能令本科新生在学习中有一定的难度。不过，在老师的辅导下，反复认真研读、深入理解与把握之后，对众多法律现象会豁然开朗；再去阅读其他法学文献，也会有驾轻就熟之感。

任何一本书的最终定型与出版，都离不开编辑团队的辛劳与智慧。尽管本书稿交到出版社之前，已历经千锤百炼，笔者已较为满意；但思无止境，其后又多次做了大量修改。这无疑大大增加了编辑们的工作量。尤为可贵的是，温婉美慧的责任编辑沈常阳女士，不仅任劳任怨，还每每提出种种新的设想和创见，一再激发笔者的创新思绪，使本书从内容到外形得以进一步优化。这一切都令我感铭于心！

最后，衷心感谢中南大学本科生院的领导及相关评审专家，将此书的编撰列入精品教材专项资助项目！

胡平仁
2024 年 10 月 15 日于长沙后海